lonely planet

Tunisie

Anthony Ham
Abigail Hole

Sommaire

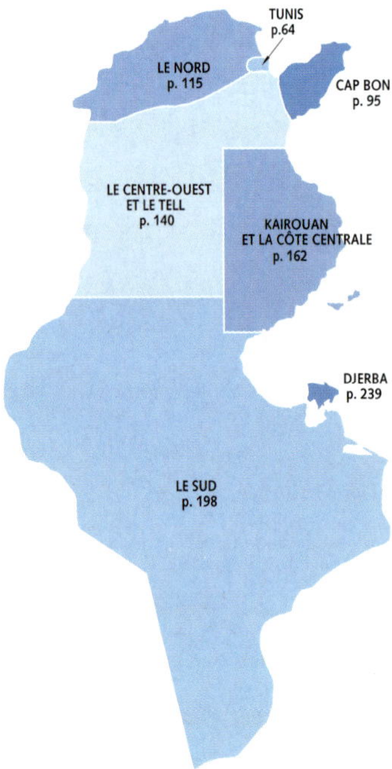

Lonely Planet réalise ses guides en toute indépendance et les ouvrages ne contiennent aucune publicité. Les établissements et prestataires mentionnés dans ce guide ne le sont que sur la foi du jugement et des recherches des auteurs, qui n'acceptent aucune rétribution ou réduction de prix en échange de leurs commentaires.

تقدم كتب "لونلي بلانت" مقترحات و نصائح إرشادية لقرائها من وجهة نظر مستقلة. لا تقبل "لونلي بلانت" أي دعاية أو إعلان في كتبها، كما لا تقبل تقاضي أي مدفوعات في مقابل إدراج أو تزكية أسماء الأماكن التجارية. لا يقبل كتاب "لونلي بلانت" أي تخفيضات أو تقاضي أي أجور في مقابل تغطية الأماكن المقترحة بالكتاب.

Destination Tunisie

Petit pays par la taille, la Tunisie est grande par sa générosité. Et ce qu'elle a à offrir ne manquera pas de satisfaire le voyageur.

Imprégnée des légendes associées à l'antique Carthage et à Djerba, l'île des mangeurs de lotus, la Tunisie est riche d'un passé vieux de quelque 2 500 ans. Citons, par exemple, l'étonnant amphithéâtre d'El-Djem, les vestiges de Dougga et Sufetula, les charmantes médinas aux ruelles tortueuses de Tunis, Sfax ou Bizerte et, tout au sud, la féérie de l'architecture berbère. Sans oublier Kairouan, quatrième ville sainte de l'islam, dont les prestigieuses mosquées proclament l'attachement des Tunisiens à la religion tandis que le souk des tapis témoigne de la longue tradition artisanale et commerciale du pays.

Cet héritage côtoie un monde beaucoup plus moderne, où le sable immaculé des plages, parfois très touristiques et bordées d'hôtels-clubs, fait le bonheur des voyagistes occidentaux. Souvent, il suffit pourtant de parcourir quelques kilomètres pour sortir des sentiers battus, admirer un vieux fort aux remparts crénelés ou flâner dans un village de pêcheurs. Même les immensités désertiques du Sahara semblent aux portes de la côte méditerranéenne, et avec elles, l'Afrique mystérieuse.

La Tunisie offre l'immense avantage de concilier plaisirs balnéaires et découverte culturelle. Cela, sans renoncer au confort moderne, grâce à une hôtellerie et des infrastructures de qualité. Enfin, et par-dessus tout, l'hospitalité de ses habitants est l'un des attraits majeurs de la Tunisie. Malgré la modernisation du pays et leur grande ouverture au mode de vie occidental, les Tunisiens ont su préserver leurs traditions. Partir à leur rencontre illuminera votre voyage.

JANE SWEENEY

MER MÉDITERRANÉE
CAP SERRAT (p. 126)
Un paysage idyllique et des plages sauvages
MUSÉE DU BARDO (p. 57)
Une collection unique de mosaïques romaines et byzantines
SIDI BOU SAÏD (p. 91)
Un ravissant village blanc et et bleu face à la Méditerranée
MÉDINA DE TUNIS (p. 69)
Un labyrinthe de ruelles à l'architecture raffinée et aux portes de maisons ouvragées
HAMMAMET (p. 97)
La capitale touristique de la côte : farniente la journée et et vie intense la nuit
KAIROUAN (p. 177)
Ville sainte de l'islam et et capitale tunisienne des tapis, un bijou d'architecture
MAHDIA (p. 186)
Une ville pleine de cachet préservée du monde moderne et du tourisme de masse
EL-DJEM (p. 184)
Un des plus beaux amphithéâtres romains du monde
TABARKA (p. 127)
Dans un site superbe, une ville du littoral réputée pour la plongée et les festivals de musique
DOUGGA (p. 142)
Un site archéologique de premier ordre et une vue spectaculaire. Une bonne introduction à l'Africa romaine
LE KEF (p. 146)
Une ville d'altitude authentique et et pleine de charme, aux ruelles pavées enchevêtrées
TOZEUR (p. 226)
Une palmeraie aux portes du Sahara et une architecture en brique exceptionnelle
10°E
35°N
Cap Blanc
Cap Serrat
Cap Bon
Bizerte
Raf-Raf
Lac Ichkeul
Lac de Bizerte
Utica
Golfe de Tunis
PN d'Ichkeul
Sejnane
Mateur
Tabarka
Monts de Kroumirie
Babouch
Aïn-Draham
Beja
TUNIS
Sidi Bou Saïd
Carthage
El-Haouaria
Kerkouane
Kélibia
Medjerda
Oued
PN de Boukornine
Uthina
Nabeul
Hammamet
Bir Bou Regba
PN de Feija
Chemtou
Bulla Regia
Jendouba
Ghardimao
Monts Tebersouk
Tebersouk
Dougga
Thuburbo Majus
El-Fahs
Zaghouan
Skikda
Annaba
Guelma
Constantine
Souq Ahras
Sakiet Sidi Youssef
Le Kef
Siliana
Golfe de Hammamet
Dorsale tunisienne
Table de Jugurtha (1 271 m)
Makthar
Mactaris
Kalaat Khasba
Kairouan
Sousse
Monastir
Haïdra
Raqqada
Tébessa
Djebel Chambi (1 544 m)
PN de Chaambi
Kasserine
Sufetula
Sbeitla
Mahdia
El-Djem
Sfax
Îles de Kerkennah
Meknassy
Mahrès
Gafsa
Djebel Biada (1 163 m)
Tamerza
Redeyef
Metlaoui
Chott el-Gharsa
Skhira
Golfe de Gabès
MER MÉDITERRANÉE

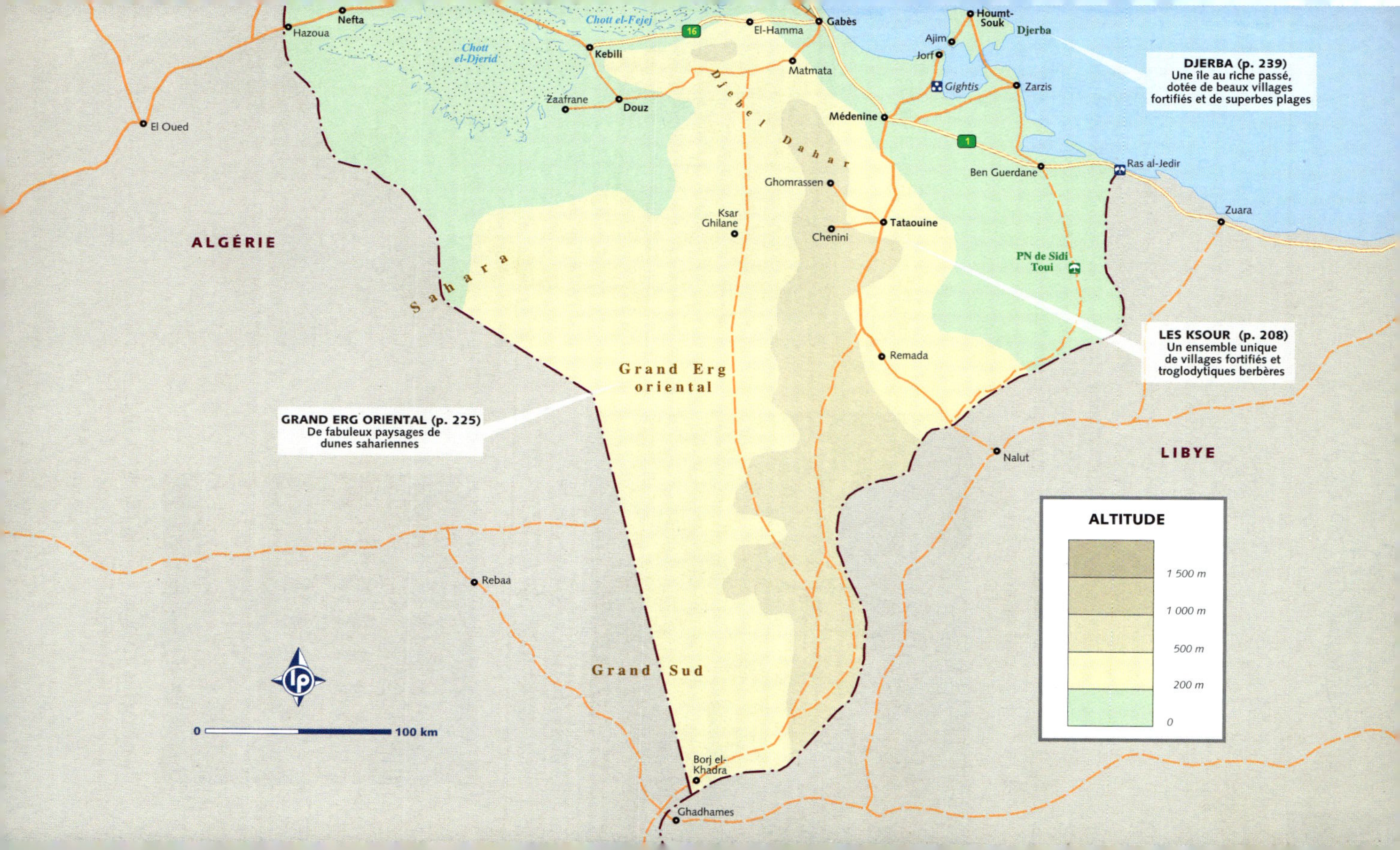

DJERBA (p. 239)
Une île au riche passé, dotée de beaux villages fortifiés et de superbes plages
LES KSOUR (p. 208)
Un ensemble unique de villages fortifiés et troglodytiques berbères
GRAND ERG ORIENTAL (p. 225)
De fabuleux paysages de dunes sahariennes
ALTITUDE
1 500 m
1 000 m
500 m
200 m
0
ALGÉRIE
LIBYE
Grand Erg oriental
Grand Sud
Sahara
Djebel Dahar
Chott el-Fejej
Chott el-Djerid
Djerba
Houmt-Souk
Ajim
Jorf
Gightis
Zarzis
Gabès
El-Hamma
Matmata
Médenine
Ben Guerdane
Ras al-Jedir
Zuara
Kebili
Douz
Zaafrane
Nefta
Hazoua
El Oued
Ghomrassen
Tataouine
Chenini
Ksar Ghilane
Remada
Nalut
PN de Sidi Toui
Rebaa
Borj el-Khadra
Ghadhames
16
1
0
100 km

La Tunisie est célèbre pour ses cités antiques et ses plages fabuleuses. Les médinas permettent de découvrir l'architecture arabo-musulmane, tandis que dans le sud commence le désert du Sahara.

Hormis les sites présentés dans ces pages, ne manquez pas les plages magnifiques du **Cap Serrat** (p. 126) et de **Sidi Ali el-Mekki** (p. 123), les habitations romaines souterraines de **Bulla Regia** (p. 134) et les médinas de **Mahdia** (p. 187) et de **Sfax** (p. 190). Dans le centre du pays, les habitations troglodytiques de **Matmata** (p. 205) et les étonnants **ksour** berbères (p. 208) sont également du plus grand intérêt.

DAMIEN SIMONIS

Le **ribat de Monastir**, le plus bel exemple d'architecture militaire de Tunisie (p. 174)

SCOTT DARSNEY

L'**amphithéâtre d'El-Djem**, l'un des plus grands du monde romain (p. 185)

Femme berbère, devant le **ksar de Chenini** (p. 213)

FRANCES LINZEE GORDO

CHRISTOPHER WOOD

Le vieux port de **Bizerte** et ses barques de pêcheurs (p. 119)

DAMIEN SIMONIS

Dans la médina de **Kairouan**, ville sainte de Tunisie (p. 179)

A Tataouine, le **Ksar Megabla**, fantômatique (p. 208)

ADRIEN VADROT

Le village blanc de **Sidi Bou Saïd** (p. 91), à quelques kilomètres de Tunis

GEOFF STRINGER

JANE SWEENEY

La vieille ville fortifiée de **Tamerza**, oasis au cœur des montagnes (p. 232)

JANE SWEENEY

Le capitole de la ville romaine de **Dougga** (p. 142)

CHRISTOPHER WOOD

Mosaïque romaine du **musée du Bardo**, à Tunis (p. 57)

Méharée dans les dunes du **Grand Erg oriental**, une expérience inoubliable (p. 222)

ANDREW BUR

Mise en route

La Tunisie est un pays où il est facile de voyager. Sa longue tradition d'accueil – et la simplificité des formalités qui en découle – vous permettra de concentrer la préparation de votre séjour sur ce que vous désirez y faire. Paresser une semaine au soleil dans un hôtel-club de luxe ou partir à l'aventure sans se ruiner, à vous de choisir. Reportez-vous aux pages 6 et 13 pour quelques idées d'itinéraires.

QUAND PARTIR

Le choix de la date s'impose de lui-même. Pour profiter de la plage, mieux vaut opter pour les mois de juillet et août. Soleil et chaleur sont garantis et les tour-opérateurs proposent des formules tout compris à des prix avantageux. Les villes du littoral sont très animées à cette période et de nombreux festivals se déroulent dans le pays, souvent dans le cadre somptueux de vestiges romains. Reportez-vous aux pages 17 et 262 pour davantage de détails.

Consultez les courbes climatiques p. 260 pour davantage de renseignements.

Précisons toutefois qu'il s'agit bien évidemment de la période la plus touristique. Les prix tendent aussi à s'envoler. Les voyageurs indépendants risquent de rencontrer des difficultés à trouver une chambre bon marché. Ajoutons que les transports en commun sont souvent bondés. Enfin, sachez que la chaleur extrême vous interdira de vous aventurer dans le désert du Sahara.

Si vous partez en individuel, préférez la période de mi-mars à mi-mai. Il fait généralement une chaleur douce très agréable et les pluies de l'hiver ont reverdi la campagne. Mais pour une expédition dans le Sud saharien, mieux vaut planifier un départ en novembre. Avec la fin de la récolte des dattes, les prix sont à la baisse et c'est à cette époque que se tiennent les festivals de Douz et Tozeur, aux portes du désert (reportez-vous page 262 pour davantage de détails).

N'OUBLIEZ PAS...

Vous pouvez voyager léger, surtout si vous avez l'intention de passer votre temps sur la plage. Prévoyez un peu de place dans vos bagages pour ramener éventuellement un tapis, une *chicha* (pipe à eau) ou une cage à oiseaux.

Voici tout de même quelques articles indispensables (ou presque !) :

- un petit ballon de foot, idéal pour nouer connaissance avec les enfants (et leur famille) ;
- un couteau suisse muni d'un ouvre-bouteilles/boîtes ;
- un chapeau, des lunettes de soleil et une crème solaire, pour la plage et dans le Sahara ;
- une veste, car en hiver il fait froid dans le désert, surtout la nuit ;
- un nécessaire à couture (toujours utile en cas de pénurie vestimentaire !) ;
- une adresse électronique, de préférence pas sur hotmail.com (voir p. 252);
- une petite glacière, pour rafraîchir les boissons achetées dans les supermarchés (c'est plus économique) ;
- enfin, et surtout, une certaine ouverture d'esprit : souvenez-vous que les commerçants particulièrement insistants essaient surtout de gagner un peu d'argent pour vivre.

La plupart des affaires de toilettes sont faciles à trouver. Les tampons se vendent dans les supermarchés ; les préservatifs, peu coûteux, en pharmacie.

Pour des renseignements plus précis sur les notions de haute et basse saisons utilisées dans ce guide, reportez-vous page 265.

COÛT DE LA VIE

Pour les voyageurs occidentaux, la Tunisie est une destination bon marché.

Avec un budget serré, vous pouvez vous en sortir avec 15 à 20 DT par jour à condition de loger dans les auberges de jeunesse ou les hôtels les moins chers et de prendre vos repas dans des restaurants locaux plutôt modestes. Cette somme ne comprend pas les transports locaux et correspond à des conditions de voyage spartiates !

Les voyageurs de catégorie moyenne peuvent prévoir un minimum de 40 DT par jour qui leur permettront de louer une chambre confortable, de se déplacer et de se payer un bon dîner de temps en temps. Avec 60 DT par jour, vous pourrez même vous offrir une petite folie ! Ce budget ne comprend pas le coût des extras comme l'achat d'un tapis, par exemple.

Enfin, rien ne vous empêche non plus de séjourner dans un hôtel de luxe à 150 DT la nuit !

Si vous avez réservé un voyage tout compris, vous n'aurez à payer que certains repas, les excursions, les taxis et vos achats personnels.

INDICE LONELY PLANET

Litre d'essence 430 millimes

Bouteille d'eau (1 l) 300 millimes (supermarchés), 0,7-1 DT (ailleurs)

Bière (la délicieuse Celtia locale) 1,5-2 DT

T-shirt souvenir 5 DT

Fumer la chicha 1-2 DT

LIVRES À EMPORTER

Voici quelques idées de lecture pour mieux connaître la Tunisie. À étudier avant de partir ou à savourer sur la plage !

Ensemble de chroniques publiées entre 1883 et 1889, *De Tunis à Kairouan*, de Guy de Maupassant (Éditions Complexe) donne à voir la Tunisie d'avant le tourisme, à travers le regard acéré du romancier.

Dans *Salammbô*, Flaubert a laissé libre court à son imagination en reconstituant le Carthage des guerres puniques. Si l'on est loin de toute vérité historique, la belle histoire d'amour entre Salammbô, fille d'Hamilcar, et le mercenaire Mathô ne vous laissera pas indifférent. L'auteur publia ce roman en 1862, après deux voyages en Tunisie.

Dans *La Dernière Odalisque* (Stock, 2001), le prince Fayçal Bey retrace le destin de sa grand-mère, servante du harem du bey de Tunis, puis princesse prise dans la tourmente de l'histoire de la décolonisation. Cette fresque historique connut un grand succès en Tunisie et propose un éclairage nouveau sur la Tunisie des beys (1705-1957).

Le livre de photographies *En Tunisie* (Tchou, 1998) de Jellel Gasteli est une véritable invitation au voyage. Les textes, signés Albert Memmi et Abdelwahad Meddeb, donnent un élan littéraire et poétique à ce voyage en Tunisie.

Périple des îles tunisiennes, d'Armand Guibert (L'Esprit des péninsules) est un magnifique poème en prose sur Djerba et les îles tunisiennes. Paru en 1938 mais réédité en 1999, ce texte célèbre la nature et la civilisation méditerranéennes.

Concocté à l'occasion de l'année de la Tunisie en France, *Une Saison tunisienne*, de Frédéric Mitterrand et Soraya Elyes (Actes Sud, 1995) communique aux lecteurs la passion des écrivains et des artistes qui ont contribué à cet ouvrage : Patrick Modiano, Wolinski, Jacques Pérez...

Les Colonnes d'Hercule : voyage autour de la Méditerranée, de Paul Theroux (Livre de Poche) ne comprend qu'un chapitre consacré à la Tunisie. Mais le récit des rencontres faites par le narrateur et de sa visite de Sfax et des îles Kerkennah justifie cette lecture.

Les *Contes merveilleux de Tunisie* (Maisonneuve et Larose, 2003) vous plongent dans l'univers fascinant de la culture populaire ancestrale, à travers vingt contes oraux recueillis lors de veillées du ramadan.

QUELQUES PRIX

Hammam à partir de 2 DT (soin basique)

Journaux internationaux 2-6 DT

Bouteille de vin tunisien à partir de 4 DT (supermarchés) et de 9 DT (restaurants)

Entrée des sites antiques 1,1 DT
5,4 DT pour les plus importants

TOP 10

LES MERVEILLES ARCHITECTURALES

- **La cité punique de Kerkouane** (p. 111) Le site punique le mieux préservé et le plus spectaculaire
- **La ville romaine de Dougga** (p. 142) Un sanctuaire romain perché sur une colline
- **La Grande Mosquée de Kairouan** (p. 179) De l'époque des Aghlabides, elle renferme une salle de prière impressionnante
- **Ksar Ouled Soltane** (p. 213) Le plus beau village de greniers à grain berbères
- **La médina de Sfax** (p. 190) Une médina à la construction classique, mais préservée du tourisme
- **L'amphithéâtre romain d'El-Djem** (p. 185) Étonnant monument dressé au milieu de la plaine
- **Le ribat de Monastir** (p. 174) La plus belle forteresse de Tunisie, cadre de nombreux films
- **Le village de Chenini** (p. 212) Village berbère construit dans les montagnes
- **Les maisons troglodytiques de Matmata** (p. 205) De surprenantes maisons berbères taillées dans la roche
- **La ville moderne de Tunis** (p. 74) Mélange d'architecture franco-tunisienne et de façades néoclassiques

POUR UNE DÉTENTE ASSURÉE

- Un coucher de soleil sur l'île de Djerba vu de la mosquée de Guellala (p. 249)
- Le marchandage d'un tapis à Kairouan (p. 183)
- Prendre un café place du Caire à Mahdia (p. 188)
- Une nuit à la belle étoile dans le désert (p. 224)
- Les panoramas sur la mer à Sidi Bou Saïd (p. 91)
- Un soir d'été dans la ville romaine de Haïdra (p.159)
- Un coucher de soleil sur les dunes et le décor de *La Guerre des Étoiles* (p. 205)
- La terrasse d'un café cosmopolite de Tunis (p. 79)
- Dormir dans un hôtel troglodyte de Matmata (p. 205)
- Se délasser dans les sources chaudes de Ksar Ghilane après une promenade en chameau (p.225)

CD DE MUSIQUE TUNISIENNE

- Anouar Brahem Trio – *Le Pas du Chat Noir* (2002) Oud (luth), piano et accordéon mélancoliques
- Dhaffer Youssef – *Electric Sufi* (2002) Jazz contemporain avec des instruments traditionnels et des voix puissantes
- Lotfi Bouchnak – *Live in Berlin* (2002) Chanteurs de *malouf* traditionnels
- Latifa – *Mawkatash : Love Songs* (2000) Pour découvrir la grande diva tunisienne
- Sonia M'Barek – *Takht* (1999) Un grand classique de *malouf* moderne, *avec des* chanteurs et des musiciens exceptionnels
- Anouar Brahem Trio – *Astrakan Café* (2000) Oud, *bendir* (tambourin en bois) et *darbouka* (tambour en argile)
- Amina – *Nomad : The Best of Amina* (2003) Musique arabe pop mâtinée de sons techno et électro
- Ghalia Benali & Timnaa – *Wild Harissa* (2002) Musique arabe accessible aux oreilles occidentales, belles voix
- *La Sulamiyya : Chants Soufi de Tunis* (1999) L'un des meilleurs ensembles soufi du pays
- *Tunisie : Anthologie du Malouf* (1993) Au choix, 5 CD pour se familiariser avec cette musique traditionnelle

Écrit en 1953, *La statue de sel* (Gallimard coll. "Folio"), d'Albert Memmi, grande figure de la littérature tunisienne, raconte le déchirement identitaire d'un juif de Tunis, pris entre ses appartenances communautaires et le rationalisme occidental. Préfacé par Albert Camus, ce roman à thèse est un grand classique.

SITES INTERNET

On trouve facilement des informations sur le pays en surfant sur Internet. La plupart des hôtels disposent désormais d'une adresse électronique et/ou d'un site. Signalons néanmoins que toute information est étroitement surveillée par le gouvernement tunisien.

Office national du tourisme tunisien (www.tunisietourisme.com.tn) Le site officiel de l'office du tourisme, plein de photos et de renseignements pratiques.

Lonely Planet (www.lonelyplanet.com) Une présentation rapide de la Tunisie dans la rubrique Destinations, et le forum pour poser toutes vos questions sur le pays.

Cap-Tunisie (www.cap-tunisie.com) Un bon site pour découvrir les régions et toutes les possibilités touristiques de la Tunisie.

Tunisie.Com (www.tunisie.com) Créé par le gouvernement, ce site comporte des rubriques intéressantes sur l'environnement, la condition féminine, l'histoire, le tourisme et l'actualité.

Douz.org, le portail du désert (http://www.douz.org) Un site consacré à la ville de Douz, qui fourmille d'informations sur la culture saharienne.

Institut du monde arabe (www.imarabe.org) Une mine d'informations sur le monde arabe vu sous tous ses aspects, avec des dizaines de liens, classés par thèmes ou par pays.

Itinéraires

LES GRANDS CLASSIQUES

MOSQUÉES, MÉDINAS ET AMPHITHÉÂTRE 12 jours / de Tunis à Sfax

Commencez votre voyage à **Tunis** (p. 64). Visitez le **musée** du **Bardo** (p. 57) et la **médina** (p. 69), inscrite au Patrimoine mondial de l'Unesco. La capitale foisonne de cafés sympathiques et possède une ville nouvelle moderne et chic. Elle constitue un bon point de départ pour aller voir les vestiges de **Carthage** (p. 86) et l'adorable village de **Sidi Bou Saïd** (p. 91). Vous pouvez d'ailleurs choisir d'y séjourner. Passez deux ou trois jours à Tunis et dans les environs, puis descendez à **Sousse** (p. 164). Voyez la délicate architecture de la médina et la ville nouvelle qui s'étend en bord de mer. De là, vous pouvez organiser quelques excursions à la journée. Gagnez, par exemple, **Monastir** (p. 174) pour découvrir son magnifique *ribat* (couvent fortifié) et le mausolée d'Habib Bourguiba. Ne manquez pas **Kairouan** (p. 177) pour ses extraordinaires monuments musulmans, ni l'amphithéâtre romain d'**El-Djem** (p. 185). Il est possible aussi de passer une nuit ou deux dans l'une de ces villes. Réservez-vous en tout cas quelques jours à **Mahdia** (p. 186) pour profiter de son atmosphère tranquille et reposante. Enfin, un peu plus au sud, sur la côte, **Sfax** (p. 190) a conservé une médina traditionnelle et offre un aperçu de ce que devaient être les villes du littoral avant l'arrivée des touristes.

Ce circuit de 300 km relie les deux plus grandes villes tunisiennes et permet de découvrir les somptueux vestiges antiques ainsi que la diversité architecturale du pays. Il nécessite entre 10 jours et 2 semaines.

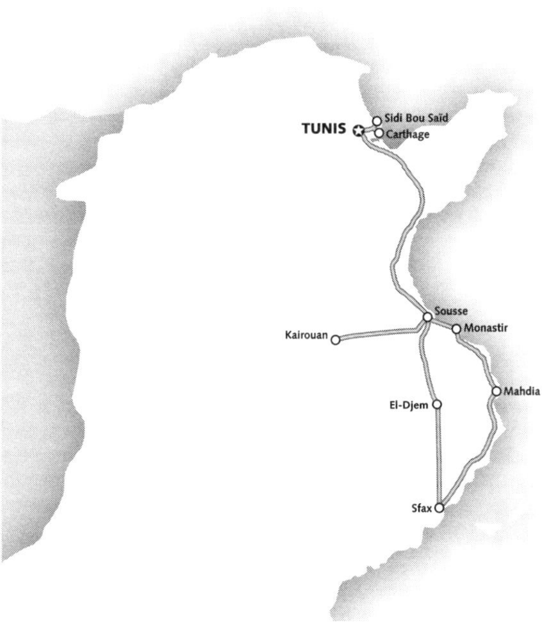

DJERBA, LES BERBÈRES ET LE SAHARA 10 jours / de Djerba à Onk Djemel

L'île de **Djerba** (p. 239), caractérisée par des constructions blanches et fortifiées, mérite bien deux ou trois jours de visite. Ne manquez pas **Houmt-Souk** (p. 242), qui regorge de souks, de bons restaurants, de places couvertes de treilles, sans oublier les charmants *fondouks* (auberges, p. 245) restaurés. Prévoyez d'y dormir au moins une nuit et profitez de cette halte pour vous détendre quelques jours sur les plages de Sidi Mahrez (p. 250), à l'est de l'île.

Depuis Djerba, on gagne facilement le sud du pays, notamment les maisons troglodytiques berbères de **Matmata** (p. 205) et la pittoresque **région des ksour** arabo-berbères (p. 208), non loin de Tataouine. Accordez-vous trois à quatre jours dans cette région qui réserve bien des surprises, telles que les villages abandonnés de **Chenini** et **Douirat** (p. 212) ou l'étonnant **ksar Ouled Soltane** (p. 213). Si vous avez loué un 4x4, poussez encore plus au sud jusqu'au **ksar Ghilane** (p. 225), en bordure du **Grand Erg oriental** (p. 217), paysage de dunes à perte de vue. Pour démarrer un périple dans le désert, mieux vaut toutefois partir des petites villes tranquilles de **Douz** (p. 218) ou **Tozeur** (p. 226), sises toutes deux au cœur d'une belle palmeraie. Depuis Tozeur, vous rejoindrez rapidement le site du tournage de *La Guerre des Étoiles*, à **Onk Djemel** (p. 18 et 233) ou les **villages des oasis** (p. 226), non loin de la frontière algérienne.

Prévoyez 1 semaine ou 2 pour parcourir ces 540 km qui traversent le pays, de la côte méditerranéenne au désert, en passant par des villages berbères, les villes des oasis et les dunes de sable.

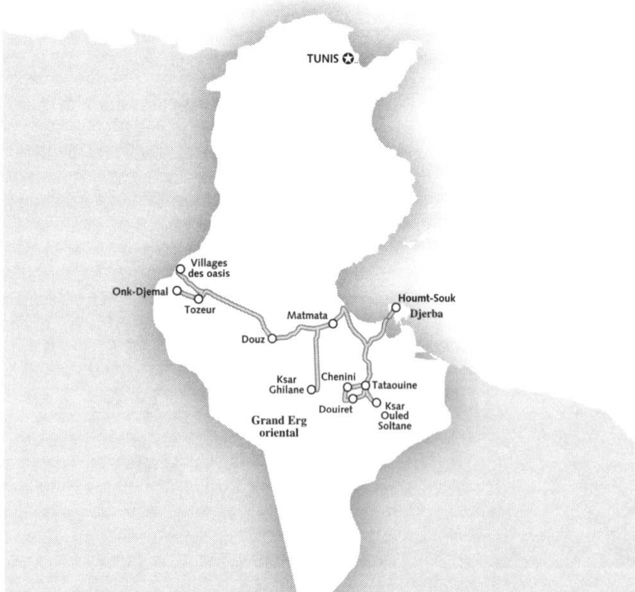

HORS DES SENTIERS BATTUS

PAYSAGES DU NORD

10 jours / de Bizerte à Haïdra

Compte tenu de la taille du pays, il est difficile d'éviter les circuits touristiques. Toutefois, il est encore possible de se concocter un parcours plus personnel. Nous vous conseillons de privilégier la partie nord du pays, caractérisée par un littoral accidenté et des massifs montagneux à la végétation luxuriante, relativement peu visitée. Commencez, par exemple, votre périple à **Bizerte** (p. 117), grande ville au charme désuet, puis gagnez les grandes plages tranquilles (sauf le week-end) de **Sidi Ali el-Mekki** (p. 123), **Raf-Raf** (p. 123) et du **Cap Serrat** (p. 126). Marquez une pause à **Tabarka** (p. 127) pour profiter à loisir de ses cafés paisibles (bondés, lors des nombreux festivals de musique de la ville). Quittez ensuite la côte pour découvrir la séduisante **Aïn-Draham** (p. 132), au cœur des forêts de la Kroumirie. Vous pouvez même prévoir des randonnées dans ce massif (p. 132 et 256), au départ de Aïn-Draham. Reprenez la route du sud et arrêtez-vous dans la charmante ville du **Kef** (p. 146). Les plaines du sud ont été préservées du tourisme. Voyez notamment la **Table de Jugurtha** (du nom d'un roi numide), impressionnante forteresse et véritable symbole historique (voir p. 25 et 161) ou le site romain de **Haïdra** (p. 159). Ce circuit peut durer une ou deux semaines, selon le temps que vous passerez sur la plage ou dans les montagnes.

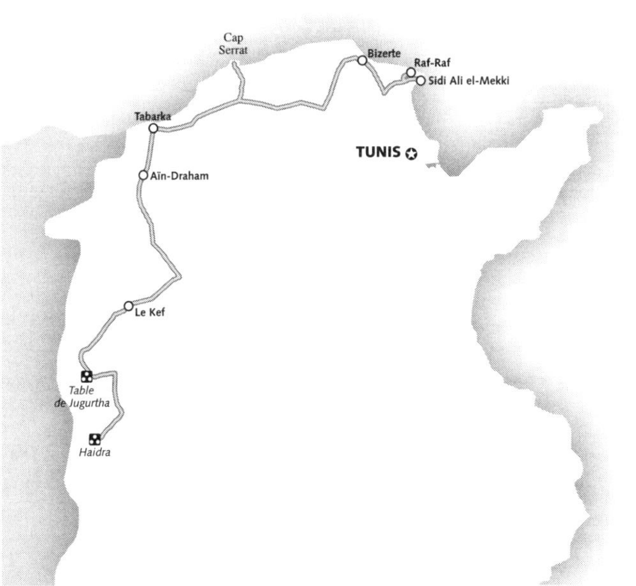

Ce circuit vous séduira pour ses plages tranquilles, ses massifs boisés et la découverte de sites archéologiques peu connus des touristes. Long de 430 km, il s'effectue en 1 ou 2 semaines.

VOYAGES THÉMATIQUES

LES PLUS BELLES PLAGES

Un seul séjour ne suffira pas pour découvrir toutes les plus belles plages du pays.

Sur la côte nord, le **Cap Serrat** (p. 126) donne sur une vaste baie, généralement déserte. Dans le même secteur, la **plage de Montazah** (p. 127), à Tabarka, offre un beau paysage montagneux en arrière-plan. Parmi les autres plages du nord, citons aussi **Raf-Raf** (p. 123) et **Sidi Ali el-Mekki** (p. 123).

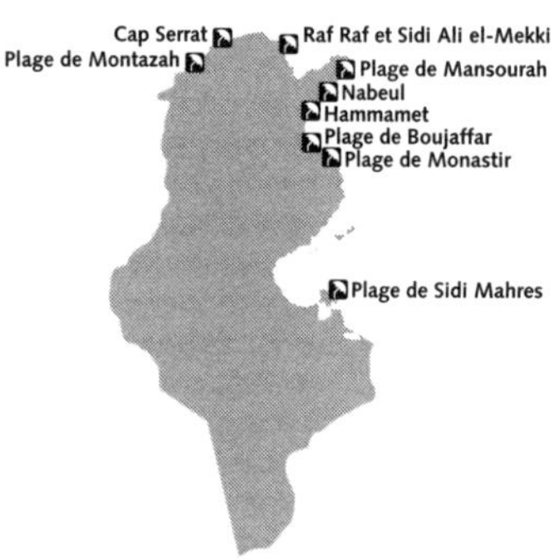

Sur la côte est, il vous sera difficile d'ignorer **Hammamet** (p. 97) ou **Nabeul** (p. 104). On comprend vite pourquoi les hôtels-clubs se concentrent dans la région. La vaste **plage de Mansourah** (p. 109), à Kélibia, est très agréable. À Sousse, les Tunisiens se retrouvent le soir sur la **plage de Boujaffar** (p. 169). Près d'un site spectaculaire, la **plage de Monastir** (p 175) offre une vue imprenable sur le célèbre *ribat*. Vous l'aurez deviné, toute cette côte est idéale pour un séjour de farniente.

Enfin, la côte est de l'île de Djerba abrite les somptueuses **plages de Sidi Mahrez** (p. 250), qui s'étendent à perte de vue.

LA TUNISIE POUR LES ENFANTS

La Tunisie offre nombre d'activités et de sites qui peuvent convenir aux enfants (voir aussi p. 261). En partant de Tozeur, plongez dans les cascades situées au cœur d'une région désertique, aux environs de **Tamerza** (p. 232). La visite du lieu de tournage de *La Guerre des Étoiles*, à **Onk Djemel** (p. 233), devrait émerveiller petits et grands. Une excursion à dromadaire dans le **désert du Sahara** (p. 225) a toutes les chances de remporter un franc succès. Programmez aussi un bain dans les sources chaudes de **Ksar Ghilane** (p. 225), une expérience unique dans le désert. Visitez les habitations troglodytiques de **Matmata** (p. 205) ou l'étonnant village berbère de **Chenini** (p. 212), guidé par un enfant du pays. Les ksour des environs (p. 208) semblent d'ailleurs avoir été conçus par des enfants facétieux et rêveurs.

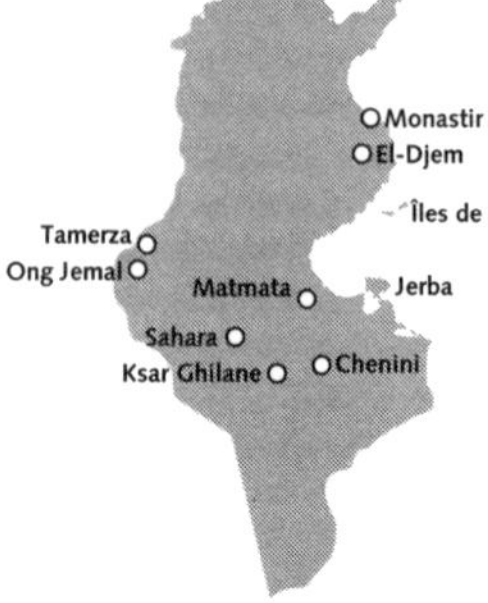

En remontant vers le nord, arrêtez-vous à **Djerba** pour admirer les *menzels* du musée de Guellala (p. 249) où un Ali-Baba espiègle fera revivre pour vous les *Mille et Une Nuits* (p. 249). Signalons les **îles Kerkennah** (p. 196), entourées d'eaux peu profondes dans lesquelles peuvent barboter les enfants. Les escaliers, couloirs et passages dérobés du *ribat* de **Monastir** (p. 174) les fascineront, de même que l'amphithéâtre d'**El-Djem** (p. 185).

Pour découvrir les activités pour enfants proposées à Tunis, reportez-vous p. 76.

LA TUNISIE DES PHÉNICIENS ET DES ROMAINS

La découverte de la Tunisie antique commence, bien sûr, à **Carthage** (p. 86) avec les vestiges de la ville phénicienne surplombant la Méditerranée, au nord de Tunis. Gagnez ensuite la péninsule du Cap Bon pour visiter la cité punique de **Kerkouane** (p. 111). Relativement bien préservée, elle mérite le détour. Descendez alors vers l'ouest pour suivre les traces des Romains dans le Tell, en marquant une première pause à **Dougga** (p. 142). Des rues bien ordonnées chères à l'urbanisme romain, il ne reste toutefois que quelques ruines disséminées sur les collines. Poussez jusqu'aux étonnantes villas souterraines de **Bulla Regia** (p. 134). Un peu plus au sud, arrêtez-vous à **Sbeïtla (Sufetula)** (p. 156). Prévoyez d'y passer une nuit car c'est au petit matin que ce site bien préservé vous surprendra. On y trouve quelques-uns des plus beaux temples d'Afrique du Nord. En repartant, faites halte à **Cillium**, près de Kasserine (p. 159) et à **Haïdra** (p. 159), site bien conservé. Arrêtez-vous à **Mactaris** (p. 154) avant de repartir vers le nord. Si vous dépendez des transports en commun, relativement peu fréquents au centre-ouest du pays, prévoyez environ deux semaines pour ce circuit. Avec votre propre véhicule, une semaine à 10 jours suffiront, selon le temps que vous consacrerez à chaque site.

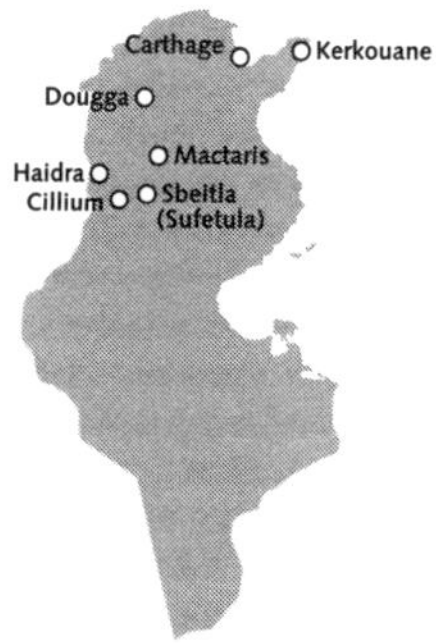

DE FESTIVAL EN FESTIVAL

Les mélomanes se rendront en Tunisie de préférence en été, l'idéal étant de pouvoir rester deux mois afin de profiter de tous les festivals. Tabarka ouvre les festivités avec le **festival de raï** (p. 128) fin juin, suivi en juillet par le **festival international de jazz de Tabarka** (p. 128), de réputation mondiale. À la mi-juillet, le **festival international de musique symphonique de El-Djem** (p. 186) fait la part belle aux concerts classiques au cœur même de l'amphithéâtre d'El-Djem. À la même époque, à Testour, le **festival de malouf** (p. 262) rassemble les interprètes de ce genre musical traditionnel. Si vous préférez l'art dramatique, participez au **festival international de Carthage**, qui se produit dans les théâtres romains de Carthage et de Dougga. Peu après, le **festival international de Hammamet** (p. 99) propose films, musique et pièces de théâtre du monde entier. Fin août, il est temps de revenir à Tabarka pour suivre le **festival de world music** (p. 128), puis le **festival de musique latino** (p. 128), qui démarre juste après, début septembre.

Si vous voyagez dans le sud du pays en novembre, ne manquez pas le **festival du Sahara** à Douz (p. 220), célébré de longue date, et le **festival des oasis** à Tozeur (p. 228).

Les dates exactes changeant d'une année sur l'autre, consultez au préalable l'ONTT (office national du tourisme tunisien). Vous trouverez la liste complète des festivals p. 262.

POUR LES INCONDITIONNELS DE LA GUERRE DES ÉTOILES

La Guerre des Étoiles a été tournée dans le sud tunisien, dont les paysages désertiques et lunaires se prêtent à merveille à toutes les mises en scène. Ce circuit peut s'effectuer en une semaine à 10 jours.

Partez de Tozeur pour visiter **Onk Djemel** (p. 233), à 30 km au nord-ouest. C'est le repaire de Darth Maul dans *La Menace fantôme*, là où il combat Qui-Gon. Non loin de là, l'étrange village de **Mos Espa** (p. 233) a été construit en plein cœur du désert spécialement pour les besoins des tournages. Surnommé le "canyon de la Guerre des Étoiles", **Sidi Bouhlel**, à l'est de Tozeur, à la limite du Chott el-Djerid, abritaient les véhicules des Jawas. Il a aussi subi les jérémiades de R2D2 et assisté à l'attaque de Luke par les pillards Tusken. Nombre de tour-opérateurs de Tozeur (p. 229) peuvent vous conduire sur leurs traces. À l'ouest de Nefta, Luke s'est arrêté au bord d'un cratère du **Chott el-Djerid** (p. 228) pour contempler pensivement les deux soleils. Les dragons Krayt et les peuples des sables avaient élu domicile dans les environs. Le syndicat d'initiative de Nefta (p. 232) pourra vous renseigner sur ces lieux.

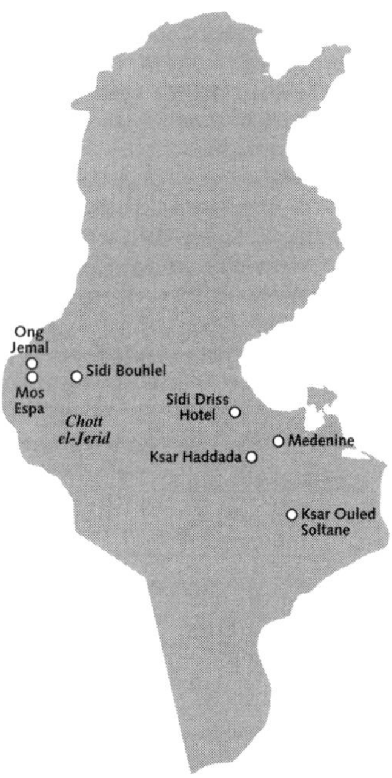

Plus à l'est, le célèbre **Sidi Driss Hotel** (p. 206) de Matmata apparaît dans les quatre films, notamment pour les scènes d'intérieur tournées dans la propriété de la famille Lars. C'est dans la salle de restaurant que Luke a ainsi avalé ses milk-shakes bleus et qu'il a parlé récoltes avec l'oncle Owen. Le quartier d'Anakin Skywalker, dans *La Menace fantôme,* se situe à deux pas de la très animée av. du 7-Novembre, à **Médenine** (p. 214). L'extraordinaire **ksar Haddada** (p. 212) a, quant à lui, abrité les quartiers des esclaves de Mos Espa. C'est là également que Qui-Gon découvre la vérité sur les parents d'Anakin, dans *La Menace fantôme.* Au sud de Tataouine, le **ksar Ouled Soltane** (p. 213) a servi de décor pour des quartiers d'esclaves.

Parmi les nombreux sites Internet sur *La Guerre des Étoiles*, nous vous recommandons Star Wars Traveller (www.toysrgus.com/travel/tunisia.html). L'agence de voyage britannique Tataouine Tours (www.tataouinetours.com), organise des circuits *Star Wars.*

Les auteurs

ANTHONY HAM

Coordinateur, centre-ouest et le Tell, Kairouan et la côte centrale, Tunisie du Sud, Djerba

Après avoir aidé les demandeurs d'asile du Moyen-Orient et d'Afrique pendant trois ans en Australie, Anthony a complété sa maîtrise en sciences politiques du Moyen-Orient. Lassé de se battre contre l'administration australienne, il a entrepris de partir autour du monde muni d'un stylo et d'un appareil photo. Il a beaucoup voyagé en Afrique et rédigé le guide Lonely Planet sur la *Libye*. Installé à Madrid, il passe une partie de l'année en Afrique du Nord et de l'Ouest. Actuellement, il travaille à un ouvrage sur le Sahara.

Mes coups de cœur

Djerba a quelque chose de spécial : une beauté et une sérénité comme nulle part ailleurs en Tunisie. L'enfant resté en moi est constamment attiré par les ksour autour de Tataouine. J'aime aussi Douz, une ville du désert accueillante, l'endroit idéal pour partir en périple dans le Sahara (notamment Ksar Ghilane et le Grand Erg oriental). Regarder le soleil se coucher sur les dunes enveloppées dans le silence est une expérience incomparable. Je place également Tozeur, sa vieille ville et son impressionnante palmeraie, en tête de liste. Ensuite, je remonte vers le nord (*via* El-Djem, Mahdia, Kairouan et Le Kef) pour assister à un festival de musique de Tabarka.

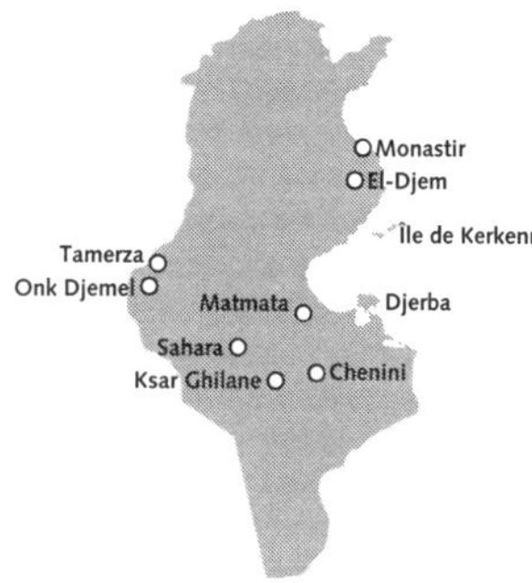

ABIGAIL HOLE

Tunis, Cap Bon, Tunisie du Nord, centre-ouest et le Tell

Abigail Hole est londonienne. Elle a travaillé dans l'édition à Londres et Hong-Kong avant de rejoindre Lonely Planet, d'abord comme éditrice puis comme auteur à plein temps. Peu après avoir passé des mois à sillonner le Mali, la Mauritanie, l'Égypte et la Tunisie pour le guide Lonely Planet *Africa on a Shoestring*, elle est repartie en Tunisie pour ce guide. Abigail est toujours partante pour tester la température de la mer, explorer les plages de sable blanc et se trémousser en cadence lors des festivals de musique.

Mes coups de cœur

Je commence mon périple dans la sérénité de Sidi Bou Saïd, quittant les volets bleus et les bougainvillées pour me diriger vers le nord et Bizerte, un ancien port peu touristique où je me promène le soir sur la corniche. Je pars ensuite vers l'ouest camper quelques jours sur la plage magique du Cap Serrat. J'assiste à un festival de musique à Tabarka avant d'explorer les collines de Aïn-Draham. Lors du trajet vers Le Kef, je m'arrête pour admirer les villas souterraines de Bulla Regia. Après avoir exploré toutes les ruelles du Kef, je reviens à Tunis, sans oublier la cité romaine de Dougga sur le chemin.

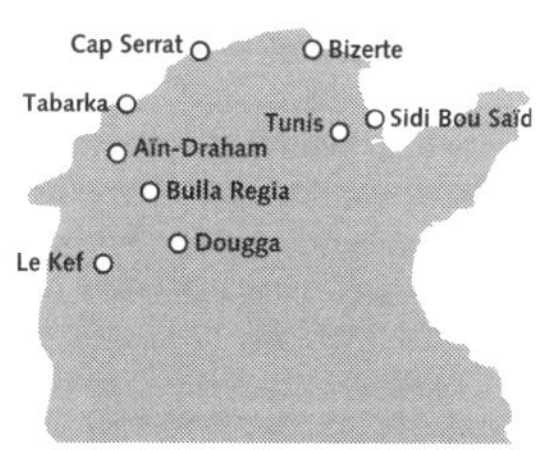

CONTRIBUTION

Rafik Tlatli a rédigé le chapitre *La cuisine tunisienne*. Il est directeur de l'Hôtel Les Jasmins et chef au Restaurant Slovenia à Nabeul. Il compte à son actif les ouvrages *Saveurs de Tunisie*, *Délice de Tunisie* et plusieurs livres de recettes. Rafik a souvent participé à des émissions culinaires à la radio et à la télévision en France, en Italie, en Russie et en Tunisie. Il a créé et préside l'Association nationale des chefs à Cap Bon. C'est également lui qui organise depuis dix ans le concours des chefs de Tunis ; la conférence annuelle sur la gastronomie à Tunis depuis 1998 ; et des séminaires sur la cuisine tunisienne dans des pays aussi variés que le Japon et la Suède.

Luc Paris docteur en médecine du service de Parasitologie-Mycologie de l'hôpital de la Pitié-Salpêtrière a contribué à la rédaction du chapitre *Santé*.

Instantané

Attachés au passé et aux traditions, les Tunisiens n'en sont pas moins concernés par les grands enjeux de notre époque. D'autant que géographiquement et culturellement, la Tunisie se situe à la croisée de plusieurs mondes et civilisations, entre l'Europe méditerranéenne et le Moyen-Orient, l'Afrique et l'islam.

On vous parlera peut-être de la "guerre contre le terrorisme" et de ses conséquences. Ces conversations permettent parfois d'atténuer l'incompréhension qui sépare l'islam du monde occidental. Très conscients – et consternés – que, surtout depuis le 11 septembre 2001, une minorité radicale donne de leur religion une image caricaturale pour terrifier l'Occident, les Tunisiens exècrent le terrorisme. Néanmoins, ils estiment parfois que la politique menée par les Occidentaux, notamment en Irak et dans le conflit israélo-palestinien, est une attaque directe contre le monde musulman.

Il ne faut pas oublier toutefois que les éventuelles manifestations d'hostilité contre l'Occident sont dirigées contre les gouvernements. La population a conservé intact son sens de l'hospitalité et ne juge pas les visiteurs sur leur nationalité ou leur religion.

La politique intérieure ne fait en revanche guère l'objet de débats publics. Après cinquante ans d'indépendance et seulement deux présidents élus (avec plus de 99% des voix), la Tunisie n'est pas un pays où l'on peut dire ce que l'on pense, sauf en compagnie d'amis proches. Cependant, compte tenu de l'ouverture et de la réussite constatées dans d'autres secteurs de la société, beaucoup se résignent à ce manque de liberté, qu'ils considèrent comme un mal nécessaire pour échapper au sort de leurs voisins - guerre civile en Algérie ou isolement de la Libye.

Fortement liée au tourisme et aux revenus envoyés par la population émigrée, la prospérité économique du pays est tributaire des fluctuations du monde extérieur. Obtenir un travail en Europe continue de faire rêver de nombreux Tunisiens et ils vous questionneront sans doute sur les chances d'emploi de votre région.

Cela dit, malgré un ralentissement en 2002, l'économie nationale est en pleine croissance. La Tunisie possède des infrastructures modernes, de plus en plus d'entreprises privées et a noué des liens solides avec l'Europe. Bien qu'ils gardent le regard tourné vers l'Europe (la queue devant l'ambassade de France de Tunis en dit long !), les Tunisiens sont aujourd'hui fiers du pays moderne, stable et laïque qui est le leur.

QUELQUES CHIFFRES

Population : 10 millions d'habitants

Taux de chômage : 15,6%

Inflation : 4%

PIB par habitant : 6 363 $US

On compte 70 médecins et 286 infirmières pour 100 000 personnes, contre respectivement 303 et 497 en France

Espérance de vie pour les femmes : 75 ans (51 ans en 1966) ; pour les hommes : 72 ans

Jadis le grenier de Rome, la Tunisie doit aujourd'hui importer près de 40% de ses produits alimentaires

Le blé, l'orge, le maïs, le sorgho, les dattes, les olives et les oranges constituent les principales cultures du pays

Le pétrole et les produits dérivés représentent 25% des exportations

Histoire

Par sa position stratégique au centre du bassin méditerranéen, au carrefour de l'Europe, de l'Afrique et du Moyen Orient, la Tunisie fut dès l'Antiquité l'objet de toutes les convoitises. Habitée à l'origine par les Berbères, l'ancienne Ifriqiya connut plusieurs vagues de peuplement, au gré des invasions, des conquêtes et des annexions. Les Phéniciens, durant la période Carthaginoise, les Romains, les Arabes, les Turcs puis les Européens, à partir du XIXe siècle, ont façonné la composition ethnique et la culture du pays, comme en témoignent les nombreux vestiges des grands empires qui le dominèrent, des ruines romaines aux bâtiments coloniaux français.

Si l'on excepte le Sahara, les frontières de la Tunisie contemporaine sont très proches de celles qui délimitaient le territoire de Carthage, il y à 2 500 ans.

PREMIERS PEUPLEMENTS

Il a 200 000 ans, des populations auraient vécu près de la ville-oasis de Kélibia, au sud du pays. À cette époque, le Sahara était couvert de forêts, de brousse et de savane, un paysage difficile à imaginer aujourd'hui. À la fin de l'ère glaciaire, 6 000 ans avant notre ère, le Sahara se désertifia, isolant la Tunisie du reste de l'Afrique. Arrivèrent alors de l'est différents peuples, qui donnèrent naissance à la civilisation des Capsiens, établis vraisemblablement près de Gafsa (l'antique Capsa), où furent retrouvés des outils en pierre et en os finement taillés qui leur sont attribués. Des mosaïques capsiennes sont d'ailleurs exposées au musée de Gafsa (voir p. 235). Leur présence est attestée dans le Sud tunisien jusqu'aux alentours de 4500 av. J.-C. Des vagues de migrations originaires d'Europe méridionale se poursuivirent jusque vers 2500 av. J.-C. Les Berbères descendraient de ces peuples du néolithique.

CARTHAGE

Le nom de Carthage incarne à lui seul l'histoire de la Tunisie. Ce site évocateur (voir p.86), aujourd'hui quartier huppé du nord de Tunis, fut d'abord un comptoir phénicien qui, au VIe siècle avant notre ère, étendit son emprise sur la Méditerranée occidentale.

En abordant les côtes tunisiennes, les Phéniciens cherchaient avant tout à établir des relais sur la route commerciale entre Tyr (dans le Liban actuel), leur cité d'origine, et les mines d'argent du sud de l'Espagne. Ils s'installèrent d'abord à Utique, à 35 km environ au nord de Tunis, en 1101 av. J.-C. Les ruines de ce port majeur sont d'ailleurs toujours visibles (voir p. 124). Bientôt, un chapelet de colonies portuaires vit le jour le long des côtes d'Afrique du Nord, notamment Hadrumète (Sousse), Hippo Diarrhytus (Bizerte) et Thrabaka (Tabarka).

Carthage ou l'empire de la mer, de François Decret (Seuil, coll. «Points Histoire», 1979) retrace l'essor de la ville, notamment son expansion commerciale et maritime jusqu'à sa défaite face à Rome.

Carthage fut fondée en 814 av. J.-C. par la reine Élissa (Didon), dont l'histoire se confond avec le mythe de la ville (voir encadré p. 89). Bâtie en réaction à la présence grecque en Méditerranée, elle marqua le début d'une installation phénicienne permanente dans la région.

Au cours des VIIe et VIe siècles av. J.-C., tandis que Tyr devait subir le pouvoir des Assyriens, rien ne s'opposait à l'essor de Carthage. Devenue, au début du Ve siècle av. J.-C., la principale puissance de la Méditerranée occidentale, la cité contrôlait le littoral de la Tripolitaine (ouest de la

CHRONOLOGIE

1101 AV. J.-C.
Les Phéniciens fondent à Utique leur première colonie de Tunisie

814 AV. J.-C.
Fondation de Carthage par les Phéniciens

HANNIBAL BARCA

Considéré par certains comme le plus grand chef militaire de tous les temps, le célèbre général carthaginois Hannibal Barca faillit bien rayer de l'histoire le jeune Empire romain, lors de la seconde guerre punique (218–202 av. J.-C.).

Né en 247 av. J.-C., il était le fils d'Hamilcar Barca, le grand général qui avait combattu les Romains pendant la première guerre punique. La reddition carthaginoise à l'issue du conflit avait suscité chez lui une soif de revanche.

Contrarié par la puissance des marchands de Carthage qui préféraient le commerce à la guerre, Hamilcar établit une deuxième base de pouvoir en Espagne. À ce moment-là, il fit jurer à Hannibal, alors âgé de neuf ans, une haine éternelle à Rome sur l'autel du grand temple de Baal.

Ayant pris la tête des forces carthaginoises en Espagne en 221 av. J.-C., Hannibal se mit en route trois ans plus tard avec une armée de 90 000 fantassins appuyés par 12 000 cavaliers et 37 éléphants. Son périple le conduisit à travers la Gaule hostile avant de franchir les Alpes pour descendre dans les plaines du nord de l'Italie au printemps 217 av. J.-C. Seuls 17 éléphants et 23 000 soldats survécurent à cette épopée.

En 216 av. J.-C., il devait connaître son heure de gloire à Cannes où, malgré l'infériorité numérique de ses troupes, il parvint à anéantir une armée romaine forte de 80 000 hommes grâce une stratégie sophistiquée.

Malgré ses succès guerriers, Hannibal s'avéra pourtant incapable d'écraser Rome. Pendant plus de dix ans, les deux empires jouèrent à cache-cache, les Romains s'employant à contenir les Carthaginois sans engager le combat. Finalement, Rome envoya Scipion l'Africain reprendre l'Espagne et attaquer Carthage en 204 av. J.-C., ce qui obligea Hannibal à revenir d'Italie. Les deux chefs s'affrontèrent à la bataille de Zama (près de Siliana), en 202 av. J.-C., qui signa l'unique défaite du général carthaginois.

Après la guerre, Hannibal mena une brève carrière politique, mais un complot le contraignit bientôt à la fuite. Il passa les dernières années de sa vie comme conseiller militaire aux confins orientaux de l'Empire romain puis se suicida en 183 av. J.-C. après avoir été livré à ses ennemis de toujours.

Il demeure aujourd'hui une figure populaire dans l'imaginaire collectif tunisien et son portrait orne les billets de 5 DT.

Libye) à l'Atlantique, et possédait des colonies aux Baléares, en Corse, à Malte, en Sardaigne et en Sicile.

La civilisation phénicienne en Afrique du Nord fut baptisée "punique", du latin *punicus* et du grec *Phoinix*. Carthage s'imposa rapidement comme capitale du monde phénicien, avec une population avoisinant les 500 000 habitants à son apogée. Une flotte redoutable veillait sur cet empire commercial, l'un des plus vastes et des plus prospères de l'histoire. Durant les Ve et IVe siècles, Carthage chercha à étendre sa domination, annexant un territoire allant de Tabarka, au nord-ouest, à Sfax, au sud-est. Y sont incluses les terres fertiles de la péninsule du Cap Bon et de la vallée de la Medjerda, produisant un important surplus agricole destiné à l'exportation.

Une telle suprématie régionale conduisit inévitablement à des conflits avec les autres grandes puissances de la Méditerranée : les cités grecques, puis l'Empire romain. Enjeu principal de la lutte : la Sicile, située à seulement 80 km au nord-est de Carthage. Après de nombreuses batailles contre les Grecs aux Ve et IVe siècles av. J.-C. , les Carthaginois

La légende de Carthage, d'Azedine Beschaouch (Découvertes Gallimard, 1993), propose une plongée dans l'histoire de la cité mythique à travers ses vestiges archéologiques et une iconographie abondante.

264–241 AV. J.-C.

Première guerre punique entre les Romains et les Carthaginois

218–202 AV. J.-C.

Deuxième guerre punique ; grandeur et décadence du général carthaginois Hannibal

L'ORIGINE DU MOT "AFRIQUE"

Après la destruction de Carthage, les Romains cherchèrent un nom pour le territoire conquis.

Leur recherche les mena 50 km à l'ouest, dans une chaîne de collines basses au nord de la Medjerda, entre les villes de Membressa (aujourd'hui Mejez el-Bab) et de Matar (Mateur). Il s'agissait du domaine des Afri, une tribu berbère dont Rome avait cultivé la loyauté afin de créer une zone tampon avec le royaume numide situé plus à l'ouest.

La nouvelle province d'Africa couvrait le tiers nord-est de la Tunisie actuelle. Son nom s'étendit ensuite aux terres annexées à l'est et à l'ouest le long de la côte septentrionale, puis vint à désigner la totalité d'un continent que les Romains connaissaient à peine.

devinrent enfin maîtres de l'île au milieu du IIIe siècle. C'est alors qu'ils se heurtèrent à l'expansionnisme romain.

Les guerres puniques opposèrent les deux empires pendant un siècle. Rome déclenche le premier conflit en 264 av. J.-C. par une campagne d'annexion de la Sicile. Les Romains l'emportent en 241 av. J.-C., après vingt ans de combats acharnés. Privée de son soutien maritime et au bord de l'effondrement, Carthage fut contrainte d'abandonner non seulement la Sicile, mais la Corse et la Sardaigne en 238 av. J.-C. Ses mercenaires, impayés, se révoltèrent et provoquèrent des troubles intérieurs dont la violence inspira à Gustave Flaubert le roman *Salammbô* (1862).

Malgré cette défaite, la cité redevint vite une puissance de premier ordre. Gouvernée par la famille des Barcides, dont est issu le célèbre Hamilcar, vainqueur des mercenaires rebelles, Carthage conquit alors l'Espagne et fonde Carthagène (Carthage la Neuve). Pour se venger des Romains, Hannibal, fils d'Hamilcar, traverse les Pyrénées et les Alpes pour se rendre en Italie (voir l'encadré). Cette deuxième guerre punique (218-202 av. J.-C) s'acheva par la défaite de Zama, après la reconquête de la Sicile et de l'Espagne par les Romains. Pendant le demi-siècle suivant, Carthage recouvrit néanmoins son pouvoir commercial, malgré la perte progressive de ses colonies d'Afrique au profit du roi numide Massinissa, dont la cavalerie avait combattu aux côtés de l'armée romaine. La résurrection de la cité inquiétait Rome. Sous l'impulsion de Caton l'Ancien, figure politique et moraliste romain, l'empire lança la troisième guerre punique, dans l'intention de régler la question carthaginoise une fois pour toutes. En 149 av. J.-C., les légions débarquèrent à Utique et assiégèrent Carthage pendant trois ans. Lorsque la ville tomba en 146 av. J.-C., les Romains se montrèrent sans pitié. Elle fut entièrement rasée, sa population réduite en esclavage et son site symboliquement aspergé de sel pour devenir à jamais maudit.

Selon la légende, Caton l'Ancien (234 – 46 av. J.-C.) terminait tous ses discours par *Carthago delenda est* (il faut détruire Carthage), craignant des représailles carthaginoises contre Rome. Cette locution illustre l'idée fixe et l'acharnement des Romains à la mettre en pratique.

Grands commerçants, les Carthaginois développèrent une civilisation spécifique, mais peu connue, étant donné la pauvreté des vestiges dont on dispose. Monarchique à l'origine, le pouvoir fut peu à peu partagé entre de grandes familles patriciennes, puis attribué à des suffètes, deux magistrats élus. La prospérité carthaginoise provenait de la commercialisation des richesses d'Espagne et d'Afrique (or, argent, esclaves, ivoire…) à travers tout le monde antique. L'exploitation agricole du territoire africain contribua également à l'essor économique. Les Carthaginois se montrèrent des maîtres cruels envers les populations berbères autochto-

149–146 AV. J.-C.

Troisième guerre punique. Destruction de Carthage et annexion de la Tunisie par les Romains

44 AV. J.-C.

Jules César redonne à Carthage le statut de cité romaine

nes : s'ils leur enseignèrent des techniques agricoles plus élaborées, ils les maintinrent à l'écart, dans les régions pauvres du désert et des montagnes de l'intérieur.

Symbole de l'importance croissante des colonies africaines dans l'Empire romain : c'est Septime Sévère, un natif de Leptis Magna (ville située dans l'actuelle Libye), qui est proclamé empereur, en 193.

ROME

Carthage en ruines, les Romains ne surent que faire de cette nouvelle possession, dont ils laissèrent la majeure partie aux Numides, jadis assujettis aux Carthaginois. Sous le règne de Massinissa, le royaume numide s'étendait de l'ouest de l'Algérie à la Libye, avec pour villes principales Sicca Veneria (Le Kef ; p. 146), Thugga (Dougga ; p. 142) et Vaga (Béja ; p. 134). À la mort du souverain, en 148 av. J.-C., Rome voulut émietter ce territoire en le partageant entre les trois fils du roi. Cette tactique fonctionne jusqu'à la réunification du royaume par Jugurtha, petit-fils de Massinissa, qui rentre en guerre contre Rome (112-105 av. J.-C.). Son camp retranché dans la montagne, la Table de Jugurtha (voir p. 161) constituait une forteresse naturelle imprenable qui lui permet de résister longtemps à l'incroyable puissance romaine.

Rome finit par annexer le royaume numide et la colonisation commence pour de bon. En 44 av. J.-C., César accorde à Carthage le statut de cité romaine et fait d'elle la capitale de la vaste colonie d'Africa Proconsularis.

Au Ier siècle, les plaines à blé de la vallée de la Medjerda et du plateau du Tell produisaient plus de 60% des besoins de l'Empire. L'Africa fournissait aussi les animaux sauvages utilisés pour les jeux du cirque, ainsi que des esclaves, de l'or, de l'huile d'olive, de l'ivoire, des plumes d'autruche et du *garum* (sauce de poisson). Les grandes villes construites par les Romains sur les bases de cette prospérité – Dougga (p. 142), Sufetula (p. 156), Thuburbo Majus (p. 151), Haïdra (p. 159), Thysdrus (El-Djem ; p. 184) et son immense amphithéâtre, Bulla Regia (p. 134) – comptent aujourd'hui parmi les principaux sites touristiques de Tunisie.

Éblouis par le littoral, les Romains lancèrent involontairement la mode de la Tunisie comme destination balnéaire en établissant une série de colonies côtières destinées aux vétérans de l'armée. Les communautés berbères connurent un certain développement et quelques-uns de leurs membres se virent accorder la citoyenneté romaine.

VANDALES ET BYZANTINS

Au début du Ve siècle, alors que la puissance de Rome décline, le roi vandale Genséric, s'attaque aux colonies romaines d'Afrique. À la tête de son peuple (quelque 80 000 hommes, femmes et enfants), il franchit le détroit de Gibraltar en 429 dans un mouvement d'invasion d'une ampleur sans précédent. En l'espace d'une décennie, les Vandales parviennent jusqu'à Carthage qu'ils érigent en capitale de leur empire éphémère. Fidèles à leur réputation, ils se contentent de piller le territoire, précipitant le marasme économique de l'Afrique du Nord, sans ériger de monuments notables ni laisser de traces de leur civilisation. Ce désordre permit aux tribus nomades et berbères de regagner du terrain.

Pendant ce temps, l'empereur byzantin Justinien avait redonné un second souffle à l'Empire romain d'Orient basé à Constantinople (l'actuelle Istanbul) et s'apprêtait à faire de même avec l'Empire d'Occident.

439–533
Déclin de Rome et occupation de l'Afrique du Nord par les Vandales

533–647
La Tunisie tombe sous la domination de l'Empire Byzantin

En 533, il lança les troupes du général Bélisaire dans une reconquête de l'ancienne colonie africaine. Ses soldats vinrent rapidement à bout des Vandales et entamèrent alors 150 ans de domination byzantine. À l'instar des précédents occupants, les Byzantins vécurent en état de siège permanent car les chefs berbères contrôlaient la majeure partie du pays. Ils enrichirent néanmoins les villes romaines de nouvelles constructions, notamment des églises et des forts.

Portail anglophone sur le monde arabe, Arab World Wide Web Directory (www.arabinfoseek.com /tunisia-history.htm) propose plusieurs liens vers des articles traitant de l'histoire de la Tunisie antique.

LA CONQUÊTE MUSULMANE

Au VIIe siècle, l'arrivée des armées arabo-musulmanes (voir p. 36 pour plus de détails sur les origines de l'islam), en provenance d'Arabie, modifia irrémédiablement la physionomie du Maghreb. En 640, la bannière verte flottait déjà sur l'Égypte et ce fut bientôt le tour de Tripoli. En 647, les Arabes battent les Byzantins (voir p. 156) en Tunisie, mais se retirent avec leur butin, laissant leurs ennemis reprendre leurs possessions septentrionales. Il faut attendre encore une trentaine d'années pour que la conquête arabe soit effective et que la religion musulmane s'impose. À partir de 669, et pendant trois ans, Okba ibn Nafaa al-Fihri sillonne l'Afrique du Nord, fondant au passage Kairouan, première grande ville musulmane de la région qui figure aujourd'hui encore parmi les lieux saints (voir p. 177). La ville devient le quartier général de la conquête. Mais ce n'est qu'en 698 que les Byzantins sont délogés de Carthage.

Ils rencontrèrent en revanche une farouche résistance de la part des Berbères, ralliés derrière la fameuse princesse Al-Kahina (voir encadré p. 204). Celle-ci l'emporta à Tébessa (Algérie) en 696 mais fut tuée à El-Djem en 701 (voir p. 184) dans un sursaut héroïque. Après leur défaite, la grande majorité des Berbères se convertirent à la religion musulmane, sans pour autant accepter le nouvel occupant. Beaucoup adoptèrent la doctrine des Kharidjites, musulmans hétérodoxes et puritains dont les croyances égalitaires contrastaient avec le mode de gouvernement du nouvel empire.

LES DYNASTIES MUSULMANES

La conquête arabe fit de l'Afrique du Nord-Est, avec pour capitale Kairouan, la province d'un empire musulman en pleine expansion. Ce dernier fut dirigé d'abord par les califes de la dynastie des Omeyyades de Damas puis par la dynastie des Abbassides, établie à Bagdad (à partir de 750). De même que les autres colonies d'Afrique du Nord, l'éloignement géographique de la Tunisie l'empêchait d'être gouvernée par le pouvoir islamique central. D'où l'émergence de dynasties locales.

Nommé gouverneur d'Ifriqiya (la Tunisie plus des portions de la Libye) en 797, Ibrahim ibn al-Aghlab pacifia l'émirat depuis Kairouan. En butte à l'hostilité d'une partie des Berbères, il contrôla bientôt un territoire couvrant l'ouest algérien, la Tunisie et la province libyenne de Tripolitaine. Il reçut en récompense le titre d'émir héréditaire et fonda la dynastie aghlabide, qui régna pendant plus d'un siècle. C'est à cette époque que remontent les monuments islamiques les plus remarquables du pays, dont la grande mosquée de Kairouan (p. 179) et les *ribat* (forts) de Sousse (p. 167) et de Monastir (p. 174), reflets d'un certain " siècle d'or ".

647 — Première conquête musulmane de la Tunisie

669–672 — Deuxième conquête de l'Afrique du Nord par les armées d'Okba ibn Nafaa al-Fihri

À partir du Xe siècle, les partisans du schisme chiite, opposé au califat de Bagdad, propagent leurs idées au Maghreb. Convertis à cette nouvelle branche de l'islam, des Berbères chiites (voir p. 36) originaires de Kabylie, dans le centre de l'Algérie, déposent le calife et élèvent à la fonction de commandeur des croyants leur chef Ubayd Allah al-Mahdi, qui fonde la dynastie des Fatimides. Grâce à des alliances avec les tribus berbères rebelles, les Fatimides réalisent rapidement la conquête de l'Afrique du Nord. Un an après la défaite des Aghlabides (909), Ubayd Allah est proclamé calife à Raqqada, au sud de Kairouan. Anticipant d'éventuelles représailles, les Fatimides fondent une nouvelle capitale, Mahdia (voir p. 186), sur un petit promontoire côtier aisément défendable. En 944, ils doivent faire face à l'insurrection des Kharidjites, qui s'emparent de Kairouan et assiègent Mahdia. Les rebelles sont mis en déroute mais pour les Fatimides, l'Ifriqiya n'était qu'une étape vers un autre territoire : l'Égypte, qu'ils finirent par conquérir. En 973, ils déplacent la capitale de leur empire au Caire et confient la gestion de l'Ifriqiya aux Zirides, issus d'une tribu berbère alliée.

Soumise à des pressions pour un retour à l'orthodoxie religieuse, la dynastie des Zirides revient à la doctrine sunnite en 1045, défiant ainsi ouvertement les Fatimides du Caire. La réponse de ces derniers est dévastatrice : ils envoient de Haute Égypte les tribus arabes des Banu Hilal, qui envahissent massivement le Maghreb. Leurs 200 000 hommes réalisent une conquête plus violente et subite encore que celle des Vandales.

Pendant le siècle suivant, l'Afrique du Nord-Est est progressivement réduite en cendres, certaines régions autrefois irriguées retournant à l'état de désert. Cette invasion paracheva l'arabisation, fit disparaître le christianisme presque entièrement et le chaos facilita l'implantation de Normands, venus de Sicile, sur la côte orientale de la Tunisie (1148-1160).

Au début du XIIe siècle, la vacance dynastique est comblée par les Almohades qui, après avoir pris le pouvoir au Maroc, s'emparent de Mahdia en 1160. Mais leur règne s'avére de courte durée. Le Maghreb est alors divisé en trois : l'Ifriqiya (Tunisie) échoue aux Hafsides jusqu'au XVIe siècle, l'Algérie aux Banu Abd al-Wad et le Maroc aux Mérinides. Cette partition géographique a plus ou moins subsisté jusqu'à nos jours.

Durant le règne hafside, qui dure plus de trois siècles, la Tunisie vit une ère florissante, tant d'un point de vue économique qu'intellectuel et artistique. De nombreux Arabes et juifs chassés de l'Andalousie reconquise par les chrétiens émigrent vers l'Ifriqiya et font de Tunis une vraie capitale, un centre commercial de premier ordre pour la région.

Histoire des peuples arabes, d'Albert Hourani (Seuil, 1993), est une référence sûre qui traite avec exhaustivité de la vie sociale, culturelle et religieuse sous tous ses aspects.

LA PÉRIODE OTTOMANE

Affaiblis par les querelles dynastiques, les Habsides subissent dès la fin du XVe siècle les attaques des Espagnols, puis des Turcs, qui se disputent le contrôle de la Méditerranée. Les ports de la côte orientale deviennent peu à peu l'enjeu de la lutte acharnée entre les troupes de Charles Quint et les corsaires ottomans, dont les célèbres frères Barberousse, Aruj et Khair ed-Din, établis sur l'île de Djerba. Khayr al-Din prend le port de

797–909
La dynastie aghlabide règne sur le pays

909
Les Fatimides débarquent en Tunisie et imposent leur gouvernement

Le Maghreb à l'épreuve de la colonisation, de Daniel Rivet (Hachette, 2002) retrace l'histoire de la colonisation et permet également de mesurer son impact sur les sociétés algérienne, marocaine et tunisienne.

Bizerte en 1534, puis ceux de La Goulette et de Tunis. Tunis change encore quatre fois de mains avant le rattachement, en 1574, de toute la Tunisie à l'Empire ottoman, dont elle devient une province. Les Hafsides sont contraints à l'exil.

Le pouvoir est d'abord exercé par un pacha, qui représente le sultan de Constantinople, assisté d'un conseil de gouvernement, le *diwan* (Divan), formé par des officiers de la milice. En 1590, face aux abus du pouvoir du Divan, des soldats fomentent un coup d'État. Sept ans plus tard, Osman Dey se saisit du pouvoir, réduisant le pacha ottoman au rôle de figurant. Un *dey*, à l'origine un officier élu par ses pairs, était maître de Tunis, de Kairouan et des grandes villes côtières, mais les chefs de troupes et les gouverneurs de province, les *beys*, avaient la mainmise sur l'arrière-pays. Progressivement, les beys prennent de l'importance et, à partir du XVIIIe siècle, gouvernent *de facto* la Tunisie, transformant leur charge en régime héréditaire.

Les guerres intestines et les luttes incessantes pour le pouvoir perdurèrent jusqu'à l'arrivée d'Hussein ben Ali en 1705. Fort de son succès face aux attaques militaires du dey d'Alger, ce fils d'un janissaire (fantassin) turc fonde la lignée des beys husseinites qui devait survivre jusqu'à l'indépendance de la Tunisie en 1957. Minée par des querelles de succession et une gestion financière hasardeuse, cette nouvelle dynastie marqua la naissance d'une entité tunisienne proprement dite, émancipée de la tutelle de l'Empire ottoman.

LE PROTECTORAT FRANÇAIS

À l'orée du XIXe siècle, le rôle des commerçants européens s'accroît dans le bassin méditerranéen et dans les ports tunisiens. Sous la pression des Français et des Anglais, les corsaires sont déclarés hors la loi en 1816, et l'esclavage aboli en 1846. Ces mesures grevèrent lourdement les finances réduites du pays, nécessitant des emprunts à forts taux d'intérêt aux banques européennes. En 1869, la Tunisie se trouvait au bord de la banqueroute. La gestion de ses finances fut confiée à une commission internationale. Une dernière fois, le gouvernement éphémère du réformateur Khaireddin (1873–1877) tenta vainement d'éviter la mainmise européenne.

La première Constitution du monde arabe (*Destour*) fut proclamée en Tunisie en 1861.

Présente en Algérie depuis 1830, la France avait été appelée par le bey pour lutter contre les tentatives ottomanes d'imposer à nouveau la suprématie de Constantinople. Elle se disputait le territoire tunisien avec l'Italie. En 1881, sous prétexte de contrer les raids de tribus Kroumires dans l'Algérie française, la France de Jules Ferry envoie 30 000 soldats qui demeurent en Tunisie. Le bey est contraint de signer le traité du Bardo reconnaissant officiellement sa souveraineté mais confiant le pouvoir effectif à un résident-général français, qui est à la fois Ministre des Affaires étrangères et président du Conseil des Ministres. La convention de la Marsa (1883) établit une cosouveraineté et des systèmes judiciaires parallèles. En vertu de cet arrangement, les Européens devaient répondre devant la loi française, les autochtones se conformer à une loi islamique revisitée. Une conférence consultative fut créée, où des Tunisiens ne siégèrent qu'à partir de 1907, et où dominaient les intérêts français.

L'acquisition des terres par les colons s'effectua de manière plus discrète que dans l'Algérie voisine. Ils parvinrent à prendre possession

Fin du XIe siècle
Les tribus Banu Hilal s'installent en Afrique du Nord

XIIe-XVIe siècle
Les Hafsides règnent sur la Tunisie après la chute des Almohades du Maroc

des plus fertiles sans recourir à la confiscation de biens privés. Pour cela, ils s'approprièrent de vastes domaines de la péninsule du Cap Bon et de la vallée de la Medjerda, qui appartenaient jadis au bey ou que les nomades utilisaient comme pâturages. Les plantations d'agrumes du Cap Bon sont un héritage de cette époque, de même que les principaux vignobles du pays. Trop aride pour l'agriculture, le sud fut largement délaissé jusqu'à la découverte de phosphate, au début du XXe siècle, dans les collines à l'ouest de Gafsa. Amorcée par les Français, cette exploitation minière de grande ampleur demeure une importante source de revenus pour l'économie tunisienne. Les infrastructures furent considérablement modernisées, les finances rétablies et l'enseignement de type français imposé.

Histoire contemporaine du Maghreb de 1830 à nos jours, de Jean Ganiage (Fayard, 1994) permet de mettre en relief les similitudes et les différences entre les destins nationaux des pays du Maghreb.

Le développement économique profita avant tout aux colons, mais également à une certaine frange de la bourgeoisie tunisienne, qui ne tarda pas à manifester son mécontentement d'être mise à l'écart de toute participation au gouvernement. Au début du XXe siècle naît le mouvement nationaliste des Jeunes Tunisiens, modernistes et réformistes. Plusieurs foyers de mécontentements sont réprimés en 1911.

La participation de troupes tunisiennes à la Première Guerre mondiale ne fait qu'accroître les revendications nationalistes. En 1920 est créé le Destour (qui signifie Constitution), parti nationaliste modéré. Bien que soutenus par le bey, ses appels à la création d'un gouvernement démocratique restent lettre morte.

LE CHEMIN VERS L'INDÉPENDANCE

En 1934, Habib Bourguiba, jeune juriste charismatique qui a étudié à la Sorbonne, fonde le Néo-Destour, un parti politique issu du Destour, mais qui prend ses distances avec le bey, et s'ouvre plus largement aux milieux ouvriers. En 1936, le Front populaire alimente un espoir de démocratisation, mais le 9 avril 1938, des dizaines de manifestants sont tués à Tunis et le mouvement interdit.

Habib Bourguiba dut longtemps s'exiler à l'étranger. Il fut également assigné à résidence à Tabarka, Remada et, durant deux ans, sur l'île de la Galite.

La seconde Guerre mondiale place la Tunisie dans une situation délicate. En 1942, les Allemands débarquent à Tunis dans l'espoir de repousser les avancées alliées depuis l'est et l'ouest. La campagne de Tunisie fait rage pendant six mois, au cours desquels les Alliés perdent plus de 15 000 hommes, jusqu'à la prise de Bizerte, le 7 mai 1943. La même année, les Allemands autorisent Bourguiba à regagner son pays où Moncef Bey forme un gouvernement proche du Néo-Destour, dont certains membres collaborent plus ou moins directement avec l'occupant.

Reprenant le contrôle de la Tunisie après la guerre, la France se montra intransigeante envers certains chefs du Néo-Destour. Le bey fut déposé et Bourguiba obligé de se réfugier au Caire, d'où il organisa une campagne pour attirer l'attention internationale sur la situation tunisienne. En 1951, les Français acceptent enfin la création d'un gouvernement nationaliste et le retour de Bourguiba. Mais lorsque ce dernier est exilé une troisième fois, une flambée de violence plonge le pays dans la confusion générale. Le mouvement était amorcé par les fellaghas, qui s'attaquèrent aux fermiers colons du Cap Bon.

Le 31 juillet 1954, Pierre Mendès-France prononça son fameux discours de Carthage, où il annonça des négociations en vue d'une

1574
Sinan Pacha revendique la Tunisie pour le compte de l'Empire ottoman

1598
Osman Dey s'empare du pouvoir

autonomie interne. En juin 1955, des conventions franco-tunisiennes sont signées et Bourguiba accueilli en héros à Tunis.

L'indépendance de la Tunisie fut proclamée le 20 mars 1956 avec la nomination de Bourguiba au poste de Premier ministre. En l'espace d'une année, le bey fut déposé, le pays devint une République et Bourguiba son premier président.

HABIB BOURGUIBA

La Constitution de 1959 précise que le président de la République tunisienne doit être musulman.

Habib Bourguiba incarne la Tunisie moderne dont il domina le paysage politique pendant près d'un demi-siècle.

L'ancien président tunisien s'était fait un nom en s'opposant à la France. Ses premières années au pouvoir suivirent la même orientation, ce qui lui valut l'affection du peuple. En 1958, les Français bombardèrent le village frontalier de Sakiet Sidi Youssef en prétextant l'entrée sur le territoire de rebelles algériens soutenus par la Tunisie. Bourguiba demanda l'évacuation de la base militaire française de Bizerte. Les soldats tunisiens ouvrirent le feu sur leurs homologues français, provoquant de sanglantes représailles qui firent plus d'un millier de victimes tunisiennes. Devant la victoire de Bourguiba, les Français se retirèrent en 1963.

Visant une modernisation à l'occidentale, Bourguiba introduisit rapidement des réformes politiques et sociales d'envergure. Mu par un idéal socialiste et laïc, il considérait l'islam comme l'élément responsable de l'arriération du pays.

Aussi s'employa-t-il à réduire le rôle de la religion dans la société en retirant aux chefs religieux leurs sphères d'influences traditionnelles. Ses réalisations les plus probantes furent sans doute les mesures en faveur de l'émancipation des femmes (voir p. 40) et l'abolition des écoles coraniques qui priva les religieux de leurs prérogatives. Centre de l'étude islamique depuis des siècles, la médersa de la mosquée Zitouna fut ainsi intégrée à l'université de Tunis, conçue sur le modèle européen.

Il supprima également les tribunaux fondés sur la charia (loi islamique) et plus de 60 000 hectares financés par les mosquées et instances religieuses furent confisqués. Il va sans dire que les chefs religieux s'élevèrent avec véhémence contre ces changements, notamment à Kairouan. En réponse, Bourguiba démit les contestataires de leurs fonctions.

Malgré son régime autocratique et ses absences prolongées pour raisons de santé, le chef de l'État tunisien réussit pourtant à conserver l'adhésion de la majorité du peuple. En 1974, l'Assemblée nationale le nomma président à vie.

L'OPPOSITION ISLAMISTE

Les assauts de Bourguiba contre les dignitaires religieux contribuèrent à créer la grande ligne de fracture de la Tunisie actuelle : la contradiction entre la montée de l'islam militant et la protection des libertés individuelles.

Dans les années 1970, on assista à l'émergence progressive de l'opposition islamiste sous la forme de l'Association islamique menée par un prêcheur populaire, Rachid Ghannouchi. Suite à la répression militaire de la grève générale – organisée en janvier 1978 par l'Union générale des

LE PÈRE DE LA TUNISIE MODERNE

À l'instar de nombreux grands personnages historiques, Habib Bourguiba fut une figure de légende. L'homme qui tint les rênes de la politique tunisienne pendant un demi-siècle naquit probablement en 1903, une date incertaine car son âge fut toujours un secret bien gardé. Il est sûr, en revanche, que personne n'œuvra plus que lui au façonnement de la Tunisie moderne, qu'il mena à l'indépendance etqu'il sécularisa.

Dès 1960, il se distingua par une approche non conformiste en demandant aux travailleurs d'ignorer le jeûne du ramadan qu'il considérait comme nuisible à la productivité et, par conséquent, à l'économie. Confronté à une opposition farouche de la part des chefs religieux, il trouva une parade ingénieuse en prétendant que les Tunisiens étaient exemptés de jeûne afin de mener une guerre sainte (djihad) contre la pauvreté (le Prophète lui-même avait agi de même avec les guerriers qui requéraient toutes leurs forces pour lutter contre l'ennemi).

Désireux de libérer le pays du péril islamiste, il réprima les mouvements religieux, mais aussi toute forme d'opposition politique. Il parvint néanmoins à fonder une identité nationale forte et à améliorer le niveau de vie de la population, plaçant ainsi la Tunisie en tête des pays en voie de développement.

Après son renversement en 1987, Bourguiba fut détenu quelque temps dans son palais de Carthage puis forcé à la retraite dans une autre résidence de la périphérie de Monastir, sa ville natale, où il demeura jusqu'à sa mort, en avril 2000. Cependant, l'ombre du président disparu devait encore planer sur le pays. 120 000 personnes descendirent dans la rue pour lui rendre un dernier adieu, causant l'embarras de son successeur. Les tentatives officielles de minimiser l'événement enflammèrent la foule qui répliqua aux cris de "Vive Bourguiba". Sur la porte en bronze de son mausolée (voir p. 176) on peut lire l'inscription suivante : *Le combattant suprême, le libérateur des femmes, le bâtisseur de la Tunisie moderne.*

travailleurs tunisiens (UGTT), première centrale syndicale –, la déception suscitée par Bourguiba et son Parti socialiste destourien (PSD) remanié augmenta considérablement.

Soumis à une pression croissante en Tunisie comme à l'étranger, Bourguiba convoqua les premières élections multipartites en 1981. L'Association islamique, rebaptisée Mouvement de tendance islamique (MTI), se fit l'avocat d'un retour aux valeurs de l'islam. Déjà peu disposé à admettre une opposition quelle qu'elle soit, le président n'était pas prêt à tolérer un parti islamiste, d'où son refus d'autoriser le MTI.

Le Front national (une alliance entre le PSD et l'U.G.T.T.) remporta la totalité des 136 sièges en jeu, un résultat truqué qui fit crier au scandale.

Après les élections, Bourguiba sanctionna durement le MTI. Ghannouchi et plusieurs leaders furent incarcérés jusqu'en 1984. À ce moment-là, la hausse du prix des produits céréaliers entraîna six jours d'émeutes qui ne cessèrent qu'avec le retrait de la mesure. Au cours des manifestations, on vit fleurir des slogans tels que "Dieu est grand" et "À bas l'Amérique". Pour atténuer les tensions, les chefs du MTI furent libérés.

Soucieux de préserver son pouvoir et d'éviter que l'islamisme militant en Algérie et en Égypte ne provoque un soulèvement, le gouvernement de Bourguiba passa le plus clair des années 1980 à réprimer l'opposition religieuse à grand renfort de condamnations à mort et autres peines sévères.

Habib Bourguiba : le pouvoir d'un seul, de Bernard Cohen (Flammarion, 1986) dresse un portrait sans concessions de l'ancien président tunisien.

1920
Formation du premier parti politique (Destour) tunisien

1934
Habib Bourguiba crée le Néo-Destour et entame la lutte pour l'indépendance

LA CHUTE DE BOURGUIBA

Au bout de plusieurs décennies au sommet de l'État, beaucoup jugeaient Bourguiba de plus en plus coupé de son peuple. En 1986, il limogea le Premier ministre Mzali quelques semaines avant de le désigner comme son successeur. Le remplaçant de Mzali, Rachid Sfar, ne resta en fonction qu'une année, cédant la place à Zine el-Abidine Ben Ali, ministre de l'Intérieur et ancien général.

Le syndrome autoritaire : politique en Tunisie, de Bourguiba à Ben Ali, de Michel Camau et Vincent Geisser (Presses de Sciences-Po, 2003) analyse sous l'angle politique et sociologique le système tunisien depuis l'indépendance.

À la tête de son ministère, Ben Ali avait organisé la répression de l'opposition islamiste en procédant à plus de 1 000 arrestations. En septembre 1987, 90 de ces prisonniers, dont Ghannouchi, furent jugés pour des faits allant de l'attentat à la bombe (12 touristes avaient été blessés dans l'explosion d'hôtels à Sousse et à Monastir) jusqu'à la conspiration en vue de renverser le régime.

Le procès se solda par sept peines capitales et par la condamnation de Ghannouchi aux travaux forcés à perpétuité. Furieux du verdict – il avait réclamé une sentence de mort à l'encontre de tous les accusés –, Bourguiba insista pour que Ghannouchi et 15 autres personnes soient exécutées le 16 novembre 1987.

C'est dans ce contexte que Ben Ali pris le pouvoir. L'arrestation de Ghannouchi avait déclenché des batailles de rue et l'on craignait que les exécutions ne soient le détonateur d'un soulèvement populaire. Le 7 novembre 1987, il s'empara du pouvoir lors d'une révolution de palais et convoqua un groupe de médecins pour examiner la santé du président âgé de 83 ans. Bien entendu, celui-ci fut considéré inapte à gouverner.

LE PRÉSIDENT BEN ALI

L'emprise de Ben Ali sur la Tunisie n'a presque rien à envier à celle de Bourguiba en son temps. Ses portraits omniprésents suffiront à vous en convaincre (les commerçants qui omettent d'afficher l'effigie du président risquent des ennuis avec la police).

Pendant les premières années de son mandat, rien ne sembla avoir changé. De 1990 à 1992, les geôles tunisiennes accueillirent quelque 8 000 prisonniers soupçonnés de fondamentalisme religieux. Les mouvements de défense des droits de l'homme comme Amnesty International – et, quelque temps, le gouvernement français –, militèrent pour une libéralisation du régime. Au grand dam des Tunisiens, l'État répliqua en interdisant la diffusion des programmes de la télévision française. À ce stade, la Tunisie devint une sorte de pays paria, sans toutefois rivaliser avec la Libye.

Le rire de la Baleine, de Taoufik Ben Brik (Seuil, 2000) retrace la grève de la faim menée par le journaliste pour protester contre le régime policier de Ben Ali.

Une fois débarrassé des principaux dirigeants de l'opposition islamiste, Ben Ali entreprit d'amadouer ses autres membres ainsi que la population. Soucieux de passer pour un musulman fervent, il effectua un pèlerinage très médiatisé à La Mecque et ordonna l'observance du jeûne du ramadan. Il promit aussi un système politique multipartite, rechignant malgré tout à légaliser l'ancien MTI rebaptisé Hizb al-Nahda (parti de la Renaissance).

Les détenus politiques furent libérés, la cour de sécurité de l'État abolie et le pouvoir de détention de la police limité. Invités à revenir au pays, beaucoup d'exilés politiques obtempérèrent.

20 mars 1956
Indépendance de la Tunisie ; Habib Bourguiba devient Premier ministre puis président, un an plus tard

1981
Premières élections multipartites en Tunisie

Les élections générales d'avril 1989 furent pourtant loin de refléter la même tolérance. Ben Ali et le Rassemblement constitutionnel démocratique (RCD), nouveau nom du PSD, remportèrent tous les sièges lors d'un scrutin très contesté. Aux présidentielles, Ben Ali obtint 99,27% des suffrages. Interdit de scrutin, l'Hizb al-Nahda présenta toutefois de nombreux membres sous l'étiquette de candidats indépendants. On estime leur score entre 13% et 40% dans certaines zones urbaines.

Notre ami Ben Ali, l'envers du miracle tunisien, de Nicolas Beau et Jean-Pierre Turquoi (La Découverte Poche, 2002) analyse les rouages du régime autoritaire de Ben Ali

Suite à ce résultat et aux succès du Front islamique du salut (FIS) lors des élections municipales algériennes, Ben Ali exclut toute reconnaissance officielle de l'Hizb al-Nahda.

Pendant la guerre du Golfe de 1991, la Tunisie soutint la coalition menée par les États-Unis, mais son opinion publique se rangea massivement du côté de l'Irak. En mai 1991, le gouvernement révéla la découverte d'un complot de l'Hizb al-Nahda destiné à instaurer un État islamique par la force. Parmi les individus arrêtés, beaucoup appartenaient à l'armée.

Les élections de 1994 et de 1999 confirmèrent l'emprise politique du président tunisien. Les secondes accordèrent au RCD 150 sièges à la chambre des députés. L'opposition officielle, le Mouvement des démocrates socialistes (MDS), gagna 13 sièges tandis que quatre autres partis se partageaient les 22 restants. Ben Ali conserva la présidence avec un résultat à la soviétique, soit 99,44% des voix.

Le gouvernement contrôle intégralement la politique du pays, un sujet que nous vous déconseillons vivement d'aborder. Il n'empêche que de nombreux Tunisiens expriment une admiration authentique pour leur dirigeant. Malgré la répression des libertés politiques et religieuses, ils sont fiers de la réputation de stabilité attachée à leur pays dans une région plutôt troublée. Nombre d'entre eux se sont également détourné des groupes islamistes suite à la mort de 19 personnes dans l'attaque à la bombe d'une synagogue de Djerba en avril 2002. À l'instar de Bourguiba, Ben Ali a en outre fortement soutenu la cause arabe. Ainsi, la Tunisie a abrité la Ligue arabe pendant la majeure partie des années 1980. De même, l'OLP avait son siège à Hammam Plage, au sud de Tunis, après avoir été chassée du Liban par les Israéliens.

La deuxième explication à la longévité du règne de Ben Ali réside dans un essor économique spectaculaire, figurant parmi les plus étonnants du monde développé. En dépit d'un taux de chômage élevé, la Tunisie a été le premier État arabe à signer, dès 1995, un accord de partenariat lui ouvrant progressivement l'espace économique européen. D'autres accords autorisent les Tunisiens à travailler dans le secteur agricole en Italie. Tout cela contribue à la croissance économique et renforce la réputation de stabilité, de modernité et de relative prospérité dont jouit le pays.

La censure d'Internet par le gouvernement tunisien est très stricte. Le web-journaliste Zouhair Yahyaoui purge une peine de deux ans de prison pour divulgation de fausses informations.

7 novembre 1987
Ben Ali renverse Bourguiba lors d'un coup d'État feutré et accède à la présidence

Avril 2000
Mort d'Habib Bourguiba à Monastir

Culture et société

LA SOCIÉTÉ TUNISIENNE

La société tunisienne est aujourd'hui partagée entre plusieurs influences, parfois contradictoires. Fidèle à ses ancêtres berbères, elle reste très attachée à ses racines rurales : la plupart des familles gardent des liens dans leur village d'origine. L'histoire récente a tourné ses regards vers l'Europe, où beaucoup de Tunisiens ont émigré et travaillent. Enfin, l'islam imprègne le quotidien, même s'il ne structure plus la vie publique dans la Tunisie moderne.

Quelques proverbes tunisiens : "La bonne réputation vaut mieux que la richesse", "Les prix élevés attirent les clients" et "La porte de la boutique est ouverte et nous faisons confiance à Dieu".

C'est dans les villes tunisiennes que la modernité triomphe comme nulle part ailleurs dans le monde arabe. Les relations entre hommes et femmes, et avec les touristes étrangers y semblent libres et faciles. Alors que dans les campagnes, les traditions dominent et le clan familial reste au centre de l'organisation sociale. À tel point que, lorsqu'ils retournent dans leur village, émigrants et citadins tunisiens doivent parfois réapprendre le mode de vie rural, en contradiction avec leurs nouvelles valeurs urbaines. À Tunis et dans les capitales provinciales, cette double appartenance est perceptible à chaque coin de rue : il n'est pas rare de voir une mère portant le *hidjab* (foulard) accompagnée de sa fille vêtue à la dernière mode occidentale ou encore, des mendiants regardant défiler des voitures à plaque d'immatriculation européenne.

Comme beaucoup d'Africains, les Tunisiens entretiennent avec l'Europe des rapports ambigus. Le Vieux Continent est une promesse de prospérité, à travers l'émigration, les liens économiques et la manne du tourisme. En même temps, l'inégalité Nord-Sud et le conflit au Moyen-Orient ont développé un sentiment d'injustice, largement répandu dans le reste de la région. La Tunisie partage avec le monde arabe une histoire faite d'invasions et de colonisation. Mais curieusement, il n'en résulte aucune rancœur, et la tradition d'hospitalité des nomades bédouins semble être la règle pour tous les Tunisiens, quelles que soient leurs origines. Le Coran, c'est vrai, mentionne le bon accueil que doivent réserver les musulmans aux étrangers et, si vous marchandez dans les souks (marchés), ce vieux dicton tunisien prendra sans doute tout son sens : " Considère-moi comme ton frère, mais faisons affaire comme des partenaires ".

Près de 18% du budget national est réservé à l'éducation, contre 6% pour la santé et 5% pour la défense (1990-2001).

Casquettes et burnous se mêlent volontiers dans ce pays où un téléphone portable vient souvent interrompre une conversation menée dans la tradition de l'éloquence arabe. Certes, les Tunisiens revendiquent la modernité de leur pays et pourtant, bien des hommes se plaignent de la liberté que l'État a accordée aux femmes, déclarant sans complexe que cela pourrait bien se retourner contre elles. En politique, les mêmes soulignent volontiers les libertés dont ils jouissent et clament leur amour pour le président Ben Ali, ou plus encore leur admiration pour Bourguiba… Mais, à voix basse, ils finiront par admettre qu'ils ne peuvent pas dire vraiment ce qu'ils pensent.

La Montagne du lion, de Mustapha Tlili (Gallimard, 1988), est une fiction qui donne un compte rendu impressionnant du désastre apporté par le progrès et le tourisme dans un village isolé. Titre non disponible dans les librairies tunisiennes.

MODE DE VIE

La société tunisienne a beaucoup évolué au cours du siècle dernier. Deux sociétés parallèles coexistent : la société moderne, occidentalisée et cosmopolite des grandes villes telles que Tunis et Sousse, et la société traditionnelle des villes secondaires et de la campagne.

La famille reste le pilier de la société traditionnelle. Dans les zones rurales, il est fréquent de voir trois générations cohabiter sous le même toit. Quant à la vie sociale (surtout pour les femmes), elle se limite à la sphère familiale élargie.

Tandis que dans la vie publique, le rôle de la religion est restreint, l'islam continue de rythmer les grands événements de la vie. À la naissance d'un enfant, les premiers mots formulés sont une prière. Une semaine plus tard, on rase la tête du nouveau-né et on sacrifie un animal lors d'une cérémonie. La circoncision des garçons a lieu quand ils ont entre sept et douze ans. Lorsqu'une personne meurt, un service funéraire est tenu à la mosquée et sa dépouille est enterrée avec les pieds dans la direction de La Mecque.

L'absence de fonds de prévoyance pour les chômeurs renforce la solidité des liens familiaux : une personne sans emploi survit grâce à l'aide des membres de sa famille et il n'est pas rare qu'un adulte subvienne aux besoins de quatre ou cinq de ses parents. Un système national de protection sociale soutient les personnes âgées ou handicapées et garantit la gratuité des soins médicaux et de l'enseignement.

Plus de 51% des élèves des écoles secondaires en 1999-2000 étaient des filles, tandis que 51,9% des étudiants à l'université en 2000-2001 étaient des femmes.

MARIAGE À LA TUNISIENNE

Si vous vous rendez en Tunisie en été, attendez-vous à ce que votre sommeil soit perturbé par les processions de voitures qui klaxonnent dans les rues et la musique à plein volume jusqu'aux petites heures du matin. Ce sont les expressions joyeuses d'un mariage tunisien.

L'entreprise débute des mois (voire des années) avant la date de l'événement. Lorsque leurs enfants atteignent l'âge du mariage, les parents commencent à chercher un gendre ou une belle-fille. Il est dit que les mères se rendent au *hammam* pour trouver la plus belle femme pour leurs fils et effectuer discrètement une enquête sur la famille de la femme, ses ambitions professionnelles et autres aspects de sa vie. Lorsque les parents ont arrêté leur choix (de plus en plus après avoir consulté leur enfant), on demande son consentement à la jeune femme. D'après la loi tunisienne, elle a le droit de refuser, un choix respecté par la plupart des familles.

Si la jeune femme est d'accord, les deux familles se rencontrent – une réunion assez formelle et embarrassante selon la plupart des Tunisiens à qui nous avons parlé. Si tout se passe bien, on échange les contrats et on remplit les formalités. Entre ce moment précis et le jour du mariage, les futurs mariés sont autorisés à se rencontrer quelques fois. Là encore, il ne s'agit pas d'intimité puisque ces rencontres se font en présence des parents dans la plupart des familles ; tout geste (rumeur ou actes illicites) pourrait être fatal à l'honneur de la jeune femme et mettre en péril sa perspective de mariage.

La cérémonie du mariage dure traditionnellement trois jours, pendant lesquels la femme est isolée avec, pour seule compagnie, les femmes de sa famille.

Le premier jour du mariage, le fiancé sillonne la ville avec ses amis, achetant des cadeaux (vêtements, bijoux, parfums). Il les offre ensuite en grande pompe aux femmes de sa future belle-famille. Celles-ci étudient avec attention les cadeaux offerts afin d'évaluer les revenus financiers du fiancé qui subit une pression intense pour répondre à toutes leurs attentes.

Le troisième jour, l'homme et la femme restent dans leur famille respective et passent la soirée à festoyer entre gens du même sexe. C'est aussi ce jour-là que l'homme se rase la barbe (qu'il laissait pousser depuis un mois) et que la femme va au *hammam* se faire entièrement épiler.

La nuit du troisième jour met fin aux mois d'espoirs, d'attentes et de rumeurs. C'est le moment de la fête. En début de soirée, les voitures se rassemblent pour entamer leur procession bruyante dans les rues, annonçant la joyeuse nouvelle à toute la ville. Dans le sud, les convives traversent la ville à pied, tandis que la mariée chevauche un chameau, cachée derrière un dais.

Une fête marque la fin des festivités avec repas, musique et danse.

À la fin de la soirée, les jeunes mariés se retirent dans la maison du mari (aujourd'hui, ils choisissent souvent un hôtel), seuls pour la première fois depuis une semaine, pour consommer leur mariage. Heureusement, les femmes âgées n'attendent plus à l'extérieur qu'on leur montre le drap taché de sang qui prouverait la virginité de la jeune épouse.

POPULATION

98 % de la population tunisienne sont d'origine arabo-berbère – un chiffre qu'expliquent 14 siècles d'unions interethniques. Vous rencontrerez plus fréquemment des personnes revendiquant une lignée purement berbère (voir l'encadré p. 207) dans le sud du pays, aux portes du Sahara. Les Européens et les juifs constituent les 2% restants.

Près de 30% de la population a moins de 15 ans.

La politique du planning familial a ralenti la croissance de la population à un taux de 1,6%. Quoi qu'il en soit, il s'agit d'une population jeune, qui doit faire face à une pénurie d'emploi. Si la densité de la population atteint 62 personnes par km^2, sa distribution varie de plus de 2 500 habitants au km^2 à Tunis à moins de 10 par km^2 dans le sud du pays. Les deux tiers des Tunisiens habitent en milieu urbain.

LES MÉDIAS

La radio, la presse et la télévision tunisiennes appartiennent à l'État ou aux partisans du gouvernement. Ainsi, ce que vous lirez ou entendrez vous fera penser à des communiqués officiels. Mais rassurez-vous : si le gros titre du jour est la rencontre du président et de l'ambassadeur du Bahreïn, les Tunisiens seront les premiers à se rendre compte de son insignifiance.

Il n'existe que deux chaînes de télévision (en arabe), toutes deux contrôlées par un gouvernement désireux de se protéger des critiques. La plupart des Tunisiens ont trouvé une parade en achetant des antennes satellite (souvent importées illégalement d'Algérie) et regardent les programmes internationaux chez eux.

Vous trouverez un vaste choix de journaux (en français et arabe), mais la presse est encore largement censurée. Les stations de radio musicales sont considérées potentiellement moins subversives (du moins par le gouvernement) !

Quant aux nouveaux médias, de nombreux portails Internet restent interdits par les autorités : les sites de rencontres, certains sites politiques et la plupart des sites pornographiques.

LA RELIGION

L'islam est la religion officielle de la Tunisie, même si la plupart des Tunisiens sont des croyants modérés ou préfèrent pratiquer dans la sphère privée. Résultat peut-être des cinq dernières décennies pendant lesquelles le gouvernement a durement sévi contre ceux qui mélangent religion et politique (voir p. 30).

L'Histoire des Juifs de Tunisie : des origines à nos jours, de Paul Sebag (L'Harmattan, 1991) retrace l'histoire de la communauté juive, tant sous l'aspect socio-économique que religieux et culturel.

Outre 95% de Tunisiens sunnites (la branche orthodoxe de l'islam), existent aussi de petites communautés kharidjites (voir l'encadré p. 39), juives (voir l'encadré p. 248) et catholiques.

Islam

LES ORIGINES DE L'ISLAM

Mahomet est né en 570 dans une famille de marchands de La Mecque. Vers 610, il reçoit ses premières révélations puis transmet le message d'Allah aux habitants de la ville, les invitant à se soumettre à la volonté de Dieu ("islam" signifie soumission).

Mahomet regroupa des fidèles opposés aux croyances idolâtres et son mouvement attira surtout les membres des couches sociales défavorisées. Les familles aisées les chassèrent et vers 622, Mahomet et ses fidèles furent contraints de fuir à Médine, une oasis à 300 km au nord, désormais la seconde ville sainte de l'islam. Cette migration – la *hidjira* ou hégire en français – marque le début du calendrier musulman, l'An I, soit 622. À Médine, Mahomet continua ses prêches.

En 632, il revient à La Mecque où de nombreuses tribus locales lui prêtent serment d'allégeance et se convertissent. La Mecque devient le centre symbolique de l'islam. C'est là que se trouve la Kaaba, qui abrite la pierre noire qui aurait été offerte à Abraham par l'archange Gabriel. Mahomet décréte que les musulmans doivent se tourner vers La Mecque lorsqu'ils prient en dehors de la ville.

Quand le Prophète meurt en 632, ses fidèles conquièrent en peu de temps les territoires qui constituent aujourd'hui la Syrie, l'Irak, le Liban, Israël et les territoires palestiniens. À leur tête se trouvaient quatre successeurs de Mahomet, les califes (ou Compagnons de Mahomet).

L'islam s'étend rapidement vers l'ouest, gagnant d'abord l'Égypte puis toute l'Afrique du Nord. À la fin du VIIe siècle, les musulmans avaient atteint l'Atlantique et s'estimèrent suffisamment maîtres du Gezirat al-Maghreb ("l'île de l'Ouest" ou la partie de l'Afrique du Nord à l'ouest de l'Égypte) pour marcher sur l'Espagne en 710.

LE CORAN

L'islam partage les mêmes racines que les grandes religions monothéistes nées sur les terres arides du Moyen-Orient, à savoir le judaïsme et le christianisme. Toutefois, il apparut beaucoup plus tard. Le livre saint, le Coran, comporte de nombreuses références aux premiers prophètes des deux autres religions monothéistes – Adam, Abraham, Noé, Moïse et Jésus sont tous considérés comme des prophètes d'une lignée qui se termine par le plus grand de tous, Mahomet.

Pour les musulmans, le Coran est la parole d'Allah, directement communiquée à Mahomet par une série de révélations.

La plupart des Tunisiens sont sunnites (le fondement orthodoxe de l'islam) appartenant à l'école malékite qui propose une interprétation et une application moins rigides du Coran que les autres courants.

Le Coran est le livre saint des musulmans, considéré comme la principale œuvre de la littérature arabe. Il peut être lu par tous ceux qui veulent connaître les sources de l'islam.

LES CINQ PILIERS DU CORAN

Afin de mener une vie pieuse, les musulmans doivent respecter les cinq piliers de l'islam :

Shahada – Il s'agit de la profession de foi, du dogme essentiel de la foi musulmane : "Il n'y a d'autre dieu qu'Allah, et Mahomet est Son Prophète" *(Allahu akbar, Ashhadu an la Ilah ila Allah, Ashhadu an Mahomet rasul Allah)*. Cette expression est souvent utilisée lors des appels à la prière et autres événements, tels que les naissances et les décès. La première partie de la phrase est devenue une exclamation utilisée à tout moment et dans toute situation.

Sala – Parfois écrit "salat", cette obligation de prier se produit idéalement cinq fois par jour, à l'appel des muezzins. Les musulmans peuvent prier n'importe où, mais la prière en commun à la mosquée a encore plus de valeur.

Zakat – Faire l'aumône aux pauvres était l'un des grands enseignements de l'islam. Il a été institutionnalisé dans certaines parties du monde musulman sous forme d'impôt redistribué aux nécessiteux. L'obligation morale envers ses voisins défavorisés continue d'être exhortée à l'échelle individuelle.

Sawm – Le ramadan, le neuvième mois du calendrier musulman, commémore la révélation du Coran à Mahomet. Pour marquer le renouvellement de leur foi, les musulmans doivent un mois durant s'abstenir de relations sexuelles et de toute forme d'aliment, du lever au coucher du soleil. Pour connaître les dates, reportez-vous p. 268.

Hadj – L'apogée de la vie pieuse pour un musulman est d'effectuer un pèlerinage à La Mecque. Idéalement, les pèlerins s'y rendront le dernier mois de l'année, dhul al hijja, pour y retrouver des musulmans du monde entier.

L'APPEL À LA PRIÈRE

Tandis que les pâles lueurs du jour apparaissent, le silence est brisé par le cri du muezzin appelant les fidèles à la première prière de la journée :

Les musulmans accordent un grand respect aux chrétiens et juifs en tant que ahl al-kitab, le "Peuple du Livre".

Allahu akbar, Allahu akbar
Ashhadu an la Ilah ila Allah
Ashhadu an Mahomet rasul Allah
Haya ala as-sala
Haya ala as-sala

De tous les sons qui surprennent le visiteur arrivant en Tunisie, c'est sans doute l'appel à la prière qui laisse l'impression la plus forte. Cinq fois par jour, les musulmans sont appelés à entrer dans une mosquée, ou du moins à prendre le temps de prier là où ils se trouvent. La prière du vendredi midi, lorsque l'imam de la mosquée délivre son sermon hebdomadaire, le *khutba*, est la plus importante. La mosquée sert également de centre d'accueil communautaire. Vous y apercevrez souvent des enfants ou des adultes recevant l'enseignement coranique, des personnes recueillies dans le silence et d'autres qui profitent simplement de la paix de l'édifice.

LES MOSQUÉES

Orientaliste de renom et traducteur du Coran, Jacques Berque est considéré comme l'un des meilleurs historiens de l'Islam. *Quel Islam ?* (Sindbad, 2003) reprend les dernières analyses de ce spécialiste, décédé en 1995.

Toutes les mosquées *(masjid)* sont construites sur le schéma de la demeure du prophète Mahomet à Médine. La disposition originale était une cour fermée et oblongue comprenant des maisonnettes (pour les femmes de Mahomet) le long d'un mur et un porche rustique, ou *zulla*, apportant de l'ombre aux pauvres à un bout de l'édifice.

La cour est devenue le *sahn* ; le porche, les arcades les *riwaqs* ; et les maisons, le *haram* ou salle de prière. Celle-ci se divise généralement en séries d'allées pour séparer les hommes et les femmes. Au centre, une vaste allée mène au *mihrab*, une niche voûtée insérée dans le mur indiquant la *qibla* (direction de La Mecque). C'est également là que se trouve le *minbar*, la chaire à laquelle on accède par un escalier étroit, où est délivrée la *khutba* (sermon hebdomadaire).

Les cours de nombreuses mosquées, en Tunisie, sont ouvertes aux profanes, mais ils ne pourront toutefois pas pénétrer la salle de prière.

Chaque mosquée (la Grande Mosquée de Sousse étant une exception, voir p. 179) possède un minaret (du mot *menara*, phare) – la tour d'où se font les appels à la prière. Attachés à de nombreux édifices, les *médersas* (écoles coraniques) richement décorées servent d'internat à ceux qui étudient la théologie et la loi coranique. Elles comprennent une cour à ciel ouvert avec une fontaine aux ablutions en son centre, et une salle de prière à une extrémité, entourée d'une galerie supérieure où se trouvent les chambres des étudiants. Les médersas de Bachia et de Slimania, dans la médina de Tunis (voir p. 73), peuvent être visitées par des non-musulmans.

Les nombreux petits dômes blancs que vous apercevrez partout en Tunisie abritent les tombes des marabouts, les hommes saints des musulmans (voir l'encadré p. 235). Une zaouïa est une version élargie de la tombe d'un marabout et contient généralement une salle de prière et des logements pour les visiteurs. Les plus remarquables se trouvent à Kairouan.

LES COUTUMES ISLAMIQUES

Lors de la prière, les musulmans se plient à certains rituels. Tout d'abord, ils se lavent les mains, les bras, les pieds, la tête et le cou sous l'eau courante. Toutes les mosquées ont un lieu réservé à cet usage. En dehors d'une mosquée et sans eau à proximité, un peu de sable suffit. En l'absence de sable, les croyants doivent mimer les gestes de la toilette.

Les fidèles se tournent ensuite vers La Mecque (toutes les mosquées sont orientées de telle sorte que le *mihrab* soit face à la ville sainte) et

LES IBADITES

Djerba abrite la dernière communauté ibadite, des descendants des kharidjites. Le mot "kharidjite" signifie "ceux qui se battent pour le jihad (la guerre sainte)". Les kharidjites se sont séparé des autres doctrines islamiques dans les années qui suivirent la naissance de l'islam, lorsqu'ils reconnurent la légitimité des deux premiers califes mais pas des suivants. Certains disent que les kharidjites sont responsables de la mort d'Ali (le quatrième calife, dont les fidèles ont fondé la secte islamique chiite).

Lorsque l'islam s'étendit en Afrique du Nord au VIIe siècle, les tribus berbères rebelles acceptèrent la nouvelle religion, mais traditionnellement, elles étaient attirées par les sectes, telles que les kharidjites, qui rejetaient la hiérarchie dominante.

Les ibadites croient que l'imam, ou le chef de la communauté musulmane, doit être le candidat le plus digne, sans tenir compte de ses origines ou de son milieu familial. L'imam, choisi par la communauté, peut être destitué s'il n'adhère pas aux principes islamiques dictés par ses fonctions. Les ibadites considèrent qu'ils n'ont pas besoin d'un imam en permanence. Ces pensées convenaient aux Berbères qui nommaient parfois un imam pour servir de médiateur entre des tribus en conflit et le destituaient quand il n'était plus jugé utile.

Sous les Ottomans, les ibadites, administrés par un conseil dirigé par leurs aînés, étaient tolérés et laissés en paix, mais leur croyance non orthodoxe les a toujours rendus vulnérables aux attaques des fanatiques, d'où leur refuge dans des lieux retranchés tels que Djerba.

accomplissent une série de gestes. On voit régulièrement des musulmans prier au bord de la route ou sur le trottoir. Au quotidien, ils n'ont pas le droit de boire de l'alcool ni de manger du porc (considéré comme un animal impur).

LES FÊTES MUSULMANES

Les dates des principales fêtes dans les pays musulmans varient en fonction du calendrier lunaire de l'hégire. Ce calendrier est plus court de 11 jours environ que le calendrier grégorien. Les dates des fêtes musulmanes ne tombent donc pas le même jour chaque année ; reportez-vous p. 268 pour connaître les dates. Quoi qu'il en soit, ces jours fériés ne sont pas partout observés en Tunisie, notamment dans les lieux touristiques.

Ras as-Sana – Nouvel an du calendrier musulman, célébré le 1er moharram.
Moulid an-Nabi – Cette fête moins importante commémore la naissance du Prophète le 12 rabi' al-awal. Au Maghreb, elle porte le nom de *mouloud*.
Ramadan et Aïd al-Fitr – La plupart des musulmans respectent, avec plus ou moins de rigueur, le jeûne du mois du ramadan, une période où toute la communauté des croyants est invitée à réaffirmer son lien avec Dieu. Le ramadan correspond au mois de la première révélation du Coran. Du lever au coucher du soleil, les adultes doivent s'abstenir de manger, de boire, de fumer et d'avoir des rapports sexuels. C'est une ascèse difficile à laquelle seules les personnes en bonne santé se soumettent. Celles qui doivent fournir un travail physique ou sont en voyage sont exemptées. Chaque soir, l'*iftar*, ou la rupture du jeûne, donne lieu à une fête où les membres de la communauté locale se rassemblent pour se restaurer et prier. Même si les musulmans les plus fervents vous demandent d'y participer, les profanes n'ont pas à suivre ce rite. Durant cette période, il vous sera peut-être plus difficile de trouver des restaurants et cafés ouverts dans la journée. Quoi qu'il en soit, évitez d'afficher ostensiblement le fait que vous ne jeûnez pas. Les premiers jours suivant le mois de shawwal marquent la fin du ramadan. L'Aïd al-Fitr, (aussi connue sous le nom d'Aïd es Seghir ou Petite Fête), dure généralement quatre à cinq jours, une période où toute activité est interrompue. Si ce moment n'est pas propice pour voyager, vous vivrez une expérience inoubliable en participant à ces festivités au sein d'une famille. Le ramadan est largement observé en Tunisie, bien que cette pratique fût interdite sous Habib Bourguiba.
Hadj et l'Aïd al-Adha – Le cinquième pilier de l'islam, un devoir sacré pour tous ceux qui peuvent se le permettre, consiste à entreprendre le hadj – un pèlerinage à La Mecque. Il peut être

entrepris à n'importe quel moment, mais au moins une fois pendant le dhul al hijja, le douzième mois du calendrier musulman. L'objectif est de voir la Kaaba, la pierre d'Abraham au centre de l'haram, l'espace saint interdit aux non-musulmans. Les fidèles, vêtus uniquement d'une robe blanche, font sept fois le tour de la Kaaba et baisent la pierre noire. Le temps fort du hadj est le sacrifice rituel d'un mouton (en commémoration du sacrifice d'Abraham) à Mina. Ce rite marque la fin du pèlerinage et le début de l'Aïd al-Adha, ou Fête du Sacrifice (aussi appelée Grande Fête ou Aïd el kébir). Dans l'ensemble du monde musulman, chaque famille sacrifie un mouton.

ÊTRE UNE FEMME EN TUNISIE

Quelque 24% des magistrats tunisiens sont des femmes. Elles représentent 22% des avocats, 26,2% des journalistes et 33% des enseignants.

L'un des nombreux titres que Habib Bourguiba, le premier président de la Tunisie, s'octroya fut celui de "Libérateur de la Femme". En général, les Tunisiennes pensent, elles aussi, que la condition de la femme en Tunisie est meilleure que dans d'autres pays du monde musulman. Bourguiba, dont la première épouse était une Française, fut un farouche défenseur des droits de la femme dès l'indépendance. Le Code du statut personnel de 1956 bannit la polygamie et mit fin au divorce par répudiation. Ce décret limita également la tradition des mariages arrangés, instaurant l'âge minimal du mariage à 17 ans pour les filles et leur donnant le droit de le refuser.

Bourguiba critiquait ouvertement le port du *hidjab*, qu'il considérait avilissant. Il interdit le port du "chiffon infâme" à l'école avec l'intention de le bannir entièrement. Il est inhabituel, dans la Tunisie contemporaine, de voir une femme de moins de 30 ans porter le voile, car l'absence de voile symbolise la liberté. Cependant, le récent retour en force des fondamentalismes fait que le *hidjab* a dû réapparaître dans les rues, ces derniers temps…

Parmi les statistiques concernant les femmes en Tunisie :

- Taux de scolarisation des filles de six ans – 99,1% (2000-2001)
- Taux d'alphabétisation – en hausse, de 24% (1966) à 69,9% (2000-2001)
- Pourcentage de femmes actives – 23,8%
- Proportion de femmes aux conseils municipaux – 20,6%
- Proportion de femmes à la Chambre des députés – 11,5%

Tunisia Online (www.tunisiaonline.com/women/index.html), le site officiel du gouvernement, propose un bon aperçu de la participation des femmes dans la vie quotidienne.

Quoi qu'il en soit, les Tunisiennes sont tiraillées entre deux modes de vie – encouragées à s'impliquer dans la société par des lois et des mesures socio-économiques relativement favorables mais, en même temps, contraintes par les valeurs traditionnelles de la famille. En dehors de lieux cosmopolites tels que Tunis ou les stations balnéaires, le domaine public est réservé aux hommes, tandis que les femmes doivent rester à la maison.

ARTS

Littérature

En Tunisie, on ne compte plus les rues du nom du poète national, Abou el-Kacem Chebbi (aussi écrit Abdulkacem Chebbi), dont le poème *Hymnes à la vie* fait partie du programme scolaire. Mort à 25 ans seulement en 1934, c'est l'écrivain le plus connu des Tunisiens. Autre acteur incontournable de la scène littéraire du siècle : Mahmoud Messadi, auteur d'*Essoud* (*Le barrage*, 1955). Né en 1911, ce poète, philosophe et romancier influença énormément tous les hommes de lettres tunisiens. Citons également Ali Douagi (1909-1949), dramaturge, romancier et peintre plein de fantaisie et d'humour, ainsi qu'Al-Bachir Khrayyif, né en 1917, au style plus réaliste.

Juif tunisien, Albert Memmi, né en 1920, est la grande figure de la littérature tunisienne francophone de la deuxième moitié du XXe siècle. Auteur de nombreux essais sur la colonisation et l'émigration, à la fois sociologue et romancier, il traduit, à travers ses récits, la difficulté de construire une identité partagée entre plusieurs communautés. Publié en 1953 et préfacé par Albert Camus, la *Statue de sel* (Folio Gallimard), raconte le déchirement identitaire d'un juif de Tunis. L'essai le plus célèbre de Memmi reste son *Portrait du colonisé, Portrait du colonisateur*, écrit en 1957.

Mustapha Tlili, né en 1937, est l'auteur de plusieurs romans traduisant sa triple culture tunisienne, française et américaine, et qui mettent en scène des personnages exilés coupés de leurs racines. On lira notamment *La rage aux tripes* (Folio Gallimard), *Le bruit dort* (Gallimard), *Gloire des sables* (Folio Gallimard) et *La Montagne du lion* (Gallimard).

La Tunisie a été l'objet d'une grande fascination pour bien des écrivains français. Chateaubriand, Lamartine, Bernanos, Simone de Beauvoir... Nombreux sont ceux qui ont fréquenté les côtes tunisiennes. Flaubert fut sans doute le plus célèbre contributeur à la vague orientaliste en écrivant Salammbô en 1862. Un demi-siècle plus tard, en rupture avec son éducation rigide bourgeoise et protestante, André Gide y goûta pour la première fois les plaisirs des sens (il raconte son périple au Maghreb dans *Amyntas*, paru en 1906).

Traduit de l'arabe, *Fripes*, d'Hassan Ben Otman (l'Esprit des Péninsules, 2003), journaliste et essayiste, connut un grand succès dans les milieux intellectuels arabes. Il se présente comme un roman métaphorique sur la religion.

Cinéma

La Tunisie possède sa propre industrie cinématographique, qui jouit d'une bonne réputation internationale. Parmi les réalisateurs les plus reconnus : Férid Boughedir, dont *Halfaouine, l'enfant des terrasses* a été présenté au Festival de Cannes en 1990. Quant à la réalisatrice Moufida Tlatli, elle a remporté le Prix Spécial de l'édition 1994 pour son film *Les silences du palais*. Citons également *Bezness*, de Nouri Bouzid (1991) qui évoque les péripéties de jeunes gigolos, *L'homme des cendres*, du même réalisateur, *Les baliseurs du désert*, de Naceur Khémir et *L'ombre de la terre* (1982) de Taieb Louhichi.

Depuis 1966, le Festival International du Film de Carthage présente les derniers films de réalisateurs tunisiens et nord-africains.

Beaucoup de productions étrangères ont été tournées en Tunisie : *La Guerre des Étoiles*, *Le patient anglais*, mais aussi *La Vie de Brian*, et *Fort Saganne*.

Keswa : le fil perdu (1999) a été réalisé par la célèbre Kalthoum Bornaz, dont le portrait satirique d'une jeune femme tunisienne se rebellant contre le mariage arrangé par sa famille est à la fois drôle et dérangeant.

Un été à La Goulette (1994), réalisé par Férid Boughedir, l'un des grands cinéastes tunisiens, est une comédie. L'histoire se passe à Tunis en 1967 et raconte la relation de trois filles qui se cherchent un fiancé musulman, chrétien et juif à l'époque de la guerre arabo-israélienne.

Musique

Les oreilles occidentales auront besoin d'un temps d'adaptation à la musique tunisienne. Tandis que l'octave est la base de la musique occidentale, la musique arabe utilise une échelle de 24 quarts de notes. *Malouf* (qui signifie "normal") est une musique arabe traditionnelle qui est devenue une véritable institution en Tunisie. Elle fut introduite au XVe siècle par des réfugiés andalous et se compose de morceaux instrumentaux, qui servent de prélude et de transition à une séquence de chant appelée *nouba*, divisée en neuf parties. Traditionnellement, le *malouf* était joué par de petits ensembles utilisant un *rebab* (violon à deux cordes), un *oud* (luth), une *darbouka* (tambour de terre cuite recouvert d'une peau de chèvre) et un chanteur. Aujourd'hui, ces ensembles se composent généralement de chœurs et de grands groupes instrumentaux, mélangeant instruments occidentaux et traditionnels.

Le *malouf* traditionnel fut remplacé au milieu des années 1920 par un style de musique nouveau, plus léger, venant d'Égypte, mais il connut une renaissance dans les années 1930, lorsque le baron Erlanger, un musicologue habitant près de Tunis, fonda l'Ensemble Rachidia. Sidi Bou Saïd devint le centre officiel de la musique *malouf* ; et c'est là que les grands musiciens du pays ont été formés.

Après l'indépendance, le *malouf* est devenu le symbole de l'identité nationale. Depuis, il s'est largement institutionnalisé, l'État proposant même des cours de *malouf* au Conservatoire national de musique à Tunis, des festivals et des concours, dont le point d'orgue est le festival international de malouf de Testour en juillet.

Parmi les célébrités de la scène *malouf*, on compte l'ensemble el Azifet (un orchestre exclusivement féminin).

Les restaurants touristiques proposent souvent des concerts de musique traditionnelle ; le restaurant M'Rabet dans la médina de Tunis (voir p. 79) présente du *malouf*, surtout destiné aux touristes. Parmi les autres restaurants de Tunis qui organisent des concerts (pas nécessairement *malouf*), on compte La Mamma (p. 80) et Lucullus (à La Goulette ; p. 85).

En été, des concerts gratuits se déroulent le week-end sur l'avenue Habib-Bourguiba, et vous pourrez écouter des concerts de musique classique au Centre de musique arabe et méditerranéenne à Sidi Bou Saïd et à L'Acropolium de Carthage. Tabarka accueille également d'excellents festivals (voir p. 262 et p. 128 pour plus de détails).

Music From Tunisia (www.focusmm.com/tunisia/tn_musmn.htm). est un site qui présente les thèmes principaux de la musique tunisienne et propose des liens vers des chansons peu connues en dehors du pays.

La musique que vous entendrez ici et là, est en arabe classique. Ce seront sans doute des chansons d'amour interprétées par une chanteuse du Caire, ou de la musique algérienne *raï*, un genre musical apprécié par les chauffeurs de louage – un bon baromètre des goûts populaires (masculins). Les chanteurs les plus en vogue ces jours-ci sont Sabar Rbaï et Salma Echarfi.

Pour notre sélection de CD de musique tunisienne, reportez-vous p. 11.

Architecture

La Tunisie possède un éventail exceptionnel de styles architecturaux, attestant plus de 2 500 ans d'histoire.

L'un des temps forts d'un voyage en Tunisie consiste à s'égarer dans les anciennes médinas. Pour connaître l'architecture des médinas et des quartiers résidentiels, lisez l'encadré p. 191.

Plus au sud, les Berbères ont créé l'une des formes d'architecture les plus singulières au monde. Reportez-vous aux encadrés p. 205, p. 212 et p. 214. N'oubliez pas d'aller admirer les bas-reliefs à Tozeur et à Nefta, où des briques forment des motifs géométriques complexes.

L'architecture fortifiée de Djerba reflète le passé de l'île, qui était aussi la place forte de la secte autonome des Kharidjites. Les bâtiments y ont une fonction défensive et les remparts blanchis à la chaux rayent le paysage. Lisez l'encadré p. 244 pour plus de renseignements.

L'architecture musulmane reste cependant la plus répandue et la plus remarquable, car elle s'exprime autant par la fonctionnalité austère des premiers Aghlabides que par l'exubérance des ouvrages plus tardifs des Andalous et des Ottomans.

Pour connaître nos coups de cœur pour l'architecture tunisienne, reportez-vous à l'encadré p. 11.

ARCHITECTURE MILITAIRE

Les murailles, bâties en pierres scellées par de l'argile, ceignaient les casernes, les greniers et les arsenaux. Les tours ou tourelles étaient disposées à intervalles réguliers autour du mur, tandis que les créneaux supérieurs abritaient les défenseurs. Les plus beaux exemples, à Sfax et Sousse, furent tous deux construits par les Aghlabides, au IXe siècle.

LES SITES DE TUNISIE CLASSÉS AU PATRIMOINE MONDIAL

La Tunisie compte huit sites classés par l'Unesco pour leur importance culturelle, historique ou architecturale :

- L'amphithéatre d'El-Djem (p. 185)
- Les ruines puniques/romaines de Carthage (p. 86)
- La médina de Tunis (p. 69)
- Le parc national du lac Ichkeul (p. 125)
- Les ruines puniques de Kerkouane (p. 111)
- La médina de Sousse (p. 165)
- La cité de Kairouan (p. 177)
- Les ruines romaines de Dougga (p. 142)

La porte musulmane, ou *bab*, était flanquée de deux tours crénelées en pierre. L'arche en fer à cheval, décorée de volutes, était le plus courant. Les portes étaient généralement richement ornées de frises reproduisant des motifs géométriques, des fleurs et feuillages ou encore des coquillages. Les plus impressionnantes sont celles de Sfax, Kairouan et Monastir. Une autre forme de porte s'appelle la *skifa*, comme la Skifa el-Kahla à Mahdia (p. 186), qui présente un long porche voûté protégé par des grilles.

En Tunisie, une kasbah fait référence à la forteresse gardant la médina qui était généralement construite à cheval sur les murs d'enceinte de la ville, ou placée de façon dominante. Aucune kasbah n'occupe un site aussi imposant que celle de l'ancienne ville fortifiée du Kef (p. 148).

Le *borj* était un fort plus modeste, ajouté pour renforcer les défenses d'une médina à des endroits stratégiques, tels que le Borj Ennar à Sfax (p. 193). Ce terme décrit aussi les forts indépendants comme celui de Borj Ghazi Mustapha, à Djerba (p. 245).

Un *ribat* était un fort doublé d'un monastère. Ces lieux abritaient les moines guerriers de l'islam qui partageaient leur temps entre les batailles et la méditation sur le Coran. Ils ont maintenant disparu, à l'exception des *ribats* de Sousse (p. 167) et de Monastir (p. 174).

Arts visuels

LA PEINTURE MODERNE

Introduite par les Français, la peinture est devenue une forme d'art contemporain bien établie en Tunisie. Elle englobe aussi bien les formes géométriques de Hédi Turki que les styles occidentaux visant à capturer l'essence du quotidien et de la culture en Tunisie, dont des scènes au café, au *hammam* et des spectacles de musique ou de danse. Les œuvres de Yahia Turki (considéré comme le père spirituel de la peinture tunisienne) et de Ammar Farhat, appartiennent à cette dernière catégorie. Parmi les autres peintres connus, on compte Jellal Ben Abdallah, Zoubeir Turki et Abdelaziz Gorgi.

À l'époque de la colonisation française, la Tunisie attira les artistes européens. Ils furent subjugués par la lumière et l'architecture de l'Afrique du Nord. Par exemple, le célèbre expressionniste suisse Paul Klee voyagea dans le pays en 1914. Dans les années 1940, un groupement d'artistes locaux professionnels et amateurs a fondé l'École de Tunis pour contrebalancer l'influence française. C'est elle qui fit de la vie quotidienne en Tunisie un thème populaire de la peinture contemporaine.

L'École de Tunis, de Bouzid Dorra (Alif, 1997) retrace la naissance de ce mouvement pictural et analyse l'œuvre de chacun des artistes qui le composent.

Les galeries d'art moderne se concentrent à Tunis et dans ses faubourgs aisés, notamment à Sidi Bou Saïd, très appréciée des artistes. La galerie Alif, derrière l'ambassade de France à Tunis, abrite une vaste collection de livres d'art et organise régulièrement des expositions au sous-sol. L'espace Diwan 9, dans la médina de Tunis au 9 rue Sidi-ben-Arous, propose aussi une sélection intéressante.

Parmi les autres adresses de Tunis : la galerie Yahia, au complexe Palmarium, 64 avenue Habib-Bourguiba ; la galerie Artémis au 30 rue 7232, El-Menzah IX ; la galerie des Arts au 42 complexe Jamil, El-Menzah VI ; et la galerie Gorgi au 31 rue Jugurtha, Le Belvédère.

LA CALLIGRAPHIE

La calligraphie est une des premières formes d'art dans les cultures islamiques, car les représentations de formes humaines y sont considérées comme une hérésie.

Cette forme d'art possède une longue histoire dans le monde islamique et provient de la conviction que la langue arabe est la langue sainte révélée par Allah au prophète Mahomet, au travers du Coran. Les premiers calligraphes utilisaient un stylet angulaire appelé kufique, idéal pour la sculpture sur pierre. Le mur est et le minaret de la grande mosquée de Sfax (p. 191), et l'entrée de la mosquée des Trois Portes à Kairouan (p. 180) en sont des exemples remarquables. Parmi les calligraphes modernes, Nja Mahdaoui est réputé pour son style fluide.

LES MOSAÏQUES

Les Tapis, d'Enza Milanesi (Gründ, 1999) est une bonne introduction à l'histoire et à la technique de cette immémoriale tradition artistique.

La mosaïque est une technique ancienne très répandue à l'époque des Romains. En Tunisie, les mosaïques datent principalement du IIe au VIe siècle. À partir du IIIe siècle, elles adoptent un style africain distinctif, caractérisé par de grandes compositions dramatiques aux couleurs vives et par des thèmes réalistes, tels que les jeux dans les amphithéâtres, les scènes de chasse sur les propriétés africaines.

La plupart des mosaïques reprennent le style *opus tessellatum*, dont les motifs sont composés à partir de petits morceaux de pierres appelés *tesserae* (le mot latin signifiant carrés ou dés). La technique consiste à étendre une couche de mortier sur laquelle on place les *tesserae*. Les mosaïques étaient disposées sur les sols et les murs des bains publics et des maisons privées ; les plus raffinées destinées à impressionner les visiteur ou les clients à leur entrée dans les pièces de réception.

Le musée du Bardo (p. 57), à Tunis, possède une collection exceptionnelle de mosaïques.

Théâtre et danse

Les spectacles de danses berbères traditionnelles sont une attraction répandue dans les grandes résidences hôtelières du pays. Ces danses remontent à l'époque pré-islamique. La danse des Vases, où les danseurs portent des vases en équilibre sur la tête est l'une des plus connues. Ces danses sont également le point fort du Festival des ksour, organisé dans les environs de Tataouine en novembre.

Environnement

Qui pourrait le croire ? Il fut un temps où la Tunisie était un pays à la végétation luxuriante, peuplé de nombreuses espèces animales. À l'ère glaciaire, le Sahel et le Sahara déployaient de vastes étendues de savane, lacs, rivières et forêts tandis que l'Europe grelottait sous les glaces. Aujourd'hui, forêts et animaux se font rares. Les changements climatiques et le développement touristique mal maîtrisé ont eu des effets dévastateurs sur les ressources naturelles du pays. Depuis peu, la Tunisie commence à prendre conscience de la nécessité de protéger son environnement.

Le Cap Blanc, au nord-est de Bizerte, représente la pointe la plus au nord du continent africain. Quelque 8 000 km la séparent de la pointe méridionale du continent.

GÉOGRAPHIE

Coincée entre l'Algérie à l'ouest et la Libye au sud-est, la Tunisie paraît plus petite qu'elle n'est réellement mais couvre néanmoins une superficie de 164 150 km. D'une longueur de 750 km pour une largeur de 150 km, elle est à peine plus grande que l'Angleterre et le Pays de Galles réunis, équivalente à l'État de Washington aux États-Unis. Le territoire européen le plus proche est la Sicile, à 80 km de la côte nord-est.

Le littoral méditerranéen, découpé et irrégulier, mesure 1 400 km de long et marque les frontières est et nord de la Tunisie.

La principale chaîne montagneuse est la Dorsale tunisienne. Elle constitue les derniers contreforts orientaux de l'Atlas algérien du Sahara et du Haut Atlas marocain. La Dorsale s'étend sur un axe nord-est depuis Tébessa, en Algérie, jusqu'à Zaghouan, au sud de Tunis. Son point culminant est le Djebel Chaambi (1 544 m). Après Zaghouan, ses pentes s'adoucissent vers la péninsule du Cap-Bon.

À la fois scientifique, humaniste et aventurier, Théodore Monod (1902-2000) communiqua sa passion du désert dans de nombreux ouvrages et carnets de route, sources précieuses pour une meilleure connaissance de la faune, de la géologie et du milieu naturel saharien.

Les terres arables sont concentrées au nord de cet axe. Les zones agricoles occupent les hautes plaines connues sous le nom de Tell et la vallée fertile de l'Oued Medjerda. La Medjerda, qui prend sa source près de Souq Ahras en Algérie orientale, est le seul fleuve du pays qui n'assèche pas. Au nord, la chaîne des montagnes de Kroumirie délimite la vallée de la Medjerda.

Au sud de la Dorsale, une plaine nue, qui s'élève de 200 à 400 m au-dessus du niveau de la mer, s'abaisse pour former une série de *chotts* (lacs salés) avant de se désertifier entièrement. L'*erg* (mer de sable), à la pointe sud de la Tunisie, est le prolongement du Grand Erg oriental, dont une partie se trouve en Algérie.

FAUNE ET FLORE

Les animaux

Les éléphants sauvages d'Afrique du Nord, cousins des éléphants d'Afrique noire bien que de taille plus modeste, étaient nombreux autrefois, tout comme les grands félins, en particulier les lions et les guépards. La plupart des espèces ont disparu quand les Romains ont détruit les forêts de l'intérieur du pays pour cultiver du blé.

Les lions peuplaient encore la Tunisie au milieu du XIXe siècle. Le dernier individu fut abattu non loin de Haïdra.

Les seuls grands mammifères encore présents en Tunisie (et en nombre) sont les sangliers, mais l'éventualité de voir cet animal farouche est faible. Observer une mangouste, un porc-épic ou une genette (un carnivore arboricole ressemblant à une civette) est encore plus difficile. Tous ces animaux vivent dans les dernières forêts du nord. Le chacal est plus courant, ainsi que l'hyène rayée, que l'on aperçoit occasionnellement dans le sud du pays.

Dans les zones désertiques, on rencontre des dromadaires domestiqués (il n'en existe plus à l'état sauvage), des gerbilles, des lièvres et des sous-liks, adorables petits écureuils.

Vous croiserez sûrement des varans du désert – un lézard de la même famille que le dragon de Komodo indonésien – des serpents (dont des vipères cornues) et des scorpions.

Les éléphants utilisés par Hannibal pour franchir les Alpes et les centaines de fauves qui divertissaient les spectateurs du Colisée de Rome furent capturés dans les forêts tunisiennes.

ESPÈCES EN DANGER

Les Européens ont chassé certaines espèces animales jusqu'à leur quasi-extinction. Les derniers spécimens vivent désormais dans des parcs nationaux (voir ci-dessous). Parmi les espèces réintroduites, on compte l'addax (une antilope aux longues cornes enroulées en spirale), le mouflon à manchette, l'oryx, l'autruche, le serval (ou lynx tacheté) et le fennec (un renard des sables à grandes oreilles qui vit surtout la nuit). Le phoque moine aurait, quant à lui, totalement disparu des côtes du Cap-Bon.

AVIFAUNE

Plus de 200 espèces d'oiseaux migrateurs ont été répertoriées en Tunisie au printemps et en automne : des cigognes, des faucons, des aigles ; mais aussi des pigeons, des guêpiers aux couleurs chatoyantes, des échassiers et des oiseaux d'eau.

Si le nombre d'espèces sédentaires est faible, on compte par millions les oiseaux qui font halte en Tunisie aux saisons de migrations. Et l'on s'émerveille de penser que tous ces volatiles ont réussi l'exploit de remonter tout le désert du Sahara ou d'échapper aux fusils de chasseurs trop enthousiastes, au sud de l'Europe…

Voir p. 255 pour plus d'information sur l'observation des oiseaux ainsi que l'encadré p. 125.

Les plantes

Les montagnes de Kroumirie sont couvertes d'une forêt dense de chênes-verts et de chênes-lièges. Très répandu également, l'arbousier se reconnaît à ses fruits rouge vif qui mûrissent en novembre ou décembre, après une floraison blanche et odoriférante.

Des anciennes forêts de pins d'Alep du Tell, il ne reste que quelques bosquets (entre Siliana et Makthar), tandis que, plus au sud, la forêt d'*Acacia raddiana* du parc national de Bou Hedma est le seul vestige de la savane tunisienne.

Dans la région semi-aride du Sahel, la végétation est dominée par les oliviers, déjà cultivés avant l'arrivée des Romains. Si vous effectuez le trajet Djerba-Tunis par avion, vous survolerez leurs immenses plantations. Autre plante locale, l'*Opuntia tomentosa*, un cactus dont les fruits en forme de poires sont comestibles.

L'alfa, une herbe vivace multi-usages, envahit les plaines nues du sud (voir l'encadré p. 159).

Dans l'extrême sud, la rose de Jéricho se déplace à la surface du désert, au gré du vent. Ses branches recroquevillées renferment des graines qui ne s'ouvrent qu'en présence d'humidité. Dans les oasis, toutes sortes d'arbres fruitiers poussent à l'ombre des grands palmiers dattiers.

L'ABCdaire des déserts, de Jean-Loïc Le Quellec et Guy Barthélémy (Flammarion, 1997) passe en revue les déserts du monde, leurs caractéristiques, leur faune, leur flore, leurs découvreurs et les mythes qui y sont associés.

LES PARCS NATIONAUX

Le gouvernement a délimité neuf parcs nationaux (d'autres sont en projet), chacun ayant pour objectif de protéger un écosystème menacé. Seul le parc national d'**Ichkeul** (voir p. 125) est accessible aux visiteurs. Il

TOURISME RESPONSABLE

Chacun peut agir à son niveau pour préserver les ressources naturelles du pays et minimiser l'impact de son séjour en Tunisie. Abstenez-vous de prendre des douches trop fréquentes et ne laissez pas les robinets ouverts pendant que vous vous savonnez ou vous rasez : le nombre de litres d'eau ainsi économisés est considérable. Évitez de faire des feux de camp et emportez un réchaud à gaz si vous campez. Dans le désert, brûlez vos déchets, mégots de cigarette et papier toilette y compris. En randonnée, ne vous écartez pas des sentiers afin de limiter l'érosion du sol.

se trouve à 30 km au sud-ouest de Bizerte et comprend le lac Ichkeul. Les autres parcs sont difficiles d'accès et certains classés en zones militaires interdites au public.

Voici la liste des parcs nationaux :

Bou Hedma : À 85 km à l'est de Gafsa, ce parc protège les derniers 16 000 ha de l'ancienne forêt d'acacias qui s'étendait autrefois sur l'essentiel du territoire. Alors qu'elles avaient disparu, des espèces animales telles que l'addax, le mouflon, l'oryx et l'autruche, sont aujourd'hui réintroduites.

Boukornine : À 18 km au sud de Tunis à Hammam Lif, ce parc de 1 900 ha entoure le Djebel Boukornine (576 m) et abrite sangliers, chacals, porcs-épics et… militaires !

Chaambi : À 15 km à l'ouest de Kasserine, ces 6 700 ha de forêts encerclent la plus haute montagne de Tunisie, le Djebel Chaambi. On y trouve principalement des pins d'Alep, mais également des chênes-lièges et des genévriers. La faune se compose, entre autres, de gazelles des montagnes et d'hyènes rayées.

Feija : Près de la frontière algérienne, à 20 km au nord-ouest de Ghardimao, ce parc couvre 2 600 ha de forêt de chênes. On y trouve des cerfs de Berbérie, des sangliers et des chacals. D'autres espèces sont en cours de réintroduction.

Orbata : À l'ouest de Gafsa, ce nouveau parc national englobe 3 000 ha de désert montagneux, l'habitat des mouflons.

Sidi Toui : En lisière du Sahara, à 50 km au sud de Ben Guerdane, ce parc comprend 6 300 ha de plaines arides et de dunes. Des gazelles, des chacals et, depuis peu, des fennecs, y ont été introduits.

Zaghouan : À 60 km au sud de Tunis, ce nouveau parc de 2 000 ha abrite une espèce rare d'aigles, l'aigle fauve.

Zembra : Au large du Golfe de Tunis, l'île de Zembra, avec son périmètre de 1,5 miles marins, est protégée. C'est un milieu naturel insulaire unique en Méditerranée, peuplé de la flore et de la faune endémiques.

En 2002, un projet, sur l'initiative du gouvernement et de la Banque mondiale, a été mis en place afin d'améliorer la gestion des parcs nationaux et de les ouvrir au tourisme écologique. Les progrès sont lents, mais la visite des parcs nationaux est peut-être pour bientôt !

Le Centre International des Technologies de l'Environnement de Tunis (www.citet.nat.tn), fondé après la Conférence de Rio de 1992, a pour objectif d'accroître la portée des programmes de protection de l'environnement grâce à l'éducation et l'adoption de technologies.

ÉCOLOGIE

La dégradation de l'environnement n'est pas un phénomène récent. L'expansion de l'agriculture à l'époque romaine a détruit la majeure partie de la forêt (qui recouvrait 30% du territoire avant les Romains et moins de 2% aujourd'hui), ce qui a entraîné une perte de la biodiversité. L'écosystème des hautes plaines a été détruit à jamais et la Tunisie perd près de 23 000 ha de terres arables chaque année à cause de l'érosion des sols. Ainsi, les champs de blé du Tell sont aujourd'hui sillonnés d'énormes ravins et beaucoup d'anciennes terres agricoles ne se prêtent plus qu'au pâturage.

La pénurie d'eau pose un vrai problème. Les énormes besoins en eau de l'industrie touristique ont abaissé le niveau des puits artésiens et asséché des sources. C'est à Djerba que la situation est la plus critique, car le parc hôtelier de l'île menace l'agriculture et rend l'eau impropre à la consommation. Au nord de la Tunisie, l'alimentation en eau est assurée par des barrages.

L'Office National de l'Assainissement (www.onas.nat.tn), organisation gouvernementale, s'attache aux problèmes de pollution de l'eau et de préservation des ressources dans le cadre du développement urbain, touristique et industriel.

LA PRÉSERVATION DU PATRIMOINE CULTUREL

Le patrimoine culturel de chaque pays est unique et irremplaçable. Il requiert une attention particulière et des soins qualifiés, ainsi qu'une action préventive contre le risque de détérioration et de destruction. Le défi n'est pas seulement de préserver cet héritage aujourd'hui, pour notre génération, mais aussi de le sauvegarder pour celles qui nous suivront.

Au rang des principales causes de dégradation de ce patrimoine extrêmement vulnérable figurent les restaurations inappropriées, la pollution, les intempéries et l'impact du tourisme. De simples gestes, comme caresser de la main une statue de marbre ou une fresque, provoquent un désastre quand ils sont répétés des milliers de fois par des visiteurs plus ou moins avertis. Ces gestes annihilent tous les efforts techniques, financiers et humains mis en œuvre pour la conservation de l'objet d'art ou du monument – la préservation du patrimoine, techniquement difficile, mobilise en effet d'énormes moyens. Ces sites sont inaltérables, pense-t-on, et puisqu'ils ont survécu pendant des siècles, ils sont éternels... Rien n'est moins vrai ! Ces merveilles de civilisation que sont le sanctuaire d'Ayuthaya en Thaïlande, le Taj Mahal en Inde, les temples d'Angkor ou les pyramides de Gizeh, comme les collections dans les musées, sont en danger.

La préservation du patrimoine culturel concerne chacun d'entre nous. Gardez cette pensée à l'esprit lorsque vous serez en Tunisie. Si cette conservation requiert l'intervention de spécialistes, des gouvernements locaux et d'institutions internationales (telles l'UNESCO, l'ICCROM), elle présuppose aussi un effort collectif et une prise de conscience individuelle.

Tout en jouissant de ce patrimoine, évitez :

- de dégrader les œuvres d'art, les sites ou les monuments, notamment par des graffitis,
- de déplacer pierres et objets,
- d'escalader les sites,
- de heurter les parois décorées à fresques avec votre sac à dos
- de déposer des détritus et ne laissez rien derrière vous,
- d'acheter des objets ou des vestiges qui proviendraient éventuellement de sites pillés.

Respecter les mesures prises par les autorités gouvernementales en matière de régulation des flux touristiques ou d'entrée sur les sites, ainsi que les politiques de mise en valeur, les travaux de restauration et de préservation des monuments.

Le site officiel Tunisia Online (www.tunisiaonline.com/environment) présente une rubrique détaillée sur les mesures en faveur de l'environnement, et des liens vers d'autres organisations.

Les Occidentaux s'offusquent à la vue des détritus jonchant la campagne. Il n'est pas rare de voir les passagers d'un bus ou d'une voiture jeter leurs déchets par la fenêtre. Des campagnes gouvernementales ont incité la population à porter ses ordures sur des décharges, mais les mentalités changent lentement. Toutefois, vous verrez des poubelles sur les trottoirs de la plupart des villes moyennes et le gouvernement a beaucoup investi pour nettoyer les plages.

La pollution industrielle a abîmé l'environnement marin du golfe de Gabès. Les stocks de poissons (et la vie des pêcheurs locaux) s'en trouvent menacés.

Le gouvernement a mis au point une stratégie nationale pour le développement durable, mais la législation tarde à être appliquée. Entretemps, les ressources économiques et la volonté politique nécessaires à la mise en place des programmes de protection de l'environnement, sont passées au second plan des préoccupations du pays.

La cuisine tunisienne

par Rafik Tlatli, assisté d'Abigail Hole

Les Tunisiens apprécient la nourriture relevée. Riche en produits frais du cru, la gastronomie locale à base de céréales, de légumes, de fruits, de poisson et d'huile d'olive a le goût du soleil méditerranéen et l'allure des plats célébrés sur les mosaïques romaines.

La cuisine des premiers habitants du pays, souvent nomades, était limitée par leurs conditions de vie et les ustensiles qu'ils pouvaient transporter avec eux. Beaucoup de recettes d'aujourd'hui comme le *tajine* (différent de son homonyme marocain, il s'agit d'une omelette à la viande, au fromage et aux légumes) remontent à cette époque. Quant au couscous, il fut introduit par les Berbères, le peuple autochtone. Les divers occupants qui se succédèrent au fil des siècles – Romains, Arabes, Juifs, Turcs, Andalous et Français – laissèrent également leur empreinte culinaire. Enfin, la place de la Tunisie sur l'ancienne route des épices développa l'usage d'ingrédients tels que cumin, safran, moutarde, poivre de Cayenne, gingembre, cannelle et poivre noir.

Rafik Tlatli est le cuisinier en chef et le directeur de l'hôtel Les Jasmins et du restaurant Slovenia, à Nabeul. Auteur de nombreux livres, il participe fréquemment à des émissions de télévision sur la cuisine en Europe et en Tunisie.

INGRÉDIENTS DE BASE ET SPÉCIALITÉS

Les Tunisiens grignotent régulièrement, débutant souvent par un en-cas pris dans la rue vers 9h ou 10h. La journée s'organise néanmoins autour des trois repas principaux : petit déjeuner *(ftour sbah)*, déjeuner *(ftour)* et dîner *(ashaa)*.

Le petit déjeuner se compose de lait, de café, d'œufs, d'*assida* (un dessert à base de farine ou de semoule, d'huile d'olive et de dattes), de beignets, de *sohlob* (sorgho, sucre, cannelle et gingembre) ou de *hsou* (soupe épicée faite de semoule et de câpres). Il diffère toutefois à la campagne. Les paysans, qui se lèvent tôt (vers 5h), boivent un café avant de se mettre au travail puis mangent un repas consistant vers 9h.

Aux deux autres repas, le couscous, les ragoûts ou les pâtes occupent la première place, souvent accompagnés de soupes, de salades, de légumes, de tajines ou de poisson.

Vous serez surpris de voir combien le thon est utilisé dans la cuisine tunisienne, au même titre que l'*harissa*. Il figure en effet massivement dans les sandwiches, les salades et les hors-d'œuvre.

Harissa

Omniprésente, l'*harissa* est une pâte de piments rouges séchés et concassés, avec de l'ail, du sel et des graines de cumin. Les piments forts furent amenés par les Espagnols et le nom d'origine arabe de ce condiment signifie "broyer" car on le fabriquait à l'origine dans un mortier. Les Tunisiens associent son goût relevé à la passion et l'on dit que l'amour d'une épouse se mesure à la quantité d'épice utilisée dans sa cuisine.

Deux cent recettes de cuisine tunisienne, d'Edmond Zeitoun (Grancher, 2000) propose d'appétissantes recettes de Tunisie.

Pain

On mange du pain à chaque repas. Il s'agit généralement de baguette à la française ou souvent, en particulier à la campagne, de *tabouna*. Agrémenté de *hab hlaoua* (grains d'anis), ce lourd pain rond et plat de tradition berbère doit son nom au four en terre utilisé pour sa cuisson. Le prix du pain est subventionné et contrôlé (en 1984, sa hausse provoqua des émeutes).

DÉPAYSEMENT CULINAIRE

L'*akoud*, un plat gélatineux à base de tripes trempées dans une sauce au cumin et à l'ail, est la spécialité la plus attendue lorsqu'on prend un verre à la bonne franquette.

L'*ojja* (sauce piquante à la tomate et à l'ail mélangée à des œufs brouillés) peut également s'agrémenter de cervelle.

Souvent servie lors de l'Aïd al-Adha, la *daouara* est un genre de saucisse à base de foie et de poumon de mouton avec du persil et de la menthe, accompagnée de semoule ou de riz.

La *mloukhia*, un ragoût de bœuf ou d'agneau relevé, cuit jusqu'à la quasi-dissolution de la viande et additionné d'une herbe appelée *mloukhia*, possède un goût très particulier et les mauvaises langues disent qu'elle ressemble à la vase.

Les Tunisiens boivent souvent du lait fermenté, le *lben*, avec le couscous.

Attention aux épines...

... des figues de Barbarie. Introduites par les Espagnols au XVIe siècle, elles poussent sur une variété de cactus et sont recouvertes d'épines qui risquent de vous piquer si vous tentez d'en cueillir une. Ce fruit charnu, de couleur rouge orangé, se trouve sur les étals d'octobre à décembre. Un conseil, demandez au vendeur de vous l'éplucher.

LE SAVIEZ-VOUS ?

Contrairement à ce qui se pratique dans les autres pays du Maghreb, on sert souvent en Tunisie du couscous accompagné de poisson.

Produits de la mer

Abondants, les poissons s'accommodent fréquemment avec de l'ail, du cumin, du paprika, du curcuma ou des boutons de rose séchés. La *tastira*, délicat mélange de tomates frites et d'œufs coupés en fins morceaux et assaisonné de graines de cumin, de sel et d'huile d'olive, accompagne traditionnellement le poisson frit. Le *Kabkabou* est un plat cuit au four composé de citrons confits, de tomates, de câpres et de safran.

Également populaires, les moules, les palourdes, les calamars et les huîtres, ainsi que la langouste et le homard (notamment autour de Tabarka), cuits à l'eau et souvent servis avec un roux (sauce à la farine et au beurre) et de la mayonnaise.

Les Tunisiens adorent aussi les crevettes, vendues pourtant à un prix élevé. Toutes petites, les *chevrettes* se mangent d'ordinaire à la mayonnaise. Les variétés de plus grande taille, succulentes, se préparent grillées, sautées à l'ail et au persil ou bien mijotées dans une *gargoulette* (pot en terre).

Brick

Lorsque vous aurez goûté les bricks, vous ne pourrez plus vous en passer. Originaire du Moyen-Orient, cette fine crêpe fourrée et frite a été adoptée par les Tunisiens. Elle contient habituellement un œuf (avec le blanc bien cuit et le jaune coulant) ou parfois des oignons, du persil, des pommes de terre, des câpres, du thon, des œufs, des fruits de mer, du poulet ou de la viande.

En dessert, les bricks peuvent être garnis d'amandes ou de pâte de sésame et nappées de miel.

Recettes de couscous, de Magali Morsy (Edisud, 1996), décline les variantes de ce plat dans toute l'Afrique du Nord.

Couscous

Mets national au menu du pauvre comme du riche, le couscous comprend plus de 300 variantes. Il se déguste dans un grand plat commun lors des fêtes et des repas de famille.

On humecte d'abord la semoule avant de la faire cuire à la vapeur dans un couscoussier doté de deux compartiments. La partie supérieure comprend un tamis pour retenir les grains. Pendant ce temps, la garniture mijote dans la partie inférieure et la vapeur aromatisée qui traverse le tamis fait tripler de volume la semoule. La garniture se compose de légumes, de pois chiches, de bœuf, de mouton, d'agneau ou de poisson.

Kemia

Les *Kemia*, assortiment de délicieux amuse-gueules, sont généralement servis avec les boissons alcoolisées ou en début de repas. Version locale des mezze orientaux, ils jouent le même rôle convivial, les Tunisiens ayant coutume de se réunir pour prendre un verre en grignotant. À cette occasion, on vous offrira de petites assiettes de noix, d'olives, de poutargue (œufs de mulet), de poisson séché, de poulpe, d'encornets et de crevettes relevés, de purées de carottes, de potiron ou de courgettes mêlées d'épices, d'*harissa*, *imalah* (carottes et chou-fleur marinés), de kakis, de baguettes au sésame et de condiments. Viendront ensuite des salades, des épis de maïs, ou un *tajine*, des mini-bricks, une *salade mechouia* (mélange de poivrons grillés servi froid) et de l'*omni houria* (carottes écrasées avec de l'ail et de l'huile d'olive).

Dans *La Cuisine juive tunisienne de mère en fille*, Andrée Zana-Murat (Albin Michel, 1998) propose quelque 320 recettes accessibles à tous.

Fruits frais et secs

La Tunisie regorge de fruits de saison. Mûris au soleil, ils possèdent une saveur incomparable, surtout pour qui est habitué aux produits d'importation. Le raisin est le meilleur à la fin du mois d'août – essayez les délicieux muscats blancs des environs de Kélibia ou le *razzegoui*, une variété blanc rosé à gros grains. L'été, on peut voir, empilés au bord des routes, de succulents melons (*della*). Les dattes fraîches (*tmer*) font leur apparition en octobre – il en existe une centaine de sortes, mais les plus fines, à la chair presque translucide, portent le nom de *deglet nour* (doigt de lumière). Les abricots (*mishmish*) se distinguent par leur goût étonnamment délicat. Citons aussi les *inzas bouguidma*, de croquantes poires miniatures. Dès septembre, les grenades à la pulpe rouge vif arrivent sur les tables à l'heure du dessert, souvent saupoudrées de sucre (précisez si vous les préférez nature). Les amandes fraîches, recouvertes d'une bogue duveteuse de couleur vert pâle, atteignent leur maturité en juillet-août. Les noix, pistaches et noix de cajou figurent dans la composition de nombreuses pâtisseries et se dégustent aussi à l'apéritif.

Dans *La Cuisine du désert : 50 recettes faciles au bon goût d'aventure*, (Librio, 2003), Gilles et Laurence Laurendon ont recueilli tous les secrets de cuisine des nomades du désert saharien.

BOISSONS

On trouve des cafés à tous les coins de rue, souvent remplis d'hommes sirotant un *ahwa arbi* (café turc) parfumé à la fleur d'oranger ou à l'eau de rose, un express, un *café direct* (café au lait) ou un *capucin* (cappuccino). Le thé à la menthe est également répandu ; dans les endroits touristiques, on l'additionne de pignons qui lui donnent un délicieux goût beurré (certains ajoutent des amandes fraîches produisant le même effet).

Bien que la Tunisie soit un pays musulman, se procurer de l'alcool ne pose pas trop de problèmes. À l'apéritif, la *boukha*, un alcool de figue sirupeux, se boit glacée ou à température ambiante, souvent mélangée à du coca-cola. Les Tunisiens aiment aussi les alcools anisés comme le pastis et privilégient le whisky pour sa connotation distinguée. Dans la région de Thibar, près de Dougga, la *thibarine* est confectionnée d'après une antique recette à base de plantes. Le *sarabi*, une liqueur de dattes, provient quant à lui de Soukra (près de Tunis).

Originaire des oasis du sud, le *laghmi*, fabriqué avec de la sève de palmier fermentée, peut s'avérer redoutablement fort – testez sa qualité avant d'y laisser votre estomac.

Tout à fait buvable, la Celtia locale est la marque de bière la plus économique. La Tunisie produit également de la Lowenbrau française.

Tunisie, la cuisine de ma mère, d'Odette Touitou (Minerva, 2003), est un beau livre de souvenirs sur la vie en Tunisie, illustré de photos en noir et blanc. Au rythme des jours de la semaine, les recettes de cuisine d'une famille juive tunisienne s'égrainent au fil des pages.

Le pays jouit d'une petite tradition viticole : Dionysos, le dieu du vin, titube joyeusement sur les mosaïques romaines et Magon, contemporain des Phéniciens, décrivit des techniques de production encore en usage aujourd'hui. Les vins tunisiens utilisent divers cépages tels que shiraz, merlot, cabernet et sauvignon blanc cultivés dans le nord. Les rouges, bien que corsés, réservent moins de mauvaises surprises que les blancs.

PLATS DE FÊTE

Les fêtes constituent une grande occasion de ripailler, l'importance de l'événement se mesurant au nombre et à la variété des plats.

Beaucoup de spécialités se rattachent à un moment particulier. Pour la naissance d'un enfant, on a par exemple coutume de manger du *zrir* (pâte de noisettes servie dans de petits verres), censé redonner des forces à l'accouchée.

Destiné aux femmes du Maghreb, le site www.khaoula.com possède une section culinaire fourmillant de très bonnes recettes.

Mariage

Le mariage représente pour les familles l'occasion suprême de montrer leur hospitalité par une débauche de victuailles. Les festivités durent une semaine, mais la partie gastronomique ne débute que le quatrième jour, appelé Outia Sghira. Un bœuf est alors égorgé devant la maison de la mariée et sa viande utilisée pour préparer les plats des jours suivants. Le soir même, on se contente en revanche d'un couscous de légumes. Le cinquième jour (Outia Kbira), les invités dînent d'un couscous à la viande et aux pois chiches, suivi de thé et de *baklaoua* (gâteau de pâte feuilletée au miel et aux amandes). Le sixième jour, les amis ont droit à un véritable festin avec du *tajine*, des boulettes de viande mijotées, *salade mechouia* et *klaya* (ragoût au paprika).

Le jour "J", le menu du déjeuner se compose de pâtes agrémentées de sauce à la viande, et de *mloukhia*. Le soir, les convives mangent à nouveau du couscous puis des fruits, en ayant soin de garder une place pour les *baklaoua* proposés jusqu'à la fin des réjouissances.

Ramadan

Le jeûne diurne du mois sacré de ramadan est compensé le soir par une orgie de nourriture.

À la tombée de la nuit, les musulmans rompent le jeûne en buvant un verre de *lben* (lait fermenté) et en avalant une datte. Ils s'attablent ensuite devant un bol de *chorba* (soupe relevée) et un *brick* à l'œuf avant de s'attaquer au couscous ou aux pâtes.

Leur faim rassasiée, les gens se reçoivent les uns les autres en picorant des fruits, des gâteaux et autres friandises arrosées de thé ou de café.

Avant le lever du soleil, ils se réveillent pour le *chour*, un repas léger, et reprennent des forces grâce au *mesfouf*, un dessert à base de semoule,

LES CINQ MEILLEURES TABLES

Chez Nous (voir p. 80). Excellents rôti de veau, crevettes sautées et poisson grillé.
Slovenia (voir p. 107). Plats tunisiens innovants, notamment un succulent couscous aux fruits de mer, poisson, agneau et poulet.
Les Émirs (voir p. 173). Délicieuses spécialités locales comme le couscous aux calmars farcis, l'agneau *à la gargoulette* et le *méchoui* berbère.
De La Médina (voir p. 103). Réputé pour ses tajines, *koucha* au safran et *bouza* aux fruits secs.
Restaurant Haroon (voir p. 247). Les meilleurs poissons frais, couscous de Djerba et agneau *à la gargoulette*.

dattes, amandes émincées, sucre et cannelle, le tout recouvert de lait chaud ou froid.

Le ramadan ne constitue pas seulement une période d'abstinence alimentaire, c'est aussi le moment de l'année où les repas sont les plus variés et les plus somptueux. Le jeûne unit les familles et le pays car la plupart des citoyens dégustent ces spécialités exactement à la même heure.

Les Aventures du couscous, d'Hadjira Mouhoub et Claudine Rabâa (Sindbad - Actes Sud, 2003) n'est pas simplement un livre de recettes. Il raconte l'évolution historique du couscous, ses racines géographiques et sociologiques, illustrées par des citations littéraires, des dictons et des chansons populaires.

Aïd al-Fitr

La "petite fête" marque la fin du ramadan. Elle se traduit en Tunisie par une profusion de pâtisseries telles que *baklaoua*, *ghraïba* de semoule fine et *makhroud* (semoule, dattes et pâte d'amandes), spécialité de Kairouan.

Pendant trois jours, les familles se rendent visite et s'offrent des douceurs. Vêtus de neuf pour l'occasion, les enfants profitent de cette manne sucrée et reçoivent des cadeaux.

Aïd al-Adha

Pour la "grande fête", 70 jours après l'Aïd al-Fitr, chaque famille égorge un mouton. La viande sera ensuite accommodée de diverses façons pendant au moins une semaine. Elle entre par exemple dans la préparation de la *m'rouzia*, un ragoût avec des raisins secs et des marrons, ou de la *daouara* (voir encadré p. 50).

Ras as-Sana

Ras as-Sana correspond au premier jour de l'année lunaire selon le calendrier islamique. Entre autres recettes, les Tunisiens cuisinent toujours de la *mloukhia* (voir encadré p. 50), un plat de couleur verte symbolisant l'islam.

Dans la région de Nabeul, on prépare un couscous spécifique, le *kadid* (avec de la viande séchée et salée, conservée depuis l'Aïd al-Adha), décoré d'œufs durs, de pois chiches et de fruits secs. Une figurine en sucre coloré, typique de la région, complète le tout.

Moulid an-Nabi

Cette célébration commémore la naissance du prophète Mahomet. Le matin, chacun mange de l'*assida* qui peut être confectionnée de deux façons différentes. La version simple est à base de semoule ou de farine avec un peu d'huile ou de beurre et du miel. La version plus élaborée, d'influence ottomane, est faite de pignons broyés et recouverte de crème, de noix, de pignons, de pistaches et d'amandes pilées. La ville de Kairouan excelle dans cette préparation.

OÙ SE RESTAURER ET PRENDRE UN VERRE

On distingue en Tunisie deux sortes de restaurants. Les moins chers, plutôt sommaires, ne proposent généralement pas d'alcool et accueillent surtout une clientèle locale. On les appelle parfois des *gargotes* ; petits et bon marché, ils dispensent un service rapide de sandwiches et de plats tels que poulet grillé, poisson, ragoûts et couscous. Ils ont toutefois tendance à abuser du piment. Encore plus économiques, les *rôtisseries* se cantonnent surtout aux grillades. Les fast-foods servent quant à eux des hamburgers, des frites et des sandwiches variés. Généralement regroupés en bordure de route, les *mechoui* vendent de la viande au barbecue ; on les repère à la fumée qui s'en échappe et aux carcasses d'animaux.

En dépit de leur nom, les *restaurants touristiques*, d'aspect plus chic, ne s'adressent pas uniquement aux touristes. Ils sont directement hérités des Français. Agréés par l'ONTT (office national du tourisme tunisien), ces établissements possèdent une à trois fourchettes. Ils préparent de la cuisine tunisienne et internationale, dont habituellement un menu de trois plats (de 9 à 12 DT). On peut également y commander du vin, des apéritifs et des digestifs.

Beaucoup de restaurants d'hôtels acceptent les non-résidents, mais leurs horaires sont stricts : de 12h30 à 14h30 et de 19h à 21h.

On dénombre en Tunisie toutes sortes de cafés, du petit local où l'on boit un express et on mange une pâtisserie debout, à ceux où les hommes viennent papoter en jouant aux cartes et aux dominos. Ces derniers proposent souvent des *chicha*, ou pipe à eau, qui exhalent une fumée odorante et émettent un gargouillis musical. Le tabac peut être aromatisé au miel (*mwassi*) ou à la pomme (*tufa*). Il existe des cafés mixtes, notamment à Tunis, ainsi que quelques endroits discrets exclusivement réservés aux femmes.

La plupart des bars, investis par une clientèle largement masculine, s'avèrent assez malfamés. Si vous êtes une femme, nous vous conseillons plutôt de prendre un verre dans le bar d'un hôtel de bonne réputation ou au restaurant. Si vous achetez de l'alcool dans un magasin de spiritueux ou au supermarché, transportez les bouteilles dans un sac pour les dissimuler. Agissez de même avec les cannettes lorsque vous buvez dans un espace public, sur la plage, par exemple.

Sur le pouce

Une infinité de spécialités combleront vos petits creux car les Tunisiens sont passés maîtres dans l'art des en-cas.

Très apprécié les matins d'hiver, surtout à la campagne, le *lablabi* consiste en une soupe de pois chiches fumante et roborative, versée sur des tranches de pain dans des bols en terre cuite (des piles de bols signalent les endroits où l'on vend ce potage) et assaisonnée d'*harissa* et de cumin. On y ajoute parfois un œuf ou du thon.

Le populaire *casse-croûte* contient dans une demi-baguette de l'*harissa*, de la *mechouia*, des concombres, des tomates, des œufs frits, du thon, des olives et quelques frites sur le dessus. Autre classique, le *fricassé* est un morceau de pain au levain garni d'*harissa*, de pommes de terre et de thon, puis frit.

Les beignets ou *yoyo* se mangent chauds le matin avec du sucre ou nappés de miel. L'après-midi, on déguste en guise de goûter de gros *babalouni* ou *chichi* frits, roulés dans le sucre.

VÉGÉTARIENS

L'idée que certaines personnes choisissent de ne pas consommer de viande paraît étrange aux Tunisiens. Les fruits, légumes, céréales et fruits secs formant les ingrédients de base de la cuisine locale, vous trouverez toutefois de quoi vous sustenter. Beaucoup de hors-d'œuvre ne contiennent pas de viande. Les salades figurent sur tous les menus – la salade tunisienne ou *mechouia* est délicieuse, mais vous devrez demander qu'on retire le thon. Le *brick*, souvent sans viande, l'*ojja*, la *chakchouka* et le *tajine* constituent d'autres options à condition d'en vérifier la composition, parfois à base de bouillon carné. Les végétaliens rencontreront davantage de difficultés pour se nourrir et devront, la plupart du temps, faire leurs courses. Les salades et le *lablabi* leur conviendront néanmoins. Sinon, vous pouvez toujours acheter des produits frais dans les marchés souvent colorés qui ont lieu au moins une fois par semaine dans chaque ville.

AVEC DES ENFANTS

Votre progéniture sera partout la bienvenue car les Tunisiens adorent les enfants. Ces derniers ne feront pas tache dans les *gargotes* bruyantes et ani-

PAS D'IMPAIR !

- Vous devez toujours manger ou tendre les objets de la main droite, la gauche étant réservée à la toilette intime.
- Ne laissez rien dans votre assiette et ne refusez pas d'être resservi.
- Si vous faites tomber un morceau de pain par terre, embrassez-le après l'avoir ramassé.
- Vous pouvez roter à condition de demander pardon à Dieu en prononçant la formule *Astakhfirou allah*.
- Ne commencez pas à manger avant le chef de famille.

mées. Si la nourriture s'avère trop pimentée pour eux, il suffit de demander une portion moins relevée. Nombre de restaurants s'adressent aux familles et ne servent pas d'alcool. Ceux qui en proposent tiennent davantage du bar enfumé, peu adapté aux têtes blondes, et accueillent une clientèle en majorité masculine. Le climat du pays permet de manger souvent en plein air, une solution idéale pour les petits. Les pâtes, frites, poulet grillé, salades et pâtisseries qu'ils apprécient sont par ailleurs des plats très répandus.

À TABLE

Certaines familles s'installent autour d'une *mida*, une table basse de forme ronde sur laquelle on dispose la nourriture dans un grand plat commun. S'il s'agit d'une famille pratiquante, le repas débute par la formule *bism illah* ("au nom de Dieu") et s'achève par la formule *al-hamdu lillah*. Ne soyez pas surpris si les femmes se lèvent à la fin tandis que les hommes restent assis (les Occidentales sont cependant traitées comme des hôtes masculins de marque). Ces usages s'appliquent surtout lorsque vous êtes invités chez des particuliers.

LES MOTS À LA BOUCHE

Quelques expressions utiles

Que me recommandez-vous ?
Ash noua tansahni.

Pas trop pimenté, s'il vous plaît.
Moush haar.

Pouvez-vous m'en apporter encore ?
Zidni shouaia, min fadhlek.

Merci, c'était délicieux.
Baraka la houfik, bnin barsha.

Je suis végétarien.
Ana ma nakolsh kan el khodhra hlib oua adham.

Je suis végétalien, je ne mange pas de viande ni de produits laitiers.
Ana végétalien ma na kolsh l'ham, ma na kolsh halib oua. Moushtakkatou.

Je suis allergique au blé/aux fruits à écale.
Ana andi hassassia lil kamh oua el boufrioua.

Pour décrypter le menu

kammounia – ragoût riche en cumin
keftaji – ratatouille épicée, généralement accompagnée de boulettes de viande
kousha – agneau assaisonné de romarin, menthe et curcuma, et cuit au four dans un plat en terre avec des pommes de terre, des tomates et des poivrons
loup à la sfaxienne – bar cuit au four avec tomates, oignons, poivrons, ail et câpres
merguez – saucisse relevée à base d'agneau ou de chèvre, que l'on mange chaude ou froide

mérou au citron – mérou poché dans une sauce au citron, harissa et cumin, avec des tranches de citrons entre chaque morceau de poisson
méchoui – viande grillée
ojja – mélange de tomates et de piments dans une sauce épicée où l'on ajoute des œufs à la dernière minute. On y met aussi parfois des crevettes, des merguez ou de la cervelle
ragoût de gnaouia – ragoût de viande et de légumes où le rouge domine et que l'on déguste avec du pain
salade mechouia – poivrons grillés et tomates assaisonnés d'huile d'olive et d'ail, servis froid avec des olives et du thon
salade tunisienne – poivrons, tomates, concombres coupés en petits dés et assaisonnés de jus de citron, d'huile d'olive et de menthe
chakchouka – plat de légumes composé surtout de poivrons, d'oignons et de tomates
chorba –soupe relevée à base de viande ou de poulet, de céleri et de pâtes, généralement additionnée d'huile
tajine – malgré son nom identique, le tajine tunisien n'a rien à voir avec le tajine marocain. Il s'agit d'une omelette qui peut contenir des haricots blancs ou des pommes de terre, de la chapelure, de la viande hachée, du fromage et des œufs. On la prépare d'ordinaire avec des restes

Glossaire

VOCABULAIRE DE BASE

addition	al-fatura
petit déjeuner	ftour sbah
dîner	ashaa
fourchette	farshita
couteau	sekina
déjeuner	ftour
huile	zit
olives	zitoun
cuillère	mirafa
sucre	sukar

PRODUITS ALIMENTAIRES

bière	birra
pain	khobz
beurre	zebda
poulet	djej
frites	batata maklya
œufs	adham
fruits	ghilla
agneau	alloush
eau minérale	madabouza
riz	rouz
vin	shreb

MODES DE CUISSON

grillé	mechoui
frit	mukli

Musée du Bardo

L'incontournable **musée national du Bardo** (☎ 513 650 ; 4,2 DT, appareil photo 1 DT ; 🕒 9h30-16h30 mi-sept–mars, 9h-17h avr et juin-mi-sept), le plus beau de Tunisie, donne un aperçu de toute la richesse des sites archéologiques du pays. Il se distingue surtout par son exceptionnelle collection de mosaïques qui ornaient les somptueuses villas romaines d'Afrique et témoignent du mode de vie et des croyances de l'époque. La statuaire en marbre est également bien représentée, même si de nombreuses pièces ont été mutilées par les Vandales. Le Bardo abrite aussi le Musée national islamique où l'art figuratif cède la place à des formes purement décoratives.

Le bâtiment vaut à lui seul le déplacement. Situé dans la banlieue du Bardo, à 4 km environ à l'ouest du centre de Tunis, il s'agit de l'ancienne résidence officielle des beys husseinites. Il fut initialement construit sous le règne du sultan hafside Al-Mustansir (1249-1277) qui fit rénover et détourner l'aqueduc Zaghouan-Carthage afin d'alimenter en eau la résidence, ainsi que la médina. L'édifice actuel date de la fin du XVIIe siècle et a subi des agrandissements tout au long de la dynastie husseinite (n'oubliez pas de lever les yeux pour admirer les plafonds très ornementés). Sa transformation en musée remonte à 1888.

Ancienne résidence des beys, le bâtiment mérite à lui seul le détour

RENSEIGNEMENTS PRATIQUES

Pour vous rendre sur place, prenez un taxi depuis le centre-ville (3 DT environ) ou bien le métro jusqu'à la station Le Bardo, sur la ligne 4 (0,5 DT). L'entrée se trouve du côté nord du musée (rue Mongi Slim), la gare du côté sud (bd du 20-Mars-1956).

Une autre possibilité consiste à emprunter le bus jaune n°3 (0,5 DT), depuis Tunis Marine ou l'Hôtel Africa Méridien, qui s'arrête pratiquement à l'angle de l'avenue de l'Union-du-Maghreb-arabe.

Si vous voulez éviter les groupes, arrivez de bonne heure, tard ou au moment du déjeuner. L'été, nous vous conseillons de commencer par le 2e étage où il règne une forte chaleur l'après-midi. Il vous faudra au moins une demi-journée pour tout voir, mais mieux vaut éviter la saturation en effectuant deux visites. La plupart des explications figurent en arabe et en français.

REZ-DE-CHAUSSÉE

Salle 1, section préhistorique

Intéressante collection illustrant la période du paléolithique (200 000 à 100 000 ans av. J.-C.) au néolithique. Citons l'Hermaïon d'El-Guettar, monument religieux ressemblant à un amas de ruines, découvert près de Gafsa. Âgé de 40 000 ans, il serait le plus vieux sanctuaire connu.

Salle 2, salle Baal Hammon

Cette salle doit son nom à une petite statue en terre cuite du dieu punique Baal Hammon, assis sur un trône et les bras reposant sur des sphinx. Elle renferme également une représentation de la déesse Tanit, dont la coiffe en plumes dénote une influence égyptienne. Ces deux pièces mises au jour à Thinissut, près de Bir-Bou-Regba, datent du Ier siècle, preuve que la pratique de la religion punique se perpétua bien après la conquête romaine. Signalons aussi la fameuse stèle (IIIe siècle av. J.-C.) de Carthage, qui montre un prêtre portant un enfant au sacrifice.

MUSÉE DU BARDO

Rez-de-chaussée

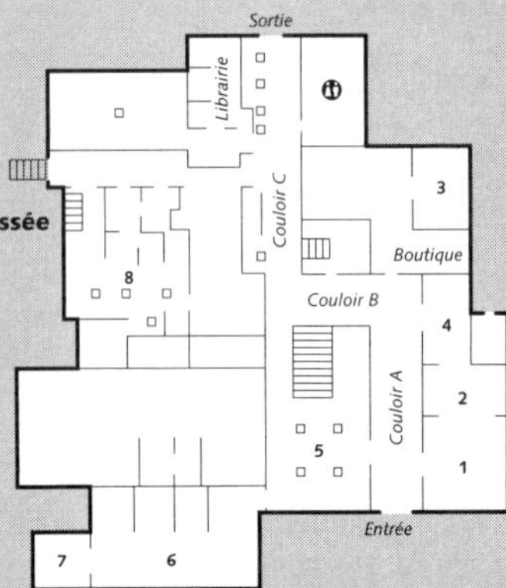

REZ-DE-CHAUSSÉE
Préhistoire.....................1
Salle Baal Hammon.......2
Café.............................3
Salle punique................4
Salle paléochrétienne... 5
Salle Bulla Regia........... 6
Empereurs romains.......7
Musée islamique...........8

1er étage

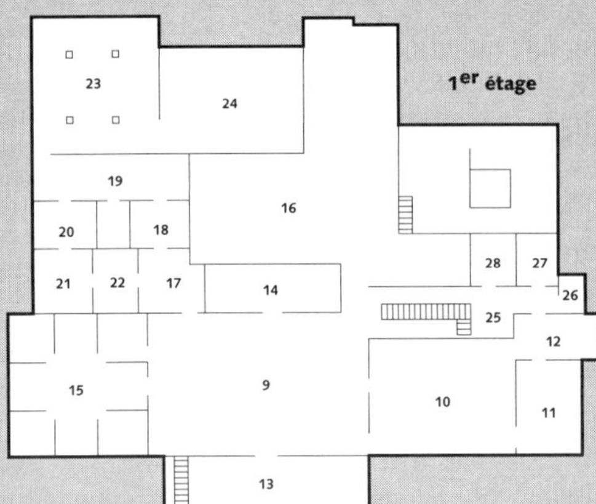

1er ÉTAGE
Galerie de Carthage................ 9
Salle de Sousse....................... 10
Salle de Dougga...................... 11
Salle d'El-Djem........................ 12
Salle d'Althiburos.................... 13
Salle d'Oudna (Uthina)............ 14
Salle de Virgile......................... 15
Musée islamique...................... 16
Salle des fouilles de Mahdia... 17
Salle des fouilles de Mahdia... 18
Salle des fouilles de Mahdia... 19
Salle des fouilles de Mahdia... 20
Salle des fouilles de Mahdia... 21
Salle des fouilles de Mahdia... 22
Salle du Jardin.......................... 23
Salle du Mausolée.................. 24
Mosaïques................................. 25
Salle de Bacchus et
Ariane..................................... 26
Salle d'Ulysse........................... 27
Mosaïques................................. 28

2e étage

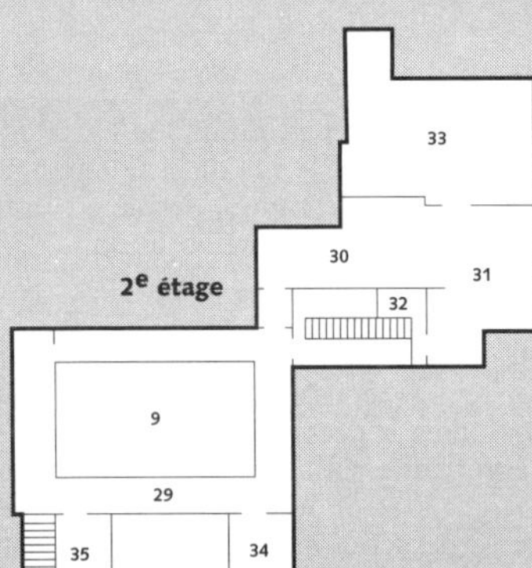

2e ÉTAGE
Figurines en bronze et
en terre cuite...........29
Mosaïques..................30
Mosaïques..................31
Mosaïques..................32
Salle d'Acholla...........33
Fresques.....................34
Fresques.....................35

Salle 4, section punique

Un ensemble impressionnant de masques funéraires en argile, originaires de Carthage), occupe la majeure partie de l'espace. Souriants ou grimaçants, ils côtoient de minuscules amulettes de la même veine grotesque. Ces visages masculins ou féminins, bizarres et difformes, avaient pour fonction d'éloigner les mauvais esprits des défunts. Vous remarquerez, en particulier, deux masques fragmentaires peints sur des coquilles d'œufs d'autruche et une petite figurine en terre cuite illustrant, au choix, une scène de bain ou un voyage aux enfers. En ce qui concerne les poteries, la vedette revient à une jarre arborant une face renfrognée ainsi qu'à une lampe en terre cuite en forme de tête d'homme (la flamme sortait par la barbe, changée en corps de grenouille).

Couloir A

Rares fragments de fresques provenant de Carthage, de Gightis et de Bou-Grara qui offrent un aperçu du décor coloré des villas romaines.

Couloir B

Il présente une collection de stèles finement sculptées, extraites du site mineur de Macota, près de Makthar. Les panneaux supérieurs s'ornent de dauphins bondissants, de soleils et de motifs floraux.

Couloir C, couloir des sarcophages

On peut voir ici des monuments funéraires de Korba et de Carthage où le défunt est représenté par une statue héroïque ou attendant devant les portes du paradis. À noter aussi, les neuf muses sculptées dans le marbre. Témoignage du syncrétisme religieux, l'épitaphe de Gatosus débute par une formule païenne et s'achève par une inscription chrétienne.

Salle 5, section paléochrétienne

Une cuve baptismale cruciforme (VIe siècle) d'El-Kantara, semblable à la baignoire de la villa de George Sebastian à Hammamet (voir p. 99), constitue la pièce maîtresse. Les murs de la salle sont tapissés de mosaïques tombales venant d'églises primitives. Parmi elles, un Daniel dans la fosse aux lions très naturel et une représentation stylisée d'une église paléochrétienne de Tabarka au dallage décoré de colombes. Le court passage menant à la salle 6 expose une collection de carreaux en terre cuite empreints d'un charme naïf.

Détail d'une mosaïque de Bulla Regia (salle 6).
CHRISTOPHER WOOD

Salle 6, salle de Bulla Regia

Elle rassemble une magnifique collection de sculptures romaines originaires du site de Bulla Regia, caractérisé par ses villas souterraines (voir p. 134). Ces statues embellissaient jadis un temple dédié à Apollon, dieu de la divination, de la musique et de la poésie. Celle, langoureuse et sensuelle, de l'*Apollon citharède*, flanquée de Minerve et de Saturne, se détache du lot. Dans la pièce se dressent aussi des effigies de Cérès, déesse de la terre, jadis particulièrement vénérée dans les régions céréalières de Tunisie. N'oublions pas la mosaïque de Persée et Andromède : Persée saisit la tête du monstre marin qu'il vient de tuer pour sauver Andromède.

**SALLE 6
À NE PAS MANQUER**

Le superbe ensemble de statues romaines, dont le sensuel Colosse d'Apollon.

Salle 7, salle des empereurs romains

Des portraits d'empereurs au nez cassé s'alignent le long des murs. Auguste, le père de la Tunisie romaine, arbore un air angélique, tandis que Septime Sévère, le seul natif d'Afrique, montre des traits bien romains… Quant à Gordien, il porte une barbe de deux jours et semble, à juste titre, déprimé (empereur à l'âge de 80 ans, il ne régna que trois semaines avant de se suicider).

Salle 8, Musée national islamique

Actuellement en rénovation.

PREMIER ÉTAGE

Dans l'escalier qui conduit de la salle 5 au 1er étage, les mosaïques funéraires paléochrétiennes comportent des inscriptions touchantes telles que : «Rogata vécut quatre ans, onze mois, trois jours et sept heures». Elles donnent parfois des informations sur la profession du défunt, offrant ainsi un bref aperçu des activités économiques de l'Antiquité.

**SALLE 9
À NE PAS MANQUER**

Les immenses mosaïques d'Oudna dominées par des statues en marbre noir et blanc.

Salles du Musée national islamique

En tournant à droite, on arrive dans une aile plus ancienne qui accueille la seconde partie du Musée national islamique. Réparties autour d'une cour centrale, les salles incluent une petite pièce pour préparer le café et des salons de réception. Elles sont meublées dans le style husseinite du XIXe siècle, avec un décor en verre coloré et en stuc. Les sobres arches noires et blanches contrastent avec les motifs recherchés des carreaux de faïence colorés.

Salle 9, galerie de Carthage

À gauche au sommet des escaliers, le plafond de cette somptueuse salle de réception à colonnes ressemble à du sucre glace. Consacrée à la superbe statuaire de la Carthage romaine (voir p. 86), elle expose, entre autres, deux magnifiques bustes en marbre noir trouvés dans les thermes d'Antonin. Les statues se dressent autour du vaste pavage découvert à Oudna (Uthina ; voir p. 153), dans la maison des Laberii, qui montre Dionysos faisant don de la vigne au roi Ikarios. Une autre mosaïque dépeint des scènes de la vie rurale dans l'Afrique romaine du IIIe siècle.

**SALLE 10
À NE PAS MANQUER**

La mosaïque de 140 m² qui décorait la demeure d'un éleveur de chevaux.

Salle 10, salle de Sousse

Exhumé de la villa d'un riche éleveur de chevaux de Sousse (Hadrumète), un immense pavement en mosaïque se déploie sur 140 m². Son médaillon central représente le triomphe de Neptune (le dieu de la mer était un thème de prédilection dans les cités côtières) conduisant un char traîné par des chevaux marins. Enfin, la mosaïque du Seigneur Julius, que sa description de la vie quotidienne dans l'aristocratie locale a rendu célèbre.

Le pied, chaussé d'une sandale, et la tête qui trônent près de l'entrée appartiennent au Jupiter du Capitole de Thuburbo Majus (voir p. 151). Leur gigantisme suggère que la statue devait mesurer quelque 7,5 m de haut.

Le plafond de la salle surprend par la complexité de ses motifs entremêlés.

Salle 11, Salle de Dougga

Elle contient plusieurs mosaïques remarquables, du plus beau site romain de Tunisie (voir p. 142). Parmi lesquelles les fameux Cyclopes à la peau sombre dans l'antre de Vulcain, venant des Thermes des Cyclopes. Le chef-d'œuvre de la salle, le *Triomphe de Neptune*, provient toutefois du site de La Chebba, en bordure de mer. Autour du dieu figurent les quatre saisons symbolisées par des jaillissements d'eau, des grappes de raisin, des épis de blé et des rameaux d'olivier. Son état de conservation est tel qu'on a du mal à croire qu'il date du IIe siècle, et sa composition et son sens du mouvement s'avèrent inégalés.

Au plafond, un entrelacs de guirlandes peintes exubérantes.

SALLE 11 À NE PAS MANQUER

Plusieurs mosaïques exceptionnelles, dont celle des Cyclopes.

Salle 12, salle d'El-Djem

Si l'on en croit ses mosaïques, l'antique Thysdrus, connue pour son immense amphithéâtre romain (voir p. 184), célébrait également les plaisirs dyonisiaques. La scène centrale du *Triomphe de Bacchus* montre un dieu du vin, visiblement éméché, conduisant un char tiré par deux tigresses. Aux angles, des vases laissent échapper des ceps de vignes. Sur des compositions plus modestes, on aperçoit un lièvre, un poisson et des grappes de raisin.

Salle 13, salle d'Althiburos

L'ancienne salle de concert du palais évoque l'intérieur d'une boîte à musique, avec des entrelacs de motifs colorés et une galerie à chaque extrémité. Le site d'Althiburos, à une trentaine de kilomètres au sud du Kef, dissimulait l'un des trésors du musée, une mosaïque comprenant 25 types d'embarcations différentes manœuvrées par des Amours. Également exposée, une scène de pêche mise au jour près de Menzel-Bourguiba, sur laquelle un monstre marin dévore un malheureux nageur. Autre curiosité, un banquet où les convives se tiennent assis sur des banquettes, plutôt que couchés.

SALLE 13 À NE PAS MANQUER

L'extraordinaire mosaïque sur laquelle figurent 25 types d'embarcations différentes.

Salle 14, salle d'Oudna (Uthina)

La salle à manger du palais, aujourd'hui consacrée à Oudna (Uthina ; voir p. 153), exhibe, sur l'un de ses murs, Orphée charmant les bêtes sauvages, vaste mosaïque du IVe siècle. Malgré des parties gravement endommagées, l'ensemble révèle un art d'une finesse stupéfiante. À côté, sur un fragment de mosaïque, l'image rare d'un éléphant de guerre carthaginois. Dans cette salle également, des trouvailles faites dans la maison des Laberii, dont une représentation de Séléné, déesse de la lune, contemplant Endymion assoupi (selon le mythe, Jupiter avait accordé la jeunesse éternelle à ce beau berger). Citons aussi quelques natures mortes – l'une de fruits de mer ; une autre, de pain et beurre –, dont la petitesse des cubes assemblés crée l'illusion d'une peinture. Enfin, un étonnant buste en marbre noir arbore une coiffure libyenne.

Salle 15, salle de Virgile

Richement ornée de carrelages et de stucs, la salle 15 faisait autrefois partie des appartements privés du bey. Une mosaïque de Sousse, *Virgile et les deux muses* (IIIe siècle), constitue sa pièce maîtresse et le plus ancien portrait connu du poète. Assis entre les muses Clio (l'Histoire) et Melpomène (la Tragédie), Virgile tient dans ses mains l'*Énéide*. La salle se divise en quatre sections. La première contient des objets en terre cuite, une autre des monnaies allant de la civilisation punique à la période ottomane ; au centre, une mosaïque de Zaghouan illustre les signes du

SALLE 15 À NE PAS MANQUER

Le seul portrait connu de Virgile, dans l'une des plus belles salles du palais.

zodiaque ainsi que les divinités des jours de la semaine ; au fond, une imitation du très recherché marbre de Chemtou (voir p. 137).

Salles 17 à 22, salle des fouilles sous-marines de Mahdia

Ces six salles regroupent des bronzes et des marbres grecs inestimables, retirés de l'épave d'un navire naufragé au Ier siècle av. J.-C., au large de Mahdia. La salle des bronzes expose les objets de décoration intérieure alors à la mode dans une villa romaine, notamment d'horribles nains dansants. Dans la salle des lits, deux lits reconstitués permettent de se faire une idée du mobilier de cette époque. La salle des médaillons est jalonnée de *tondi* en pierre — bustes abîmés par la mer, dont un d'Aphrodite. Vous admirerez enfin les imposants fragments de colonnes de la salle d'architecture (60 colonnes attendent encore sous l'eau). Leurs immenses chapiteaux ouvragés donnent une idée de l'ampleur de la cargaison du bateau.

Salle 23, salle du jardin

La mise en scène de cette salle met en évidence l'importance du jardin dans la villa romaine (on regrettera seulement l'utilisation de plantes en plastique plutôt kitsch). Sur les quatre murs court une mosaïque polygonale originaire de Carthage (IVe siècle) montrant des néréides (nymphes marines) et des Amours dans une mer peuplée de monstres et de poissons.

Salle 24, salle du mausolée

Cette salle tire son nom d'un grand tombeau en stuc du IIe siècle, provenant d'une nécropole de Carthage. Une mosaïque de Thuburbo Majus (voir p. 151) reprend le thème de l'abondance, incarné par une profusion de poissons et d'animaux marins. Rare, un carrelage en pierre de ce même site montre à quel point les Romains savaient tirer partie des motifs et des couleurs naturels.

Salle 25, mosaïques

Dans ce qui ressemble à un couloir, une mosaïque chargée de feuillages d'acanthe, de paons et autres oiseaux occupe un mur entier. Elle habillait tout un mur du *frigidarium* des thermes de Thuburbo Majus.

Salle 26, salle de Bacchus et Ariane

Baptisée d'après la grande mosaïque éponyme découverte à Thuburbo Majus, elle comprend aussi deux mosaïques figurant des petits lutteurs musclés de Ghightis.

Salle 27, salle d'Ulysse

SALLE 27 À NE PAS MANQUER

Une mosaïque très expressive d'Ulysse tenté par les sirènes.

L'impressionnante mosaïque d'Ulysse, qui pavait la maison du même nom à Dougga, dépeint le héros attaché au mât de son bateau pour échapper au chant des sirènes. À droite, les trois dangereuses créatures se dressent sur un rocher tandis que les compagnons d'Ulysse détournent les yeux (la légende veut qu'ils aient bouché leurs oreilles avec de la cire). À côté, une grande mosaïque représente Dionysos enfant et un vieux Silène à l'air inquiet châtiant des pirates changés en dauphins. Au-dessus de la porte, un *couronnement de Vénus* paraît sorti d'un esprit dérangé. On notera également une belle fontaine de Thuburbo Majus avec un Neptune à la barbe mouillée. Dans l'harmonieux *Mythe d'Apollon* (El-Djem), le satyre Marsyas lance au dieu un défi musical arbitré par Minerve. Enfin, une immense mosaïque d'Utique, le *Triomphe de Neptune et d'Amphitrite*, déploie ses nombreux monstres marins.

Salle 28, Mosaïques

Mention spéciale à la pulpeuse *Vénus couronnée par les deux centauresses*, étrange mosaïque découverte à Elles, près de Makthar. Sur une pièce d'El-Djem, une chasse au sanglier, très en vogue dans l'Afrique romaine.

DEUXIÈME ÉTAGE

Salle 29, figurines en bronze et en terre cuite

Cette galerie surplombant la salle 9 procure une vue splendide sur ses pavements en mosaïque. Dans les vitrines, on remarque surtout des poteries funéraires de Carthage et de Sousse. Jetez un œil au passage à la statue en bronze d'un Hercule ivre...

Salle 30, mosaïques

Beaucoup d'animaux sauvages ici : chasse aux daims, aux autruches (Le Kef) et ours féroces (Korba). On trouve aussi un labyrinthe de Thuburbo Majus et une étrange peau de panthère de la Carthage du IVe siècle. Une œuvre typique d'El-Djem montre un Dionysos ivre tandis qu'immortalisé par une mosaïque, un poète médite auprès de deux masques de tragédie (Thuburbo Majus ; IIe siècle). Plus discrètes, de petites figurines en terre cuite miment des scènes érotiques (El-Djem) derrière les vitrines et, inventif, un vase de Sousse prend la forme d'une tête de comédien.

Détail d'une mosaïque (salle 30).
CHRISTOPHER WOOD

Salle 31, mosaïques

La salle offre une bonne perspective sur la partie supérieure du *Triomphe de Neptune et d'Amphitrite* (voir ci-dessus) que le dieu Océan contemple d'un air las. Un portrait de Diane poursuivant une biche (Thuburbo Majus) présente la déesse de la chasse dans un cartouche, encerclée d'animaux sauvages stylisés.

Salle 32, mosaïques diverses

De jolis motifs floraux garnissent les murs menant à la minuscule salle 32 qui ne compte que des mosaïques géométriques.

Salle 33, salle Acholla

Prospère petit port romain à 40 km au nord de Sfax, Acholla a permis de mettre au jour certaines des plus anciennes mosaïques d'Afrique. Beaucoup viennent des thermes de Trajan et donnent une idée de l'abondante décoration employée dans ce genre d'édifice. Le *Centaure marin enlevant une nymphe* ne manque pas de susciter l'admiration.

Salles 34 et 35, fresques

En travaux.

Tunis

SOMMAIRE

Ville hybride, unis n'a rien à voir avec la frénésie des autres capitales arabes. Des marlous chaussés de lunettes de soleil y croisent de vieux messieurs en toque de feutre rouge, des femmes coiffées de foulards se promènent avec leurs filles habillées sexy, des artisans travaillent le métal dans de minuscules échoppes tandis que la foule se presse dans des centres commerciaux tape-à-l'œil. Sur les boulevards de la ville nouvelle, héritée de la colonisation française, d'élégants bâtiments du XIXe siècle côtoient des hôtels pièces montées et des maisons aveuglées par de hautes persiennes. Les rues vivantes, bordées de palmiers, abritent des pâtisseries, des cafés et des restaurants très fréquentés. Cet urbanisme profondément européen, organisé selon un plan en échiquier, contraste avec le dédale de la médina, lacis de passages couverts que jalonnent de jolies mosquées, des cafés aux céramiques multicolores et des portes cloutées en forme de trou de serrure.

Bien que la ville de Tunis soit parfois négligée par les itinéraires touristiques, elle recèle pourtant bien des merveilles : l'architecture islamique de la médina, les petits quartiers enclavés et leurs hammams ; les ruines de l'antique Carthage disséminées parmi les villas blanches de la haute société tunisienne ; les étonnantes mosaïques romaines du musée du Bardo ; et les maisons bleues et blanches de Sidi Bou Saïd, village fleuri perché au sommet d'un promontoire.

À échelle humaine, la capitale tunisienne s'avère conviviale. La plage n'y est jamais loin, même si elle peut paraître urbanisée par rapport au reste du pays. La banlieue s'étend sans fin le long du front de mer d'un bleu profond où, l'été, les habitants viennent chercher un peu de fraîcheur.

À NE PAS MANQUER

- Le site de **Carthage** (p. 86), son histoire mythique et ses points de vue sur la côte
- Les ruelles tortueuses de la **médina** (p. 69)
- Le charmant village de **Sidi Bou Saïd** (p. 91)
- Les mosaïques romaines du **musée du Bardo** (p. 57)

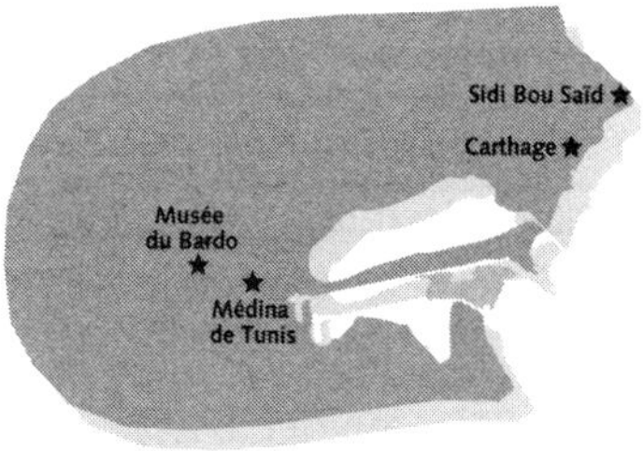

- INDICATIF TÉLÉPHONIQUE : 71
- POPULATION : 700 000 HABITANTS

HISTOIRE

Tunis (l'antique Tynes) existe depuis le début de l'expansion carthaginoise. Des cartes du Ve siècle av. J.-C. la mentionnent et le général romain Regulus y campa en 255 av. J.-C., durant la première guerre punique. Après leur victoire sur les Carthaginois, les Romains délaissèrent la ville. En revanche, le chef arabe Hassan bin Nouman, qui chassa les Byzantins en 695, décida de la reconstruire pour bénéficier de sa position défensive. La médina se trouvait alors sur une étroite langue de terre, flanquée au sud-ouest par le Sebkhet Sejoumi (lac salé) et à l'est, par le lac de Tunis. Depuis le lac, un profond chenal fut creusé afin de permettre un accès à la mer.

La renaissance de la ville date sans doute de la construction de la grande mosquée ez-Zitouna (voir p. 69) en 732. Cependant, ce n'est qu'au IXe siècle qu'elle devint le siège du pouvoir lorsque le souverain aghlabide Ibrahim ibn Ahmed II y installa sa cour.

La ville tomba en disgrâce sous les Fatimides, qui choisirent Mahdia pour capitale au Xe siècle. Elle échappa ainsi aux ravages des invasions hilaliennes du siècle suivant et redevint capitale après la conquête de l'Afrique du Nord par les Almohades en 1160.

Tunis prospéra sous les Fatimides, qui régnèrent de 1229 à 1574. À cette époque, la population fit plus que tripler pour atteindre les 60 000 âmes. On construisit des souks, des mosquées et des médersas (écoles coraniques), le commerce prospéra et l'université religieuse ez-Zitouna vit le jour.

La cité pâtit des conflits entre Turcs et Espagnols qui provoquèrent la chute des Hafsides. Elle fut largement détruite et sa population condamnée à fuir. En 1574, Sinan Pacha l'annexa à l'Empire ottoman, entraînant le retour de ses habitants, dont le nombre grossit avec l'arrivée de victimes des persécutions religieuses (Maures d'Andalousie et Juifs de Livourne, en Italie). Beaucoup étaient des artisans habiles qui jouèrent un rôle important dans la reconstruction.

À l'époque coloniale, les Français bâtirent l'élégante ville nouvelle, un nouveau centre-ville à l'est de la médina, gagné sur le lac de Tunis.

ORIENTATION

Presque tout ce qui peut être utile au voyageur se concentre dans la ville nouvelle.

La principale artère est-ouest, l'avenue Habib-Bourguiba, va du lac de Tunis à la place de l'Indépendance avec, à son extrémité ouest, la médina entourée de murs. Sur une chaussée à l'extrémité est, une route et une petite voie ferrée conduisent du lac de Tunis à La Goulette, puis au nord, le long de la côte, vers les quartiers balnéaires huppés de Carthage, Sidi Bou Saïd, La Marsa et Gammarth.

La grande voie nord-sud s'appelle avenue de Carthage au sud de l'avenue Habib-Bourguiba et avenue de Paris, au nord. L'avenue de Carthage se dirige vers le sud-est jusqu'à la place de Barcelone, axe majeur de l'excellent réseau de métro. La gare ferroviaire se situe sur le côté sud de la place.

TUNIS EN...

Deux jours

Passez la matinée à explorer la **médina** (p. 69). L'après-midi, rendez-vous au **Bardo** (p. 57) et promenez-vous au retour le long de l'**avenue Habib-Bourguiba**. Terminez la journée au **Dar el-Jeld** (p. 80) pour déguster une bonne cuisine tunisienne traditionnelle dans un cadre grandiose. Le lendemain, partez pour **Carthage** (p. 86) et prenez ensuite le TGM jusqu'à **Sidi Bou Saïd** (p. 91). Là, déambulez dans les ruelles blanchies à la chaux, arrêtez-vous pour boire un verre au **Café Sidi Chebaane** (p. 93) puis dînez dans l'un des restaurants du village.

Quatre jours

Suivez d'abord l'itinéraire précédent. Le 3e jour, visitez près de **Korbous** (p. 114) la côte d'un bleu extraordinaire et barbotez avec délice à l'endroit où une source brûlante se déverse dans la mer. Le jour suivant, retournez dans la **médina** et délassez-vous dans l'un de ses vieux **hammams**. Le soir, rendez-vous à **Gammarth** (p. 94) pour dîner au bord de la mer et profiter de l'animation nocturne.

Pour parcourir les 8 km séparant l'aéroport du centre-ville, prenez un taxi (3,5 DT) ou le bus n°35, à destination de l'avenue Habib-Bourguiba (0,6 DT), qui passe toutes les demi-heures.

Cartes

L'office du tourisme distribue gracieusement un plan de bonne qualité. Les meilleures cartes sont toutefois éditées par l'**Office de la topographie et de la cartographie** (☎ 891 477). *Tunis – Ariana/Bardo* couvre le centre-ville, *La Marsa, Sidi Bou Saïd, Carthage et La Goulette*, les banlieues du bord de mer. À l'échelle 1:10 000, elles coûtent 8 DT.

On peut se les procurer à l'espace Diwan 9 (voir ci-contre).

RENSEIGNEMENTS

Librairies

Al-Kitab (carte p. 70 ; 43 av. Habib-Bourguiba). Cartes et guides de voyage.
Espace Diwan 9 (plan p. 70 ; 9 rue Sidi-ben-Arous). Bon choix de livres sur la Tunisie.
Libraire Claire Fontaine (carte p. 70 ; 14 rue d'Alger).
Livres d'occasion (carte p. 70 ; rue d'Angleterre). Achat et échange de livres.

Centres culturels

British Council (carte p. 70 ; ☎ 259 053 ; 5 place de la Victoire).
Centre culturel de la Russie (carte p. 68 ; ☎ 780 953 ; av. de la Liberté).
Centre culturel français (carte p. 68 ; ☎ 787 701 ; 87 av. de la Liberté).
Goethe Institut (carte p. 68 ; ☎ 848 266 ; 6 rue du Sénégal).
Institut Cervantes (carte p. 68 ; ☎ 788 847 ; 120 av. de la Liberté).
US Information Resource Center (☎ 107 000 ; Zone Nord-Est des Berges du Lac).

Urgences

Police (carte p. 70 ; ☎ 197). Le commissariat le plus central se trouve rue Jamel-Abdelnasser.

Accès Internet

Publinet (carte p. 70 ; 1-2 DT/h). Plusieurs enseignes : 28 av. Habib-Bourguiba, av. de la Liberté, rue de Grèce, rue de Russie et rue Mokhtar (la meilleure adresse).

L'AGGLOMÉRATION DE TUNIS

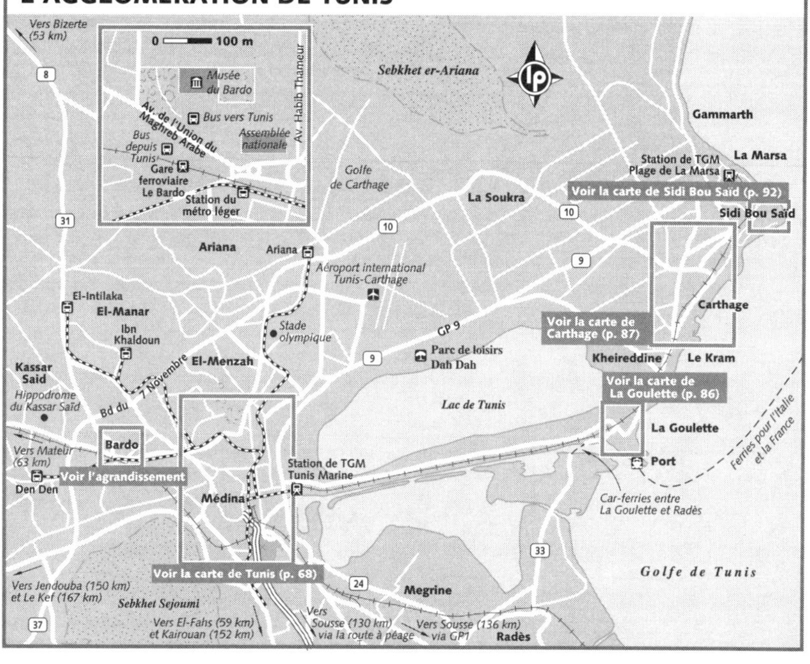

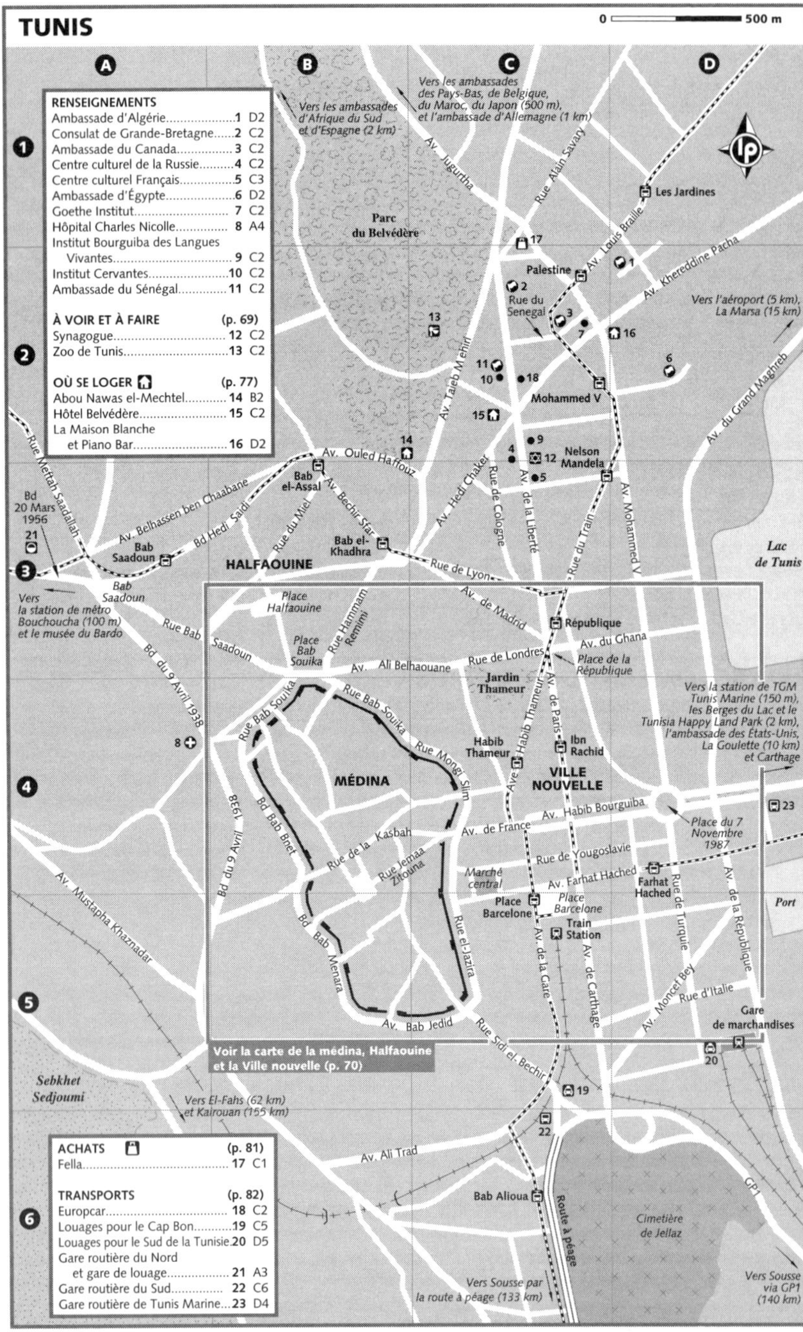
TUNIS
0 500 m
A
B
C
D
1
2
3
4
5
6
RENSEIGNEMENTS
Ambassade d'Algérie....................1 D2
Consulat de Grande-Bretagne......2 C2
Ambassade du Canada................3 C2
Centre culturel de la Russie..........4 C2
Centre culturel Français................5 C3
Ambassade d'Égypte....................6 D2
Goethe Institut..........................7 C2
Hôpital Charles Nicolle..............8 A4
Institut Bourguiba des Langues Vivantes..............................9 C2
Institut Cervantes......................10 C2
Ambassade du Sénégal..............11 C2
À VOIR ET À FAIRE (p. 69)
Synagogue...............................12 C2
Zoo de Tunis.............................13 C2
OÙ SE LOGER (p. 77)
Abou Nawas el-Mechtel............14 B2
Hôtel Belvédère........................15 C2
La Maison Blanche et Piano Bar..........................16 D2
ACHATS (p. 81)
Fella.......................................17 C1
TRANSPORTS (p. 82)
Europcar..................................18 C2
Louages pour le Cap Bon...........19 C5
Louages pour le Sud de la Tunisie.20 D5
Gare routière du Nord et gare de louage..................21 A3
Gare routière du Sud.................22 C6
Gare routière de Tunis Marine...23 D4
Vers les ambassades d'Afrique du Sud et d'Espagne (2 km)
Vers les ambassades des Pays-Bas, de Belgique, du Maroc, du Japon (500 m), et l'ambassade d'Allemagne (1 km)
Av. Jugurtha
Rue Alain Savary
Les Jardines
Parc du Belvédère
Palestine
Av. Louis Braille
Av. Khereddine Pacha
Rue du Senegal
Vers l'aéroport (5 km), La Marsa (15 km)
Av. Taieb M'ehiri
Mohammed V
Av. du Grand Maghreb
Nelson Mandela
Av. Ouled Haffouz
Bab el-Assal
Rue Meftah Saadallah
Bd 20 Mars 1956
Av. Belhassen ben Chaabane
Bd Hedi Saidi
Rue du Miel
Av. Bechir Sfar
Av. Hedi Chaker
Rue de Cologne
Av. de la Liberté
Rue du Train
Av. Mohammed V
Bab Saadoun
Bab el-Khadhra
HALFAOUINE
Rue de Lyon
Lac de Tunis
Vers la station de métro Bouchoucha (100 m) et le musée du Bardo
Rue Bab Saadoun
Bd du 9 Avril 1938
Place Halfaouine
Av. de Madrid
République
Av. du Ghana
Place Bab Souika
Rue Hammam Remimi
Av. Ali Belhaouane
Rue de Londres
Place de la République
Jardin Thameur
Vers la station de TGM Tunis Marine (150 m), les Berges du Lac et le Tunisia Happy Land Park (2 km), l'ambassade des États-Unis, La Goulette (10 km) et Carthage
Rue Bab Souika
Rue Monğı Slim
Av. Habib Thameur
Av. de Paris
Habib Thameur
Ibn Rachid
MÉDINA
VILLE NOUVELLE
Av. Habib Bourguiba
Av. de France
Place du 7 Novembre 1987
Bd Bab Bnet
Rue de la Kasbah
Rue Jemaa Zitouna
Rue de Yougoslavie
Marché central
Av. Farhat Hached
Farhat Hached
Av. Mustapha Khaznadar
Place Barcelone
Train Station
Rue de Turquie
Av. de la République
Port
Bd Bab Menara
Rue el-Jazira
Av. de la Gare
Av. de Carthage
Av. Moncef Bey
Rue d'Italie
Gare de marchandises
Av. Bab Jedid
Rue Sidi el-Bechir
Voir la carte de la médina, Halfaouine et la Ville nouvelle (p. 70)
Sebkhet Sedjoumi
Vers El-Fahs (62 km) et Kairouan (155 km)
Av. Ali Trad
Bab Alioua
Route à péage
Cimetière de Jellaz
GP1
Vers Sousse par la route à péage (133 km)
Vers Sousse via GP1 (140 km)

Laveries

Laverie Tahar (carte p. 70 ; 15 rue d'Allemagne). 6 DT pour laver et sécher 6 kg de linge.

Services médicaux

Le journal local *La Presse* donne la liste des pharmacies de nuit.

Hôpital Charles-Nicolle (carte p. 68 ; ☎ 662 275 ; bd du 9-Avril).

Argent

Les grandes banques bordent l'avenue Habib-Bourguiba ; la plupart disposent de DAB. Il y a aussi des succursales et un distributeur à l'aéroport.

Poste

Poste centrale (carte p. 70 ; rue Charles-de-Gaulle ; 🕓 tlj). Poste restante (0,4 DT par courrier).

Offices du tourisme

Office du tourisme (carte p. 70 ; ☎ 341 077 ; 1 av. Mohammed-V ; 🕓 8h-18h lun-sam, 9h-12h dim). Il propose gratuitement un plan de Tunis, une carte routière de la Tunisie et des brochures sur Carthage et la médina. D'autres antennes existent à la gare (mêmes horaires) et à l'aéroport.

Agences de voyages

Elles abondent dans le centre-ville. Essayez **Carthage Tours** (carte p. 70 ; ☎ 347 015 ; av. Habib -Bourguiba).

DÉSAGRÉMENTS ET DANGERS

Tunis est une ville sûre, mais attention aux pickpockets dans la médina. Mieux vaut éviter la médina et le quartier d'Halfaouine à la nuit tombée, car plusieurs cas d'agressions ont déjà été enregistrés.

Escroqueries fréquentes

Les rabatteurs et les commerçants tenteront toutes sortes de ruses pour vous faire entrer dans leur boutique. Dans la médina, on vous invitera par exemple à admirer la vue depuis un toit en terrasse, en passant par un magasin dont vous aurez du mal à vous extraire. Une autre astuce consiste à prétendre qu'une foire d'artisanat berbère exceptionnelle se termine, comme par hasard, le jour même. Même des voyageurs aguerris s'y laissent parfois prendre.

À VOIR

De nombreux monuments intéressants se cachent dans les rues sinueuses de la médina. Ne manquez pas non plus le fantastique musée du Bardo (voir p. 57), au nord-ouest de la ville, ainsi que les vestiges antiques de Carthage et le charmant village de Sidi Bou Saïd, au nord.

Médina **Carte p. 70**

Se promener dans la médina, classée au patrimoine mondial, est une expérience magique. Fruit de différentes époques, son architecture forme toutefois une unité, avec un labyrinthe de venelles où se dissimulent de riches demeures. Cet urbanisme compact s'adapte parfaitement au climat, les artères étroites conservant la fraîcheur en été et la chaleur en hiver. Les ruelles autour de la mosquée ez-Zitouna regorgent de magasins de souvenirs, mais il suffit de s'en éloigner pour découvrir des passages voûtés, des ateliers d'artisans, des marchés locaux où des enfants jouent au football.

Fondée au VIIe siècle (peu de temps après la conquête arabe), la médina fut le cœur battant de Tunis pendant plus d'un millénaire. En construisant la ville nouvelle, les Français la privèrent de son rôle central et précipitèrent son déclin. Elle abrite aujourd'hui moins de 15 000 habitants et les boutiques pour touristes constituent sa principale activité économique.

Le secteur nord fut en grande partie rasé entre 1930 et 1940, dans le cadre d'un programme de démolition de l'habitat insalubre visant à améliorer l'accès des véhicules. Il n'est heureusement plus question de travaux de ce genre.

MOSQUÉE EZ-ZITOUNA

Également appelée Grande Mosquée ou mosquée de l'Olivier, la mosquée **ez-Zitouna** (entrée libre ; 🕓 non-musulmans 8h-12h) forme le pivot de la médina. Érigée en 732, elle fut rebâtie au IXe siècle par le souverain aghlabide Ibrahim ibn Ahmed (856-863) dans un style austère qui rappelle la grande mosquée de Kairouan. La salle de prière centrale comprend 200 colonnes antiques provenant des ruines de la Carthage romaine. Au Xe siècle, une seconde coupole, des portiques, un minaret et un passage voûté furent ajoutés.

Sa faculté de théologie, grand centre d'études islamiques, ferma ses portes peu de temps après l'indépendance sur décision du président Bourguiba, désireux de réduire

LA MÉDINA, HALFAOUINE ET LA VILLE NOUVELLE

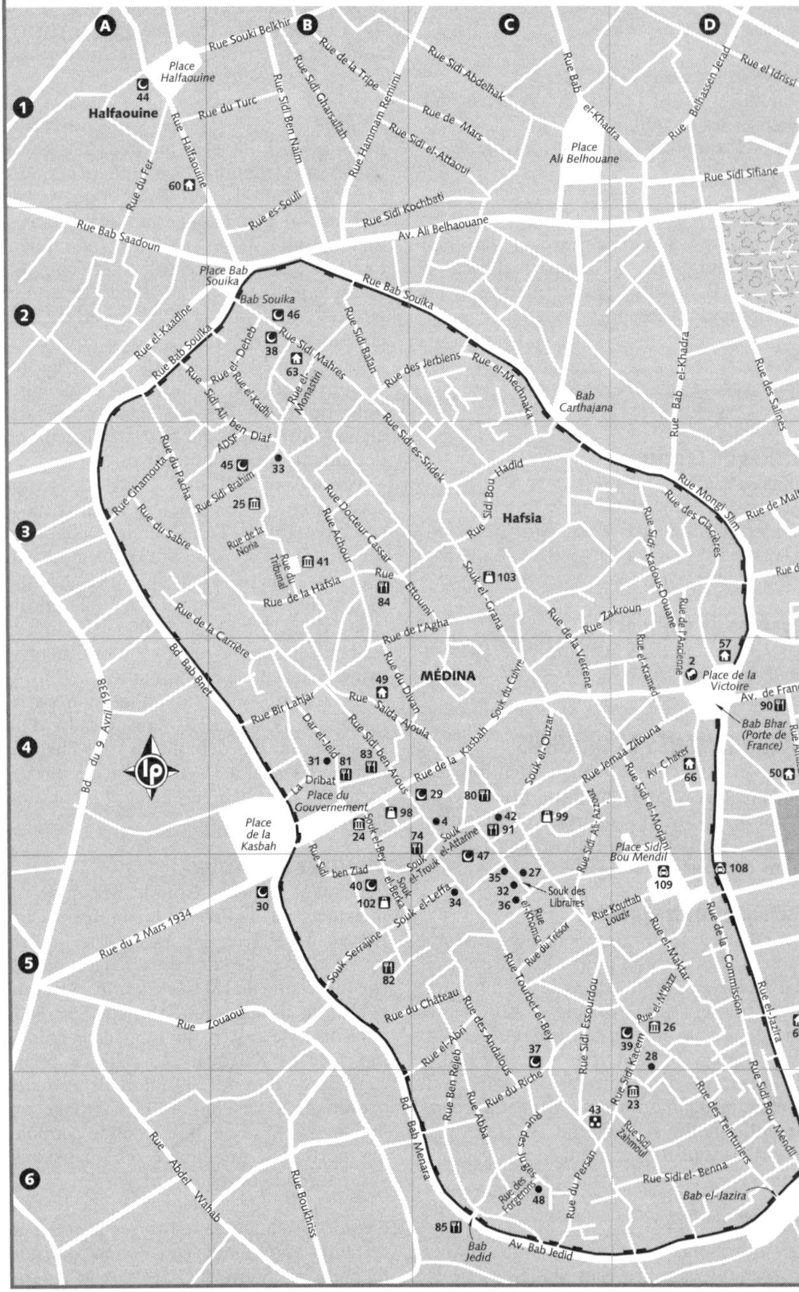

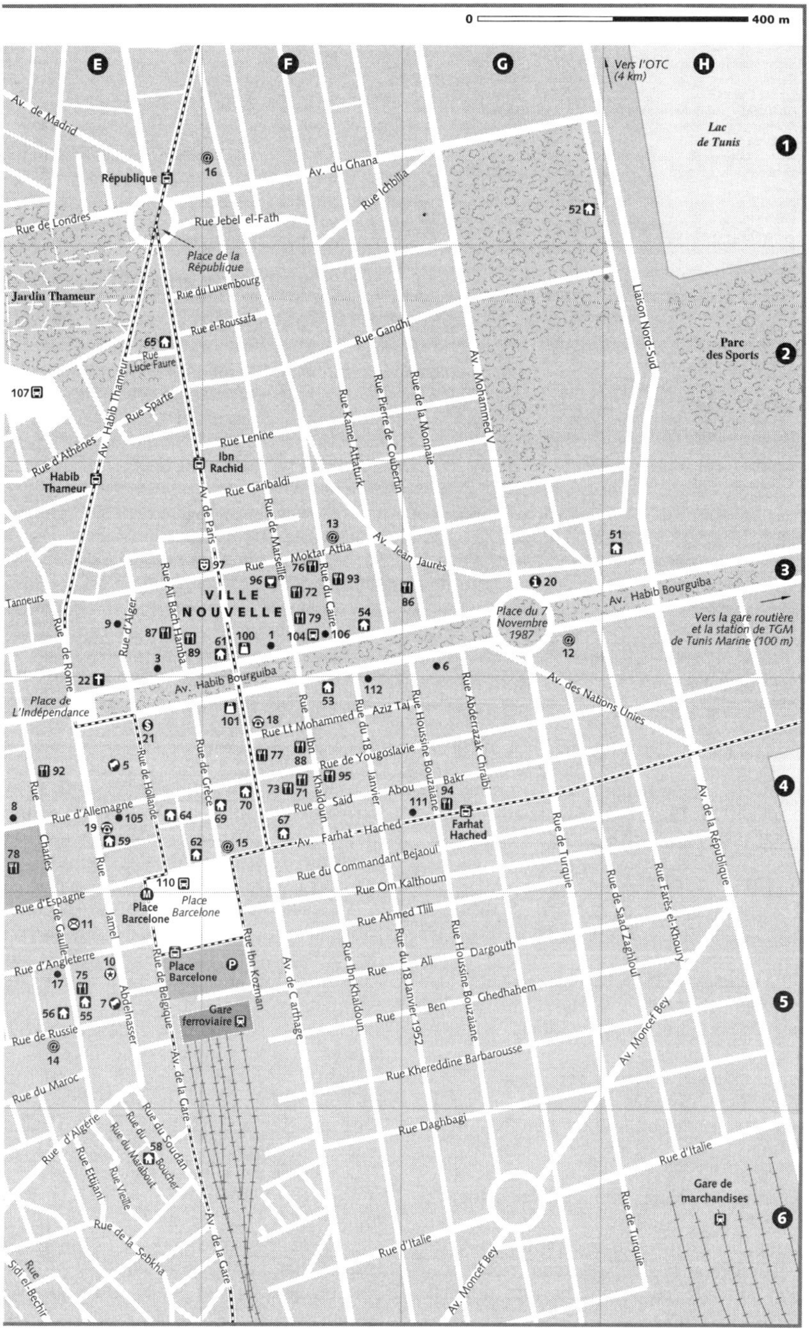

0
400 m
E
F
G
H
1
2
3
4
5
6
Vers l'OTC (4 km)
Lac de Tunis
Av. de Madrid
République
Av. du Ghana
Rue Ichbilia
Rue de Londres
Rue Jebel el-Fath
Place de la République
Jardin Thameur
Rue du Luxembourg
Rue el-Roussafa
Rue Lucie Faure
Rue Gandhi
Parc des Sports
Liaison Nord-Sud
Av. Mohammed V
Rue de la Monnaie
Rue Pierre de Coubertin
Rue Kamel Attaturk
Rue Sparte
Av. Habib Thameur
Rue d'Athènes
Habib Thameur
Rue Lenine
Ibn Rachid
Rue Garibaldi
Av. de Paris
Rue de Marseille
Rue Moktar Attia
Av. Jean Jaurès
Rue du Caire
VILLE NOUVELLE
Rue Ali Bach Hamba
Rue d'Alger
Tanneurs
Rue de Rome
Place du 7 Novembre 1987
Av. Habib Bourguiba
Vers la gare routière et la station de TGM de Tunis Marine (100 m)
Av. des Nations Unies
Place de L'Indépendance
Rue Lt Mohammed Aziz Taj
Rue Ibn Khaldoun
Rue du 18 Janvier
Rue Houssine Bouzaiane
Rue Abderrazak Chraibi
Rue de Hollande
Rue de Grèce
Rue de Yougoslavie
Rue Abou Bakr
Rue Said
Rue d'Allemagne
Rue Charles de Gaulle
Farhat Hached
Av. Farhat Hached
Av. de la République
Rue de Turquie
Rue du Commandant Bejaoui
Rue Om Kalthoum
Rue Ahmed Tlili
Rue d'Espagne
Place Barcelone
Rue Jamel Abdelnasser
Rue d'Angleterre
Rue de Belgique
Rue Ibn Kozman
Av. de Carthage
Rue Ibn Khaldoun
Rue du 18 Janvier 1952
Rue Ali Dargouth
Rue Ben Ghedhahem
Rue Houssine Bouzaiane
Rue de Saad Zaghloul
Rue Farès el-Khoury
Av. Moncef Bey
Gare ferroviaire
Rue de Russie
Rue Kheireddine Barbarousse
Rue du Maroc
Av. de la Gare
Rue Daghbagi
Rue d'Algérie
Rue du Soudan
Rue du Boucher
Rue du Marabout
Rue Ettijani
Rue Vieille
Rue d'Italie
Gare de marchandises
Rue de la Sebkha
Rue Sidi el-Bechir
Rue de Turquie

RENSEIGNEMENTS
Al-Kitab 1 F3
Banque de l'Habitat .... (voir 100)
Ambassade de Grande-Bretagne 2 D4
Carthage Tours 3 E3
Espace Diwan 9 .... 4 C4
Ambassade et consulat de France 5 E4
Ministère de l'Intérieur 6 G3
Ambassade d'Italie 7 E5
Laverie Tahar 8 E4
Librairie Claire Fontaine 9 E3
Police 10 E5
Poste 11 E5
Publinet 12 G3
Publinet 13 F3
Publinet 14 E5
Publinet 15 F4
Publinet 16 F1
Librairie d'occasion 17 E5
STB Bank .... (voir 53)
Taxiphone 18 F4
Taxiphone 19 E4
Office du tourisme 20 G3
Banque UIB 21 E4

À VOIR ET À FAIRE (p. 69)
Cathédrale Saint-Vincent de Paul 22 E4
Musée du Dar Ben Abdallah 23 D6
Dar el-Bey 24 B4
Palais Dar Lasram (Association de Sauvegarde de la Médina) 25 B3
Dar Othman 26 D5
Hammam El-Kachachine 27 C5
Hammam El-Methihra 28 D5
Mosquée Hammouda Pacha 29 C4
Mosquée de la Kasbah 30 B5
Le Diwan 31 B4
Médersa Bachiya 32 C5
Médersa el-Achouria 33 B3
Médersa Mouradia 34 C5
Médersa du Palmier 35 C5
Médersa Slimaniya 36 C5
Mosquée de M'sed el-Kobba 37 C5
Mosquée de Sidi Mahrez 38 B2
Mosquée des Teinturiers 39 D5
Mosquée de Youssef Dey 40 B5
Musée de la Ville de Tunis 41 B3
Bibliothèqe nationale 42 C4
Palais Khereddine .... (voir 41)
Hammam Sahib .... (voir 44)
Tourbet el-Bey 43 C6
Mosquée Youssef Sahib 44 A1
Zaouia de Sidi Ibrahim Riahi 45 B3
Zaouia de Sidi Mahrez 46 B2
Mosquée de la Zitouna 47 C5
Hammam Zitouni 48 C6

OÙ SE LOGER (p. 77)
Auberge de Jeunesse 49 B4
Grand Hôtel de France 50 D4
Grand Hôtel du Lac 51 H3
Hôtel Abou Nawas Tunis 52 G1
Hôtel Africa Méridien 53 F4
Hôtel Carlton 54 F3
Hôtel Cirta 55 E5
Hôtel de l'Agriculture 56 E5
Hôtel de la Médina 57 D4
Hôtel de Savoie 58 E6
Hôtel de Suisse 59 E4
Hôtel des Amis 60 A1
Hôtel el-Hana International 61 F3
Hôtel Grand Victoria 62 E4
Hôtel Les Amis 63 B2
Hôtel Maison Doreé 64 E4
Hôtel Majestic 65 E2
Hôtel Marhaba 66 D4
Hôtel Omrane 67 F4
Hôtel rue de Russie 68 D5
Hôtel Salammbô 69 F4
Hôtel Transatlantique 70 F4

OÙ SE RESTAURER (p. 79)
Abid 71 F4
Al-Mazar .... (voir 79)
Andalous 72 F3
Bolero 73 F4
Café M'Rabet 74 C4
Café-pâtisserie Zem-Zem 75 E5
Capri 76 F3
Carcassonne 77 F4
Marché central 78 E4
Chez Nouz 79 F3
Dar Bel Hadj 80 C4
Dar el-Jeld 81 B4
Dar Essaraya 82 B5
Dar Hamouda Pacha 83 B4
Fast Food 84 B3
Granada 85 C6
Istamboul 86 G3
La Mamma .... (voir 79)
Le Carthage 87 E3
Le Cosmos 88 F4
L'Orient Tunis 89 E3
Magasin général 90 D4
Mahdaoui 91 C4
Margaritas .... (voir 64)
Monoprix 92 E4
Neptune 93 F3
Théâtre de l'Étoile du Nord 94 G4
Tontonville 95 F4

OÙ BOIRE UN VERRE (p. 80)
Bar Jamaica .... (voir 61)
El-Hana Brasserie .... (voir 61)
Le Palais .... (voir 77)
Oscars 96 F3

OÙ SORTIR (p. 81)
Maison de la culture Ibn Khaldoun 97 F3

ACHATS (p. 81)
Grand souk des Chéchias 98 B4
Hanout Arab 99 C4
Mains des Femmes 100 F3
SOCOPA 101 F4
Souk el-Berka 102 B5
Souk el-Grana 103 C3

TRANSPORT (p. 82)
Bus pour l'aéroport (n°35) et le musée du Bardo (n°3) 104 F3
Compagnie Tunisienne de Navigation (CTN) 105 E4
EgyptAir .... (voir 61)
Hertz 106 F3
Gare routière du jardin Thameur 107 E2
Louages pour l'Algérie 108 D5
Louages pour la Libye 109 D5
Gare routière de la place Barcelone 110 E4
SNCM 111 G4
Tunis Air 112 F4

l'influence de la religion sur la société. Elle a rouvert en 1987. Les visiteurs non-musulmans peuvent pénétrer jusque dans la cour.

AUTRES MOSQUÉES

Les mosquées de la médina ne sont pas accessibles aux non-musulmans. Voici les plus intéressantes :

La **mosquée de la Kasba** (place de la Kasba) date du XIIIe siècle. Ici, un drapeau blanc hissé sur le minaret signale silencieusement l'appel à la prière.

La **mosquée Youssef Dey** (souk el-Berka), première mosquée ottomane à Tunis, s'inscrivait au milieu de marchés turcs. Œuvre de l'architecte andalou Ibn Ghalib, elle présente un mélange de styles pittoresque. Notez son minaret octogonal caractéristique, couronné d'une pyramide miniature recouverte de céramiques vertes. Chaque maître du pays manifestait ainsi son autorité en imposant une nouvelle forme architecturale.

La **mosquée Hammouda Pacha** (rue Sidi-ben-Arous), harmonieux édifice du XVIIe siècle richement décoré, comporte un élégant minaret en forme de chapeau de sorcière, orné de carreaux et de pierres noires et blanches.

La **mosquée Sidi Mahrez** (rue Sidi-Mahrez), construite en 1675, porte le nom du saint patron de Tunis qui sauva la ville après sa prise par Abu Yazd, lors du soulèvement contre les Fatimides en 944. La tombe du personnage se tient en face de l'entrée, dans la **Zaouia Sidi Mahrez**. Avec ses coupoles et demi-coupoles blanches entourant un dôme central (on les voit distinctement depuis Halfaouine), cette mosquée se classe parmi les plus belles réalisations ottomanes de la ville.

La **mosquée des Teinturiers** (rue des Teinturiers), édifiée en 1716 par Hussein ben Ali, fondateur de la lignée des beys husseinites, possède un mausolée attenant, une médersa et un minaret ottoman octogonal.

La **mosquée Youssef Sahib** (place Halfaouine), commencée au XIXe siècle, ne fut achevée qu'en 1970. Elle arbore un air presque vénitien (la grille et le marbre noir furent importés d'Europe).

MÉDERSAS

Les médersas (écoles coraniques) suivantes sont regroupées aux abords de la Zitouna.

Précédée par une porte ornée de clous, la **médersa Mouradia** (37 souk el-Leffa ; entrée libre ; 9h-16h30 lun-sam) fut élevée en 1673 sur les ruines d'une caserne turque détruite lors d'une insurrection. Elle sert aujourd'hui à la formation des artisans traditionnels.

La plus vieille de toutes, la **médersa du Palmier** (11 souk des Libraires ; fermé au public), fait toujours office d'école coranique. Bâtie en 1714 à l'emplacement d'un *fondouk* (auberge pour voyageurs), elle porte le nom d'un arbre depuis longtemps disparu.

La **médersa Bachiya** (19 souk des Libraires) se reconnaît à la petite fontaine publique proche de l'entrée et à ses étonnantes arcades rayées. Construite par le bey husseinite Ali Pacha à partir de 1752, elle renferme à présent une école d'artisanat.

Ali Pacha fonda aussi la **médersa Slimaniya** (souk des Libraires et souk el-Kachachine) en 1754, pour rendre hommage à son fils Suleiman, empoisonné par son frère. Quelques salles sont désormais occupées par l'Association médicale tunisienne, mais les autres restent ouvertes aux visiteurs.

SOUKS

Traditionnellement, ces marchés comprenaient des secteurs dévolus à chaque type de commerce. Les activités les plus raffinées se concentraient autour de la mosquée ez-Zitouna, les plus sales, comme celles des tanneurs et des forgerons, à la périphérie. Les souks étaient désignés par le nom de leur spécialité ou par celui de leur communauté fondatrice. Ainsi le **souk el-Grana,** créé par les juifs de Livourne.

Parmi les plus importants, signalons le **souk el-Attarine** (souk des Parfumeurs) remontant au XIIIe siècle, à proximité de la ez-Zitouna. Il ne se limite pas aux parfums, mais on y trouve aujourd'hui encore quantité d'huiles essentielles. Également près de la mosquée, le **souk des Libraires** date de la même époque.

Le souk el-Attarine débouche sur le **souk el-Trouk**, le marché turc, qui rassemblait jadis les tailleurs. Il est maintenant envahi par les boutiques de souvenirs.

Un des plus vastes, le **grand souk des Chéchias** présente derrière ses devantures poussiéreuses des piles de couvre-chefs dont vous pourrez observer la mise en forme. Il s'agissait, au XVIIe siècle, de la principale industrie du pays. Chaque année, 15 000 artisans fabriquaient un million de toques en feutre rouge (appelées fez en Europe et chéchia, en Tunisie) exportées dans tout le monde musulman.

Le **souk el-Berka**, désormais spécialisé dans l'orfèvrerie, remonte à la période ottomane. Dans cet ancien marché aux esclaves s'échangeaient jadis les hommes capturés par les pirates musulmans.

MUSÉES, MAUSOLÉES ET PALAIS

Le **Tourbet el-Bey** (1,6 DT, appareil photo 1 DT ; 9h30-16h30) arbore des coupoles vertes en écailles de poisson, typiques des mausolées. Curieuse juxtaposition de céramiques et de stucs ouvragés, il fut érigé sous le règne d'Ali Pasha II (1758-1782). Nombre de beys husseinites, de princesses, de ministres et de fidèles conseillers reposent à cet endroit. Les tombes masculines sont surmontées d'un couvre-chef – turban ou chéchia – sculpté dans le marbre et dont le nombre de glands indique le statut social du défunt.

Un ancien palais de 1796 abrite actuellement le **musée du Dar Ben Abdallah** (centre des Arts et Traditions populaires ; impasse Ben-Abdallah ; 1,6 DT, appareil photo 1 DT ; 9h30-16h30 lun-sam). Rénové au XIXe siècle dans le style italien qui faisait alors fureur, il arbore des stucs, des céramiques et des sculptures caractéristiques. Quatre salles mettent en scène des situations de la vie bourgeoise à l'aide de mannequins en costume d'époque.

Le **Dar Lasram** (24 rue du Tribunal ; entrée libre ; 8h30-13h et 15h-17h30 lun-sam), un des plus beaux bâtiments de la vieille ville, accueille l'Association de sauvegarde de la médina. Les pièces et les cours s'ornent de carreaux aux motifs richement colorés. On peut y voir des plans et des photos de la médina.

Le **musée de la Ville de Tunis** (rue du Tribunal ; entrée libre ; 10h-17h lun-sam) se dissimule dans le palais Khereddine délabré, en face d'une place ravissante, à l'ombre des palmiers. Il n'organise pour l'instant que des expositions temporaires, excellentes.

Le **Dar Othman** (rue el-M'Bazz), construit par Osman Dey au début du XVIIe siècle, offre

TUNIS

HAMMAM ET VIE SOCIALE

Vous ne connaîtrez pas vraiment la Tunisie avant d'avoir été étrillé avec entrain par un vieux masseur aguerri. Les hammams les plus anciens et les plus pittoresques se trouvent dans la médina. Souvent reconnaissables à leur porche rayé de rouge et de vert, ils semblent ne pas avoir changé (ni avoir été nettoyés) depuis des siècles. En franchissant le seuil, vous vivrez une expérience dépaysante, sensuelle et relaxante. Pour cela, prévoyez une serviette, un gant de crin, du shampoing et du savon. Afin d'éviter de vous faire remarquer, sachez que les gens se baignent en sous-vêtements (les hommes portent des shorts). L'entrée coûte généralement 1 DT et le massage 1 DT supplémentaire. Les adresses ne manquent pas, mais les hammams suivants (carte p. 70) jouissent d'une excellente réputation :

- **El-Kachachine** (30 souk des Libraires). Parmi les meilleurs de la médina, il n'accueille que les hommes.
- **El-Methihra** (11 rue el-Methira ; femmes l'après-midi, hommes le soir). Sympathique petit hammam ancien recouvert de mosaïques, avec des espaces pour s'étendre et récupérer.
- **Sahib** (Halfaouine ; femmes l'après-midi, hommes le soir). Majestueuses et décrépites, ses salles à coupole qui amplifient les sons ont été immortalisées dans le film *Halfaouine, l'enfant des terrasses*.
- **Zitouni** (rue des Juges). Réservé aux femmes, cet établissement plus récent aux murs blancs fraîchement repeints se distingue par sa propreté et sa belle salle chaude.

avec sa façade exubérante, un magnifique exemple de l'architecture de l'époque. Des salles du palais ont été converties en bureaux, mais les cours se visitent.

Ville nouvelle Carte p. 70

Des immeubles dotés de hautes fenêtres à persiennes et de balcons en fer forgé, des cafés et des pâtisseries jalonnent la ville nouvelle. Celle-ci recèle également quelques beaux exemples d'architecture coloniale, parfois bizarres ou exubérants.

La **cathédrale Saint-Vincent-de-Paul** (place de l'Indépendance) ne manque pas de surprendre. Édifiée en 1883, elle ne s'embarrasse guère de cohérence architecturale, combinant allègrement des éléments de styles gothique, byzantin et mauresque. Les portes principales restent habituellement closes, mais il existe une entrée latérale dans la rue d'Alger.

La statue en face de la cathédrale représente Ibn Khaldoun (1332-1406), le grand historien et philosophe arabe natif de Tunis.

On note alentour quelques superbes façades ouvragées, dont celle du **Théâtre national** (av. Habib-Bourguiba) qui ressemble à une grosse meringue. L'**Hôtel Majestic** (36 av. de Paris), splendide, tient lui aussi de l'art pâtissier.

À travers des bâtiments imposants comme la poste et l'ambassade de France s'exprimait l'autorité de la puissance colonisatrice.

Plages

Les plages de Tunis sont toutes accessibles par le TGM, un train de banlieue au départ de la gare Tunis Marine (carte p. 82). Pour plus de détails, consultez *Environs de Tunis*, p. 85. Nous vous conseillons plutôt La Marsa, moins bondée que La Goulette ou Carthage (la portion de plage la plus proche du palais présidentiel, à Carthage, s'avère toutefois relativement préservée).

PROMENADE À PIED Carte p. 75

Cet itinéraire inclut tous les monuments majeurs de la médina et fait halte dans d'agréables cafés typiques.

Le circuit débute à **Bab Bhar** (porte de France), arche solitaire qui constituait l'entrée orientale de la vieille ville avant que les Français détruisent les remparts pour aménager la place de la Victoire. Longez ensuite la rue Jemaa-Zitouna, principale artère touristique, remplie de souvenirs kitsch, de bijoux, de céramiques, d'articles en verre et de commerçants à l'affût. En haut, au n°73, se dresse la **Bibliothèque nationale (1)** installée dans les bâtiments d'une ancienne caserne. Vous aurez alors une première occasion de vous asseoir et de humer le parfum de la *chicha* au **Café ez-Zitouna (2)**, dont les salles voûtées et décorées de céramiques donnent sur la rue. Après quoi, montez jusqu'à la **mosquée ez-Zitouna** (**3 ;** p. 69). Au nord, le **M'Rabet** (**4 ;** p. 79) invite à une nouvelle pause. Ce café turc traditionnel, agrémenté d'un patio verdoyant, vous accueille sur des nattes en jonc, dans un décor de piliers à rayures.

Traversez le **souk des Libraires** (**5 ;** p. 73) en direction du sud. Le côté ouest est bordé de **médersas** (**6 ;** p. 73), autrefois rattachées à la faculté de théologie ez-Zitouna. Poursuivez le long de la rue el-Khomsa, puis tournez à droite dans la rue du Trésor et continuez vers le sud par la rue des Teinturiers. La **mosquée des Teinturiers** (**7 ;** p. 72) s'élève à l'angle. En face, un passage couvert mène à la rue el-M'Bazz et au **Dar Osman** (**8 ;** p. 73).

Prenez à droite la rue Sidi Kacem pour atteindre le **musée du Dar Ben Abdallah** (**9 ;** p. 73). Plus loin surgissent les coupoles vertes en écailles de poisson du **Tourbet el-Bey** (**10 ;** p. 73). De là, empruntez la rue Tourbet el-Bey vers le nord. Vous pouvez, si vous le souhaitez, faire un détour en descendant à gauche la rue des Juges, puis à droite la **rue des Forgerons (11)**, pleine d'échoppes sombres et bruyantes, noircies par la fumée. Au bout, une rue à droite conduit à **Bab Jedid (12)**, la seule porte encore debout parmi les trois construites sous les

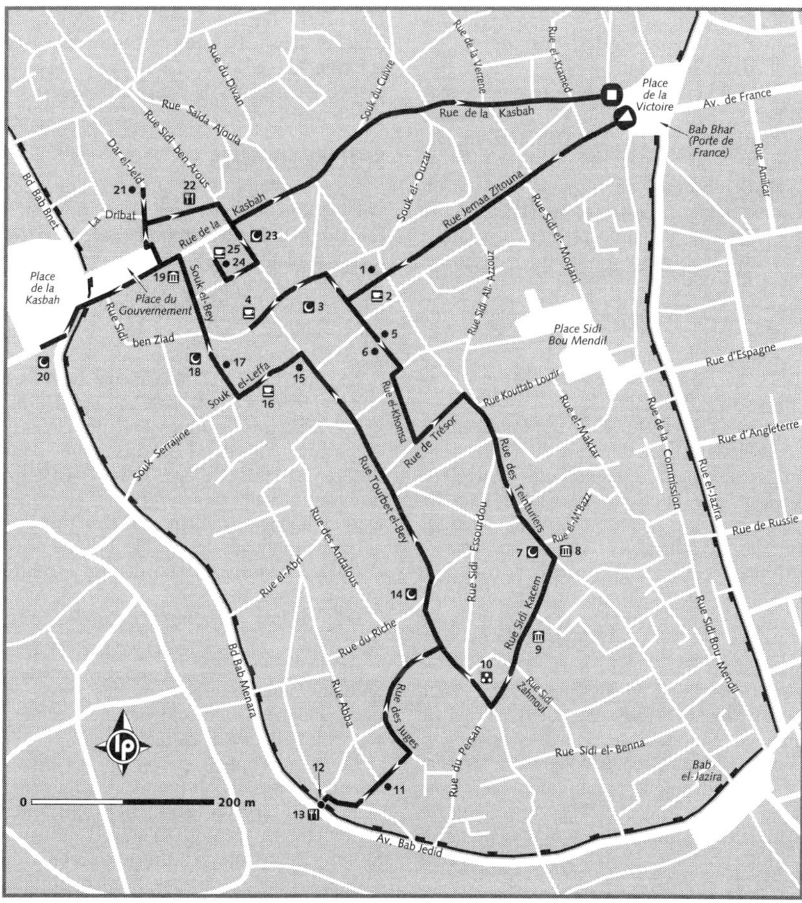

Hafsides. Un restaurant, le **Granada** (**13 ;** p. 79), vous attend sous le porche.

Rebroussez chemin pour retrouver l'itinéraire principal et suivez la rue Tourbet el-Bey : au n°41 se tient la **mosquée de M'sed el-Kobba (14)** ou Kuttab Ibn Khaldoun (un *kuttab* est une école primaire coranique). Le célèbre historien Ibn Khaldoun (1332–1406) naquit au n°33 et enseigna brièvement à la mosquée avant de partir pour les splendeurs du Caire. En atteignant à nouveau la ez-Zitouna, longez vers l'ouest le souk el-Leffa. À l'angle se trouve la **médersa Mouradia** (**15 ;** voir p. 73). Dans cette rue, plusieurs boutiques autorisent l'accès à leur toit en terrasse qui offre une vue panoramique sur la médina.

Vous arriverez enfin au **Café Dar Mnouchi (16)** (souk el-Leffa), dans une cour tranquille aux carreaux fleuris, où vous pourrez vous reposer de l'agitation des souks devant un milk-shake revigorant.

Tournez ensuite vers le nord dans le **souk el-Berka** (**17 ;** p. 73) où vous verrez la **mosquée de Youssef Dey** (**18 ;** p. 72). Déboîtez ensuite dans le souk el-Bey pour déboucher sur l'espace ombragé de la paisible place du Gouvernement. Le **Dar el-Bey (19)**, du côté sud, est une ancienne résidence palatiale devenue le bureau du Premier ministre. Attention, les gardes n'apprécient pas qu'on leur tire le portrait. À l'ouest du Dar el-Bey s'étend la place de la Kasba que dominait la vieille kasba, détruite par les Français en 1883. La **mosquée de la Kasba** (**20 ;** p. 72) se dresse au sud-ouest.

Prenez Dar el-Jeld vers le nord pour admirer **Le Diwan (21)**, une demeure du XVIIIe siècle impeccablement restaurée qui accueille à présent une boutique d'artisanat haut de gamme et une salle de réception. Avec ses façades blanchies à la chaux, ses plantes grimpantes et ses larges portails, ce coin de la médina est particulièrement bien entretenu. Remontez prestement Dar el-Jeld et obliquez à gauche après le restaurant éponyme reconnaissable à son énorme porte. Descendez la ravissante venelle où vous pourrez faire halte au **Dar Hammouda Pacha** (**22 ;** p. 79). Autour de paisibles courettes, ses alcôves chaulées garnies de sofas aux couleurs sourdes forment un cadre distingué pour fumer une *chicha* avec un bon café. Au-delà, vous aboutirez dans la rue Sidi-ben-Arous où vous prendrez à droite pour apercevoir la **mosquée Hammouda Pacha** (**23 ;** p. 72).

Il est temps maintenant d'acheter une de ces toques traditionnelles en feutre rouge. Pour cela, tournez à droite dans le **souk des Chéchias (24)**. L'un des plus vieux cafés de la médina, le **Café Chaoechin (25)** se prête à une nouvelle halte. Sous des voûtes carrelées, les *chichas* gargouillent au milieu de tables bancales colorées. Pour rejoindre Bab Bhar, revenez par la rue Sidi-ben-Arous (à droite) et la rue de la Kasbah (à gauche).

COURS

Langue

Institut Bourguiba des langues vivantes (carte p. 68 ; ☎ 832 418 ; www.iblv.rnu.tn ; 47 av. de la Liberté). Cours d'arabe classique et de dialecte tunisien.

Danse

En hiver, l'École Serguei-Diaghilev de ballet et danse classique du **Centre culturel de la Russie** (carte p. 68 ; ☎ 780 953 ; av. de la Liberté) dispense des cours de danse classique et de danse tunisienne.

SPÉCIAL ENFANTS

S'il y a quelque chose que les Tunisiens aiment autant que l'*harissa*, ce sont bien les enfants. Petite capitale décontractée, Tunis s'adapte parfaitement à un séjour familial. Au cas où la visite des sites vous paraîtrait une entreprise pénible, les plages sont rapides d'accès et les restaurants accueillent volontiers les bambins.

Le divertissant **Tunisia Happy Land Park** (Dah Dah ; Berges du Lac ; 12 tickets 5 DT, 1 ticket 0,5 DT ; 6h-22h lun-ven, 10h-22h sam-dim), qui clignote de partout, comprend des attractions pour différentes classes d'âge. Il fait partie du nouveau quartier des Berges de Lac, où les gens viennent voir et être vus. Une route en corniche monte et descend le long du front de mer. La course en taxi depuis le centre tourne autour de 3,5 DT.

Le **Zoo de Tunis** (plan p. 68 ; parc du Belvédère ; adulte/enfant 0,4/0,2 DT 9h-18h mar-dim), occupe un parc tranquille et ombragé où résident quelques animaux intéressants, dont des singes et des perroquets multicolores. On déplorera toutefois l'exiguïté de certaines cages.

Les enfants apprécient parfois les mosaïques du **musée du Bardo** (voir la rubrique spéciale p. 57) car elles racontent des histoires et mettent en scène beaucoup d'animaux. Sinon, ils seront peut-être heureux de visiter la médina à dose homéopathique et de contempler les mannequins en cire dans le **musée Dar-Ben-Abdallah** (p. 73). Autre endroit propice, **Sidi Bou Saïd** (p. 91) avec son atmosphère relaxante, sa plage, sa marina et ses jolies maisons. Enfin, Carthage abrite une petite plage et le **Musée océanographique** (p. 90) équipé d'un aquarium.

En désespoir de cause, sachez que nombre d'hôtels haut de gamme disposent d'un service de garde d'enfants.

CIRCUITS ORGANISÉS

Les visites organisées de Tunis ne partent pas de la ville mais des stations côtières. Toutefois, si vous souhaitez participer à un circuit englobant la médina, le musée du Bardo, Carthage et Sidi Bou Saïd, contactez **Carthage Tours** (carte p. 70 ; ☎ 344 066 ; 59 av. Habib -Bourguiba). Comptez 35 DT environ.

FÊTES ET FESTIVALS

Événement majeur, le **Festival international de Carthage** (www.festival-carthage.com.tn) se déroule en juillet-août (détails p. 91). Une année sur deux, Carthage sert aussi de cadre au **Festival international du film de Carthage**.

À Sidi Bou Saïd, une fête appelée Kharja célèbre en juillet ou en août le saint musulman local.

Vous trouverez des renseignements sur ces manifestations dans la presse ou à l'office du tourisme.

OÙ SE LOGER

Tunis présente un bon choix d'hébergements pour toutes les bourses. La médina, lieu de résidence séduisant, ne renferme cependant que des établissements petits budgets incluant des hôtes à six pattes et des bruits de voisinage évocateurs. Destinés aux ruraux de passage plutôt qu'aux touristes, ils sont généralement déconseillés aux femmes seules. La ville nouvelle regroupe la plupart des anciens hôtels français de catégorie moyenne, hauts de plafond et pourvus de balcons. En plus de ces établissements d'un bon rapport qualité/prix, il existe des adresses plus récentes et plus luxueuses. Pour dénicher un logement calme et agréable, avec vue sur la mer, rendez-vous dans la banlieue sud.

La médina et Halfaouine

Hôtel Maison Dorée (carte p. 70 ; ☎ 240 632 ; 3 rue el-Koufa ; s/d avec douche 26/29 DT, avec sdb 33/36 DT ; ❄). Charmant, simple et impeccable avec un côté vieille France. Les chambres diverses (demandez à en voir deux ou trois) ont des balcons fermés par des persiennes et du mobilier des années 1950. Le restaurant ne démérite pas.

Hôtel Majestic (carte p. 70 ; ☎ 332 848 ; www.majestichotel.com.tn ; 36 av. de Paris ; s/d/tr avec sdb 35/50/65 DT ; ❄). On s'attendrait à voir sortir de ce vénérable établissement sur le déclin, de vieilles ladies escortées par des caniches nains. Visitez plusieurs chambres car leur taille et leur attrait varient.

Auberge de Jeunesse (carte p. 70 ; ☎ 567 850, 25 rue Es-Saida-Ajoula ; avec petit déj 6 DT). Au cœur de la médina, elle occupe le Dar Saida Ajoula, un palais du XVIIIe siècle. Les dortoirs, décorés de jolies peintures murales, ne sont pas mixtes et la direction ne transige pas avec le règlement pléthorique (fermeture 10h-14h, couvre-feu 22h, pas de douche entre 19h30 et 9h). Il s'agit cependant d'une adresse propre et avantageuse.

Hôtel Marhaba (carte p. 70 ; ☎ 354 006 ; 5 rue de la Commission ; s/d avec sdb commune 8/12 DT). Central (à la lisière de la médina), propre, mais quelconque, il a toujours des clients et convient aux femmes seules. Douches chaudes 1 DT.

Hôtel de la Medina (carte p. 70 ; ☎ 327 497 ; 1 rue des Glacières ; d/tr avec sdb commune 12/15 DT). Beaucoup de ses chambres blanches spartiates, agrémentées de volets bleus, jouissent d'une belle vue sur la place. Les femmes non accompagnées peuvent y résider sans crainte. Les douches s'avèrent par ailleurs assez propres (1 DT).

Hôtel les Amis (carte p. 70-72 ; ☎ 565 653 ; 7 rue el-Monastiri ; s/d avec sdb commune 4/8 DT). Situé à l'extrémité nord de la médina, il loge sa clientèle entièrement masculine dans de jolies petites chambres ornées de céramiques ou d'autres, toutes simples. La sdb n'a pas de douche mais une sorte de baignoire-lavabo.

Hôtel des Amis (carte p. 70 ; rue Halfaouine ; s/d avec sdb commune 5/10 DT). Organisé autour d'une cour, assez propre et clair, il héberge beaucoup de patients de l'hôpital voisin.

Ville Nouvelle

PETITS BUDGETS

Hôtel de Savoie (carte p. 70 ; ☎ 253 780 ; 13 rue du Boucher ; s/d/tr avec sdb commune 5-6/10/12 DT). Ce petit havre au confort rudimentaire vous attend dans une ruelle de quartier, autour d'une courette plantée d'un gros arbre. Les chambres se situent à l'étage, la douche au rez-de-chaussée. Le propriétaire veille soigneusement sur les lieux.

Hôtel Cirta (carte p. 70 ; ☎ 321 584, 42 rue Charles-de-Gaulle ; s/d avec sdb commune 10/12 DT). Plutôt sale et délabré, avec des lits défoncés, il possède du moins une certaine atmosphère et des balcons sur la rue. Douche 1 DT.

Hôtel Grand Victoria (carte p. 70 ; ☎ 342 862 ; 79 av. Farhat-Hached ; s/d avec sdb commune 10/15 DT). Surplombant la place de Barcelone, il loue des chambres mansardées plutôt propres qui ont toutefois connu des jours plus fastes.

Hôtel de Suisse (carte p. 70 ; ☎ 323 821 ; 5 rue de Suisse ; s/d avec douche 10/20 DT). Chambres sommaires d'une propreté correcte avec douche dans une alcôve d'angle. Celles du 1er étage sont si basses de plafond qu'on a l'impression d'être au niveau de la rue, quand on se tient sur le balcon.

CATÉGORIE MOYENNE

Grand Hôtel de France (carte p. 70 ; ☎ 326 244 ; hotelfrancetunis@yahoo.fr ; 8 rue Mustapha-Mbarek ; s/d avec sdb commune 17/19 DT, avec douche 23/17 DT). Clair, lumineux et d'une élégance fanée, il arbore une profusion de fer forgé et un ascenseur en bois aussi étroit qu'un cercueil. Les meilleures chambres, avec balcon et vue, occupent le dernier étage. Les femmes seules peuvent s'y sentir mal à l'aise.

Hôtel rue de Russie (carte p. 70 ; ☎ 328 883 ; 18 rue de Russie ; s/d avec sdb 35/50 DT). Jolie adresse récente d'un bon rapport qualité/prix, avec des chambres chics donnant sur la rue ou sur une cour intérieure luxuriante et fleurie.

Hôtel Salammbô (carte p. 70 ; ☎ 337 498 ; hotel.salammbo@gnet.tn ; 6 rue de Grèce ; d avec sdb commune/individuelle 17/20 DT). Chambres basiques impeccables, garnies d'atroces couvre-lits et parfois pourvues d'un balcon. Peintures murales dans les corridors. Le personnel se montre sympathique et efficace.

Hôtel Transatlantique (carte p. 70 ; ☎ 240 680 ; 106 rue de Yougoslavie ; s/d avec sdb commune 19/26 DT, avec sdb 25/30 DT). Réception décorée de faïences raffinées. Chambres bien tenues, simples, lumineuses et hautes de plafond.

Hôtel de l'Agriculture (carte p. 70 ; ☎ 326 394 ; 25 rue Charles-de-Gaulle ; s/d avec sdb 20/30 D). Petites chambres bleues et blanches, nettes mais confinées, avec une mini sdb proprette.

Hôtel Carlton (carte p. 70 ; ☎ 330 664 ; carlton@planet.tn ; 31 av. Habib-Bourguiba ; s/d/tr avec sdb 47/74/89 DT ; ❄). Cet accueillant petit trois-étoiles immaculé renferme des chambres sobres bien équipées, avec TV satellite, trahissant cependant une certaine usure. Celles aménagées côté façade ont des balcons surplombant la bruyante artère principale.

Hôtel Belvédère (carte p. 68 ; ☎ 782 214 ; 10 av. des États-Unis-d'Amérique ; s/d 57/67 DT). Confortable quatre-étoiles pour hommes d'affaires, situé dans une rue calme. Belle vue depuis les chambres sur les bâtiments coloniaux environnants.

Hôtel Omrane (carte p. 70 ; ☎ 345 277 ; www.hotel-omrane.com.tn ; 65 av. Farhat-Hached ; s/d 45/65 DT). Central. Chambres avec TV plutôt tristes malgré une certaine élégance. Davantage de confort que dans les autres établissements de la gamme, mais moins de cachet.

CATÉGORIE SUPÉRIEURE

Grand Hôtel du Lac (carte p. 70 ; ☎ 336 100 ; av. Mohammed-V ; s/d 70/116 DT). Cette curieuse pyramide inversée aurait, au dire de certains, inspiré le "sandcrawler" de la *Guerre des Étoiles*. Quoi qu'il en soit, il s'agit d'un bâtiment à l'architecture typique des années 1970, dont le hall arbore un lustre évoquant un cendrier. Les chambres surannées de couleur pastel jouissent d'une belle vue. Les prix se négocient à la baisse plus vite qu'il ne faut pour commander un Campari soda.

Hôtel Africa Méridien (carte p. 70 ; ☎ 347 477 ; 50 av. Habib-Bourguiba ; s/d 220/230 DT). Établissement d'affaires luxueusement rénové, avec une vue fantastique embrassant Tunis et le lac.

Hôtel Abou Nawas Tunis (carte p. 68 ; ☎ 350 355 ; www.abounawas.com ; pl. des Droits-de-l'Homme, av. Mohammed-V ; s/d 220/240 T; ❄ ♿). Surplombant

LE CHOIX DES AUTEURS

La Maison Blanche (carte p. 68 ; ☎ 844 718 ; www.bestwestern.com/tn/lamaisonblanche ; 45 av. Mohamed V ; s/d 195/220 DT ; ❄). Ce luxueux cinq-étoiles propose des chambres claires aux fenêtres chantournées et au mobilier chargé. Le sombre piano-bar affiche un style Art déco et le restaurant sert de la cuisine marocaine et tunisienne raffinée dans un décor oriental en marqueterie. L'hôtel accorde parfois des rabais d'environ 30 %.

le lac de Tunis, ses chambres de luxe possèdent le caractère et le confort inhérents à un cinq-étoiles pour hommes d'affaires.

Abou Nawas el-Mechtel (carte p. 68 ; ☎ 783 200 ; 3 av. Ouled-Haffouz ; s/d 175/200 DT ;). Localisée au sud du parc du Belvédère, cette enseigne d'une chaîne haut de gamme se distingue par ses fenêtres rondes. Chic et bien tenu, il compte 4 étoiles.

OÙ SE RESTAURER

Outre quantité d'hôtels économiques, la médina renferme entre ses murs les restaurants les plus tape-à-l'œil de Tunis (elle compte aussi moult bouis-bouis pour les voyageurs désargentés). Dans le cœur animé de la ville nouvelle on trouve beaucoup de tables de catégorie moyenne (ainsi qu'un tas de pâtisseries, rôtisseries et autre sandwicheries/pizzerias), les meilleures étant disséminées aux abords des ambassades. Le nouveau quartier des Berges du Lac et ses cafés voyants attirent du monde le soir. D'autres adresses agréables vous attendent dans les ravissantes banlieues du bord de mer (voir p. 85). Sauf mention contraire, les établissements cités assurent le déjeuner et le dîner.

Médina Carte p. 70

Mahdaoui (2 rue Jemma-ez-Zitouna ; plats 2-8 DT). Au centre de la médina, il est très fréquenté à l'heure du déjeuner. Ses tables envahissent une étroite ruelle près de la Zitouna. Le menu du jour, indiqué sur une ardoise, comprend du couscous, du poisson et du poulet. Malgré sa situation centrale, ses plats se révèlent délicieux et bon marché.

Fast Food (rue Ettoumi). Mouchoir de poche réputé pour ses sandwiches autour d'1,5 DT.

M'Rabet (plats 8 DT environ). Ses salles élégantes avec vue sur ez-Zitouna, au-dessus d'un café typique animé, ont la faveur des touristes. Le soir, il programme de la musique et des danses folkloriques.

Dar Essaraya (☎ 560 310 ; www.essaraya.com ; 6 rue Ben-Mahmoud ; repas 30 DT environ). Au sud-ouest de ez-Zitouna, il sert une cuisine dispendieuse dans un décor outrancier assorti.

Dar Bel Hadj (☎ 200 894 ; 17 rue des Tamis ; plats 25 DT). Bien que peu connu, ce grand restaurant traditionnel offre une nourriture exquise. Il occupe une demeure raffinée du XVIIe siècle, au nord de ez-Zitouna.

Dar Hamouda Pacha (☎ 561 746 ; 56 rue Sidi-ben-Arous ; plats principaux 12,5-18 DT). Cuisine franco-tunisienne dans un cadre intime plein d'élégance, d'arches blanches et de petits patios.

Granada (Bab-Jedid). Plats simples et assortiment d'en-cas à déguster sous les arcades imposantes d'une porte de la ville.

Au **marché central** (rue Charles-de-Gaulle), vous pourrez acheter des primeurs, mais aussi un choix appétissant de fromages locaux, viandes froides, pains frais, harissa, olives et petits légumes marinés au vinaigre.

Parmi les supermarchés du centre-ville, signalons **Monoprix** (rue Charles-de-Gaulle/av. de la Liberté) et le **Magasin Général** (av. de France) qui vendent des vins tunisiens.

Ville Nouvelle Carte p. 70

PETITS BUDGETS

Carcassonne (8 av. de Carthage ; menu de 4 plats 4 DT). D'un remarquable rapport qualité/prix, cette sympathique petite table populaire propose des mets de qualité et un service rapide dans un environnement décontracté.

Istanboul (3 rue Pierre-de-Coubertin ; menu 4,5 DT, plats 2,5-4,5 DT). Murs carrelés et poste de télévision caractéristiques des petits restaurants tunisiens bon marché. Spécialités de Sfax (épicées) et bon menu.

Abid (☎ 257 052 ; 98 rue de Yougoslavie ; plats principaux 2,5-5 DT). Cette adresse de quartier, avec TV et néons clignotants, propose des plats sans prétention à des prix avantageux.

Capitole (plats principaux 4,8-11, 3 DT, menu de trois plats 5,5 DT). Établi de longue date, il présente une nourriture plutôt correcte et économique, mais le soir, l'atmosphère est un peu lourde. Et pas d'alcool pour se remonter le moral.

CATÉGORIE MOYENNE

Capri (☎ 257 695 ; 34 rue Mokhtar-Attia ; plats 2-7,8 DT). Sur deux niveaux très exigus, meublé de pin dehors comme dedans, cet endroit animé attire une clientèle masculine. Il sert de l'alcool et des recettes simples à base de fruits de mer.

Margaritas (☎ 240 632 ; Hôtel Maison Dorée ; menu de 3 plats 12 DT). Ce lieu relativement comme il faut, brillamment éclairé, dispense un service de qualité, étant donné ses prix. Le menu s'avère intéressant malgré des portions réduites.

LE CHOIX DES AUTEURS

Dar el-Jeld (carte p. 70 ; ☎ 560 916 ; 5-10 rue Dar-el-Jeld ; repas 35 DT environ). Dès le majestueux porche d'entrée, le client se retrouve propulsé dans l'univers de faïences et de stucs d'une demeure du XVIIIe siècle impeccablement restaurée. La magnifique salle à manger principale occupe une cour abritée. Autour, des tables sont installées dans des alcôves idéales pour comploter ou dîner en tête à tête. Nous vous conseillons de débuter le repas par un assortiment de hors-d'œuvre, suivi d'une délicieuse spécialité tunisienne comme le *kabkabou* (poisson aux tomates fraîches, câpres et olives).

Tontonville (☎ 253 918 ; 96 rue de Yougoslavie ; plats 3-9 DT, menu 7 DT ; déj et dîner lun-sam). Dissimulé par de lourds rideaux, il bourdonne d'activité. Au menu, de l'alcool et une grande variété de poissons savoureux. La *mouchaia* qui accompagne les plats déménage.

L'Orient Tunis (☎ 252 062 ; rue Ali-Bach-Hamba ; plats 7-18 DT). Hauts plafonds, voûtes en brique, épées, coquillages et céramiques à motifs jaunes et verts lui confèrent un air andalou en accord avec sa carte de fruits de mer.

Le Carthage (☎ 255 614 ; 10 rue Ali-Bach-Hamba ; plats principaux 9-17 DT ; déj et dîner lun-sam). Son merveilleux couscous, ses nappes blanches et ses statues antiques en font un choix réussi pour un dîner en tête à tête.

Bolero (☎ 245 928 ; 6 passage el-Guattar ; plats principaux 4,5-7,5 DT ; menu 7 DT). Cette petite adresse cosy, avec des nappes rouges et un éclairage tamisé, plaît aux hommes d'affaires tunisiens qui s'y attablent longuement pour un déjeuner arrosé des nombreux vins de la carte. Spécialités de viande et de poisson grillés. Menu recommandé.

La Mamma (☎ 241 256 ; rue de Marseille ; plats 7,2-16,5 DT ; déj et dîner sep-juil). Murs rouges et fleurs en plastique composent le décor tandis que des musiciens improbables assurent l'animation. La carte comprend des plats tels que du poulpe grillé.

Al-Mazar (☎ 340 423 ; 11 rue de Marseille ; plats principaux 4,9 DT). Il règne ici la bonne ambiance d'un bar qui se cacherait astucieusement sous l'apparence d'un restaurant. Les femmes seules risquent toutefois de se sentir un brin déplacées. Parmi les tableaux et les globes lumineux, vous aurez l'illusion d'être à Paris. La nourriture se révèle par ailleurs excellente, notamment l'harissa et la mousse au chocolat.

Chez Nous (☎ 243 043 ; 5 rue de Marseille ; plats principaux 9-18 DT, menu 10 DT). Dans cette arrière-salle sans prétention, on se croirait dans un repaire de truands italo-américains. Rien d'exceptionnel mais une cuisine savoureuse à déguster au milieu de photos jaunies montrant des vedettes passées de mode.

Andalous (☎ 241 756 ; 13 rue de Marseille ; plats principaux 8,5-12,5 DT). Faiblement éclairé par des lanternes ouvragées, l'endroit a un petit air marocain. Les serveurs affables vous apporteront de bons plats de viande et de fruits de mer. Une TV fonctionne discrètement dans un coin.

Neptune (☎ 254 820 ; 3 rue du Caire ; plats 3-5 ; 12h-22h). Adresse locale sans chichi, meublée de tables en Formica, de chaises métalliques et de miroirs en osier très années 1970.

Théâtre de l'Étoile du Nord (☎ 255 242 ; www.etoiledunord.org ; 41 av. Farhat-Hached ; en-cas 1-3 DT, menu 4,5 DT). Lieu de rendez-vous d'une clientèle mixte, ce grand café-bar branché, avec un éclairage au néon, programme à l'occasion des pièces de théâtre underground et autres manifestations.

Café-Pâtisserie Zem-Zem (rue Charles-de-Gaulle). On sert dans ce lieu minuscule des oranges pressées (0,6 DT), un excellent café et une bonne sélection de pâtisseries.

Berges du Lac

La Croisette (☎ 963 287 ; Corniche du Lac, Les Berges du Lac ; 12h-24h). Le nouveau quartier des Berges du Lac étant à la mode, il affiche des prix en conséquence. Ce restaurant-salon de thé très fréquenté jouit d'un cadre charmant au bord de l'eau, parmi des illuminations féeriques. Seul bémol : le service traîne en longueur.

OÙ PRENDRE UN VERRE

La plupart des bars du centre-ville, peu recommandables, drainent une clientèle exclusivement masculine. Pour passer une soirée plus sélect, préférez la banlieue nord, en particulier La Marsa (voir p. 93).

Bar Jamaica (carte p. 70 ; Hotel El-Hana International, av. Habib-Bourguiba). Petit havre de paix au 10e étage avec une perspective imprenable sur les rues du centre.

El-Hana Brasserie (carte p. 70 ; Hotel el-Hana International, av. Habib-Bourguiba). Des tables en terrasse, sur le trottoir, on peut observer le va-et-vient de l'avenue.

Oscars (carte p. 70 ; rue de Marseille). Avec son thème vaguement cinématographique, le bar-restaurant à l'étage vous amusera. À déconseiller néanmoins aux femmes seules (celles qui s'y trouvent sont généralement des prostituées). Musique *live* et danseurs le week-end.

Piano Bar (carte p. 68 ; La Maison Blanche, 45 av. Mohamed-V). Ce bar Art déco d'un hôtel 5 étoiles arbore un décor en bois sombre raffiné. Idéal pour siroter un verre au calme.

Les Tunisiens aisés et les touristes préfèrent habituellement les clubs, le plus souvent rattachés à un hôtel. Les meilleurs se trouvent à La Marsa. Essayez, par exemple, celui de l'Hôtel Plaza Corniche (p. 93).

OÙ SORTIR

Cinémas

Les nombreux cinémas de Tunis passent surtout des productions égyptiennes et des films d'action de Bollywood en arabe, ainsi que les derniers succès hollywoodiens doublés en français.

La presse locale annonce le programme. La séance coûte 3 DT environ dans les salles les plus chics comme **Le Parnasse** ou **Le Capitole** (av. Habib-Bourguiba), mais les projections de films anciens reviennent généralement moins cher. L'unique cinéma d'art et d'essai est la **Maison de la culture Ibn Khaldoun** (carte p. 70 ; av. de Paris).

Musique et danse

Des spectacles de musique et de danse traditionnelles ont lieu dans les restaurants M'Rabet (p. 79), La Mamma (p. 80) et Lucullus (p. 85). Le week-end, le bar au 1er étage de l'Oscars Hotel (voir plus haut) programme aussi des manifestations animées. En été, des concerts se déroulent le week-end dans l'avenue Habib-Bourguiba. Pour la musique classique, voyez le Dar Ennejma Ezzahra (Centre de musique arabe et méditerranéenne ; p. 92) à Sidi Bou Saïd et L'Acropolium (p. 88) à Carthage. Lors du festival international, de grandes stars se produisent dans l'amphithéâtre de Carthage.

Sports

Cinq des quatorze équipes de football de première division viennent de la capitale, notamment les deux grands rivaux que sont le Club Africain et l'Espérance sportive de Tunisie, jouant au stade olympique d'El-Menzah. Les places coûtent à partir de 7 DT et les matchs débutent d'ordinaire à 14h le dimanche. Pour vous rendre sur place, prenez la ligne 2 du métro léger à République et descendez à Cité sportive.

La presse du samedi fournit des renseignements sur les rencontres. Les deux équipes sont désignées par leurs initiales : CA pour le Club Africain, EST pour l'Espérance sportive de Tunisie. Parmi les autres clubs locaux figurent le Stade tunisien (ST) et le Club olympique des Transports (COT), originaires de la banlieue ouest, l'Avenir Sportif de La Marsa (ASM) et le Club Sportif de Hammam Lif (CSHL), venant de la banlieue sud.

ACHATS

La médina regorge de commerces destinés aux touristes dont les produits vont de l'artisanat de qualité – bijoux, parfums, tapis, céramiques cuivres et articles en verre – aux souvenirs de mauvais goût. Les prix pouvant commencer très haut, n'hésitez pas à marchander ferme.

Société de commercialisation des produits de l'artisanat (carte p. 70 ; Socopa ; av. Habib-Bourguiba). Sélection d'objets artisanaux haut de gamme à prix fixe. Vous aurez ainsi un ordre de grandeur avant de faire vos achats dans la médina.

Mains des Femmes (plan p. 70 ; 1er étage, 47 av. Habib-Bourguiba). On commercialise ici la production artisanale de coopératives rurales féminines : kilims, *mergoum* (tapis tissés à motifs géométriques), couvertures brodées, jouets en bois, poupées et bijoux. Non négociables, les prix restent raisonnables et l'argent dépensé sert une bonne cause.

Hanout Arab (carte p. 70 ; 52 rue Jemma-ez-Zitouna). Dans la principale artère touristique, cette jolie boutique originale vend à prix fixe un artisanat tunisien sortant de l'ordinaire, notamment des poteries, des textiles et des bijoux.

Fella (carte p. 68 ; ☎ 785 924 ; 9 pl. Pasteur). Installé dans un petit bâtiment chaulé à coupole, ce magasin recherché a fourni en peignoirs et décorations d'intérieur faits main des personnalités telles qu'Oum Kalsoum et la princesse Grace. Ici non plus, on ne marchande pas.

COMMENT S'Y RENDRE

Avion

Tuninter dessert Djerba, Tozeur et Sfax. En plein été, vous aurez sans doute du mal à obtenir une place.

Les billets Tuninter peuvent être achetés auprès de **Tunis Air** (carte p. 70 ; ☎ 330 100 ; 48 av. Habib Bourguiba) ou de n'importe quelle agence de voyages. Tuninter possède aussi un service de réservation par téléphone (☎ 701 717).

Pour plus de détails sur les vols au départ et à destination de la capitale, reportez-vous p. 270.

Quelques compagnies aériennes représentées à Tunis :

Air France (☎ 355 422 ; 1 rue d'Athènes)
British Airways (☎ 330 046 ; 17 av. Habib-Bourguiba)
EgyptAir (carte p. 70 ; ☎ 341 182 ; 1er étage, Complexe el-Hana International, 49 av. Habib-Bourguiba)
Lufthansa Airlines (carte p. 70 ; ☎ 941 344 ; Complexe el-Mechtel, av. Ouled Haffouz)
Swiss International Air Lines (☎ 781 003 ; Aéroport international de Tunis-Carthage)
Tunis Air (carte p. 70 ; ☎ 330 100 ; 48 av. Habib-Bourguiba)

Bateau

Les ferries à destination de l'Europe abordent à La Goulette, à l'extrémité ouest de la chaussée qui traverse le lac de Tunis. La course en taxi jusqu'au centre-ville tourne autour de 4 DT, un bon investissement car la station de La Goulette Vieille est assez loin à pied.

L'été, réservez aussi tôt que possible, surtout si vous voyagez avec un véhicule.

La **Compagnie tunisienne de navigation** (carte p. 70 ; CTN ; ☎ 322 802 ; 122 rue de Yougoslavie) émet des billets pour ses propres ferries et ceux de son partenaire français, la SNCM, à destination de Gêne et de Marseille.

Carthage Tours (carte p. 70 ; ☎ 344 066 ; 59 av. Habib-Bourguiba) vend les billets de Tirrenia Navigazione pour Trapani, Naples et La Spezia.

Détails complets p. 272 sur les bateaux depuis/vers la France et l'Italie.

Bus

Tunis possède deux gares routières, l'une reliant le sud, l'autre le nord du pays.

La Presse publie chaque jour des renseignements sur les bus de la SNTRI au départ de chacune d'elles. Ces horaires n'indiquent toutefois que la destination finale sans préciser les dessertes de l'itinéraire.

GARE ROUTIÈRE SUD

La **gare routière Sud** (carte p. 68 ; ☎ 801 333 ; gare routière Sud de Bab-el-Fellah) se tient au sud du centre-ville, en face de l'immense cimetière de Jellaz. Vous pouvez la rejoindre à pied ou bien emprunter la ligne 1 du métro léger jusqu'à Bab Alioua, à environ 200 m du bâtiment.

Entre autres liaisons :

destination	tarif	durée (heure)	fréquence quotidienne
Ben Guerdane	23 DT	8	3
Douz	23 DT	8	3
El-Haouaria	4,3 DT	2	7
El-Djem	9,5 DT	3	4
Gabès	17 DT	6h1/2	10
Gafsa	15,5 DT	5	8
Hammamet	3 DT	1h1/4	chaque heure
Djerba	23 DT	8	3
Kairouan	7,5 DT	3	chaque heure
Makthar	7,7 DT	3	8
Matmata	18,6 DT	8	1
Medenine	18,4 DT	7	7
Nabeul	3,1 DT	1h1/2	chaque demi-heure
Nefta	20 DT	7	2
Sbeitla	11 DT	4	3
Sfax	11,8 DT	5	8
Sousse	6,8 DT	2	8
Tamerza	22 DT	7	2
Tataouine	22,4 DT	8	3
Tozeur	18,9 DT	7	5
Zaghouan	3 DT	1h1/4	9

GARE ROUTIÈRE NORD

La **gare routière Nord** (carte p. 68 ; ☎ 562 299 ; gare routière Nord de Bab-Saadoun) se situe à 2 km au nord-ouest du centre-ville.

Le meilleur moyen de s'y rendre consiste à prendre la ligne 4 du métro léger jusqu'à la station Bouchoucha, à environ 150 m à l'ouest de la gare, sur le boulevard du 20-Mars-1956.

Entre autres liaisons :

destination	tarif	durée (heures)	fréquence quotidienne
Ain Draham	9 DT	4	4
Bizerte	3,1 DT	1	chaque demi-heure
Jendouba	7,5 DT	3	6
Kalaat Kasba	10,8 DT	5	4
Le Kef	8 DT	3	chaque heure
Tabarka	8,3 DT	3h1/2	6
Tebersouk	4,8 DT	2h1/2	chaque heure

Voiture

Les principales compagnies de location ont toutes des agences à l'aéroport et en ville. Citons parmi elles :

Avis. 90 av. de la Liberté (☎ 788 563) ; hall du Tunis Hilton (☎ 787 167)
Europcar (carte p. 68 ; ☎ 340 303 ; 17 av. Habib-Bourguiba)
Express (☎ 259 954 ; 39 av. Farhat-Hached)
Hertz (carte p. 70 ; ☎ 256 451 ; 29 av. Habib-Bourguiba)
Topcar (☎ 800 875 ; 7 rue de Mahdia)

Louage

Tunis compte trois stations de louage (taxis collectifs). Les véhicules à destination du Cap Bon partent d'un point en face de la gare routière Sud, ceux pour d'autres villes méridionales, de la station située à l'extrémité est de la rue El-Aid el-Jebbari, près de l'avenue Moncef-Bey. Les taxis pour le nord quittent la gare routière Nord.

La station de la place Sidi-Bou-Mendil, dans la médina, dessert la Libye, et les liaisons avec l'Algérie s'effectuent depuis ses environs.

Train

La gare ferroviaire de Tunis-Ville (plan p. 70 ; ☎ 241 858) se trouve sur la place de Barcelone. La ligne la plus utile relie au sud Sousse (6 DT, 2 heures, dix par jour), El-Djem (8 DT, 3 heures, cinq par jour), Sfax (9,15 DT, 3 heures 30, six par jour) et Gabès (5 heures 30, quatre par jour). Un train quotidien bifurque vers l'arrière-pays à destination de Gafsa (13,4 DT, 7 heures 30) et de Metlaoui (14,4 DT, 8 heures).

Il existe aussi une liaison avec Monastir (7,4 DT, 3 heures, un par jour) qui se poursuit jusqu'à Mahdia (7 DT, 4 heures) ; sinon, changez à Sousse.

Des trains desservent Hammamet (3,5 DT, 1 heure 30, neuf par jour) et Nabeul (3,5 DT, 1 heure 45), mais un seul est direct et les autres nécessitent un changement à Bir Bou Regba.

Bizerte (3,5 DT, 1 heure 30, trois par jour), Jendouba (5,85 DT, 2 heures 45, quatre par jour), Ghardimao (3 heures 45, trois par jour) et Kalaat Kasba (5 heures, un par jour) sont également reliées par le réseau ferré.

L'été, les trains affichent parfois complets, en particulier ceux qui vont vers le sud. Pour s'assurer une place, mieux vaut réserver le jour précédent. Une réduction de 15% s'applique aux billets aller-retour.

COMMENT CIRCULER

Depuis/vers l'aéroport

L'aéroport international de Tunis-Carthage est situé à 8 km au nord-est du centre. La course en taxi coûte autour de 3,5 DT. Autrement, le bus n°35 sillonne l'avenue Habib-Bourguiba (0,6 DT, toutes les demi-heures de 6h30 à 17h30) dans les deux sens. Notez que la station de TGM Aéroport ne se trouve pas à côté de l'aéroport.

Bus

Des bus jaunes circulent dans toute la ville, mais vous en aurez surtout besoin pour rallier l'aéroport, le musée du Bardo ou la gare routière du Nord. La destination, le lieu de départ et le numéro de la ligne figurent en arabe près de la porte arrière.

Sur les itinéraires fréquentés par les touristes, la destination est aussi inscrite en caractères latins. Le tarif de base s'élève à 0,5 DT sur la plupart des itinéraires et l'on peut acheter son ticket à bord.

Il existe trois terminus principaux : Tunis Marine, près de la station de TGM, à l'extrémité de l'avenue Habib-Bourguiba la plus proche de la chaussée ; la place de Barcelone ; et le jardin Thameur, à hauteur de l'avenue Habib-Thameur. Tunis Marine constitue le point de départ du bus n°3 qui dessert le musée du Bardo *via* la gare routière du Nord et la station de taxis collectifs, et du bus n°35 pour l'aéroport.

Métro léger

Le réseau de tramways appelé "métro léger" s'avère beaucoup plus facile à utiliser que les bus. Il comprend cinq lignes majeures reliant différentes parties de la ville – voir la carte ci-après. Des plans en arabe et en français équipent les rames.

Les tickets s'achètent impérativement dans les petits kiosques à l'entrée de chaque station. Le tarif de base est de 0,6 DT.

Les tramways (métro léger) des lignes 3, 4 et 5 entre République et place de Barcelone roulent vers le sud, le long de l'avenue de Paris et de l'avenue de Carthage, et vers le nord, le long de la rue de Hollande et de l'avenue Habib-Thameur.

RÉSEAUX DU MÉTRO LÉGER ET DU TGM

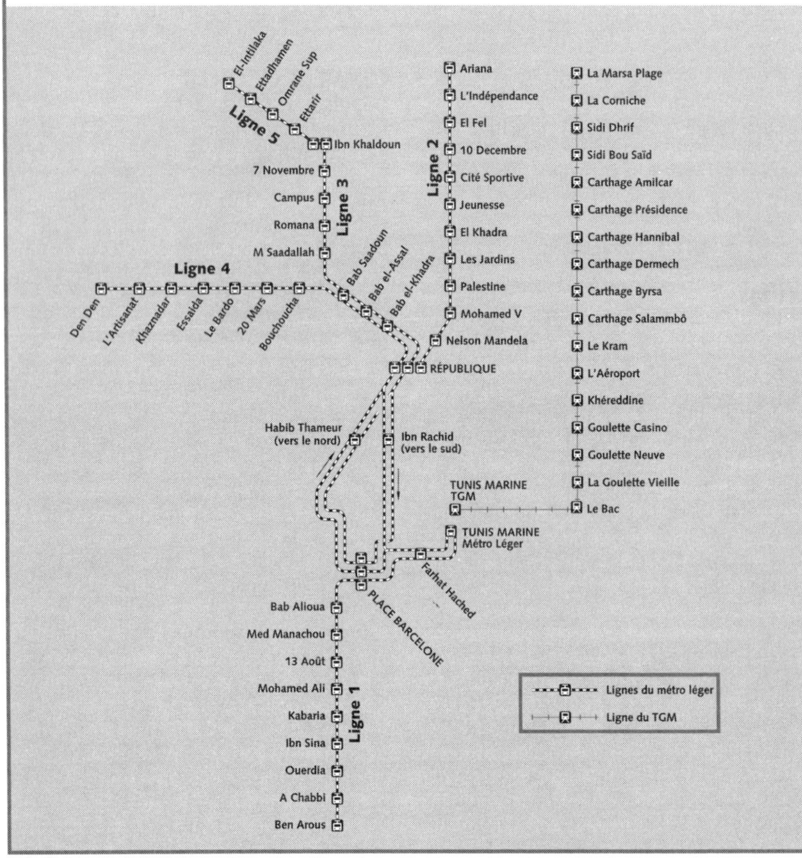

Taxi

Comparés aux prix européens, les taxis, tous équipés d'un compteur, sont extrêmement bon marché. À ce jour, comptez 1 DT environ pour un court trajet, 3,5 DT pour une distance plus longue (jusqu'au Bardo, par exemple) et autour de 6,5 DT pour Sidi Bou Saïd. Le soir, les courses augmentent, mais les plus courtes restent avantageuses. En dehors de l'aéroport, où certains chauffeurs ont tendance à négocier une somme forfaitaire, les taxis branchent toujours leur compteur. Ce mode de transport est particulièrement pratique si vous devez vous rendre dans une ambassade, car le conducteur connaît la route. On peut seulement déplorer la pénurie de véhicules, qui constitue un véritable problème aux heures de pointe; il suffit d'être patient et d'avoir de la chance. Vous pouvez commander un taxi par téléphone *via* la réception de votre hôtel.

TGM

Le TGM, une ligne ferroviaire suburbaine, relie le centre de Tunis aux banlieues du bord de mer : La Goulette, Carthage, Sidi Bou Saïd et La Marsa. Rapide, efficace et peu onéreux, il est parfois bondé ; évitez les heures de pointe (de 7h30 à 8h30 et de 17h à 18h30). Le premier train quitte Tunis Marine à 5h et le dernier à minuit. Les départs s'échelonnent toutes les 12 minutes aux heures pleines. Sinon, l'attente peut aller jusqu'à 40 minutes. La première classe vaut le surcoût. Vous dépenserez 0,65 DT jusqu'à La Goulette (20 min), 0,9 DT jusqu'à Carthage (30 min), Sidi Bou Saïd (35 min) et La Marsa Plage (45 min).

ENVIRONS DE TUNIS

Jusqu'à l'arrivée des Français à la fin du XIXe siècle, La Goulette, Carthage, Sidi Bou Saïd, La Marsa et Hammam Lif formaient des villes et villages distincts, assez isolés de la capitale. Cette situation changea avec la construction de la chaussée qui traverse le Lac de Tunis.

Ces banlieues conservent néanmoins leurs personnalités : la majesté de Carthage dont le site antique est classé au Patrimoine mondial, l'animation de La Goulette, les maisons bleues et blanches de Sidi Bou Saïd, les luxueuses villas et le sable blanc de La Marsa et de Gammarth, sans oublier la splendeur fanée d'Hammam Lif.

LA GOULETTE

Le vieux port de La Goulette, à 10 km du centre, a la faveur des locaux qui fréquentent ses restaurants de poisson et investissent la plage. Il s'agit du premier arrêt, à l'est de la chaussée. Son nom prosaïque rappelle sa position sur l'étroit chenal reliant le lac de Tunis à la mer. Il s'en dégage, malgré la circulation, une atmosphère vieillotte qui fait penser aux stations balnéaires anglaises. Elle offre un grand choix de restaurants et jouit d'une vie nocturne trépidante.

L'activité portuaire demeure importante, avec ses cargos de marchandises et ses ferries de passagers en provenance d'Europe. Le Borj el-Karrak, un fort ottoman massif, est le principal monument du lieu (il est fermé pour restauration).

Histoire

Après la prise de Tunis à la fin du VIIe siècle, les Arabes développèrent le port de La Goulette, qui devint un avant-poste défensif. Son importance stratégique peut d'ailleurs se mesurer aux dimensions du fort ottoman édifié au XVIe siècle sur les ruines d'un bastion espagnol plus ancien.

La victoire de l'Empire ottoman marqua le début de l'âge d'or avec l'installation de corsaires, qui attaquaient les navires chrétiens en Méditerranée, pour le compte de l'État. Des milliers d'esclaves destinés à leurs galères furent ainsi emprisonnés dans la kasbah. Le butin des pillages permit la création d'une petite ville fortifiée, à l'ouest de la kasbah, où vivait une population juive importante. À l'époque coloniale, de nombreux émigrés italiens développèrent au nord un quartier surnommé la Petite Sicile. Aujourd'hui, ces deux communautés ont disparu.

Où se loger et se restaurer

Si vous rêvez d'un front de mer bondé, à deux pas de la plage (jonchée de détritus mais animée), plusieurs hôtels et restaurants vous attendent à La Goulette. La plupart des tables se concentrent autour de la place du 7-Novembre-1987 et de l'avenue Franklin-Roosevelt. Elles affichent bizarrement des cartes et des prix plus ou moins identiques.

Hôtel La Jetée (☎ 736 000 ; 2 rue de la Grande-Mosquée ; s/d jan–mi-juin et mi-sep–déc 55/80 DT ; mi-juin–mi-sep 70/100 DT ; ❄ 🅿). Quatre-étoiles assez récent doté de chambres confortables avec balcons donnant sur une place animée. Personnel accueillant.

La Victoire (☎ 735 398 ; 1 av. Franklin-Roosevelt ; entrées 3-5 DT, plats 6-14 DT). Son intérieur climatisé ressemble à une salle de réunion du Rotary Club, mais permet d'observer le mouvement de la rue à l'abri des gaz d'échappement. On y sert de savoureux poissons.

L'Aquarius (☎ 737 750 ; 2 av. Habib-Bourguiba ; entrées 2,5-9 DT, plats 7,5-18 DT). Établissement populaire, pourvu d'une terrasse et d'une salle aux murs écossais et aux lumières magiques.

Lucullus (entrées 3-7 DT, plats 7-13 DT). L'adresse la plus chic du secteur programme chaque soir, sur sa vaste terrasse, musique et danses traditionnelles. Dans la salle peinte en blanc, vous pourrez déguster un choix délicieux de poissons et de fruits de mer.

Le Cordoue (☎ 735 476 ; 13 av. Franklin-Roosevelt ; entrées 3-8 DT, plats 7-16 DT, menu déjeuner de 3 plats 12 DT). Ne vous fiez pas aux chaises en plastique poisseuses et à la banalité du décor car sa cuisine a bonne réputation.

Stambali (☎ 738 506 ; plats 0,5-6 DT). Simple et bon marché, il propose du *lablabi* et autres classiques à déguster en terrasse ou à l'intérieur sur des tables en Formica.

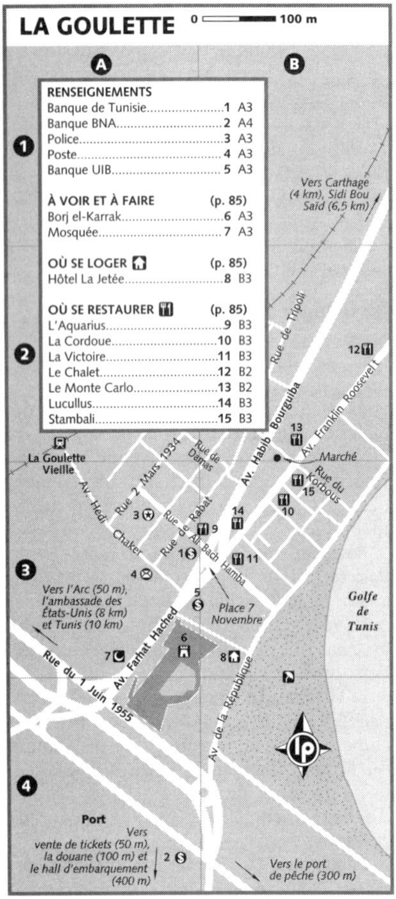

Le Chalet (☎ 735 138 ; 42 av. Franklin-Roosevelt ; entrées 3-10 DT, plats 7-14 DT, menu de 3 plats 9 DT). Plus raffiné que d'autres, il a l'avantage de posséder une terrasse en retrait de la route, sous des auvents blancs garnis de géraniums.

Comment s'y rendre

Le train constitue le mode de transport le plus pratique. Le trajet en TGM de Tunis Marine à La Goulette Vieille dure 15 minutes et coûte 0,66 DT. La course de taxi depuis le centre-ville revient entre 4 et 6 DT suivant le moment de la journée.

CARTHAGE

Indissociable du célèbre Hannibal et des amours tragiques de Didon et Énée relatées dans l'*Énéide* de Virgile, Carthage fut l'une des plus illustres cités du monde antique. Son histoire et son aura romanesque, avec leur cortège de luxure, de trésors, d'honneurs et d'ambitions guerrières, résonnent encore dans l'imaginaire collectif. Les Phéniciens qui fondèrent la ville possédaient d'immenses richesses – Pline leur attribue d'ailleurs l'invention du commerce, c'est dire si leur art du négoce était reconnu.

Classé au Patrimoine mondial, le site s'inscrit dans une nature luxuriante offrant de superbes vues sur le golfe. Bien que disséminés et inégaux, ses vestiges feront revivre le passé épique de Carthage pour qui sait faire preuve d'imagination. Le musée et les fouilles au sommet de la colline de Byrsa, les imposants thermes d'Antonin, les ports puniques, l'amphithéâtre romain et le sanctuaire de Tophet sont les étapes les plus intéressantes, mais toutes méritent une visite, si vous avez le temps.

Histoire

D'après le mythe, les Phéniciens fondèrent Carthage en 814 av. J.-C. Leur puissance, basée à Tyr, dans l'actuel Liban, se trouvait alors à son apogée et la création de Qart Hadasht (la "ville nouvelle") devait consolider leur emprise sur l'Afrique du Nord.

Le site bénéficiait d'une position maritime et stratégique idéale : un étroit promontoire, cerné par la mer sur trois côtés (le Sebkhet er-Ariana, le lac salé situé au nord de Tunis, était à l'époque relié à la Méditerranée). Au centre d'un réseau de routes, il dominait le bassin méditerranéen et le commerce avec le continent.

Au cours du VIIe siècle av. J.-C., devant la menace croissante que les Assyriens faisaient peser sur Tyr, Carthage devint la capitale du monde phénicien. Les conflits qui l'opposèrent à Rome sont traités dans le chapitre *Histoire* (p. 22).

La fin de la cité punique, à l'issue de la troisième guerre avec Rome, est entourée de légendes. Après un combat acharné, 50 000 Carthaginois furent réduits en esclavage et un millier restèrent assiégés. Leur chef Hasdrubal se rendit, tandis que son épouse et ses enfants se suicidaient en se jetant dans le feu. Enfin, la ville fut rasée et son sol symboliquement recouvert de sel.

En 44 av. J.-C., Jules César réhabilita la cité qui devint, en 29 av. J.-C., une capitale provinciale. En l'espace de deux siècles, elle parvint à se hisser au rang de troisième ville de l'Empire, derrière Rome et Alexandrie, avec 300 000 habitants, trois forums, un cirque de 70 000 places ainsi que des thermes et un amphithéâtre immense.

Après la chute de Rome, Vandales et Byzantins s'emparèrent successivement de Carthage qui retomba dans l'oubli avec la conquête arabe. La zone fut alors vouée à l'agriculture — au XVIe siècle, Léon l'Africain mentionne sa production de pêches, de grenades, d'olives et de figues.

Aujourd'hui le quartier le plus huppé de Tunis, Carthage conserve toute son importance : c'est là que s'élève le palais

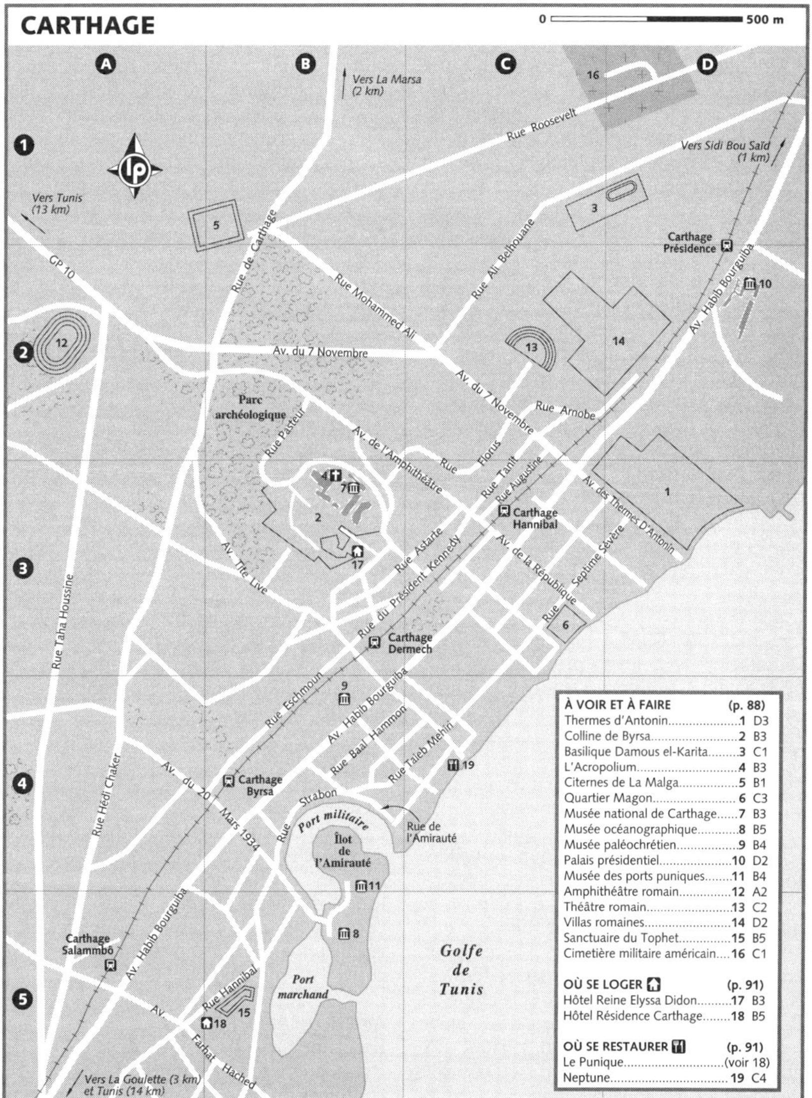

présidentiel, dont l'emplacement a été choisi autant pour des raisons symboliques que pour ses avantages réels.

À voir

Les sites incluent la colline de Byrsa et le musée, l'amphithéâtre romain, les villas et le théâtre romains, les thermes d'Antonin, les ports puniques, le sanctuaire du Tophet, le musée paléochrétien, les citernes de Malga et la basilique de Damous el-Karita.

Un billet à entrées multiples, valable une journée (5,2 DT, appareil photo 1 DT), permet d'accéder aux sites. Ils ouvrent de 8h30 à 17h de mi-septembre à mars, et de 8h à 19h d'avril à mi-septembre.

Les monuments se répartissent sur un vaste périmètre. Deux kilomètres séparent le sanctuaire du Tophet, au sud, des thermes d'Antonin, au nord. Vous pouvez emprunter le TGM pour couvrir les plus grandes distances et parcourir les autres à pied. Pour voir tous les sites, vous devrez peut-être effectuer plusieurs visites en finissant la journée à Sidi Bou Saïd. Si vous ne disposez que de quelques heures, limitez-vous au musée et aux ruines puniques alentours, sur les pentes de la colline de Byrsa, puis descendez jusqu'à l'amphithéâtre romain et aux thermes d'Antonin.

Carthage abrite aussi la cathédrale Saint-Louis, le musée océanographique et le cimetière militaire américain.

COLLINE DE BYRSA

Descendez du TGM à la station Carthage Hannibal, puis montez à pied jusqu'en haut de la colline de Byrsa. Depuis le sommet (dans l'enceinte du musée), la vue étonnante embrasse la totalité des fouilles, des étendues de cyprès, les villas modernes, les anciens ports puniques à la forme caractéristique et le golfe de Tunis, d'un bleu intense.

Occupée à l'époque punique par un temple dédié au dieu Echmoun, la colline formait le cœur spirituel de la cité. Les Romains détruisirent la plupart des édifices et nivelèrent le sommet afin de ménager une aire assez large (336 m sur 323 m) pour ériger un capitole et un forum. Ces derniers furent à leur tour démolis après la chute de Rome et leurs matériaux recyclés. Seules les fondations restantes ont permis aux archéologues d'établir le tracé et l'échelle de grandeur des constructions.

L'espace à l'extérieur du musée présente des éléments architecturaux hétéroclites et une petite partie d'un quartier résidentiel de la cité punique, enseveli au moment des travaux de terrassement romains. Les habitations en ruine qui bordent les rues datent du IIIe siècle av. J.-C.

Musée national de Carthage

On peut admirer au rez-de-chaussée des mosaïques coquines du Ve siècle représentant de nombreux derrières rebondis, ainsi qu'une sculpture romaine illustrant les ébats d'un Silène et d'une Ménade ivres. Vous remarquerez aussi un ensemble de lampes à huile, dont certaines encore noircies de fumée. Parmi les pièces puniques figurent des objets usuels particulièrement remarquables : des masques peints sur de fragiles coquilles d'œufs d'autruche et un vase en bronze dont l'anse se compose de deux figures masculines (V^e ou VIe siècle av. J.-C.), des rasoirs finement gravés au manche en forme de canard (IIIe siècle) et un biberon en forme d'oiseau (IVe siècle). Sans oublier un fragment d'inscription concernant un plan d'urbanisme.

À l'étage, le buste colossal d'un noble Romain vous regarde d'un œil vide. Les collections se partagent entre plusieurs sections thématiques. Celle consacrée à l'ultime siège de la Carthage punique (149–146 av. J.-C.) montre les boulets en terre cuite carthaginois et les projectiles en plomb, bien plus redoutables, utilisés par les Romains. Également dignes d'intérêt, les beaux bijoux ouvragés mis au jour dans une tombe punique et des ustensiles du quotidien tels qu'amphores et matériel de pêche.

L'Acropolium

Édifié par les Français en 1884, **L'Acropolium** (ex-cathédrale Saint-Louis ; 2,5 DT ; 🕑 9h-18h) est une curieuse construction néogothique dédiée au roi de France Louis IX, qui mourut sur le rivage carthaginois en 1270, lors de la funeste huitième croisade. Cette cathédrale déconsacrée a été restaurée pour accueillir régulièrement des expositions et des concerts, d'où son changement de nom.

AMPHITHÉÂTRE ROMAIN

Il se situe sur le flanc ouest de la colline de Byrsa, à environ 15 minutes de marche en contrebas du musée. Parmi les plus grands amphithéâtres de l'Empire romain, il pouvait contenir jusqu'à 36 000 spectateurs. Ne subsiste aujourd'hui que le périmètre ovale de la scène envahi par la végétation, mais l'endroit n'en reste pas moins évocateur (à noter le sinistre passage souterrain, jadis emprunté par les gladiateurs). Les pierres du monument furent largement pillées et réutilisées ailleurs au cours des siècles.

CITERNES DE LA MALGA

De l'autre côté de la rue, un impressionnant réseau de conduites du IIe siècle témoigne des 15 énormes citernes qui, au nord-ouest de l'amphithéâtre, assuraient l'alimentation en eau de la Carthage romaine. Le réservoir de près d'1 km de long était relié à un aqueduc de 132 km qui acheminait l'eau de source depuis les montagnes de Zaghouan (voir p. 153).

CIMETIÈRE MILITAIRE AMÉRICAIN

Le long de la route, à environ 750 m des citernes, une forêt de croix blanches bien alignées (rue Roosevelt) rend hommage aux Américains tués en Tunisie pendant la Seconde Guerre mondiale. D'une sobre dignité, ce cimetière comprend 2 840 tombes et un mur du souvenir saluant les 3 724 soldats dont le corps ne fut jamais retrouvé.

BASILIQUE DE DAMOUS EL-KARITA

Pour rejoindre cette église monumentale, à 1 km environ du cimetière américain, mieux vaut prendre un taxi. La basilique chrétienne mesurait à l'origine 65 m sur 45 et comportait neuf nefs dont les rangées de piliers brisés indiquent clairement les proportions gigantesques. Un escalier descend dans une rotonde souterraine de 9,5 m de diamètre où l'on exposait les reliques des saints.

VILLAS ET THÉÂTRE ROMAINS

Vous pouvez vous rendre à pied au théâtre romain, presque entièrement reconstitué (quelques maigres vestiges d'origine sont encore visibles), qui sert chaque année de

LE MYTHE DE DIDON

La légende qui entoure la fondation de Carthage en 814 av. J.-C. provient d'une volonté des auteurs grecs et romains d'attribuer des racines nobles à cette grande cité de la Méditerranée antique. Fondant leur histoire sur les rares faits avérés relatifs aux origines phéniciennes de la ville, ces derniers en exagérèrent la nature aristocratique. La version la plus connue figure dans l'*Énéide*, le poème épique de Virgile.

Le récit débute à Tyr, la capitale phénicienne, sous le règne du roi Pygmalion. Selon Virgile, le souverain convoitait la fortune du grand prêtre Sichée, époux de sa sœur Élissa. Il commandita secrètement son assassinat et tenta de mettre la main sur le butin. Cependant, le fantôme du défunt révéla la vérité à Élissa, lui conseillant de fuir après lui avoir indiqué la cachette du trésor. La princesse décida de suivre son conseil. Dans ce but, elle demanda à Pygmalion de lui fournir des navires sous le prétexte d'emménager dans un nouveau palais, loin du souvenir de son mari. Ainsi put-elle embarquer tous ses biens sans attirer la suspicion du roi. Au dernier moment, 80 nobles, dont son frère Barca, partirent avec elle.

D'abord réfugiée à Chypre, où elle enleva 80 jeunes filles pour ses compagnons et fut rejointe par le grand prêtre de l'île, elle mit ensuite le cap sur l'Afrique du Nord. Entre-temps, Élissa était devenue Élissa Didon (c'est-à-dire la reine Didon), un nom signifiant "la vagabonde" en phénicien. Une fois débarquée, elle entreprit d'acquérir des terres pour fonder la future Carthage. L'accord scellé avec les autochtones l'autorisait à s'approprier autant de terrain que la peau d'un bœuf pouvait en délimiter. L'astucieuse Élissa découpa la peau en fines lanières dont elle entoura l'actuelle colline de Byrsa. (La partie finale de la légende semble être une allusion narquoise des Romains au farouche sens du commerce dont les Carthaginois faisaient preuve.)

Le mythe de Didon est aussi intimement lié à son histoire d'amour avec Énée, que Virgile immortalisa dans l'*Énéide*. Lors de ses pérégrinations en Méditerranée, Énée échoue à Carthage, où il est reçue par la reine, qui tombe follement amoureuse de lui. Mais Jupiter ordonne au prince troyen de repartir vers la Sicile. Désespérée, Didon met fin à ses jours. La légende inspira de nombreux artistes et écrivains, comme les peintres Claude Gelée, dit Le Lorrain (*Vue de carthage avec Didon et Enée*, 1676) et William Turner (*Didon faisant construire Carthage*, 1815), ou les compositeurs d'opéras Henry Purcell (*Didon et Enée*, 1689) et Berlioz (*Les Troyens à Carthage*, 1864).

cadre grandiose au Festival international de Carthage (voir p. 77).

Accessibles par la rue Arnobe, les villas se trouvent immédiatement à l'est du théâtre. La végétation recouvre la majeure partie du site. La villa de la Volière, ornée de carreaux en marbre et de mosaïques, forme le clou de la visite. Bien que trop lourdement restaurée, elle donne un aperçu du raffinement des habitations romaines. La perspective sur la baie de Tunis est un éblouissement.

THERMES D'ANTONIN

De l'autre côté de la route, sur le front de mer, ces thermes imposants (les troisièmes de l'Empire par la taille) se dressent dans un environnement splendide. Bâtis au milieu du IIe siècle, ils recevaient l'eau du grand aqueduc de Zaghouan. Le *frigidarium*, au centre, couvrait une superficie de 22 m sur 42 et comprenait huit piliers colossaux. Si la taille des éléments subsistants impressionne, sachez qu'il ne s'agit pourtant que des fondations. Une colonne solitaire de 15 m donne une idée de la hauteur initiale tandis que d'énormes fragments d'inscriptions en marbre laissent imaginer le décor. Les thermes furent détruits par les Vandales en 439 et ses pierres réemployées par les Arabes durant la construction de Tunis.

Le jardin à l'ombre des palmiers possède d'autres vestiges, notamment une minuscule chapelle funéraire paléochrétienne au pavement de mosaïques.

À proximité, s'élèvent les restes d'un édifice vieux de 2 000 ans avec une mosaïque extérieure ornée de guirlandes et de chérubins. Enfin, plusieurs fosses ont révélé des fours de potiers d'époque punique.

QUARTIER MAGON

Le quartier Magon s'étend à quelques pâtés de maisons au sud des thermes d'Antonin, le long de la rue Septime-Sévère (en face de l'entrée des bains). Des fouilles ont exhumé ici un petit groupe d'ateliers romains, construits sur les ruines de maisons puniques. Un jardin entoure aujourd'hui l'ensemble. Il n'y a pas grand-chose à voir, mais c'est l'occasion de faire une agréable promenade sur le front de mer.

MUSÉE PALÉOCHRÉTIEN

Proche de la station de TGM Carthage Dermech, ce petit musée expose une collection liée aux ports puniques et aux méthodes de fouilles adoptées sur le site. Parmi les curiosités, citons des boucles, punaises, forceps et aiguilles du Ier siècle.

Sur le terrain du musée se tient la basilique de Carthagenna (VIe siècle), la plus ancienne église byzantine de la ville. Ses fondations indiquent la présence de trois nefs et des fragments de mosaïques instructifs sont disséminés parmi les ruines.

PORTS PUNIQUES

Près de la station de TGM Carthage Byrsa, deux ports antiques ont conservé leur topographie. On a du mal à imaginer que ces lieux désormais paisibles furent à l'origine de la puissance et de la prospérité carthaginoises. Le port sud, destiné au trafic marchand, était relié par un chenal au bassin rond de la base militaire où mouillaient jusqu'à 220 navires. Cette configuration garantissait la sécurité de la flotte car seul le port commercial avait accès à la mer.

Le chenal fut comblé par Scipion l'Africain après la destruction de Carthage en 146 av. J.-C. et les Romains transformèrent l'îlot en un forum circulaire doté de deux temples. L'îlot de l'Amirauté, au centre de l'ancienne base militaire, abrite un tout petit musée. Celui-ci donne à voir une reconstitution des chantiers navals puniques qui occupaient le site (alors entièrement entouré d'eau) et des complexes portuaires romains également impressionnants.

À côté, le **Musée océanographique** (Dar el-Hout ; ☎ 730420 ; 28 rue 2-Mars ; 1 DT ; 10h-13h et 15h-18h mar-sam 10h-18h) contient des maquettes de bateaux, des oiseaux empaillés, des explications sur les techniques de conservation et de faux poissons. En bas, des poissons et une pieuvre bizarroïde s'ennuient dans l'aquarium.

SANCTUAIRE DU TOPHET

Le sinistre **sanctuaire du Tophet** (rue Hannibal), à l'est de la station de TGM Carthage/Salammbô, fut fouillé pour la première fois en 1921. Les archéologues français amateurs à l'initiative des travaux étaient curieux de connaître la source d'un certain nombre de stèles funéraires antiques en circulation sur le marché. Les excavations aboutirent à la découverte d'un site sacrificiel et d'un lieu de sépulture associé

SACRIFICES D'ENFANTS : VÉRITÉ OU PROPAGANDE

Grecs et Latins ne se privèrent pas de propager des histoires sur le goût supposé des Phéniciens pour les sacrifices d'enfants. De telles pratiques existèrent sans doute, mais elles n'étaient pas aussi courantes qu'ils voulurent le laisser croire. Plutarque et Diodore prétendaient que ces immolations avaient fréquemment lieu à Carthage, ce que semblent d'ailleurs attester les vestiges du sanctuaire du Tophet. Certains affirment, en revanche, qu'on offrait aux dieux des enfants mort-nés ou décédés de causes naturelles. Bien évidemment, les mœurs puniques étaient toujours dépeintes de manière négative. Hormis les sacrifices humains, les Carthaginois se voyaient accusés d'enlever des enfants et d'en faire le commerce. Pour les Romains, avoir la *fides punica* signifiait manquer vraiment de fiabilité.

où l'on immolait probablement des enfants carthaginois aux divinités Baal Hammon et Tanit. On ne peut s'empêcher de penser que le symbole stylisé représentant cette dernière revêt toute la naïveté d'un dessin d'enfant. Le mot Tophet, qui signifie "lieu de crémation" en hébreu, renvoie au sacrifice d'enfants tel qu'il est mentionné dans la Bible (Jérémie 7, 31).

Plus de 20 000 urnes funéraires ont été mises au jour sur le site, chacune renfermant des cendres enfantines et signalée par une stèle. Beaucoup d'autres recèlent les ossements calcinés d'agneaux ou d'enfants. La majorité remonte à une période située entre le IVe et le IIe siècle av. J.-C., alors que Carthage se trouvait impliquée dans des guerres et des rébellions nécessitant d'apaiser les dieux. L'interprétation du site provoque néanmoins des controverses – voir l'encadré ci-dessus.

Parmi les trouvailles figure la fameuse stèle du musée du Bardo, sur laquelle un prêtre semble porter un enfant au lieu du sacrifice.

Intarissables sur le caractère morbide du sanctuaire, les guides locaux ont parfois tendance à en rajouter.

Fêtes et festivals

Le **Festival international de Carthage** (www.festival-carthage.com.tn), en juillet-août, programme de la musique, de la danse, du théâtre et des vedettes internationales, dans le cadre spectaculaire du théâtre romain.

Le **Festival international du film de Carthage** se déroule une année sur deux (en alternance avec le Burkina Faso) dans les principaux cinémas de la ville qui projettent pendant quinze jours des films africains et moyen-orientaux. La prochaine édition tunisienne est prévue pour octobre 2005.

Où dormir et se restaurer

Hôtel Residence Carthage (☎/fax 731 799 ; 16 rue Hannibal ; s/d avec sdb et petit déj 57/80 DT). À 100 m du Tophet, cette adresse tranquille à l'atmosphère rustique loue des chambres assez chic mais sans originalité, avec TV et vue sur le jardin. **Le Punique**, son restaurant marocain, jouit d'une excellente réputation qui fait oublier la préciosité du décor.

Hôtel Reine Elyssa Didon (colline de Byrsa). Installé dans un bâtiment moderne éclairé par d'immenses fenêtres, il bénéficie d'un superbe emplacement sur la colline de Byrsa. Il est actuellement fermé pour travaux, mais devrait rouvrir ses portes avec le statut de cinq-étoiles.

Neptune (☎ 731 456 ; entrées 2-7,5 DT, plats 5,5-13,5 DT). Sa magnifique petite terrasse en bordure de mer offre un cadre paisible et aéré par temps chaud. On y sert du poisson et des fruits de mer haut de gamme.

Comment s'y rendre

Le trajet de Tunis-Marine jusqu'à l'une ou l'autre des six stations de TGM que compte Carthage dure environ 30 minutes et coûte 0,9 DT en 1re classe (un choix judicieux en période de pointe). Voir p. 84 et carte assortie.

SIDI BOU SAÏD

Perché sur les hauteurs d'une falaise, le village de Sidi Bou Saïd offre au regard ses courbes blanches labyrinthiques, rehaussées de portes et de fenêtres bleues, tandis qu'au détour des venelles surgissent des vues paradisiaques sur les eaux éclatantes du golfe de Tunis. Les maisons décorées de géraniums flamboyants et de bougainvilliers rose vif s'agglutinent autour de la mosquée et de la zaouia de Sidi Bou Saïd, un saint soufi du XIIIe siècle fêté au mois d'août. On doit

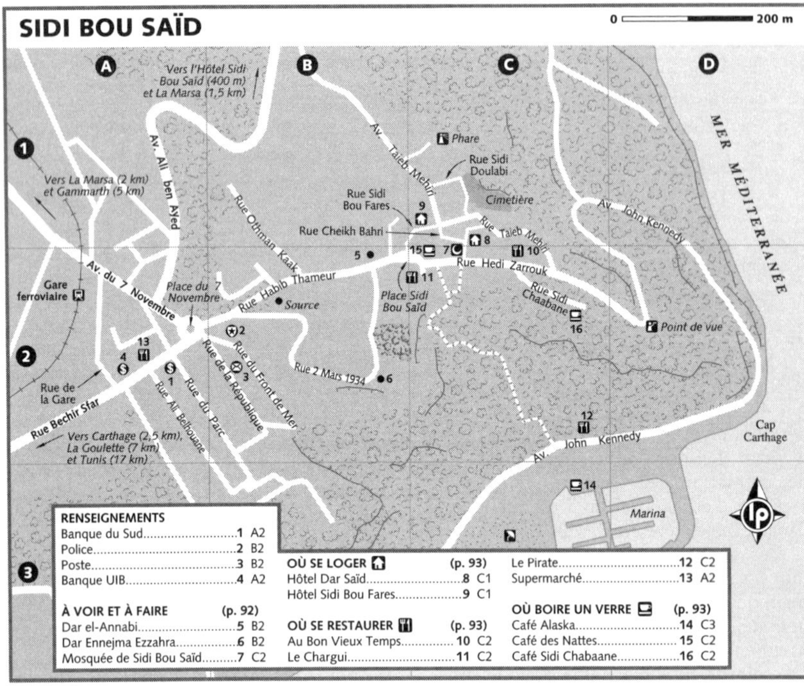

l'architecture d'inspiration andalouse aux musulmans espagnols qui débarquèrent ici au XVIe siècle. De vieilles familles locales et des expatriés fortunés veillent au respect de ce patrimoine (le village est protégé depuis 1915) célébré par de nombreux peintres et écrivains, dont Paul Klee, Auguste Macke, André Gide et Michel Foucault.

L'activité se concentre sur la petite place pavée Sidi Bou Saïd, bordée de cafés, d'étals de pâtisseries et de boutiques de souvenirs. L'afflux touristique lui donne vie pendant la journée, mais le calme revient le soir, avec le départ des visiteurs.

À voir

Le **phare,** au-dessus du village, s'élève à l'emplacement d'un *ribat* (fort) du IXe qui faisait partie d'un dispositif défensif sur le littoral, comprenant également les *ribat* de Sousse (voir p. 167) et de Monastir (voir p. 174).

Le **Dar el-Annabi** (rue Habib-Thameur ; 3 DT ; 9h-18h30), une demeure particulière ouverte au public, date de la fin du XVIIIe siècle. Ornée de carreaux, elle s'organise autour de plusieurs patios plantés de jasmin, de henné et de bougainvilliers. On peut visiter la salle de prière, les salons de réception et une ravissante petite bibliothèque, le tout soigneusement mis en scène avec des mannequins en cire. Aux murs, des photos de famille en noir et blanc ajoutent une note d'authenticité. Le superbe panorama, depuis le toit en terrasse, englobe le village et la baie jusqu'à Carthage.

Le grandiose **Dar Nejma ez-Zohra** (Centre de musique arabe et méditerranéenne ; 9h-12h et 16h-19h mar-dim avr-sep, 14h-17h mar-dim oct-mar), œuvre de Rodolphe d'Erlanger, représente un exemple typique d'architecture européenne orientalisante. Il abrite une collection d'instruments de musique et accueille, à l'occasion, des concerts de musique rare hautement recommandés.

La rue partant à droite de la place principale mène en haut d'un escalier abrupt qui descend à travers une pinède jusqu'à la marina, et à une petite plage. De là, vous pouvez suivre la route qui contourne et remonte la colline pour déboucher près de la station de TGM Carthage Amilcar. Le trajet depuis Sidi Bou Saïd prend une heure environ.

Où se loger

Derrière des noms dépourvus d'imagination se cachent plusieurs hôtels délicieux.

Hôtel Dar Saïd (☎ 740 471 ; rue Ettoumi ; ch à partir de 205 DT ; ❄ 🏊). Ce quatre-étoiles sélect, l'un des plus charmants du pays, a été classé parmi les 50 meilleurs hôtels du monde. Aménagé dans une majestueuse villa reconvertie, autour de patios tapissés de céramiques, il profite de vues fantastiques sur le bleu intense de la mer et le rose des bougainvilliers. La petite piscine et les jardins dominent la baie, la cuisine s'avère délicieuse et le service à la fois accueillant et décontracté (on ne vous fait jamais signer quoi que ce soit) donne l'impression d'être à la maison.

Hôtel Sidi Boufarès (☎ 740 091 ; 15 rue Sidi-Boufarès ; s/d 28/50 DT, d avec sdb 65 DT). Les chambres sobres et voûtées se répartissent autour d'une cour remplie d'arbustes fleuris et de vignes. Pour ne rien gâter, le patron est sympathique.

Hôtel Sidi-Bou-Saïd (☎ 740 411 ; av. Sidi-Dhrif, s/d nov-fév 73/102 DT, mar-juin et sep-oct 83/115 DT, juil- août 99/147 DT). Sur une hauteur, à 1 km environ au nord de Sidi Bou Saïd, près de la route de La Marsa, il possède une vue panoramique sur la baie et des chambres luxueuses.

Où se restaurer

RESTAURANTS

Les adresses les moins chères se tiennent autour de la place du 7-Novembre, non loin de la station de TGM. À cet endroit, plusieurs échoppes vendent des sandwiches et des pizzas à la coupe. À l'angle du Café des Nattes, l'une d'elles est réputée pour ses *bombalouni* (beignets) et ses bricks aux amandes.

Au Bon vieux temps (☎ 744 733 ; 56 rue Hedi-Zarrouk ; entrées 6-14 DT, plats 14-20 DT). Cette petite table fort conseillée s'agrémente d'une jolie terrasse presque trop romantique donnant sur la mer. On y prépare une délicieuse cuisine franco-tunisienne dont se sont régalés, entre autres, le président portugais et Miss France !

Le Chergui (☎ 740 987 ; plats principaux 5-10 DT). Le restaurant le plus économique du centre se distingue par une vaste cour en plein air avec des sièges blanchis à la chaux et un toit en terrasse avec vue.

Le Pirate (☎ 748 266 ; av. John-Kennedy ; entrées 4-20 DT, plats 10-20 DT). Jouxtant la marina, cette adresse de catégorie supérieure reçoit sous des auvents blancs, dans un jardin planté de palmiers et éclairé aux chandelles. Il propose d'excellents produits de la mer, notamment de succulentes brochettes de mérou. De la musique enregistrée crée l'ambiance.

CAFÉS

Café des Nattes (pl. Sidi-Bou-Saïd). En plein cœur du village, avec des marches raides et de petites terrasses, il est idéal pour siroter un thé à la menthe aux pignons en contemplant le spectacle des passants qui montent et descendent la rue pavée.

Café Sidi Chebaane (rue Sidi-Chebaane). Cadre ravissant, terrasses superposées taillées dans la roche et nattes de jonc sur des murets chaulés, il n'y a pas mieux pour admirer le coucher du soleil au-dessus des eaux bleu-vert, les yachts au mouillage dans la marina et les plages.

Café Alaska (Marina). Le soir, l'animation bat son plein dans ce grand établissement installé au bord de l'eau, sur le passage les yachts.

Comment s'y rendre

Sidi Bou Saïd se trouve à 17 km au nord-est de Tunis. Le plus simple consiste à emprunter le TGM depuis Tunis Marine (0,7 DT ; 35 min). Comptez ensuite 15 minutes de marche de la station jusqu'au faîte de la colline et au vieux village. Un taxi revient à environ 7 DT (et 10 DT, après 19h).

LA MARSA

Ancienne villégiature estivale des beys, la banlieue balnéaire de La Marsa se situe au bout de la ligne de TGM en provenance de Tunis. Elle conserve un palais du XIXe siècle et nombre de villas somptueuses. Sa plage étendue, ourlée de palmiers, se déploie au nord, autour d'une superbe baie qui s'achève sous les rochers du village résidentiel de Gammarth. Relativement tranquille en semaine, elle affiche complet le week-end.

Pension Predl (☎ 749 529 ; s/d 15/30 DT). Cette pension inhabituelle, dans une maison privée, loue des chambres basiques mais propres autour d'un salon central haut de plafond.

Hôtel Plaza Corniche (22 rue du Maroc ; ❄ 🏊). Tenu par un Américain, cet hôtel affiche un décor excentrique et kitsch avec des palmiers en plastique. Ses chambres lumineuses et fleuries se prolongent par un balcon. Malgré le prix élevé des boissons, c'est un endroit agréable pour boire un verre le soir, au bord de la piscine. Sa discothèque est, dit-on, l'une des meilleures de Tunis.

Au Bon Vieux Temps (☎ 774 322; entrées 6-14 DT, plats 14-20 DT). Cette seconde enseigne d'un restaurant français sélect se cache parmi les fleurs, non loin de la station du TGM.

Un groupe de cafés et de restaurants jouxte cette station et, sur la plage, deux restaurants de poisson sont ouverts en été.

GAMMARTH

En contrebas des falaises rocheuses du cap Gammarth, à 2 km au nord de La Marsa, cette banlieue huppée affiche de luxueuses villas le long d'une jolie côte verdoyante. Elle propose d'excellentes tables et un assortiment d'hôtels 5 étoiles.

Abou Nawas, Gammarth (☎ 741 444; s/d jan-déc 180/190 DT, juil-août 210/230 DT; ❄ 🏊). Outre le luxe et le confort attendus, il présente davantage de cachet que les établissements plus grands du centre-ville.

Les Ombrelles (☎ 742 964; av. Taieb-Méhiri ; entrées 7 DT, plats 9-18 DT). En bord de mer, là où les vagues se brisent sur le rivage, vous pourrez déguster de savoureux poissons et coquillages dans une salle d'un jaune chaleureux. La nuit, des chandelles illuminent tout l'établissement.

Les Dunes (☎ 743 379; 130 av. Taieb-Méhiri; entrées 3-8 DT, plats 10-18 DT; 🕑 déj et dîner mar-sam). Bons fruits de mer à déguster en contemplant les flots depuis la terrasse d'une gracieuse villa blanche.

De La Marsa, on peut faire à pied le tour de la baie en 45 minutes seulement, sauf si l'on se laisse tenter par une baignade en route. La course en taxi depuis La Marsa tourne autour d'1 DT.

HAMMAM LIF

Dans la banlieue sud de Tunis, Hammam Lif est une station thermale établie depuis l'Antiquité. En arabe familier, "lif" signifie "nez" car les bains ont ici la réputation de dégager les sinus. La montagne de Bou Kornine, hérissée de deux sommets jumeaux (son nom veut dire "deux bosses"), se dresse au-dessus de la ville. Un peu décrépite, cette station reste une destination appréciée pour une promenade en bord de mer, à la recherche d'un peu de fraîcheur (ou même d'un bain) les soirs d'été. Jalonnée de bâtiments intéressants et d'une quantité d'étals de restauration, de stands de barbe à papa et de terrasses de cafés, la corniche s'anime au moins jusqu'à 1 h du matin. Pour vous rendre sur place, prenez le train à Tunis Ville (20 min, 5 par jour) ou le taxi (4 DT).

Le Cap Bon

SOMMAIRE

Les Romains avaient baptisé le Cap Bon la "belle péninsule" (*pulchri promontorium*), un nom qui lui sied toujours à merveille. Cette langue de terre fertile et luxuriante, traversée par une chaîne de collines rocheuses et ourlée de plages de sable blanc comme neige, pointe vers la Sicile, distante de 140 km à peine. Elle entretient depuis longtemps des liens étroits avec le continent européen. Les géologues pensent d'ailleurs que les deux territoires furent séparés par la montée des eaux de la Méditerranée, il y a 30 000 ans.

Plantée d'agrumes et de vignes, la région est le principal producteur de fruits et de vins réputés, notamment un muscat aromatique. La douceur de son climat en fait aussi la principale destination touristique de Tunisie. Les plages autour d'Hammamet et de Nabeul exercent une attraction particulière sur les visiteurs étrangers, d'où le nombre d'hôtels, de restaurants et de commerces massés sur la côte orientale. Cette concentration diminue lorsqu'on se dirige au nord-est vers Kélibia, dotée d'une plage presque déserte et d'une forteresse massive dominant le port. À proximité, les ruines de Kerkouane, le site punique le mieux conservé, se dressent au-dessus des flots bleus. À la pointe nord de la péninsule, la petite ville balnéaire d'El-Haouaria paraît encore plus retirée, à des années-lumière du mercantilisme qui sévit au sud. Près de là, des carrières vieilles de 2 500 ans bordent le littoral.

La partie occidentale, beaucoup plus abrupte et isolée, avec des villages éparpillés, est difficile d'accès (mais très accessible depuis Tunis). Le long de la côte rocheuse, une route spectaculaire conduit à la station thermale de Korbous, comme figée dans le temps, dont la source brûlante se déverse directement dans la mer.

À NE PAS MANQUER

- La majestueuse forteresse et la longue, longue plage de **Kélibia** (p. 109)
- Les plages et la vie nocturne d'**Hammamet** (p. 97)
- Un moment de détente dans les sources chaudes de **Korbous** (p. 114)
- La mystérieuse cité punique de **Kerkouane** (p. 111)

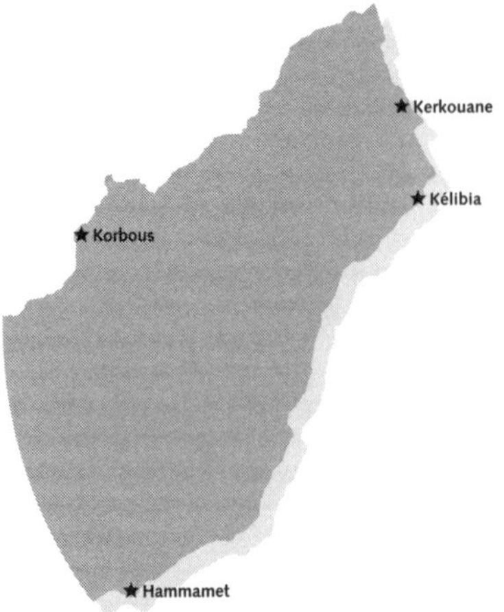

INDICATIF TÉLÉPHONIQUE : 72

Histoire

Passé sous le contrôle des Carthaginois au début du Ve siècle av. J.-C., le Cap Bon approvisionnait la capitale punique en fruits et légumes et formait un élément clé de son système défensif, centré autour de la cité fortifiée d'Aspis (Kélibia). Géographiquement vulnérable, la péninsule fut successivement choisie comme base arrière par Agathocle de Syracuse (en 310 av. J.-C.) et le général romain Regulus (en 256 av. J.-C.) pour attaquer Carthage. Chaque fois, l'assaut se solda par le pillage d'Aspis. Kerkouane résista à Agathocle avant d'être saccagée par Regulus et abandonnée à jamais.

Aspis devint ensuite l'importante colonie romaine de Clypea, Neapolis (Nabeul) étant l'autre grande cité d'alors (des vestiges d'autres implantations parsèment aujourd'hui encore la campagne alentour). Enrichie pendant la période romaine, elle demeura prospère jusqu'à la conquête arabe. Transformée en bastion byzantin, Clypea tint tête aux Arabes jusqu'au VIIe siècle, soit bien après la chute du reste de la Tunisie. Les expéditions de corsaires et les troubles qui agitaient la région entraînèrent son déclin entre le XIVe et le XVIe siècle. Le Cap Bon se trouvant constamment menacé sur son front maritime, nombre de villes côtières durent être déplacées. C'est pourquoi le centre de Nabeul et celui de Kélibia sont situés à plusieurs kilomètres du rivage.

Une vague d'immigrants andalous redonna vie à l'endroit qui eut ensuite la faveur des colons européens sous le protectorat français. Ainsi voit-on, dans la campagne, des fermes en ruine coiffées de tuiles rouges. Les Français créèrent de vastes plantations d'agrumes autour de Beni Khalled et de Menzel Bou Zelfa, ainsi que des vignobles dans le secteur de Grombalia.

Dans les années 1920, le milliardaire roumain George Sebastian construisit une luxueuse villa près d'Hammamet, donnant ainsi le coup d'envoi d'un tourisme haut de gamme. En 1943, quand les forces de l'Axe établirent leur base au Cap Bon, les Allemands prirent possession de la demeure.

Climat

Région littorale, le Cap Bon jouit d'un climat doux, avec un été plus frais et un hiver plus chaud que dans le reste de la Tunisie.

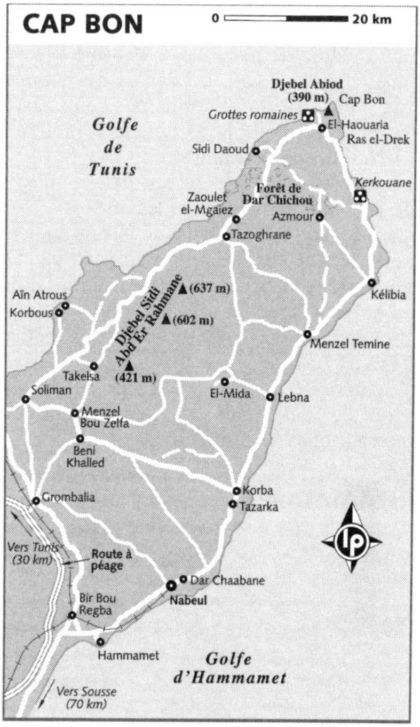

Comment s'y rendre

L'aéroport le plus proche est celui de Tunis-Carthage. De nombreux bus et louages desservent Hammamet et Korbous, à 1 heure environ de la capitale. Le train relie également Nabeul et Hammamet depuis Tunis.

Comment circuler

Des louages et des bus relient les villes côtières. En revanche, traverser la péninsule s'avère compliqué. Il est en effet plus facile de rejoindre Soliman et Korbous depuis la capitale que depuis la côte sud du Cap Bon.

HAMMAMET

☎ 72 / 52 000 habitants

Station balnéaire phare et paradis des vacanciers, Hammamet ("les bains", en arabe) possède une belle plage et des eaux d'un bleu profond où naviguent d'étranges galions imaginés pour le tourisme. Les plans d'urbanisme ont obligé les hôtels à ne pas dépasser la hauteur d'un arbre, ce qui a permis de contrôler les constructions. Le petit centre-ville abrite une profusion de restaurants et de boutiques. Dominé par une médina de pacotille, il s'anime le soir sans retenue. Si vous avez envie d'échapper aux illuminations clinquantes, aux fast-foods et aux complexes hôteliers, préférez les stations de la côte nord du Cap Bon.

La métamorphose de cet ancien village de pêcheurs débuta dans les années 1920, quand Hammamet devint le terrain de jeu de la jet-set européenne emmenée par le milliardaire George Sebastian. Aujourd'hui, les hôtels s'étendent tout du long jusqu'à la zone touristique de Yasmine Hammamet, à 5 km au sud.

L'incroyable villa de George Sebastian accueille désormais le Centre culturel international d'Hammamet.

Orientation

Centrale, la médina surplombe la mer, sur une languette de terre avançant dans le golfe d'Hammamet. La ville comprend deux artères majeures : l'avenue Habib-Bourguiba, qui part de la médina vers le nord et rejoint la route d'Hammamet Sud et la nouvelle agglomération de Yasmine Hammamet ; et l'avenue de la République, qui se dirige au nord-est de la médina vers Hammamet Nord et Nabeul.

Renseignements

URGENCES

Infirmerie (☎ 282 333 ; 29 av. Habib-Bourguiba).

Police (carte p. 98 ; ☎ 280 079 ; av. Habib-Bourguiba).

ACCÈS INTERNET

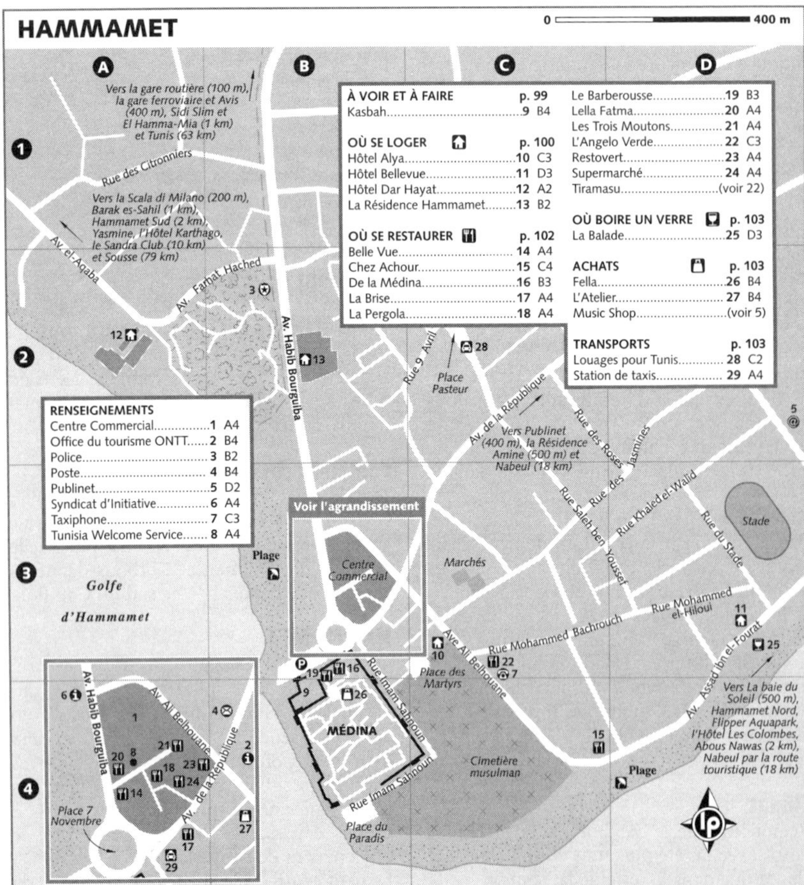

Publinet (carte p. 98 ; 117 av. de la Libération ; 163 av. Habib-Bourguiba ; av. Taieb-Azzabi). 2 DT de l'heure.

ARGENT

Les banques, équipées de DAB, se concentrent près du carrefour des avenues Habib-Bourguiba et de la République.

Beaucoup d'hôtels et de magasins changent l'argent liquide et les chèques de voyage.

POSTE

Poste principale (carte p. 98 ; av. de la République). Près du centre.

OFFICES DU TOURISME

ONTT Av. de la République et av. Ali-Belhouane (carte p. 98 ; ☎ 280 423 ; 🕑 7h30-20h juil-août, 8h-18h lun-sam et 9h-12h dim sep-juin) ; Yasmine Hammamet (☎ 249 103 ; 🕑 8h30-13h lun-sam, 13h-17h45 lun-jeu). Cartes d'Hammamet et de Nabeul.

Syndicat d'Initiative (carte p. 98 ; ☎ 262 891 ; av. Habib-Bourguiba ; 🕑 8h-13h et 15h-18h lun-sam, 7h30-20h juil-août). Ce petit bureau distribue le même matériel que l'ONTT.

À voir

MÉDINA

Les Hafsides construisirent cette médina (1463-1474) en forme de château de sable sur un site aghlabide du IXe siècle. Les boutiques de souvenirs ont submergé les vieux souks labyrinthiques, mais le quartier résidentiel, au sud, demeure particulièrement bien conservé.

La Kasbah (carte p. 98 ; 1,6 DT, appareil photo 1 DT ; 🕑 8h30-18h mi-sep–mar, 8h-19h avr-juin, 8h-20h juil–mi-sep). À l'angle nord-ouest, les fortifications de cet édifice immaculé témoignent du passé défensif de la ville. Un petit café sur les remparts offre une vue panoramique sur la côte et le dédale de la médina.

CENTRE CULTUREL INTERNATIONAL

L'étonnant **Centre culturel international** (carte p. 100 ; 1 DT ; 🕑 8h-18h fév-sep, 8h-17h oct-jan) a élu domicile dans la villa conçue par George Sebastian. Frank Lloyd Wright affirmait ne pas connaître de plus bel endroit. Il faut dire que l'architecte américain figurait parmi les nombreux hôtes illustres et branchés du milliardaire. Comble du luxe, la demeure arbore une piscine centrale à colonnades, une immense table de salle à manger en marbre noir et une baignoire à quatre places inspirée d'un baptistère paléochrétien. Rommel en fit le quartier général de l'Axe pendant la Seconde Guerre mondiale et le Premier ministre britannique Winston Churchill y séjourna après le conflit.

Son architecture à la fois traditionnelle et innovante, composée d'arches et de murs blanchis à la chaux, a inspiré de nombreux hôtels d'Hammamet. La villa abrite aujourd'hui des expositions artistiques dignes d'intérêt. La terrasse donne sur un paysage maritime, verdoyant et fleuri, et l'on peut descendre à pied jusqu'à la plage.

Dans le parc, un amphithéâtre de style romain accueille en juillet-août le Festival culturel international d'Hammamet qui programme, entre autres, du théâtre classique et de la musique arabe. Les billets sont en vente à l'office du tourisme ou à l'entrée. Dans le voisinage, un bâtiment à coupole construit par Sebastian fait office de café durant la manifestation.

Le centre se situe à 3 km au nord-ouest du centre-ville. Comptez 1 DT en taxi (0,5 DT en taxi collectif).

PUPPUT

Le site de **Pupput** (carte p. 100 ; 1,1 DT ; 🕑 9h-17h mi-sep–mar, 8h-19h avr–mi-sep), à 6,5 km au sud-ouest du centre d'Hammamet, était jadis un avant-poste romain sur la route entre Carthage et Hadrumète (Sousse). Son nom semble suggérer une implantation punique antérieure. Rares mais signifiants, les vestiges datent pour certains des périodes byzantine et romaine. La maison du Péristyle figuré (Ve siècle) conserve deux colonnes et des pavements en mosaïque. Les mosaïques funéraires byzantines exposées sur un mur constituent toutefois les vestiges les plus parlants.

Activités sportives

PLAGES

Hammamet n'est que plages. Les plus belles s'étirent de la médina vers le nord-ouest, mais celles en direction de Nabeul vous séduiront également.

PLONGÉE

Deux hôtels possèdent un centre qui propose des cours pour l'obtention du brevet (325 DT environ) et des forfaits de six plongées (195 DT). Plusieurs épaves de la Seconde

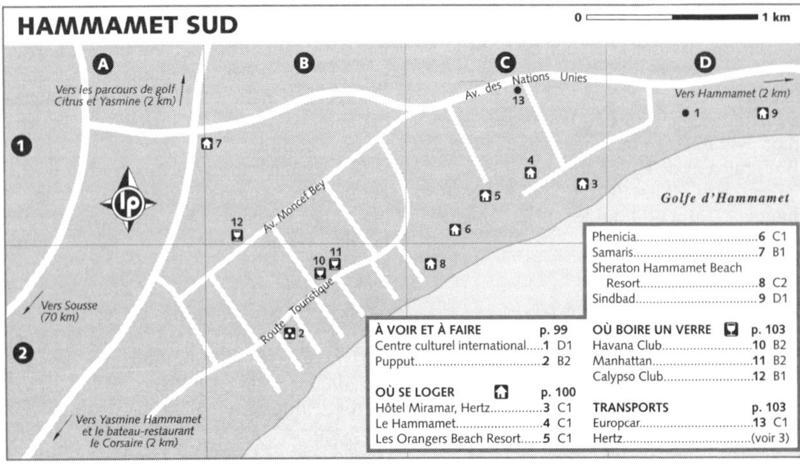

Guerre mondiale gisent sous l'eau et la faune mérite le coup d'œil. Les spots et les centres s'avèrent néanmoins supérieurs à Tabarka.
Samira Club (☎ 226 484).
Venus (☎ 227 211).
Port Yasmine Diving Centre (☎ 319 741).

FLIPPER AQUAPARK

À Hammamet Nord, le parc aquatique **Flipper Aquapark** (☎ 261 800 ; adulte/enfant 14/8 DT ; ⏲ 10h-19h) comporte quantités de toboggans et d'attractions pour petits et grands.

GOLF

Le golf marche fort, avec deux clubs à l'ouest de la ville.

Citrus (☎ 226 500), à côté de la principale route Tunis–Sousse, est un énorme complexe au milieu de vergers d'agrumes et d'oliviers. Aménagé au début des années 1990, il comprend deux parcours de 18 trous exigeants et un autre de 9 trous. **Yasmine** (☎ 227 665), à environ 2 km au nord, présente un 18 trous et un 9 trous pour débutants.

Tous les deux exigent la preuve de votre handicap. L'accès au green coûte 35/64 DT pour 9/18 trous.

ÉQUITATION

Plusieurs endroits proposent des promenades à cheval d'une ou deux heures dans les collines environnantes ou les villages berbères. La plupart des hôtels s'en occupent pour vous. Sinon, adressez-vous au **Club équestre el-Mrezgua** (☎ 261 645), à Hammamet Nord, en face de l'Hôtel Club Les Colombes, qui loue des chevaux et des dromadaires.

Circuits organisés

Beaucoup de voyagistes organisent des excursions, notamment un circuit d'une demi-journée dans les villages berbères, à Takrouna, Zriba et Jeradou, et un autre d'une journée à Carthage, Sidi Bou Saïd et au musée du Bardo. Parmi eux :
Hammamet Travel Service (☎ 280 193 ; av. Dag-Hammarskjold).
Tunisia Welcome Service (carte p. 98 ; ☎ 280 766 ; www.tunisia-orangers.com).

Fêtes et festivals

Le Festival international se déroule en juillet-août. À cette occasion, l'amphithéâtre imposant du Centre culturel international, en bord de mer, accueille de grands spectacles de musique, de danse, de théâtre et de cinéma.

Où se loger

À partir de 3 étoiles, les établissements disposent généralement de la climatisation, d'une piscine et de chambres assez vastes. La capacité hôtelière d'Hammamet est telle que l'on peut d'ordinaire obtenir facilement une chambre au dernier moment et des rabais (essayez toujours) en période creuse. Les prix, qui incluent le petit déjeuner, chutent par ailleurs en hiver. Enfin, les enfants de moins de 12 ans bénéficient d'une réduction de 30 à 50%.

CENTRE

Si vous souhaitez résider près des meilleurs restaurants et à un jet de pierre de la médina, ces adresses vous conviendront.

Résidence Amine (☎ 765 500 ; av. de la Libération ; s/d avec sdb 15/30 DT). Accueil sympathique et propreté impeccable. Quelques grandes chambres.

La Résidence Hammamet (carte p. 98 ; ☎ 280 733 ; 54 av. Habib-Bourguiba ; s/d/tr/q avec sdb et cuisine 17/28/36/42 DT ;). Bonne adresse centrale avec une gamme de studios confortables autour d'un patio verdoyant.

Hôtel Alya (carte p. 98 ; ☎ 280 218 ; av. Ali-Belhouane ; s/d nov-mar 15,5/25, avr-oct 24,5/35 DT, juil-août 44,5/55 DT). Petit deux-étoiles central. Chambres claires au décor bleu et blanc, dont le balcon donne parfois sur la médina.

Hôtel Bellevue (carte p. 98 ; ☎ 281 121 ; av. Assad ibn-el-Fourat ; s/d juil-août 35/64 DT, avr-juin et sep-nov 25/35 DT, déc-mar 15/25 DT). Établissement attrayant, mais un rien fatigué, surplombant la plage. Chambres aérées face à la mer et personnel accueillant.

Hôtel Dar Hayat (carte p. 96 ; ☎ 260 824 ; av. el-Aqaba ; s/d nov-fév 62/124 DT, oct, Nouvel an, mar-juin 85/170 DT, juil-août 120/240 DT ;). Ce gracieux cinq-étoiles loue des chambres élégantes et lumineuses avec vue sur la mer. Beaucoup de charme.

La Baie du Soleil (☎ 280 511 ; av. Assad-Ibn-el-Fourat ; s/d oct-mar 12/24 DT, avr-sep 20/32 DT, juil-août 49/68 DT). Bien qu'un peu décaties, ses chambres simples de type camp de vacances sont un d'un bon rapport qualité/prix. Il y a beaucoup d'enfants en juillet-août.

NORD

On trouve ici des plages plus jolies et plus calmes qu'au sud. Les hôtels sont en revanche un peu vieux et délabrés.

Abou Nawas (☎ 281 344 ; Route Touristique el-Merezka ; nov–mi-mars s/d 41/54 DT, mi-mars–juin et mi-sep–oct 70/100 DT, juil-sep 96/132 DT, août 128/186 DT ;). Fidèle à la qualité de la chaîne, il renferme de belles chambres confortables regardant la plage et les jardins. Le service est accueillant.

Hôtel Club Les Colombes (☎ 280 777 ; Route Touristique el-Merezka ; pension complète s/d nov-mar 27/44 DT, avr-oct 43/72 DT, juil 66/92 DT, août 70/112 DT ;). Cet établissement réputé, en plein sur la plage, vous garantit une atmosphère paisible et des chambres avec vue sur la mer.

SUD

Théâtre de la vie nocturne, le sud offre aussi une douce étendue de plage.

Samaris (carte p. 100 ; ☎ 226 353 ; ch avec sdb 15 DT ; camping adulte/enfant/tente/voiture/camping-car/douche chaude 2,8/2/2/2/2,8/2,3 DT). En venant de la route très passante, on est surpris par le calme qui règne dans cet hôtel organisé autour d'une cour centrale luxuriante, à quelques kilomètres de la plage. L'aire de camping ombragée est également plaisante. Le prix n'inclut pas le petit déjeuner, que vous pourrez prendre sur place au restaurant.

Sindbad (carte p. 100 ; ☎ 280 122 ; av. des Nations-Unies ; s/d nov-mar 49/68 DT, avr-oct 68-96 DT, mi-juil–août 161/202 DT ;). Cinq-étoiles doté d'un excellent service, d'une atmosphère intime et de chambres ravissantes dans des tons chaleureux de jaune. À noter aussi des terrasses ombragées et une piscine dans la verdure.

Hôtel Miramar (carte p. 100 ; ☎ 280 344 ; s/d nov-mar 45/62 DT, avr–mi-juin et mi-sep–oct 69/120 DT, mi-juin–sep 115/176 DT ;). Ce grand quatre-étoiles possède des chambres standards fatiguées avec un balcon donnant sur la mer ou sur le jardin. Ses suites luxueuses, accompagnées de deux terrasses, s'inspirent du style Sebastian.

Sheraton Hammamet Beach Resort (carte p. 100 ; ☎ 226 555 ; www.sheraton.com ; av. Moncef Bey ; s/d jan–mi-mar, nov et déc à partir de 90/120 DT, mi-mar–juin, sep et oct à partir de 120/180 DT, juil-août à partir de 160/260 DT, Noël et Nouvel an à partir de 110/160 DT ;). Cette adresse de bon goût, en bordure de plage, bénéficie d'une réputation établie. Ses bungalows chaulés, à la fois sobres et luxueux, se répartissent dans des jardins verdoyants.

Phenicia (carte p. 100 ; ☎ 226 533 ; s/d nov-mar 75/110 DT, avr-juin, oct, Noël et Nouvel an 85/130 DT, juil-août 130/200 DT ;). Construit dans les années 1970 par l'architecte de la présidence, il a été rénové dans un style élégant et des couleurs fortes qui en imposent.

Les Orangers Beach Resort (carte p. 100 ; ☎ 280 144 ; www.orangers.com.tn ; s/d nov-mar 36,5/50 DT, avr-juin, sep-oct 70/94 DT, juil-août 116/152 DT ;). Vaste et confortable, ce quatre-étoiles

LE CAP BON

conçu pour une clientèle familiale abrite des chambres à l'ancienne et des piscines équipées de toboggans.

Le Hammamet (carte p. 100 ; ☎ 280 344 ; rue Nevers ; s/d nov-mar 26/32 DT, avr-oct 43/64 DT, juil-août 67/102 DT ;). Derrière son architecture impersonnelle se cachent un service de qualité, des jardins agréables et des chambres tout confort. Un spa et un pub de style victorien vous y attendent également.

YASMINE

Cette zone urbaine récente se résume à un alignement d'hôtels 4 et 5 étoiles où tout a été imaginé à grande échelle. Ses boulevards bordés de palmiers, sa marina et sa médina flambant neuf lui donnent des allures de Las Vegas. Des souks, des restaurants et des habitations complètent le tableau. Mention spéciale au quatre-étoiles Lella Baya dont l'architecture en forme de château fort frise l'absurde.

Hôtel Karthago (☎ 240 666 ; s/d nov-mar 62/84 DT, avr-oct 88/116 DT, juin-août 135/190 DT ;). Élégant cinq-étoiles au bord de la marina, avec un atrium central de couleur crème dont les dorures évoquent un paquebot de luxe des *seventies*. Les chambres sont sur le même modèle. Il dispose d'un spa chic et une patinoire existe à proximité.

Sandra Club (☎ 248 441 ; 5 nuits min s/d juin 35/40 DT, juil 45/60 DT, août 50/70 DT, sep 40/50 DT, Noël et Nouvel an 40/70 DT ;). Parmi les hôtels les plus séduisants, sobrement décoré d'arches traditionnelles blanchies à la chaux, il offre un cadre gai avec toutes les commodités.

Flora Park (☎ 227 727 ; www.solmelia.com ; s/d 65/80 DT ;). Inhabituel dans le secteur, cet hôtel chic un peu loin de la plage se distingue par son joli spa et ses chambres de bon goût.

Hasdrubal Thalassa (☎ 248 800 ; www.hasdrubal-hotels.com ; s/d jan-mar 150/210 DT, avr-oct 230/320 DT ;). Membre du groupe "Leading Hotels in the World" et luxueux à souhait, il affiche une débauche de marbres, une piscine ostentatoire et un spa fabuleux.

Où se restaurer

RESTAURANTS

Les bons restaurants abondent. Sauf mention contraire, ils assurent tous le déjeuner et le dîner.

Les Trois Moutons (carte p. 98 ; ☎ 280 981 ; Centre Commercial ; entrées 4-19 DT, plats 9-17,5 DT). Au nombre des meilleures table du pays, il sert de somptueux fruits de mer dans un intérieur de décor de théâtre.

Chez Achour (carte p. 98 ; ☎ 280 140 ; rue Ali-Belhouane ; entrées 3-11 DT, plats 7,5-20 DT). Dans cet établissement renommé de longue date, vous dégusterez d'honnêtes fruits de mer, au milieu d'un jardin intérieur décoré de lanternes blanches.

El Hamma-Mia (☎ 279 128 ; près de l'av. du Koweit ; entrée 6-18 DT, plats 8,5-20 DT). Décor fastueux, cuisine traditionnelle haut de gamme et ravissant jardin planté d'herbe.

Sidi Slim (☎ 279 124 ; www.sidislim.com ; 156 av. du Koweit ; entrées 4-16 DT, plats 8,5-17 DT). Décor tape-à-l'œil sous des arcades au pavage irrégulier. Bons plats de viande et de fruits de mer.

La Brise (av. de la République ; entrées 1,4-4,5 DT, plats 3,5-10 DT) remporte la palme des adresses économiques. Salle carrelée impeccable et tables dehors. Nourriture bonne et copieuse.

La Pergola (carte p. 98 ; ☎ 261 751 ; Centre Commercial ; entrées 3,5-15 DT, plats 6,5-17 DT ; menu 12 DT). Le meilleur restaurant central se dote d'une terrasse garnie de plantes et d'un éclairage aux chandelles. Il y a de la musique folklorique le soir, mais le service laisse à désirer.

La Scala di Milano (carte p. 98 ; ☎ 98 618 713 ; La Corniche ; entrées 4-12 DT, plats 10-16 DT). Un peu excentré, il propose toutefois d'excellentes pâtes servies en terrasse. Bettino Craxi, l'ex-Premier ministre italien en fuite, y avait ses habitudes. Sa chaise religieusement conservée est là pour l'attester.

Restovert (carte p. 98 ; ☎ 278 200 ; rue du Stade ; plats 1,8-6,8 ; 9h-1h). Tapissé d'affiches de films, il a la cote auprès des jeunes d'Hammamet qui apprécient son vaste choix d'en-cas. Un balcon permet d'observer le mouvement de la rue.

L'Angolo Verde (carte p. 98 ; ☎ 262 641 ; av. de la République ; plats 2,8-14,5 DT). Sous la même direction que le Havana Club, il convient bien aux enfants. Terrasse sur le trottoir à l'ombre des arbres. Pâtes et pizzas savoureuses mais pas d'alcool. À côté se cache le **Tiramisu** (carte p. 98) et ses glaces à damner un saint.

Bateau-Restaurant Le Corsaire (☎ 240 323 ; Port Yasmine-Hammamet ; entrées 4-13 DT, plats 10,5-18 DT). Petit restaurant sélect, aménagé dans un bateau de la marina. Attablés sur le pont supérieur, les convives se régalent de fruits de mer irréprochables.

Également recommandés :

Lella Fatma (carte p. 98 ; ☎ 280 756 ; av. Habib-Bourguiba ; entrées 3,5-8,5 DT, plats 7,5-16,3 DT). Bon emplacement et nourriture correcte.

Belle Vue (carte p. 98 ; ☎ 280 825 ; entrées 3,5-8 DT, plats 5,5-13,5 DT). Largement équivalent au Lella Fatma.

De la Medina (carte p. 98 ; ☎ 281 728 ; entrées 2-4 DT, plats 3,5-12 DT, menu de 3 plats 9 DT). Sur les remparts de la médina.

Le Barberousse (carte p. 98 ; ☎ 280 037 ; entrées 3,5-6 DT, plats 9-12 DT). Également installé sur les remparts, il vaut surtout pour la vue.

FAIRE SES COURSES

Les marchés entre l'avenue de la République et la rue des Jasmins vendent des fruits et légumes. Le petit supermarché au bout de l'avenue de la République, côté médina, propose un éventail de vins locaux.

Où boire un verre

Les discothèques valables se trouvent à Hammamet Sud, les unes contre les autres dans deux rues parallèles. Ainsi, vous pourrez facilement changer d'endroit si l'on vous met dehors. L'affluence est à son comble les vendredis et samedis. Autour de 10 DT, le tarif d'entrée inclut une boisson. Ces établissements fonctionnent jusqu'à 4 ou 5 h du matin.

Havana Club (carte p. 100 ; av. Moncef-Bey), aussi appelé Buena Vista. Photos de Cuba, atmosphère fantastique et tapas. Partiellement en plein air, il passe de la house latino et de la pop arabe (du rock le lundi et jazz le jeudi), parfois en *live*.

Manhattan (carte p. 100 ; ☎ 226 226 ; av. Moncef-Bey). D'après plusieurs avis, il s'agirait de la meilleure discothèque d'Afrique et de la septième du monde. Nous ne garantissons pas ce classement, mais confirmons qu'elle scintille de lumières et joue de la pop house.

Calypso Club (carte p. 100 ; ☎ 227 530 ; av. Mohammed-Bey). Repaire de la jeunesse dorée tunisienne, d'où des boissons onéreuses et une atmosphère m'as-tu-vu.

La Balade (carte p. 98 ; Belle Vue ; en-cas 2-4 DT, plats 4-14 DT ; 🕒 3h). Jolie adresse proche du centre, idéal pour boire un verre, sous des auvents blancs avec vue sur la plage.

Achats

En matière de bijoux, maroquinerie, vêtements, céramiques et tapis, la médina et ses abords ne manquent pas de choix. Pour faire des affaires, mieux vaut toutefois acheter ailleurs.

Fella (carte p. 98 ; ☎ 280 426 ; médina). Sophia Loren, Oum Kalsoum, la princesse Grace et Greta Garbo ont toutes franchi un jour le seuil de ce ravissant bâtiment blanc. La boutique offre une sélection de robes immaculées cousues main, de bijoux et d'articles divers.

L'Atelier (carte p. 98 ; ☎ 261 918 ; rue Ali-Belhaouane). Cette petite galerie expose des gravures de Baker Ben Fredj très originales, encadrées de métal.

Music Shop (carte p. 98 ; av. Taieb-Azzabi). Cette minuscule échoppe enregistre sur CD des compilations de musique arabe ou occidentale.

Depuis/vers Hammamet

BUS

Des bus desservent Nabeul (0,6 DT, 30 min, toutes les demi-heures), Tunis (3 DT, 1 heure 30, toutes les heures, cinq par jour) et Sousse (4,8 DT, 1 heure 30, deux par jour) depuis les abords de la gare ferroviaire.

VOITURE

Parmi les agences de location :

Avis (☎ 280 164 ; rue de la Gare).
Europcar (carte p. 100 ; ☎ 280 146 ; rue des Hôtels).
Hertz (carte p. 100 ; ☎ 280 187 ; rue des Hôtels).

LOUAGE

Les taxis collectifs pour Tunis (3,53 DT, 1 heure) partent de la place Pasteur, à environ 800 m au nord-est de la médina. Ceux à destination de Sousse (3,7 DT, 1 heure 30) et de Kairouan (4,5 DT, 1 heure 45) stationnent à Barrak es-Sahil, à 2 km au nord-ouest de la ville.

TRAIN

Il existe des liaisons ferroviaires avec Nabeul (20 min, douze par jour) et Bir Bou Regba (7 min), d'où des trains desservent Tunis, au nord, ainsi que Sousse, Sfax et autres destinations méridionales.

Un service direct relie Tunis (1 heure 30, un par jour). La gare se situe à environ 1,5 km du centre, à l'extrémité nord de l'avenue Habib-Bourguiba.

Comment circuler

La principale station de taxis se tient près de la médina. La course jusqu'à Hammamet Sud coûte 3,5 DT. Un petit train s'arrête devant tous les grands hôtels et des bus partent de là pour Yasmine Hammamet (0,5 DT, toutes les demi-heures).

NABEUL

☎ 72 / 57 400 habitants

À 18 km au nord d'Hammamet, la ville décontractée de Nabeul, un des grands centres de la céramique tunisienne, recèle une jolie plage de sable blanc et un marché du vendredi des plus vivants. En tant que centre administratif du Cap Bon, elle n'a pas été entièrement dévorée par le tourisme et demeure plus calme que sa voisine. Elle se distingue aussi par ses ronds-points d'un kitsch consommé. Un festival des arts, notamment de musique traditionnelle, s'y déroule fin juillet et début août.

Orientation

Nabeul est très étendue. Son centre, à 1,5 km à l'intérieur des terres, rappelle qu'au XVIe siècle, les corsaires semaient la terreur le long de la côte. Maintenant que ces derniers ont disparu, l'agglomération se rapproche du littoral.

L'avenue Habib-Bourguiba, qui part du nord-ouest (la route de Tunis), relie le centre à la plage. La ville s'organise autour des carrefours de l'avenue Habib-Bourguiba, de l'avenue Habib-Thameur et de la rue Farhat-Hached (souk de l'Artisanat).

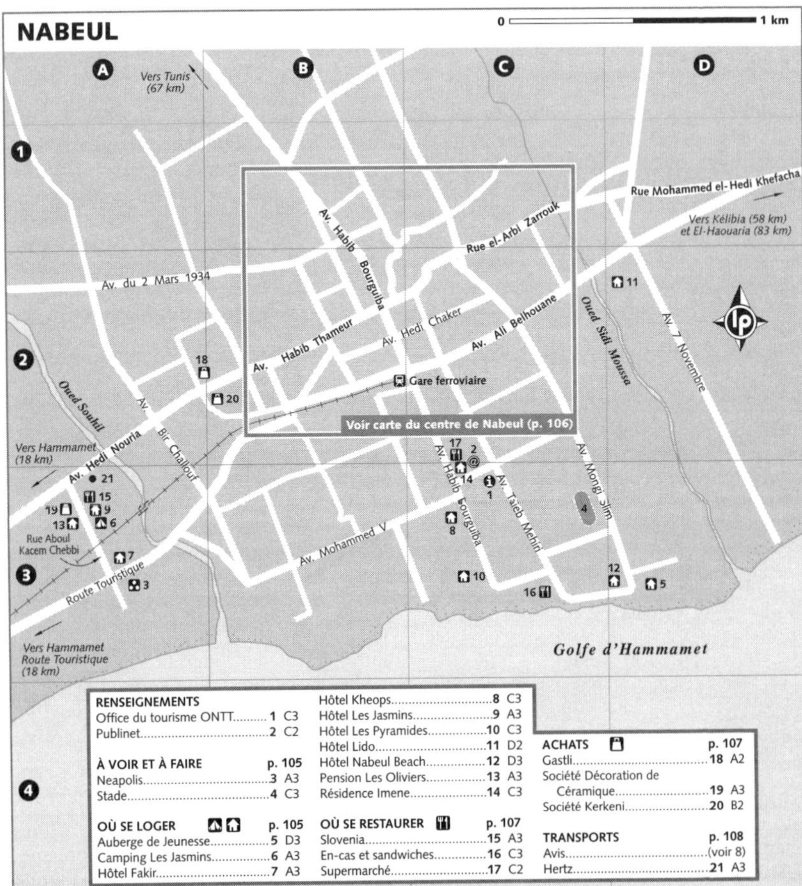

Renseignements

URGENCES

Hôpital (carte p. 106 ; ☎ 285 633 ; av. Habib-Thameur).
Police (carte p. 106 ; ☎ 285 474 ; av. Habib-Bourguiba).

ACCÈS INTERNET

Publinet (cartes p. 104 et p. 106 ; av. Hedi-Chakar ; av. Taieb-Mehiri ; 2 DT/h).

ARGENT

Il existe quantité de banques pourvues de DAB, la plupart dans les avenues Habib-Thameur et Habib-Bourguiba.

POSTE

Poste principale (carte p. 106 ; av. Habib-Bourguiba).

OFFICES DU TOURISME

ONTT (carte p. 104 ; ☎ 286 800 ; av. Taieb-Mehiri ; 8h30-13h et 15h-17h45 lun-jeu et 8h30-13h30 sam sep-juin, 7h30-13h30 et 17h-21h lun-sam et 9h-12h et 17h-21h dim juil-août). Plans de Nabeul et d'Hammamet.
Syndicat d'Initiative (carte p. 106 ; av.Habib-Bourguiba ; 9h-13h lun-sam toute l'année, 16h-21h juil-août). Petit bureau distribuant le même matériel que l'ONTT.

À voir et à faire

MARCHÉ

Pour des raisons mystérieuses, le marché du vendredi, fort animé, constitue une manifestation touristique majeure. Des milliers de visiteurs en excursion font alors main basse sur les bijoux, articles de cuir, objets en verre, cuivres et céramiques. Habitués à une clientèle pressée qui a de l'argent à dépenser, les commerçants pratiquent, on s'en doute, des prix élevés.

Les rues Farhat-Hached (souk de l'Artisanat) et el-Arbi-Zarrouk grouillent de monde, surtout entre 9h et midi. Après 14h, les choses reviennent lentement à la normale.

PLAGE

Presque parfaite, la longue plage sablonneuse semble plus propre devant les complexes hôteliers.

MUSÉE

Bien conçu, le petit **musée** de Nabeul (carte p. 106 ; av. Habib-Bourguiba ; 1,1 DT, appareil photo 1 DT ; 9h-13h et 15h-19h avr–mi-sep, 9h30-16h30 mi-sep–mar) traite de l'histoire du Cap Bon et expose, entre autres pièces, des bijoux puniques. La statuaire de Thinissut, un sanctuaire en plein air, est particulièrement impressionnante. Elle comprend une déesse à tête de lion en terre cuite grandeur nature, des sphinx et une représentation de la divinité nourricière rappelant une Vierge à l'enfant. On y trouve également du matériel concernant le site romain de Neapolis, notamment des mosaïques soigneusement restaurées et une section sur les pêcheries de Tunisie, qui produisaient le fameux *garum* (sauce à base de viscères de poisson fermentées).

NEAPOLIS

Neapolis, dont le nom signifie en grec "ville nouvelle", s'étend à environ 1,5 km du centre de Nabeul. Établie au Ve siècle av. J.-C., la cité carthaginoise fut envahie par Agathocle en 310 av. J.-C., puis détruite par les Romains lors de la troisième guerre punique. Devenue romaine, elle s'illustra comme l'un des principaux centres de production du *garum* (on imagine les effluves qui embaumaient les rues). Plusieurs amphores contenant cette sauce ont été mises au jour dans les années 1960. Le site est fermé pour cause de fouilles, mais le musée de Nabeul fournit des informations à son sujet.

Cours

L'**Espace Sarra Sport** (carte p. 106 ; av. Habib-Bourguiba) dispense des cours de danse tunisienne. Les séances d'1 heure pour débutants ont lieu les mardi, jeudi et samedi matin.

Circuits organisés

Delta Travel (carte p. 106 ; ☎ 271 077 ; 113 av. Habib-Bourguiba) organise des excursions à Dougga et autres sites, ainsi que des circuits plus longs dans sud.

Où se loger

Nabeul possède moult pensions familiales pleines de charme et plusieurs hôtels de catégorie moyenne.

PETITS BUDGETS

Camping Les Jasmins (carte p. 104 ; ☎ 285 343 ; av. Hedi-Nouria ; adulte/enfant/tente/caravane/véhicule/douche chaude 2,8/2,/2/2,5/2/2,3 ;). Près de l'hôtel éponyme (voir Catégorie moyenne), il loue des emplacements à l'ombre de vieux oliviers. Une plage se déploie à cinq minutes de marche.

LE CENTRE DE NABEUL

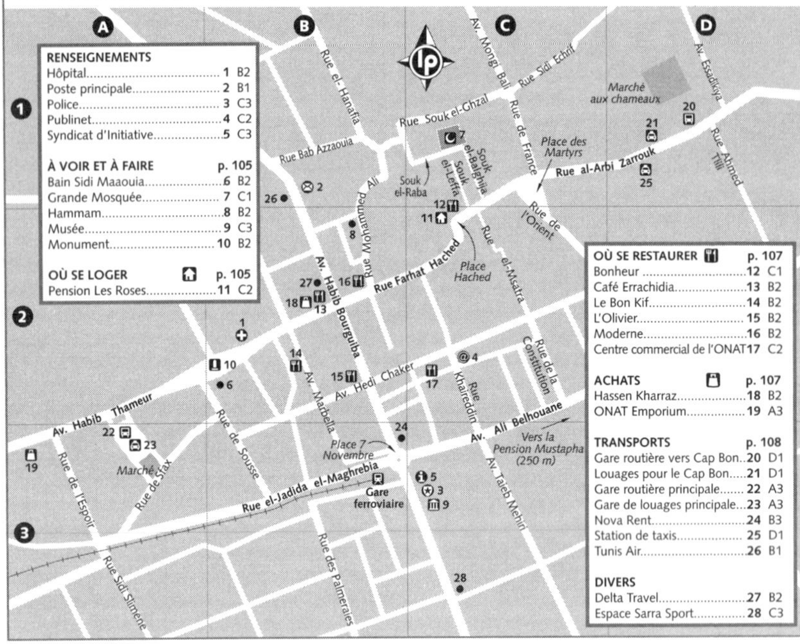

Auberge de Jeunesse (carte p. 104 ; ☎ 285 547 ; av. Mongi-Slim ; dort 5 DT, camping pers/tente/caravane 1/5/5 DT). Magnifiquement située sur la plage. Impeccables, les dortoirs non mixtes occupent des salles voûtées et s'accompagnent chacun d'une sdb. L'établissement dispose aussi d'une aire de camping avec un bâtiment pour la lessive.

Pension Les Roses (carte p. 106 ; ☎ 285 570 ; pl. Hached ; s/d avec sdb commune 8/16 DT, douche chaude 1 DT). Installée dans le souk central, elle donne l'impression de remonter le temps. La patronne énigmatique veille sur ses chambres propres et basiques aux volets bleus.

Pension Mustapha (☎ 222 262 ; rue Habib-el-Karma et av. Ali-Belhouane ; s/d avec sdb 11,5/20 DT nov–mi-mar, 12,5/22 DT mi-mar–oct). Placée à un carrefour passant, cette adresse accueillante offre des chambres ventilées, dont certaines avec balcon. Les tarifs incluent le petit déjeuner.

CATÉGORIE MOYENNE

Hôtel Les Jasmins (carte p. 104 ; ☎ 285 343 ; près de l'av. Hedi-Nouria ; hotel.jasmines@gnet.tn ; s/d nov-mar 27/42 DT, avr-oct 34/52 DT, juil–mi-sep 50/78 DT ;). Atmosphère détendue, architecture attrayante et chambres avec balcon. On peut prendre les repas au milieu des arbres ou au *Slovenia* (voir plus bas *Où se restaurer*) voisin.

Pension Les Oliviers (carte p. 104 ; ☎ 286 865 ; rue Aboul-Kacem-Chebbi ; s/d avec sdb nov à mi-mars 20/25 DT, mi-mars à oct 25/32 DT, juil à mi-sep 37/45 DT). Cette petite merveille proche de la plage, parmi les oliviers et les vergers d'agrumes, vous loge dans des chambres sans chichi, dotées d'un balcon. Le propriétaire, un ancien instituteur, se montre charmant.

Hôtel Fakir (carte p. 104 ; ☎ 285 477 ; s/d juin-août 20/30 DT, nov-mar 10/15 DT, avr-oct 15/25 DT). À côté du précédent, il offre des chambres blanches et lumineuses, garnies de meubles en bois. Certaines profitent d'une vue sur les pins et permettent d'apercevoir la mer.

Hôtel Les Pyramides (carte p. 104 ; ☎ 285 775 ; av. Habib-Bourguiba ; s/d nov-mar 18/21 DT, avr-oct 27/34 DT, juil 44/56 DT, août 53/66 DT ;). Ce complexe se compose de chambres quelconques avec un petit balcon. Des courts de tennis et une discothèque figurent parmi les installations.

Hôtel Lido (carte p. 104 ; 362 988, av. du 7-Novembre ; s/d/bungalow 2-/4-pers nov-mar 28/42/45/60 DT, avr-juin 52/74/72/90 DT, sep-oct 73/106/100/150 DT ;). Bon trois-étoiles équipé de bungalows, d'un parc luxuriant et de nombreuses installations sportives. Petit déjeuner en sus.

Hôtel Nabeul Beach (carte p. 104 ; 286 111 ; av. Taieb-Mehiri ; pension complète s/d nov à mi-mars 64/108 DT, mi-mars à oct 100/160 DT, juil à mi-sep 140/240 DT ;). Chambres simples et plaisantes donnant sur une jolie piscine et proches de la plage. Gros rabais possibles.

Hôtel Kheops (carte p. 104 ; 285 444 ; av. Habib-Bourguiba ; s/d nov-mar 40/48 DT, avr-oct 74/98 DT, août 125/140 DT ;). Passé la réception des années 1970, cette adresse haut de gamme présente des chambres avec vue, sobres et agréables, ainsi qu'une immense piscine.

Résidence Imene (carte p. 102 ; 222 310 ; av. du 7-Novembre ; s/d avr-sep 32/50 DT, oct-mar 24/48 DT ;). Simple mais confortable, il jouit d'une situation pratique, à mi-chemin entre la plage et le centre-ville.

Où se restaurer

Essayez le groupe de snack-bars près du front de mer, dans l'avenue Taieb-Mehiri, qui vendent des sandwiches et du *lablabi* (soupe épaisse). Sinon, il existe partout en ville quantité de bons restaurants ouverts tous les jours à midi et le soir.

Slovenia (carte p. 104 ; 285 343 ; Hôtel Les Jasmins, entrées 3,5-8 DT, plats 10,8-16 DT). Sans doute la meilleure table de Nabeul, tenue par le grand chef Rafik Tlatli (voir encadré, p. 52). La carte innovante, inspirée des cuisines tunisienne, indonésienne, andalouse et slovène, comprend des plats comme le brick sans huile ou un délicieux poisson cuit dans un pot en terre. Vous avez le choix entre un jardin verdoyant à l'éclairage tamisé et une salle cosy.

Bonheur (carte p. 106 ; rue Farhat-Hached ; entrées 1-3 DT, plats 3-6 DT). La perle des petits budgets affiche comme il se doit des murs carrelés et un poste de TV. Service ultrarapide et plats simples tels que couscous et brochettes. On peut aussi commander de la bière.

Moderne (carte p. 106 ; rue Farhat-Hached ; entrées 1-2 DT, plats 3-7 DT). Restaurant de quartier bon marché servant également de l'alcool.

L'Olivier (carte p. 106 ; 286 613 ; av. Hedi-Chaker ; entrées 4-12 DT, plats 4,5-18 DT). Confortablement aménagé sur deux niveaux, il jouit d'une certaine renommée.

Le Bon Kif (carte p. 106 ; 222 783 ; 25 av. Marbella ; entrées 3,5-10 DT, plats 4,5-18 DT). Une adresse conseillée pour sa carte classique de couscous, fruits de mer et plats de viande. Un agréable patio recouvert de céramiques et agrémenté d'un jet d'eau vous accueille à l'arrière.

Café Errachidia (carte p. 106 ; av. Habib-Thameur). Assis sous le porche devant une *chicha* (pipe à eau),

LES CÉRAMIQUES DE NABEUL

Réputés pour leurs poteries d'inspiration punique et romaine, ainsi que pour les éléments décoratifs introduits au XVIIe siècle par les immigrants andalous, les potiers de Nabeul réalisent des céramiques étonnantes (parfois dans le mauvais sens du terme). On trouve sur place quelques beaux articles de facture traditionnelle, notamment des bols et des carreaux. Pour avoir une idée des prix avant d'acheter, rendez-vous d'abord au **centre commercial de l'ONAT** (carte p. 106 ; av. Habib-Thameur) où des ateliers d'artisans se tiennent à l'arrière.

Le marché du vendredi réserve un vaste choix. Sinon, essayez les boutiques suivantes qui permettent de voir les potiers et les artistes à l'œuvre.

- **Société décoration de céramique** (carte p. 104 ; av. du Grand-Maghreb). Cet atelier chez un particulier propose un éventail d'objets intéressants. Vous pourrez en outre observer l'équipe entièrement féminine qui peint les poteries.
- **Société Kerkeni** (carte p. 104 ; 121 av. Habib-Thameur). Une gamme immense et quelques modèles exubérants.
- **Gastli** (carte p. 104 ; av. Habib-Thameur). En face de la Société Kerkeni, ce magasin offre également un bon choix.
- **Hassen Kharraz** (carte p. 106 ; av. Habib-Thameur). L'adresse la plus chic, pour ceux qui ont des goûts de luxe.

un thé à la menthe et de succulents biscuits, il n'y a pas mieux pour observer les gens.

Pour les courses alimentaires, rendez-vous au **supermarché Touta** (carte p. 106 ; av. Hedi-Chaker) ou au **supermarché** situé dans l'avenue Habib-Bourguiba (carte p. 104).

Depuis/vers Nabeul

AVION

Tunis Air (carte p. 106 ; ☎ 286 092 ; 178 av. Habib-Bourguiba) fait face à la poste. L'aéroport le plus proche est celui de Tunis-Carthage.

BUS

La gare routière se tient dans l'avenue Habib-Thameur. Des bus desservent Hammamet (0,6 DT, 30 min, toutes les demi-heures de 5h30 à 21h, jusqu'à 23h en juil-août), Tunis (3,1/5,7 DT normal/confort, 1 heure 30, toutes les demi-heures de 6h à 20h), Zaghouan (3,5 DT, 1 heure 30, sept à neuf par jour), Sousse (5 DT, 2 heures, trois par jour lun-sam) et Kairouan (5 DT, 2 heures 15, trois par jour).

Les bus pour les autres destinations du cap Bon partent de la rue el-Arbi-Zarrouk. Citons aussi des liaisons avec Kélibia (3 DT, 1 heure 15, treize par jour) et El-Haouaria (3,5 DT, 1 heure 45, toutes les heures) – il faut parfois changer à Kélibia. Pour plus d'informations, adressez-vous à la gare routière principale.

VOITURE

Parmi les nombreuses agences de location :
Avis (carte p. 104 ; ☎ 286 555 ; Hôtel Kheops).
Hertz (carte p. 104 ; ☎ 285 327 ; av. Habib-Thameur).
Nova Rent (carte p. 106 ; ☎ 222 072 ; 54 av. Habib-Bourguiba).

LOUAGE

Nabeul compte deux stations de louage. Les véhicules pour les destinations du Cap Bon, dont Kélibia (2,75 DT, 1 heure), El-Haouaria (5 DT) et Korba (0,85 DT), partent des abords de la gare routière de la rue el-Arbi-Zarrouk. Ceux pour Tunis (3,4 DT), Kairouan (5,25 DT), Sousse (4,7 DT) et Zaghouan (3,25 DT) stationnent derrière la gare routière de l'avenue Habib-Thameur.

TAXI

Un taxi collectif jusqu'à Hammamet revient de 1 à 2 DT. Si vous le prenez pour vous tout seul, il vous en coûtera 8 DT.

TRAIN

La gare ferroviaire, avenue Habib-Bourguiba, occupe une position centrale. Elle assure des liaisons dans les deux sens avec Hammamet (0,55 DT, 20 min, neuf à douze par jour), Tunis (3,4/4,5 DT 2e/1re, 1 heure 30, six par jour), Sousse (4,8/6,35 DT, six à huit par jour) et Sfax (8,6/11,45 DT, un à deux par jour).

Comment circuler

Nabeul étant assez étendue, marcher l'été du centre jusqu'à la plage exige un effort. La course en taxi tourne autour d'1 DT (0,5 DT en taxi collectif). Vous pouvez aussi effectuer le trajet en calèche, à condition de marchander ferme et de vous accorder sur le prix avant de partir.

ENVIRONS DE NABEUL

Dar Chaabane

Ce petit village, à 4 km au nord-est de Nabeul, sur la route de Kélibia, est la capitale tunisienne de la pierre taillée. La plupart des habitants exercent le métier de tailleur de pierre et des ateliers produisant aussi bien des cendriers que des copies de statues célèbres jalonnent les rues. Si vous avez besoin d'une paire de lions monumentaux pour garder l'entrée de votre résidence secondaire, vous trouverez sans doute votre bonheur. Les fabriques livrent à l'étranger.

Tous les bus allant vers le nord peuvent vous déposer. Sinon, empruntez un bus local au départ de la plage (0,25 DT, toutes les heures, 9h30-18h30, juil-août). Vous débourserez 2,5 DT environ pour un taxi depuis Nabeul.

Ben Khiar

À 2 km à l'est de Nabeul, cette bourgade spécialisée dans le tissage abrite une coopérative qui accueille les visiteurs et vend ses articles – sacs, couverture, tapis et manteaux – à des prix fixes peu élevés. Celle-ci n'emploie que des hommes qui manœuvrent des métiers d'une extrême complexité et filent la laine. Certains travaillent ici depuis plus de 30 ans.

On peut marcher ou prendre le bus (0,25 DT, toutes les heures, 10h-18h, jusqu'à 20h dim juil-août) depuis la plage. Le taxi coûte autour de 2,5 DT.

Lagon de Korba

Long et étroit, il suit le littoral sur 15 km et constitue le meilleur site de Tunisie pour l'observation des oiseaux, le terrain marécageux attirant de multiples espèces. En hiver, il prend la couleur rose des flamants qui s'y rassemblent (leurs jeunes sont présents toute l'année).

Le lagon débute à hauteur de Korba, petite ville productrice de tomates, à 19 km au nord-est de Nabeul. Il devient de plus en plus paisible et spectaculaire au fur et à mesure qu'on avance vers le nord.

La principale route conduisant à Menzel Temine et à Kélibia s'étend parallèlement au lagon. De ce fait, n'importe quel bus ou louage à destination du nord peut vous déposer où vous le souhaitez. Les bus pour Korba partent environ toutes les heures (1 DT, 15 min).

KÉLIBIA

☎ 72 / 36 000 habitants

Kélibia se tient à 58 km au nord de Nabeul. Sa longue et magnifique plage de sable argenté borde une mer translucide. Au-dessus de ce paysage trône un fort imposant. Encore relativement épargnée par les promoteurs, la ville vit de la pêche et des services destinés aux exploitations agricoles environnantes. Le centre, composé de commerces de proximité et de cafés fréquentés par des hommes, se trouve à 2 km à l'intérieur des terres. La côte est regroupe les attractions touristiques, une petite plage, un port pittoresque et quelques modestes résidences hôtelières. Kélibia est célèbre pour son muscat sec, un vin blanc parfumé.

Le festival international du court-métrage qui a lieu fin juillet mérite le détour.

Histoire

Kélibia fut d'abord un lieu de peuplement berbère. On sait néanmoins peu de choses à son sujet avant l'arrivée des Carthaginois au Ve siècle av. J.-C. Ces derniers la baptisèrent Aspis, "bouclier", un nom reflétant sa fonction défensive ou sa topographie. Quoi qu'il en soit, son fort punique formait un élément clé dans la défense de Carthage. Il se révéla pourtant impuissant à repousser les assauts d'Agathocle puis de Regulus. Le site devint par la suite la cité romaine de Clypea dont les vestiges (notamment des mosaïques) parsèment la ville actuelle. Elle demeura l'un des principaux centres urbains de Tunisie jusqu'au XIe siècle avant d'être déplacée dans les terres pour échapper aux attaques des pirates siciliens.

Orientation et renseignements

La plupart des voyageurs débarquent à la station de bus et de louage de l'avenue Ali Belhouane. Le centre-ville se situe à l'est, autour du carrefour de la rue Ibn-Khaldoun et de l'avenue Habib-Bourguiba. Pour vous y rendre, longez l'avenue Ali-Belhouane vers le nord (en direction d'El-Haouaria), puis tournez à droite dans la rue Ibn-Khaldoun. Il n'y a pas d'office du tourisme. Vous trouverez en revanche deux banques et un supermarché dans la rue Ibn-Khaldoun, ainsi qu'une poste dans l'avenue Habib-Bourguiba. Le fort et le port vous attendent 2 km plus à l'est, le long de l'avenue des Martyrs.

Publinet (59 rue des Martyrs) facture 2 DT de l'heure la connexion à Internet.

À voir et à faire

PLAGES

La belle plage de Mansourah, 2 km au nord, est un peu ventée mais peu construite.

Toute petite, celle de Kélibia présente moins d'attrait.

FORT

Le superbe **fort** polygonal (1,1 DT ; 🕑 9h-17h mi-sep à mar, 8h-19h avr à mi-sep) qui domine le port offre une vue si étendue que l'horizon semble se courber comme le rebord d'un vase. Érigé par les Carthaginois, il fut démantelé au IIIe siècle av. J.-C. lors de la première guerre punique, puis reconstruit après le conflit. Au IIe siècle, les Romains le rasèrent, l'unité du bassin méditerranéen rendant inutile un tel ouvrage défensif. En 580, les Byzantins élevèrent un nouveau fortin, toujours visible, au centre des anciens remparts. Ce bastion fut leur dernier refuge après qu'ils aient été chassés de Carthage en 698. Il joua un rôle important à la suite de la conquête arabe et l'énorme forteresse actuelle fut bâtie pour contrer les Normands. Du XIIIe au XVIe siècle, elle accueillit une communauté soufie. Remise en service au XVIe siècle lors des batailles opposant Turcs et Espagnols, la forteresse fut bombardée par les Français au siècle suivant. Ses éléments les plus récents sont des bases de canons ajoutées par les Allemands durant la Seconde Guerre mondiale.

LE CAP BON

La route qui conduit au fort débute en face de la Maison des Jeunes, sur la route de Mansourah.

Où se loger

Kélibia compte peu d'hôtels, pour la plupart regroupés sur la plage qui jouxte le port.

Maison des jeunes (☎ 296 105 ; dort 5 DT). Hébergement sommaire dans un bâtiment institutionnel standard peint en bleu et blanc. Téléphonez au préalable car elle fait souvent le plein en été.

Hôtel Florida (☎ 296 248 ; Kélibia Plage ; s/d avec sdb avr-oct 25/35 DT, nov-mar 19/33 DT). Construit en 1946, cet établissement légèrement fatigué jouit d'une certaine cote. Les habitants de Kélibia apprécient sa jolie terrasse ombragée au bord de l'eau.

Hôtel Palmarina (☎ 274 062 ; Kélibia Plage ; s/d oct-mar 32/56 DT, avr à mi-juil 44/68 DT, mi-juil à août 46/72 DT ;). Trois-étoiles avec piscine et chambres agréables dotées d'un balcon ombragé face à la mer. Bien que récent, il commence à se détériorer faute d'entretien et la clim fonctionne très mal.

Pension Anis (☎ 295 777 ; av. Erriadh ; s/d avec sdb commune 20/30 DT, avec sdb 30-35/45 DT ;). À mi-chemin entre la plage et la ville, cette adresse sympathique possède des chambres en parfait état dont certaines immenses, ainsi qu'un excellent restaurant (voir plus bas *Où se restaurer*).

Hôtel Mamounia (☎ 296 088 ; s/d avec sdb nov à mi-mars 32/44 DT, juil 50/70 DT, août 63/86 DT ;). Vieille résidence hôtelière bien située en bordure de mer, comportant des chambres avec balcon et une piscine. Les tarifs sont toutefois un peu surévalués.

Club Kélibia (☎ 277 777 ; s/d pension complète avr-juin et sep 95-104/150-168 DT, oct 86/132 DT, juil-août 120/200 DT ; avr-sept ;). Seul hôtel de Mansourah (pour l'instant), cette vilaine excroissance jaune moutarde renferme de grandes chambres joliment décorées dans les tons de crème et de bleu, des piscines et un spa. Pas de réservation par téléphone.

Où se restaurer

La ville offre un choix réduit mais valable de restaurants ouverts tous les jours au déjeuner et au dîner.

De la Jeunesse (☎ 277 777 ; entrées 3-7 DT, plats 5-16 DT). Sur la route principale, cette adresse réputée de longue date comprend une terrasse équipée d'un barbecue et une salle climatisée à l'étage. Elle affiche en outre des prix raisonnables.

Pension Anis (☎ 295 777 ; entrées 2,85-6,85 DT, plats 7,35-11,2 DT). La meilleure table de Kélibia propose une gamme de plats d'une variété inhabituelle et une bonne carte des vins. Des cloisons à claire-voie ménagent un cadre intime.

Le Goéland (☎ 273 074 ; port de Kélibia ; entrées 2,5-12 DT, plats 7,5-14 DT). Ce restaurant du port, joliment placé en bordure de mer, prépare des spécialités tunisiennes classiques et des pizzas correctes. À côté, le **Café Sidi el-Bahri** (☎ 296 675 ; entrées 0,8-4,2 DT, plats 2,2-10 DT) qui jouit aussi d'un cadre plaisant, attire du monde le soir malgré une nourriture quelconque. Aucun des deux ne sert d'alcool.

El-Mansourah (☎ 295 169 ; El-Mansourah Plage ; entrées 2,5-8,5 DT, plats 7-17 DT, menu de 3 plats 15-20 DT). Magnifiquement situé sur un petit promontoire au sud de la plage de Mansourah, il a installé quelques tables sur des rochers cernés par la mer. Assez bonne, la nourriture met l'accent sur le poisson frais.

Les Arcades (Hôtel Palmarina ; entrées 3-8,5 DT, plats 5-16 DT). Établissement clair et tranquille, agrémenté de vitraux kitsch. Nourriture fiable composée de salades savoureuses et de plats de poisson ou de viande substantiels.

Café el-Borj. Dans un petit bâtiment à coupole en contrebas du fort. Des tapis colorés recouvrent l'escalier raide qui descend vers un espace planté d'arbres. La vue sur la baie rocheuse et les oliveraies invite à se détendre devant un verre de thé et une *chicha*.

Depuis/vers Kélibia

Les bus et les louages partent de l'avenue Ali-Belhouane. Il existe des liaisons en bus avec Tunis (4,31 DT, 2 heures 15, toutes les heures), Nabeul (2,38 DT, 1 heure 15, toutes les heures) et El-Haouaria (1 DT, 40 min, toutes les heures) dans les deux sens. Des louages desservent aussi régulièrement ces destinations. Un autre bus rallie Kairouan (7,2 DT, 3 heures 30), Sousse (6,7 DT, 3 heures) et Monastir (7,14 DT, 3 heures 30).

Comment s'y rendre

La gare routière se trouve à 2,5 km du port et de la plage. Comptez autour d'1,5 DT pour un taxi (0,5 DT en taxi collectif). Des bus desservent la plage d'El-M et en reviennent toutes les heures de 10h30 à 18h30 (0,3 DT).

KERKOUANE

Les ruines isolées de **Kerkouane** (2,1 DT, appareil photo 1 DT ; 9h-16h mar-dim mi-sep à mars, 9h-18h mar-dim avr à mi-sep), à 12 km au nord de Kélibia, s'inscrivent le long d'une côte splendide. Il s'agit de l'un des sites puniques les plus remarquables de Tunisie. Abandonné au milieu du IIIe siècle et jamais réoccupé depuis, il est l'unique échantillon d'une cité intégralement carthaginoise.

L'endroit est clairement indiqué sur la route entre Kélibia et El-Haouaria. Les bus et les louages peuvent vous déposer au niveau de l'embranchement, à 1,5 km de marche agréable du site.

Histoire

On ignore presque tout de Kerkouane sur le plan historique. Jusqu'à son nom qui fut inventé par les archéologues français découvreurs du site en 1952.

Les fouilles semblent suggérer l'existence d'une ville berbère avant l'arrivée de Phéniciens au VIIIe siècle av. J.-C. Par la suite, les deux cultures s'interpénétrèrent pour former une cité punique. Les vestiges les plus anciens remontent au début du VIe siècle av. J.-C., mais les ruines actuelles datent surtout des IVe et IIIe siècles av. J.-C.

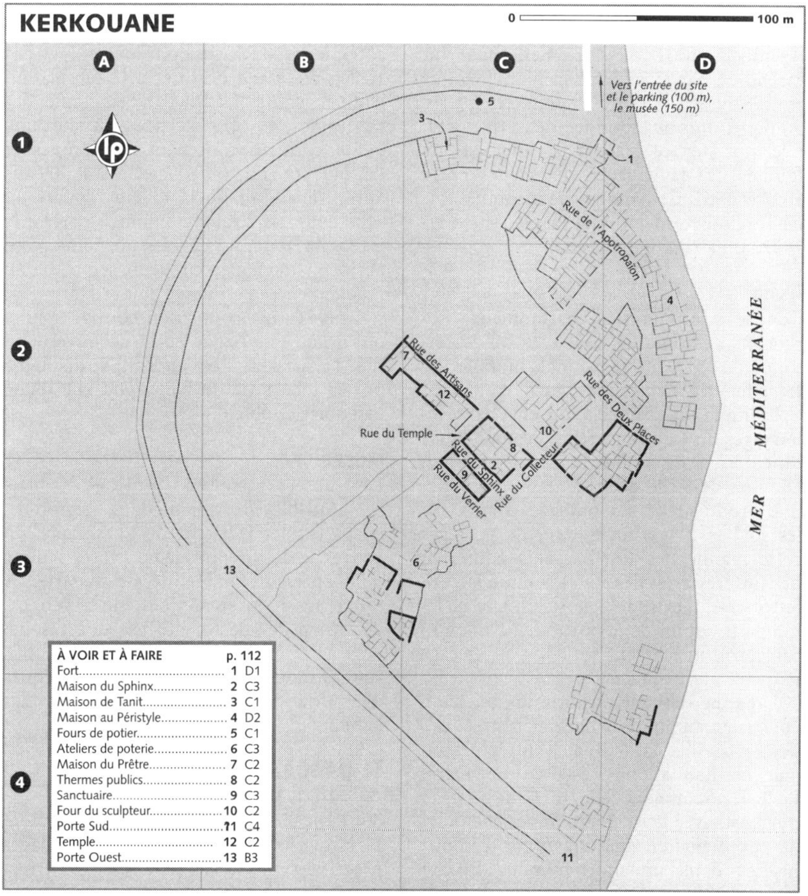

Bien que les auteurs antiques aient glosé sur la fertilité de la presqu'île, aucune trace d'activité agricole n'a été mise en évidence. Kerkouane paraît en revanche avoir abrité une élite urbaine de marchands et d'artisans. Des ateliers de poterie et des fours ont été retrouvés, de même que des preuves d'une industrie du bijou, du verre et de la sculpture sur pierre. La cité produisait aussi le fameux rose tyrien (de Tyr, la capitale phénicienne), une teinture extraite du murex, un coquillage abondant sur la côte.

La vaste nécropole a révélé de nombreux objets décoratifs et précieux qui témoignent de la prospérité de la ville et du raffinement de ses habitants. Beaucoup de sépultures ont cependant été pillées et endommagées par des chasseurs de trésors au début du XXe siècle.

Remise d'un premier sac commis par Agathocle en 310 av. J.-C., Kerkouane fut incendiée par le général romain Regulus en 256 av. J.-C. lors de la première guerre punique, puis abandonnée définitivement. Elle refit surface grâce à la campagne de fouilles qui la dégagea des sables entre 1957 et 1961. Ce témoignage incomparable de l'architecture punique a été classé en 1982 au Patrimoine mondial.

À voir

Conçue selon un plan harmonieux, Kerkouane s'entoure de doubles fortifications d'environ 15 m de large, dont la muraille externe fut érigée après l'attaque d'Agathocle.

La littérature antique a souvent chanté les louanges du Cap Bon, région d'abondance s'il en est. Dans sa *Bibliothèque historique*, Diodore de Sicile décrit à ce propos l'effet que produisirent ses paysages riants sur les soldats d'Agathocle. Afin de protéger cette manne, les Carthaginois édifièrent des forteresses et des tours comme le petit **fort** carré à l'extrémité nord du site et les remparts autour de la porte sud. Ni l'un ni l'autre n'empêchèrent toutefois le saccage perpétré par Regulus.

La **porte occidentale**, ou porte du Couchant, construite au point de chevauchement des deux murailles, constituait l'entrée principale. Les habitations présentent un intérêt majeur, notamment celles du riche quartier nord-est, avec leurs magnifiques exemples de pavements en *opus signinum* (cailloux insérés dans un mortier pour former des motifs géométriques). Ne manquez pas la **maison de Tanit**, au 3 de la rue de l'Apotropaïon, où le symbole stylisé de la déesse figure en blanc sur le sol, servant probablement de talisman.

La plus belle demeure, au 35 rue de l'Apotropaïon, s'inscrit dans un splendide environnement maritime. Elle arbore un péristyle et une imposante baignoire, avec siège et accoudoirs, décorée de mosaïque blanche.

La ville possédait également des **thermes**, dans la rue des Artisans. Petits et fonctionnels, comparés à leurs équivalents romains, ils étaient sans doute fréquentés par les classes laborieuses. Leur proximité avec le temple devait peut-être faciliter des ablutions précédant le culte.

Les restes du **temple** principal s'étendent à l'ouest de la rue du Temple. Sur l'un des côtés, les archéologues ont mis au jour des **ateliers de poterie** destinés à la fabrication d'objets votifs. L'édifice recélait une des trouvailles les plus étranges du site : une petite cachette contenant des lampes et des bols romains du IIIe siècle, soit 500 ans après l'abandon de la ville. À l'ouest du sanctuaire, au 2 rue du Sphinx, se dresse la **maison du Prêtre**. Au centre, une petite pièce abrite un four à pain circulaire semblable au *tabouna* encore en usage aujourd'hui.

La **rue du Sphinx** doit son nom au sphinx qui ornait une bague en or découverte au n°1. La maison, à cet endroit, se distingue par sa jolie salle de bains pourvue d'une baignoire double.

MUSÉE

Le musée rassemble quelques objets remarquables provenant de la nécropole, en particulier la Dame de Kerkouane, un couvercle de sarcophage en cyprès sculpté qui représenterait la déesse Astarté. À noter aussi de splendides bijoux en or, des ustensiles de toilette tels que rasoirs, pots à far et pinces à épiler, de délicates statues funéraires et des poteries grecques d'importation attestant du raffinement des habitants.

EL-HAOUARIA

☎ **72 / 10 300 habitants**

Sous la pointe montagneuse du Cap Bon, El-Haouaria possède plusieurs plages préservées, dont celle de Rass ed-Drek,

L'ARCHITECTURE PUNIQUE

Avant la découverte de Kerkouane, le peu qu'on savait de l'architecture punique venait d'éléments glanés sur des sites rebâtis ultérieurement.

Les Carthaginois utilisaient diverses techniques de construction, allant du pisé à la maçonnerie de précision. L'une des plus communes était l'*opus africanum*, des murs de blocaille renforcés à intervalles par des dalles de pierre et des montants verticaux. Ce procédé fut adapté par les Romains et les Byzantins, comme en témoigne le capitole de Dougga.

Les fouilles ont montré que l'agencement de Kerkouane répondait à un plan précis. Avec ses maisons bien aménagées le long de larges rues et de placettes, cette paisible cité provinciale devait être agréable à vivre.

Organisées autour d'une cour, les habitations représentent le plus vieil exemple connu d'un modèle architectural toujours en vigueur en Tunisie. La plupart ne comportaient qu'un seul étage, avec un petit atrium central desservant les pièces, un couloir débouchant sur la rue et un toit en terrasse accessible par un escalier. Leur décor sans ostentation se traduisait par des pavements rouges incrustés de fragments de pierre blanche ainsi que des frises et sculptures en plâtre sur les murs et les plafonds. Le site est notoire pour ses baignoires individuelles en forme de siège, conception qui contraste avec l'approche communautaire des bains romains.

du côté sud. Mais cette paisible localité est surtout connue pour ses grottes situées sur le littoral, à 3 km au nord-ouest du centre. Creusées dans la falaise par les Phéniciens, ces carrières servirent à la construction de nombreuses cités, notamment de Kerkouane et Carthage. On les appelle souvent les Grottes romaines car les Romains les exploitèrent à leur tour. Le djebel Abiod voisin peut faire l'objet d'agréables promenades à pied depuis la ville.

El-Haouaria comprend un choix d'hôtels et de restaurants, ainsi que deux banques dans la rue principale.

À voir

DJEBEL ABIOD

Ce sommet (390 m) venteux au nord de la ville mérite bien un petit effort d'ascension pour profiter de la vue somptueuse sur la côte et observer la faune ornithologique. Il correspond à l'extrémité nord-est de la dorsale tunisienne, sur le parcours des milliers de rapaces qui migrent entre l'Afrique et l'Europe. En mai et juin, le ciel est noir d'oiseaux attendant les courants ascendants qui les emmèneront de l'autre côté du détroit de Sicile.

On accède au djebel par une route qui part de la rue Ali-Belhouane, en centre-ville, vers le nord et s'achève tout en haut près de la tour des télécommunications.

Les Amis des oiseaux (☎ 269 200), signalés à l'extrémité nord de la rue principale, vous en diront davantage sur les espèces locales.

GROTTES ROMAINES

Cette remarquable série de **carrières romaines** (1,1 DT ; 🕒 9h-17h mi-sept à mars, 8h-19h avr à mi-sept) se trouve sur la côte à l'ouest d'El-Haouaria. Ici, les falaises se composent d'un grès jaune hautement recherché et facile à travailler que les Carthaginois exploitèrent dès le VIe siècle av. J.-C. Il subsiste aujourd'hui de petits puits en forme de pyramide, éclairés par des lucarnes oblongues taillées dans la roche. Vous remarquerez au passage les traces d'outils sur les parois.

La pierre offrant une qualité bien supérieure à la base de la falaise, les ouvriers forèrent des galeries dans la roche. L'opération s'avérait délicate, la pierre taillée devant être sortie des galeries et chargée à bord de bateaux. Quelque 1 000 ans plus tard, le réseau de grottes s'étend sur près d'1 km le long du littoral.

Des panneaux indiquent le site à 3 km à l'ouest de la ville. Il faut 45 minutes de marche pour l'atteindre à moins de faire du stop le long de la route passante.

Fêtes et festivals

La tradition de fauconnerie d'El-Haouaria est mise à l'honneur en mai ou en juin à l'occasion du **festival de l'Épervier**. Celui-ci se traduit par des démonstrations aux abords des grottes, des concerts et des étals de marché en ville.

Où se loger

Pension Dar Toubib (☎ 297 163 ; s/d avec sdb avr-août 20/32 DT, sept-mars 8/16 DT). Dans une rue tranquille, son entrée carrelée dessert de petites chambres rudimentaires. De la place principale, suivez les panneaux marqués "Hôtel" en direction du djebel. Comptez 10 minutes de marche.

Hôtel L'Épervier (☎ 297 017 ; 3 av. Habib-Bourguiba ; s/d nov-mars 20,4/30,8 DT, avr-oct 30,8/44 DT). Ce trois-étoiles accueillant, au cœur de la ville, décline un choix de chambres confortables et vieillottes dotées de mini-terrasses.

Pension Les Grottes (☎ 269 072 ; www.centregrotte.com.tn ; Route les Grottes ; s/d sept-mai 35/50 DT, juin-août 45/70 DT). Sur une hauteur, ses vilains bungalows accompagnés d'une petite piscine ne tirent guère partie de la vue.

Où se restaurer

Plusieurs gargotes font face à l'Hôtel L'Épervier. L'**Hôtel L'Épervier** (3 av.Habib-Bourguiba ; entrées 2-8 DT, plats 8-15 DT, menu 8 DT) dispose d'une cour où l'on peut manger à l'ombre des arbres, et la **Pension Les Grottes** (route des Grottes ; entrées 3,5-10 DT, plats 6-13 DT) se double d'un restaurant à prix raisonnables. L'alcool n'a pas droit de cité à ces deux adresses.

La Daurade (☎ 269 080 ; entrées 2,5-6 DT, plats 5-12 DT). Dans le secteur des grottes, ce sympathique restaurant bénéficie d'un emplacement fabuleux surplombant la mer. Il comprend de charmantes terrasses et ses tables ont quasiment les pieds dans l'eau. À défaut d'alcool, on y sert d'excellents fruits de mer.

Depuis/vers El-Haouaria

El-Haouaria est bien desservie par les transports publics. Des bus circulent le long de la côte nord à destination de Tunis (4,26 DT, 2 heures, cinq par jour), *via* Soliman, et de Kélibia (0,94 DT, 40 min, huit par jour). Des louages se rendent régulièrement à Kélibia (1,2 DT) et d'autres, moins fréquents, à Tunis (4 DT).

SOLIMAN

☎ 72

À 10 km au sud-ouest de Korbous, Soliman bénéficie d'un accès facile depuis Tunis. Sa plage de sable blanc sur fond de montagne sombre inspire des sentiments mêlés.

Hôtel Soliman (☎ 200 105 ; www.solymar.com ; s/d avec sdb avr-oct 29/38 DT, juil-août 34/48 DT, nov-mars 26/32 DT ; 🏊). Riche en prestations, ce trois-étoiles sur la plage loue de jolies chambres avec une terrasse face à la mer.

Des bus et des louages relient Soliman (2,5 DT, 1 heure) à Tunis. Un taxi collectif vous conduira à la plage (0,5 DT).

KORBOUS

☎ 72

Malgré sa beauté déclinante, Korbous demeure extrêmement populaire. Ses bâtiments aux arcades rayées, agglutinés autour d'une petite horloge, se serrent dans un étroit ravin encadré de falaises abruptes. Des sources chaudes coulent sur le site. Lorsqu'on arrive de Soliman, l'approche est spectaculaire, en particulier pendant le dernier tronçon de 6 km, quand la route étreint la paroi de la falaise au-dessus de la côte. À Aïn Atrous, 1,5 km environ au nord de Korbous, une autre source chaude se déverse dans la Méditerranée, formant une petite nappe où se bousculent les baigneurs. À côté, plusieurs petits restaurants proposent du poisson grillé pour 4 DT.

Il n'y a que deux hôtels. La **Résidence des Thermes** (☎ 284 664 ; av. du 7-Novembre ; s/d avec sdb avr-sept 35/50 DT, oct-avr 30/40 DT ; ❄) présente des chambres sobres aux murs blancs dont la qualité varie. Son restaurant (menu de 3 plats 8 DT) agréable, peint d'un joli jaune, se tient de l'autre côté de la rue. Mieux, l'**Hôtel Les Sources** (☎ 284 540 ; av.du 7-Novembre ; s/d nov-oct 41/62 DT, juil à mi-sept 49/76 DT ; 🏊), un trois-étoiles, disposent de chambres aux imprimés *seventies*, d'une piscine et d'une vue intéressante. Citons aussi un bar assez fréquenté et un restaurant (menu de 3 plats 9 DT). Dans la même rue, le **Restaurant Dhib** (☎ 284 523 ; av. du 7-Novembre ; entrées 1-3 DT, plats 2,5-6 DT), pourvu d'une terrasse sur le trottoir, affiche une carte classique.

Dans le centre, **les Stations Thermales et Touristiques** (☎ 284 645 ; 🕑 8h-20h) dispensent des soins et des massages relaxants.

Depuis/vers Korbous

Il est plus facile de rejoindre la ville depuis Tunis que depuis les stations du côté sud du Cap Bon. Dans la capitale, des bus fréquents partent pour Korbous (2 DT, 1 heure) de la gare routière du Sud. De Tunis (2,5 DT) et de Soliman (1,5 DT), des louages relient également cette destination.

Les lignes entre Korbous et Nabeul passent par Soliman.

Le Nord

SOMMAIRE

Le nord de la Tunisie est un envoûtement permanent. Cette région vallonnée et verdoyante est bordée par le bleu de la Méditerranée et de longues étendues de sable blanc. Les plages de Sidi Ali el-Mekki, Raf-Raf et du Cap Serrat comptent parmi les plus belles du pays, leur principal atout étant d'être peu fréquentées en dehors des week-ends.

Cette région abrite aussi des localités charmantes, notamment près de la frontière algérienne. Tabarka, par exemple, est une station balnéaire à l'ambiance décontractée où vous profiterez des terrasses de cafés ombragées, des plages et des festivals de musique en été. En pénétrant le massif de Kroumirie, boisé de pins, vous découvrirez Aïn-Draham, un village aux toits rouges accroché à la montagne, à une altitude suffisante pour avoir de la neige en hiver. Cette région reculée, où les chasseurs avaient leurs habitudes, est parsemée de petits villages reliés entre eux par des routes sinueuses. Les collines, qui offrent des vues spectaculaires, cachent le site romain de Bulla Regia avec ses villas souterraines incroyablement bien préservées, et les carrières de marbre de Chemtou.

Sur la côte, le vieux port de Bizerte est entouré par une kasbah, une longue promenade et de jolies plages. Le temps semble s'y être arrêté. Non loin, le lac Ichkeul s'inscrit dans un parc national classé au Patrimoine mondial de l'Unesco.

Bien que les Tunisiens fréquentent la région pour échapper aux chaleurs estivales ou passer le week-end à la campagne, elle reste peu touristique.

À NE PAS MANQUER

- Se détendre sur les **plages** de Sidi Ali el-Mekki (p. 123) et du Cap Serrat (p. 126)
- Côtoyer les pêcheurs au charmant **vieux port** de Bizerte (p. 119)
- Profiter des cafés, plages et festivals de musique en été à **Tabarka** (p. 127)
- Explorer les villas souterraines romaines de **Bulla Regia** (p. 134)
- Marcher dans les montagnes boisées de chênes-lièges autour d'**Aïn-Draham** (p. 132)

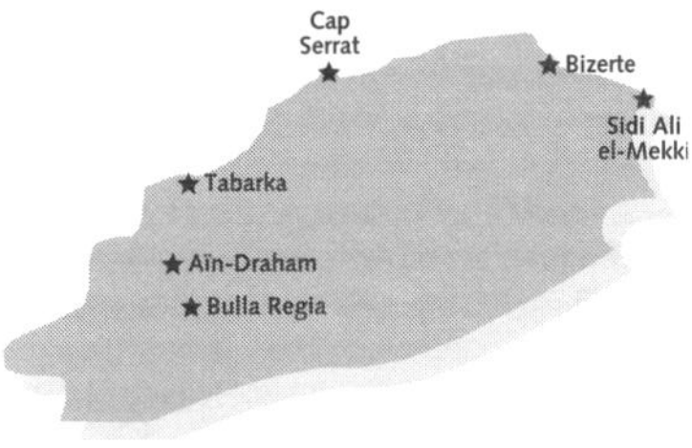

Histoire

Le nord de la Tunisie a toujours fait l'objet de convoitise – non seulement pour sa situation géographique, mais aussi parce qu'elle est l'une des principales régions agricoles du pays. Elle fut colonisée entre 6000 et 2500 av. J.-C. par les Européens. Plus tard, les Phéniciens s'y installèrent, fondant Utique en 1100 av. J.-C. Durant la deuxième guerre punique, le général romain Scipion conquit Utique en 204 av. J.-C. Les Romains prirent le pouvoir au siècle suivant, mais furent contraints de céder la place aux Numides. L'une de leurs principales cités était Béja (Vega). Les Romains reconstruisirent les anciens sites puniques et exploitèrent les terres agricoles – d'où la prospérité de certaines villes comme Bulla Regia. Les Vandales envahirent à leur tour la région et, avec l'arrivée des Arabes et de l'islam, le siège du pouvoir déménagea plus au sud, à Kairouan. Les Espagnols et les Ottomans se battirent pour obtenir le contrôle des sites stratégiques au XVIe siècle, une époque où les corsaires sévissaient.

Au XIXe siècle, les Français s'intéressèrent aux richesses du nord – Bizerte était un port si important qu'ils n'en partirent que sept ans après l'indépendance.

Avec la Seconde Guerre mondiale, la région fut une fois de plus le théâtre de batailles, comme en témoignent les cimetières militaires de la région.

Climat

Les étés sont très chauds et secs avec des températures qui culminent en juillet et août. Dans les montagnes de Kroumirie, en été, le mercure affiche quelques degrés de moins. En hiver, il y fait très froid et la neige recouvre les sommets.

Parcs nationaux

Près de Bizerte, l'écosystème du lac Ichkeul, unique par son mélange d'eau salée et d'eau douce, attire une grande variété d'oiseaux ainsi qu'un troupeau de buffles d'eau. Feïja, près de la frontière algérienne, est un parc de forêts et de collines où vivent des gazelles.

Comment s'y rendre

Deux aéroports desservent la région : Tunis-Carthage et Tabarka. Les bus et louages partent de la gare routière au nord de Tunis (voir p. 82). Bizerte est desservie par une ligne de chemin de fer.

Comment circuler

Le réseau de transports publics n'est pas très développé. Dans les petites localités, vous ne trouverez plus de bus ni de louages après 19h. Toutefois, avec un peu de patience et de temps, vous atteindrez tous les principaux sites par transport public.

BIZERTE

☎ 72 / 113 400 habitants

Bizerte est une ville portuaire plaisante, située sur un canal qui relie les eaux salées du lac Bizerte aux eaux scintillantes de la Méditerranée. Le vieux port, bordé de cafés, de bâtiments aux couleurs pastel, de bateaux de pêche est dominé par les fortifications dorées de la kasbah. Une atmosphère qui fait penser à la France ou à l'Italie des années 1950, si l'on fait abstraction des quelques barres d'immeubles insalubres. La zone touristique s'étend le long de la corniche. Les plages sont toutes proches de la ville. Bizerte constitue un point de départ pour visiter Raf-Raf et Sidi Ali el-Mekki et pour aller admirer le lac Ichkeul.

Histoire

La position stratégique de Bizerte lui valut une histoire mouvementée.

Fondée au VIIIe siècle av. J.-C. par les Phéniciens, cette ville portuaire s'appelait Hippo Zarytus. Plus tard, ils creusèrent le canal qui relie le lac Bizerte à la mer, créant ainsi l'un des ports les plus sophistiqués de la Méditerranée occidentale. En 146 av. J.-C., les Romains rasèrent la cité pour se venger du rôle quelle avait joué dans les guerres puniques. Reconstruite un siècle plus tard sous le nom de Hippo Diarrytus, elle fut tour à tour occupée par les Vandales et les Byzantins.

En 678, les Arabes conquirent la ville et la renommèrent Bizerte. Les Espagnols l'occupèrent de 1535 à 1570, puis ce fut au tour des Ottomans, qui la transformèrent en port d'attache pour les corsaires musulmans qui attaquaient les navires chrétiens en Méditerranée.

Bizerte déclina jusqu'à l'ouverture du Canal de Suez, en 1869. Date à laquelle les

Français transformèrent la ville et établirent une grande base navale à Menzel-Bourguiba, sur la rive sud-ouest du lac Bizerte. Ils creusèrent un nouveau canal, achevé en 1895, assez profond pour accueillir les navires modernes et comblèrent le canal carthaginois pour construire leur ville nouvelle.

Le port de Bizerte était jugé si stratégique que les Français refusèrent d'en partir après l'Indépendance, en 1956. Les Tunisiens ne réussirent à reprendre la ville que le 15 octobre 1963, au prix de plus d'un millier de vies humaines.

Aujourd'hui, l'économie de Bizerte tourne autour des activités portuaires plutôt que du tourisme.

Orientation

Le centre-ville moderne est formé par la ville nouvelle, au nord du canal. Les urbanistes ont rompu la monotonie des rues à angle droit par quelques artères en diagonale. Sur certaines plaques, les noms ne sont inscrits qu'en arabe, ce qui n'aide pas à se repérer.

L'ancien quartier arabe délimite le nord de la ville, donnant sur le vieux port. Le boulevard Hassen en-Nouri traverse la ville, de la ville nouvelle jusqu'aux plages de la corniche.

Un pont moderne enjambe le canal et marque le début de la route qui mène vers le sud et Tunis.

Renseignements

ACCÈS INTERNET

Publinet (rue Habib-Thameur ; centre de Bizerte, quai Tarak-ibn-Ziad ; 2 DT l'heure).

ARGENT

Les banques se concentrent autour de la place du 7-Novembre-1987 et sur l'avenue Habib-Bourguiba. Certaines disposent d'un DAB.

POSTE

Bureau principal (av. d'Algérie). Au centre-ville.

OFFICE DU TOURISME

ONTT (☎ 432 897 ; lun-jeu 8h30-13h et 15h-17h45, ven-sam 8h30-1h30). À côté du Socopa, près du vieux port.

LE NORD

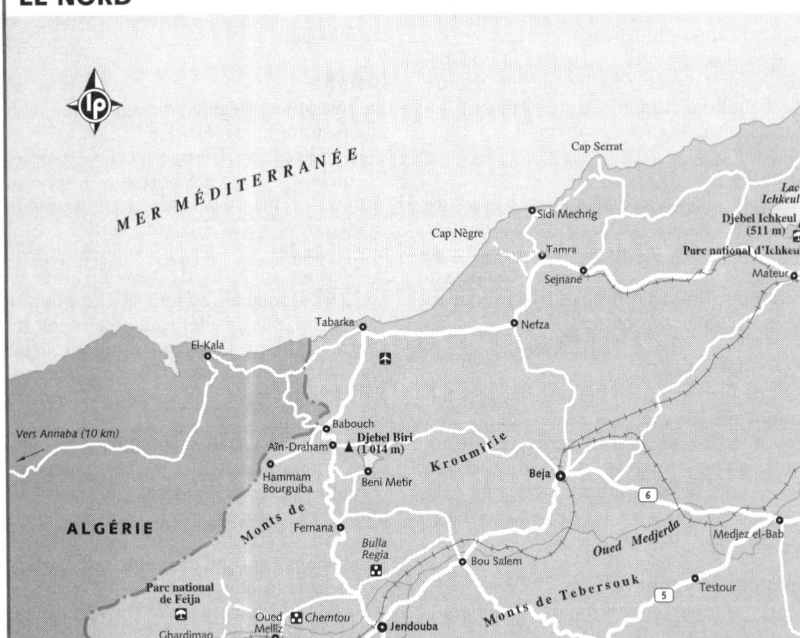

À voir et à faire

LE VIEUX PORT, LA PLACE BOUCHOUCHA ET LA MÉDINA

Vous serez conquis par l'ambiance qui règne au vieux port, avec ses maisons aux volets bleus, ses cafés et ses bateaux de pêche multicolores.

À l'est du port et à l'ouest de la médina, la place Bouchoucha relie la vieille ville à la nouvelle. En 1881, cette zone constituait la partie ouest du canal reliant le lac Bizerte à la mer. Il rejoignait le canal est à l'avenue Habib Bourguiba, formant une île où vivaient les marchands européens et les notables de la ville. Aujourd'hui, on y trouve un marché autour de la mosquée, avec des échoppes vendant, parmi les épices, des caméléons séchés sur des bâtons (et quelques spécimens vivants).

À l'est de la place, la **fontaine Youssef Dey** date de 1642. Son arche andalouse entoure une inscription invitant à boire son eau, en attendant celle du paradis. Les principaux bâtiments de la médina sont tout près.

La Zaouia de Sidi Mokhtar est désormais le siège de l'Association de sauvegarde de la médina, qui propose un plan montrant la configuration de la ville en 1881.

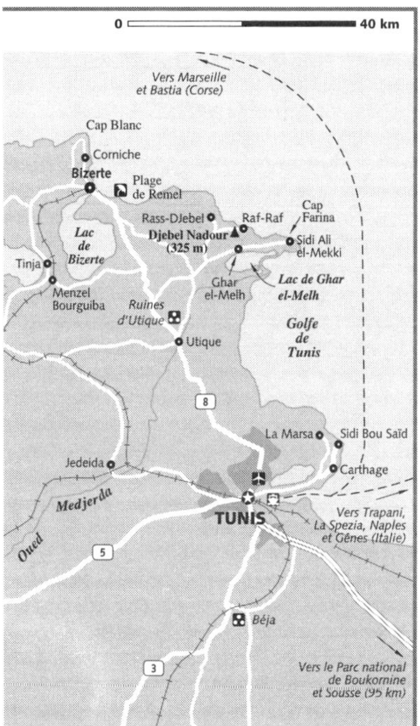

Au nord, vous aurez la meilleure vue de la **Grande Mosquée,** datant de 1652, par la rue des Armuriers. Son minaret octogonal est décoré de céramiques. Un peu endommagée pendant la Seconde Guerre mondiale, la médina vaut malgré tout le détour pour ses grilles bleues, ses portes en forme de trous de serrure, ses arches irrégulières. Dans la petite rue des Forgerons, près de la kasbah, résonne toujours le bruit des forges. Non loin, une place paisible vous accueillera dans l'un de ses cafés.

LA KASBAH

D'épais remparts crénelés défendent l'entrée du port. La kasbah était, à l'origine, une forteresse byzantine bâtie au VIe siècle pour garder le port, tout comme le petit *ksibah* (petit fort), du côté sud. La kasbah actuelle date de la période ottomane du XVIIe siècle.

Les fortifications devaient résister aux tirs d'artillerie. Cela explique leurs impressionnantes dimensions – 10 m de haut et jusqu'à 11 m d'épaisseur – protégeant la mosquée et un enchevêtrement de ruelles sinueuses. La seule entrée se trouve à l'ouest. Des **escaliers** (adulte/enfant 0,5/0,25 DT ; 9h-12h30 et 15h-20h) mènent aux remparts depuis les arcs-boutants de l'est. Là, les tables d'un café installé au milieu de la végétation accueillent les couples en quête de romantisme.

LE FORT ESPAGNOL

Ce fort, turc en vérité, surplombe la ville, au nord de la médina. Il fut construit entre 1570 et 1573 par Eudj Ali, le gouverneur militaire d'Alger, après la fuite des Espagnols. Il ne reste que deux pans de mur mais la vue sur la ville est sublime et s'étend jusqu'à la mosquée blanchie à la chaux du vieux quartier andalou.

En contrebas, on voit un amphithéâtre moderne.

LE KSIBAH ET LE MUSÉE OCÉANOGRAPHIQUE

Le *ksibah* fut modifié par les Aghlabides, qui y ont ajouté la jolie *skifa* (porte) voûtée et la cour abritant de nombreuses cellules, non pas pour prisonniers mais pour l'étude du Coran.

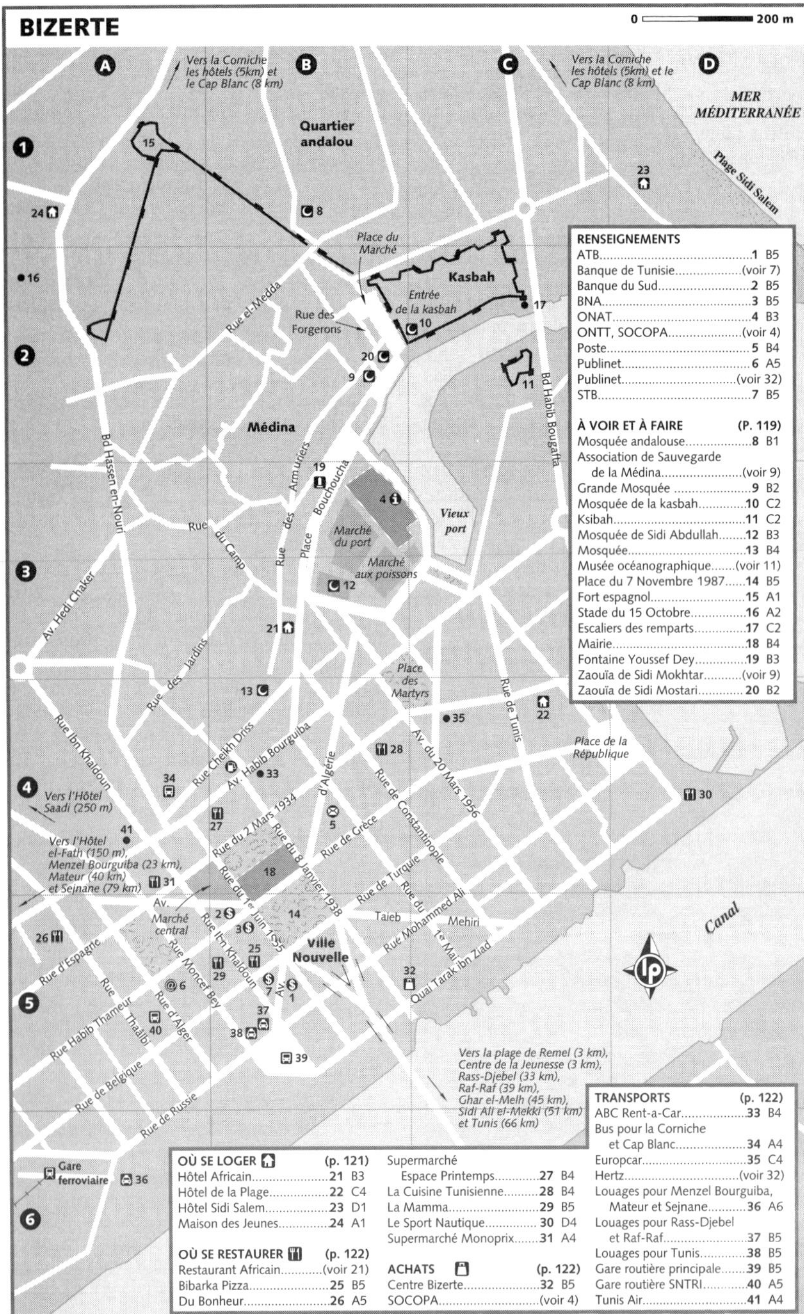
BIZERTE
0 200 m
Vers la Corniche les hôtels (5km) et le Cap Blanc (8 km)
Vers la Corniche les hôtels (5km) et le Cap Blanc (8 km)
MER MÉDITERRANÉE
Plage Sidi Salem
Quartier andalou
Place du Marché
Kasbah
Entrée de la kasbah
Rue des Forgerons
Rue el-Medda
Médina
Bd Hassen en-Nouri
Rue des Armuriers
Place Bouchoucha
Rue du Camp
Marché du port
Marché aux poissons
Vieux port
Bd Habib Bougatfa
Av. Hedi Chaker
Rue des Jardins
Rue Ibn Khaldoun
Place des Martyrs
Rue de Tunis
Place de la République
Rue Cheikh Driss
Av. Habib Bourguiba
Av. d'Algérie
Av. du 20 Mars 1956
Rue de Constantinople
Vers l'Hôtel Saadi (250 m)
Vers l'Hôtel el-Fath (150 m), Menzel Bourguiba (23 km), Mateur (40 km) et Sejnane (79 km)
Rue du 2 Mars 1934
Rue du 8 Janvier 1938
Rue de Grèce
Rue du 1er Juin 1955
Rue de Turquie
Marché central
Rue Ibn Khaldoun
Av. Taieb Mehiri
Rue Mohammed Ali
Rue du 1er Mai
Quai Tarak ibn Ziad
Canal
Ville Nouvelle
Rue d'Espagne
Rue Moncef Bey
Rue Habib Thameur
Rue Thaâlbi
Rue d'Alger
Rue de Belgique
Rue de Russie
Vers la plage de Remel (3 km), Centre de la Jeunesse (3 km), Rass-Djebel (33 km), Raf-Raf (39 km), Ghar el-Melh (45 km), Sidi Ali el-Mekki (51 km) et Tunis (66 km)
Gare ferroviaire
RENSEIGNEMENTS
ATB 1 B5
Banque de Tunisie (voir 7)
Banque du Sud 2 B5
BNA 3 B5
ONAT 4 B3
ONTT, SOCOPA (voir 4)
Poste 5 B4
Publinet 6 A5
Publinet (voir 32)
STB 7 B5
À VOIR ET À FAIRE (P. 119)
Mosquée andalouse 8 B1
Association de Sauvegarde de la Médina (voir 9)
Grande Mosquée 9 B2
Mosquée de la kasbah 10 C2
Ksibah 11 C2
Mosquée de Sidi Abdullah 12 B3
Mosquée 13 B4
Musée océanographique (voir 11)
Place du 7 Novembre 1987 14 B5
Fort espagnol 15 A1
Stade du 15 Octobre 16 A2
Escaliers des remparts 17 C2
Mairie 18 B4
Fontaine Youssef Dey 19 B3
Zaouïa de Sidi Mokhtar (voir 9)
Zaouïa de Sidi Mostari 20 B2
TRANSPORTS (p. 122)
ABC Rent-a-Car 33 B4
Bus pour la Corniche et Cap Blanc 34 A4
Europcar 35 C4
Hertz (voir 32)
Louages pour Menzel Bourguiba, Mateur et Sejnane 36 A6
Louages pour Rass-Djebel et Raf-Raf 37 B5
Louages pour Tunis 38 B5
Gare routière principale 39 B5
Gare routière SNTRI 40 A5
Tunis Air 41 A4
OÙ SE LOGER (p. 121)
Hôtel Africain 21 B3
Hôtel de la Plage 22 C4
Hôtel Sidi Salem 23 D1
Maison des Jeunes 24 A1
OÙ SE RESTAURER (p. 122)
Restaurant Africain (voir 21)
Bibarka Pizza 25 B5
Du Bonheur 26 A5
Supermarché Espace Printemps 27 B4
La Cuisine Tunisienne 28 B4
La Mamma 29 B5
Le Sport Nautique 30 D4
Supermarché Monoprix 31 A4
ACHATS (p. 122)
Centre Bizerte 32 B5
SOCOPA (voir 4)

LE NORD

Également connu sous le nom de Fort Sidi Henni, il abrite désormais le **Musée océanographique** (adulte/enfant 0,5/0,25 DT ; 9h-12h30 et 15h-18h). En dehors d'une description détaillée d'une tortue marine et de quelques poissons, il ne présente guère d'intérêt. Le café en terrasse offre une jolie vue sur les ruelles et le vieux port.

LES PLAGES

Au nord de la ville, après les premiers kilomètres où se concentrent les hôtels, vous découvrirez des plages splendides. Elles sont délimitées par la corniche, l'endroit incontournable pour la promenade du soir.

La route côtière de termine aux Grottes, à 8 km au nord de la ville. Le littoral rappelle la côte italienne avec ses petites plages protégées par les falaises blanches du Cap Blanc. Le bus n°2 vous laissera à 2 km. Dites au chauffeur que vous vous rendez aux Grottes afin qu'il vous dépose à l'embranchement. Après quoi, faites du stop ou marchez. Comptez 7 DT pour le trajet de retour en taxi.

Avec sa pinède, ses parasols en paille et ses épaves, la **plage de Remel** , à 3 km à l'est de Bizerte, est la meilleure plage de la ville. Tous les bus qui circulent vers l'est, ou bien le bus n°8, vous déposeront à l'embranchement. Vous ne marcherez que 15 minutes. Un taxi coûte 3 DT.

Où se loger

Les établissements bon marché de Bizerte se concentrent au centre-ville, tandis que les hôtels plus chics se sont installés sur la corniche – principalement de catégorie moyenne, sauf quelques hôtels luxueux.

PETITS BUDGETS

Hôtel Saadi (☎ 422 528 ; rue Salah-Ben-Ali ; ch avec sdb commune 14 DT). En face du stade de football, à 400 m du centre, cet établissement agréable, simple et propre, offre les meilleurs tarifs en ville. Certaines chambres sont aérées et possèdent un balcon.

Hôtel de la Plage (☎ 436 510 ; 34 rue Mohamed-Rejiba ; s/d avec sdb 15/30 DT, juil-août 18/36 DT). Propre, simple et convivial, l'hôtel jouit d'une situation centrale et loue des petites chambres aux volets bleus donnant sur la rue.

Centre de la Jeunesse de la plage de Remel (☎ 440 804 ; dort 13 DT, emplacement tente/pers 6,5/1 DT). Un bon terrain de camping et une auberge rustique à quelques pas de la plage de Remel. Les sanitaires manquent parfois d'entretien mais les emplacements pour tentes sont à l'ombre de grands pins. Les bus peuvent vous déposer à l'embranchement de la plage de Remel, et un taxi vous y emmènera contre 3 DT. D'octobre à mars, téléphonez avant pour savoir si l'établissement est ouvert.

Hôtel el-Fath (☎ 430 596 ; 136 av. Habib-Bourguiba ; s/d avec douche 15/30 DT). Des grandes chambres avec balcon. Bien que propre et accueillante, votre chambre devra être partagée avec les cafards.

Maison des Jeunes (☎ 431 608 ; dort 4 DT). Indiquée à partir du boulevard Hassen-en-Nouri près du Fort espagnol, cette auberge conviviale propose des lits en dortoir dans un bâtiment rustique.

Hôtel Africain (☎ 434 412 ; 59 rue Sassi-el-Bahri ; s/d avec sdb commune 5-7/10-14 DT). Chambres spartiates mais impeccables, certaines ayant des fenêtres ouvrant sur le couloir. Sdb propre mais située à l'étage inférieur.

CATÉGORIE MOYENNE

Les prix indiqués ci-dessous comprennent le petit déjeuner.

Hôtel Le Petit Mousse (☎ 432 185 ; Corniche ; s/d sept-juin 40/60 DT, juil-août 50/80 DT). Petit établissement datant de 1946, à 4 km du centre. Bon restaurant (voir *Où se restaurer*).

Hôtel Nador (☎ 443 022 ; Corniche ; s/d nov-mars 25,5/50 DT, sept-oct 38/54 DT, juil-août 57/82 DT ;). Une résidence 2 étoiles à quelques kilomètres sur la corniche, fréquentée par les touristes italiens. Installées dans la verdure, les chambres voûtées possèdent un balcon. Grande piscine quelque peu défraîchie.

Hôtel Sidi Salem (☎ 420 365 ; s/d avec sdb nov-mars 35/60 DT, avr-oct 55/90 DT ;). Près de la kasbah, les bungalows du Sidi Salem offrent de vastes chambres bien équipées face à la grande plage.

Hôtel de la Corniche (☎ 431 844 ; Corniche ; s/d nov-15 mars 40/60 DT, d 15 mars-oct 80 DT, juil-15 sept 120 DT ;). Ce sympathique trois-étoiles installé sur la plage loue des chambres très confortables avec une belle vue. Jolie piscine. La discothèque s'anime en été.

Résidence Aïn Meriem (☎ 7243 1912 ; Corniche ; appart 3/5/7-pers nov-mars 50/60/80-100 DT, avr à mi-juil et fin août à mi-sept 70/80/100-130 DT et mi-juil à fin août

LE NORD

150/160/190-230 DT). À 2 km du centre-ville, des appartements joliment décorés dans des bâtiments surmontés d'un dôme.

Hôtel-Club Jalta (☎ 443 100 ; Corniche ; www.hoteljalta.tourism.tn ; s/d nov-mars 23/36 DT, avr-mai et mi-sept à oct 35/50 DT, d août à mi-sept 76 DT). À 3 km au nord de la ville, ce bâtiment sans attraits a été construit dans une cour verdoyante. Grande piscine. Belle vue sur la mer depuis certains balcons.

CATÉGORIE SUPÉRIEURE

Bizerta Resort (☎ 436 966 ; fax 422 955 ; Corniche ; s/d jan-mars 71/80 DT, avr-juil et sept-oct 87/96 DT, août 102/120 DT). Une résidence 4 étoiles à 500 m au nord de l'Hôtel Sidi Salem. L'un des établissements les plus luxueux de la ville, favori des hommes d'affaires. Les chambres, à l'arrière, donnent sur la grande piscine et une plage.

Résidence Essada (☎ 423 535 ; Corniche ; appart 2-4/4-6/6-8 pers nov-mars 50/88/120 DT, avr-juin et sept-oct 54/72/132 DT, juil-août 110/130/160 DT). Cet autre établissement 4 étoiles propose des petits appartements aux meubles sombres, murs blancs et balcons disposés autour d'une grande piscine.

Où manger et prendre un verre

Le Sport Nautique (☎ 431 495 ; quai Tarak-ibn-Ziad ; entrées 2,5-12 DT, plats 5,5-18 DT). L'un des meilleurs restaurants de Bizerte avec une jolie vue sur le port. Parmi les spécialités, on compte du poulpe à l'encre. On y sert de l'alcool.

Le Petit Mousse (☎ 432 185 ; Corniche ; entrées environ 4 DT, plats environ 14 DT). L'adresse la plus chic de la Corniche, avec des tables éclairées aux chandelles, installées sur la terrasse ou dans le jardin. Délicieuse cuisine française avec un choix de vins tunisiens.

Du Bonheur (☎ 431 047 ; 31 rue Thaâlbi ; menus 4 plats 13,5-14,5 DT, entrées 3,8-7,8 DT, plats 6,8-12 DT). Derrière le bar, le restaurant est cloisonné en petites pièces. Fresques au plafond. Délicieuse cuisine tunisienne.

La Belle Plage (☎ 431 817 ; Corniche ; entrées 3-7 DT, plats 9-20 DT). Autre adresse vivement recommandée, surplombant la mer, connue pour ses spécialités de poisson. On y sert de l'alcool.

Eden (☎ 439 023 ; Corniche ; entrées 3,8-14,2 DT, plats 6,5-14 DT). En face de l'Hôtel de la Corniche, cet établissement sert des fruits de mer en terrasse. On peut y boire de l'alcool.

La Cuisine Tunisienne (rue du 2-Mars-1934 et rue de Constantinople ; entrées 0,9-2 DT, plats 2,4-4 DT). Un restaurant convivial et populaire, où vous dégusterez des plats typiques sur une nappe en plastique, à bon prix.

Bibarka Pizza (☎ 443 315 ; rue Ibn-Khaldoun ; plats 1,4-6,1 DT). On sert surtout des pizzas dans cet espace décoré de carreaux de céramique, au milieu des plantes artificielles. À l'étage, on s'assied sur des bancs en bois, dans une salle basse de plafond.

La Mamma (☎ 435 719 ; 17 rue Ibn-Khaldoun ; plats 1-7 DT). Autre pizzeria avec une salle plus intime à l'étage. Nous vous recommandons le poisson.

Le Cap Blanc (Corniche ; entrées 4,7-15 DT, plats 4,2-15 DT). Ce jardin sur la Corniche est une bonne adresse pour prendre un verre (la bière est servie dans des chopes en terre cuite pour plus de discrétion). Carte correcte, composée de plats tunisiens et de pizzas. Le week-end, des groupes viennent souvent jouer de la musique traditionnelle et les clients dansent.

Hôtel Nador (voir *Où se loger*). Le plus fréquenté des bars d'hôtel, avec des tables installées autour de la piscine.

Ceux qui préparent leurs repas pourront faire leurs courses au marché de la place Bouchoucha. Plusieurs supermarchés ont ouvert dans la ville nouvelle.

Achats

Une succursale **Socopa** (☎ 439 684), près du vieux port, vend de l'artisanat traditionnel à prix fixes.

Comment s'y rendre

AVION

Tunis Air (☎ 432 201 ; 76 av. Habib-Bourguiba) possède un bureau en ville, mais l'aéroport le plus proche est celui de Tunis-Carthage.

BUS

Des bus partent pour Tunis (3,3 DT, 45 minutes à 1 heure, départ toutes les demi-heures) ; Rass-Djebel (1,6 DT, 45 minutes, toutes les heures), la ville de correspondance pour Raf-Raf ; Aïn-Draham (8 DT, 3 heures, départ à 6h) *via* Tabarka (8 DT, 3 heures) ; et Menzel-Bourguiba (0,8 DT, 15 minutes, toutes les 30 minutes). Ils démarrent tous de la gare routière, au bout de l'avenue d'Algérie.

Les bus pour Houmt-Souk (Djerba), Kairouan, Sfax et Sousse partent du dépôt

SNTRI, rue Habib-Thameur.

Des bus locaux, tels que le n°8, peuvent vous déposer à l'embranchement de la plage de Remel et du terrain de camping (0,3 DT, toutes les 15 minutes).

VOITURE

ABC Rent-a-Car (☎ 434 624 ; 33 av. Habib-Bourguiba)
Europcar (☎ 431 455 ; 19 rue Rejiba, place des Martyrs)
Hertz (☎ 438 388 ; au centre-ville de Bizerte)

LOUAGE

Les louages pour Tunis (2,25 DT) sont indiqués par une bande rouge et se trouvent en face de la gare routière. À l'angle, ceux à rayure bleue vont directement à Rass-Djebel (1,6 DT), Raf-Raf (2,5 DT) et Ghar el-Melh (1,2 DT). D'autres desservent Menzel-Bourguiba (1 DT) et Mateur (1,5 DT). Les louages, à rayure jaune, pour Sejnane (3 DT) et Tabarka (8 DT) partent devant la gare ferroviaire.

TRAIN

Des trains relient Tunis (3,5 DT, 1 heure 30, quatre par jour), *via* Tinja et Mateur. La gare se trouve près du canal, à l'extrémité sud-ouest de la rue de Russie.

Comment circuler

Les bus n°2 et 21, qui circulent sur la Corniche (toutes les 30 minutes), s'arrêtent à l'angle du boulevard Hassen-en-Nouri et de l'avenue Habib-Bourguiba. Prenez le n°2 pour aller à la plage des Grottes.

ENVIRONS DE BIZERTE

Raf-Raf

Raf-Raf possède l'une des plus belles plages du pays : une longue étendue de sable bordée de pins, en contrebas d'un escarpement de 2 km de long qui va de Djebel Nadour (325 m) au Cap Farina. La plage est parfois un peu sale, mais en semaine, elle est peu fréquentée.

Raf-Raf, à 1 km à l'intérieur des terres, n'offre guère d'intérêt. La route de Rass-Djebel contourne le centre et se dirige vers la plage.

Hôtel Dalia (☎ 441 688 ; s/d nov-juin 30/60 DT, juil-sept 35/70 DT). Seul établissement hôtelier, le Dalia loue des chambres petites mais lumineuses et avec balcon. L'hôtel se trouve à gauche de la route principale menant à la mer. Restaurant sur place.

Les restaurants bordent le front de mer. On y sert du poisson frais et des pizzas.

Les transports publics desservent Rass-Djebel, à 6 km à l'ouest de Raf-Raf. Les bus partent de l'arrêt sur la route principale, 50 m avant la plage. Des bus réguliers et des louages circulent entre Rass-Djebel et Bizerte.

Ghar el-Melh

Le village de Ghar el-Melh, sur le flanc sud du Djebel Nadour, est niché entre les collines et un lagon vaseux. Il se situe à quelques kilomètres à vol d'oiseau au sud de Raf-Raf, mais à près de 20 km par la route. Trois forteresses ottomanes dominent ce village. Le petit port de pêche respire la sérénité avec son petit café.

Ghar el-Melh fut fondé sous le règne d'Osta Murad Dey (1637-1640) pour accueillir les corsaires de Porto Farina. Sa réputation était telle que le port fut attaqué et détruit en 1654 par le célèbre navigateur anglais Sir Francis Drake. Après l'interdiction des corsaires au début du XIXe siècle, les beys husseinites tentèrent de transformer le port en base navale. Au cours de son règne, Ahmed Bey (1837-1855) ordonna la construction de deux nouveaux forts, d'une muraille défensive et d'un nouveau port doté d'armureries. Ses efforts furent anéantis en raison de la vase charriée par les eaux de l'Oued Medjerda qui commença à obstruer le lagon. Des tentatives pour le curer échouèrent et le port fut abandonné au profit de La Goulette (Tunis). Aujourd'hui, le lagon ressemble davantage à un marécage et seuls les bateaux de pêche peuvent emprunter le chenal étroit qui relie le port à la mer.

Vous pourrez vous rendre à Ghar el-Melh en bus depuis Bizerte (1,5 DT, 1 heure, deux fois par jour). Des louages s'y rendent occasionnellement. Aucun moyen de transport public ne rejoint Sidi Ali el-Mekki.

Sidi Ali el-Mekki

Sidi Ali el-Mekki pourrait prétendre au titre de plus belle plage de Tunisie. Cette étendue de sable, bordée par des collines et quelques rares immeubles, s'ouvre sur des eaux bleu-vert invitant à la baignade. Elle est déserte en semaine, mais surpeuplée le week-end.

Le seul hébergement consiste en **paillottes** de deux pièces (jour de semaine/week-end 10/15 DT). Le terrain de camping est correct.

Le Cap Farina (☎ 72 448 757 ; poisson 12 DT, crevettes 17 DT ; déj et dîner). Délicieux produits de la mer cuits sur un feu de pommes de pin, à déguster sur une terrasse rustique au bord de l'eau. Réservation indispensable. Le week-end, des échoppes vendent des sandwiches.

Sidi Ali el-Mekki se trouve à 6 km à l'est de Ghar el-Melh, sur le versant méridional du Cap Farina. Prenez le bus ou un louage pour Ghar el-Melh, puis marchez ou faites du stop.

Utique

Les ruines d'**Utique** (entrée 2,1 DT, appareil photo 1 DT ; mi-sept à mi-mars mar-dim 8h30-17h30, mi-mars à mi-sept mar-dim 8h-19h) sont plus éparpillées que celles des autres sites romains de Tunisie, mais il s'agit d'un lieu serein et fleuri qui possède une histoire intéressante. Vous commencerez la visite par le petit musée, sur la gauche, à 2 km de la route principale. Vous y verrez une fontaine du IIe siècle avec une mosaïque de Neptune triste, en marbre incrusté de turquoises égyptiennes, ainsi que les vestiges d'un hammam du Ier siècle avec son sol en terre cuite. La mosaïque qui donne à l'endroit son nom de Maison de la Chasse, est également exposée.

À l'intérieur, la section punique montre des objets de la vie courante, trouvés dans la nécropole, parmi lesquels des ustensiles de maquillage et de magnifiques bijoux. Le gardien vous montrera fièrement les ossements d'un enfant, dans une tombe. Les poteries grecques indiquent le degré de sophistication de la civilisation punique. La section romaine témoigne de l'engouement qui existait pour les statues de marbre destinées aux jardins, il y a 2 000 ans.

Le site lui-même se trouve 500 m plus loin, sur la route. Le centre d'intérêt en est la Maison de la Cascade avec son patio central ; elle doit son nom à la fontaine en mosaïque de la pièce nord qui représente une scène de pêche. Un joli bassin en mosaïque présente un cupidon pêchant, tandis que le triclinium (salle à manger) possède un sol en marbres vert (de Grèce) et doré (des carrières voisines de Chemtou) aux motifs géométriques. Au nord, les thermes étaient installés près du rivage et couvraient près de 3 km – les vestiges sont pauvres et recouverts par la végétation. Une gigantesque mosaïque provenant d'Utique et représentant un dieu de la mer est exposée au musée du Bardo (voir p. 57).

Utique était autrefois une ville portuaire prospère, à l'embouchure de l'Oued Medjerda. Elle fut fondée par les Phéniciens vers 1100 av. J.-C., 300 ans avant Carthage. Utique rivalisa avec Carthage pendant plus de mille ans, construisant des monuments grandioses dans l'espoir d'imposer sa suprématie.

S'étant ralliée aux Romains avant la troisième guerre punique, Utique devint la capitale de la province africaine de Rome après la destruction de Carthage en 146 av. J.-C. Rattrapée par la guerre civile romaine au Ier siècle, Utique prit le parti de Pompée. Lorsque son chef, Caton, admit que la cause était perdue, il préféra se suicider plutôt que d'être fait prisonnier – devenant ainsi un héros local – et Jules César entra dans la ville.

Sous Hadrien, la cité connut à nouveau une ère de prospérité. Un aqueduc fut construit ainsi qu'un forum, de vastes thermes et de belles villas. Les jours d'Utique étaient pourtant comptés, car l'envasement de l'Oued Medjerda s'aggrava à l'époque des Romains à cause du développement de la culture du blé. Au début du IIe siècle, le port devint impraticable et la rivière non navigable. Carthage redevint la capitale de la région, même Utique continua d'être habitée pendant la domination arabe.

Aujourd'hui, le site s'étend sur une colline qui surplombe les terres agricoles. La côte a reculé à 8 km à l'est, où le port de Ghar el-Melh s'est lui aussi envasé.

COMMENT S'Y RENDRE

L'embranchement est signalé à l'est du village actuel d'Utique, à 33 km au nord de Tunis, sur la route de Bizerte.

Si vous ne possédez pas de moyen de locomotion, demandez au conducteur du louage ou du bus de vous déposer sur la route principale entre Tunis et Bizerte, puis marchez 2 km pour atteindre les ruines.

LA CÔTE NORD

La côte entre Bizerte et Tabarka est à la fois déchiquetée et agricole, abritant des

L'AVIFAUNE DU LAC ICHKEUL

Le lac Ichkeul est un véritable paradis pour les oiseaux d'eau. Certains chassent le long de la rive, d'autres trouvent leur nourriture dans la vase ; d'autres encore tirent avantage de leurs longues pattes pour capturer leurs proies dans les eaux plus profondes. Vous observerez les plongeons des martins-pêcheurs, tandis que les fauvettes, pinsons et râles d'eau préfèrent se cacher dans la végétation.

Les rives du lac regorgent d'échassiers et de bécasseaux de toutes tailles. Les bien nommées bergeronnettes paradent aux alentours ; les hérons gris et blancs avancent d'un pas hautain à la recherche de petits poissons ou de grenouilles.

Au printemps, des milliers d'oiseaux migrateurs arrivent du sud du Sahara, faisant une courte halte au lac avant de poursuivre leur trajet vers l'Europe. On peut ainsi apercevoir des crabiers chevelus, des cigognes blanches et des hérons garde-bœufs. Les roseaux abritent des butors, cousins du héron, que l'on entend plus souvent qu'on ne les voit à cause de leur camouflage parfait ; et les rousserolles effarvattes et turdoïdes revendiquent leur territoire à hauts cris. Les tavèles violacées fouillent la végétation de leurs longues pattes griffues. On les repère aisément grâce à leur plumage bleu vif et à leur bec rouge.

Les flamants roses semblent apprécier ces eaux peu profondes. Puisqu'il s'agit d'une espèce nomade, vous n'en verrez peut-être pas une grande concentration, mais avec un peu de chance, vous assisterez à leur envol au-dessus des eaux scintillantes du lac, un spectacle ornithologique inoubliable.

À l'approche de l'automne, les oiseaux migrateurs se dispersent vers le sud, cédant la place aux espèces d'Europe du Nord qui fuient l'hiver. Les canards et les oies deviennent les principaux hôtes du lac. Celui-ci accueille des milliers de sarcelles, de canards siffleurs, chipeaux et pilets, ainsi que des fuligules. Plus de 15 000 oies cendrées ont été observées hivernant sur le lac. Parmi les autres espèces, on aperçoit d'innombrables érismatures à tête blanche, marmoronettes marbrées et foulques.

anses aux eaux bleues et des villages isolés. Peu peuplée, cette côte ne reste accessible que par endroits. N'hésitez pas à sortir des sentiers battus pour piquer une tête. La route principale serpente à l'intérieur des terres entre les champs et les forêts. De nombreuses parcelles du littoral ont été plantées d'arbres. Les louages circulent entre les villages de la côte, mais il faudra vous armer de patience pour les atteindre avec les transports publics.

Le Lac Ichkeul

Ce **parc national** (entrée libre ; 7h-19h), inscrit au Patrimoine mondial, englobe un vaste marais couleur ocre et un lac peu profond entouré d'oliviers, de cactus secs et de rochers bruns et orange. Il se trouve à 30 km au sud-ouest de Bizerte et comprend le lac Ichkeul et le djebel Ichkeul (511 m). Ce site mérite d'être visité pour sa beauté. Il fait également le bonheur des ornithologues : d'octobre à février, il abrite plus de 200 000 échassiers qui font une halte sur leur trajet migratoire depuis l'Europe (voir l'encadré sur l'avifaune du lac).

Le petit musée explique l'écosystème unique du lac, dont les eaux salées sont diluées par de l'eau douce en hiver. Les modifications de l'environnement – plusieurs barrages ont été construits – ont réduit l'apport d'eau douce, menaçant l'écologie et l'avenir du parc, mais les autorités soutiennent que l'écosystème peut être maintenu artificiellement. Parmi la faune, on compte des mangoustes, des porcs-épics, des chacals, des sangliers et, étonnamment, un troupeau de buffles d'eau – des descendants d'un couple de buffles offerts à Ahmed Bey en 1840.

Il n'y a aucune possibilité de se loger sur place et le camping est interdit. Les meilleurs moments pour observer la faune sont le matin tôt ou au crépuscule.

On accède au parc par la rive sud-est du lac, à 10 km au nord de Mateur. En venant de Bizerte, suivez la route principale vers le sud et Menzel-Bourguiba pendant 21 km, continuez jusqu'au village de Tinja et bifurquez à droite sur la route de Mateur. Vous verrez un panneau indiquant le parc sur la droite au bout de 9 km. La route court parallèlement à un sentier pendant 7 km jusqu'au pied du djebel Ichkeul et à l'entrée du parc. On vous contrôlera à l'aller et au retour au poste situé à 3 km avant le parking et l'office du tourisme.

Les bus et louages entre Bizerte et Mateur vous déposent à l'embranchement pour le parc ; ensuite, vous devrez marcher ou faire du stop. Les voitures sont rares, sauf le week-end.

Sejnane

La petite bourgade de Sejnane se niche au milieu de collines où alternent les terres cultivées, les forêts de chênes-verts et les cactus, à mi-chemin, entre Mateur et Tabarka. Elle est réputée pour ses poteries rustiques.

Les techniques utilisées par les potiers des villages berbères alentours remontent à l'époque du néolithique. La glaise est travaillée à la main pour former d'inhabituelles figurines animales et des bols de taille et de forme différentes. Les objets sont ensuite cuits sur des braises avant d'être décorés dans les teintes rouille et brun foncé. Ces céramiques se vendent dans toutes les boutiques de souvenirs du pays ainsi que dans des échoppes le long de la route. Vous en trouverez beaucoup à 6 km au nord-est de la ville sur la route de Bizerte, et d'autres, sur la route de Mateur.

Le cœur de la ville se concentre autour du carrefour des routes menant vers Bizerte, Mateur et Tabarka. Les cigognes y ont construit des nids partout, notamment sur le toit de la gare, à l'extrémité ouest de la ville. Vous en apercevrez une dizaine d'autres sur les équipements miniers abandonnés derrière la gare.

Sejnane compte quelques *gargotes* mais pas d'hôtels.

Le carrefour sert d'arrêt pour les bus et les louages. Les bus SNTRI circulant vers le nord (*via* Mateur) entre Tabarka et Tunis peuvent vous déposer à Sejnane. Des bus locaux et des louages circulent régulièrement vers/depuis Mateur (2,4 DT), Tabarka (3,5 DT), Bizerte (3,5 DT) et Sidi Mechrig (1 DT). La gare ferroviaire ne sert que pour le fret.

Le Cap Serrat

Le Cap Serrat est un lieu magnifique, isolé et reposant au bout d'une route sinueuse qui traverse des plantations d'eucalyptus ponctuées de ruches – en été, vous pourrez acheter du miel sur le bord de la route. Pendant une grande partie de l'année, la plage est déserte. En été, on y compte quelques campeurs.

Plusieurs petits café-restaurants, en bord de mer, servent du poisson frais. Certains louent des chambres (50/150-180 DT par semaine/mois). Sur la plage, vous trouverez une douche publique (0,25 DT) et des bateaux à louer (20 DT par jour).

Le Cap Serrat se situe à 27 km au nord de Sejnane. La route qui y accède est indiquée à 11 km de Sejnane sur la départementale qui mène à Bizerte (et qui contourne la rive nord du lac Ichkeul). Après l'embranchement, elle serpente à travers une forêt avant d'atteindre une petite vallée et quelques fermes. Elle continue vers le nord jusqu'à une localité, au début de la péninsule, et s'arrête au parking, derrière la plage. L'endroit est connu, mais peu de transports publics y mènent, ce qui lui évite d'être envahi. Des louages arrivent de temps en temps de Sejnane (1 DT).

Une route défoncée longe la côte reliant le Cap Serrat à Sidi Mechrig, à 20 km à l'ouest. Vous ne pourrez franchir les tronçons de route ensablée qu'en 4x4.

Sidi Mechrig

La petite bourgade côtière de Sidi Mechrig dispose d'un hôtel, d'un port récent, d'une plage et d'une arche romaine – vestige d'anciens thermes. On y accède généralement par le village de Tamra, à 9 km à l'ouest de Sejnane ; de là, comptez 17 km de virages jusqu'à la côte.

Hôtel Sidi Mechrig (s/d avec sdb commune et petit déj 10/20 DT). Superbe, avec vue sur la plage et l'arche romaine. Les petites chambres carrelées étaient en rénovation lors de notre passage. L'hôtel jouit du seul bar existant entre Tabarka et Mateur, ce qui lui garantit un flux ininterrompu de clients. Le restaurant, avec terrasse donnant sur la mer, est l'endroit idéal pour déguster du poisson grillé, avec frites et salade (7,5 DT), accompagné d'une bière fraîche.

Les transports publics sont limités dans le secteur. En juillet et août, trois bus circulent quotidiennement entre Sidi Mechrig et Sejnane (1 DT) ; le reste de l'année, il existe quatre bus principalement utilisés par les scolaires. Des louages et des *camions* en provenance de Sejnane s'y arrêtent.

TABARKA

☎ 78 / 13 600 habitants

À 22 km de la frontière algérienne, Tabarka est nichée aux pieds de montagnes boisées d'arbres à feuillage persistant et baignée de lumière. C'est une jolie ville du littoral, à l'ambiance décontractée. Les habitants aiment passer des heures aux terrasses ombragées des cafés. La petite baie, au nord, semble surveillée par l'impressionnant fort génois de l'île de Tabarka, tandis qu'une longue plage s'étend vers l'est et le Cap Nègre. Contrairement aux autres stations balnéaires, vous y croiserez surtout des vacanciers tunisiens. La ville a développé des infrastructures touristiques en créant des hôtels tout confort et un parcours de golf. Pendant l'été, Tabarka organise plusieurs festivals de musique réputés.

Histoire

Comme beaucoup de villes côtières en Afrique du Nord, Tabarka fut fondée par les Phéniciens. Appelée à l'origine Thabraca (lieu ombragé), la ville resta une bourgade mineure jusqu'à l'arrivée des Romains, époque à laquelle le port connut un essor grâce à l'exportation du marbre de Chemtou. C'est aussi là que les félins d'Afrique étaient embarqués pour les jeux du cirque de Rome et d'ailleurs.

Aux XVIe et XVIIe siècles, le port de Tabarka fut utilisé par les corsaires musulmans, dont le célèbre Khair ed-Din Barberousse, qui fut contraint de céder l'île de Tabarka aux Génois dans les années 1540 contre la libération de son compère, Dragut. Le fort que les Gênois y édifièrent leur permit de tenir tête aux Ottomans jusqu'en 1741, avant de tomber aux mains du bey de Tunis.

Les Français construisirent la ville nouvelle et la digue qui relie l'île au continent. Tabarka accueillit Habib Bourguiba pendant son exil, en 1952. Il n'y passa que peu de temps, hébergé à l'Hôtel Les Mimosas et l'Hôtel de France (actuel Hôtel Andalous).

Aujourd'hui, l'économie locale est principalement alimentée par le tourisme et l'exportation du liège récolté dans les forêts de Kroumirie. Le corail rouge, trouvé non loin de la côte, est encore exploité pour la bijouterie – ce qui n'est pas sans effets sur l'environnement.

Orientation

Le petit centre-ville reprend le schéma classique en damier, traversé par l'artère principale, l'avenue Habib-Bourguiba.

Celle-ci commence au vaste rond-point, à l'extrémité sud-est de la ville, et se finit au vieux port. C'est de là que part la digue menant à l'île de Tabarka, à l'ouest d'une petite plage et à l'est de la marina et du port.

Le rond-point sud-est marque le carrefour des routes vers Aïn-Draham au sud et Sejnane à l'est. La zone touristique se trouve à 4 km à l'est du centre, indiquée par des panneaux sur la route de Sejnane.

Renseignements

URGENCES

Polyclinique (☎ 671 200 ; av. Habib-Bourguiba). Urgences médicales 24h/24.

ACCÈS INTERNET

Publinet (route Touristique ; 2 DT par heure).

ARGENT

Les banques se concentrent sur l'avenue Habib-Bourguiba. Certaines disposent d'un DAB.

POSTE

Poste (av. Hedi-Chaker). En face de l'Hôtel Les Aiguilles.

OFFICE DU TOURISME

ONTT (☎ 673 555 ; av. 7-Novembre-1987 ; 🕑 sept-juin lun-jeu 8h30-13h et 15h-17h45, ven-sam 8h30-13h30 ; juil-août lun-jeu 7h30-13h30 et 14h-20h, ven-sam 9h-14h). Dans l'ancienne gare.

À voir et à faire

PLAGES

Tabarka compte deux plages. La digue a formé une baie protégée, connue sous le nom de Baie du Vieux Port, tandis que la plage de Montazah s'étend vers l'est (plus on s'éloigne de la marina, plus elle est propre). Les hôtels de la zone touristique se sont approprié des espaces privés sur la plage, mais vous pouvez vous y promener.

LE FORT GÉNOIS ET LES AIGUILLES

Le magnifique fort génois, longtemps occupé par l'armée, doit accueillir le musée de Tabarka courant 2004 et être ainsi ouvert au public.

En attendant, vous obtiendrez la meilleure vue du fort à partir des Aiguilles, une formation rocheuse sur le côté ouest de la Baie du Vieux Port, un site très apprécié pour les promenades du soir et les photos-souvenirs.

LA BASILIQUE

Cette église fut érigée par les missionnaires français à la fin du XIXe siècle à la place d'une citerne romaine. Elle abritait le musée de la ville avant sa fermeture pour rénovation il y a quelques années, mais il n'a jamais rouvert. L'édifice est utilisé pour des concerts pendant les festivals.

LA PLONGÉE

Tabarka est la destination phare pour la plongée en Tunisie, et compte plus de 10 spots magnifiques. Les plongeurs confirmés pourront admirer le rocher aux Mérous qui abrite de nombreux spécimens de grande taille ; les Tunnels, avec des mérous, des pieuvres et bien d'autres poissons ; et les Couleurs, un récif coloré grouillant de vie marine. Les débutants préféreront la grotte du Pigeon où ils plongeront en compagnie d'une myriade de petits poissons ; au Cap Tabarka, un spot aux roches technicolores ou encore, dans les eaux calmes de la Piscine.

Club nautique municipal de Tabarka (☎ 671 478). Installé au club nautique à la marina, ce club en activité depuis 20 ans organise des sorties en mer, loue du matériel et propose des cours d'initiation (310 DT), ainsi que des forfaits de 1/6/10 plongées (21/110/190 DT). Le Club organise aussi des excursions en bateau (15 DT les deux heures).

Loisirs de Tabarka (☎ 670 664 ; diving.tunisie@planet.tn ; rue Ali-Zouaoui). Ce nouveau centre installé à la marina propose des cours de niveaux 1 et 2 CMAS (300 à 380 DT), ou des forfaits de 1/6/10 plongées (25/120/180 DT) ainsi que du matériel en location. C'est le seul à organiser des excursions aux îles protégées de Galite, qui regorgent de vie marine, à 2 heures 30 de bateau (70 DT par personne).

Méhari Diving Centre (Hôtel Riu Mehari). Ce centre de plongée, installé dans un hôtel, propose des cours CMAS-PADI-SSI de niveaux 1 à 4 (230 à 400 DT), des formations de monitorat sur un mois (600 DT), et des forfaits de 1/6/10 plongées (25/132/200 DT). Vous pourrez également y louer du matériel de plongée ou de snorkeling.

GOLF

Le **Tabarka Golf Club** (☎ 671 031 ; zone touristique) dispose d'un parcours de 18 trous (9/18 trous 28/48 DT). Méfiez-vous des fairways dans les broussailles denses qui avalent toutes les balles perdues.

C'est l'un des rares clubs de Tunisie où l'on ne vous demandera pas de prouver votre handicap.

RANDONNÉE À CHEVAL

L'**Hôtel Golf Beach** (☎ 673 002 ; zone touristique), près du golf, organise des randonnées à cheval. Le centre équestre est géré par Fershishi Rahim (20 DT les deux heures).

Circuits organisés

Tabarka Voyages (☎ 673 740 ; 13 route d'Aïn-Draham). Excursion à la journée combinant la visite de Bulla Regia, Chemtou et Le Kef pour 50 DT.

Tunisie Voyages (Hôtel Riu Mehari) organise de nombreuses excursions sympathiques pour six personnes minimum, telles que Dougga et Chemtou (46 DT) ou une demi-journée à Bulla Regia (25 DT).

Festivals et manifestations

Tabarka organise des festivals de musique éblouissants, où la foule se met à danser devant la basilique. Ainsi, la **Semaine du jazz**, qui a lieu en juillet, investit aussi bien le Café Andalous que la basilique. Le festival de raï se tient fin juin et présente certains des meilleurs chanteurs algériens. Fin août, c'est au tour de la world music, tandis qu'en septembre, le cœur de Tabarka bat au rythme de la musique latino. En juillet et août, vous pourrez assister au **Festival international** pour entendre de la musique traditionnelle locale. Les concerts commencent généralement vers 22h et se poursuivent jusqu'à minuit passé. Les billets coûtent environ 4 DT ; pour certains concerts de jazz, vous payerez jusqu'à 20 DT.

Où se loger

Tabarka possède un bon nombre d'établissements de catégorie moyenne, ainsi que des hôtels plus luxueux le long de la zone touristique (de 1 à 4 km du centre-ville). Les choix pour petits budgets restent limités.

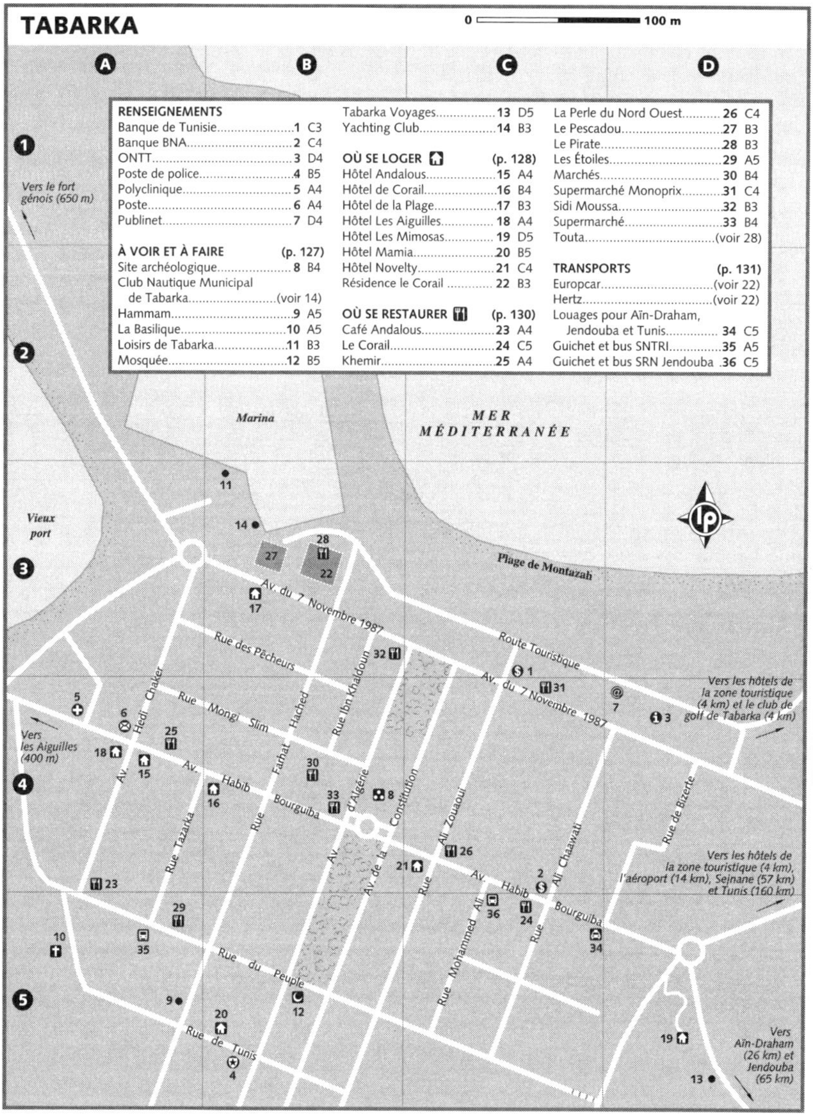

PETITS BUDGETS

Hôtel du Corail (☎ 673 789 ; rue Tazarka ; s/d avec sdb commune 7/14 DT). Chambres démodées hautes sous plafond avec balcon. Les sdb ne brillent pas par leur propreté. Il y fait froid en hiver et chaud en été.

Hôtel Mamia (☎ 671 058 ; 3 rue de Tunis ; s/d avec sdb commune 15/18 DT). Chambres propres, aux fenêtres uniquement sur cour. Le débit d'eau dans les douches est faible. Gérants peu avenants.

CATÉGORIE MOYENNE

Hôtel Les Mimosas (☎ 673 018 ; s/d nov-mars 27,5/40 DT, avr-juin, sept-oct 35/50 DT ;). Cet élégant 3 étoiles d'un bon rapport qualité/prix jouit d'une vue merveilleuse sur la baie et la ville. Les fenêtres sont ornées de volets jaune vif – demandez une chambre avec balcon pour profiter de la vue. Bourguiba a logé ici pendant son exil. La grande piscine, ouverte sur le panorama, se trouve au milieu d'une pelouse où il fait bon prendre un verre le soir. La climatisation n'est pas le fort de l'établissement.

Hôtel de la Plage (☎ 670 039 ; 11 av. du-7-Novembre-1987 ; s/d juil à mi-sept avec sdb commune 20/40 DT, avec sdb privative 25/50 DT, mi-sept à juin 15/30 DT, 20/40 DT). Petit établissement propre et central. Les plus jolies chambres disposent d'un balcon sur rue. L'entrée est décorée de coquillages en fibre de verre mais la réception est plus austère.

Hôtel Les Aiguilles (☎ 673 789 ; 18 av. Habib-Bourguiba ; s/d avr-juin et mi-sept à oct 22/34 DT, juil à mi-sept 40/60 DT, nov-mars 18/28 DT ; ❄). Installé dans un bâtiment colonial qui abritait une banque, ce deux-étoiles convivial et confortable pratique des tarifs un peu trop élevés.

Hôtel Andalous (☎ 670 600, 25 av. Hedi-Chaker ; s/d avr-juin et mi-sept à oct 40/70 DT, juil à mi-sept 65/100 DT, nov-mars 35/60 DT ; ❄). En face des Aiguilles, ce trois-étoiles rénové dispose d'un café avec terrasse et d'une échoppe à *shwarma*. Chambres chics mais un peu chères même si elles disposent de la TV, d'un balcon et d'une jolie vue sur la baie.

Hôtel Novelty (☎ 670 176 ; av. Habib-Bourguiba ; s/d nov-mars 31/46 DT, avr-juin et mi-sept à oct 43/60 DT, juil à mi-sept 65/90 DT). Avec ses chambres aux formes inhabituelles peintes en blanc et des sdb un peu défraîchies, cet établissement chauffé représente un bon choix. Vous aurez une meilleure vue à l'étage.

Résidence Le Corail (☎ 670 370 ; appart 2/4/6 pers avr-juin et mi-sept à oct 46/80/100 DT, juil à mi-sept 80/125/175 DT, nov-mars 40/70/85 DT). Près de la marina, des appartements spacieux et chic, avec cuisine, d'un bon rapport qualité/prix, surtout les studios. Les grandes fenêtres avec balcon n'ont pas une vue exceptionnelle. La fontaine de la cour est en mauvais état.

Hôtel Dar Morjane (☎ 643 411 ; zone touristique ; s/d nov-mars 24/38 DT, avr-juin et sept-oct 41/61 DT, juil-août 68/96 DT ; ❄ 🏊). Ce trois-étoiles convivial, sur la corniche, dispose d'une jolie vue et d'une grande piscine. L'établissement accuse néanmoins son âge.

CATÉGORIE SUPÉRIEURE

Tous ces établissements se trouvent dans la zone touristique.

Dar Ismail (☎ 670 188 ; s/d nov à mi-mars 52/80 DT, mi-mars à oct 72/108 DT ; ❄ 🏊). Cet établissement couleur mandarine est le plus proche du centre-ville. Chambres confortables couleur pêche et grande piscine.

Robinson Club (☎ 670 302 ; www.robinson.de ; s/d 120/200 DT ; ❄ 🏊). Cette nouvelle résidence tape-à-l'œil est la plus éloignée de la ville (environ 4 km). Chambres luxueuses, avec vue sur la baie pour celles à l'arrière. Le verre et le chrome sont présents en quantité. Piscine sur deux niveaux et club de plongée. Clientèle principalement allemande.

Hôtel Riu Mehari (☎ 670 184 ; www.riu.com ; s/d nov-déc et jan-mars 51/78 DT, avr-juin et sept-oct 71/124 DT, juil-août 103/162 DT ; ❄ 🏊). Bien qu'un peu impersonnelles, les chambres jouissent d'une belle vue sur la plage et la piscine. Seconde piscine couverte, club de plongée et distractions pour les enfants.

Résidence Riu Mehari (☎ 670 184 ; studios 2 pers/appart 4 pers nov-juin 80/125 DT, juil-août 130/195 DT ; ❄ 🏊). En face de l'hôtel du même nom, cette résidence bien aménagée loue des appartements tout équipés dans des bungalows installés sous les arbres.

Hôtel Abou Nawas (☎ 673 532 ; s/d nov-mars 44,5/52 DT, avr-juin et mi-sept à oct 73/94 DT, juil à mi-sept 129,5/167 DT ; ❄ 🏊). Appartenant à une chaîne hôtelière de luxe, cet établissement blanc aux formes irrégulières et aux toits rouges est très attrayant. Les chambres décorées avec goût possèdent de petits balcons donnant sur le jardin. Piscine énorme et courts de tennis. Parmi les activités, vous pourrez pratiquer l'aérobic à coté de la piscine.

Hôtel Royal Golf (☎ 673 664 ; s/d avr-juil et mi-sept à oct 70/80 DT, août à mi-sept 100/140 DT, nov-mars 50/65 DT ; ❄ 🏊). Plus éloigné de la mer que les autres, le Royal Golf jouit d'une belle vue sur la montagne et la mer. Les chambres sont décorées de lambris verts. L'atrium semble accueillir une exposition de fer forgé. Magnifique piscine avec vue sur les collines verdoyantes.

Où se restaurer

CAFÉS

Café Andalous (av. Hedi-Chaker). Avec ses tables sur le trottoir, ce café traditionnel présente un intérieur en faïences rempli de bric-à-

LE NORD

brac ottoman. Les hommes aiment venir y jouer aux dames. Musique live pendant le festival de jazz.

RESTAURANTS

Ici, on se régale des produits de la mer ; beaucoup de petits établissements servent du poisson cuit au barbecue pour environ 2,5 DT – repérez les grills, notamment près de la rue du Peuple et l'avenue Farhat-Hached. Tous servent à midi et le soir.

Les Étoiles (rue du Peuple ; plats 1-5 DT). L'un des restaurants simples mais délicieux de la rue où vous vous assiérez à l'extérieur pour déguster du poisson grillé. Sympathique ambiance locale.

Sidi Moussa (av. du 7-Novembre et av. d'Algérie ; menus 5 DT). Une petite adresse accueillante, avec des tables disposées à l'extérieur. Bons poissons servis avec des frites, de la salade et des fruits.

La Perle du Nord Ouest (☎ 670 164 ; av. Habib-Bourguiba ; entrées 2,5-4 DT, plats 2,5-5 DT). Un bar-restaurant animé, qui passe de la musique traditionnelle en fond sonore.

Le Corail (av. Habib-Bourguiba ; entrées 1,5 DT, plats 5,5 DT, menu fixe 3 plats 7 DT). Bon marché et chaleureux, ce restaurant propose un très honnête menu fixe servi à l'extérieur. Personnel charmant.

Les restaurants de catégorie moyenne proposent des prix raisonnables.

L'**Hôtel Les Aiguilles** et l'**Hôtel Novelty** offrent ainsi des menus 3 plats pour 10 DT. On mange cependant mieux aux **Mimosas** pour 12 DT – où vous pourrez profiter de la (très agréable) piscine.

Khemir (av. Habib-Bourguiba ; entrées 2-4 DT, plats 6-10 DT). Dégustez des fruits de mer, installé à l'extérieur.

De nombreux restaurants servant de l'alcool et de la cuisine à base de poisson se concentrent près de la marina.

Le Pirate (☎ 670 061 ; marina ; entrées 3,5-5 DT, plats 3,8-14 DT ; 🕘 mars-nov 9h-minuit). Sur une terrasse entourée de verdure, de l'autre côté de la route par rapport à la plage, Le Pirate sert d'excellents poissons frais.

Touta (☎ 671 018 ; entrées 3-8 DT, plats 4,5-13 DT). Cet établissement chaudement recommandé sert de bons poissons dans un cadre agréable, près du port.

Le Pescadou (☎ 9823 7996 ; entrées 2,5-4 DT, plats 7-10 DT). Autre établissement installé sur le port, spécialité de bouillabaisse.

SUPERMARCHÉS

Ceux qui cuisinent leurs repas pourront faire leurs courses à **Monoprix** (av. du 7-novembre-1987). Vous trouverez aussi des fruits, légumes et poissons frais au marché, derrière le petit supermarché près du rond-point central.

Comment s'y rendre

AVION

Tabarka possède un aéroport international, mais l'activité est limitée aux charters en provenance d'Europe (pas de vols intérieurs).

BUS

Le bureau et le dépôt de bus SNTRI se trouvent rue du Peuple. Il existe des services depuis/vers Tunis (8,1 DT, 3 heures 15, six fois par jour), Le Kef (5,3 DT, 3 heures, deux fois par jour), Aïn-Draham (1 DT, 45 minutes, onze fois par jour) et Jendouba (2,8 DT, 1 heure 30, cinq fois par jour).

La société SRN Jendouba, sur l'avenue Habib-Bourguiba, à l'angle de la rue Mohammed-Ali, propose des trajets vers Jendouba (2,8 DT, 1 heure 45, quatre fois par jour) et Aïn-Draham (1,3 DT, 40 minutes, onze fois par jour). Les bus de 6h15 et 9h30 pour Jendouba continuent vers Le Kef (5,2 DT, 3 heures 30). Le bus pour Bizerte (6,1 DT, 3 heures 15) part à 7h.

La compagnie SRT Bizerte offre un service quotidien reliant Bizerte à 14h45. L'arrêt se trouve devant le Monoprix.

LOUAGE

Les louages pour Aïn-Draham (1,1 DT), Jendouba (2,8 DT) et Tunis (7,5 DT) partent de l'avenue Habib-Bourguiba.

Comment circuler

Comptez environ 5 DT pour effectuer en taxi le trajet depuis/vers l'aéroport. La ville est trop modeste pour avoir un réseau de bus local. La seule solution est de marcher ou de prendre un taxi. En été, un petit train circule entre le complexe de Porto Corallo et la zone touristique.

VOITURE

Les sociétés de location représentées en ville :

Europcar (☎ 670 834 ; complexe Porto Corallo)
Hertz (☎ 670 670 ; complexe Porto Corallo)

DE TABARKA À AÏN-DRAHAM

Les 26 km à l'intérieur des terres entre Tabarka à Aïn-Draham sont sans conteste les plus pittoresques de Tunisie. La route monte à travers la campagne verdoyante depuis la plaine côtière avant de traverser les immenses forêts de Kroumirie. La route serpente ensuite dans les collines, offrant de beaux panoramas sur la forêt.

La montée commence à quelques kilomètres au sud de Tabarka. La route serpente à travers la vallée de l'Oued Kebir, où les champs cèdent la place à une forêt de chênes-lièges. Vous ne manquerez pas d'apercevoir des troncs rouge foncé, tachés de tannin, fraîchement coupés le long de la route.

Le petit village de Babouch, à 21 km de Tabarka, marque l'embranchement pour la frontière algérienne, à 3 km plus à l'ouest. Comptez encore 28 km pour atteindre la station balnéaire de El-Kala.

AÏN-DRAHAM

☎ 78 / 15 300 habitants

Dans les collines, Aïn-Draham servait de lieu de villégiature aux Français. Les toits rouges et inclinés des maisons suivent la pente du flanc ouest du djebel Biri (1 014 m), le sommet le plus élevé des montagnes de Kroumirie. Une forêt de chênes-lièges recouvre les collines alentours. Les boutiques vendent des cassettes aux pochettes défraîchies et plus de sculptures de cerfs que nécessaire. Bâtie à 900 m d'altitude, la ville est généralement enneigée en hiver et offre de la fraîcheur en été. C'est un point de départ idéal pour les randonnées.

La ville avait la faveur des chasseurs de l'époque coloniale – les derniers lions et léopards du pays ont été abattus dans les environs au début du XXe siècle. La chasse reste une activité importante, les sangliers représentant aujourd'hui les principales cibles. Quoi qu'il en soit, la plupart des visiteurs viennent à Aïn-Draham se détendre et échapper à la canicule.

Orientation et renseignements

En traversant la ville, la route devient la rue principale, appelée boulevard de l'Environnement. En venant de Tabarka, elle plonge dans une petite vallée avant de remonter abruptement au centre-ville et de continuer vers Jendouba.

L'arrêt des bus et des louages se trouve à l'ouest de la rue principale au pied de la colline. Les banques (BNA et STB), la poste, le bureau Taxiphone et le **syndicat d'initiative** (☎ 655 222), se situent tous en hauteur.

Trekking

Les collines boisées des environs se prêtent aux randonnées et restent largement inexplorées.

Partir seul en trekking n'est pas aisé car il n'existe pas de bonnes cartes. En revanche, de sympathiques sentiers se trouvent à proximité de la ville. Le plus facile est celui qui mène au Col des Ruines – suivez la route de Tabarka jusqu'à l'Hôtel Nour el-Aïn puis revenez à la ville par le chemin forestier. Comptez deux heures pour compléter la boucle. Vous pourrez également gravir le sommet du djebel Biri, une promenade de trois heures qui commence près de l'Hôtel Rihana.

L'Hôtel Rihana (☎ 655 391) est le spécialiste de la chasse au sanglier en hiver. Ce sont les mêmes guides qui emmènent des groupes en randonnée au printemps et à l'automne. Les tarifs des randonnées guidées en petit groupe sont de 50 DT par personne et par jour.

Où se loger

Maison des Jeunes (☎ 647 087 ; 5 DT). Glaciale en hiver, la maison des Jeunes loue des chambres rustiques. Elle se situe à l'extrémité haute de la ville, sur la route de Jendouba.

Hôtel Beauséjour (☎ 655 363 ; d avec sdb à partir de 47 DT). Un ancien pavillon de chasse aux volets verts qui aurait pu servir de cadre à un roman d'Agatha Christie, sans doute à cause des trophées de sangliers sur les murs. Le restaurant propose un menu fixe (15 DT) et sert de la bière.

Résidence Les Pins (☎ 656 200 ; s/d avec sdb oct-juin 25/35 DT, juil-sept 29/48 DT). Moderne et propre, avec une vue impressionnante, notamment depuis le toit.

Hôtel Nour el-Aïn (☎ 655 000 ; Col des Ruines ; ✱ ▣). Ce trois-étoiles, à 2 km au nord du centre, loue des chambres avec balcon et vue sur Tabarka ou Aïn-Draham. Grand hammam et piscine intérieure. Le chalet du Président Ben Ali se trouve à proximité.

Hôtel Rihana (☎ 655 391 ; s/d à partir de 42/64 DT). Fréquenté par les chasseurs et les sportifs, le Rihana possède une atmosphère virile, avec

LES TAPIS DE KROUMIRIE

À Aïn-Draham, une petite coopérative de femmes appelée Les Tapis de Kroumirie produit des tapis et kilims. Ce projet a été initié dans les années 1980 par deux médecins français. Cogéré par le Centre d'action sociale d'Aïn-Draham, il vise à promouvoir l'emploi des femmes de la région et la tradition du tissage.

La visite de la coopérative s'avère intéressante. Vous pourrez acheter des tapis directement à l'atelier, qui compte une douzaine de métiers à tisser. Ce sont des tapis berbères en laine épaisse, connus sous le nom d'*alloucha*, dont les motifs traditionnels sont effectués dans des teintes naturelles. La laine est entièrement filée à la main. Les prix sont fixes mais raisonnables.

La coopérative s'est installée au-dessus du bureau du ministère des Affaires sociales, à 50 m sur votre droite depuis le bas des marches, en face du syndicat d'initiative. Ces tapis sont également vendus à Tunis dans la boutique Plats de Femmes (47 av. Habib-Bourguiba).

des gravures de chasse à la réception, un bar en velours rouge et une piscine couverte. La vue, depuis les chambres désuètes, est merveilleuse.

Hôtel Les Chênes (☎ 655 315). À 7 km sur la route de Jendouba, caché dans les arbres, ce deux-étoiles est un ancien pavillon de chasse 1920, décoré de trophées. Il était en travaux lors de notre visite.

Hôtel La Forêt (☎ 655 302 ; s/d/ste 105/150/230 DT ; ❄). Ce quatre-étoiles récent se situe à 8 km au sud d'Aïn-Draham. Vue imprenable des chambres confortables aux céramiques noir et blanc. Les suites disposent d'une baignoire thalasso. Une piscine couverte est en projet.

Où se restaurer

Les adresses pour se restaurer se limitent à quelques établissements de qualité équivalente. Le **Restaurant la Casa** a installé des tables dehors et prépare de bons sandwiches.

En plus de son bar, l'**Hôtel Beauséjour** a le meilleur restaurant de la ville.

Comment s'y rendre

BUS

Un service régulier dessert Jendouba (2 DT, 1 heure, sept fois par jour) et Tabarka (1 DT, 40 minutes, onze fois par jour), Le Kef (4 DT, 3 heures, neuf fois par jour), Tunis (9,1 DT, 4 heures 30, quatre fois par jour) et Hammam-Bourguiba (1 DT, deux fois par jour).

LOUAGE

Des louages se dirigent fréquemment vers Tabarka et Jendouba, et occasionnellement vers Tunis, Beni M'tir et Hammam-Bourguiba. Ils stationnent devant la gare routière.

ENVIRONS D'AÏN-DRAHAM

Hammam-Bourguiba

☎ 78

Une route pittoresque à travers les collines boisées mène à ce village niché dans une petite vallée près de la frontière algérienne, à 15 km au sud-ouest d'Aïn-Draham. Les sources chaudes sont réputées pour leurs bienfaits. Outre le hammam mal entretenu mais bien situé, vous y trouverez un hôtel et un complexe hôtelier en construction. C'est ici que l'ancien Président Habib Bourguiba aimait venir en vacances.

OÙ SE LOGER

El Moradi (☎ 610 552 ; s/d 47/74 DT, pension complète 52/84 DT ; ❄). Des bungalows chics installés dans un jardin. Atmosphère aseptisée – murs blancs et personnel en blouse d'infirmière. La vapeur du hammam (7 DT) vous séduira ainsi que les nombreux massages, soins pour les affections rhumatismales ou respiratoires (certains avec de drôles d'inhalateurs) qui sont proposés à des prix raisonnables.

COMMENT S'Y RENDRE

Empruntez la route qui mène à la frontière algérienne depuis Babouch, puis tournez à gauche au bout de 1 km. Deux bus circulent quotidiennement entre Hammam-Bourguiba et Aïn-Draham (1 DT). Le trajet en taxi vous coûtera 5 DT. Les louages ne circulent pas régulièrement.

Beni M'tir

À 10 km au sud-est d'Aïn-Draham au bout d'une route sinueuse, le village de Beni M'tir présente des maisons aux toits rouges, nichées au milieu de la végétation. S'étendant

LES CHAMPS DU SOUVENIR

Les cimetières militaires tunisiens témoignent de la campagne nord-africaine de la Seconde Guerre mondiale. Les forces de l'Axe débarquèrent en Tunisie en novembre 1942 pour affronter les armées des Alliés basées au Maroc. À cause du froid, de la pluie et d'une chaîne de ravitaillement longue, la situation resta au point mort jusqu'en février. Les hostilités reprirent lorsque la pluie cessa, s'achevant avec la capitulation des forces de l'Axe, le 12 mai 1943.

Beaucoup de cimetières ont été érigés par la Commission du Commonwealth et agrémentés de plantes originaires du Royaume-Uni, pour évoquer la patrie des soldats tués. Ainsi, les géraniums et les pelouses magnifiquement entretenues rappellent la campagne anglaise.

Dans tous les cimetières militaires, les pierres tombales ont une uniformité élégiaque. Elles portent parfois le nom du soldat lorsqu'il a été possible de l'identifier, mais vous constaterez avec effroi le nombre de tombes anonymes. La plupart des victimes avaient entre 20 et 30 ans.

Le plus grand cimetière du Commonwealth se situe à 3 km de Medjez el-Bab. Quelque 2 906 soldats y sont enterrés dans un champ orné de géraniums. Le chant des oiseaux qui nichent dans les arbres aux alentours vous semblera aussi lugubre que le site. D'autres cimetières britanniques se trouvent à Béja (voir p. 134), Massicault, Rass Rajal, Oued Zarga, Thibar, Enfida et Sfax. Le cimetière militaire américain de Carthage commémore les soldats américains tués en Tunisie (voir p. 89). Enfida et Gammarth (voir p. 94) abritent des cimetières français, et Borj Cedrian, un cimetière allemand.

vers le lac, le centre du village s'est construit autour du carrefour. La mosquée ancienne indique que vous êtes en Tunisie. Beni M'tir fut bâti par les Français dans les années 1950 pour loger les travailleurs qui construisaient le barrage. Une fois l'ouvrage achevé, les habitants de la région s'y installèrent.

Beni M'tir est une destination de week-end pour de nombreuses familles tunisiennes qui viennent profiter du vaste plan d'eau créé par le barrage et entouré par la forêt.

Construite par les Français, la **maison des Jeunes** (dort 5 DT, pension complète 15 DT) compte 60 lits. L'endroit est convivial, bien entretenu et dispose d'une villa qui peut accueillir 10 personnes.

Les transports publics se limitent à quelques louages ou camionnettes – renseignez-vous à la gare routière d'Aïn-Draham ou à la *maison des Jeunes* de Beni M'tir. Le trajet en taxi depuis Aïn-Draham vous coûtera 6 DT.

BÉJA

☎ 78 / 56 400 habitants

Peu de touristes visitent Béja, une petite bourgade nichée au milieu des collines agricoles, mais elle mérite néanmoins le détour. Vous y découvrirez une médina aux maisons blanchies à la chaux et dotées de toits rouges, quelques édifices religieux intéressants et un petit cimetière militaire. La route de Jendouba devient l'avenue Bourguiba, qui mène à la place du 7-Novembre. En montant la rue Khereddine, vous atteindrez la médina et la **Grande Mosquée** avec son minaret couleur terre cuite. Plus au nord, vous apercevrez le dôme de la **Zaouia de Sidi Abdel Kader**. En empruntant les ruelles vers l'est, en bordure de la médina, vous verrez le tombeau du **Marabout Sidi Boutef Faha**. L'intérieur est décoré d'empreintes de mains, faites au henné, que les habitants laissent avant une cérémonie de circoncision ou de mariage. Au nord-est, le **Cimetière militaire du Commonwealth**, une pelouse nette sur laquelle 394 tombes sont alignées, contraste avec le cimetière colonial voisin où les tombes sont éparpillées.

Hôtel Phenix (☎ 450 188 ; 37 av. de la République ; d 30 DT). Au sud-est de la place-du-7-Novembre. Les meilleures chambres spacieuses et lumineuses se trouvent sur la façade et possèdent un petit balcon. Nous vous recommandons chaudement le **restaurant** (entrées 2,5-7 DT, plats 7,5-11 DT).

Vous n'aurez que l'embarras du choix question transports. La gare ferroviaire se situe sur l'avenue Habib-Thameur, devant la gare routière. Les louages s'arrêtent près de l'avenue Bourguiba, mais les départs s'effectuent avenue M'Ben-Kahla. Ils desservent régulièrement Tebersouk (2,3 DT, 45 minutes) et Medjez el-Bab (1,2 DT, 45 minutes).

BULLA REGIA

Seul exemple de cité souterraine, ce remarquable **site romain** (entré 1,6 DT, appareil photo 1 DT ; (horaires) avr-sept 7h-19h, oct-mars 8h30-17h30), à 9 km au nord de Jendouba, est réputé pour ses merveilleuses villas enfouies, qui rappellent les maisons troglodytes berbères de Matmata. Les Romains, qui ne manquaient pas d'ingéniosité, se terraient pour échapper à la chaleur. Ces élégantes maisons de patriciens, avec des patios à colonnades, ont été baptisées d'après les représentations de leurs mosaïques. Certaines sont désormais exposées au musée du Bardo (p. 57) à Tunis, mais beaucoup ont été conservées sur place. Ce site offre la possibilité d'entrer dans une maison romaine complète.

Histoire

Les dolmens (tombeaux néolithiques) qui parsèment les collines alentour rappellent que la région était habitée bien avant l'arrivée des Romains. La cité de Bulla fut érigée vers le Ve siècle av. J.-C. quand Carthage décida de développer l'agriculture dans la vallée de Medjerda. "Regia" fut ajoutée plus tard lorsque la ville devint la capitale de l'un des royaumes numides tolérés par Rome, après la destruction de Carthage.

La cité prospéra sous les Romains, s'enrichissant grâce au commerce du blé, et affirma sa réussite par des constructions grandioses. Elle atteignit son apogée aux IIe et IIIe siècles, la plupart des bâtiments du site ayant été érigés à cette époque.

Bulla Regia fut occupée par les Byzantins, qui y ajoutèrent leur traditionnelle forteresse, mais elle fut abandonnée après la conquête arabe du VIIe siècle.

À voir

Se promener dans ces ruines silencieuses est une expérience inoubliable. Nous vous conseillons de commencer la visite par le petit musée, qui fournit des informations sommaires.

À droite de l'entrée du site se trouvent les **thermes de Memmia**, nommés d'après Julia Memmia, l'épouse de l'empereur Septime Sévère. C'est le plus grand bâtiment en surface : ses murs sont impressionnants de hauteur et les pièces entourées d'espaces voûtés pour les serviteurs – souvenir des esclaves qui faisaient fonctionner ces thermes.

Vers le nord, vous atteindrez la première villa souterraine – dans le quartier aisé de la cité. Sept autres villas ont été mises au jour, mais plusieurs restent ensevelies. Leur niveau de sophistication est variable, mais elles sont toutes bâties suivant le même plan. En surface, rien ne les distingue des autres villas romaines de l'époque : la structure s'articule autour d'une cour centrale à ciel ouvert, sous laquelle se devinent les pièces souterraines.

La première villa est la **maison du Trésor**, appelée ainsi après la découverte de monnaies byzantines. Vous constaterez une baisse de température en pénétrant au sous-sol pour découvrir une vaste salle à manger décorée d'une mosaïque aux motifs géométriques et une chambre à coucher, à côté.

En montant vers le nord, vous passerez devant des basiliques byzantines à colonnades avec un baptistère intégré à la nef principale. Non loin se trouve la **maison du Paon** – qui doit son nom à une mosaïque désormais exposée au musée du Bardo.

De l'autre côté de la rue, la **maison de la Chasse** est bâtie autour d'une cour centrale souterraine à huit colonnes – des ouvertures hexagonales décoratives réduisent le poids de la structure. La salle des banquets possède un sol recouvert d'une mosaïque. À l'étage, des latrines côte à côte, non loin du hammam privé, indiquent le degré de modernité de la villa.

La mosaïque qui orne le sol de la **nouvelle maison de la Chasse** a été conservée en place. Même si des morceaux manquent, les détails, tels que la chasse au lion, sont extraordinaires. Au sous-sol, l'atrium à cinq colonnes possède une impressionnante mosaïque aux motifs géométriques.

Empruntez le sentier vers le nord pour admirer la **maison d'Amphitrite** et ses mosaïques de toute beauté – une représentation parfaitement conservée de Vénus accompagnée de deux centaures. À ses pieds, des cupidons chevauchent des dauphins – l'un d'eux se contemplant dans un miroir. Le ballet des poissons ajoute de l'animation et apporte un équilibre à la scène.

Au sud, la **maison de la Pêche** était l'une des premières villas construites. Elle possède une fontaine au sous-sol et une petite pièce décorée d'une mosaïque sur le thème de la pêche. Après l'avoir visitée, vous passerez devant la source qui alimentait la cité en eau – et qui alimente aujourd'hui Jendouba. Le chemin, qui part vers l'ouest, mène à un

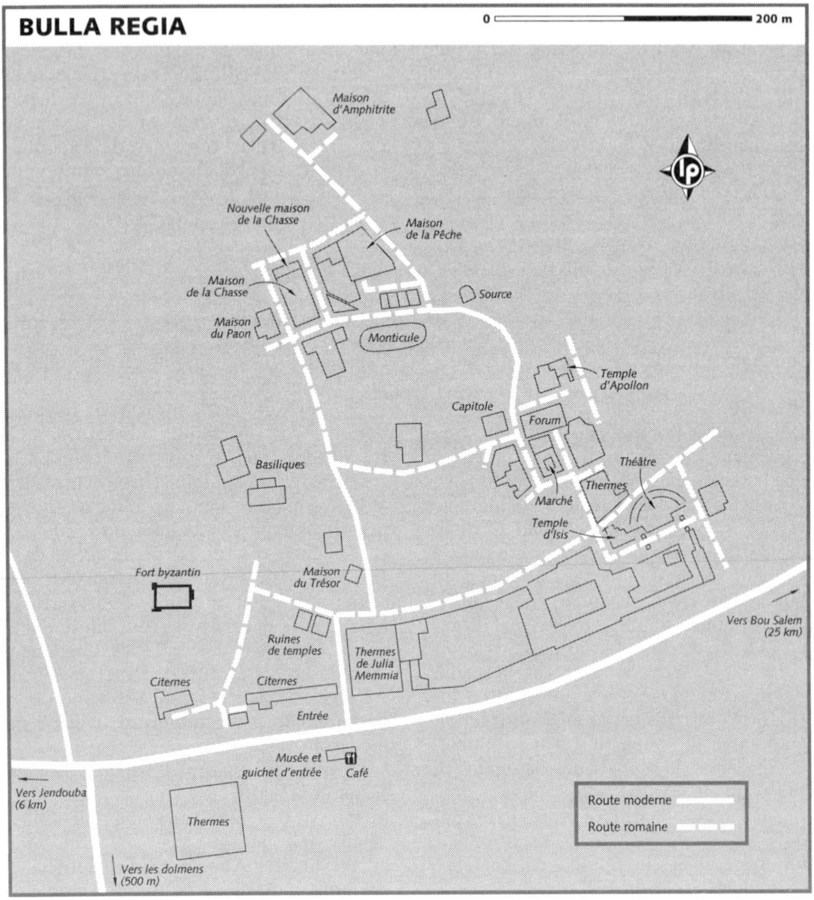

promontoire d'où le panorama est sublime.

Revenez sur vos pas et partez vers l'est et le **forum**, entouré des ruines de deux temples – le **capitole** à l'ouest et le **temple d'Apollon** au nord. Il abritait une statue d'Apollon aujourd'hui exposée au Bardo.

Au sud, vous tomberez sur la place du marché, et plus loin, sur le petit **théâtre** magnifiquement préservé et une grande mosaïque d'un ours qui semble peu féroce. Les rangées sont particulièrement bien conservées. Les trois premières sont très larges et séparées par un muret – les sièges des VIP. Au sud-ouest, vous apercevrez les ruines du petit **temple d'Isis**, érigé en honneur de la déesse égyptienne intégrée au panthéon romain.

Pour finir la visite, promenez-vous sur la colline parsemée de tombeaux néolithiques, derrière le musée.

Comment s'y rendre

L'embranchement pour Bulla Regia se trouve à 6 km au nord de Jendouba sur la route d'Aïn-Draham. Tous les bus ou louages qui circulent entre les deux localités peuvent vous y déposer. Vous serez facilement pris en stop pour les 3 km restants, mais vous pouvez également marcher s'il ne fait pas trop chaud.

La plupart des visiteurs se rendent au site depuis Jendouba. Le trajet en taxi coûte environ 3,5 DT (ou 0,5 DT à plusieurs).

JENDOUBA

☎ 78 / 44 700 habitants

Le centre régional de Jendouba, à 153 km à l'ouest de Tunis, est réputée terne et peu dynamique, mais il y règne une certaine douceur de vivre et la ville s'anime quelque peu en début de soirée. Il est difficile de l'éviter si vous avez l'intention de visiter Bulla Regia car elle représente un important carrefour routier.

Orientation et renseignements

Tout se concentre autour de la place centrale : poste, banques (dont une succursale de la STB avec un DAB), supermarché, gare ferroviaire et poste de police. Les bus et louages s'arrêtent au grand rond-point à l'ouest de la ville. Pour l'atteindre, suivez la rue principale (av. Hedi-Chaker) sur 500 m vers l'ouest depuis la place centrale. Le rond-point marque l'intersection des routes vers le nord et Aïn-Draham ; vers le nord-est et Tunis (en contournant le centre-ville) ; vers le sud et Le Kef ; et vers l'ouest et Ghardimao.

Où se loger et se restaurer

Mieux vaut planifier votre excursion à Bulla Regia pour éviter de passer la nuit à Jendouba. Autrement, voici quelques adresses :

Hôtel Atlas (☎ 603 217 ; rue du 1er-Juin-1955 ; s/d 18/25 DT). À deux pas de la place centrale derrière le poste de police, l'hôtel loue des chambres simples aux meubles en Formica. Bar public animé et bar privé plus tranquille pour les hôtes. Menu fixe à 8 DT.

Hôtel Simitthu (☎ 604 043 ; bd. du 9-Avril-1938 ; s/d 24/32 DT). Au rond-point, en face du dépôt de la SRN Jendouba, ce deux-étoiles propre et moderne propose des chambres standards. Bon restaurant (menu fixe 10 DT).

Si vous ne désirez pas dîner à l'hôtel, plusieurs petits restaurants et *rôtisseries* se concentrent autour de la place centrale.

Comment s'y rendre

Jendouba est un carrefour routier qui propose des liaisons vers les grands sites du nord.

BUS

Les bus de la SNTRI relient Tunis (6,5 DT à 7,5 DT, quatre heures, six fois par jour). Ceux de la SRN Jendouba partent pour Tabarka (2,8 DT, 1 heure 45, onze fois par jour) *via* Aïn-Draham, Ghardimao (1,35 DT, 40 minutes, deux fois par jour en été et six fois par jour en hiver) et Le Kef (2,3 DT, 1 heure 30, dix fois par jour). Pour aller à Bulla Regia, prenez n'importe quel bus pour Aïn-Draham et demandez qu'on vous dépose à l'embranchement. Autre solution : prenez un taxi (3 DT ou 1 DT à plusieurs).

LOUAGE

Les louages partent de la gare routière. Leurs principales destinations sont Aïn-Draham, Ghardimao, Le Kef, Tabarka et Tunis.

TRAIN

Si vous allez à Tunis, optez pour le train. Il y a cinq départs par jour, qui s'échelonnent entre 5h20 et 17h30 (2nde/1ère 5,85/7,35 DT, 2 heures 45).

CHEMTOU

Chemtou est un site romain exceptionnel. Les carrières furent exploitées pour le marbre jaune veiné de rose que les Romains considéraient comme la pierre exotique la plus semblable à l'or.

Les anciennes carrières forment des creux jaunes dans la campagne. Le travail des esclaves, qui consistait à tailler et transporter les blocs de pierre, est retracé dans l'exposition du musée.

Histoire

Le site, sur la rive nord de l'Oued Medjerda, était au départ la colonie numide de Simitthu, dont le marbre fut utilisé pour bâtir le fameux monument de Micipsa à Cirta (la Constantine moderne d'Algérie) en 130 av. J.-C.

La région tomba sous domination romaine après la bataille de Thapsus en 46 av. J.-C., lorsque César vainquit les armées de Pompée et du dernier roi numide, Juba Ier. Le marbre devint alors le matériau qui indiquait la supériorité romaine. Une colonne de marbre de Chemtou de 6 m de hauteur fut dressée à la mémoire de César, au centre du forum de Rome.

La colonie romaine fut fondée sous le règne d'Auguste (27 av. J.-C.-14 ap. J.-C) et en raison de l'engouement pour le marbre, elle se développa rapidement. Les carrières avaient la réputation d'être les plus sophistiquées de l'empire romain. Chaque bloc de marbre portait le sceau de l'empereur du moment, celui du proconsul d'Afrique et du maître de la carrière, ainsi qu'un cachet en attestant la provenance.

Les blocs de marbres étaient transportés jusqu'à l'Oued Medjerda sur des rouleaux avant d'être embarqués sur des barges jusqu'à Utique. Au début du IIe siècle, la vase ayant envahi le lit de la rivière, les Romains furent contraints de construire une route à travers les montagnes de Kroumirie pour relier les carrières au port de Thabraca (Tabarka).

Les carrières furent exploitées jusqu'à l'époque byzantine mais elles furent abandonnées à la suite de l'invasion arabe au VIIe siècle.

À voir

Le **site** (entrée 2,1 DT, appareil photo 1 DT ; ⏰ mai-sept 8h-19h, oct-avr 8h30-17h30) s'étend sur une vaste zone entre la Medjerda et les collines.

Malgré la proximité de la rivière, la ville était alimentée en eau par un aqueduc depuis une source dans les collines à 30 km au nord. En arrivant par ce chemin, vous apercevrez les ruines de cet aqueduc. Il se termine aux ruines des **thermes**, à droite de la route qui mène au site. Celle-ci passe devant un **théâtre** romain mieux préservé et s'arrête devant le musée et le guichet d'entrée du site.

Le magnifique **musée** est l'attraction phare et le meilleur endroit pour commencer la visite. Construit avec l'aide des Allemands, il présente des objets découverts par une équipe d'archéologues allemands et tunisiens qui travaille sur le site depuis 1992. Les explications sont fournies en arabe, français et allemand. Outre des détails sur le site et son exploitation, le musée possède des maquettes du monument de Micipsa, une section sur l'histoire numide et un modèle réduit en état de marche de l'ancien moulin à blé sur la rivière. Il est intéressant de voir comment les Romains ont utilisé la pierre comme moyen de propagande.

La plus belle découverte fut celle de 1648 pièces d'or, dont une photo est exposée (elles sont conservées dans le coffre d'une banque), témoignant de la richesse de la ville. Il semble qu'elles aient été enterrées avant l'invasion vandale.

Le musée se trouve sur une section déterrée d'une **route romaine**. Les fouilles se concentrent principalement autour du **forum** et ont révélé qu'il avait été bâti sur les ruines d'un temple numide.

Le site est relativement vaste. N'hésitez pas à prendre votre véhicule ou un taxi pour visiter les différents points intéressants. Étant donné la difficulté du terrain, nous vous conseillons de porter une bonne paire de chaussures.

Les **carrières**, au nombre de trois, se situent en face du musée. Ces entailles dans la colline sont visibles de loin. La couleur chaude de la pierre est irrégulière et les parois qu'elle forme sont magnifiques. Un tunnel s'enfonce sous terre.

Un sentier monte vers les ruines d'un **temple** dressé sur la colline la plus à l'est. Ce site numide a été reconverti en temple de Saturne par les Romains, puis en église byzantine.

Admirez les ruines du **pont romain** sur la Medjerda, en aval du gué moderne. À en juger par la taille des piliers, les Romains craignaient les flots de la rivière. Au-delà du pont se trouvent les ruines d'un **moulin**.

Comment s'y rendre

Aucun transport public ne dessert le site. La solution la plus simple consiste à marchander un taxi à Jendouba ou Ghardimao. Attendez-vous à payer environ 20 DT l'aller-retour avec quelques heures pour visiter le site.

Si votre budget ne vous permet pas d'y aller en taxi, prenez n'importe quel bus ou louage qui circule entre Jendouba et Ghardimao et demandez au chauffeur de vous déposer à l'embranchement, à l'est du village d'Oued Melliz. Vous aurez à marcher 3 km et à traverser à gué l'Oued Medjerda. Le débit est peu important la majeure partie de l'année, mais la rivière peut se transformer en torrent après les pluies hivernales.

Si vous possédez un moyen de transport, vous arriverez au site *via* la route C59 au nord d'Oued Medjerda. Elle débute à l'intersection de Bulla Regia au nord de Jendouba et finit à l'ouest de Ghardimao. Chemtou est clairement indiqué près de Bulla Regia.

GHARDIMAO

☎ 78 / 19 400 habitants

Ghardimao dégage une impression de ville fantôme. Il s'agit réellement d'un cul-de-sac depuis que la liaison entre la Tunisie et le Maroc *via* l'Algérie par l'Al-Maghreb al-Arabi (Trans Maghreb Express) a été suspendue.

La campagne alentour reste somptueuse malgré le climat tendu propre à la zone frontalière. Il y a un parc national à 20 km, tout près de la frontière dont les forêts, c'est sûr, sont en dehors des sentiers battus...

Si vous devez vous y loger, vous n'aurez pas d'autre choix que l'**Hôtel Tebornik** (☎ 660 043 ; s/d avec sdb commune 7/14 DT, avec sdb privative 10/20 DT), en face de la gare ferroviaire. La moitié des lettres de l'enseigne sont tombées, reflétant l'état général de l'établissement, mais les chambres restent correctes. Certaines ont un balcon. Le **restaurant** (entrées 1-1,5 DT, plats 3 DT) sert de la cuisine étonnamment savoureuse. L'hôtel dispose du seul bar de la ville.

Comment s'y rendre

Les trains de/vers Tunis (3 heures 15, quatre fois par jour) *via* Jendouba (25 minutes) quittent la gare entre 5h30 et 16h30. Les bus et louages partent à 200 m de la gare en direction de Jendouba, qui est leur principale destination. Un bus quotidien relie directement Tunis (8 DT, 3 heures 45).

Le centre-ouest et le Tell

SOMMAIRE

Le centre-ouest de la Tunisie fournit l'occasion d'échapper aux foules agglutinées sur la côte. Le Tell, qui couvre les hautes plaines de la dorsale tunisienne, constituait le grenier à blé de la Rome antique, d'où une forte concentration de cités en ruine attestant de sa prospérité passée.

Implantée dans un environnement unique en son genre dominant les plaines, Dougga est sans conteste le site phare, dépourvu de l'uniformité qui caractérise la plupart des villes romaines. Également spectaculaire, le site frontalier de Sufetula (Sbeïtla), peu visité, revêt un aspect magique dans la luminosité du petit matin.

De leur côté, Mactaris et Haïdra communiquent le sentiment d'abandon et d'isolement que les avant-postes romains laissèrent derrière eux, émouvant contrepoint au paysage morne et érodé, dont la prospérité agricole et les forêts ne sont plus qu'un lointain souvenir. En traversant ces plaines émaillées de vestiges, on éprouve la nette impression de tourner une page d'histoire glorieuse.

Non loin, la superbe Table de Jugurtha fut le bastion de la résistance des Berbères qui connut là des heures héroïques avant d'être balayée par la puissance romaine. Plus séduisante encore, la ville du Kef, souvent ignorée des touristes malgré son atmosphère particulière, incarne à merveille l'esprit de la région. Avec son cadre exceptionnel, ses rues pavées et ses cafés d'un autre âge, elle représente peut-être le secret le mieux gardé de Tunisie que tout visiteur se doit de découvrir.

À NE PAS MANQUER

- Les **temples romains** (p. 156) de Sbeïtla, magiques dans la lumière matinale
- La spectaculaire **Table de Jugurtha** (p. 161), lointaine forteresse naturelle
- Le site impressionnant de la prestigieuse cité romaine de **Dougga** (p. 142)
- L'atmosphère particulière du **Kef** (p. 146), ville d'altitude souvent ignorée

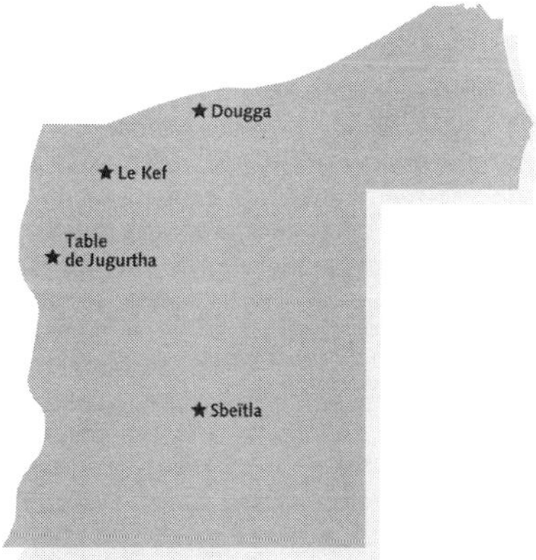

Histoire

Suite à la victoire de Rome sur Carthage au IIe siècle av. J.-C., l'arrière-pays de cette nouvelle province d'Afrique fut largement abandonné aux tribus berbères de l'intérieur, en particulier aux Numides qui s'accommodèrent de la domination romaine tout en se rebellant contre elle. Leur ultime acte de résistance, à la fin du IIe siècle av. J.-C., eut pour cadre la fameuse Table de Jugurtha, place forte où s'était retranché le roi numide éponyme. Les cités romaines prospérèrent grâce à l'agriculture ou comme relais le long des routes marchandes. Après le départ des Romains, la région sombra dans le déclin.

Climat

Ce territoire désolé renaît brièvement au printemps, se couvrant alors d'un magnifique tapis de fleurs sauvages. Une chaleur accablante sévit en été tandis que les hivers sont froids et maussades.

Depuis/vers le centre-ouest et le Tell

La plupart des villes, même les petites bourgades du Tell, disposent d'au moins une liaison quotidienne en bus depuis Tunis. Le Kef et Dougga sont mieux desservies, également au départ d'autres localités.

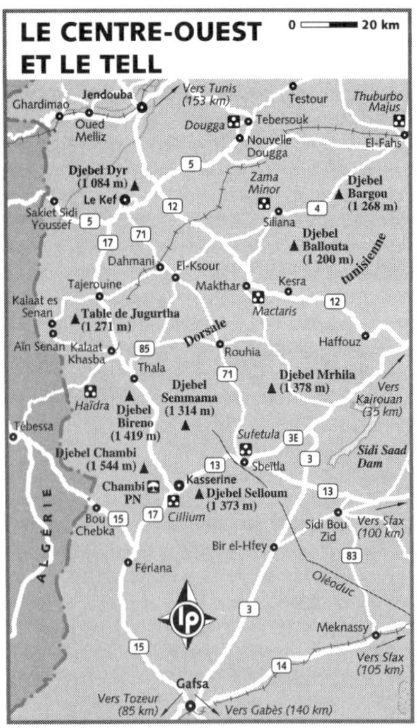

Comment circuler

Visiter la région demande plus de temps qu'ailleurs en Tunisie. Les louages abondent mais ne vont souvent pas très loin. Par conséquent, vous devrez souvent changer de véhicule. Par ailleurs, difficile de se rendre à Haïdra et à la Table de Jugurtha sans être motorisé.

DOUGGA

L'antique cité romaine de **Dougga** (2,1 DT, appareil photo 1 DT ; 8h-19h avr-sept, 8h30-17h30 oct-mar), construite en pierre dorée, épouse la couleur des champs de maïs et le paysage ocre jaune de la vallée du Kalled et des montagnes de Tebersouk. Ses vestiges étonnament complets – thermes, théâtre et temples (21 sanctuaires ont été identifiés) – donnent un aperçu du mode de vie urbain d'alors. L'imposant Capitole qui surgit au milieu des ruines compte parmi les plus beaux monuments romains d'Afrique du Nord.

Massivement rénové, le théâtre offre un cadre splendide aux pièces classiques jouées lors du festival de Dougga en juillet-août. Les agences de voyages de Tunis et des grandes stations balnéaires organisent des excursions pendant la manifestation.

La ville se tient sur les fondations de l'ancienne Thugga, un site d'implantation numide, ce qui explique ses rues labyrinthiques. Son mausolée libyco-punique du IIe siècle av. J.-C. est l'édifice antérieur à la conquête romaine le plus remarquable de Tunisie.

Préférez une visite tôt le matin ou en fin d'après-midi, idéalement quand la lumière du crépuscule éclaire la pierre et que les touristes ont presque tous déserté les lieux.

Pour parcourir les voies romaines et les mauvais sentiers qui sillonnent le site, portez plutôt des baskets. En été, prévoyez aussi un chapeau, des lunettes de soleil et de la crème solaire car l'ombre se fait rare. Un café vend des en-cas, mais ce cadre de rêve se prête magnifiquement au pique-nique.

Histoire

Ce site propice, doté de sources naturelles, fut habité dès le 2e millénaire av. J.-C. comme en témoignent les dolmens dressés sur la falaise au-dessus des ruines.

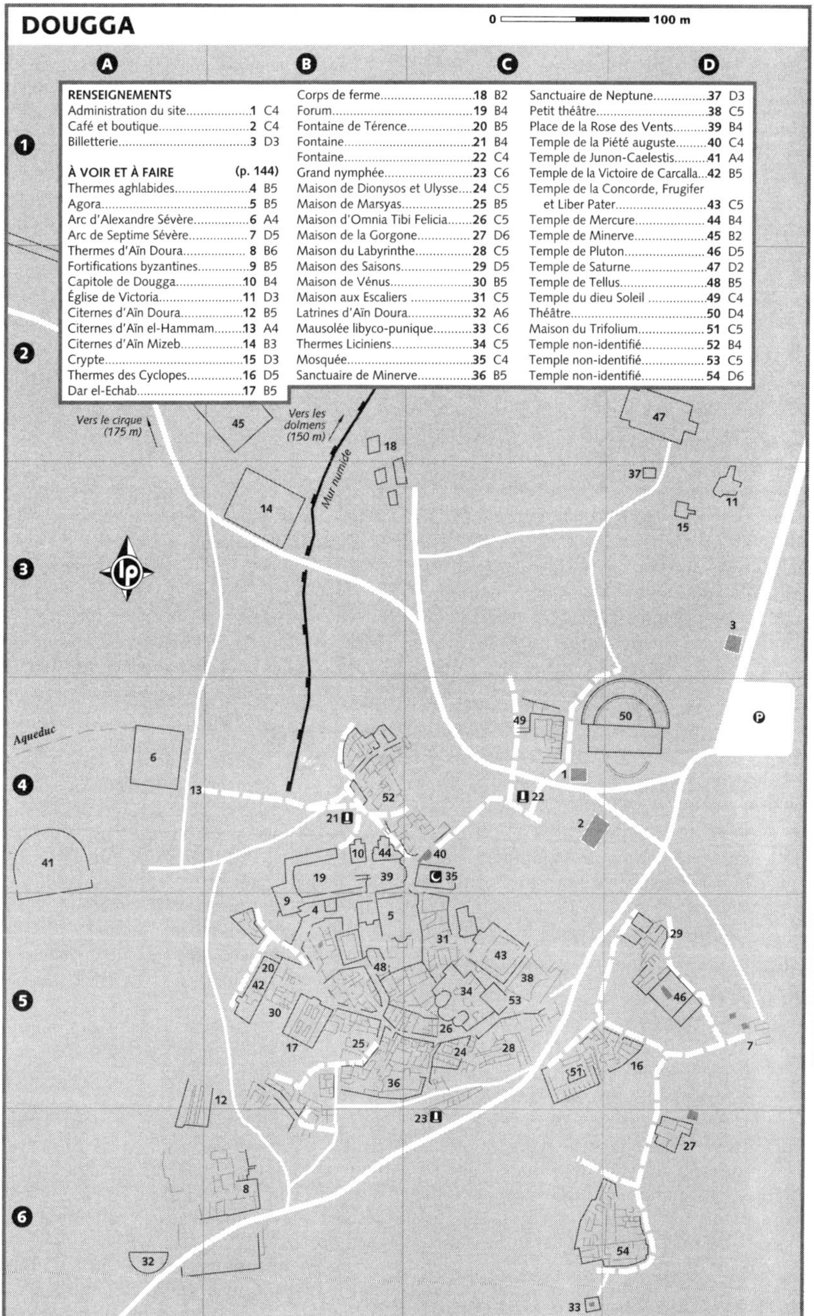
DOUGGA
0
100 m
A
B
C
D
1
2
3
4
5
6
RENSEIGNEMENTS
Administration du site..................1 C4
Café et boutique..........................2 C4
Billetterie......................................3 D3
À VOIR ET À FAIRE (p. 144)
Thermes aghlabides......................4 B5
Agora..5 B5
Arc d'Alexandre Sévère................6 A4
Arc de Septime Sévère.................7 D5
Thermes d'Aïn Doura.................. 8 B6
Fortifications byzantines..............9 B5
Capitole de Dougga...................10 B4
Église de Victoria.......................11 D3
Citernes d'Aïn Doura.................12 B5
Citernes d'Aïn el-Hammam........13 A4
Citernes d'Aïn Mizeb.................14 B3
Crypte..15 D3
Thermes des Cyclopes................16 D5
Dar el-Echab..............................17 B5
Corps de ferme..........................18 B2
Forum..19 B4
Fontaine de Térence..................20 B5
Fontaine....................................21 B4
Fontaine....................................22 C4
Grand nymphée.........................23 C6
Maison de Dionysos et Ulysse....24 C5
Maison de Marsyas....................25 B5
Maison d'Omnia Tibi Felicia.......26 C5
Maison de la Gorgone............... 27 D6
Maison du Labyrinthe................28 C5
Maison des Saisons...................29 D5
Maison de Vénus.......................30 B5
Maison aux Escaliers 31 C5
Latrines d'Aïn Doura..................32 A6
Mausolée libyco-punique...........33 C6
Thermes Liciniens......................34 C5
Mosquée...................................35 C4
Sanctuaire de Minerve...............36 B5
Sanctuaire de Neptune...............37 D3
Petit théâtre...............................38 C5
Place de la Rose des Vents..........39 B4
Temple de la Piété auguste.........40 C4
Temple de Junon-Caelestis.........41 A4
Temple de la Victoire de Carcalla...42 B5
Temple de la Concorde, Frugifer et Liber Pater..........................43 C5
Temple de Mercure.................... 44 B4
Temple de Minerve.....................45 B2
Temple de Pluton...................... 46 D5
Temple de Saturne.....................47 D2
Temple de Tellus........................48 B5
Temple du dieu Soleil 49 C4
Théâtre......................................50 D4
Maison du Trifolium.................. 51 C5
Temple non-identifié..................52 B4
Temple non-identifié..................53 C5
Temple non-identifié..................54 D6
Vers le cirque (175 m)
Vers les dolmens (150 m)
Mur numide
Aqueduc
P

Il s'agissait déjà d'une agglomération non négligeable lorsque les Carthaginois investirent l'intérieur des terres au IVe siècle av. J.-C. Sous la domination de Carthage pendant tout le IIIe siècle av. J.-C., elle passa aux mains du roi numide Massinissa à l'issue de la deuxième guerre punique.

Thugga se tenait hors des limites de la première province romaine d'Afrique, qui fut créée après la destruction de Carthage en 146 av. J-C. Elle demeura une ville numide jusqu'en 46 avant notre ère, date à laquelle le dernier souverain numide, Juba Ier, se rangea malencontreusement du côté de Pompée dans la guerre civile romaine.

Devenue Dougga, au sein de la province d'Africa Nova en pleine expansion, elle entama un lent processus de romanisation. Elle atteignit l'apogée de sa prospérité entre le IIe et le IVe siècle, avec une population estimée à 5 000 âmes.

L'occupation vandale entraîna son déclin et sa quasi-désertion jusqu'à l'arrivée des Byzantins, en 533, qui transformèrent la cité en forteresse. Les restes d'un hammam aghlabide, à l'est du capitole, prouvent que l'endroit était encore peuplé au Xe siècle.

Des gens vécurent au milieu des ruines jusqu'au début des années 1950 avant d'intégrer la Nouvelle Dougga.

À voir

Comptez entre trois et quatre heures pour explorer les clous du site en commençant et en terminant l'itinéraire à l'entrée de Tebersouk. Si le temps vous manque, passez outre la partie située au nord du théâtre. Il serait toutefois dommage de ne pas profiter de la vue somptueuse depuis le temple de Saturne.

LE THÉÂTRE

L'étonnant **théâtre** se niche à flanc de colline, à l'ouest du parking. Édifié en 188 par le riche patricien local Marcus Quadrutus, il comprend 19 gradins pouvant accueillir en tout 3 500 spectateurs. Très restauré, il constitue un cadre superbe pour les pièces classiques du festival de Dougga qui se déroule en juillet-août. Les agences de voyages de la capitale et des grandes stations balnéaires proposent des excursions à cette occasion.

Du monument, dirigez-vous vers le sud et suivez la voie romaine qui descend vers le capitole, en passant devant les vestiges d'une petite **fontaine**. La rue débouche sur la **place de la Rose des Vents**, encadrée de temples, qui doit son nom au large bas-relief circulaire (à côté du capitole) égrenant la liste des douze vents, dont l'Africanus (sirocco). On ignore la fonction exacte de la place, qui servait probablement de lieu de marché, de même que l'**agora** au sud.

À NE PAS MANQUER

Comptez un minimum de trois heures pour explorer correctement le site. Autrement, une heure peut suffire en se limitant aux monuments suivants :

- Le théâtre – d'une capacité de 3 500 spectateurs, il sert de cadre à un festival
- Le capitole – un des plus beaux édifices romains d'Afrique du Nord
- Les thermes liciniens – témoignage de la richesse de Dougga
- Le mausolée libyco-punique – rare monument du IIe siècle av. J-C., haut de 21 m

LES TEMPLES

L'imposant **capitole de Dougga** (166), face auquel on se sent ridiculement petit, domine la ville depuis le sommet d'une colline. Dans un état de conservation remarquable, il possède des murs massifs de 10 m de haut et six robustes colonnes cannelées soutiennent le portique. Les premiers constituent le plus bel exemple connu d'un procédé appelé *opus africanum*, maçonnerie à armature verticale de pierres de taille.

Les murs entourent le saint des saints. Les trois grandes niches de la paroi nord recélaient jadis un colosse de Jupiter (dont la tête et un pied géants se trouvent à Tunis, au musée du Bardo) flanqué de statues plus petites à l'effigie de Junon et de Minerve. La frise sculptée représente un aigle transportant l'empereur Antonin le Pieux dans ses serres, avec une dédicace du temple aux dieux précités.

Les fortifications autour du capitole et du **forum** sont l'œuvre des Byzantins. Bâties sur ordre du général Solomon, elles se composent de pierres chipées aux bâtiments alentour. Amusez-vous à repérer les blocs portant la dédicace du **temple de Mercure**, qui se termine à hauteur de genoux sur le mur oriental, face à la place de la Rose des Vents.

Les maigres vestiges du temple de Mercure s'étendent au nord de la place. À l'est, on distingue les quatre piliers carrés appartenant au minuscule **temple de la Piété auguste** (IIe siècle). La petite **mosquée** voisine s'élève sur la base rectangulaire de l'ancien temple de Vénus.

LES THERMES

En suivant vers le sud le sentier qui passe devant la **maison aux Escaliers**, baptisée ainsi en raison de ces nombreux escaliers, vous arriverez dans le vaste complexe très délabré d'un temple consacré à la **Concorde**, à **Frugifer** et à **Liber Pater**. Au-delà, un **petit théâtre** regarde la vallée au sud-est. À côté se tiennent les **thermes Liciniens**, dont les dimensions donnent un nouvel indice de la prospérité de Dougga. Cet ensemble étendu a encore des murs largement intacts, notamment ceux du grand *frigidarium* (salle froide) central. Un tunnel, où se tenaient les esclaves employés des bains, nous rappelle aux tristes réalités de la brillante civilisation romaine…

En allant vers l'est puis tout droit après les carrefours espacés, vous tomberez au sud sur un robuste encadrement de porte. Celui-ci marque l'entrée d'un temple non identifié, surnommé **Dar el-Echab** en référence à la famille qui habitait autrefois le site. Dépassez le monument et poursuivez en direction du sud. L'itinéraire emprunte alors un chemin sinueux et défoncé qui descend aux **citernes d'Aïn Doura** et aux **thermes d'Aïn Doura**, les grands bains d'été.

En remontant le long du sentier de terre qui traverse le site, vous remarquerez à gauche le **grand nymphée**. Cette énorme fontaine partiellement restaurée était, pense-t-on, alimentée par une conduite souterraine reliée aux citernes d'Aïn el-Hammam, à 300 m au nord-ouest.

Continuez pendant 75 m et tournez à droite en descendant les marches qui mènent à la **maison du Trifolium**, le lupanar de la cité, dont le nom discret s'inspire de la petite pièce en forme de trèfle à l'angle nord-ouest.

À côté, les **thermes des Cyclopes**, baptisés d'après la remarquable mosaïque (aujourd'hui au Bardo) découverte à cet endroit, n'est plus que décombres, à l'exception de 12 latrines conviviales disposées en fer à cheval à l'entrée.

L'ARC DE SEPTIME SÉVÈRE

De là, vous pouvez suivre vers l'est la voie romaine pavée qui monte jusqu'aux ruines de l'**arc de Septime Sévère**, construit en 205 en hommage au premier empereur romain natif d'Afrique.

Tournez à droite avant l'arc et empruntez le sentier qui serpente vers le sud jusqu'à la **maison de la Gorgone** et, plus loin, au **mausolée libyco-punique**. Coiffé d'une petite pyramide avec un lion assis au sommet, ce monument de 21 m de haut sur trois niveaux date du règne de Massinissa, au début du IIe siècle av. J.-C. Selon une inscription bilingue (libyque et punique), il était dédié à "Ateban, fils d'Ypmatat, fils de Palu". L'inscription en question, qui occupait la fenêtre désormais vacante à la base, fut retirée par le consul britannique à Tunis en 1842 non sans endommager le monument. Elle fut amenée en Angleterre (elle se trouve à présent au British Museum) et le mausolée reconstruit par des archéologues français en 1910.

Rebroussez chemin vers l'arc de Septime Sévère puis dirigez-vous vers le nord après les rares vestiges du **temple de Pluton** et la **maison des Saisons**. Traversez ensuite le sentier de terre et prenez l'escalier qui aboutit à un sympathique café.

Vous pouvez alors couper à travers le site pour atteindre l'**arc d'Alexandre Sévère** (222-235), bien conservé, qui formait jadis l'entrée occidentale de la ville. Un sentier conduit parmi les oliviers jusqu'au **temple de Junon-Caelestis**, plus ou moins de la même époque et consacré à l'avatar romain de la déesse carthaginoise Tanit. Fondé par un habitant élevé à la fonction de *flamen* (prêtre romain) en 222, il fut converti en église au Ve siècle. Ceint de piliers et accessible par une volée de marches, le sanctuaire arbore un imposant portique.

LES CITERNES

Immédiatement à l'ouest de l'arc d'Alexandre Sévère, les **citernes d'Aïn el-Hammam** furent ajoutées sous le règne de Commode (180–192) afin de satisfaire la demande en eau. Elles étaient alimentées, *via* un **aqueduc**, par des sources situées à 12 km au nord-ouest. Il subsiste encore des segments de ce dernier à l'ouest des citernes, au milieu des oliviers.

Un sentier cabossé se dirige au nord à travers les arbres et émerge au bout de 150 m devant les neuf **citernes d'Aïn Mizeb**. Remplies par une source coulant 200 m à l'ouest, elles constituaient le principal approvisionnement en eau de la cité. Leur excellent état permet aux autorités du site de les utiliser comme lieux de stockage.

Suivez le chemin de terre qui part vers le nord-ouest puis traversez les champs pour rejoindre le **temple de Minerve**. En regardant en direction du nord-ouest, on peut discerner les contours du **cirque**, un champ de blé allongé, dans un creux entre deux collines.

Tournez à droite et rendez-vous au nord-ouest jusqu'à la crête rocheuse hérissée de dizaines de **dolmens**. Ces sépultures se dressent juste au nord du **mur numide**, qui protégeait la ville à l'époque romaine. Franchissez le mur et prenez les sentiers qui parcourent la colline en direction du **temple de Saturne**.

Ce grand temple achevé en 195 devait avoir fière allure, mais il n'en reste hélas que six colonnes chétives. Érigé sur une plate-forme surplombant à l'est la vallée de l'Oued Kalled, il dominait la marche nord de la cité. Le sanctuaire se tient à l'emplacement d'un temple antérieur voué à Baal-Hammon, dieu majeur du panthéon punique plus tard adopté par les Numides. À l'époque romaine, Baal-Hammon se confondit avec Saturne et devint la divinité de prédilection de la province d'Afrique.

Au sud du temple, le **sanctuaire de Neptune** ne se signale plus que par une apside reconstituée. Les ruines de l'**église de Victoria**, sur la pente à l'est du précédent, sont le seul témoignage d'une présence chrétienne à Dougga. Les Vandales construisirent l'édifice au Ve siècle avec des pierres récupérées sur les temples voisins. La petite **crypte** contient des sarcophages lithiques et les reliques de la sainte femme.

De cet endroit, vous pouvez prendre le sentier vers le sud jusqu'au théâtre.

Depuis/vers Dougga

Dougga se situe à 6 km à l'ouest de Tebersouk. Les bus et des louages fréquents entre Tunis et Le Kef s'arrêtent à Tebersouk. Le site peut faire l'objet d'une excursion depuis l'une ou l'autre de ces villes ou bien sur le trajet entre les deux (laissez vos bagages dans un commerce du coin). De Tebersouk, pourquoi ne pas louer une camionnette (5 DT) qui vous transportera dans les deux sens ? Si vous arrivez du Kef, descendez du bus à l'embranchement de la Nouvelle Dougga, sur la route principale. Il faut ensuite marcher pendant 3 km, mais, répétons-le, les locaux vous proposeront de vous y emmener et de venir vous rechercher plus tard moyennant 5 DT.

TEBERSOUK

☎ 78 / 12 700 habitants

Cette petite ville s'inscrit dans un environnement agréable, sur les hauteurs d'une chaîne de collines d'un vert tirant sur le jaune. Il n'y a cependant pas grand-chose à voir. Elle s'anime le jeudi, jour de marché.

Peut-être souhaiterez-vous passer la nuit à Tebersouk afin de rejoindre le site de Dougga avant l'arrivée en masse des visiteurs ou pour pouvoir rester tard après leur départ.

Hôtel Thugga (☎ 466 647 ; s/d 29/42 DT ; ❄). À environ 2 km de la ville, ce deux-étoiles dispense un confort correct à des tarifs toutefois exagérés. Son restaurant avec terrasse pratique, en revanche, des prix raisonnables.

Depuis/vers Tebersouk

Tous les bus de la SNTRI circulant entre Tunis (5 DT, 1 heure 45) et Le Kef (3 DT, 1 heure 15) passent par Tebersouk. Cela veut dire qu'il existe une desserte dans chaque direction environ toutes les heures. Des louages relient régulièrement Tebersouk à Béja, Tunis et Le Kef mais le service cesse vers 19h.

LE KEF

☎ 78 / 46 000 habitants

Haut perché sur le versant sud du djebel Dyr (1 084 m) et surmonté d'une kasbah de contes de fée, Le Kef (El Kef, de l'arabe "rocher") revêt l'aspect d'une ville forte retranchée. L'Algérie n'est qu'à 45 km. Sa partie ancienne, composée de ruelles pavées tortueuses et de bâtiments aux volets bleus, se concentre autour d'un parc. Celui-ci jouit d'une vue magnifique sur les champs jaunes et verts qui s'étirent dans toutes les

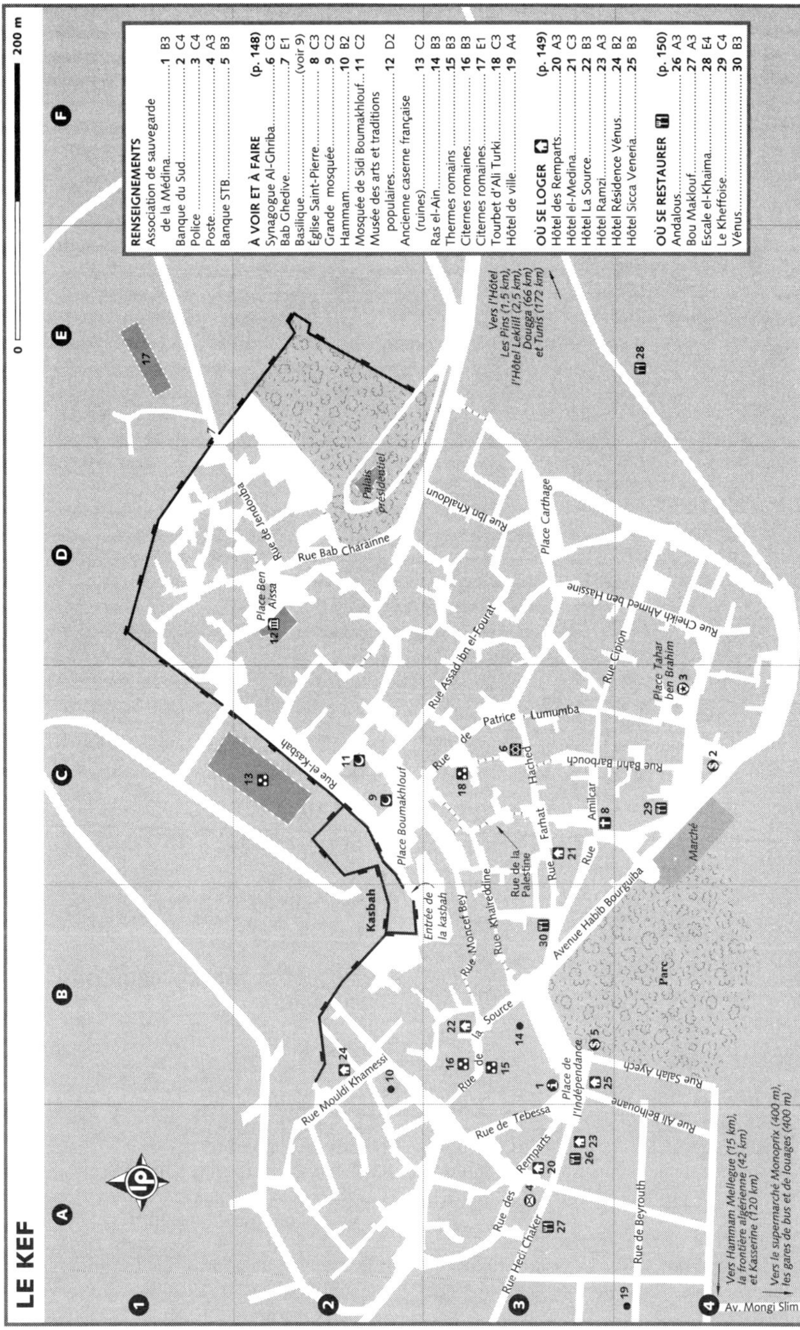
LE KEF
0
200 m
A
B
C
D
E
F
1
2
3
4
RENSEIGNEMENTS
Association de sauvegarde de la Médina 1 B3
Banque du Sud 2 C4
Police 3 C4
Poste 4 A3
Banque STB 5 B3
À VOIR ET À FAIRE (p. 148)
Synagogue Al-Ghriba 6 C3
Bab Ghedive 7 E1
Basilique (voir 9)
Église Saint-Pierre 8 C3
Grande mosquée 9 C2
Hammam 10 B2
Mosquée de Sidi Boumakhlouf 11 C2
Musée des arts et traditions populaires 12 D2
Ancienne caserne française (ruines) 13 C2
Ras el-Aïn 14 B3
Thermes romains 15 B3
Citernes romaines 16 B3
Citernes romaines 17 E1
Tourbet d'Ali Turki 18 C3
Hôtel de ville 19 A4
OÙ SE LOGER (p. 149)
Hôtel des Remparts 20 A3
Hôtel el-Medina 21 C3
Hôtel La Source 22 B3
Hôtel Ramzi 23 A3
Hôtel Résidence Vénus 24 B2
Hôtel Sicca Veneria 25 B3
OÙ SE RESTAURER (p. 150)
Andalous 26 A3
Bou Maklouf 27 A3
Escale el-Khaima 28 E4
Le Kheffoise 29 C4
Vénus 30 B3
Vers l'Hôtel Les Pins (1,5 km), l'Hôtel Leklil (2,5 km), Dougga (66 km) et Tunis (172 km)
Vers Hammam Mellegue (15 km), la frontière algérienne (42 km) et Kasserine (120 km)
Vers le supermarché Monoprix (400 m), les gares de bus et de louages (400 m)
Kasbah
Entrée de la kasbah
Palais présidentiel
Place Ben Aïssa
Place Boumakhlouf
Place Carthage
Place Tahar ben Brahim
Place de l'Indépendance
Parc
Marché
Rue el-Kasbah
Rue de Jendouba
Rue Bab Charainne
Rue Ibn Khaldoun
Rue Assad ibn el-Fourat
Rue Cheikh Ahmed ben Hassine
Rue de Patrice Lumumba
Rue Hached
Rue Bahi Barbouch
Rue Cipion
Rue Farhat
Rue Amilcar
Rue de la Palestine
Rue Moncef Bey
Rue Khaireddine
Avenue Habib Bourguiba
Rue de la Source
Rue Mouldi Khamessi
Rue de Tebessa
Rue des Remparts
Rue Salah Ayech
Rue Ali Belhouane
Rue de Beyrouth
Rue Hedi Chaker
Av. Mongi Slim

directions et sur les collines qui surgissent de la plaine. La ville subsiste surtout grâce à l'agriculture. Avec ses maisons couleur de miel et son esprit communautaire, elle est pourtant l'une des perles cachées de Tunisie. Sachez cependant, qu'il y fait froid l'hiver et terriblement chaud l'été.

Histoire

Sicca, la ville primitive de ce site stratégique, fut fondée en 500 av. J.-C. par Carthage afin de protéger l'ouest de son territoire nouvellement conquis. Elle était connue pour les prostituées du temple d'Astarté, déesse de l'amour. Plus tard, les Romains consacrèrent le sanctuaire à Vénus et la ville prit le nom de Sicca Veneria.

Ne pouvant payer ses mercenaires, Carthage les envoya dans ce lieu. Ils se révoltèrent. D'autres mercenaires furent alors mandatés pour les mater, déclenchant ainsi une bataille de quatre ans (Flaubert s'en inspira dans le roman *Salammbô*). Après la chute de Carthage, Le Kef devint une place forte du roi numide Jugurtha pendant son soulèvement contre Rome.

Les Vandales firent une brève apparition, suivis des Byzantins puis des Arabes, qui s'emparèrent de la ville en 688 et la baptisèrent Shaqbanaria. Les autochtones saisirent toutes les occasions de se rebeller contre le gouvernement central avant d'accéder à l'autonomie après les invasions hilaliennes du XIe siècle. La ville passa peu de temps aux Almohades en 1159, mais redevint bientôt indépendante. Lorsque les Ottomans débarquèrent au XVIe siècle, la région formait le fief de la tribu des Beni Cherif.

Les Ottomans contribuèrent à la prospérité du Kef, dont ils reconstruisirent les fortifications. Cette période d'essor perdura sous le règne des beys. Hussein ben Ali, fondateur de la lignée husseinite, naquit dans cette ville.

Pendant le protectorat français, Le Kef conserva son rôle militaire, mais la puissance coloniale se concentra avant tout sur les plaines agricoles. Au cours de la Seconde Guerre mondiale, sa position géographique fut exploitée pour combattre en Algérie.

Orientation et renseignements

La plupart des services susceptibles de concerner les voyageurs se trouvent aux abords de la place de l'Indépendance, dans le centre-ville, en contrebas de la kasbah. Seules exceptions, la gare routière et la station de louage, côte à côte dans l'avenue Mongi Slim, à environ 15 minutes de marche en descendant de la place.

À défaut d'office du tourisme, adressez-vous à l'**Association de sauvegarde de la médina** (☎ 201 148 ; place de l'Indépendance) ou au musée. La poste se tient dans la rue Hedi-Chaker et le centre abrite de nombreuses banques.

À voir

LA KASBAH

Le chemin de ronde crénelé de la majestueuse **kasbah** (🕒 8h-17h) domine Le Kef. Son principal attrait réside dans le superbe panorama qui embrasse la ville et le paysage vallonné bleu, vert et or. Un fort occupa le site dès le Ve siècle av. J.-C. L'édifice actuel résulte de 2 500 ans de reconstructions successives. Bâti par les Byzantins au VIe siècle, il fut renforcé par les Turcs à la fin du XVIe siècle. Son dernier occupant, l'armée tunisienne, y demeura cantonné jusqu'en 1992 (d'où le matériel de manœuvre laissé dans la cour).

En 1679, sous Mohammed Bey, une petite kasbah, aujourd'hui en piètre état, fut ajoutée dans l'enceinte extérieure de la forteresse principale.

Le gardien escompte un bakchich pour vous montrer les lieux dignes d'intérêt : la mosquée turque, les cellules de la prison, un canon en bronze abandonné par le dey d'Alger en 1705, plusieurs portes et murailles d'époques variées.

En déambulant dans les petits jardins hors les murs, vous profiterez d'une vue imprenable sur la ville. La nuit, l'endroit devient magique.

LE MUSÉE DES ARTS ET TRADITIONS POPULAIRES

Bien conçu, le **musée des Arts et Traditions populaires** (1,1 DT, appareil photo 1 DT ; 🕒 9h30-16h30 mi-sept-mai, 9h-13h et 16h-19h avr-mi-sept) occupe le beau bâtiment de l'ancienne Zaouia de Sidi Ali ben Aissa (1666) avec des salles hautes de plafond blanchies à la chaux. Ses collections illustrent la culture des nomades berbères de la région à travers des pièces telles que tentes, bijoux, ustensiles et métiers à tisser. À noter aussi des sections consacrées à la médecine et à l'artisanat traditionnel. Le personnel se montre extrêmement serviable et bien informé.

LA MÉDINA

Les principaux monuments de la médina sont regroupés autour de la place Boumakhlouf, en bas des escaliers, du côté est de la kasbah. La **basilique** est encore appelée "mosquée" bien que le culte musulman n'y soit plus célébré depuis longtemps. Personne ne semble connaître exactement sa fonction d'origine ni même sa date de construction. Son plan cruciforme indique cependant un lien avec l'Église chrétienne ; peut-être s'agissait-il d'un monastère byzantin du VIe siècle. Convertie en mosquée au VIIIe siècle après la conquête arabe, elle abrite maintenant un mini-musée qui expose des photos de la région et diverses sculptures.

Jouxtant la Grande Mosquée, la charmante petite **mosquée de Sidi Boumakhlouf,** du début du XVIIe siècle, arbore des coupoles éclatantes de blancheur autour d'un minaret ottoman de forme octogonale. Elle porte le nom du saint local, qui repose à côté de l'édifice en compagnie des siens. Un café a été installé sur les marches juste en face, à l'ombre des arbres d'une place ravissante.

Le **Tourbet d'Ali Turki** (rue Patrice-Lumumba) renferme le tombeau du père d'Hussein ben Ali, fondateur de la lignée des beys husseinites (1705–1957) qui dirigea la Tunisie pendant les 250 ans précédant l'indépendance.

La **synagogue Al-Ghriba** (rue Farhat-Hached) se niche au cœur de l'ancien quartier juif, le Harah, dont l'histoire s'avère difficile à retracer. Des voyageurs du début du XIXe siècle rapportèrent la présence d'une communauté juive florissante et un cimetière israélite d'une taille significative se tient à l'est du palais présidentiel. Véritable curiosité, la synagogue rend hommage à une part disparue de la culture locale. Outre l'intérieur restauré, on peut y voir de vieilles coupures de presse et des manuscrits. Le gardien vous laissera entrer moyennant un bakchich.

L'ÉGLISE SAINT-PIERRE

Dans la rue Amilcar, au sud de la synagogue, cette église en ruine du IVe siècle, également appelée Dar el-Kous, comprend une abside byzantine en bon état. Vous risquez cependant de trouver porte close.

RAS EL-AÏN

Le Kef doit son existence à la source Ras el-Aïn, en plein centre-ville. Elle fournissait jadis en eau les thermes monumentaux récemment découverts à proximité. Elle alimentait aussi les citernes romaines, en face des bains, du côté nord de la rue de la Source.

BAB GHEDIVE

En franchissant cette porte bien conservée – la seule qui subsiste – on passe sans transition de la ville à la campagne. À côté, une énorme citerne souterraine romaine, sorte de caverne sombre et lugubre, sert de cachette aux buveurs nocturnes. De petites falaises rouges forment le décor de fond – des villageois en descendent avec leur âne pour puiser de l'eau à la pompe. Au sud-est des citernes, le vieux cimetière chrétien, avec ses tombes décorées de fer forgé et sa terre crevassée, donne la chair de poule. Plus bas en direction des remparts se déploie un vaste cimetière juif dont certaines sépultures remontent à la période romaine.

Où se loger

Le Kef possède un bon choix d'hébergements économiques ainsi que plusieurs hôtels de catégorie moyenne.

PETITS BUDGETS

Hôtel el-Medina (☎ 204 183, 18 rue Farhat-Hached ; s/d avec sdb commune 10/15 DT). Il n'y a pas plus central que cet établissement fiable et plutôt propre. Il y fait froid l'hiver et chaud l'été, mais les chambres à l'arrière ont une belle vue.

Hôtel Le Source (☎ 204 397 ; s/d 15/25 DT). Tenu par un véritable personnage, l'endroit dispose de chambres avec balcon et de sanitaires pas toujours très nets. La meilleure, équipée d'une sdb individuelle, s'orne de carreaux et d'un plafond à coupole aux stucs ouvragés (vous aurez l'impression de coucher dans la mosquée de Sidi Boumakhlouf).

CATÉGORIE MOYENNE

Hôtel-Résidence Venus (☎ 204 695 ; rue Mouldi-Khamessi ; s/d 25/36 DT). Nichée sous la muraille extérieure de la vieille kasbah, cette petite pension accueillante loue des chambres confortables. Elle partage la même direction que Les Pins dont vous pourrez profiter de la piscine en demandant gentiment la permission. Le petit déjeuner n'est pas mal non plus.

Hôtel Ramzi (☎ 203 079 ; rue Hedi-Chaker ; s/d 12,5/7 DT). Petites chambres proprettes, joliment carrelées, et bon restaurant.

Hôtel Sicca Veneria (☎ 202 389 ; place de l'Indépendance ; s/d 22/36 DT). Très central, il offre des chambres un peu mornes malgré leur balcon.

Hôtel Les Pins (☎ 204 021 ; s/d 30/42 DT ;). À environ 1,5 km à l'est, sur la route Tunis, cet établissement attrayant, propre et lumineux présente un bon rapport qualité/prix. Le bâtiment agrémenté de faïences colorées s'organise autour d'une cour avec piscine. Toutes les chambres se doublent d'une ravissante sdb carrelée et jouissent parfois d'une vue intéressante.

Hôtel des Remparts (☎ 202 100 ; 5 rue des Remparts ; s/d avec sdb commune 16/30 DT). Chambres claires et plutôt propres dans une rue calme, dont certaines avec de grandes fenêtres. Le restaurant sert de la bière.

Hôtel Leklil (☎ 204 747 ; s/d 30/40 DT ;). Ce nouveau trois-étoiles occupe un bâtiment vieillot, doté de vastes terrasses, dans un cadre arboré et paisible en dehors de la ville. Cependant, les fenêtres des chambres ne permettent pas de profiter pleinement de la vue.

Où se restaurer

Bou Maklouf (rue Hedi-Chaker ; plats 1-2 DT). Excellente table bon marché, très populaire, qui prépare le meilleur poulet frites de la ville, ainsi qu'une gamme de spécialités comme le *lablabi* (soupe) et des salades.

Vénus (☎ 200 355 ; rue Farhat-Hached ; 2,5-3,5 DT, plats 5,5-11 DT). Dirigé par les patrons de la Résidence Vénus, il propose une nourriture savoureuse – quantités de grillades et de plats de viande – dans l'atmosphère conviviale d'un bar à l'éclairage tamisé. Il accueille une clientèle à dominante masculine, mais reste recommandable.

Andalous (rue Hedi-Chaker ; plats 1-3 DT). Cette adresse sans chichi bénéficie d'une certaine réputation. Les plus délicats dédaigneront toutefois la tête d'agneau au profit du poisson (une bonne poissonnerie se tient dans les parages).

Le Kheffoise (☎ 203 887 ; av. Habib-Bourguiba ; pizza 2 DT). D'une propreté impeccable, cette petite boulangerie-pizzeria sert des pizzas de qualité sur un petit balcon intérieur.

Escale el-Khaima (av. Habib-Bourguiba ; pizza 2,5-5 DT, plats 1-7 DT ; avr-oct). Sur la route de Dougga, plusieurs cafés en plein air contemplent les plaines sans fin. Celui-ci s'avère le meilleur du lot, avec un cadre fantastique et de l'animation le soir.

Depuis/vers Le Kef

BUS

Des bus de la SNTRI desservent Tunis (8 DT, 3 heures, toutes les heures) *via* la Nouvelle Dougga (3 DT, 1 heure) et Tebersouk (3 DT, 1 heure 15 ; changez dans l'une ou l'autre ville pour aller à Dougga).

Il existe des liaisons avec Jendouba (1 heure, deux par jour) et d'autres occasionnelles avec Kairouan (*via* Makthar), Kasserine et Tabarka.

LOUAGE

La station de louage jouxte la gare routière. Des taxis relient fréquemment Tunis (7,5 DT). Parmi les autres destinations, citons Jendouba, Kasserine et Makthar. Tebersouk n'est en revanche pas desservie.

ENVIRONS DU KEF HAMMAM MELLEGUE

À Hammam Mellegue, 15 km à l'ouest du Kef, vous pourrez prendre un vrai bain romain dans un décor spectaculaire. Les thermes se dissimulent à la base d'un escarpement impressionnant et de collines plantées d'arbres robustes, surplombant un large méandre de l'Oued Mellegue, boueuse rivière ocre aux berges verdâtres.

Bien que l'édifice du IIe siècle soit en ruine, son **caldarium** (salle chaude ; 1 DT) fait toujours office de hammam. Après plus de 1 800 ans, ce lieu extraordinaire n'a pratiquement pas changé. Une grande porte en bois donne accès à la salle souterraine caverneuse remplie de vapeur où la lumière perce à travers les lucarnes d'un plafond voûté. Des marches de pierre descendent dans un vaste bassin alimenté par des sources chaudes, dont l'eau légèrement saline jaillit du sol à 50°C. Les baigneurs se prélassent mollement dans la piscine. Il existe des salles séparées pour les hommes et les femmes.

DEPUIS/VERS HAMMAM MELLEGUE

L'embranchement pour Hammam Mellegue se trouve à environ 3 km au sud-ouest du Kef, près de l'intersection avec les routes de Tunis, de Dahmani et de Sakiet Sidi Youssef.

LE CENTRE-OUEST ET LE TELL

Si vous venez du Kef, suivez la direction de Sakiet Sidi Youssef. L'embranchement débute en face d'une base militaire à la lisière de la ville. Repérez le panneau signalant les Forêts du Kef, au-dessus de l'indicateur de distance d'Hammam Mellegue (12 km). Ne sortez pas des sentiers battus car des têtes de mort signalent la présence de mines alentour.

Elles seules permettent de savoir que vous êtes sur la bonne voie quand la route de graviers se dirige vers l'ouest à travers des champs de blé vallonnés. Les dix premiers kilomètres présentent une chaussée en bon état. Les deux derniers s'effectuent sur une route délicate qui descend l'escarpement jusqu'à l'Oued Mellegue. En étant vigilant, on peut néanmoins parcourir cet itinéraire à bord de n'importe quelle voiture.

THUBURBO MAJUS

Au milieu des champs de blé qui firent sa fortune, la cité de **Thuburbo Majus** (2,1 DT, appareil photo 1 DT ; 8h30-17h30 mi-sept-mars, 8h-19h avr-mi-sept) dégage toujours un air de prospérité malgré son état de ruine. À 60 km au sud-ouest de Tunis, près de la bourgade d'El-Fahs, elle revêt l'aspect typique des villes de province romaines, avec un capitole imposant, des thermes, des villas et des citernes. Au IIe siècle, on y dénombrait 10 000 habitants, dont les plus aisés exhibaient leur richesse en construisant des bâtiments publics et en ornant leurs demeures de somptueuses mosaïques – beaucoup sont maintenant exposées au musée du Bardo à Tunis (voir p. 57).

Histoire

La ville existait bien avant l'arrivée des Romains. Cet ancien site d'implantation berbère fut l'un des premiers à tomber sous la domination des Carthaginois lancés à la conquête d'un empire africain au Ve siècle av. J.-C. Elle leur demeura loyale jusqu'à la victoire de Rome.

Contrainte de payer tribut après la chute de Carthage en 146 av. J.-C., elle perdit toute son importance. En 128, elle reçut le statut de municipe à la suite d'une visite de l'empereur Hadrien et ne tarda pas à devenir un centre majeur pour le commerce

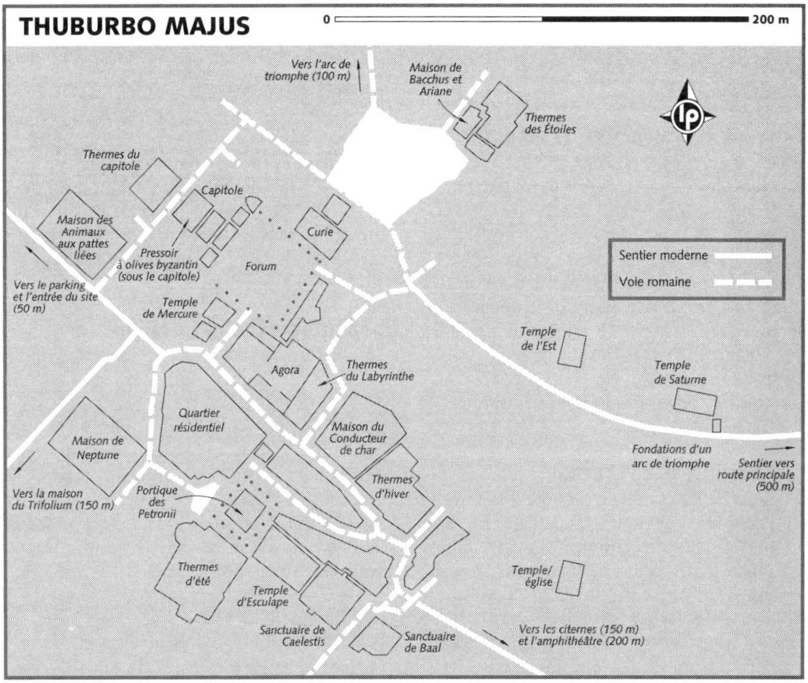

des produits agricoles locaux (huile, blé et vin). La plupart des monuments datent de la seconde moitié du IIe siècle, malgré une deuxième phase de construction à la fin du IVe siècle. Au Ve siècle, l'ancienne cité n'était plus guère qu'un village.

À voir

LE CAPITOLE ET LE FORUM

Bâti en 168, le capitole s'élève au-dessus des ruines d'habitations, sur une plate-forme de pierre géante. Quatre énormes piliers de calcaire rose en marquent l'entrée. On y accède par un escalier monumental qui monte du forum, au sud-est (ne manquez pas la vue depuis le sommet). Dédié aux empereurs Marc Aurèle et Commode, il était placé sous la protection de la triade Jupiter, Minerve, Junon. Le pied chaussé d'une sandale et la tête d'un colosse de Jupiter, qui mesurait 7,5 m de haut, furent mis au jour à cet endroit. Ces fragments résident à présent au musée du Bardo, à Tunis.

On peut voir sous le capitole les restes d'un **pressoir à olives** byzantin composé, entre autres, à partir d'une ancienne piscine romaine. Le capitole surplombe le forum, élément essentiel de toute ville romaine, construit en 161–162. Les colonnades qui encadrent ce dernier sur trois côtés furent ajoutées en 182.

LE TEMPLE DE MERCURE, LE MARCHÉ ET LA MAISON DE NEPTUNE

Le temple de Mercure, dans la partie sud-ouest du forum, touche le marché (Mercure était le dieu du commerce en même temps que le messager des dieux). Des échoppes flanquent sur trois côtés la cour au-dessous du temple. Juste derrière le marché, le lacis de rues résidentielles préexistait à l'arrivée des Romains. Au-delà, la spacieuse maison de Neptune, en cours de fouille, arbore quelques mosaïques à motifs géométriques.

LE PORTIQUE DES PETRONII

Le nom de ce gymnase renvoie à la famille de Petronius Felix qui le finança. Il ne reste qu'une rangée des colonnes corinthiennes en marbre gris veiné de jaune qui l'entouraient. Dans le complexe, on s'adonnait à diverses activités sportives avant de se rendre aux thermes. Les lettres visibles à l'angle sud-ouest faisaient partie d'un jeu.

LES THERMES

En matière de bains, les citoyens de Thuburbo Majus avaient le choix entre cinq établissements.

Les **thermes d'été**, les plus vastes du lot, couvraient 2 800 m² contigus au portique des Petronii. Les **thermes d'hiver**, à 150 m à l'est, possède une majestueuse entrée gardée par quatre colonnes de marbre veiné. Tous deux étaient tapissés d'une profusion de mosaïques désormais conservées au musée du Bardo.

Plus petits, les **thermes du Labyrinthe**, au sud-est de l'agora, et les **thermes des Étoiles**, au nord-est du capitole, ont été baptisés d'après leurs mosaïques. Enfin, les **thermes du Capitole** se situent à l'ouest de ce dernier.

LE SANCTUAIRE DE BAAL ET LE SANCTUAIRE DE CAELESTIS

Le sanctuaire de Baal, un petit temple carré, se reconnaît aisément aux deux piliers qui se dressent au sommet de ses marches. Le culte de Baal, principal dieu du panthéon punique, perdura sous une forme romanisée bien après la chute de Carthage. Le sanctuaire de Caelestis, avec son arche complète en pierre jaune, vénérait un avatar romain de Tanit. Il fut plus tard transformé en une église byzantine dont on distingue encore les traces.

AUTRES MONUMENTS

Du sanctuaire de Baal, un mauvais sentier conduit dans les collines jusqu'aux vestiges de la massive **citerne** voûtée qui approvisionnait jadis la ville en eau. La butte, au-delà de la citerne, signale l'emplacement d'un modeste **amphithéâtre**. Un autre chemin mène vers le nord à un **temple de Saturne** au sommet d'une butte.

Depuis/vers Thuburbo Majus

Thuburbo Majus se tient juste à l'ouest de la route Tunis–Kairouan, à 3 km au nord d'El-Fahs. Les transports publics ne desservent pas le site, mais n'importe quel bus entre Tunis et Kairouan peut vous déposer au niveau de l'embranchement, à 15 minutes à pied de l'entrée des ruines et du parking. L'arc de triomphe qui marque la lisière nord de la ville vous indiquera si vous êtes sur la bonne voie.

De Tunis, des taxis collectifs se rendent régulièrement à El-Fahs (2,95 DT) depuis la station de louage du Cap Bon et des bus partent de la gare routière du Sud.

ZAGHOUAN

☎ 72 / 15 800 habitants

Somnolant au pied du djebel Zaghouan (1 295 m), dans un beau paysage vallonné, la ville alimentait autrefois en eau douce l'antique Carthage. Sous le règne d'Hadrien (120-131) fut construit un aqueduc de 132 km dont on remarque encore de longs tronçons en excellent état – des arches robustes qui enjambent la campagne – le long de la route Tunis–Zaghouan. Septime Sévère le fit rénover en 203 puis les Byzantins réparèrent les dégâts causés par les Vandales. Endommagé à nouveau pendant le siège de Carthage en 698 par Hassan Ibn Numan, il fut rebâti aux Xe et XIIIe siècles. Les habitants utilisent toujours l'eau des sources qui jaillissent à divers points stratégiques de la ville. Un marché a lieu à Zaghouan le jeudi après-midi et le vendredi matin.

Également de l'époque d'Hadrien, le **nymphée**, ou temple des Eaux, une fontaine dédiée à la source qui approvisionnait Carthage, présentait sur son pourtour 12 niches contenant les statues des mois. Elle s'inscrit au milieu d'un cadre agréable, sur fond de collines, avec un séduisant café dans un jardin.

Le **Restaurant la Source** (☎ 675 661 ; av. 7-Novembre ; entrées 1,5 DT, plats 4-9 DT) se dote d'une terrasse avec une vue formidable et d'une salle climatisée en bois sombre ménageant des espaces propices à l'intimité. La carte affiche des plats simples et bons.

Depuis/vers Zaghouan

Les transports publics partent du milieu de la ville. Des bus et des louages desservent El-Fahs (1,3 DT, quatre par jour) et Tunis (2,75 DT, deux par jour), ainsi que Nabeul/Hammamet (2,95 DT) et Sousse (3,75 DT).

De Tunis, des louages pour Zaghouan (2,75 DT, 1 heure) quittent la station du Cap Bon.

OUDNA (UTHINA)

L'antique Uthina, peu visitée mais fascinante, s'étend à environ 30 km au sud de Tunis, juste à l'est de l'aqueduc qui acheminait l'eau douce de Zaghouan à Carthage. Au-dessus, sur le faîte d'une colline, trônent le capitole transformé en ferme, avec d'énormes celliers byzantins, et un amphithéâtre bien restauré.

Histoire

Selon Pline, cet ancien village berbère aurait constitué l'une des premières colonies romaines d'Afrique. Site d'une grande bataille opposant Carthage aux légions de Regulus lors de la première guerre punique en 255 av. J.-C, Uthina a été décrite par le général romain comme une importante cité fortifiée. De cela, il ne demeure aucune trace.

La ville fut fondée par l'empereur Auguste au début du Ier siècle et peuplée de vétérans de l'armée. Ces derniers n'ayant aucune notion d'agriculture, Uthina végéta jusqu'à ce que de véritables cultivateurs rachètent ses terres. À l'instar de beaucoup de cités romaines d'Afrique, sa prospérité culmina aux IIe et IIIe siècles – en raison de sa fertilité, il s'agissait d'une des régions où la présence de Rome était la plus forte. L'implantation massive du christianisme se traduisit par la création de nombreux évêchés. Le déclin de la ville s'amorça après la conquête vandale, mais elle survécut sous la tutelle byzantine avant d'être occupée par les Arabes.

Le site servit de dépôt de munitions durant la Seconde Guerre mondiale, ce qui endommagea plusieurs monuments.

À voir

De vastes dimensions, le site continue d'être fouillé. Il se profile dans un charmant paysage rural, couvert d'oliveraies et de cyprès. La route d'accès s'arrête au niveau d'une petite colline au centre des ruines, surmontée d'une vieille ferme coloniale toujours occupée, qui semble surgir de terre. Connue localement sous le nom d'El-Kalaa (la forteresse), elle correspond au **capitole** antique.

La ferme se tient à l'emplacement du temple capitolin. Le **forum**, identifiable au sud, sert à présent de basse-cour, entourée de dépendances. Les marches restaurées menant au capitole montent le long de la pente rocheuse entre la cour et le corps de ferme. L'ascension vaut la peine pour profiter du panorama sur le site.

En contrebas du capitole se trouve une série de magnifiques salles voûtées intactes remontant à l'époque byzantine.

Au sud du forum, les restes d'un **réservoir** apparaissent à l'extrémité d'un **aqueduc** qui transportait l'eau depuis les sources voisines du djebel Rassas. La majeure partie de cette eau remplissait un réseau d'énormes **citernes** à arcades, à 200 m au sud du réservoir. Certaines se sont écroulées mais d'autres, étanches, froides et suintantes d'humidité, étonnent par leur remarquable état de conservation.

Les pans de maçonnerie éboulés à l'est du capitole marquent l'emplacement des **thermes publics** surnommés Touir Ellil (le "tunnel des chauve-souris). Contrastant avec le fouillis de décombres en surface (le monument explosa quand il faisait office de dépôt d'armes lors de la Seconde Guerre mondiale), la partie souterraine se révèle plutôt bien conservée. Des fouilles ont exhumé ici un superbe buste en marbre noir avec une coiffure libyenne, actuellement au musée du Bardo.

Au nord, à côté de la route d'accès, les **thermes des Laberii** renfermaient la mosaïque d'Orphée charmant des animaux sauvages exposée au musée du Bardo et tirent leur nom de l'inscription présente sur celle-ci. Pendant la période byzantine, la partie nord-ouest de l'édifice abritait un atelier de poterie dans lequel ont été découverts beaucoup d'objets chrétiens. Les thermes jouxtent la fameuse **maison des Laberii**, ou d'Ikarios (d'après une mosaïque où Dionysos fait don de la vigne à Ikarios, roi d'Attique), somptueuse villa de plus de 30 pièces et sans doute la plus belle du site. On peut admirer les restes d'une colonnade qui clôturait le jardin. Toutes les pièces étaient pavées de mosaïques dont les plus marquantes résident au musée du Bardo.

À l'ouest de la route d'accès, l'**amphithéâtre** qui accueillait jusqu'à 10 000 spectateurs fournit un indice sur la taille de la cité romaine. On l'appelait autrefois El-Habs, "la prison", car il contenait des cellules destinées aux repris de justice et aux fauves assurant le spectacle. Au moment de notre visite, il subissait des travaux de restauration.

Depuis/vers Uthina

Les transports publics ne desservent pas le site, clairement indiqué à 28 km au sud de Tunis, sur la route de El-Fahs et de Kairouan. Comptez 2 km supplémentaire jusqu'aux ruines, près du village moderne d'Oudna. La gare locale ne concerne que les trains de marchandises. Sinon, vous pouvez vous rendre à El-Fahs et demander à un chauffeur de louage de vous conduire à Thurburbo Majus et à Oudna, puis de vous ramener à Tunis – le trajet complet vous coûtera entre 15 et 20 DT.

MAKTHAR (MACTARIS)

☎ 78 / 9 000 habitants

Les ruines de Mactaris méritent une halte sur la route entre Kairouan (114 km à l'est) et Le Kef (69 km au nord-ouest). Toutefois, ne prévoyez pas d'y passer la nuit car la ville moderne s'avère plutôt maussade et son unique hôtel peu attirant.

Histoire

L'antique Mactaris figurait parmi les nombreuses villes annexées à l'Empire carthaginois à la fin du Ve siècle av. J.-C. lors de la conquête de l'arrière-pays. Prise par le roi Massinissa avant la troisième et dernière guerre punique, elle resta aux mains des Numides jusqu'au début du Ier siècle, quand Rome entreprit de s'intéresser sérieusement à sa province d'Afrique.

La cité romaine atteignit son apogée au IIe siècle puis Vandales et Byzantins y laissèrent leur empreinte aux siècles suivants. Occupée jusqu'au XIe siècle, elle fut détruite par les invasions hilaliennes.

Orientation et renseignements

Le site se situe à la lisière sud-est de la ville, au carrefour des routes de Kairouan et du Kef.

Si vous le visitez en hiver, habillez-vous chaudement car à plus de 1 000 m d'altitude, un vent glacial balaie parfois les collines.

Mactaris

L'accès à **Mactaris** (2,1 DT, appareil photo 1 DT ; 8h-18h en été, 8h30-17h30 en hiver) s'effectue par le **musée** qui recèle plusieurs pierres tombales intéressantes ainsi que des bustes romains, des lampes et des monnaies. Juste au sud du musée, le petit **amphithéâtre** du IIe siècle apparaît en excellent état grâce à des restaurations récentes.

Le principal sentier du site part au sud de l'amphithéâtre vers les vestiges croulants de l'immense **Arc de Trajan**. Érigé en 116 et dédié à l'empereur éponyme, il domine le **forum romain** construit à la même époque. Les quatre colonnes à l'angle nord-est du forum

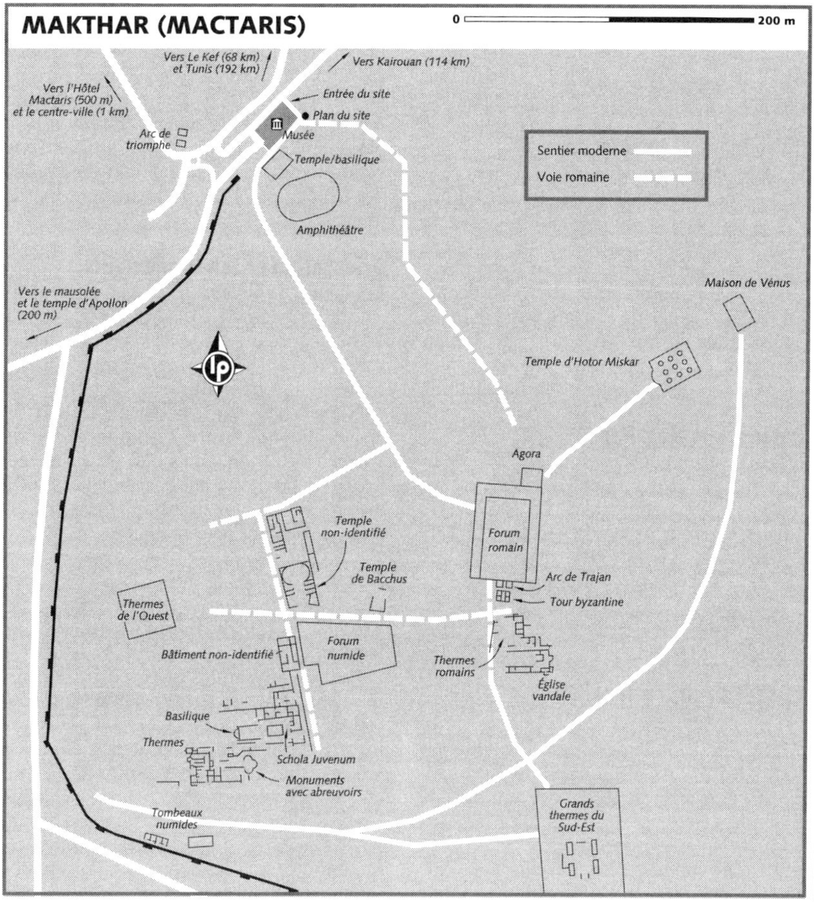

désignent l'emplacement du **marché**. Les fondations aux sud de l'arc appartiennent à une tour byzantine du VIe siècle.

Un chemin mène au nord-est du forum jusqu'aux maigres ruines du **temple d'Hotor Miskar**, consacré au dieu Carthaginois du même nom. Aux abords se tient une villa romaine baptisée la **maison de Vénus** d'après le sujet de la mosaïque (actuellement au musée) qui la décorait.

Le groupe de colonnes au sud de l'arc de Trajan fait partie d'une petite **église vandale** du Ve siècle. Les fonts baptismaux, dissimulés derrière l'abside à l'extrémité est, présentent encore des traces de mosaïques d'origine.

L'enchevêtrement d'arches et de colonnes à l'angle sud-ouest du site composaient jadis la **schola juvenum** où les jeunes garçons du cru apprenaient à devenir de bons citoyens romains. Elle fut transformée en église au IIIe siècle. Juste au sud de ce lieu plaisant et ombragé s'étendait le **cimetière**, encore parsemé de tombes numides.

Dans la partie sud de Mactaris s'élèvent les murs massifs des **grands thermes du sud-est** (IIe siècle). Convertis en forteresse par les Byzantins au VIe siècle, ils comptent néanmoins parmi les mieux conservés de Tunisie et possèdent, dans la salle centrale, un pavement de mosaïque bleu et vert exceptionnel.

Le **temple d'Apollon**, à quelque 800 m au sud-ouest de la ville et signalé depuis le musée, était le principal temple de la cité à l'époque romaine, érigé à l'emplacement d'un temple carthaginois dédié à Hammon. Attenants, les vestiges délabrés de l'aqueduc romain qui alimentait Mactaris en eau.

Où se loger et se restaurer

Unique hébergement de Makthar, le minuscule **Hôtel Mactaris** (☎ 876 465 ; d 10 DT), à environ 500 m du site antique, sur la route qui pénètre en ville, ne convient qu'en dernier recours. Ses trois chambres des plus sommaires se trouvent au-dessus du seul bar de la ville et il faut être vraiment épuisé pour dormir sur leurs vieux lits en fer défoncés. Sur place, un restaurant bon marché sert des grillades et des salades.

Depuis/vers Makthar

Des bus partent du carrefour en "T", 100 m au nord de l'Hôtel Mactaris. Il existe cinq liaisons quotidiennes avec Le Kef (3 DT, 1 heure 15) et deux avec Kairouan (4,6 DT, 1 heure 45). La SNTRI dessert Tunis (7,7 DT, 3 heures) trois fois par jour.

Des louages desservent aussi Tunis, Le Kef et Kairouan depuis la rue principale, au milieu de la ville.

SBEÏTLA (SUFETULA)

☎ 77 / 7 500 habitants

Au milieu de nulle part, dans la plaine qui s'étire à 107 km au sud-ouest de Kairouan, Sbeïtla abrite la superbe cité antique de Sufetula, célèbre pour ses temples romains admirablement préservés.

La ville moderne ne présente pas d'intérêt particulier, hormis quelques hôtels convenables.

Histoire

À l'image d'autres cités romaines de la région, comme Ammaedara et Mactaris, Sufetula fut établie au début du Ier siècle sur un site numide antérieur.

La campagne environnante, propice à la culture des olives, contribua à rendre la ville florissante. Les temples datent du IIe siècle, période coïncidant avec son âge d'or. Ses ressources agricoles continuèrent à assurer sa prospérité bien après le déclin de ses voisines et elle devint au IVe siècle un important fief chrétien.

Les Byzantins firent de Sufetula leur capitale régionale en même temps qu'un bastion militaire pour mater la rébellion des tribus locales. C'est ici qu'en 647, le préfet Grégoire déclara son indépendance vis-à-vis de Constantinople. Son heure de gloire ne dura cependant que quelques mois ; les Arabes le tuèrent, détruisant au passage une bonne partie de la ville. Cette victoire arabe est célébrée lors du festival des Sept Abdullah, la dernière semaine de juillet.

Orientation et renseignements

Les ruines de **Sufetula** (2,1 DT, appareil photo 1 DT ; 🕒 7h-19h en été, 8h30-17h30 en hiver) gisent à 1 km au nord du centre de la ville moderne, sur la route de Kasserine. L'entrée du site s'ouvre en face du musée.

Nous vous conseillons d'effectuer la visite de bonne heure, ce qui implique de passer la nuit dans un hôtel du voisinage. Le jeu en vaut toutefois la chandelle pour la vision spectaculaire des temples rougeoyant dans le soleil du petit matin.

À voir

LES TEMPLES

Trônant au milieu des ruines, les célèbres **temples** de Sufetula tiennent la vedette.

Les murs byzantins qui les entourent remontent au VIe siècle. On pénètre par le côté sud du complexe en franchissant la magnifique **porte Antonine** à trois arches, érigée en 139 et dédiée à l'empereur Antonin le Pieux et à ses fils adoptifs Marc Aurèle et Lucius Verus. Celle-ci débouche sur un vaste **forum** pavé, flanqué de deux rangées de colonnes, qui monte vers les temples. Chacun des sanctuaires était consacré à l'une des trois divinités majeures du panthéon romain. Le **temple de Jupiter** se dresse au centre, avec de part et d'autre les temples légèrement plus petits voués à Junon et à Minerve.

LES GRANDS THERMES

Les ruines étendues des **thermes**, au sud-est des temples, offrent un remarquable intérêt, notamment le système de chauffage en sous-sol que l'on distingue nettement grâce au sol écroulé.

LE THÉÂTRE

Le **théâtre** antique, juste à l'est des grands thermes, se profile sur un site de choix au-dessus de l'Oued Sbeïtla. Il ne subsiste pratiquement rien de cet édifice du IIIe siècle, à l'exception de la fosse d'orchestre et quelques colonnes

SBEÏTLA (SUFETULA)

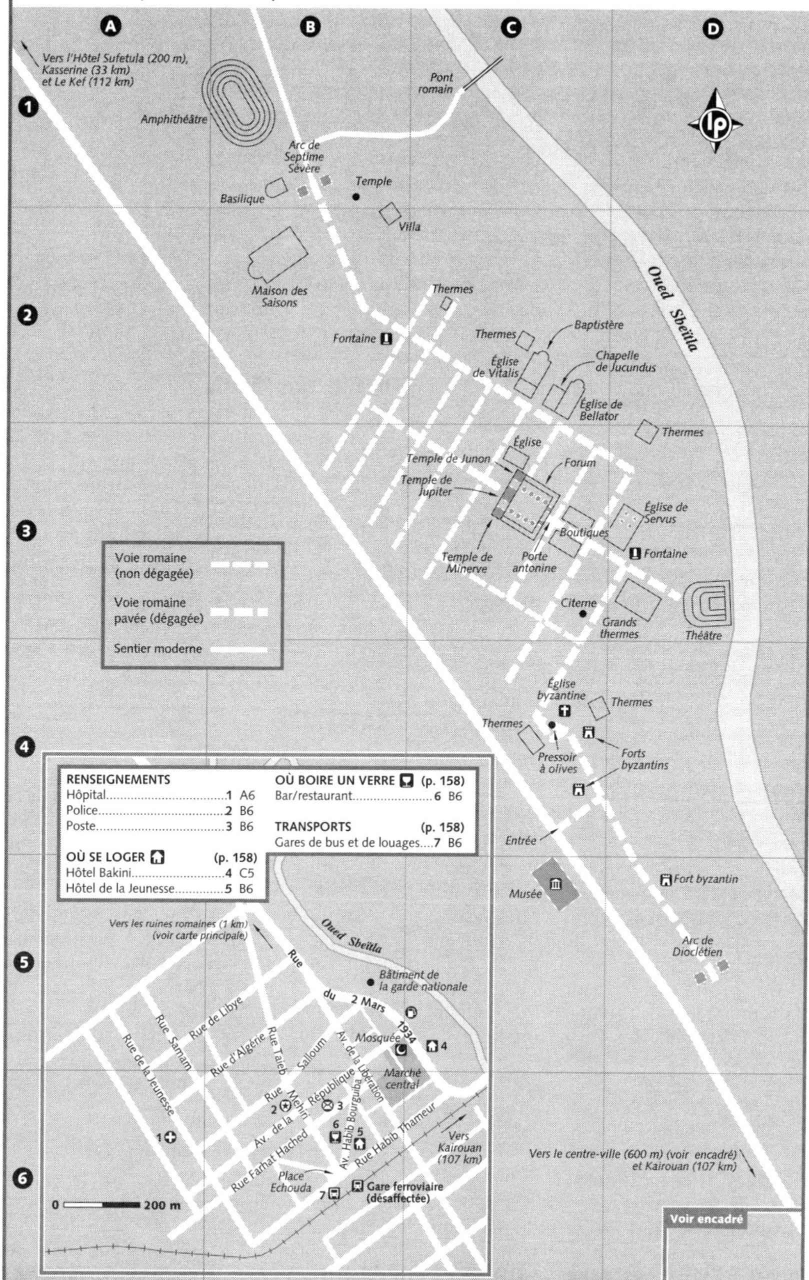

çà et là. L'endroit mérite néanmoins le déplacement pour profiter de la vue sur la rivière, particulièrement pittoresque au printemps.

L'ÉGLISE DE SERVUS

À gauche, entre les temples et les grands thermes, les quatre piliers en équilibre appartenaient à l'**église de Servus**, bâtie au IVe siècle sur les fondations d'un temple non identifié antérieur à la période romaine.

L'ÉGLISE-CATHÉDRALE DE BELLATOR

Cet édifice du IVe siècle est la première d'une série d'églises en ruine, à 100 m à l'est des temples, sur le principal sentier menant au nord-ouest vers l'arc de Septime Sévère. Il occupe l'emplacement d'un sanctuaire préromain dont on ignore tout.

ÉGLISE DE VITALIS

Érigée au VIe siècle en remplacement de l'église-cathédrale de Bellator, plus petite, elle se résume désormais à peu de choses. Le baptistère à l'arrière dissimule cependant une belle cuve baptismale à la bordure ornée d'une mosaïque fleurie dans des tons éclatants de rouge et de vert.

LE MUSÉE

Les seules pièces qui valent le coup d'œil sont la statue de Bacchus étendu sur une panthère, découverte dans le théâtre, et les mosaïques.

AUTRES MONUMENTS

Le sentier qui part au nord-ouest des églises traverse un réseau de rues en échiquier non dégagées, puis débouche devant l'**arc de Septime Sévère**. À l'ouest, avant d'atteindre celui-ci, vous remarquerez les rares vestiges de la **maison des Saisons**, dont la mosaïque éponyme réside au musée du Bardo.

Un chemin cabossé poursuit au nord, en passant par les ruines d'une petite basilique, jusqu'à l'**amphithéâtre**. Pas encore fouillé, il est tellement recouvert de végétation qu'on a du mal à repérer ses contours. Un autre sentier descend à l'est de l'arc vers le **pont romain** qui enjambe l'Oued Sbeïtla.

Se loger et se restaurer

Hôtel de la Jeunesse (☎ 466 528 ; av. Habib-Bourguiba ; s/d 10/14 DT). Seule adresse pour petits budgets avec un accueil sympathique et des chambres sans prétention

Hôtel Sufetula (☎ 465 074 ; fax 465 582 ; s/d avec petit déj 35/50 DT ; ❄). Moderne et confortable, il domine le site depuis une hauteur, à 1,5 km au nord de la ville, et propose des chambres agréables. Moyennant un supplément de 5 DT par personne, son restaurant prépare un menu de trois plats tout à fait correct.

Hôtel Bakini (☎ 465 244 ; rue du 2-Mars ; s/d avec petit déj 28/40 DT ; ❄). En dernier ressort, cet établissement peu inspirant vous attend à la lisière est de la ville.

Le **bar/restaurant** dans l'avenue Habib-Bourguiba fait davantage bar que restaurant, mais il sert des brochettes ou autres grillades, de la salade et des frites pour 2,8 DT.

Depuis/vers Sbeïtla

Les bus et les louages partent du terrain vague poussiéreux à l'extrémité sud de la ville, près de la rue Habib-Thameur.

La SNTRI assure trois liaisons quotidiennes avec Tunis (11 DT, 4 heure) *via* Kairouan (5,8 DT, 1 heure 30). Les services régionaux incluent des bus fréquents pour Kasserine (1,5 DT 45 min). À noter aussi un bus direct pour Le Kef (6,7 DT, 3 heures) ; autrement, changez à Kasserine.

Des louages se rendent à Kasserine et à Kairouan.

KASSERINE

☎ 77 / 38 000 habitants

Située à 38 km au sud-ouest de Sbeïtla, Kasserine remporterait haut la main le prix de la ville la plus morose de Tunisie. Elle constitue cependant une base commode pour explorer les confins occidentaux du pays, ainsi qu'un nœud de communication pratique.

Sa principale industrie est la production de papier de luxe fabriqué à partir d'alfa (voir l'encadré ci-dessus). Des montagnes de cette plante herbacée s'entassent d'ailleurs devant l'usine du centre.

Si vous venez l'hiver, habillez-vous chaudement car Kasserine se trouve juste à l'est du djebel Chaambi (1 544 m), point culminant du pays.

Orientation et renseignements

Les services se concentrent sur le boulevard de l'Environnement, la longue artère principale.

Le centre-ville correspond à la place de l'Indépendance, ou place de l'Ancienne-

L'ALFA

L'alfa (*stipa tenacissima*), une fine plante herbacée, fait partie des rares espèces végétales à proliférer dans le rude environnement de l'arrière-pays tunisien.

À l'état naturel, elle se développe en touffes denses surmontées de gracieux plumets de graines qui la rendent populaire comme ornement de jardin dans certaines parties du monde. En Tunisie, on lui réserve plutôt un rôle utilitaire.

Dans l'Antiquité, on la tissait pour fabriquer toutes sortes d'objets domestiques tels que nattes et paniers. Elle se révélait également assez robuste pour la confection de cordes, de harnais et de tapis de selle.

De nos jours, son exploitation sert avant tout à la production de papier de haute qualité. Dans la campagne autour de Kasserine et de Sbeïtla, de vastes superficies sont consacrées à sa culture et vous verrez souvent dans les champs de longues files de femmes munies de petites faucilles. On achemine ensuite en camion les plantes coupées jusqu'à une usine moderne de Kasserine.

L'alfa pousse également en abondance près de Matmata.

Gare. La **poste** se tient à proximité et plusieurs **banques** autour de la place.

À voir

Site romain mineur, **Cillium** (entrée libre) était, comme Kasserine aujourd'hui, un centre régional important. Ses ruines se déploient sur une vaste superficie, avec pour point central la colline basse qui surplombe le large lit de l'Oued Dhrib, à la limite sud-ouest de la ville. Un gardien veille sur cette zone clôturée.

Citons parmi les monuments majeurs, un **arc de triomphe** en bon état et un grand **théâtre** taillé à flanc de coteau. Tous deux remontent au IIIe siècle, période à laquelle Cillium connut son plein essor. On discerne également le **capitole** et le **forum**, de même que les **thermes**. Des panneaux indiquent le site à l'est de la route de Gafsa, à environ 250 m au sud de l'Hôtel Cillium.

Le remarquable **mausolée des Flavii**, sur trois niveaux, se tient au bord de la route, à l'extrémité ouest du boulevard de l'Environnement. Ce tombeau de la famille de Flavius Secundus ne laisse pas d'impressionner lorsque les projecteurs éclairent parfois les cent dix vers poétiques gravés à l'étage inférieur.

Se loger et se restaurer

Hôtel de la Paix (☎ 471 465 ; bd de l'Environnement ; s/d avec petit déj 9/16 DT ; demi-pension 11,5/21 DT). À 50 m à l'est de la place centrale, cet endroit sympathique est la meilleure option économique. En bas, un bar-restaurant populaire sert des repas à partir de 2,5 DT.

Hôtel Pinus (☎ 470 164 ; bd de l'Environnement ; s/d 20/30 DT). Morne adresse aux tarifs exagérés, 700 m plus loin en direction de Sbeïtla.

Hôtel Cillium (☎ 474 406 ; fax 473 682 ; s/d 35/50 DT ; demi-pension 40/60 DT). Le seul choix de catégorie supérieure, au sud du rond-point dans l'ouest de la ville, dispense heureusement de bonnes prestations. En hiver, vous rencontrerez peut-être au bar un groupe d'Européens âgés en tenue paramilitaire qui viennent chasser le sanglier dans les forêts alentour.

Depuis/vers Kasserine

La gare routière et la station de louage se situent à environ 1 km à l'est du centre-ville, sur la route de Sbeïtla.

La SNTRI assure quatre liaisons quotidiennes avec Tunis (11,8 DT, 4 heures 30) *via* Kairouan. Les services régionaux comprennent des bus pour Sbeïtla (1,5 DT, 45 min), Gafsa (4,6 DT, 1 heure 45) et au nord pour Le Kef (5,4 DT, 2 heures 30) *via* Kalaat Khasba (2,8 DT, 1 heure 15).

Circuler en louage implique de nombreux changements. Sbeïtla (1,5 DT) bénéficie toutefois d'une desserte fréquente. Pour se rendre vers le sud à Gafsa, il faut changer à Fériana. Pour aller vers le nord à Kalaat Khasba ou au Kef, prenez une correspondance à Thala.

HAÏDRA

Le lointain village frontalier d'Haïdra, à 69 km au nord-ouest de Kasserine, abrite le site d'Ammaedara, une des plus anciennes cités romaines d'Afrique. Merveilleusement

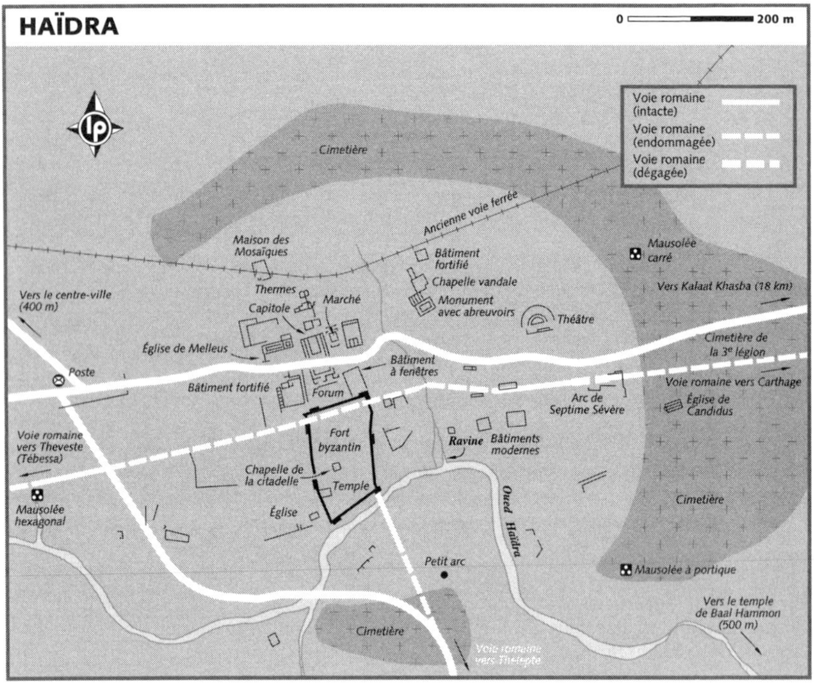

évocatrices, les ruines s'étendent le long de la berge nord de l'Oued Haïdra. Vous aurez toutefois du mal à les atteindre sans être motorisé, notamment si vous souhaitez rester pour contempler le fabuleux coucher du soleil derrière les montagnes de l'Algérie, à l'ouest.

La ville moderne n'est guère plus qu'un poste douanier sur la route de Tébessa, en Algérie, à 41 km au sud-ouest. Elle possède des commerces et un café, mais pas de restaurant ni d'hôtel. Les hébergements les plus proches vous attendent à Kasserine ou au Kef, à 78 km au nord.

Histoire

Ammaedara est un nom berbère, bien que les seules traces d'occupation antérieure aux Romains soient les fondations du temple carthaginois de Baal-Hammon dominant l'Oued Haïdra, au sud-ouest du site.

La première implantation romaine fut l'œuvre de la Troisième légion augustine, au début du Ier siècle, qui y établit une base lors de sa campagne contre la rébellion du chef numide Tacfinares. De cette période ne subsiste que le cimetière qui jouxte l'arc de Septime Sévère. Après la défaite de Tacfinares, Ammaedara accueillit une population de vétérans de l'armée et devint une ville marchande prospère.

Ammaedara

La route qui part de Kalaat Khasba passe au beau milieu du site qui, dépourvu de clôture, se visite gratuitement et à tout moment. L'aimable gardien apprécie cependant les bakchichs.

À cheval sur la voie romaine, l'énorme **fort byzantin**, construit en 550, descend jusqu'aux berges de l'Oued Haïdra. Il intègre à son angle sud-ouest les vestiges d'un temple romain.

Principal édifice d'époque romaine, l'**arc de Septime Sévère** s'élève à la lisière est du site. Bâti en 195, il doit sa parfaite conservation à la muraille byzantine qui le protégea pendant des siècles. À environ 300 m de là, le **mausolée** à portique se découpe sur une butte au-dessus de l'oued.

La route passe sur le forum où une unique **colonne** monumentale désigne l'emplacement du grand temple du capitole. Autour de ce dernier gisent les décombres des thermes et du marché.

Les ruines de nombreuses petites églises jonchent le secteur, mais seule la **basilique de Melleus**, partiellement reconstituée à l'ouest du forum, présente un intérêt. Construite au IVe siècle, elle fut plus tard agrandie par les Byzantins.

Depuis/vers Haïdra

Visiter Haïdra sans être motorisé relève du défi, mais à cœur vaillant rien d'impossible.

On peut rejoindre Kalaat Khasba, à 18 km au nord-est d'Haïdra, par n'importe quel bus circulant entre Kasserine et Le Kef. Il y a aussi un train quotidien au départ de Tunis (9,7 DT, 5 heures).

De Kalaat Khasba, des louages desservent occasionnellement Haïdra (900 millimes, 15 min). Sinon, faites du stop au rond-point de la route principale, du côté sud de la ville. Quelle que soit la formule, vous devrez démarrer tôt car les transports publics se raréfient dès le milieu de l'après-midi.

LA TABLE DE JUGURTHA

☎ 78

La Table de Jugurtha (1 271 m), non loin de la frontière algérienne à proximité de la bourgade de Kalaat es-Senan, à 85 km au nord-ouest de Kasserine, est un haut plateau abrupte surgissant de la plaine de façon spectaculaire.

Elle doit son nom au roi numide Jugurtha qui s'en servit comme base pendant sa lutte contre les Romains de 112 à 105 av. J.-C. Ses parois escarpées faisaient d'elle une forteresse naturelle inexpugnable. On accède au sommet uniquement par un escalier sinueux creusé dans la roche à l'extrémité est. Les Byzantins ajoutèrent une petite porte au pied des marches.

L'embranchement se situe à environ 5 km à l'est de Kalaat es-Senan, sur la route de Kalaat Khasba. Prudence en montant l'escalier raide.

Ceux qui grimpent jusqu'en haut se voient récompensés par une perspective impressionnante sur la campagne alentour. Les collines que l'on aperçoit à l'ouest se trouvent en territoire algérien. Le sommet ne recèle pas grand-chose, à part le petit tombeau d'un marabout (saint homme), un réseau de murets et quelques vaches curieuses.

Si vous êtes d'humeur à marcher, vous pouvez débuter votre circuit par le petit village d'Aïn Senan, sur le versant occidental de la montagne, à 3 km au sud-est de Kalaat es-Senan. Le trajet du retour depuis Aïn Senan prend environ 2 heures. Prévoyez une provision d'eau suffisante car vous ne pourrez pas vous en procurer en chemin. Les touristes sont censés se signaler auprès du bureau de la garde nationale, dans la rue principale de Kalaat es-Senan, avant et après la randonnée.

Où se loger et se restaurer

L'**Hôtel Kalaat Senan** (☎ 286 356 ; par pers 2,5 DT, ch 7,5 DT), près du bureau de la garde nationale dans la rue principale, fournit un hébergement fort rudimentaire. Il comprend le seul bar de la ville et un petit restaurant où vous payerez 3 DT pour une assiette de poulet frites accompagnée de salade. Les chambres correctes les plus proches sont au Kef.

Comment circuler

De bonnes routes asphaltées relient Kalaat es-Senan à Kalaat Khasba, 28 km au sud-est, et à Tajerouine, 25 km au nord-est. Des louages partent occasionnellement de ces deux villes. Tajerouine se situe à 35 km au sud du Kef, sur la principale route à destination de Kasserine.

Un taxi de Kalaat es-Senan à Aïn Senan coûte 1,5 DT.

Kairouan et la côte centrale

SOMMAIRE

La côte centrale de la Tunisie, Kairouan et l'arrière-pays regorgent de sites qui éveilleront la curiosité des visiteurs. Vous pourrez ainsi explorer les médinas dont les fortifications, en dissuadant les envahisseurs, favorisèrent le commerce avec l'Afrique et la Méditerranée ; profiter du soleil et de la mer dans les stations balnéaires ou encore admirer le plus imposant amphithéâtre de la province romaine d'Afrique. Sans oublier la ville sainte de Kairouan, centre religieux de la Tunisie qui, après La Mecque, Médine et Jérusalem est l'un des hauts lieux de l'islam.

Dans la ville de Sousse, passé et présent surgissent aux détours des promenades. L'ancienne médina et son labyrinthe de ruelles sont à quelques pas seulement des plages où accourt chaque été une foule de Tunisiens et d'Européens. Au nord de la ville, Port el-Kantaoui étale le luxe de ses résidences hôtelières et de son port de plaisance, tandis qu'au sud, la reposante Monastir possède le plus beau *ribat* (monastère fortifié) du pays.

Plus bas, sur le littoral, Mahdia offre son charme aux visiteurs, pendant que Sfax, grand port dont la médina a gardé toute son authenticité, est injustement délaissée par les touristes.

À NE PAS MANQUER

- **Kairouan**, ville sainte également célèbre pour ses tapis (p. 177)
- L'**amphithéâtre d'El-Djem** (p. 185), le monument romain le plus impressionnant d'Afrique du Nord
- La **médina** de Mahdia (p. 188), un labyrinthe de ruelles pavées et de placettes ombragées
- L'animation de **Sousse** (p. 164), station balnéaire typique dotée d'une médina digne d'intérêt
- La médina de **Sfax** (p. 190), vivante et industrieuse, encore épargnée par le tourisme de masse
- Le magnifique **ribat** (p. 174) de Monastir, chef-d'œuvre d'architecture militaire

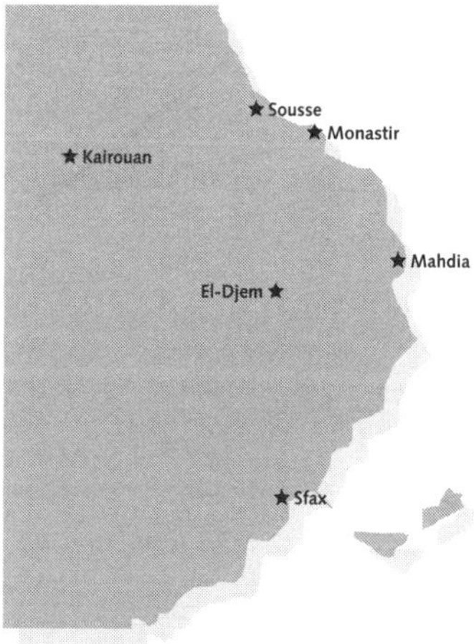

Histoire

Formant une saillie entre le golfe d'Hammamet et le golfe de Gabès, le Sahel a toujours été le théâtre de batailles. Sousse accueillit Hannibal lors des luttes entre les Carthaginois et les Romains et Pompée s'y replia durant la guerre civile contre Jules César (installé à Monastir). La ville fut ravagée par la première vague de combattants musulmans qui balayèrent l'Afrique du Nord au VIIe siècle. Ils fondèrent la ville sainte de Kairouan et introduisirent les dynasties musulmanes, les plus prospères étant celles des Aghlabides (à qui l'on doit les édifices splendides des villes du littoral) et des Fatimides du Caire, qui laissèrent leur empreinte à Mahdia.

Toutefois, les Berbères défendirent leurs territoires ancestraux en se rebellant contre tous les envahisseurs, qu'il s'agisse de l'Empire romain ou des dynasties orientales. Lors d'un de ces soulèvements, la ville de Kairouan fut saccagée ; une autre fois, ils se retranchèrent dans l'amphithéâtre d'El-Djem pour résister à l'ennemi en plus grand nombre.

Dans un passé plus récent, Monastir a pris une stature historique en donnant le jour au fondateur de la nation, Habib Bourguiba.

Climat

En été, la chaleur s'installe sur la côte tunisienne (c'est ce que recherchent de nombreux touristes), mais la mer et sa brise rafraîchissante sont là. Plus on s'avance dans les terres, plus la chaleur devient étouffante – Kairouan et El-Djem sont de véritables fournaises en été, mais il y fait froid l'hiver.

Comment s'y rendre

Toutes les villes dont nous parlons dans ce chapitre sont desservies régulièrement par des bus, des louages (taxis collectifs) et, à l'exception de Kairouan, par le train. Ces deux dernières options sont les plus appréciées puisque les bus qui se dirigent vers le nord ou le sud sont souvent complets.

Comment circuler

Là encore, les louages et le train sont les moyens les plus simples de se déplacer. Il n'existe pas de liaison directe entre Kairouan et El-Djem ou Mahdia. Par ailleurs, si vous comptez visiter El-Djem au coucher du soleil, planifiez votre retour (voir encadré p. 185).

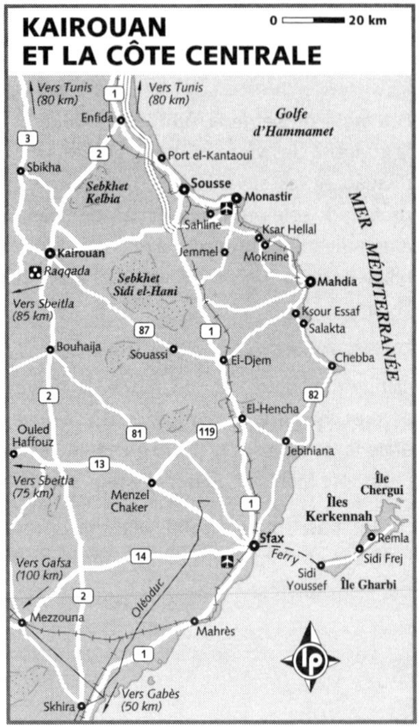

SOUSSE

☎ 73 / 158 000 habitants

De la plage à la médina, Sousse est l'endroit idéal pour sentir battre le pouls du pays. La ville est à la fois typiquement tunisienne et parfaitement adaptée aux touristes. Le contraste est parfois déroutant, mais dans l'ensemble, Sousse est une ville délicieuse.

Le jour, Sousse est une station balnéaire tournée vers le soleil et la mer. Autant de touristes tunisiens qu'européens viennent profiter de la plage de Boujaffar. Les rues de la ville nouvelle sont bordées d'hôtels et de restaurants. Plus on s'éloigne de la plage, plus l'agitation faiblit. Le dédale de ruelles tranquilles de la médina semble appartenir à un autre monde, plus serein et où le temps ne compte plus.

Tôt le soir, la médina s'enfonce dans le silence tandis que les étudiants et les habitants de Sousse vont sur le front de mer. À croire que le monde entier s'est donné rendez-vous sur la promenade.

Histoire

Sousse fut fondée au IXe siècle av. J.-C. pour servir d'avant-poste phénicien à la ville d'Hadrumète. Elle tomba aux mains des Carthaginois vers le milieu du VIe siècle av. J.-C. Le fameux général Hannibal y installa ses troupes pour se battre contre les Romains à la fin de la deuxième guerre punique en 202.

La ville prit le parti de Rome lors de la troisième et dernière guerre punique (voir le chapitre *Histoire* p. 22), mais Hadrumète, selon son nom d'alors, choisit le mauvais camp lorsque Pompée s'y installa pendant la guerre civile romaine. Lorsque l'armée de Pompée fut battue par Jules César à la bataille de Thapsus en 46, la ville subit des dégâts considérables. Malgré ses fortifications, elle fut entièrement rasée par Okba ibn Nafaa al-Fihri, tombant ainsi aux mains des Arabes à la fin du VIIe siècle. Ces derniers reconstruisirent la ville arabe de Soussa, qui devint au IXe siècle le port principal de la dynastie des Aghlabides de Kairouan.

Lorsque les Français l'envahirent en 1881, Sousse n'était plus qu'une modeste bourgade de 8 000 d'habitants.

Orientation

À Sousse, la vie s'articule autour de deux axes. Le premier descend l'avenue Habib-Bourguiba depuis la place Farhat-Hached jusqu'à la plage et remonte vers le nord le long de l'avenue Hedi-Chaker et de la route de la Corniche : le centre de la ville nouvelle abrite les banques, les hôtels et les restaurants. Le second est formé par la médina, qui compte de nombreux sites historiques ainsi qu'un choix d'hôtels.

Renseignements

ACCÈS INTERNET

Publinet rue Remada (carte p. 168 ; ⌚ 8h-24h ; DT2 par heure) ; av. Mohamed-Maarouf (carte p. 168 ; ⌚ lun-sam 8h-1h, dim 15h-1h). Le second, près de la poste, est plus grand.

Rib@t Net (carte p. 168 ; médina). Horaires d'ouverture irréguliers.

MÉDIAS

Vous trouverez des journaux étrangers en vente à la réception des grands hôtels.

SERVICES MÉDICAUX

Clinique Les Oliviers (☎ 242 711). Au nord de la ville ; prise en charge Sécurité sociale.

Hôpital universitaire Farhat-Hached (carte p. 166 ; ☎ 221 411 ; av. Ibn-el-Jazzar). Le principal hôpital de la ville, au nord-ouest de la médina.

ARGENT

Les banques se concentrent sur l'avenue Habib-Bourguiba. Certaines disposent d'un DAB, pas toujours opérationnel. STB possède une succursale (sans DAB) dans la médina, à l'ouest de la Grande Mosquée. La poste, sur l'avenue Mohamed-Maarouf, a un DAB.

POSTE ET TÉLÉPHONE

Bureau de poste principal (carte p. 168 ; av. Mohamed-Maarouf). Tout près de la place Farhat-Hached. Vous trouverez de nombreux Taxiphones en ville et sur la rue de la Corniche.

OFFICE DU TOURISME

Syndicat d'initiative (office du tourisme municipal ; carte p. 168 ; ☎ 220 431 ; place Farhat-Hached ; ⌚ 8h-19h). Installé dans la zaouïa de Sidi Yahia, près de l'entrée de la médina.

Office du tourisme (carte p. 168 ; ☎ 25 157 ; fax 224 262 ; 1 av. Habib-Bourguiba ; ⌚ été lun-sam 7h-19h et dim 9h-12h, hiver lun-jeu 8h30-13h et 15h-17h45 et ven-sam 8h30-13h30). Un bureau très efficace, sur le côté nord de la place Farhat-Hached. Les horaires des bus et des trains sont affichés, ainsi que les manifestations locales. Personnel polyglotte.

À voir et à faire

LA MÉDINA

Dotés de tours carrées, les murs d'enceinte de la jolie médina mesurent 8 m de haut et s'étendent sur 2,25 km. Ils ont été érigés par les Aghlabides en 859, sur les fondations des murs de l'ancienne cité byzantine. À l'intérieur de l'enceinte se trouvent 24 mosquées (12 pour les hommes et autant pour les femmes) et bon nombre de sites historiques qui méritent d'être visités.

L'angle nord-est de la place des Martyrs signale l'entrée principale de la médina. Elle fut percée par les bombes des Alliés en 1943. Parmi les autres portes, celle de **bab el-Finga** (*finga* signifiant "lame" en arabe) a sans doute l'histoire la plus frappante : les Français y avaient installé une guillotine.

La Grande Mosquée

La **Grande Mosquée** (carte p. 168 ; entrée 1,1 DT ; ⌚ sam-mar 8h-14h, ven 8h-13h) présente le style austère caractéristique des bâtiments

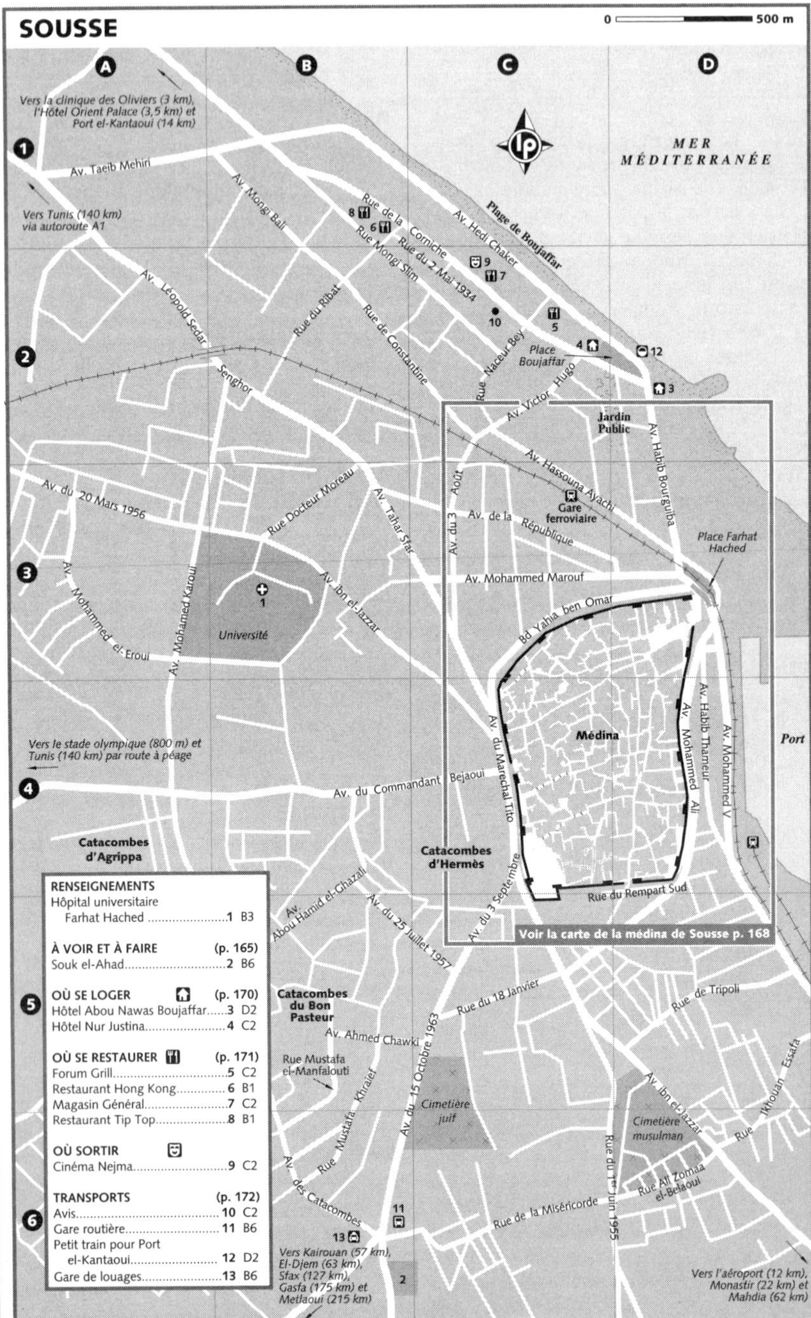
SOUSSE
0 500 m
MER MÉDITERRANÉE
Vers la clinique des Oliviers (3 km), l'Hôtel Orient Palace (3,5 km) et Port el-Kantaoui (14 km)
Vers Tunis (140 km) via autoroute A1
Av. Taeib Mehiri
Av. Mongi Bali
Rue de la Corniche
Rue Mongi Slim
Rue du 2 Mai 1934
Av. Hedi Chaker
Plage de Boujaffar
Av. Léopold Sedar Senghor
Rue du Ribat
Rue de Constantine
Rue Naceur Bey
Place Boujaffar
Av. Victor Hugo
Jardin Public
Av. Habib Bourguiba
Av. Hassouna Ayachi
Gare ferroviaire
Av. du 20 Mars 1956
Rue Docteur Moreau
Av. Tahar Sfar
Av. du 3 Août
Av. de la République
Place Farhat Hached
Av. Mohammed Marouf
Av. ibn el-Jazzar
Université
Av. Mohammed el-Eroui
Av. Mohamed Karoui
Bd Yahia ben Omar
Médina
Av. du Maréchal Tito
Av. Mohammed Ali
Av. Habib Thameur
Av. Mohammed V
Port
Vers le stade olympique (800 m) et Tunis (140 km) par route à péage
Av. du Commandant Bejaoui
Catacombes d'Agrippa
Catacombes d'Hermès
Av. du 3 Septembre
Rue du Rempart Sud
Voir la carte de la médina de Sousse p. 168
Av. Abou Hamid el-Ghazali
Av. du 25 Juillet 1957
Rue du 18 Janvier
Rue de Tripoli
Catacombes du Bon Pasteur
Av. Ahmed Chawki
Rue Mustafa el-Manfalouti
Rue Mustafa Khraief
Av. du 15 Octobre 1963
Cimetière juif
Cimetière musulman
Rue du 1er Juin 1955
Av. ibn el-Jazzar
Rue Ikhouan Essafa
Rue Ali Zomaa el-Belaoui
Rue de la Miséricorde
Av. des Catacombes
Vers Kairouan (57 km), El-Djem (63 km), Sfax (127 km), Gasfa (175 km) et Metlaoui (215 km)
Vers l'aéroport (12 km), Monastir (22 km) et Mahdia (62 km)
RENSEIGNEMENTS
Hôpital universitaire Farhat Hached 1 B3
À VOIR ET À FAIRE (p. 165)
Souk el-Ahad 2 B6
OÙ SE LOGER (p. 170)
Hôtel Abou Nawas Boujaffar 3 D2
Hôtel Nur Justina 4 C2
OÙ SE RESTAURER (p. 171)
Forum Grill 5 C2
Restaurant Hong Kong 6 B1
Magasin Général 7 C2
Restaurant Tip Top 8 B1
OÙ SORTIR
Cinéma Nejma 9 C2
TRANSPORTS (p. 172)
Avis 10 C2
Gare routière 11 B6
Petit train pour Port el-Kantaoui 12 D2
Gare de louages 13 B6

aghlabides. Elle fut bâtie, comme l'indique une inscription kufique (vieil arabe) dans la cour, en 851 par un esclave affranchi appelé Mudam, sur l'ordre du dirigeant aghlabide Abul Abbas. Mudam transforma une ancienne kasbah, ce qui explique les tourelles de la mosquée et ses murs crénelés, ainsi que son emplacement atypique (les Grandes Mosquées sont généralement au centre des médinas). Autre curiosité : elle ne possède pas de minaret. Étant située à côté du *ribat*, la tour de ce dernier pouvait servir à l'appel à la prière. L'édifice a subi des transformations au XVIIe siècle et une restauration au XXe siècle.

Les non-musulmans ne sont pas autorisés à aller au-delà de la cour, d'où l'on aperçoit néanmoins la grande salle de prière voûtée.

Le Ribat de Sousse

Le **Ribat** (carte p. 168 ; entrée 2,1 DT, appareil-photo 1 DT ; ⏲ été 8h-19h, hiver 8h-17h30) se trouve au nord-ouest de la mosquée. C'est le plus ancien bâtiment de la médina, construit à la fin du VIIIe siècle.

On entre par un passage étroit flanqué de colonnes provenant des ruines romaines de Hadrumète. La petite antichambre représentait la dernière défense de l'édifice – on jetait des projectiles et des liquides brûlants sur les assaillants depuis le haut des colonnes. Un passage voûté mène à la cour entourée d'arcades. Avant tout conçu comme une forteresse, le *ribat* était habité par des moines guerriers islamiques qui partageaient leur temps entre les actions militaires et l'étude silencieuse du Coran dans les petites cellules. À l'étage, la salle de prière présente un magnifique plafond voûté. Le mihrab simple (le plus ancien d'Afrique du Nord) et les meurtrières illustrent bien la double utilisation de l'édifice.

En montant les 76 marches de l'escalier en spirale du *nador* (tour de garde), ajouté par les Aghlabides en 821, vous profiterez d'une vue exceptionnelle sur la médina, les collines, la kasbah et la cour de la Grande Mosquée.

La zaouïa de Zakkak

Le magnifique minaret octogonal en pierre à l'angle des rues Dar Said et Tazerka fait partie de la **zaouïa de Zakkak** (carte p. 168). Bâtie au XVIIe siècle, la zaouïa est un exemple très pur de l'architecture d'une médina ottomane. Les non musulmans se contenteront d'admirer depuis la rue le minaret bleu-vert et ses mosaïques, d'inspiration andalouse.

La citerne de Sofra

Principal point d'eau de la médina à l'époque, cette grande **citerne** souterraine (carte p. 168) a été construite au XIe siècle autour d'une imposante église byzantine. Les colonnes de l'église qui surgissent des eaux sombres créent une ambiance inquiétante. L'entrée se fait par le côté nord-est, mais la vieille porte en fer est souvent verrouillée.

Le souk er-Ribba

Ce souk fait penser à un bazar médiéval sous une toiture moderne. Très différent du tranquille quartier sud, le **souk er-Ribba** (carte p. 168) est le cœur commercial de la médina. Dans ce lieu bigarré, commerçants, touristes curieux et marchands des quatre saisons qui tirent des charrettes débordant de marchandises se croisent et se bousculent. Sans être le souk le plus époustouflant au monde, il mérite la visite.

Le Kalaout el-Koubba

Le **Koubba** (carte p. 168 ; ☎ 229 574 ; rue Zarrouk ; adulte/enfant 2/1 DT, appareil-photo/vidéo 1/3 DT ; ⏲ tlj 9h30-13h, sam-jeu 16h-18h30) était un *fondouk* (caravansérail ou hôtel), dont les chambres disposées autour de la cour montrent aujourd'hui des vitrines retraçant la vie quotidienne à l'époque des Ottomans. Sa construction daterait de la fin du XIe siècle. La coupole, avec ses décorations en zigzag, est étonnante, autant que l'intérieur tout en cannelures.

Le musée archéologique de Sousse et la kasbah

Le superbe **musée** archéologique de Sousse (carte p. 168 ; ☎ 227 256 ; av. du Maréchal-Tito ; entrée 2,1 DT, appareil-photo 1 DT ; ⏲ été mar-dim 9h-12h et 14h-18h, hiver mar-dim 9h-12h et 15h-19h) s'est installé au sud de la kasbah.

Les salles, distribuées autour de deux cours principales, abritent la plus belle collection de mosaïques du pays. Celle au nord de la cour d'entrée, expose des pièces exceptionnelles telles que le *Triomphe de Bacchus*, montrant le dieu de la vigne dans un chariot tiré par des

MÉDINA DE SOUSSE

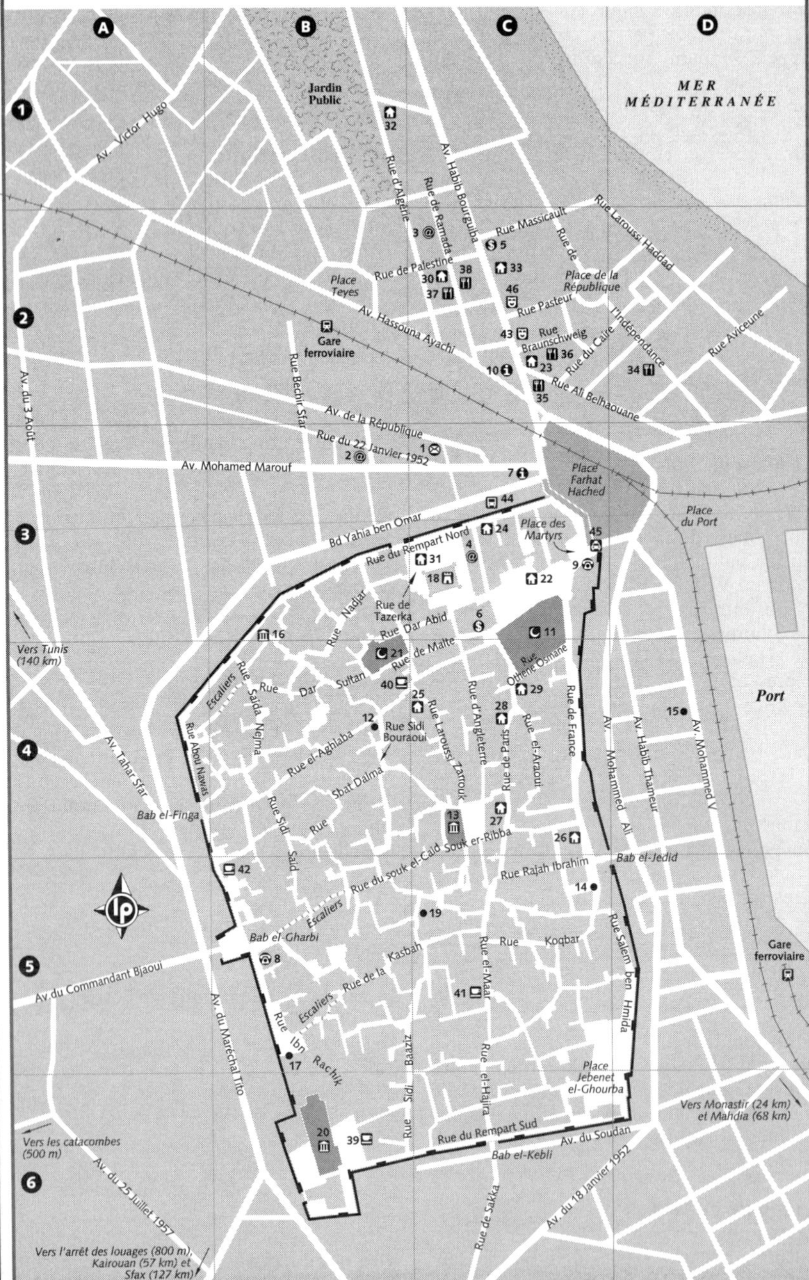

RENSEIGNEMENTS
ATM....(voir 1)
Poste ; DAB....1 C3
Publinet....2 B3
Publinet....3 C2
Rib@t Net....4 C3
Banque STB (DAB)....5 C2
Banque STB....6 C3
Syndicat d'Initiative....7 C3
Taxi Phone....8 B5
Bureau Taxiphone....9 C3
Office du tourisme....10 C2

À VOIR ET À FAIRE (p. 165)
Grande Mosquée....11 C3
Hammam de Sidi Bouraoui....12 B4
Kalaout el-Koubba....13 C4
Marché....14 C5
Mairie....15 D4
Musée Dar Essid....16 B3
Prison....17 B5
Ribat....18 C3
Citerne Sofra....19 C5
Musée archéologique de Sousse et kasbah....20 B6
Zaouia Zakkak....21 B4

OÙ SE LOGER (p. 170)
Hôtel Ahla....22 C3
Hôtel Claridge....23 C2
Hôtel de Paris....24 C3
Hôtel el-Aghlaba....25 C4
Hôtel Emira....26 C4
Hôtel Ezzouhour....27 C4
Hôtel Gabès....28 C4
Hôtel Médina....29 C4
Hôtel Résidence Monia....30 C2
Hôtel Résidence Safra....31 C3
Hôtel Sousse Azur....32 B1
Hôtel Sousse Palace....33 C2

OÙ SE RESTAURER (p. 171)
Restaurants bon marché....(voir 37)
Magasin Général....34 D2
Supermarché Monoprix....35 C2
Restaurant el-Najm....36 C2
Restaurant el-Ons....37 C2
Restaurant Le Peuple....(voir 24)
Restaurant Marmite....38 C2

OÙ PRENDRE UN VERRE (p. 172)
Café des Nomades....39 B6
Café Sidi Bouraoui....40 B4
Café....41 C5
Restaurant-Café Seles....42 B5

OÙ SORTIR
Cinéma El-Palacio....(voir 46)
Cinéma....43 C2

TRANSPORTS (p. 172)
Bus pour Mahdia, Monastir et Port el-Kantaoui....44 C3
Bus locaux....(voir 44)
Station de taxis....45 C3
Tunis Air....46 C2

satyres, et de belles scènes de pêche. D'autres salles contiennent des objets funéraires provenant d'une tombe punique découverte sous le musée. Vous y verrez également un artiste faisant en direct une démonstration de l'art délicat de la mosaïque.

Bâtie sur le point le plus élevé de la médina, la kasbah a été accolée aux murs d'enceinte de la cité au XIe siècle. Elle comprend l'impressionnante tour carrée de **Khalef**, érigée par les Aghlabides en 859, au même moment que les fortifications de la ville. Elle servait de tour d'observation à la place du *ribat ;* désormais, c'est un phare.

Aucune porte, à l'intérieur de la médina, ne mène à la kasbah.

Musée Dar Essid

Ne manquez pas de visiter ce petit **musée** privé (carte p. 168 ; ☎ 220 529 ; 65 rue du Rempart-Nord ; admission 2 DT, appareil photo 1 DT ; été 10h-19h, hiver 10h-18h). Loin de l'agitation des souks, mais dans la médina, c'est une ancienne maison meublée dans le style des notables de Sousse au XIXe siècle. Les dimensions de la porte savamment décorée sont les premiers indices de la position sociale du propriétaire. Cette porte ouvre sur une petite anti-chambre qui servait à recevoir les étrangers. Dans la cour carrelée, entourée par les pièces familiales, une plaque indique que la maison a été construite en 928. Elle est donc l'une des plus anciennes de la médina. L'extravagance du lieu éclate dans la façade de style andalou, les collections d'objets hétéroclites qui vont des meubles européens aux flacons de parfum, en passant par des sculptures en plâtre, un contrat de mariage vieux de 700 ans et du marbre de Carrare ! Remarquez, dans la chambre des parents, à côté du lit nuptial, une lampe romaine arborant le dessin d'une étreinte passionnée. Un moyen de rappeler au mari de modérer ses ardeurs jusqu'à l'extinction des feux ? Ou l'inverse...

Un escalier entièrement restauré mène aux anciens quartiers des serviteurs et à un café agréable en terrasse, qui jouit d'une belle vue.

CATACOMBES

Les **catacombes** (carte p. 168 ; av. des Catacombes ; entrée 1,1 DT ; été mar-dim 8h-12h et 15h-19h, hiver 9h-12h et 14h-18h) forment un réseau de tunnels de 5,5 km de long, où sont déposés les corps de plus de 15 000 chrétiens depuis les IVe et Ve siècles. Le public ne peut visiter qu'un tronçon de 100 m des catacombes du Bon Pasteur, baptisée d'après une inscription *bon pasteur* qu'on peut lire dans la pierre. La plupart des tombes ont été murées, mais certaines présentent les ossements derrière une paroi de verre.

LA PLAGE DE BOUJAFFAR

La plage de **Boujaffar** (carte p. 166) doit son nom à un saint homme local. C'est une belle étendue de sable, un peu trop fréquentée en été. La plage se divise en zones publiques et privées que contrôlent les hôtels du front de mer. Le petit problème, c'est que pendant que les Occidentaux se prélassent derrière les cordes ou sous les parasols des plages privées, les Tunisiens s'entassent sur le morceau de plage qui reste... Si vous payez (2 DT par pers), vous pourrez accéder aux plages privées ; sinon, tentez votre chance en fin d'après-midi. Le long de la plage, des boutiques proposent du matériel pour sports aquatiques.

LE JASMIN : UNE AFFAIRE D'HOMME

Dans les restaurants de Sousse, vous risquez fort d'être assailli par un défilé de vendeurs de jasmin. En regardant autour de vous, vous constaterez que les principaux acheteurs ne sont pas les touristes mais la gent masculine tunisienne.

Il existerait une façon très codifiée d'arborer cette fleur. Si vous la placez derrière l'oreille gauche, vous avez une petite amie et le faites savoir. Derrière l'oreille droite : vous êtes seul, mais n'entendez pas le rester. Certains achètent du jasmin pour l'offrir à une femme. Si celle-ci accepte le présent, elle en décorera peut-être son corsage sans que cela l'engage pour autant. Bien sûr, les Tunisiens n'y accordent pas tous une telle importance et beaucoup achète du jasmin simplement pour son parfum agréable.

Devant la recrudescence des vols, ne laissez pas vos affaires sans surveillance.

LES MARCHÉS

Le marché hebdomadaire de Sousse se tient le dimanche dans l'enceinte du **souk el-Ahad** (carte p. 166), au sud de l'arrêt des bus et louages. Les stands ont tendance à déborder dans les rues avoisinantes, mais vous y trouverez de tout, de l'artisanat local au bétail sur pied.

Où se loger

PETITS BUDGETS

Les hôtels bon marché se concentrent dans la médina. Ils ne prétendent pas à un confort exceptionnel mais offrent un rapport qualité/prix correct.

Hôtel Ahla (carte p. 168 ; ☎ 220 570 ; place de la Grande-Mosquée ; par pers 7,5 DT). Bien situé en face de l'entrée de la Grande Mosquée, cet hôtel propose des lits trônant sur des estrades carrelées. Les douches communes sont relativement propres, tout comme les toilettes. Un bon choix.

Hôtel Gabès (carte p. 168 ; ☎ 226 977 ; 12 rue de Paris ; matelas sur le toit 5 DT, s avec sdb commune 6 DT, tr avec toilettes 22 DT). Autre bon choix. Personnel efficace et chambres propres et d'un bon rapport qualité/prix. Petite terrasse sur le toit où il fait bon se détendre.

Hôtel el-Aghlaba (carte p. 168 ; ☎ 211 024 ; rue Laroussi-Zairouk ; s/d/tr 8/12/15 DT). Bonne adresse. La propriétaire veille sur l'entretien. Malgré sa rénovation, l'intérieur rappelle qu'il s'agit d'une ancienne maison de la médina. Literie fatiguée dans certaines chambres.

Hôtel Ezzouhour (carte p. 168 ; ☎ 228 729 ; 48 rue de Paris ; s avec sdb commune 7,5 DT, d 15-18 DT). Au sud de la Grande Mosquée, un établissement éclectique où la réception possède le charme de la médina ; le premier étage fait pension africaine, tandis que les chambres de l'étage supérieur sont assez plaisantes.

CATÉGORIE MOYENNE

Hôtel de Paris (carte p. 168 ; ☎ 220 564 ; fax 219 038 ; 15 rue du Rempart-Nord ; s/d 14/22 DT). À l'ombre de l'enceinte nord de la médina, un hôtel plus agréable que ses chambres – propres mais très chaudes –, ne le laissent supposer. Son point fort est la terrasse. Propriétaire affable.

Hôtel Médina (carte p. 168 ; ☎ 221 722 ; fax 221 794 ; 1 rue Othene-Osmane ; s/d 22/41 DT ; ❄). Cet hôtel-labyrinthe au sud de la Grande Mosquée loue des chambres spacieuses et rénovées d'un bon rapport qualité/prix. Essayez de négocier car les prix varient selon la tête du client.

Hôtel Emira (carte p. 168 ; ☎ 226 325 ; 52 rue de France ; s/d avec petit déj 19/27 DT). Certaines des chambres spacieuses et bien entretenues disposent d'une petite terrasse. Toutes ont du cachet grâce à leurs faïences.

Hôtel Résidence Safra (carte p. 168 ; ☎ 227 737 ; rue du Rempart-Nord ; s/d 15/25 DT). Un établissement récent avec des chambres impeccables, joliment décorées et des matelas confortables. Peu fréquenté par les Occidentaux. Personnel affable.

Hôtel Résidence Monia (carte p. 168 ; ☎/fax 210 469 ; rue Remada ; s/d avec petit déj 25/45 DT). Cet excellent hôtel familial est l'un des meilleurs choix dans cette catégorie. Ambiance intime et chambres d'un bon rapport qualité/prix. Réservez à l'avance si vous ne pouvez pas arriver tôt, surtout si vous désirez une chambre avec balcon.

Hôtel Sousse Azur (carte p. 168 ; ☎ 227 760 ; fax 228 145 ; 5 rue Amilcar ; s/d avec TV 30/50 DT, appart 4 lits 60 DT ; ❄). Proche de la plage mais en retrait du bruit, cet hôtel loue des chambres vastes et décorées avec goût. Prix légèrement abusifs.

Hôtel Claridge (carte p. 168 ; ☎ 224 759 ; fax 227 277 ; 10 av. Habib-Bourguiba ; s/d avec petit déj 12,5/25 DT). Ancienne adresse, le Claridge est un établissement convivial avec des chambres simples (certaines avec balcon) à un prix correct. Les chambres sur la façade peuvent s'avérer bruyantes.

CATÉGORIE SUPÉRIEURE

Au nord de Sousse, le front de mer n'est plus qu'une rangée d'hôtels à perte de vue. La plupart affichent complet en été, mais vous trouverez des prix intéressants en hiver. Les tarifs incluent le petit déjeuner.

Hôtel Nur Justina (carte p. 166 ; ☎ 226 866 ; fax 225 993 ; 4 av. Hedi-Chaker ; s/d 35/50 DT ;). Chambres plus confortables que luxueuses. Certaines ont une belle vue.

Hôtel Sousse Palace (carte p. 168 ; ☎ 219 220 ; www.soussepalace.com ; av. Habib-Bourguiba ; s/d 102/148 DT ;). Une adresse assez demandée au centre-ville. Nombreux aménagements et plage privée pour les cours d'aérobic et les soins de beauté. Généralement complet en été, mais prix intéressants en hiver (36/52 DT).

Hôtel Abou Nawas Boujaffar (carte p. 166 ; ☎ 226 030 ; boujaafar@abounawas.com.tn ; av. Habib-Bourguiba ; s/d été 68/136 DT, hiver 48/96 DT ;). Un quatre-étoiles assez luxueux, avec des chambres spacieuses et une décoration agréable. Demandez une chambre donnant sur la mer puisqu'elles sont au même prix.

Les hôtels deviennent plus imposants et luxueux au fur et à mesure que vous remontez le long de la plage, pour culminer avec le cinq-étoiles **Hôtel Orient Palace** (☎ 242 888 ; fax 243 345 ; s/d 110/160 DT ;), à 4 km au nord de la ville. On compte non moins de trois piscines, des courts de tennis, un centre de remise en forme et une discothèque.

Où se restaurer

Vous trouverez plus facilement des schnitzels et des spaghettis sur le front de mer qu'un bon *tajine* ou *lalabi* (soupe épaisse). Plus vous vous éloignerez de la plage, plus vous aurez des chances de goûter à la cuisine locale. Tous les établissements mentionnés ci-dessous ouvrent à midi et le soir, sauf mention contraire.

RESTAURANTS

La rue Remada regorge de restaurants bon marché. Vous en trouverez une demi-douzaine collés les uns aux autres, affichant tous des menus similaires et des prix identiques. Ceux comme le **Restaurant el-Ons** proposent de la bonne cuisine traditionnelle à très bon prix : choix de salades pour 1 DT et plats copieux (poulet avec riz ou couscous) à partir de 2,2 DT.

Restaurant el-Najm (carte p. 168 ; rue Braunschweig ; 6h-22h). Une bonne adresse sans chichi pour des plats tunisiens copieux. Entre 6h et 9h30, les employés viennent se délecter de la meilleure *lalabi* de la ville (1 DT). Le reste de la journée, on y sert un savoureux *chakchouka* (plat de légumes ; 2 DT) ou de la tête de mouton (3 DT la demi-tête). Un bonne adresse pour changer des spaghettis et pizzas. Indiqué uniquement en arabe, ce restaurant se trouve à 50 m au sud-est de l'avenue Bourguiba.

Restaurant Le Peuple (carte p. 168 ; ☎ 220 564 ; rue du Rempart-Nord ; salades 1,8-2,5 DT ; plats 15h-6 DT). Un restaurant de la médina que nos lecteurs apprécient. Service rapide et sympathique. Les *bricks* sont les meilleurs de Sousse (1,4 DT).

Forum Grill (carte p. 166 ; ☎ 228 399 ; av. Hedi-Chaker ; entrées 1,5-2,8 DT, plats 4,5-9 DT). Menus multilingues aux prix raisonnables, composés principalement de plats typiques. Les *briks* (1,5-2,4 DT), salades et *tajines* (5,8-6 DT) sont excellents, tout comme le *chorba* à l'agneau ou au poisson (soupe 2,8 DT). Service attentif mais un peu lent qui permet de redécouvrir l'art de la conversation. Clientèle tunisienne et européenne.

Une dizaine de restaurants haut de gamme se sont installés au nord de l'avenue Habib-Bourguiba et sur la rue de la Corniche. Les menus sont généralement écrits en trois langues et les serveurs les parlent toutes. Les plats ont tendance à être occidentaux.

Restaurant Tip Top (carte p. 166 ; ☎ 226 158 ; 73 rue de la Corniche). Un restaurant toujours très apprécié. Sa salle à manger sur la rue possède plus de cachet que les autres. Les produits de la mer (un peu chers) forment le gros de la carte. Comptez environ 25 DT par personne pour un bon repas.

Restaurant Marmite (carte p. 168 ; ☎ 226 728 ; 8 rue Remada ; plats environ 10-12 DT). La Marmite est un endroit agréable où vous mangerez bien pour 20 DT par personne, vin exclu.

Hong Kong Restaurant (carte p. 166 ; ☎ 221 366 ; 4 rue de Rabat ; entrées 15h-6 DT, plats 8-15 DT). L'un des rares restaurants chinois du pays, qui propose une carte de près de 200 plats, dont des plats au porc. Comptez 25 DT pour deux personnes, sans le vin. La salle à manger en lambris devient plus agréable lorsque les fenêtres sont ouvertes.

LES SUPERMARCHÉS

Le **Magasin Général** (carte p. 168 ; bd Abdelhamid- el-Kahdi) est le meilleur supermarché avec un bon choix de vins tunisiens. Autrement, il existe un **Monoprix** (carte p. 168 ; angle av. Habib-Bourguiba et rue Ali-Belhaouane).

Le principal marché de fruits et légumes se trouve dans la médina, porte bab-el-Jedid.

Où prendre un verre

En été, la chaleur devient étouffante dans la médina. N'hésitez pas à vous arrêter pour boire un thé à la menthe ou une boisson fraîche lors de votre visite. Dans la partie sud de la médina, entre le musée Dar Essid et la kasbah, la meilleure adresse est sans doute le **Restaurant-Café Seles** (carte p. 168). Adossé contre le mur de la kasbah, le **Café des Nomades** (carte p. 168) offre une belle vue depuis sa terrasse sur le toit.

Toujours dans la médina, essayez le **Café Sidi Bouraoui** (carte p. 168 ; rue el-Aghlaba) ou le café sans nom sur la rue el-Maar.

La plupart des restaurants servent de l'alcool. Les seules discothèques fréquentables se trouvent dans les grands hôtels.

Comment s'y rendre

AVION

Sousse est desservie par l'aéroport de Monastir, uniquement par les vols internationaux. Le bureau de **Tunis Air** (carte p. 168 ; ☎ 227 955) se trouve 5 avenue Habib-Bourguiba.

BUS

Les bus partent du boulevard Yahia-ben-Oma, juste en dehors de la médina. Ils se dirigent vers Monastir (n°52, 0,85 DT, 40 min, toutes les 30 min), Mahdia (2,5 DT, 1 heure 30, toutes les 45 min) et Port el-Kantaoui (n°12 et 18, 0,5 DT, 20 min, toutes les 30 min).

Pour les autres destinations, les bus démarrent à la nouvelle gare routière du souk el-Ahad, à 800 m au sud-ouest de la médina.

Destination	Tarif	Durée (heures)	Fréquence (par jour)
Douz	2 DT	6½	16
El-Djem	8 DT	1¼	3
Gabès	8 DT	4¼	11
Hammamet	2 DT	1½	4
Djerba	2 DT	7	16
Kairouan	2 DT	1½	3
Kebili	2 DT	6	15
Nabeul	3 DT	2	5
Sfax	8 DT	2½	6
Tozeur	1 DT	5¾	14
Tunis	8 DT	2½	6

Des bus locaux desservent Kairouan (3 DT) toutes les 30 minutes entre 6h et 19h.

SRTG Nabeul propose trois bus par jour pour Hammamet (3,5 DT, 1 heure 30) et Nabeul (3,9 DT, 2 heures).

LOUAGE

L'arrêt des louages se trouve en face de la gare routière au souk el-Ahad. Les principales destinations desservies sont El-Djem (3,3 DT), Hammamet (3,7 DT) Kairouan (3,5 DT), Mahdia (2,9 DT), Monastir (1,4 DT), Sfax (5,6 DT) et Tunis (6,8 DT). Vous devrez acheter vos billets pour Sfax et Gabès au guichet.

TRAIN

Les trains qui circulent sur la voie principale partent tous de la gare du centre-ville. Dix trains par jour desservent Tunis (6 DT, 2 heures 15) et six vont à Nabeul (2e/1re 3,4/4,5 DT). Il n'existe qu'un seul train pratique pour rejoindre Sfax (à 8h01, 1 heure 45) et Gabès (3 heures 45). Le seul train pour Gafsa (5 heures 45) et Metlaoui (6 heures 15) part à 23h23.

Les services sur les voies secondaires sont fréquents. Seize trains desservent Monastir (1re/2e 1,3/0,9 DT, 35 min) et Mahdia (3,3/2,5 DT, 1 heure 45) entre 6h et 20h en été. Ils partent de la gare de bab el-Jedid, près du port et de l'angle sud-est de la médina.

Comment circuler

DESSERTE DE L'AÉROPORT

L'aéroport se situe à 12 km au sud de la ville. Un taxi depuis le centre vous coûtera 6 DT. Le métro (1re/2e 920/690 millimes, 20 min) sur la ligne entre Sousse et Monastir y passe. Depuis Sousse, il y a

20 rames qui circulent entre 6h et 20h. Dans l'autre sens, les trains commencent à circuler vers 5h.

BUS
Les bus locaux partent du nord de la médina sur le boulevard Yahia-ben-Omar. Les plus pratiques sont les n°s 8, 21, 22, qui passent tous devant les gares routières et de louages au souk el-Ahad (280 millimes).

TAXI
Les taxis sont nombreux, notamment dans les zones touristiques. Un tour de la ville ne devrait pas coûter plus de 3 DT.

PETIT TRAIN TOURISTIQUE ET "TUK-TUK"
Un petit train pour touristes circule sur la principale artère. Il part de l'extrémité nord de l'avenue Habib-Bourguiba, à l'heure pile, et va jusqu'à Port el-Kantaoui, à 14 km au nord, en une demi-heure. Le tarif aller simple est de 3,5/2,5 DT par adulte/enfant, et de 5/4 DT l'aller-retour. Il circule de 9h à 23h en été, et jusqu'à 18h en hiver. Les motos "tuk-tuk" à cinq roues (AS/AR 2/3 DT) effectuent le même trajet, plus rapidement et pour moins cher.

ENVIRONS DE SOUSSE
Port el-Kantaoui
On n'imagine pas trouver une ville comme Port el-Kantaoui en Tunisie. Il s'agit d'une marina de luxe greffée sur la côte, à 14 km au sud de Sousse. Revendiquant un statut de "port de plaisance de la Méditerranée", cette station balnéaire compte des villages hôteliers chics, des restaurants et des boutiques à souvenirs. Vous pourrez y passer toutes vos vacances sans quitter la ville : plages, répliques de navires de pirates, bateaux à fond de verre, écoles de plongée (à partir de 20 DT par plongée, environ 300 DT la formation), restaurants flottants, banques, journaux internationaux, jardin botanique et zoo (entrée 2,5 DT), parcours de golf tiré au cordeau (près de 60 DT avec location de clubs), discothèques et parcs d'attractions (7-12 DT) pour petits et grands. Vous pourrez admirer l'architecture andalouse, goûter aux cuisines européenne et tunisienne et vous délecter des bienfaits de la mondialisation.

Toutefois, Port el-Kantaoui n'est pas une enclave exclusivement pour touristes occidentaux, car bon nombre de Tunisiens viennent y passer la journée, et l'on compte des touristes venus du monde arabe, notamment les pays du Golfe. Vous n'aurez peut-être pas l'impression d'être en Tunisie, mais le côté international du lieu possède un certain charme. C'est un endroit agréable pour passer une semaine au soleil et profiter d'une zone touristique plus animée qu'ailleurs.

Évidemment, tout cela a un prix. Les hôtels s'adressent principalement à une clientèle en séjour organisé et leurs tarifs peuvent s'avérer prohibitifs (et en été, ils affichent complet) pour les voyageurs indépendants. Mais Port el-Kantaoui mérite néanmoins une visite. Selon votre point de vue, vous aurez l'impression de vous retrouver au milieu d'un décor de cinéma ou d'un environnement très luxueux.

OÙ SE LOGER ET SE RESTAURER
Quel que soit votre choix, vous ne risquez pas d'être déçu. La plupart des adresses se trouvent à une courte distance à pied de la marina, mais nous indiquons ici les hôtels les plus proches.

Hannibal Palace (☎ 348 577 ; fax 348 321 ; s/d 141/196 DT ; ❄ 🏊). Le cinq-étoiles le plus proche de la marina (environ 200 m) et l'un des premiers hôtels de Port el-Kantaoui. Vous y trouverez tout le luxe imaginable dans cette catégorie de prix, mais le service reste impersonnel.

Parmi les quatre-étoiles, on compte : **Hadstrubal** (☎ 348 944 ; fax 348 969 ; s/d DT112/160 ; ❄ 🏊), central et calme ; **El Kanta Résidence** (☎ 348 666 ; fax 348 656 ; s/d 119/148 DT ; ❄ 🏊), confortable et accueillant ; et **Marhaba Palace** (☎ 347 071 ; fax 347 077 ; s/d 112/160 DT ; ❄ 🏊), également une bonne adresse. Pour louer un appartement tout équipé, adressez-vous aux **Maisons de la Mer** (☎ 348 799 ; fax 348 961 ; 2/4/6 pers 90/130/160 DT ; ❄ 🏊).

La plupart des établissements tenteront de vous convaincre de dîner dans leur restaurant. Quoi qu'il en soit, les restaurants autour de la marina et dans les rues voisines présentent une carte assez similaire et sont d'un standing assez élevé. Tout dépend donc de l'ambiance recherchée. Attendez-vous à payer au moins 25 DT par personne, sans les boissons. Nous vous recommandons néanmoins **Les Émirs** (☎ 240 865 ; marina), dont les spécialités tunisiennes incluent de l'agneau *à la gargoulette*.

COMMENT S'Y RENDRE

Les options de transport ne manquent pas à Sousse – voir p. 172 pour plus d'informations.

Les bus, les "tuk-tuks" et le petit train touristique partent de l'arrêt à 150 m à l'ouest de la marina.

MONASTIR

☎ 73 / 60 000 habitants

Au Moyen Âge, on disait que visiter Monastir revenait à faire le premier pas vers le paradis. Aujourd'hui, la ville a du mal à conserver cette réputation, mais sa plage, son magnifique *ribat* et le mausolée d'Habib Bourguiba valent néanmoins une excursion à la journée depuis Sousse, à 20 km de là.

Histoire

Des marchands phéniciens fondèrent Monastir, jadis appelée Rous, une ville qui se développa (et aujourd'hui encore) à l'ombre de sa voisine plus imposante et illustre, Hadrumète (Sousse).

La ville connut son heure de gloire en l'an 46, lorsque Jules César s'y installa avant de vaincre Pompée, basé à Sousse, lors de la bataille de Thapsus, un moment crucial dans la guerre civile romaine. Elle devint alors la cité romaine de Ruspina.

Deux millénaires plus tard, Habib Bourguiba y naissait et vécu dans les faubourgs de la ville jusqu'à sa mort en avril 2000.

Renseignements

ACCÈS INTERNET

Publinet La Gare (🕑 8h-20h ; 2 DT par heure). À la gare ferroviaire.

ARGENT

Toutes les grandes banques sont présentes autour de la place du 3-Septembre-1934. La Banque de Tunisie dispose d'un DAB, tout comme la STB place du Gouvernorat.

POSTE ET TÉLÉPHONE

Le centre-ville compte de nombreux Taxiphone.

Poste principale (av. Habib-Bourguiba). Au sud de la médina.

OFFICE DU TOURISME

ONTT (☎ 461 960 ; rue de l'Indépendance ; 🕑 lun-jeu 8h-13h et 15h-17h45, ven-sam 8h30-13h30). En face de la mosquée Bourguiba.

À voir et à faire

MÉDINA

La médina de Monastir fut en grande partie détruite après l'indépendance dans une volonté quelque peu précipitée de moderniser la ville pour améliorer son image de ville natale du président. Heureusement, le *ribat* fut épargné, tout comme la **Grande Mosquée**. Bâtie au IXe siècle, elle présente un style aghlabide des plus austères malgré ses gracieuses arches en forme de fer à cheval. Les colonnes romaines qui les soutiennent et celle de la salle de prières (réservée aux musulmans) proviennent des ruines de l'ancienne cité Ruspina.

Les **remparts** à l'ouest de la médina sont restés intactes et présentent de vieilles portes intéressantes. La plus remarquable est celle de **bab el-Gharbi**, au centre du mur d'enceinte ouest. Elle fut percée par les Hafsides au XVe siècle. Celle de **bab Tunis**, à l'angle nord-ouest, date de 1780, tandis que la porte principale du sud, **bab Briqcha**, a été créée par les Ottomans à la fin du XVIIe siècle.

Le **musée du Costume** (rue de l'Indépendance ; 🕑 été mar-sam 9h-13h et 15h-19h, hiver 9h-16h ; entrée 1,1 DT), à l'angle de l'office du tourisme, mérite une visite rapide.

RIBAT

Le site phare de Monastir est le **ribat** incroyablement bien préservé (entrée 2,1 DT, appareil-photo 1 DT ; 🕑 été 8h-19h, hiver 8h30-17h30). Il est considéré comme le plus bel exemple d'architecture militaire islamique. Ses diverses époques de construction et de restauration lui ont conféré une structure étonnante, avec de nombreux passages étroits et escaliers.

Le *ribat* original, connu sous le nom de Ribat d'Harthama, fut bâti en 796 et n'occupait que la cour centrale et l'espace du musée. Les parties les plus anciennes (qui ont demandé de gros travaux de rénovation) incluent le *nador* (tour d'observation) et l'espace à son pied qui furent construits entre le VIIIe et le Xe siècle.

La construction de l'actuel mur d'enceinte fut entamée par les Aghlabides à la fin du IXe siècle et terminée au XIe siècle. Dans les murs se trouvaient les logements des défenseurs, tandis que la petite cour derrière le musée est connu comme le *ribat de femmes*, avec salle de prières et logements. Les

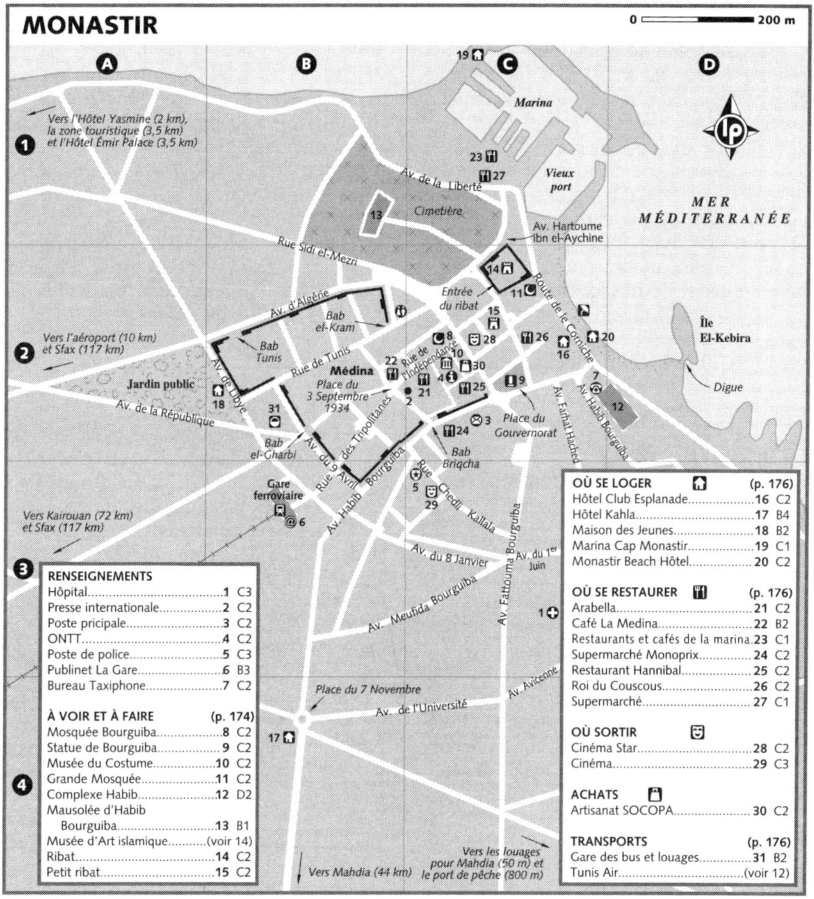

fortifications furent maintes fois modifiées, notamment au XVIIe siècle avec l'ajout des tours octogonales aux angles.

Les remparts et le haut du nador offrent une vue magnifique mais vertigineuse sur la ville et la côte.

La salle de prières abrite le **musée d'Art islamique**. Outre les vieilles pièces de monnaie arabes et des poteries, la collection comprend une intéressante carte de la médina de Monastir d'avant l'indépendance, et des photos anciennes de la ville. Si l'endroit vous semble familier, c'est parce que de nombreux cinéastes l'ont utilisé comme décor. Ainsi, des scènes de *Monty Python, La Vie de Brian* y ont été filmées, avec des centaines de figurants tunisiens. Franco Zeffirelli y a tourné des scènes de *Jésus de Nazareth*, dans lequel Monastir représente Jérusalem.

PLAGES

La plus belle plage se situe juste de l'autre côté de la route de la Corniche par rapport au *ribat*. Une petite plage plus tranquille se trouve au sud-est de l'île d'El-Kebira.

Un lecteur nous a fait savoir que les femmes risquent d'être importunées sur cette plage et que le sable est sale, même si la plage était propre lors de notre passage. Vigilance donc, si vous voulez vous y baigner.

Les plages à l'ouest de la ville sont principalement les plages privées des résidences hôtelières de la zone touristique.

MAUSOLÉE D'HABIB BOURGUIBA

Le **mausolée d'Habib Bourguiba** (entrée libre) et de sa famille mérite le détour. Au bout d'une longue allée pavée, vous verrez les superbes coupoles dorées et vertes, une cour carrelée de marbre, des arches pavées de faïences vertes et une jolie porte orientale. Le mausolée abrite les tombes de la famille Bourguiba et présente des objets ayant appartenu au grand homme. Si l'accès est ouvert, montez le petit escalier au sud du bâtiment jusqu'au balcon intérieur pour apprécier l'extravagance du décor.

Les horaires d'ouverture sont variables, mais le mausolée ferme généralement vers 15h. Si le portail principal est fermé, contournez le bâtiment pour entrer par la petite porte au nord.

Où se loger

PETITS BUDGETS ET CATÉGORIE MOYENNE

Monastir n'est pas une destination bon marché.

Maison des jeunes (☎ 461 216 ; av. de Libye ; dort 5 DT). Le seul établissement bon marché de Monastir, près de la gare routière, offre un confort digne d'une caserne militaire, malgré un coup de peinture récent.

Hôtel Kahla (☎ 464 586 ; fax 467 881 ; av. Habib-Bourguiba ; s/d 20/30 DT). À une courte distance au sud de la ville et loin de la plage, cet hôtel pratique des prix légèrement moins onéreux que les établissements du front de mer. Chambres correctes mais sans charme.

Hôtel Monastir Beach (☎ 464 766 ; fax 463 594 ; s/d 27/40 DT ; ❄). Cet hôtel porte bien son nom car il s'étend tout du long de la plage principale, entre la promenade et la route de la Corniche. Chambres chics et propres, avec des baies vitrées donnant sur la plage. Idéal si vous voulez être près de la mer.

Hôtel Yasmine (☎ 501 546 ; route de la Falaise ; s/d 40/60 DT). Sympathique petite pension familiale, à 2 km à l'ouest de la ville. Jolies chambres, sdb inégales, bon restaurant. Face à une plage agréable.

CATÉGORIE SUPÉRIEURE

Hôtel Club Esplanade (☎ 460 146 ; fax 460 050 ; route de la Corniche ; s/d 45/60 DT, pensions complète 55/80 DT ; ❄ 🏊). Un trois-étoiles d'un excellent rapport qualité/prix, si vous avez la chance d'obtenir une chambre. Emplacement idéal et chambres bien entretenues. Demandez une chambre sur la façade avec balcon et vue sur la mer – le prix est le même.

Marina Cap Monastir (☎ 462 305 ; marina@planet.tn ; complexe de la Marina ; d 106 DT, appart 4/6/8 lits 115/133/172 DT ; ❄ 🏊). Ce vaste complexe n'a pas le cachet de Port el-Kantaoui (au nord de Sousse), mais il est proche de la ville et situé autour du port de plaisance. Chambres nettes et calmes. Tarifs avantageux à la semaine.

La plupart des résidences hôtelières se concentrent sur les plages, à l'ouest. S'étendant entre Monastir et Skanes, 8 km plus loin, elles se trouvent assez éloignées de la ville et n'offrent des prix intéressants que dans le cadre de forfaits.

Où se restaurer

Tous les établissements mentionnés ici servent à midi et le soir.

Le **Café La Médina** (place du 3-Septembre-1934) est une adresse populaire où l'on sert des *bricks* bon marché (1,2 DT), des salades à partir de 2 DT et des plats de résistance à partir de 3 DT. Choix de pizzas à partir de 2 DT et de salades de poulpe (2,5 DT). Service agréable et portions généreuses. En face, l'**Arabella** propose une carte similaire.

Le **Roi du Couscous**, du côté plage de la place du Gouvernorat, sert le couscous du jour pour 3 DT.

Niché dans le coin sud-est de la médina, le **Restaurant Hannibal** est une adresse populaire qui dispose d'une terrasse avec vue sur la médina. Vous y mangerez bien pour 15 DT par personne.

Les meilleurs restaurants se concentrent autour de la marina. Leur cuisine est excellente. Votre choix dépendra donc de l'ambiance recherchée. Parmi les options, **Le Grill** (☎ 462 136) et le **Restaurant Marina** (☎ 461 449). Comptez 30 DT par personne, vin en sus.

Ceux qui veulent cuisiner eux-mêmes pourront faire leurs courses à Monoprix, près de la poste.

Comment s'y rendre

AVION

L'aéroport de Monastir accueille uniquement les vols internationaux.

Le bureau de **Tunis Air** (☎ 468 189 ; route de la Corniche) se situe dans le complexe Habib.

BUS

La gare routière se trouve sur le côté ouest de la médina. Des bus partent toutes les 30 min pour Sousse (1,3 DT, 30 min) et toutes les heures pour Mahdia (1,8 DT, 1 heure).

VOITURE

Avis (☎ 521 031), **Europcar** (☎ 521 314) et **Hertz** (☎ 521 300) possèdent un comptoir à l'aéroport de Monastir.

LOUAGE

Les louages pour Sousse (1,2 DT), Kairouan (4,4 DT) et Tunis (7,5 DT) démarrent à côté de la gare routière. Ceux qui desservent Mahdia partent d'un arrêt situé au sud-est de la ville.

TRAIN

Il existe 16 trains quotidiens (moins en hiver) pour Sousse (2e/1re 1/1,3 DT, 30 min) et huit pour Mahdia (1,7/2,4 DT, 1 h).

Un seul train circule tous les jours vers Tunis (2e/1re/confort 7,4/9,5/10,1 DT, 3 h).

Comment circuler

DESSERTE DE L'AÉROPORT

L'aéroport de Monastir se situe à Skanes, à 10 km à l'ouest de la ville sur la route de Sousse. Depuis le centre-ville, le trajet en taxi coûte 4,5 DT. Tous les trains qui circulent entre Monastir et Sousse s'arrêtent à l'aéroport. La gare se trouve à 200 m du terminal.

KAIROUAN

☎ 77 / 118 000 habitants

À 57 km à l'ouest de Sousse, Kairouan est l'une des sept villes saintes de l'islam. Sa mosquée est la plus ancienne de toute l'Afrique du Nord. Quant à sa charmante médina bleue, blanche et verte, elle vous transportera quelques siècles en arrière.

Kairouan est également la ville la plus respectueuse de la tradition en Tunisie. Les réactions de ses habitants, face aux touristes qui font l'aller-retour en un jour depuis les côtes, vous paraîtront peut-être un peu excessives. Cependant, la ville a toujours accueilli les voyageurs, que ce soit pour le commerce ou les pèlerinages, et ne s'étonne plus vraiment du spectacle des étrangers. Cette tradition d'hospitalité explique sans doute pourquoi il émane quelque chose de spécifiquement tunisien du Kairouan actuel : très musulman et très attaché aux traditions, mais en même temps désireux de s'adapter aux nécessités du commerce moderne. Que ce soit pour une journée ou plusieurs nuits, il ne faut pas manquer Kairouan.

Histoire

La percée de l'islam au Maghreb eut lieu à Kairouan, même si la première colonie arabe ne dura que quelques années avant d'être anéantie par une rébellion berbère. La ville fut reconstruite en 694 par Hassan ibn Nooman et resta musulmane depuis lors.

Elle connut une ère de prospérité lorsque les Aghlabides en firent leur capitale en 909. Même si le siège du pouvoir resta au palais de Raqqada, à 9 km au sud de Kairouan, les Aghlabides la dotèrent de bâtiments historiques, parmi lesquels la Grande Mosquée.

Kairouan fut conquise par les Fatimides en 909, puis entama son déclin lorsque Mahdia devint la capitale. Elle fut pillée en 1057 lors de l'invasion hilalienne (p. 164). La ville ne regagna jamais son pouvoir politique mais elle reste aujourd'hui un centre important pour d'éducation religieuse et l'une des villes saintes de l'islam.

Orientation

L'activité se concentre autour de la médina au centre de la ville et dans la ville nouvelle, au sud. La place des Martyrs, devant bab ech Chouhada, la porte sud de la médina, marque la limite entre la ville nouvelle et le cœur historique. La rue principale, l'avenue du 7-Novembre, traverse la médina jusqu'à bab Tunis, la porte nord.

LA FONDATION DE KAIROUAN

Dans les paysages arides du Maghreb (à Ghadamès, en Libye, par exemple), l'origine de bien des villes remonte de la découverte fortuite d'une source. Pour Kairouan, les choses se déroulèrent un peu différemment.

Fondée en 670 par le chef arabe Oqba ben Nafi, elle prit le nom de *qayrawan*, un terme signifiant "camp militaire". D'après la légende, le cheval d'Oqba butta sur une coupe en or enfouie dans le sable qui avait mystérieusement disparu de La Mecque plusieurs années auparavant. À l'emplacement de la coupe, de l'eau jaillit du sol que l'on attribua au puits de Zem-Zem, la source sacrée de la ville sainte. Au cœur de la médina de Kairouan, Bir Barouta continue d'incarner ce mythe.

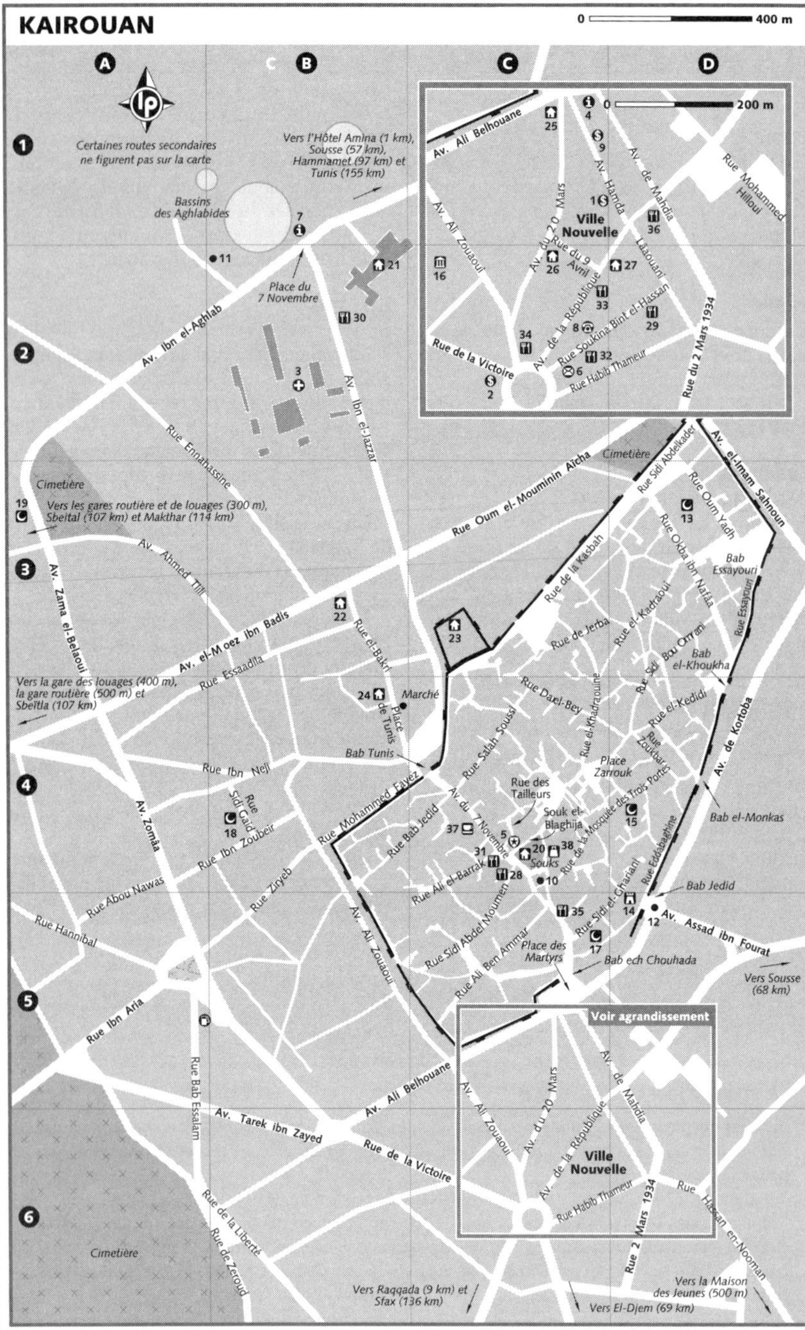
KAIROUAN
0 400 m
Certaines routes secondaires ne figurent pas sur la carte
Vers l'Hôtel Amina (1 km), Sousse (57 km), Hammamet (97 km) et Tunis (155 km)
Bassins des Aghlabides
Place du 7 Novembre
Av. Ibn el-Aghlab
Av. Ibn el-Jazzar
Rue Ennahassine
Cimetière
Vers les gares routière et de louages (300 m), Sbeital (107 km) et Makthar (114 km)
Rue Oum el-Mouminin Aicha
Av. Ahmed Tlil
Av. Zama el-Belaoui
Av. el-Moez ibn Badis
Rue Essaadila
Rue el-Bakri
Vers la gare des louages (400 m), la gare routière (500 m) et Sbeitla (107 km)
Marché
Place de Tunis
Bab Tunis
Rue Ibn Nejj
Rue Sidi Gaid
Av. Zomâa
Rue Ibn Zoubeir
Rue Mohammed Fayez
Rue Ziryeb
Rue Abou Nawas
Rue Hannibal
Rue Ibn Aria
Rue Bab Essalam
Av. Tarek ibn Zayed
Av. Ali Belhouane
Rue de la Victoire
Rue de la Liberté
Rue de Zeroud
Cimetière
Vers Raqqada (9 km) et Sfax (136 km)
Vers El-Djem (69 km)
Vers la Maison des Jeunes (500 m)
Vers Sousse (68 km)
Rue Sidi Abdelkader
Av. el-Imam Sahnoun
Rue Oum Yadh
Rue de la Kasbah
Rue Okba ibn Nafâa
Bab Essayouri
Rue Essayouri
Rue el-Kadraoui
Rue de Jerba
Rue Sidi Bou Omrani
Bab el-Khoukha
Rue Dael-Bey
Rue el-Khadraouine
Rue el-Kedidi
Rue Zoukbar
Av. de Kortoba
Rue Salah Soussi
Place Zarrouk
Rue des Tailleurs
Souk el-Blaghija
Rue de la Mosquée des Trois Portes
Bab el-Monkas
Rue Bab Jedid
Av. du 7 Novembre
Souks
Rue Eddabaghine
Rue Ali el-Barrak
Rue Sidi Abdel Moumen
Rue Sidi el-Ghariani
Bab Jedid
Av. Assad ibn Fourat
Av. Ali Zouaoui
Rue Ali Ben Ammar
Place des Martyrs
Bab ech Chouhada
Voir agrandissement
Av. du 20 Mars
Av. de Mahdia
Av. de la République
Ville Nouvelle
Rue Habib Thameur
Rue 2 Mars 1934
Rue Hassan en-Nooman
0 200 m
Av. Ali Belhouane
Av. Hamda Lâaouani
Rue Mohammed Hiloui
Av. Ali Zouaoui
Rue du 9 Avril
Rue Soukina Bint el-Hassan
Rue du 2 Mars 1934
Rue de la Victoire
Rue Habib Thameur

Renseignements

ACCÈS INTERNET

Publitel (Hôtel el-Menema ; 1,5 DT par heure). Théoriquement ouvert 24h/24.

ARGENT

Les succursales des grandes banques se concentrent dans les rues, au sud de la place des Martyrs.

Banque de Tunisie (angle av. de la République et av. Hamda-Lâaouani). DAB.

BIAT (rue de la Victoire). DAB.

UIB (av. Hamda-Lâaouani). Près de la place des Martyrs, DAB.

POSTE ET TÉLÉPHONE

Taxiphone à tous les coins de rues.

Poste principale. Au sud-ouest de bab ech Chouhada.

OFFICE DU TOURISME

ONTT (☎ 221 797 ; place des Martyrs ; 8h-16h). Au sud de la médina. Vous n'en ressortirez pas mieux renseigné et vous aurez eu l'impression de gêner.

Syndicat d'initiative (angle av. Ibn-el-Jazzar et av. Ibn-el-Aghlab ; été 8h-18h, hiver 8h30-17h30). Au nord de la ville. Beaucoup plus sympathique et utile que l'ONTT.

À voir

LA MÉDINA

À l'intérieur de la médina de Kairouan, on se sent comme dans un autre pays. Ses façades blanches contrastent avec les arches, les balcons et les volets peints en bleu ou vert pâle. Il est très agréable de s'y promener en admirant les nombreux édifices religieux au milieu des vieilles maisons défraîchies des marchands, des souks couverts et des boutiques de tapis. L'artère principale, l'avenue du 7-Novembre, est devenue très touristique, mais heureusement, cela ne s'étend pas plus loin dans la médina.

Les premiers remparts de la médina furent construits vers la fin du VIIIe siècle, mais les murs actuels datent surtout du XVIIIe siècle. Parmi les nombreuses portes, celle de **bab el-Khoukha**, en forme de fer à cheval soutenue par des colonnes, est la plus ancienne. Elle date de 1706.

La Grande Mosquée

À l'angle nord-est de la médina, la **Grande Mosquée** (entrée avec le billet touristique ; sam-jeu 8h-14h, ven 8h-12h) est considérée comme le plus haut lieu saint d'Afrique du Nord. Elle est également connue sous le nom de mosquée de Sidi Okba, en l'honneur du fondateur de Kairouan, qui y bâtit la première mosquée en 670. S'il ne reste plus rien de l'édifice original, on doit la construction actuelle aux Aghlabides, qui l'édifièrent au IXe siècle.

Avec ses murs fortifiés, l'intérieur montre le style dépouillé, typique des Aghlabides. Pourtant, l'énorme cour pavée de marbre et entourée d'arcades a été conçue pour récupérer l'eau de pluie. C'est pourquoi le sol est incliné vers un trou central qui drainait l'eau vers les bassins souterrains. Les reliefs du carrelage filtraient les impuretés. Les margelles en marbre des deux puits présentent une rainure due à des siècles de frottements de la corde qui servait à remonter le seau.

Un minaret de trois étages domine l'angle nord-ouest de la cour. L'étage inférieur fut bâti en 728. À la base de minaret, deux dalles romaines portent des inscriptions en latin (l'une est à l'envers).

La salle de prière se trouve au sud de la cour. Les imposantes portes en bois clouté datent de 1829 et les panneaux, au-dessus, sont un travail de sculpture remarquable. Les non-musulmans ne pourront pas aller

BILLETS D'ENTRÉE ET GUIDES

La plupart des sites de Kairouan peuvent se visiter avec un même billet, vendu 4,2 DT à la Grande mosquée, au syndicat d'initiative et à la zaouïa de Sidi Sahab. Valable pendant une journée, celui-ci concerne la Grande mosquée, les bassins aghlabides, la zaouïa de Sidi Sahab, la zaouïa de Sidi Amor Abbada, Bir Barouta, la zaouïa de Sidi Abid el-Ghariani et le musée des Arts islamiques de Raqqada, et ne donne droit qu'à une entrée dans chaque lieu. Le supplément appareil photo (1 DT) vaut pour l'ensemble des monuments mentionnés ci-dessus.

Le syndicat d'initiative fournit des guides bilingues français-arabe, munis d'une carte d'accréditation avec photo, qui connaissent bien leur métier. Un circuit englobant les sites majeurs revient à 15 DT. Certains guides agréés servent aussi de rabatteurs discrets aux marchands de tapis.

plus loin, mais jetteront un coup l'œil par la porte. Les 414 piliers qui supportent les arches en fer à cheval et la toiture, tout comme ceux de la colonnade, ont été récupérés des ruines romaines ou byzantines de Carthage et d'Hadrumète (Sousse). Il n'y en a pas deux semblables. Au bout du hall, on aperçoit la magnifique mosaïque du IXe siècle derrière le *mihrab*, entre deux colonnes de marbre rouge. La céramique a été importée de Bagdad ainsi que le bois du *minbar* (chaire) richement décoré qui se trouve à côté.

Les visiteurs doivent être habillés décemment, mais vous pourrez vous procurer un vêtement adéquat à l'entrée, qui s'effectue par la porte principale, sur la rue Okba-ibn- Nafaa. Les profanes n'ont pas le droit de franchir les huit autres portes.

Pour une vue générale de la Grande Mosquée, montez sur le toit d'un magasin de tapis de la rue Okba-ibn-Nafaa. Les propriétaires vous diront avec humour que le prix de la vue est compris dans le billet d'entrée, tout comme le moment passé à admirer leurs tapis.

La zaouïa de Sidi Abid el-Ghariani

Juste derrière bab ech Chouhada, la **zaouïa de Sidi Abid el-Ghariani** (rue Sidi-el-Ghariani ; entrée avec le billet touristique), entièrement restaurée, date du XIVe siècle et contient de superbes sculptures sur bois et stuc. La *zaouïa* abrite aussi le tombeau du sultan hafside Moulay Hassan, qui régna de 1525 à 1543. Les horaires d'ouverture ne sont pas fixes, mais vous aurez plus de chance de la visiter le matin.

La maison du Gouverneur

Cette résidence des beys et pachas de Kairouan est une maison du XVIIIe siècle rénovée avec soin et marquant un contraste extravagant avec le style austère des Aghlabides. L'intérieur présente un treillis somptueux composé de bois de cèdre et de teck ainsi que de marbre. Des moulures en plâtre et d'élégantes arches carrelées décorent l'entrée, le harem et l'espace de réception. Une boutique de tapis s'est installée dans la demeure. Après avoir regardé le travail minutieux des tisseuses (les femmes fabriquent les tapis, les hommes les vendent), on vous en présentera une sélection. Si vous n'avez pas encore vu le procédé de fabrication à Kairouan, cette visite en vaut la peine.

Le bâtiment est indiqué par le panneau "Tapis-Sabra". Il est ouvert tous les jours de 8h à 17h. Entrée libre.

Bir Barouta

Au nord de l'avenue Ali-Belhouane, le **bir Barouta** (entrée avec le billet touristique) fut bâti par le dirigeant ottoman Mohammed Bey en 1676 pour protéger le puits légendaire, datant de la fondation de la ville. Ses eaux communiqueraient avec celles du puits de Zem-Zem à La Mecque. La mise en scène du dromadaire tirant l'eau du puits à l'intention des visiteurs peut paraître surfaite. Ceci dit, boire cette eau est un rituel sacré pour la plupart des visiteurs.

Vous pourrez la boire, mais sachez que l'un des auteurs du guide Lonely Planet était malade le lendemain...

La mosquée des Trois Portes

La **mosquée des Trois Portes** (rue de la mosquée-des-Trois-Portes), à 250 m au nord-est de bir Barouta, fut érigée en 866 par Mohammed bin Kairoun el-Maafri, un saint homme de Cordoue. Vous ne pourrez pas entrer si vous n'êtes pas musulman, mais le principal intérêt de l'édifice est sa façade élaborée aux influences andalouses. Les trois portes archées présentent de superbes inscriptions kufiques (dont deux mentionnent le nom du fondateur de la mosquée) et des motifs floraux sur le linteau. Cela vaut le détour.

LES BASSINS AGHLABIDES

Les Aghlabides construisirent ces **citernes** (av. Ibn-el-Aghlab ; entrée avec le billet touristique ; 🕑 été 7h30-18h30, hiver 8h30-18h) au IXᵉ siècle. Un aqueduc dirigeait l'eau des collines à 36 km à l'ouest de Kairouan vers un bassin de rétention, puis à l'énorme bassin principal qui mesurait 5 m de profondeur pour un diamètre de 128 m. Au centre se trouvait un pavillon où les dignitaires venaient se détendre les soirs d'été. L'intérêt des bassins est plus historique que visuel.

LA ZAOUÏA DE SIDI SAHAB

Cette vaste **zaouïa** (av. Zama-el-Belaoui ; entrée avec le billet touristique ; 🕑 7h30-18h30) se situe à environ 1,5 km au nord-ouest de la médina. Elle abrite le tombeau d'Abu Zama el-Belaoui, un *sahab* (compagnon) du Prophète Mahomet. On l'appelait le barbier car il portait toujours avec lui trois poils de la barbe du Prophète. Les gens parlent parfois de cette *zaouïa* comme de la "mosquée du Barbier". Si l'ancien mausolée date du VIIᵉ siècle, l'édifice a été transformé vers la fin du XVIIᵉ siècle pour inclure un *fondouk* destiné à loger les pèlerins, une médersa et une mosquée.

On entre dans la zaouïa par un passage richement décoré de marbre qui mène jusqu'à la cour centrale d'un blanc éclatant. Le mausolée de Sidi Sahab, surmonté d'une coupole datant de 1629, se dresse à l'angle nord-ouest. L'entrée est interdite au non-musulmans. La petite pièce, de l'autre côté de la cour, contient la tombe de l'architecte de la Grande Mosquée.

LA ZAOUÏA DE SIDI AMOR ABBADA

Cette **zaouïa** (près de la rue Sidi Gaid ; entrée avec le billet touristique ; 🕑 7h30-18h30) se repère grâce à ses sept coupoles blanches. Elle fut construite en 1860 autour du tombeau de Sidi Amor Abbada, un forgeron local doté de dons de prophétie. Sa spécialité était de forger des objets gigantesques, tels que les deux ancres géantes (qui ornent aujourd'hui la place des Martyrs), qui devaient rattacher Kairouan à la terre…

LE MUSÉE ONAT

Le **musée ONAT** (av. Ali-Zouaoui ; entrée libre ; 🕑 lun-jeu 9h-13h et 15h-18h, ven-sam 9h-13h) présente une collection de tapis et accrédite tous les tapis vendus à Kairouan ; si vous comptez en acheter un, passez d'abord ici vous renseigner sur les différents styles.

Où se loger

PETITS BUDGETS

Maison des jeunes (☎ 228 239 ; av. de Fès ; dort 4 DT). À 1 km au sud-est de la médina, l'auberge de jeunesse pratique des tarifs bon marché mais manque de cachet.

Hôtel Sabra (☎ 230 263 ; place des Martyrs ; s/d 9/18 DT, d avec sdb 20 DT). En face de bab ech Chouhada, une adresse populaire qui loue des chambres simples et bien entretenues. Personnel habitué aux touristes. *Le hammam* et la vue depuis la terrasse sur le toit (où l'on peut dormir en été) sont spectaculaires. Les chambres en façade peuvent être bruyantes.

Hôtel el-Menema (☎ 225 003 ; fax 226 182 ; av. el-Moez-ibn-Badis ; s/d avec petit déj 10/20 DT ; 💻). Au nord de la médina, un petit hôtel moderne vivement recommandé pour son excellent rapport qualité/prix. Chambres spacieuses, certaines avec balcon.

Hôtel Les Aghlabites (☎ 230 880 ; près de la place de Tunis ; s/d 8/16 DT). Ce *fondouk* reconverti au nord de la médina n'est pas situé dans la partie la plus attirante de la ville, mais les chambres sont très correctes et donnent parfois sur une grande cour carrelée, en retrait par rapport à la rue. Certaines chambres disposent d'une sdb (défraîchie) pour le même prix.

Hôtel Barouta (pas de téléphone ; av. du 7-Novembre ; s/d 6/12 DT). La seule adresse dans la médina. Ceux qui font attention à leur budget se logeront dans des chambres rustiques à la literie fatiguée. Les femmes ne s'y sentiront pas à leur aise. Certaines chambres possèdent un balcon donnant sur l'artère principale – un joli panorama sur la ville et son animation.

CATÉGORIE MOYENNE

Tous les établissements mentionnés ci-dessous sont climatisés. Les prix incluent le petit déjeuner.

Hôtel Splendid (☎ 230 041 ; fax 230 829 ; rue du 9-Avril ; s/d 26,5/39 DT). Autrefois réputé, cet établissement accuse aujourd'hui son âge. Personnel trop affable. Certaines chambres sur la façade (notamment n°s 104 et 105) sont spacieuses, confortables et gardent du cachet.

Tunisia Hôtel (☎ 231 775 ; fax 231 597 ; av. de la République ; s/d 20/40 DT). Un bon hôtel ancien, à 400 m au sud de la médina. Demandez à visiter les chambres car elles sont de qualité inégale. Elles restent d'un bon rapport qualité/prix, malgré un manque de luminosité.

Hôtel Continental (☎ 221 135 ; fax 229 900 ; av. Ibn-el-Aghlab ; s/d 39/58 DT). Un trois-étoiles calme au nord de la ville. Les chambres sont assez jolies mais les sdb se détériorent rapidement. La longue marche pour rejoindre le centre-ville s'avère pénible sous la chaleur. Au retour, vous pourrez plonger dans la piscine… Si elle est remplie.

CATÉGORIE SUPÉRIEURE

Hôtel la Kasbah (☎ 237 301 ; kasbah.kairouan@gnet.tn ; av. Ibn-el-Jazzar ; s/d 59/86 DT ;). Occupant l'ancienne kasbah au nord de la médina, cet hôtel fabuleux a beaucoup de cachet. Les chambres sont d'une simplicité élégante. Grande piscine chauffée dans la cour.

Hôtel Amina (☎ 225 466 ; fax 225 411 ; av. Ibn-el-Aghlab ; s/d 45/65 DT ;). La deuxième meilleure adresse de Kairouan est isolée du centre-ville. Il s'agit d'un trois-étoiles confortable et moderne, qui loue des chambres très correctes.

Où se restaurer

PÂTISSERIES

La réputation des *makhrouds* de Kairouan, gâteaux à la semoule fourrés aux dattes et imbibés de miel, n'est plus à faire. Vous en trouverez partout pour 100 millimes pièce.

Segni (av. du 7-Novembre). La meilleure adresse de la ville pour goûter aux *makhrouds* et autres spécialités locales. Signalé en arabe au cœur de la médina, Segni a un intérieur typique des boutiques traditionnelles de la médina.

Vous pourrez acheter ces gâteaux dans les échoppes qui bordent l'artère principale près de l'arche, ou à la **Pâtisserie Rabaoui Kairouan** (rue Soukina-bint-el-Hassan).

RESTAURANTS

Pour vous restaurer à bon prix, dirigez-vous vers les rues au sud de la médina. Tous les établissements dont nous parlons ici sont ouverts à midi et le soir.

Restaurant Sabra (av. de la République ; salades 1,3 DT ; plats à partir de 2,5 DT ; menus fixes 7 DT). À côté du Tunisia Hôtel, cet établissement convivial prépare de la bonne cuisine servie dans un cadre simple. Couscous copieux.

Restaurant Karawan (rue Soukina-bint-el-Hassan ; menus fixes 8 DT). Une excellente adresse, où propreté et convivialité riment avec bonne cuisine. Salades traditionnelles, couscous, tajines et *bricks*.

Le Roi du Couscous (av. Ali-Zouaoui ; plats environ 4 DT). Un établissement rempli d'hommes et de fumée, mais (ou peut-être parce que) c'est l'un des rares endroits qui sert de l'alcool – les licences pour vendre de l'alcool sont difficiles à obtenir à Kairouan. Cuisine correcte sans plus.

Restaurant de la Jeunesse (av. du 7-Novembre ; plats environ 6 DT). Au cœur de la médina, le personnel sympathique vous servira de bons plats variés (nous vous recommandons notamment les haricots à l'agneau), mais a tendance à saler l'addition.

Piccolomondo (av. Ibn-el-Jazzar ; pizzas à partir de 2,5 DT). Une halte agréable en allant ou en revenant des bassins des Aghlabides.

SUPERMARCHÉS

Vous pourrez acheter vos provisions au supermarché de l'avenue de Mahdia. La région de Kairouan produit énormément de fruits. Les échoppes autour de la place de Tunis, au nord de la médina, vendent ceux de la saison.

Où prendre un verre

Ce ne sont pas les endroits en plein air qui manquent pour siroter un café, une boisson fraîche, un thé à la menthe ou fumer la *chicha* (pipe à eau). Le soir, les gens viennent s'attabler aux terrasses des cafés de la place des Martyrs.

Pour plus d'authenticité, rendez-vous à la **Turkish Coffeehouse** (av. du 7-Novembre), un établissement presque centenaire. Vous serez charmé par son atmosphère élégante.

Si vous chercher un bar avec une clientèle exclusivement masculine, dirigez-vous vers le carrefour au sud de la médina, sur l'avenue Ali-Zouaoui, non loin du restaurant Roi du Couscous. Par ailleurs, l'**Hôtel Splendid** constitue un endroit paisible pour boire une bière.

POUR LE PLAISIR DE L'ŒIL

À Kairouan, tapis et kilims font partie du parcours obligé au même titre que la Grande Mosquée. Que cela vous plaise ou non, vous risquez d'échouer tôt ou tard dans un magasin spécialisé. Toute tentative de résistance s'avère alors inutile. La meilleure tactique consiste à accepter l'hospitalité du marchand et à profiter du cérémonial sans pour autant se croire obligé d'acheter. Plus facile à dire qu'à faire !

Le rituel débute par un coup d'œil furtif alors que vous arpentez les ruelles de la médina. Le commerçant vous invite à entrer et vous propose un thé sucré ou un café turc tout en engageant la conversation. Comme par hasard, son frère ou son oncle vit dans votre pays. Autre coïncidence, il a vendu la semaine passée, à l'un de vos compatriotes, un superbe tapis provenant de sa collection personnelle.

Pendant que vous attendez d'être servi, pourquoi ne pas regarder la marchandise, cela ne coûte rien. Un vendeur déroule les tapis tandis qu'un autre apporte le breuvage, bien trop chaud pour être avalé rapidement. Si vous demandez un prix, on vous répond d'un air entendu que, n'étant pas venu avec un groupe, vous aurez droit à un rabais de 30%. Le sens de l'hospitalité implique ce genre de faveur envers les hôtes de marque de la Tunisie dont vous faites évidemment partie.

On vous explique ensuite les motifs des tapis qu'un employé tient sous vos yeux. Il se peut également qu'un vendeur fasse mine de brûler la marchandise avec un briquet pour prouver sa robustesse. Pour vous démontrer combien ces articles seront faciles à transporter dans vos bagages, quelqu'un les roule en petits ballots.

À ce stade, vous pouvez décider de ne pas acheter. Dites alors que vous souhaitez réfléchir. Le vendeur, qui jette alors des regards furtifs au patron, devient soudain sérieux, sachant très bien que la plupart des touristes ne reviennent pas malgré leurs promesses. Les prix commencent donc à baisser, parfois dans des proportions spectaculaires. Quel dommage que d'aussi beaux produits partent pour une somme dérisoire semble dire le personnel de la boutique. Lorsque vous vous dirigerez vers la sortie – l'hospitalité ne servant plus à rien, il y a des chances pour que personne ne vous raccompagne à la porte – vous entendrez peut-être des murmures désobligeants proférés à votre encontre.

Si vous décidez de marchander puis d'acheter, tout ce qu'on vous racontera sur les tapis est véridique (à l'exception du prix) et vous partirez avec un magnifique souvenir. Une fois choisi, l'article est promptement emballé avant que vous ne changiez d'avis. Au moment où vous tendrez votre carte de crédit, le marchand affectera pour la dernière fois une mine contrite : "Vous ne pouvez vraiment pas payer en liquide ? Vous savez, les cartes entraînent beaucoup de paperasserie". Vous obtiendrez peut-être quelques dinars de réduction, mais on vous réclamera en revanche un pourboire pour les employés.

Une fois dans la rue avec votre tapis sous le bras, les autres marchands ne manqueront pas d'affirmer que vous l'avez payé trop cher. On ne peut s'empêcher de sourire devant ce numéro bien rodé. Rassurez-vous, celui qui vous a vendu l'objet sourit aussi.

Achats

Kairouan est la capitale tunisienne du tapis. Si vous avez l'intention d'en rapporter un, c'est ici que vous devrez l'acheter.

Il existe deux sortes de tapis : noués ou tissés. L'industrie traditionnelle (pré-islamique) se basait sur le tissage de *mergoums* et de *kilims*. Les *mergoums* présentent des motifs géométriques tissés dans des teintes vives de rouges, violets et bleus, entre autres. Les kilims reprennent les motifs traditionnels berbères. Ces tapis restent bon marché. Le *guetiffa* berbère est une autre variété de tapis noués : il est en laine épaisse, généralement de couleur crème, décoré de motifs traditionnels.

Les tapis noués les plus connus sont les tapis classiques (style persan) de Kairouan. La technique fut introduite en Tunisie par les Turcs. Selon la légende, le premier tapis noué fabriqué en Tunisie a été réalisé par la fille du gouverneur turc de Kairouan.

Le prix des tapis noués dépend du nombre de nœuds par mètre carré. Au dos de chaque tapis, une marque indique les dimensions et le type du tapis. Voici les prix officiels :

10x10	10 000 nœuds par m²	100-150 DT par m²
12x12	14 000 nœuds par m²	100-150 DT par m²
20x20	40 000 nœuds par m²	170-220 DT par m²
30x30	90 000 nœuds par m²	270-350 DT par m²
40x40	160 000 nœuds par m²	320-450 DT par m²
50x50	250 000 nœuds par m² (généralement en soie)	1300-1600 DT par m²
kilims		150-200 DT

Si vous voulez regarder la fabrication des tapis sans être harcelé par un vendeur, visitez le **Centre des traditions et des métiers d'art de Kairouan**, au nord de Bir Barouta sur une petite rue qui mène au souk. Il a été fondé par l'ONAT pour promouvoir l'artisanat local. À l'étage, des salles présentent les techniques traditionnelles du tissage, de la broderie et de la fabrication de tapis. Les artisans sont généralement ravis de vous montrer leur art.

Vous pouvez également assister à une vente aux enchères au souk el-Blaghija, généralement entre 11h et 13h le samedi, quand les femmes berbères vendent leurs tapis aux propriétaires des boutiques. Si vous parlez arabe, vous pourrez surenchérir, mais les commerçants vous regarderont d'un mauvais œil, surtout si vous comprenez les marges qu'ils se font.

Comment s'y rendre et circuler

Les arrêts des bus et des louages sont côte à côte, à 300 m à l'ouest de la zaouïa de Sidi Sahab. Le trajet en taxi du centre-ville jusqu'à la place des Martyrs vous coûtera environ 1 DT au compteur, mais les chauffeurs vous demanderont souvent le triple.

Pour vous rendre à El-Djem, vous devrez passer par Sousse.

BUS

La plupart des services sont gérés par la compagnie nationale, SNTRI, qui possède son propre guichet dans la gare routière, où vous trouverez un tableau des destinations et des horaires.

Destination	Tarif	Durée (heures)	Fréquence (par jour)
Douz	17,9 DT	7	1
Gabès	9,4 DT	4¼	5
Gafsa	9,4 DT	3	6
Djerba	14,4 DT	5	2
Kasserine	7,2 DT	2½	1
Kélibia	7,2 DT	3	1
Médenine	12,3 DT	5¼	1
Nabeul	5 DT	2¼	3
Nefta	13,8 DT	7½	2
Tozeur	13 DT	4½	3
Tunis	7,5 DT	3	toutes les heures

D'autres destinations sont desservies par des sociétés locales qui possèdent un guichet à part dans la gare routière. Des bus se rendent ainsi à Sousse (3 DT, 1 heure 30, toutes les 30 min de 6h30 à 19h30), Sfax (5,5 DT, 2 heures, trois fois par jour) et Makthar (4,5 DT, 1 heure 45, deux fois par jour).

LOUAGE

Des louages partent fréquemment vers Sousse (3,5 DT), Sfax (6,7 DT) et Tunis (7,4 DT). Makthar (4,8 DT), Sbeitla (5,7 DT) et Hammamet (4,5 DT) sont desservies occasionnellement.

ENVIRONS DE KAIROUAN

Le **musée des Arts islamiques de Raqqada** (⌚ mar-dim 9h30-16h30 ; entrée avec le billet touristique) s'est installé dans un ancien palais présidentiel à Raqqada, à 9 km au sud de Kairouan. Tous les moyens de transport allant à Sfax y passent. Vous y verrez une maquette de la Grande Mosquée de Kairouan, une reproduction fidèle en plâtre du mihrab et beaucoup d'exemples de calligraphie. On parle d'un projet ambitieux pour agrandir le musée.

EL-DJEM

☎ **73 / 14 000 habitants**

Existe-t-il en Tunisie une vue plus étonnante que celle d'El-Djem et de son ancien amphithéâtre ? Bâti sur un plateau à mi-chemin entre Sousse et Sfax, il s'agit du monument romain le plus remarquable d'Afrique.

Histoire

L'amphithéâtre d'El-Djem était le joyau de Thysdrus, une ville commerçante construite au Iᵉʳ siècle au carrefour des routes marchandes du Sahel, qui prospéra grâce à l'huile d'olive. Thysdrus, qui comptait des villas somptueuses, atteignit son apogée aux IIᵉ et IIIᵉ siècles.

Au VIIᵉ siècle, les soldats de Mohammed Bey firent exploser le mur ouest pour débusquer les tribus rebelles. La brèche fut agrandie lors d'une autre rébellion en 1850.

Orientation et renseignements

L'avenue Habib-Bourguiba part de l'amphithéâtre et se termine à la gare ferroviaire, au sud de la ville. La poste et la seule banque se situent au sud-ouest, sur l'avenue Fahdel-ben-Achour (la route de Sfax).

À voir

L'AMPHITHÉÂTRE

Classé au patrimoine mondial, cet **amphithéâtre** (entrée 4,2 DT, appareil photo 1 DT ; 🕓 été 7h-19h, hiver 8h-17h) était le troisième en taille de l'Empire romain. Il mesurait 138 m de long sur 114 m de large et comportait trois étages de gradins d'une hauteur totale de 30 m. On estimait sa capacité à 30 000 personnes, un chiffre nettement supérieur au nombre d'habitants de la ville.

L'amphithéâtre aurait été construit entre 230 et 238, et est généralement attribué au proconsul d'Afrique Gordien, propriétaire terrien et mécène. Les pierres ont dû être apportées des carrières de Sullectum (l'actuelle Salakta), à 30 km sur la côte. L'approvisionnement en eau se faisait par un aqueduc souterrain de 15 km, qui débutait dans les collines au nord-ouest de la ville.

En 238, Gordien y fut déclaré empereur de Rome lors d'une tentative de rébellion contre l'empereur Maximin. Il se serait suicidé dans l'amphithéâtre face à l'échec de la rébellion.

L'amphithéâtre servit également de ligne de défense. La princesse berbère Al-Kahina y fut assiégée par les Arabes à la fin du VIIe siècle. Selon la légende, l'amphithéâtre était relié à la ville côtière de Salakta par un souterrain, ce qui aurait permis à Al-Kahina de narguer ses assaillants en leur montrant des poissons frais du haut des murs (voir l'encadré p. 207).

Quand on pénètre dans l'amphithéâtre pour la première fois, on est impressionné par le sens de la grandeur des Romains. Mieux préservé, le côté sud de l'amphithéâtre permet d'imaginer les rangées de sièges qui descendaient jusqu'aux murs de marbre délimitant l'arène. Près de la porte d'entrée, les œuvres d'artistes locaux vous aideront à imaginer ce qu'était l'amphithéâtre aux heures de gloire.

Vous pourrez escalader les gradins pour avoir une vue de l'arène et visiter deux longues galeries où patientaient animaux, gladiateurs et autres infortunés avant d'être jetés dans l'arène pour distraire la foule.

Pour un point de vue d'ensemble de l'amphithéâtre, remontez n'importe quelle rue vers le nord.

MUSÉE

Le musée d'El-Djem (entrée avec le billet de l'amphithéâtre ; 🕓 été 7h-19h, hiver 8h-17h) se trouve à 1 km au sud de l'amphithéâtre sur la route de Sfax. Prenez le temps de découvrir ses mosaïques de toute beauté, superbement exposées. Cette collection présente, entre autre, des scènes de jeux de l'amphithéâtre et Dionysos chevauchant un tigre et une délicieuse épopée du Génie de l'année.

AUTRES SITES

Cet amphithéâtre n'était pas le premier à être construit à Thysdrus. En face du musée et de l'autre côté de la voie ferrée, on aperçoit les ruines d'un amphithéâtre

EL-DJEM AU COUCHER DU SOLEIL

Pour visiter l'amphithéâtre, préférez le coucher du soleil, quand une lumière dorée inonde l'intérieur de l'amphithéâtre. Si vous voyagez en individuel, l'opération est toutefois un peu compliquée. Une solution consiste à louer un taxi privé. Comme vous devrez payer le trajet de retour du chauffeur, mieux vaut prendre un véhicule depuis Mahdia (environ 30 DT aller-retour), Sousse ou Sfax (environ 35 DT).

Sinon, partez de Sfax et revenez par le train de 20h57. En faisant vite (et si le train a du retard), vous pourrez peut-être même attraper le train de 19h13 à destination de Sousse. Vérifiez au préalable les horaires dans la gare concernée.

Enfin, si vous vous levez de très bonne heure, il est possible de prendre un louage de Mahdia ou de Sousse (les véhicules commencent à se remplir vers 6h) pour profiter de la lumière de l'aube, presque aussi spectaculaire.

creusé dans la colline. Un second site archéologique, à son nord, a mis au jour des villas romaines. Il est indiqué sur l'avenue Farhat-Hached, en direction de Sousse.

Fêtes et festivals

De mi-juillet à début août, l'amphithéâtre se pare de lumières pour accueillir le **Festival international de musique symphonique d'El-Djem** (☎ 631 163 ; contact@festivaleljem.com). L'office du tourisme de Sousse vend des billets (10,5 DT à 27 DT) et propose le programme des manifestations. Celui de Tunis affrète un bus pour s'y rendre le soir (voir p. 69 pour plus de renseignements).

Où se loger et se restaurer

Au moment de notre voyage, il fallait visiter El-Djem dans la journée (voir *Comment d'y rendre*) puisque le seul hôtel de la ville, l'Hôtel Julius à côté de la gare ferroviaire, était fermé.

À 5 km au nord sur la route de Sousse, l'**Hôtel Club Ksar El-Djem** (☎ 632 800 ; s/d 25/40 DT ;) est une alternative. Les chambres sont agréables, mais encore faut-il arriver jusqu'à l'hôtel par les transports publics...

Le **Restaurant Le Bonheur** (midi et soir), à 200 m à l'ouest de la gare ferroviaire, offre un choix limité de plats typiques tels que le couscous au poulet et aux épices (4 DT).

Comment s'y rendre

La gare des louages se trouve à 500 m à l'ouest de la gare ferroviaire sur l'avenue Hedi-Chaker. Les départs les plus fréquents se font en direction de Mahdia (1,9 DT), mais des louages circulent assez régulièrement vers Tunis (8.8 DT), Sousse (3,3 DT) et Sfax (3,3 DT). Pour Kairouan, il faudra changer à Souassi. Le dernier louage part vers 19h15, mais parfois bien avant.

Les bus partent devant la gare ferroviaire. De nombreux bus SNTRI traversent la ville, mais ils sont souvent pleins. Il existe des services pour Tunis (9,5 DT, 3 heures, quatre fois par jour), Sousse (3,1 DT, 1 heure 15), Sfax (3 DT, 1 heure 15) et Mahdia (2 DT, 1 heure).

Des trains circulent vers le nord pour rallier Sousse (4,4 DT en 1re, 1 heure) et Tunis (10,3 DT, 3 heures), et vers le sud pour rejoindre Sfax (4,2 DT, 1 heure). Seuls deux trains dans chaque direction circulent à des heures commodes pour visiter l'amphithéâtre.

MAHDIA

☎ 73 / 45 000 habitants

Ce charmant petit port de Méditerranée et sa vieille ville arabe constituent un endroit idéal pour se reposer quelques jours. L'étroitesse de la péninsule sur laquelle se trouve Mahdia limite le développement de la zone touristique à la partie nord de la ville. Ainsi, Mahdia ayant gardé son cadre de vie agréable, les jeunes n'éprouvent pas le besoin d'aller faire fortune ailleurs. Le visiteur risque de tomber sous le charme, lui aussi, et de prolonger son séjour afin de profiter de la merveilleuse place du Caire et de la petite médina.

Histoire

Le port de Mahdia fut fondé en 916 par le premier calife fatimide, Obeid Allah, connu sous le nom d'El-Mahdi. La péninsule accidentée de Mahdia s'avérait idéale pour préparer une attaque sur le Caire et offrir un refuge facilement défendable à ses partisans de la minorité chiite.

La cité fatimide était protégée par un mur d'enceinte de 10 m d'épaisseur, qui traversait de part en part la péninsule dans sa partie la plus étroite. Il marque l'emplacement actuel de la skifa el-Kahla. Une fortification plus modeste encerclait le reste de la péninsule. À l'intérieur se trouvait l'enceinte royale réservée à El-Mahdi et sa cour, alors que ses sujets vivaient hors les murs.

Les habitants de Zawila s'installèrent dans la forteresse lorsque les Fatimides abandonnèrent Mahdia en 947. L'actuelle médina existait déjà quand le célèbre historien Ibn Khaldoun se rendit à Mahdia au XIVe siècle et la décrivit comme la ville la plus prospère de la côte de Berbérie.

Si la médina est restée une zone résidentielle, la majorité des 30 000 habitants se sont progressivement installés dans les banlieues récentes qui s'étendent à l'ouest de la skifa el-Kahla.

Renseignements

Le petit **office du tourisme** (☎ 681 098) se trouve dans la médina, en passant par la skifa el-Kahla. De nombreuses brochures étaient proposées lors de notre visite, mais la

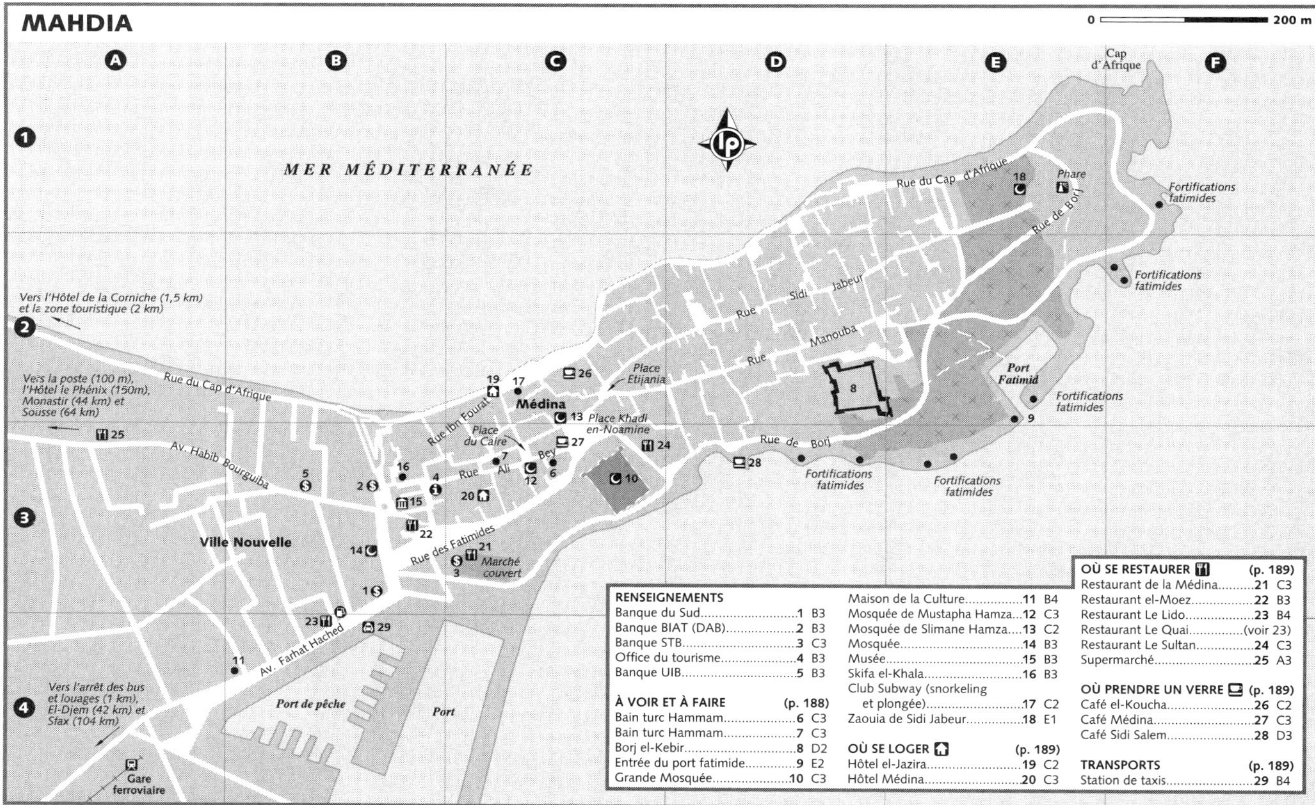
MAHDIA
0 200 m
A
B
C
D
E
F
1
2
3
4
MER MÉDITERRANÉE
Cap d'Afrique
Vers l'Hôtel de la Corniche (1,5 km) et la zone touristique (2 km)
Vers la poste (100 m), l'Hôtel le Phénix (150m), Monastir (44 km) et Sousse (64 km)
Vers l'arrêt des bus et louages (1 km), El-Djem (42 km) et Sfax (104 km)
Rue du Cap d'Afrique
Av. Habib Bourguiba
Av. Farhat Hached
Rue des Fatimides
Rue Ibn Fourat
Place du Caire
Rue Ali Bey
Place Khadi en-Noamine
Place Etijania
Rue Sidi Jabeur
Rue Manouba
Rue de Borj
Médina
Ville Nouvelle
Marché couvert
Port de pêche
Port
Port Fatimid
Phare
Fortifications fatimides
Gare ferroviaire
RENSEIGNEMENTS
Banque du Sud....1 B3
Banque BIAT (DAB)....2 B3
Banque STB....3 C3
Office du tourisme....4 B3
Banque UIB....5 B3
À VOIR ET À FAIRE (p. 188)
Bain turc Hammam....6 C3
Bain turc Hammam....7 C3
Borj el-Kebir....8 D2
Entrée du port fatimide....9 E2
Grande Mosquée....10 C3
Maison de la Culture....11 B4
Mosquée de Mustapha Hamza....12 C3
Mosquée de Slimane Hamza....13 C2
Mosquée....14 B3
Musée....15 B3
Skifa el-Khala....16 B3
Club Subway (snorkeling et plongée)....17 C2
Zaouia de Sidi Jabeur....18 E1
OÙ SE LOGER (p. 189)
Hôtel el-Jazira....19 C2
Hôtel Médina....20 C3
OÙ SE RESTAURER (p. 189)
Restaurant de la Médina....21 C3
Restaurant el-Moez....22 B3
Restaurant Le Lido....23 B4
Restaurant Le Quai....(voir 23)
Restaurant Le Sultan....24 C3
Supermarché....25 A3
OÙ PRENDRE UN VERRE (p. 189)
Café el-Koucha....26 C2
Café Médina....27 C3
Café Sidi Salem....28 D3
TRANSPORTS (p. 189)
Station de taxis....29 B4

réponse à une question aussi simple que "où se trouve la gare routière" était peu claire.

La **poste** (av. Habib-Bourguiba) se situe à 650 m à l'ouest de la médina. Devant la skifa el-Kahla, vous trouverez une succursale de la BIAT (avec DAB).

Le marché a lieu le vendredi.

À voir et à faire

LA MÉDINA

La médina de Mahdia s'étend le long de la péninsule depuis la skifa el-Kahla jusqu'au phare du Cap d'Afrique, à 1,5 km à l'est. Il est agréable de s'y promener et de se perdre dans son dédale de ruelles tranquilles.

La Skifa el-Kahla

La **skifa el-Kahla**, l'une des plus jolies portes fortifiées du pays, est le seul vestige de la cité fatimide d'origine. L'étroit passage voûté de près de 50 m de long était protégé par une série de portails, parmi lesquels une gigantesque grille métallique. Les jours de marché, les échoppes pittoresques des marchands ambulants vous transporteront quelques siècles en arrière. Pour admirer la vue depuis le haut de la porte, vous devrez passer par le musée adjacent.

La place du Caire

La petite **place du Caire** est le cœur de Mahdia. Les terrasses ombragées des cafés constituent un endroit agréable pour flâner et admirer la porte richement décorée et le minaret octogonal de la **mosquée de Mustapha Hamza**, bâtie en 1772 lorsque la place était le cœur du quartier prospère des Ottomans. Admirez également les magnifiques maisons anciennes qui bordent la place.

La Grande Mosquée

La **Grande Mosquée** se dresse sur le côté nord de la place Khadi-en-Noamine. C'est la réplique moderne de la mosquée fatimide construite par Obeid Allah en 921, et qui fut détruite lorsque les troupes espagnoles battant en retraite firent exploser les murs de la cité en 1554. Les profanes peuvent accéder à la cour en dehors des heures de prière.

Borj el-Kebir

La vaste forteresse austère de **borj el-Kebir** (entré 1,1 DT ; ⌚ été sam-jeu 9h-13h et 16h-19h, hiver sam-jeu 9h-16h) se dresse sur le point le plus élevé de la péninsule et surplombe la médina. Elle fut bâtie au XVIe siècle sur les ruines d'un fort fatimide. L'intérieur ne présente guère d'intérêt, mais à elle seule, la vue depuis les remparts vaut le prix d'entrée.

Les fortifications fatimides

Des vestiges des **fortifications fatimides** s'égrènent sur la côte depuis les environs de la Grande Mosquée jusqu'au Cap d'Afrique. Ils sont assez nombreux aujourd'hui pour suggérer comment la ville se protégeait d'une éventuelle invasion par la mer. Tout comme les ruines des piliers qui flanquaient autrefois l'entrée du **port fatimide**. Pour vous donner une idée plus précise de la ville à cette époque, le borj el-Kebir expose l'œuvre d'un artiste représentant Mahdia sous les Fatimides.

LE MUSÉE

Au sud de la skifa el-Kahla, un petit **musée** (entrée 1,1 DT ; ⌚ mar-sam 8h30-17h30) contient au rez-de-chaussée trois mosaïques d'une taille impressionnante, ainsi que des statues de marbre d'El-Djem du IIIe siècle. Vous pourrez également admirer une collection de lampes à huile qui éclairaient les couloirs de l'amphithéâtre de cette ville.

À l'étage se trouvent des bas-reliefs en bois de cèdre ornés d'inscriptions kufiques qui proviennent de la Grande Mosquée de Kairouan, ainsi que des costumes traditionnels de la région et une collection de pièces de monnaie d'une époque plus récente.

Avant de partir, montez en haut de la skifa el-Kahla pour admirer la vue sur la médina.

LES PLAGES

La plage principale de Mahdia se trouve au nord-ouest de la ville. Vous pourrez en profiter même si vous ne logez pas dans les grands complexes hôteliers de la zone touristique. Les enfants tunisiens aiment plonger des rochers qui longent la rue du Cap d'Afrique.

Conformément à l'image que l'on a de la mer Méditerranée, l'eau est bleue et claire. **Subway** (☎ 696 492 ; subway@topnet.tn ; rue du Cap D'Afrique) organise des plongées au tuba (15 DT l'heure) et avec bouteilles (35 DT la plongée). Les débutants pourront y faire un baptême de plongée tandis que les plongeurs confirmés plongeront sur une épave (35 m à 48 m).

Où se loger

PETITS BUDGETS

Hôtel el-Jazira (☎ 681 629 ; fax 680 274 ; 36 rue Ibn-Fourat ; s/d avec sdb commune 9/18 DT). Sur le front de mer, du côté nord de la péninsule, cet établissement est géré par un personnel amical et serviable. Chambres assez dépouillées. Certaines ont une vue sur la mer, tout comme la sdb commune. Vous pourrez profiter de la vue sur la terrasse.

Hôtel Médina (☎ 694 664 ; fax 691 422 ; rue el-Kaem ; s/d avec sdb commune 12/24 DT). Au centre de la médina, un hôtel plus récent dont les meilleures chambres se trouvent à l'étage. Bien entretenu et calme.

Hôtel Corniche (☎/fax 694 201 ; route de la Corniche ; s/d 14/28 DT, avec vue sur la mer 16/32 DT). À quelques pas de la plage, à 1,5 km au nord-ouest de la médina. Chambres de qualité inégale.

CATÉGORIES MOYENNE ET SUPÉRIEURE

À une exception près, les hôtels plus luxueux de Mahdia se concentrent le long des plages dans la zone touristique, qui débute à 2,5 km au nord-ouest de la médina. Ils se trouvent assez éloignés de la ville, mais offrent tous les aménagements nécessaires : plage, piscines, restaurants et beaucoup de confort. Comme partout en Tunisie, l'hiver est la saison morte tandis qu'en été, c'est généralement complet.

Hôtel Le Phenix (☎ 690 101 ; www.phenixmahdia.com ; av. Habib-Bourguiba, s/d 120/180 DT ; ❄ ♿). Ce quatre-étoiles offre des chambres spacieuses et semi-luxueuses. Vue exceptionnelle depuis la piscine sur le toit. Situé à 700 m à l'ouest de la médina sans toutefois donner sur la plage, c'est le seul hôtel de catégorie supérieure à se trouver à distance de marche de la médina. Ambiance plus conviviale et personnalisée que dans les établissements de la zone touristique. Aménagements pour les fauteuils roulants.

Où se restaurer

RESTAURANTS

Situé entre la skifa el-Kahla et le marché, le **Restaurant el-Moez** est un établissement sympathique qui sert des plats du jour (portions généreuses), telles que la *mloukhia* (agneau servi dans une sauce épaisse aux herbes) et la *kammounia* (ragoût épicé avec beaucoup de cumin). La qualité est malheureusement inégale et le choix devient limité le soir. Comptez environ 5 DT par personne, boisson comprise.

L'excellent **Restaurant de la Médina** sert principalement du poisson, étant donné son emplacement derrière le marché aux poissons du port. Nous vous recommandons vivement les sardines ou les rougets grillés, ainsi que la *kammounia* (environ 5 DT).

À l'est de la Grande Mosquée, les pizzas du **Restaurant Le Sultan, un établissement climatisé, coûtent** 3,5 DT.

En face du port sur l'avenue Farhat-Hached, le **Restaurant Le Lido** et le **Restaurant Le Quai** (Chez Farhat) proposent des tables à l'extérieur et servent de l'alcool. La qualité de la cuisine n'a rien d'exceptionnel. Comptez 10 DT par personne, boissons en sus.

SUPERMARCHÉ

Ceux qui se préparent à manger pourront acheter des produits frais dans la halle du marché. Le seul **supermarché** (av. Habib-Bourguiba) se trouve à 400 m à l'ouest de la skifa el-Kahla.

Où prendre un verre

Les cafés de la place du Caire constituent un endroit agréable pour boire un café ou une boisson fraîche (sans alcool) à toute heure de la journée ou du soir. Ils proposent aussi quelques pâtisseries pour le petit déjeuner. Le **Café Médina,** sur la place Khadi-en-Noamine, est idéalement installé à l'ombre des palmiers. Au nord de la médina, le sympathique **Café el-Koucha** sert d'excellents petits déjeuners et des croissants.

Vous aurez l'impression d'être dans les îles grecques au **Café Sidi Salem,** surplombant la Méditerranée **au sud de la médina**. Vous pourrez y manger ou prendre un verre à tout moment de la journée. En été, les jeunes de Mahdia ont l'habitude de fréquenter cet endroit.

Comment s'y rendre

BUS

La gare routière est à côté de la gare des louages, à 1 km au sud-ouest de la gare ferroviaire. La plupart des voyageurs préfèrent les louages ou le train.

Des services réguliers desservent Sousse (3,1 DT, 1 heure 30) et El-Djem (2,4 DT, 1 heure).

LOUAGE

Vous trouverez les tarifs affichés à la gare des louages. Ils desservent régulièrement Sousse (2,9 DT, 1 heure 30), El-Djem (1,9 DT, 1 heure), Monastir (2 DT, 1 heure 15), Sfax (4,8 DT, 2 heures) et Tunis (8,8 DT, 4 heures). Vous devrez changer de louage à Sousse pour vous rendre à Kairouan.

TRAIN

La gare ferroviaire se trouve à l'ouest du port sur l'avenue Farhat-Hached. 16 trains par jour vont à Monastir (2,5/1,8 DT, 1re/2e, 1 heure) et Sousse (3,3/2,4 DT, 1 heure 45).

Un train dessert Tunis tous les jours (10,3/7,7 DT, 4 heures).

Comment circuler

Un taxi depuis la gare des louages jusqu'à la médina ne devrait pas coûter plus de 2 DT.

SFAX

☎ 74 / 270 000 habitants

À 266 km au sud de Tunis, Sfax est la seconde ville du pays en taille et elle compte la plus jolie médina de Tunisie. Les circuits organisés ont tendance à l'oublier, ce qui la rend particulièrement agréable pour un court séjour.

Paul Theroux livre ses impressions de Sfax dans *Les Colonnes d'Hercule*. Les Tunisiens l'avaient mis en garde contre son "manque de couleurs", mais il fut agréablement surpris par l'ambiance décontractée de la ville.

Histoire

La côte de Sfax avait été habitée depuis les Phéniciens, mais aucune ville n'était réellement devenue importante jusqu'à ce que les Arabes fondent Sfax au début du VIIIe siècle. Les épais remparts aghlabides, qui datent du milieu du IXe siècle, ont résisté aux invasions hilaliennes du XIe siècle (voir p. 164), permettant à Sfax de devenir la ville principale du sud du pays. Au XIVe siècle, son territoire s'étendait sur le littoral jusqu'à Tripoli en Libye et Sfax resta très autonome vis à vis du gouvernement central de Tunis jusqu'au début du XVIIe siècle.

La ville nouvelle fut bâtie au XIXe siècle par les Français, qui développèrent le port pour exporter le phosphate de Gafsa.

Orientation

Tandis que la ville moderne s'étend assez loin, la plupart des services pour les touristes se concentrent dans la ville nouvelle, entre la médina et le port. L'artère principale, l'avenue Habib-Bourguiba, va du centre-ville jusqu'à la gare ferroviaire.

Renseignements

ACCÈS INTERNET

Publinet (7 av. Ali-Bach-Hamba ; 2 DT par heure ; 🕒 8h-24h). Connexions lentes.

MÉDIAS

Le kiosque de la place Marburg vend des journaux étrangers.

ARGENT

Toutes les banques tunisiennes sont représentées sur l'avenue Habib-Bourguiba ou l'avenue Hedi-Chaker.

BIAT (av. Hedi-Chaker). DAB.

STB (place de la République). DAB.

POSTE

Poste principale (av. Habib-Bourguiba). Occupe un pâté de maisons à l'ouest de la gare ferroviaire.

OFFICE DU TOURISME

Office du Tourisme (☎ 211 040 ; av. Mohammed-Hedi-Khefecha, 🕒 lun-jeu 9h-13h et 15h-17h30, ven-sam 9h-13h30). Au port. Une mine d'information inespérée, dont les horaires des bus, trains et ferries.

À voir et à faire

LA MÉDINA

On vient généralement à Sfax pour sa médina, considérée par de nombreux visiteurs comme la plus authentique du pays. En dehors de ses fortifications imposantes, elle n'a pas la grandeur de celle de Sousse ou de Kairouan, mais son charme réside notamment dans le fait qu'elle est préservée du tourisme.

Les rues étroites sont bordées d'échoppes, où les habitants viennent effectuer leurs achats. Au nord-est et sud-ouest, vous pourrez admirer dans les ruelles tranquilles les balcons de fer forgé garnis de fleurs et les portes décorées d'où s'échappent les bruits des artisans au travail.

Au cœur de la médina, non loin du musée Dar Jellouli, le **Hammam Sultan** (rue de la Driba ; 1,5 DT ; femmes 12h-16h ; hommes 16h-24h) vous accueille pour un soin exfoliant ou un bain.

L'exploration de la médina commence par **bab Diwan**, la porte sud aux trois arches. Elle a été percée en 1306 dans la partie la plus impressionnante des **remparts**.

Au nord se trouve le mur est de la **Grande Mosquée** (seuls les musulmans sont admis), érigée par les Aghlabides au milieu du IXe siècle. Richement décoré, c'est le seul mur visible de la mosquée, les autres étant masqués par les souks. Le **minaret** en grès, une réplique plus modeste du minaret carré à trois étages de Kairouan, a été ajouté par les Fatimides en 988. Vous en aurez une belle vue depuis la rue des Aghlabides, au nord de la mosquée ; notamment en montant l'escalier à côté du salon de thé.

Plus au nord, on pénètre dans le monde enchanté des **souks couverts**. Le souk princi-

LA VIE DE LA MÉDINA

En dépit de leur aspect désordonné, les médinas répondent à des règles architecturales strictes dont l'origine remonterait au VIIIe siècle à Bagdad. Leur plan s'adapte parfaitement aux conditions climatiques. Les ruelles longues et étroites protègent des rayons du soleil pendant la journée et conservent la fraîcheur de la nuit. Les matériaux utilisés – terre, pierre et bois –, absorbent l'eau qui s'évapore ainsi en refroidissant l'air alentour.

Les médinas jouaient également un rôle militaire, avec des fortifications crénelées et des tours (celles de Sfax comptent parmi les mieux conservées du pays), des portes (*bab ou skifa*) élaborées pour impressionner l'ennemi autant que pour contrôler l'entrée de la ville, et des forteresses renfermant des soldats.

À l'intérieur des remparts, la mosquée principale, d'ordinaire appelée *jami el-kebir* ou Grande Mosquée, se tenait habituellement en plein centre de la ville, comme c'est le cas à Sfax et à Tunis. Autour de cet édifice s'étendaient les souks, qui forment aujourd'hui encore le cœur battant de toute médina. Les commerces "nobles" – marchands de chandelles, d'encens et d'autres objets cultuels, se trouvaient aux abords immédiats de la mosquée. Venaient ensuite les libraires, très respectés dans la culture musulmane, et les maroquiniers. Plus loin s'installaient les échoppes de draps et de textiles, qui furent longtemps l'apanage des négociants les plus riches et les plus influents.

Au-delà, figuraient le mobilier et les articles ménagers, situés plus bas dans la hiérarchie. Enfin, les caravanes et les marchands de fer, forgerons et autres artisans au service du commerce caravanier se rassemblaient à la périphérie de la ville.

Les *fondouk* (caravansérails ou auberges) représentaient un élément important de la médina. C'est là que commerçants, nomades, pèlerins et lettrés faisaient halte sur le chemin d'autres destinations comme Kairouan ou La Mecque. Leur façade, exempt de décoration, comportait un porche assez large pour laisser passer dromadaires et bêtes de somme chargés de marchandises. La cour centrale à ciel ouvert était entourée d'étals, d'arcades et de niches. Le rez-de-chaussée renfermait boutiques, entrepôts, maisons de thé et étables pour les animaux, tandis que le 1er étage hébergeait les voyageurs. Le fondouk des Forgerons, à Sfax, offre à ce titre un exemple évocateur.

En dehors de ces bâtiments autour desquels s'organisait la vie de la cité, la majeure partie de la médina se composait de quartiers résidentiels. La maison de ville tunisienne, ou *dar*, n'a pratiquement pas changé depuis 3 000 ans. Sa cour intérieure centrale comporte sur son pourtour des suites de pièces agencées de manière symétrique. Dans les demeures les plus cossues, les pièces de service étaient souvent aménagées sur un côté. Cette cour avait pour fonction d'éclairer et de rafraîchir l'habitation, tout en fournissant à la famille un espace de vie commune. Polyvalentes, les salles pouvaient servir alternativement aux repas, à la détente et au repos. Aujourd'hui encore, le moment le plus chaud de la journée se passe dans la cour tandis que le toit en terrasse peut faire office de dortoir. Le musée du Dar Jellouli, à Sfax, occupe une maison de ce type.

La façade donnant sur la rue ne présente habituellement qu'un mur nu dont la porte constitue l'unique ouverture. Quand il existe des fenêtres, celles-ci sont de taille réduite, grillagées et ouvertes au-dessus du champ de vision des passants, reflétant ainsi la stricte démarcation entre vie publique et vie privée des sociétés musulmanes.

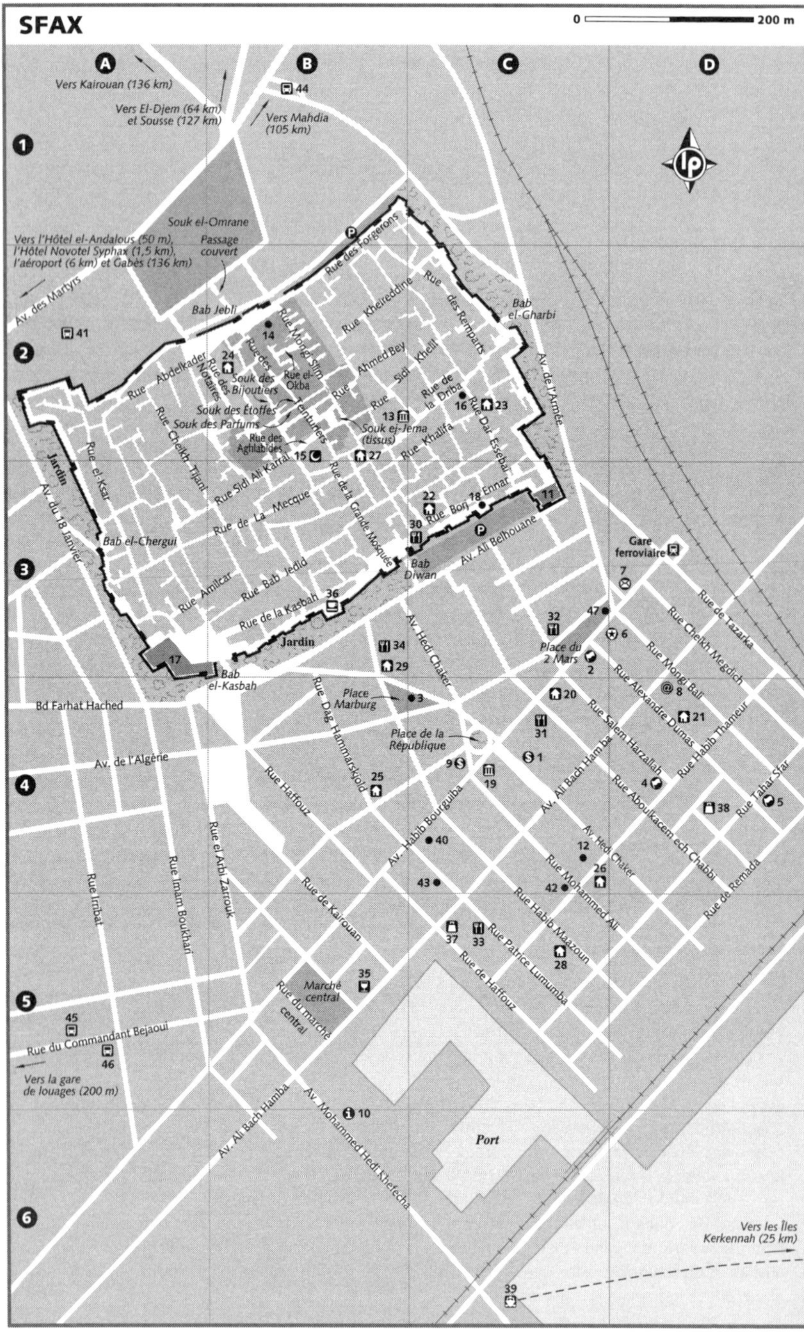

KAIROUAN ET LA CÔTE CENTRALE

RENSEIGNEMENTS

Banque BIAT (DAB)	1	C4
Consulat français	2	C3
Presse étrangère	3	C4
Consulat italien	4	D4
Consulat libyen	5	D4
Poste de police	6	D3
Poste	7	D3
Publinet	8	D4
Banque STB (DAB)	9	C4
Office du tourisme	10	B6

À VOIR ET À FAIRE (p. 190)

Association de Sauvegarde de la Médina	(voir 11)	
Borj Ennar	11	C3
Terrain de jeux pour enfants	12	C4
Musée Dar Jellouli	13	B2
Fondouk des Forgerons	14	B2
Grande Mosquée	15	B2
Hammam Sultan	16	C2
Kasbah	17	A3
Mausolée de Sidi Amar Kammoun	18	C3
Mairie et Musée archéologique	19	C4

OÙ SE LOGER (p. 193)

Hôtel Abou Nawas Sfax	20	C4
Hôtel Alexander	21	D4
Hôtel Besbes	22	C3
Hôtel de la Paix	(voir 21)	
Hôtel du Sud	23	C2
Hôtel el-Mokhtar	(voir 22)	
Hôtel Ennasr	24	B2
Hôtel La Colisée	25	B4
Hôtel Les Oliviers	26	C4
Hôtel Médina	27	B2
Hôtel Mondial	28	C5
Hôtel Thyna	29	B3

OÙ SE RESTAURER (p. 194)

Restaurants bon marché	30	C3
Supermarché Monoprix	31	C4
Restaurant Au Bec Fin	32	C3
Restaurant Chez Nous	33	C5
Restaurant Le Corail	34	B3

OÙ PRENDRE UN VERRE (p. 195)

Bar	35	B5
Café Maure Diwan	36	B3

ACHATS (p. 195)

Club Noveca	37	C5
ONAT (artisanat)	38	D4

TRANSPORTS (p. 195)

Ferries pour les îles Kerkennah	39	C6
Hertz	40	C4
Bus locaux	41	A2
Location 2000	42	C4
Mattei Rent-a-Car	43	C4
Gare routière Nord	44	B1
Gare routière SNTRI	45	A5
Gare routière Sud	46	A5
Tunis Air	47	C3

pal qui s'étend vers le nord est connu sous le nom de **souk des Étoffes**.

Le souk des Étoffes se termine rue des Teinturiers, où l'on pratiquait ce métier autrefois. En continuant de marcher jusqu'à la rue Abdelkader, parallèle au mur nord de la médina, vous atteindrez la merveilleuse **bab Jebli**, l'une des premières portes aghlabides.

Non loin, le **fondouk des Forgerons** ne sert plus de caravansérail, mais il abrite encore les forgerons de la ville. Les visages noircis, les brasiers, le métal rouge et les bruits des marteaux donnent l'impression de revenir cent ans en arrière. Montez au premier étage pour avoir une vue d'ensemble sur la cour.

Le **musée Dar Jellouli** (mar-sam 9h30-16h30 ; entrée 1.1 DT, appareil-photo 1 DT) se situe dans une maison typique, bâtie autour d'une cour par une riche famille de marchands du XVIIe siècle, les Jellouli. Ces derniers l'ont agrémentée de magnifiques panneaux en bois sculpté, de mosaïques somptueuses et de stucs raffinés. L'exposition présente des costumes et des bijoux traditionnels, mais c'est dans le bâtiment lui-même que réside l'intérêt du musée.

Le **borj Ennar**, un fortin ajouté au XVIIe siècle pour protéger l'angle sud-est de la médina, abrite aujourd'hui les bureaux de l'Association de sauvegarde de la médina, qui possède une belle carte de la médina avec ses 69 mosquées et tous les sites historiques.

À 50 m sur la rue Borj-Ennar, vous apercevrez le minaret du **mausolée de Sidi Amar Kammoun**, bâti au début du XIVe siècle. La **kasbah** s'étend à l'ouest. Les Aghlabides construisirent d'abord une tour l'observation autour de laquelle la kasbah s'agrandit au cours des siècles.

VILLE NOUVELLE

La ville nouvelle de Sfax possède un certain cachet, contrairement à d'autres sur le littoral.

Au croisement des avenues Hedi-Chaker et Habib-Bourguiba, la **place de la République** représente le cœur de la ville nouvelle. La place est entourée de superbes bâtiments datant de la colonisation française, parmi lesquels la **mairie**. Outre les services municipaux, vous y trouverez le **Musée archéologique** (été 8h30-15h, hiver 8h30-13h et 15h-18h ; entrée 1,1 DT, appareil photo 1 DT), qui expose des objets découverts dans les sites romains avoisinants.

Parmi les autres bâtiments historiques, on compte le **consulat français** au 13 av. Habib-Bourguiba, à côté du **poste de police** – il n'est pas permis de photographier ces deux bâtiments.

Où se loger

PETITS BUDGETS

Dans la médina vous trouverez les hôtels qui pratiquent les meilleurs prix. Tous proposent des sdb communes, sauf mention contraire.

Hôtel Ennasr (☎ 211 037 ; 100 rue des Notaires ; s/d 10/14 DT). Près de bab Jebli au nord de la médina, cet établissement est de loin la meilleure adresse. Chambres carrelées, jolie vue depuis la terrasse sur le toit et personnel sympathique. Le calme revient quand les boutiques ont fermé.

Hôtel Médina (☎ 220 354 ; 53 rue Mongi-Slim ; d 8 DT). Notre second choix dans la médina. Chambres rustiques mais bien entretenues. Les gérants sont d'une politesse à l'ancienne. Adresse difficile à dénicher parmi les boutiques.

Vous trouverez des établissements bon marché, certains peu reluisants, derrière la bab Diwan, sur la rue Borj-Ennar. Parmi les meilleurs : l'**Hôtel Besbes,** l'**Hôtel el-Mokhtar** et l'**Hôtel du Sud**, plus calme (rue Dar-Essebal). Comptez entre 3 DT et 6 DT par personne.

L'Hôtel de la Paix (☎ 296 437 ; fax 298 463 ; 17 rue Alexandre-Dumas ; s 9 DT, s/d avec sdb 14/20 DT). L'établissement le plus populaire de la ville nouvelle a augmenté ses tarifs sans pour autant avoir amélioré sa qualité. Les chambres sont simples et correctement entretenues ; les meilleures, avec balcon, sont souvent occupées.

CATÉGORIE MOYENNE

Hôtel Thyna (☎ 225 317 ; fax 225 773 ; 37 rue Habib-Maazoun ; s/d avec petit déj et TV 30/46 DT ; ❄). Sans doute le meilleur hôtel de sa catégorie depuis sa rénovation. Belles chambres avec sdb, bon emplacement, personnel sympathique et jolie salle à manger pour le petit déjeuner ou le thé.

Hôtel Mondial (☎ 226 620 ; fax 299 350 ; 46 rue Habib-Maazoun ; s/d 15/25 DT ; ❄). L'hôtel le moins onéreux de sa catégorie offre un bon rapport qualité/prix. Les chambres restent spartiates, mais avec clim pour le même prix. Personnel amical.

Hôtel Alexander (☎ 221 613 ; 21 rue Alexandre-Dumas ; s/d avec petit déj 20/30 DT). Accusant son âge, cet établissement possède néanmoins du cachet. Les chambres hautes de plafond (la plupart avec balcon) sont lumineuses et aérées même si la peinture commence à s'écailler. Ascenseur pittoresque plutôt que fonctionnel. Bon rapport qualité/prix.

Hôtel Le Colisée (☎ 227 800 ; fax 299 350 ; 32 av. Taieb-Mehiri ; s/d avec petit déj 30/45 DT). Chambres mieux entretenues qu'à l'adresse précédente, mais certaines sont sombres et sans balcon. Ne valent pas forcément le prix.

Hôtel el-Andalous (☎ 405 406 ; fax 406 425 ; av. des Martyrs ; s/d 35/50 DT ; ❄). Au nord-ouest de la médina, cet hôtel loue de belles chambres. L'établissement souffre d'être un peu à l'écart.

CATÉGORIE SUPÉRIEURE

Les prix comprennent le petit déjeuner.

Hôtel Novotel Syphax (☎ 243 333 ; fax 245 226 ; av. des Martyrs ; s/d 75/90 DT). Le meilleur hôtel de Sfax se situe à 1,5 km à l'ouest de la médina, sur la route de l'aéroport. Cet établissement moderne dispose de chambres semi-luxueuses, d'une piscine et d'un bon restaurant. Si vous pouvez vous l'offrir, votre budget devrait également vous permettre de prendre le taxi pour aller en ville.

Hôtel Abou Nawas Sfax (☎ 225 700 ; sfax@abounawas.com.tn ; 15 av. Habib-Bourguiba ; s/d 105/135 DT ; ❄ 🏊). Au cœur de la ville, des chambres spacieuses et joliment décorées, proposées à un prix légèrement exagéré.

Où se restaurer

Vous trouverez une série de restaurants bon marché concentrés à droite de la bab Diwan dans la médina. Les habitués viennent y déguster des plats de haricots épicés au poulet (2,2 DT) ou du couscous à l'agneau (2,5 DT). Un autre restaurant populaire et bon marché se trouve rue des Notaires, à 50 m au sud de l'Hôtel Ennasr.

Restaurant Au Bec Fin (place du 2-Mars ; 🕑 midi et soir ; entrées 2 DT, plats à partir de 3 DT). Un peu plus calme que les restaurants de la médina, nous vous recommandons cet établissement populaire pour son *ojja* au savant dosage d'ail (l'*ojja* aux *crevettes* coûte 3,5 DT). Vous vous régalerez de salade de poulpe (4 DT) et de *spaghettis aux fruits de mer* (4 DT). Service rapide et sympathique. Cuisine toujours de qualité.

Hôtel Alexander (🕑 midi et soir ; entrées à partir de 2,5 DT, plats à partir de 5 DT). Un bon restaurant d'hôtel (malgré un décor années 1970 un peu étouffant) où vous pourrez déguster des *spaghettis aux fruits de mer* (4,2 DT) et de la bière fraîche (2 DT).

Restaurant Chez Nous (☎ 227 128 ; 28 rue Patrice-Lumumba ; 🕑 midi et soir ; salades à partir de 2,5 DT, plats à partir de 7 DT). Ce restaurant chic propose un menu fixe à 9 DT, et une carte qui fait la part belle aux poissons et fruits de mer. Attendez-vous à payer 20 DT par personne sans le vin. Parmi les plats proposés, on compte une *marmite aux fruits de mer* et un *tajine aux fruits de mer* (10 DT chaque).

Restaurant Le Corail (☎ 227 301 ; 39 rue Habib-Maazoun ; 🕑 midi et soir ; entrées 4 DT, plats à partir de 7 DT). Une bonne adresse à côté de l'Hôtel Thyna. Ambiance plus feutrée qu'ailleurs. Les plats sont préparés avec soin.

SUPERMARCHÉ

Monoprix (rue Aboulkacem-ech-Chabbi, 🕑 8h30-14h et 16h30-20h)

Où prendre un verre

Café Maure Diwan (près de la rue de la Kasbah ; 🕑 6h-24h). L'une des adresse phare de Sfax, entre bab Diwan et bab el-Kasbah. Un lieu pittoresque où passer l'après-midi à contempler les fortifications et la ville nouvelle en fumant la *chicha* (2 DT) ou en dégustant la spécialité de la maison : le t*hé à la menthe et aux pignons* (1 DT).

Achats

Les boutiques du **souk des Étoffes** vendent des tapis et des couvertures berbères ainsi que de l'artisanat de la région de Gafsa. Ici, les vendeurs pensent qu'ils ont plus de chance de vendre des produits aux touristes s'ils ne les effrayent pas avec des prix de départ exorbitants – et ça marche ! Malgré un choix plus restreint, le marchandage est plus reposant qu'à Kairouan.

Au sud de la rue Salem-Harzallah, l'**ONAT** (🕑 lun-sam 8h-13h et 17h-20h) dispose d'une belle boutique d'artisanat.

Club Noveca (☎ 296 920, 78 rue de Haffouz ; 🕑 lun-sam 8h30-20h30, dim 12h-15h) vend une petite sélection choisie de CD et cassettes de musiques arabe et internationale.

Comment s'y rendre

AVION

Tuninter (Tunis Air ; ☎ 228 028 ; 4 av. de l'Armée) propose deux liaisons par semaine entre Tunis et Sfax (50/100 DT, 45 min).

BATEAU

Les ferries **Soretrak** (☎ 498 216, av. Mohammed-Hedi-Khefecha) pour les îles Kerkennah lèvent l'ancre à l'angle sud-ouest du port. Ils effectuent sept traversées par jour en été et quatre en hiver. Les horaires sont affichés au port et à l'office du tourisme. La traversée coûte 800 millimes par passager et 4 DT par véhicule, et dure environ une heure quinze par beau temps. En été, il peut y avoir une longue file de véhicules qui attendent d'être embarqués. Le dernier bateau quitte les îles vers 20h45 à la haute saison.

BUS

Tous les bus partent du sud-ouest de la médina, sur la rue du Commandant-Bejaoui. Le dépôt des bus SNTRI se trouvent en face de celui de la compagnie locale Soretras.

SNTRI propose un service quotidien vers Tripoli, en Libye (17,8 DT, 7 heures). Renseignez-vous au bureau SNTRI pour connaître les horaires actuels.

Destination	Tarif	Durée (heures)	Fréquence (par jour)
Douz	12 DT	5	2
El-Djem	3 DT	1¼	10
Gabès	6,3 DT	2	10
Houmt-Souk (Djerba)	10,5 DT	5	3
Médenine	9,2 DT	3	2
Sousse	6,1 DT	2	10
Tataouine	11,7 DT	4	2
Tunis	11,8 DT	5	8

Soretras gère les nombreux bus interurbains, dont un service toutes les heures pour Mahdia (2,7 DT) et trois bus quotidiens pour Kairouan (5,5 DT).

VOITURE

Vous obtiendrez de meilleurs tarifs auprès de petits loueurs tels que **Mattei** (Ada ; ☎ 296 404 ; 18 rue Patrice-Lumumba) ou **Location 2000** (☎ 221 763 ; av. Habib-Thameur). Le bureau **Hertz** (☎ 228 626 ; 47 av. Habib-Bourguiba) se trouve à quelques pas.

LOUAGE

Les louages partent du dépôt au croisement de la rue Commandant-Bejaoui et de la rue de Mauritanie, à 200 m à l'ouest de la gare routière. Les départs vers Gabès (5,9 DT), Sousse (5,9 DT) et Tunis (10,9 DT) sont fréquents. D'autres desservent El-Djem (3,2 DT), Mahdia (4,8 DT) et Djerba (11,2 DT).

Les louages jaune et blanc vont à Tripoli, en Lybie (30 DT).

TRAIN

Trois trains par jour circulent vers le sud et Gabès (3 heures). Un train tard le soir dessert Gafsa (3 heures 30) et Metlaoui (4 heures 15). Vers le nord, cinq trains quotidiens relient El-Djem (1 heure), quatre vont à Sousse (2 heures) et six à Tunis (3 heures 30).

Destination	2e	1re	Confort
El-Djem	3,1 DT	4,1 DT	4,4 DT
Gabès	5,3 DT	7,2 DT	7,9 DT
Gafsa	7 DT	9,4 DT	10,1 DT
Sousse	4,9 DT	6,5 DT	6,9 DT
Tunis	9,1 DT	11,8 DT	12,6 DT

Comment circuler

DESSERTE DE L'AÉROPORT

L'**aéroport** (☎ 278 000) se situe à 6 km de la ville, à Thyna, sur la route de Gafsa – 3,5 DT en taxi.

ÎLES KERKENNAH

☎ 74 / 16 000 habitants

Ce petit archipel, constitué de neuf îles à 25 km à l'est de Sfax, n'a pas grand-chose pour susciter l'engouement. Autrefois un lieu d'exil, ces îles ont un air de désolation : plates, sans relief – le plus haut point s'élève à 13 m au-dessus du niveau de la mer. Leur seul atout véritable est d'être préservées du tourisme. Les habitants voudraient les conserver ainsi et ont rejeté le projet koweïtien d'un énorme complexe hôtelier au nord-est de Sidi Frej.

Les pêcheurs utilisent toujours un système de nasse ancestral. Ils placent sur le fond de la mer une série de cônes en feuilles de palmier tressées pour piéger les poissons.

Orientation

Les deux îles principales, **Île Gharbi** et **Île Chergui**, communiquent par une petite digue construite au temps des Romains.

La plupart des habitants se concentrent sur Chergui, dont la seule localité un tant soit peu importante est **Remla**, la "capitale" des îles, où se concentrent administration et services.

Renseignements

Remla compte une agence de la banque **UIBC**, installée sur la route qui mène à la mer, à côté de l'Hôtel el-Jazira. Vous pourrez également changer de l'argent dans les hôtels.

Borj el-Hissar

À 3 km au nord des hôtels à Sidi Frej, Borj el-Hissar est un ancien fort bâti sur la côte. Comptez 40 minutes de marche pour l'atteindre, mais cela en vaut la peine. La direction à suivre est bien indiquée à partir de l'Hôtel Le Grand. Les Espagnols construisirent ce fort au XVIe siècle, mais vous verrez des vestiges romains tout autour. Vous aurez le sentiment d'être le premier à découvrir les mosaïques cachées sous le sable et les ruines happées par la mer.

Les plages

L'eau est peu profonde – à 100 m du rivage, elle atteint à peine le genou, ce qui est idéal pour les enfants. La meilleure plage se situe à Ras Bounouma, au nord-est de Sidi Frej, mais elle n'est pas desservie par les transports publics.

Où se loger et se restaurer

REMLA

Hôtel el-Jazira (☎ 481 058 ; par pers avec petit déj 8 DT). Le seul hôtel de Remla, en face de la gare routière sur l'artère principale, est

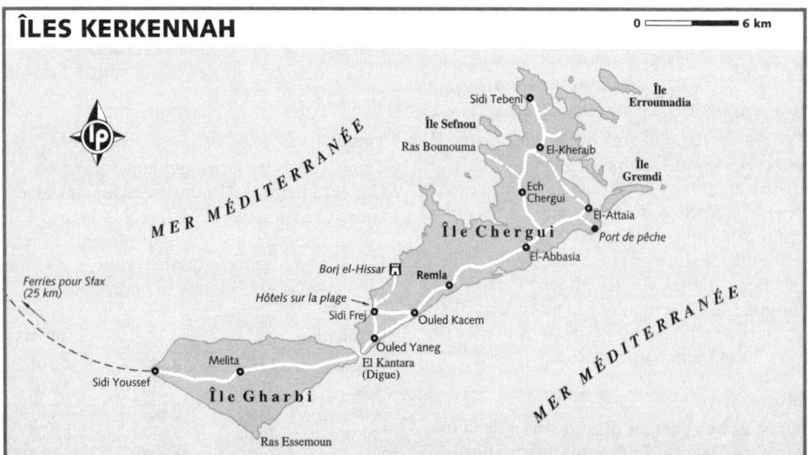

plutôt rustique. L'établissement possède un restaurant et le seul bar des îles.

Le **Restaurant La Sirène,** à côté de l'Hôtel el-Jazira, possède une terrasse ombragée avec vue sur la mer. Comptez environ 15 DT le repas sans le vin.

SIDI FREJ

Hôtel Cercina (☎ 489 953 ; fax 489 878 ; s/d 30/45 DT). À 200 m de l'arrêt de bus, au croisement de la route pour Remla. Une adresse correcte si vous obtenez l'un des bungalows avec vue sur la mer. Autrement, attendez-vous à être logé dans des petites huttes en béton déprimantes.

Hôtel Le Grand (☎ 489 864, fax 489 866, s/d 45/60 DT). Ce deux-étoiles, à 800 m à l'est de l'arrêt de bus, est sans conteste le meilleur établissement de l'île. Il est souvent complet en été à cause des circuits organisés. Parmi les aménagements, on compte des courts de tennis et une piscine.

Le meilleur restaurant se trouve à l'**Hôtel Cercina**. Optez pour la spécialité locale : une soupe épaisse et épicée au poulpe appelée *tchich* (2 DT).

Comment s'y rendre

Voir ci-dessous pour les ferries entre Sfax et Sidi Youssef.

Comment circuler

BICYCLETTE

Puisque le terrain est plat, il est facile de se promener à vélo. La plupart des hôtels louent des bicyclettes (1,5 DT l'heure, 10 DT par jour).

BUS

Un petit réseau de bus relie les villages des îles. Deux ou trois bus attendent l'arrivée des ferries ; tous vont à Remla. Celui avec le panneau "hôtel" passe par Sidi Frej (1 DT). Les bus depuis Remla et de l'embranchement de Sidi Frej vers Sidi Youssef partent environ une heure avant le ferry. Les horaires sont affichés dans la gare routière de Remla, en face de l'Hôtel el-Jazira.

Le Sud

SOMMAIRE

Aux portes du Sahara, le Sud tunisien mérite à lui seul un voyage. Il faut absolument prendre le temps de goûter l'hospitalité légendaire des Berbères du désert et d'admirer l'architecture étonnante de leurs villages.

Les voyageurs commencent généralement par Matmata. Son paysage lunaire et ses maisons troglodytiques, qui ont servi de cadre à *La Guerre des Étoiles*, offrent un dépaysement garanti. Non loin, Tataouine est édifiée au cœur d'une région de ksour fantomatiques et de villages berbères. Au sud-ouest du pays, le Sahara s'ouvre sur de vastes palmeraies, qui laissent place au Grand Erg oriental, océan de dunes s'étendant à perte de vue, émaillé ici ou là de *chotts* (lacs salés) étincelants. Ksar Ghilane abrite une oasis alimentée par des sources chaudes. Ce paysage spectaculaire a inspiré de nombreux cinéastes (plusieurs scènes du film *Le Patient anglais* y ont été tournées). Au sud et à l'ouest, les dunes imposantes cachent de rares villages et des campements nomades.

Douz, sympathique petite ville nichée dans la plus grande palmeraie du pays, est un bon point de départ pour un périple dans le désert. Certains lui préféreront Tozeur, ses palmiers, son vieux quartier en brique et son musée des Arts et Traditions populaires. De là, vous n'aurez aucun mal à trouver des agences locales qui vous mèneront aux oasis proches de la frontière algérienne ou à la découverte du désert.

À NE PAS MANQUER

- Une **méharée** (p. 222) dans les dunes du Grand Erg oriental, extraordinaire expérience saharienne
- Une visite des étonnants villages des oasis de **Chebika**, **Midès** et **Tamerza** (p. 231)
- Une balade dans le **vieux quartier** en brique de Tozeur (p. 228)
- La découverte des maisons troglodytiques (lieux de tournage de *La Guerre des Étoiles*) de **Matmata** (p. 205)
- Une visite matinale des **ksour** (p. 211) des environs de Tataouine
- Un bain dans les **sources chaudes** (p. 225) de l'oasis de Ksar Ghilane

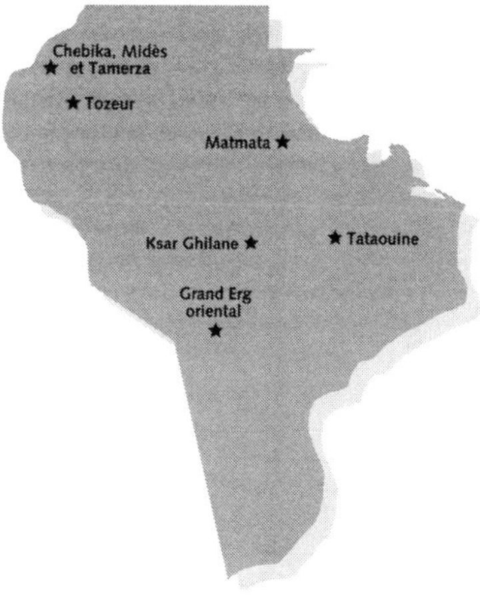

LE SUD

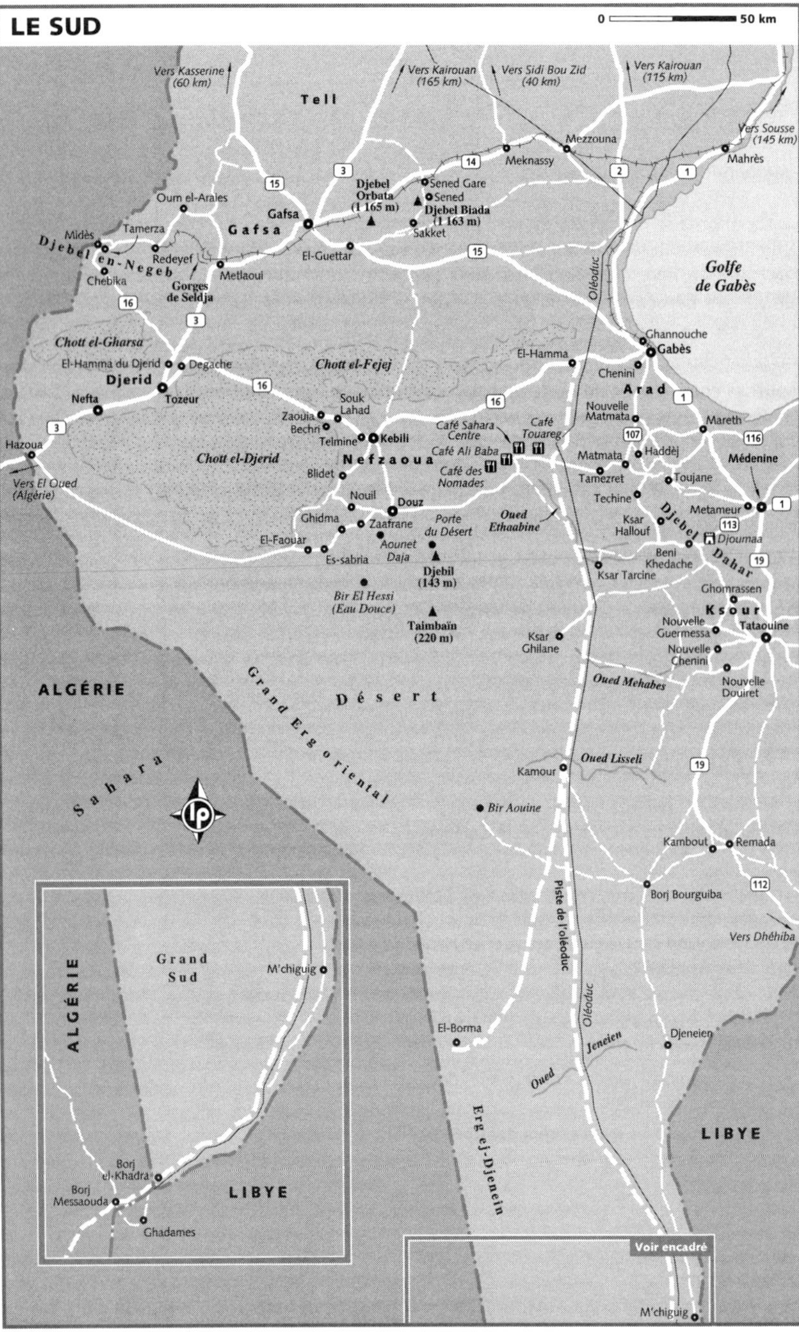
0
50 km
Vers Kasserine (60 km)
Vers Kairouan (165 km)
Vers Sidi Bou Zid (40 km)
Vers Kairouan (115 km)
Vers Sousse (145 km)
Tell
Mezzouna
Meknassy
Mahrès
Djebel Orbata (1 165 m)
Sened Gare
Sened
Djebel Biada (1 163 m)
Sakket
Gafsa
Oum el-Araies
Midès
Tamerza
Redeyef
Djebel en-Negeb
Chebika
Gorges de Seldja
Metlaoui
El-Guettar
Golfe de Gabès
Oléoduc
Chott el-Gharsa
El-Hamma du Djerid
Degache
Djerid
Tozeur
Nefta
Hazoua
Vers El Oued (Algérie)
Chott el-Fejej
Chott el-Djerid
Souk Lahad
Zaouia
Bechri
Telmine
Kebili
Nefzaoua
Blidet
Nouil
Douz
Ghidma
Zaafrane
El-Faouar
Es-sabria
Aounet Daja
Porte du Désert
Djebil (143 m)
Bir El Hessi (Eau Douce)
Taimbaïn (220 m)
Café Sahara Centre
Café Touareg
Café Ali Baba
Café des Nomades
Oued Ethaabine
El-Hamma
Ghannouche
Gabès
Chenini
Arad
Nouvelle Matmata
Mareth
Matmata
Haddèj
Tamezret
Toujane
Médenine
Techine
Metameur
Ksar Hallouf
Djebel Dahar
Djoumaa
Beni Khedache
Ksar Tarcine
Ghomrassen
Ksour
Tataouine
Nouvelle Guermessa
Nouvelle Chenini
Nouvelle Douiret
Ksar Ghilane
Oued Mehabes
ALGÉRIE
Désert
Grand Erg oriental
Sahara
Oued Lisseli
Kamour
Bir Aouine
Kambout
Remada
Borj Bourguiba
Vers Dhéhiba
Piste de l'oléoduc
El-Borma
Oued Jeneien
Djeneien
LIBYE
Erg ej-Djenein
Voir encadré
M'chiguig
Grand Sud
Borj el-Khadra
Borj Messaouda
Ghadames
1
2
3
14
15
16
19
107
112
113
116

Histoire

Le Sud tunisien marquait la limite de la présence romaine en Afrique. Les villes de la région constituaient le *limes tripolitanus*, ligne défensive destinée à protéger les frontières de l'Afrique romaine. Les Berbères y vécurent à l'écart du reste du pays, parvenant ainsi à préserver leur culture et leur architecture.

Officiellement administrée par le pouvoir occupant le nord du pays, la région est restée largement dominée par des tribus berbères, en particulier dans le Nefzaoua (autour de Kebili) et l'Ouergherma (autour de Tataouine). Le sud, rythmé par le passage des grandes caravanes marchandes, a toujours été tourné à la fois vers le désert et vers la côte.

Climat

Le printemps et l'automne sont les meilleures saisons. La plupart des séjours organisés se déroulent de fin septembre à début mai. Mieux vaut éviter l'été. En raison de la chaleur, les excursions à dos de dromadaire, dans le désert, ne peuvent s'effectuer que tôt le matin ou en fin de journée. C'est en outre la période où souffle le sirocco, un vent chaud qui soulève des nuages de sable.

Depuis/vers le sud

La plupart des villes du sud sont desservies par les bus et les louages.

Comment circuler

Il vous faudra jongler entre les louages, les bus, les camionnettes, le stop et les excursions en 4x4 (en particulier pour Ksar Ghilane, les environs de Tataouine et les oasis voisines de Tozeur). Reportez-vous aux sections sur Douz, Tozeur et Gabès pour davantage de renseignements.

Il n'existe pas de liaison directe de transports en commun entre Douz, Matmata et Tataouine, il faut systématiquement repasser par Gabès. Vous pouvez louer une voiture en toute tranquillité, les routes sont en bon état.

GABÈS ET MATMATA

Gabès marque véritablement l'entrée dans le Sud tunisien, mais c'est pourtant Matmata et ses spectaculaires maisons troglodytiques qui attirent le plus les voyageurs.

GABÈS

☎ 75 / 110 000 habitants

À 137 km de Sfax, Gabès est entourée d'une grande palmeraie. On peut y passer une nuit en se rendant dans la région des ksour ou à Djerba, mais inutile de s'attarder dans cette vaste cité industrielle très polluée.

Histoire

Occupé depuis la préhistoire, le site de Gabès n'acquit une certaine importance qu'à partir du XIVe siècle. Devenue la principale destination des grandes caravanes amenant l'or et les esclaves, la ville prospéra et s'enrichit. L'arrivée des Français, au XIXe siècle, mit un terme aux caravanes marchandes et Gabès connut une longue période de déclin jusqu'à la découverte de gisements pétroliers au large de ses côtes, au milieu du XXe siècle.

Orientation

Ville côtière, Gabès vit toutefois beaucoup plus autour de sa *palmeraie*, au nord et à l'ouest des quartiers modernes. Le centre-ville, à 2 km de la côte, est bordé au nord par l'oued Gabès. La plupart des infrastructures utiles aux voyageurs se trouvent sur les deux principaux axes est-ouest, l'av. Farhat-Hached et l'av. Habib-Bourguiba.

Renseignements

ACCÈS INTERNET

Publinet (av. Habib-Bourguiba ; 1,5 DT/h ; 🕑 8h-22h). Au 1er étage du Centre Gabès.

ARGENT

Plusieurs banques jalonnent l'av. Habib-Bourguiba, vers le Centre Gabès.

Banque de l'Habitat (av. Farhat-Hached) DAB.

BIAT (av. Farhat-Hached) DAB.

POSTE ET TÉLÉPHONE

On peut téléphoner des différents bureaux Taxiphone de la ville.

Poste (av. Habib-Bourguiba). Au centre, téléphones.

OFFICE DU TOURISME

Office du tourisme (☎ 270 254 ; angle av. Farhat-Hached et av. Habib-Bourguiba ; 🕑 lun-sam 7h30-13h30, 17h-19h). Bien qu'il reçoive peu de touristes, il fournit nombre de renseignements, tels que la liste complète des bus au départ de la ville, les prix des hôtels et même un vieux plan Lonely Planet de la ville, accroché à la porte !

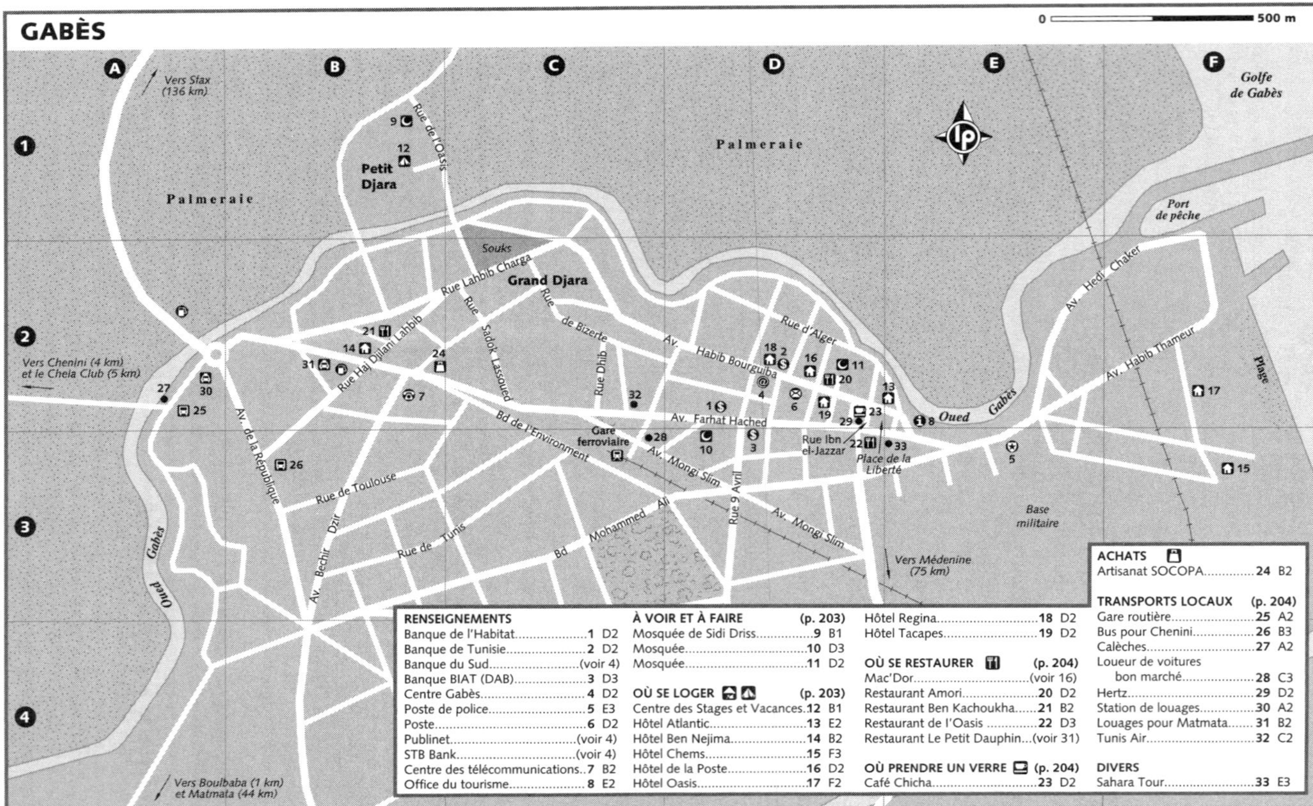
GABÈS
0 500 m
A
B
C
D
E
F
1
2
3
4
Vers Sfax (136 km)
Vers Chenini (4 km) et le Chela Club (5 km)
Vers Boulbaba (1 km) et Matmata (44 km)
Vers Médenine (75 km)
Golfe de Gabès
Port de pêche
Plage
Palmeraie
Palmeraie
Petit Djara
Grand Djara
Souks
Oued Gabès
Oued Gabès
Base militaire
Gare ferroviaire
Place de la Liberté
Rue de l'Oasis
Rue Lahbib Charga
Rue Sadok Lassoued
Rue de Bizerte
Rue Dhib
Rue d'Alger
Av. Habib Bourguiba
Av. Farhat Hached
Rue Ibn el-Jazzar
Rue Haj Djilani Lahbib
Av. de la République
Bd de l'Environnement
Av. Mongi Slim
Av. Mongi Slim
Rue 9 Avril
Rue de Toulouse
Rue de Tunis
Av. Bechir Dzir
Bd Mohammed Ali
Av. Hedi Chaker
Av. Habib Thameur
RENSEIGNEMENTS
Banque de l'Habitat....1 D2
Banque de Tunisie....2 D2
Banque du Sud....(voir 4)
Banque BIAT (DAB)....3 D3
Centre Gabès....4 D2
Poste de police....5 E3
Poste....6 D2
Publinet....(voir 4)
STB Bank....(voir 4)
Centre des télécommunications..7 B2
Office du tourisme....8 E2
À VOIR ET À FAIRE (p. 203)
Mosquée de Sidi Driss....9 B1
Mosquée....10 D3
Mosquée....11 D2
OÙ SE LOGER (p. 203)
Centre des Stages et Vacances.12 B1
Hôtel Atlantic....13 E2
Hôtel Ben Nejima....14 B2
Hôtel Chems....15 F3
Hôtel de la Poste....16 D2
Hôtel Oasis....17 F2
Hôtel Regina....18 D2
Hôtel Tacapes....19 D2
OÙ SE RESTAURER (p. 204)
Mac'Dor....(voir 16)
Restaurant Amori....20 D2
Restaurant Ben Kachoukha....21 B2
Restaurant de l'Oasis....22 D3
Restaurant Le Petit Dauphin...(voir 31)
OÙ PRENDRE UN VERRE (p. 204)
Café Chicha....23 D2
ACHATS
Artisanat SOCOPA....24 B2
TRANSPORTS LOCAUX (p. 204)
Gare routière....25 A2
Bus pour Chenini....26 B3
Calèches....27 A2
Loueur de voitures bon marché....28 C3
Hertz....29 D2
Station de louages....30 A2
Louages pour Matmata....31 B2
Tunis Air....32 C2
DIVERS
Sahara Tour....33 E3

LE HENNÉ

D'excellente qualité, le henné de Gabès est produit à partir des feuilles du *Lawsonia inermis*, un arbuste endémique de la région, qui sont séchées puis broyées. Il donne une teinture d'un brun-rouge intense. Les femmes berbères l'utilisent pour effectuer des tatouages sur les mains et les pieds et pour teindre et entretenir leur chevelure. Le henné est vendu dans les souks. Vous reconnaîtrez vite ces pyramides de sachets de poudre verte. Il coûte environ 1,5 DT les 100 g.

Si vous êtes tenté par un tatouage, adressez-vous à l'un des nombreux stands des abords du souk, rue Lahbib-Charga, ou à Chenini, dans la palmeraie. Les prix varient selon les dessins.

La palmeraie

La palmeraie s'étend le long de l'oued Gabès, de **Ghannouche**, sur la côte, à **Chenini** (à ne pas confondre avec le Chenini, près de Tataouine, p. 212). C'est l'ouest de la ville qui présente le plus d'intérêt (et s'avère le moins pollué).

Le plus agréable est de la visiter à pied (signalons toutefois que certains voyageurs nous ont déclaré avoir été importunés par des enfants qui leur jetaient des pierres). Suivez la piste empruntée par les calèches : traversez l'oued par le pont situé derrière la gare routière et prenez la route de Chenini sur la gauche. Elle serpente à travers la palmeraie jusqu'à El-Aouadid, puis oblique à gauche pour déboucher sur Chenini. Cette balade dure environ 1 heure. En novembre et décembre, vous pourrez cueillir les fruits rouge sombre des grenadiers.

Chenini compte surtout des dizaines de boutiques de souvenirs. Un chemin (accessible à vélo) mène à un barrage romain reconstitué et sillonne la palmeraie jusqu'au Chela Club, niché dans les palmiers (voir p. 204). Il se tient à une vingtaine de minutes à pied. De là, vous pouvez suivre l'oued jusqu'au bout de la vallée et grimper sur le talus pour découvrir tous les alentours.

Pour rejoindre Gabès depuis Chenini, prenez le bus n°7, qui vous arrêtera rue Haj-Djilani-Lahbib, ou un taxi, moyennant 2,5 DT. Si vous ne souhaitez pas traverser la palmeraie à pied, vous pouvez monter dans l'une des calèches (10 DT) stationnées derrière la gare routière.

Djara

Djara désigne le vieux quartier de la ville situé de part et d'autre de l'oued, au nord. La partie la plus ancienne, le **Petit Djara**, dans les palmiers au nord de l'oued, abrite la **mosquée de Sidi Driss**, à l'extrémité de la rue de l'Oasis, qui date du XIe siècle. Le vieux marché, où se pratiquait autrefois le commerce des esclaves, se trouve dans le **Grand Djara**, au sud de l'oued.

Circuits organisés

Sahara Tour (☎ 270 930 ; fax 270 222 ; av. Farhat-Hached) organise des sorties en 4x4 et des méharées dans le Sahara. Cette agence propose plusieurs formules, des excursions d'une journée (à partir de 50 DT/personne) aux expéditions de 7 jours (environ 200 DT/j par 4x4), qui peuvent descendre jusqu'à Tozeur et Ksar Ghilane.

Où se loger

PETITS BUDGETS

Centre des Stages et Vacances (☎ 270 271 ; dort 5 DT, camping 2,5 DT). Situé dans la palmeraie, au niveau du quartier de Petit Djara, ce camping-maison des jeunes offre dortoirs spartiates et emplacements de camping ombragés.

Hôtel Ben Nejima (☎ 271 591 ; fax 221 062 ; angle av. Farhat-Hached et rue Haj-Djilani-Lahbib ; s/d 9/14 DT). Proche de la palmeraie et facilement accessible en transports en commun. Chambres spacieuses et bien tenues, parfois avec balcon. Le plus intéressant de cette catégorie.

Hôtel de la Poste (☎ 270 718 ; av. Habib-Bourguiba ; s/d 6/12 DT). Plus sommaire, il ne paraît pas recevoir les touristes, mais présente l'avantage d'être proche du centre-ville et peut convenir pour une nuit.

CATÉGORIE MOYENNE

Les prix comprennent le petit déjeuner.

Hôtel Regina (☎ 272 095 ; fax 221 710 ; av. Habib-Bourguiba ; s/d avec sdb 11,5/15 DT). Face au Centre Gabès, cet excellent établissement accueille la majorité des voyageurs. Tranquille et tenu par un personnel serviable, il comprend des chambres donnant sur une cour intérieure. La plupart avec ventilateur.

Hôtel Atlantic (☎ 220 034 ; fax 221 358 ; av. Habib-Bourguiba ; s/d 14,5/23 DT ; ❄). Cet une-étoile un peu défraîchi possède encore une belle façade coloniale et des chambres d'un bon rapport qualité/prix.

Hôtel Tacapes (☎ 270 701 ; fax 271 601 ; av. Habib-Bourguiba ; s/d 28,5/37 DT ; ❄). Un peu plus cher, les chambres avec TV sat s'avèrent assez quelconques. Jetez-y tout de même un coup d'œil.

Chela Club (☎ 227 442 ; fax 227 446 ; s/d 20/30 DT). Dans la *palmeraie, à* 5 km à l'ouest de la gare routière et de louage. Un peu vieillot, il est idéal pour voir la palmeraie.

CATÉGORIE SUPÉRIEURE

Hôtel Oasis (☎ 270 381 ; fax 271 749 ; près av. Habib-Thameur ; s/d 55/90 DT ; ste à partir de 250 DT ; ❄ 🏊). Face à la plage de Gabès (totalement dénuée de charme), il offre des chambres agréables et des suites décorées dans un style plutôt kitsch. Il comprend une piscine thermale et un bar et accueille souvent des groupes.

Hôtel Chems (☎ 270 547 ; fax 274 485 ; près av. Habib-Thameur ; s/d 60/90 DT ; ❄ 🏊). Il dispose de chambres confortables également. Le personnel ne se montre pas toujours très empressé et à la basse saison, tout semble fonctionner au ralenti.

Où se restaurer

Restaurant Le Petit Dauphin (av. Farhat-Hached ; 🕑 petit déj, déj et dîner ; entrées à partir de 1 DT, plats autour de 3,5 DT). Fathi, qui pourrait bien remporter le prix du restaurateur le plus sympathique de Gabès, sert des plats copieux et savoureux et aime bavarder avec les voyageurs de passage. Donnant sur la gare de louage de Matmata, c'est un petit restaurant parfait pour attendre l'heure du départ.

Restaurant Ben Kachoukha (☎ 220 387 ; rue Haj-Djilani-Lahbib ; 🕑 petit déj, déj et dîner ; entrées à partir de 1,5 DT, plats à partir de 3 DT). Bien qu'un peu moins chaleureux que Le Petit Dauphin, celui-ci n'en demeure pas moins très prisé, surtout pour ses plats de poisson grillé (5 DT).

Restaurant Amori (av. Habib-Bourguiba ; 🕑 déj et dîner ; menus 5 DT). Les menus (cuisine locale et plats adaptés au goût des voyageurs) sont d'un bon rapport qualité/prix.

Mac'Dor (av Habib-Bourguiba ; 🕑 déj et dîner). Très fréquenté, ce petit restaurant prépare de fameux *shwarmas* (fines tranches de viande dans du pain, 1,3 DT) à composer au choix et des pizzas.

Restaurant de l'Oasis (☎ 270 098 ; av. Farhat-Hached ; 🕑 déj et dîner ; menus 9 DT, plats 7-10 DT). Vous dégusterez ici la meilleure cuisine de la ville dans un cadre exceptionnel. Les menus présentent un bon rapport qualité/prix, mais laissez-vous tenter par les plats de fruits de mer de la carte (8 à 10 DT).

Où prendre un verre

Café Chicha (angle av. Habib-Bourguiba et av. Farhat-Hached). Sur la place de la Liberté, cet agréable café décoré de jolies faïences offre une terrasse où il fait bon flâner le soir.

Achats

Gabès est réputée pour la fabrication des articles en paille : paniers, chapeaux, éventails et tapis. Vous n'aurez que l'embarras du choix dans les souks de la rue Lahbib-Charga, quartier de Grand Djara.

Depuis/vers Gabès

BUS

Au moins trois compagnies affrètent des bus depuis la gare routière située à l'ouest de la ville. Il existe des départs quotidiens pour Tozeur (8,1 DT), Djerba (6 DT), Sfax (6,3 DT), Sousse (7,9 DT), Tunis (17 DT), Tataouine (6 DT), Médenine (3,7 DT), Douz (5,8 DT), Matmata (1,7 DT) et Gafsa (6,2 DT).

LOUAGE

Jouxtant la gare routière, la station de louage propose des voitures à destination de Kebili (5,5 DT), Djerba (5,4 DT), Médenine (3,6 DT), Sfax (6,2 DT), Sousse (11 DT), Tunis (16 DT), Douz (6,9 DT) et Tozeur (9,1 DT). Les départs s'effectuent surtout le matin.

Les louages à destination de Matmata stationnent sur un parking le long de l'av. Farhat-Hached. Ils desservent Nouvelle Matmata (1,2 DT), où vous devez changer pour gagner la vieille ville (600 millimes supplémentaires).

TRAIN

La gare ferroviaire se trouve dans l'av. Mongi-Slim, à 5 min à pied de l'av. Habib-Bourguiba. Quatre trains par jour partent pour Tunis (16,2 DT, 6 heures), les plus pratiques étant à 10h05 et 16h10.

MATMATA

☎ 75 / 1 000 habitants

Il y a plusieurs siècles, les Berbères creusèrent leurs habitations dans la roche, pour échapper à la chaleur de cette région désolée, ponctuée de cratères et de failles. Si les bâtiments conventionnels sont à présent majoritaires, la ville compte encore des centaines de maisons troglodytiques dont la visite s'impose.

Cette particularité architecturale et la popularité récente des lieux de tournage de *La Guerre des Étoiles* font du village une destination hautement touristique et les bus affluent de la côte. Il conserve malgré tout un charme indéniable. Des guides officiels proposent la visite du village seul pour 10 DT ou de Matmata et de Tamezret pour 15 DT (vous devrez vous rendre à Tamezret par vos propres moyens). Renseignez-vous au syndicat d'initiative ou à votre hôtel pour contacter ces guides.

Orientation et renseignements

Depuis Gabès, la route pénètre dans Matmata par le nord et file vers l'est, en direction de Médenine. Au centre, l'av. de l'Environnement se sépare en deux vers l'ouest, en direction de Tamezret et de Douz. Les principaux sites se situent entre ces deux artères.

La banque la plus proche est la Banque nationale agricole, à Nouvelle Matmata, à 15 km. Si vous êtes à court d'argent, les hôtels de catégorie moyenne et supérieure devraient accepter de vous dépanner. La poste est au centre-ville, face à l'embranchement pour Douz. Le petit **syndicat d'initiative** (☎ 230 114), en contrebas de la gare routière, face à l'embranchement qui mène à l'Hôtel Kousseila, ne s'avère pas d'une grande utilité.

Habitations troglodytiques

Ces demeures souterraines se visitent très facilement. Commencez tout d'abord par les trois hôtels pour petits budgets.

L'**Hôtel Sidi Driss** regroupe cinq cours intérieures, reliées par des tunnels souterrains. Il abrite toujours les décors du premier épisode de *La Guerre des Étoiles* (la cour, à droite en entrant, notamment). Il apparaît de nouveau dans *La Menace fantôme*, *L'Attaque des clones* et *Épisode IV - Un nouvel espoir*.

L'**Hôtel Les Berbères** comporte un important réseau de voies souterraines, généralement plus récentes. Quant à l'**Hôtel Marhala**, plus simple, il ressemble plus à une authentique demeure troglodytique locale.

Pour découvrir d'autres constructions de ce type, on peut visiter le petit **Musée berbère** tenu par des femmes du village qui exposent aussi des tapis et des clés traditionnelles. En effet, les portes sont fermées par de grosses serrures en bois, dissimulées dans le mur, nécessitant des clés longues d'une trentaine de centimètres. Laissé à l'état brut, le long tunnel pentu conduisant à l'entrée est particulièrement pittoresque. Les heures d'ouverture de ce musée varient, mais mieux vaut tenter sa chance le matin. Pensez à laisser de 1 à 2 DT.

Vous pouvez aussi suivre les enfants qui vous proposent de visiter des maisons privées. Ils vous aborderont dans la rue et vous demanderont en échange d'acheter un souvenir ou de verser un droit d'entrée (de 2 à 5 DT). Par respect pour les habitants,

LES MAISONS TROGLODYTIQUES DE MATMATA

Matmata, la ville où "les vivants vivent sous les morts", est un site unique au monde.

Les maisons souterraines protégeaient de la rigueur du froid en hiver et de la chaleur en été. Invisibles de loin, elles offraient en outre une retraite sûre en cas d'invasion.

Des murs en pierre étayaient parfois les parois d'argile et de grès pour éviter les glissements de terrain lors des fortes pluies. Les pièces, blanchies à la chaux, se répartissaient de chaque côté de la cour. Elles comprenaient généralement un salon, une cuisine, des chambres et des petites pièces réservées au stockage des vivres. Ces demeures abritaient parfois trois familles. Les plus grandes sont reliées entre elles par deux ou trois cours. On y pénétrait le plus souvent par un étroit tunnel conduisant à un niveau intermédiaire, puis à la cour souterraine.

D'autres villages de la région recèlent quelques habitations troglodytiques, mais c'est à Matmata qu'elles sont les plus nombreuses.

ne vous aventurez pas à l'intérieur d'une habitation sans y avoir été invité.

Enfin, signalons que quelques maisons troglodytiques ont été aménagées spécialement pour les touristes à 3 km de la ville en venant de Gabès…

Où se loger

PETITS BUDGETS

Les trois hôtels pour petits budgets du village sont aménagés dans des maisons troglodytiques.

Hôtel Sidi Driss (☎ 240 005 ; fax 240 265 ; 12/17 DT/pers avec petit déj/demi-pension). Situé sur la route du sud, en face de la gare routière, ce célèbre établissement offre seulement deux chambres doubles. Les autres comportent plusieurs lits, parfois jusqu'à huit. Seul inconvénient : les visites des touristes qui se prolongent jusqu'à la fin de l'après-midi.

Hôtel Marhala (☎ 240 015 ; fax 240 109 ; s/d 13,5/18 DT avec petit déj, 15/22 DT en demi-pension). Géré par le Touring-Club de Tunisie, il propose des chambres propres et plus calmes que le précédent, sensiblement plus sommaires toutefois.

Hôtel Les Berbères (☎ 240 024 ; fax 240 097 ; près av. de l'Environnement ; 10/14 DT/pers avec petit déj/demi-pension). Tenu par un personnel sympathique, il loue des chambres simples, aménagées récemment.

CATÉGORIE MOYENNE ET SUPÉRIEURE

Ces hôtels occupent des bâtiments classiques. Les prix comprennent le petit déjeuner.

Hôtel Matmata (☎ 240 066 ; fax 240 177 ; s/d 26/36 DT, demi-pension 30/44 DT ; ❄ 🏊). Moderne et bien tenu, il offre d'agréables chambres voûtées. Le restaurant et le bar accueillent souvent des groupes à l'heure du déjeuner.

Hôtel Kousseila (☎ 240 355 ; fax 240 265 ; s/d 45/64 DT, demi-pension 50/74 DT ; ❄). Au centre-ville, en contrebas de la gare routière, ce confortable trois-étoiles est très fréquenté par les groupes et affiche souvent complet l'été.

Hôtel Ksar Amazigh (☎ 240 088 ; fax 240 173 ; s/d 35/50 DT, demi-pension 40/60 DT ; ❄ 🏊). Bien que le personnel ne se montre pas toujours très accueillant, signalons tout de même les chambres agréables de cet établissement, qui surplombe tout l'oued Barrak, à 1,5 km du centre du village, sur la route de Tamezret.

Hôtel Diar el Berber (☎ 240 274 ; fax 240 144 ; route de Tamazret ; s/d 50/70 DT, demi-pension 60/90 DT ; ❄ 🏊). Situé à 1,8 km à l'ouest du village, ce luxueux hôtel offre un magnifique panorama sur les montagnes environnantes depuis la terrasse de sa piscine. Les chambres, décorées dans le style traditionnel, sont toutes avec TV sat.

Où se restaurer

Les restaurants de Matmata ne présentent pas grand intérêt. La qualité de la cuisine ne semble guère préoccuper les propriétaires de **Chez Abdoul**, presque en face de la poste, au centre du village. Le repas coûte dans les 6 DT. Le **Restaurant Ben Khalifa**, une cinquantaine de mètres plus bas, s'avère meilleur. Sinon, le petit restaurant sans enseigne jouxtant le Café de la Victoire, près de la gare ferroviaire, sert des omelettes-frites-salade à 2 DT.

Indiqué sur la route de Tamezret, à 1,5km à l'ouest du village, le **Restaurant Dalia** (repas 6-10 DT), propose des menus touristiques corrects dans un cadre troglodytique.

Si vous comptez passer la nuit au village, mieux vaut prendre une chambre en demi-pension.

Depuis/vers Matmata

Les gares routière et de louage se situent au centre du village. Des louages partent toute la journée pour Nouvelle Matmata (650 millimes), où vous pouvez prendre une correspondance pour Gabès (1,2 DT). C'est aussi la seule solution pour se rendre à Douz ou à Tataouine, si vous ne possédez pas votre propre véhicule.

Sept bus par jour desservent Gabès (1,7 DT). Deux autres se rendent à Tamezret (900 millimes) l'après-midi et regagnent Matmata une heure plus tard. Vérifiez l'heure du retour avec le chauffeur. Enfin, deux bus par jour vont à Techine (900 millimes) et un bus SNTRI part le soir pour Tunis (18,6 DT, 8 heures).

ENVIRONS DE MATMATA

Haddèj

À 3 km au nord-est de Matmata, le village d'Haddèj demeure nettement moins touristique. (Signalons aux amateurs que la scène de la crucifixion du film *Monty Python, La vie de Brian* a été tournée là).

Bien que nombre d'habitations troglodytiques aient été abandonnées après les inondations survenues en 1969, vous aurez peut-être la chance de visiter celles qui restent habitées et de rencontrer quelques villageois. Vous verrez certainement le pressoir à olives dont les meules sont actionnées par un dromadaire, dans une cavité souterraine incroyablement étroite. Il existe aussi un pressoir fonctionnant avec des poids et des leviers.

DEPUIS/VERS LES ENVIRONS DE MATMATA

La route d'Haddèj est indiquée à l'est, à 4 km au nord de Matmata, sur la route de Gabès. Il n'existe pas de transports en commun depuis la vieille ville de Matmata, mais quelques bus et des *camionnettes* assurent la liaison avec Nouvelle Matmata. Sinon, prenez un bus jusqu'à Tijma et parcourez à pied les 3 km restant jusqu'à Haddèj.

Si le temps s'y prête, vous pouvez revenir à Matmata en empruntant le sentier muletier qui coupe à travers les collines. Prévoyez environ 1 heure 30 de marche à un bon rythme. Demandez aux habitants d'Haddèj de vous en indiquer le point de départ. Le chemin est ensuite bien tracé.

Tamezret

Peu de touristes visitent le paisible petit village de Tamezret, perché sur une colline surplombant les plaines de Nefzaoua, à 13 km à l'ouest de Matmata.

Les pierres de la région ont servi à la construction des maisons. Le vieux quartier, au-dessus de l'arrêt de bus, se compose d'un entrelacs de ruelles qui serpentent sur la colline. L'après-midi, deux bus desservent le village au départ de Matmata.

Une route en excellent état conduit à Douz, à 97 km à l'ouest.

Est de Matmata

La route secondaire conduisant à Médenine, à l'est de Matmata, traverse de beaux paysages.

La route est goudronnée jusqu'à l'embranchement pour **Techine**, à 12 km

LES BERBÈRES

Originaires d'Afrique du Nord, les Berbères doivent leur nom (qui vient aussi sans doute du grec *barbarikos*, qui signifie "étranger") aux Arabes arrivés à la fin du VIIe siècle et qui souhaitaient distinguer cette population des peuples qui avaient adopté la culture romaine et byzantine. Les Égyptiens les appelaient "Libou" (nomades), les Phéniciens et les Grecs, "Libyens", et les Romains, "Africains".

Les Berbères regroupent plusieurs ethnies, résultat des nombreuses vagues de migrations en provenance d'Orient, d'Afrique subsaharienne et d'Europe méridionale. À l'arrivée des Phéniciens, au Xe siècle av. J.-C., elles possédaient déjà une langue et une culture uniques.

Leur territoire se partageait entre plusieurs tribus. Le Nord de la Tunisie appartenait aux Numidiens, qui ont fondé les cités de Bulla Regia, Sicca (El-Kef) et Thugga (Dougga). D'autres tribus s'étaient établies dans les grandes oasis du sud, tandis que des tribus semi-nomades menaient une existence pastorale.

Bien que confrontés à de multiples invasions, les Berbères ont toujours farouchement défendu leur indépendance. Leur résistance armée au pouvoir romain ne cessa pas jusqu'en 24, puis se réveilla au IVe siècle. Ils étaient certainement à l'apogée de leur puissance politique et militaire lorsque les Arabes occupèrent la Tunisie. Ceci explique la reconquête de Kairouan, qui devint la capitale de leur royaume éphémère jusqu'en 689.

C'est Al-Kahina, figure légendaire du folklore berbère, qui mena la rébellion contre l'occupant. Veuve d'un chef de tribu du massif des Aurès en Algérie, elle vainquit Hassan ibn Numan à Tébessa en 695 et repoussa les troupes arabes jusqu'à Gabès avant de périr dans l'amphithéâtre d'El-Djem (p. 185). Les soulèvements organisés par les Kharidjites berbères embrasèrent régulièrement le pays pendant les 250 années suivantes, mais la résistance aux Arabes prit véritablement fin au XIe siècle avec les invasions hilaliennes.

Les Berbères se sont, depuis, fondus dans la population arabe, mais leurs traditions et leur langue perdurent, surtout dans les zones rurales. Les femmes continuent à porter le *bakhnoug* (châle) et l'*assaba* (bandeau) traditionnels et à peindre sur leur visage des tatouages tribaux. Quant au *burnous*, cette grande cape de laine encore revêtue par les hommes, il est aussi d'origine berbère.

au sud-est de Matmata. Techine ressemble à Matmata en plus petit et sans les bus touristiques. Les habitants font volontiers visiter leurs maisons, dont les meubles ont été directement taillés dans la roche. L'après-midi, deux bus effectuent la liaison Matmata-Techine (900 millimes).

Il faut avoir un véhicule pour pouvoir continuer plus à l'est. La route serpente parmi les collines couvertes d'esparto, une plante utilisée pour la fabrication des tapis ou des harnais pour les mules (voir l'encadré à ce sujet, p. 159). Elle conduit à **Toujane**, à 23 km au sud-est de Matmata. Les maisons en pierre du village s'éparpillent à flanc de colline et autour des ruines d'une ancienne kasbah, de part et d'autre d'une gorge qui rejoint la plaine. Le matin de bonne heure, le site est nimbé d'une lumière extraordinaire.

Un 4x4 s'impose pour poursuivre le trajet jusqu'à Médenine par la route secondaire, à 38 km au sud-est. On peut toutefois emprunter la route goudronnée qui quitte Toujane par le nord-est et passe par **Mareth**, sur la route principale qui relie Gabès à Médenine. Cette ville abrite un **musée de la Seconde Guerre mondiale**.

Enfin, autre option encore : partez vers le nord-ouest en direction de **Aïn Tounine**, à 4 km au nord de Toujane, puis regagnez Nouvelle Matmata en traversant le charmant village de pierres de **Ben Zeiten**.

LES KSOUR

Étrange et fantomatique, la région des ksour, dans les collines du Djebel Dahar, est ponctuée de villages perchés en ruines et de greniers à grains fortifiés. À inclure absolument dans votre programme !

Depuis que, semi-nomades, les Berbères durent quitter Djeffara pour se replier dans les collines lors des invasions hilaliennes au XIe siècle, la région du Dahar représente l'un des berceaux de la culture berbère. Ses habitants utilisent encore la chelha, la langue berbère, qui disparaît peu à peu avec les plus âgés.

TATAOUINE

☎ 75 / 58 000 habitants

Tataouine constitue un point de départ idéal pour visiter la région des ksour. La ville offre en elle-même peu d'intérêt, mais ses environs méritent le détour.

Toutes les infrastructures utiles aux voyageurs se situent dans le centre-ville, entre l'av. Hedi-Chaker, orientée est-ouest, et la petite tour de l'horloge, au nord.

Renseignements

ACCÈS INTERNET

Ces deux agences sont normalement ouvertes 24/24.

Ksournet (rue Habib-Mestaoui ; 2 DT/h). Face à la tour de l'horloge.

Publinet (av. Hedi-Chaker ; 1,5 DT/h). À côté de l'Hôtel La Gazelle.

ARGENT

La plupart des grandes banques possèdent une agence en ville et toutes pratiquent le change.

Banque de l'Habitat (av. Farhat-Hached). DAB.

Banque du Sud (av. Farhat-Hached). DAB.

BNA (av. du 2-Mars). DAB.

POSTE ET TÉLÉPHONE

Le centre-ville compte de nombreux bureaux Taxiphone.

Poste (av. Hedi-Chaker). Face à l'extrémité sud de l'av. Habib-Bourguiba.

OFFICES DU TOURISME

Office du tourisme ONTT (☎ 850 686 ; av. Habib-Bourguiba ; 🕒 été 7h30-13h, 15h-18h, hiver tlj 8h-12h30 et 15h-17h30 sam-jeu). Tout au nord de la ville.

Syndicat d'initiative (☎ 850 850 ; av. Hedi-Chaker). Une mine de renseignements. Mêmes horaires que l'office du tourisme.

À voir et à faire

KSAR MEGABLA

À quelque 2 km du centre-ville, ce petit ksar offre un bon aperçu de l'architecture des ksour. Bien que sa façade ait été largement détruite, il conserve une authenticité qui fait parfois défaut à ceux qui sont trop restaurés. Les villageois logent toujours leurs troupeaux dans les différentes salles. Attention, le sol de la cour est parfois inégal. Le ksar Megabla est indiqué sur la route de Remada, sur la droite. Comptez environ une heure de marche depuis cet embranchement.

MUSÉE MÉMOIRE DE LA TERRE

Ce petit **musée** (musée Mémoire de la Terre ; route de Chenini ; entrée 1,5 DT), à 2,5 km au sud de la

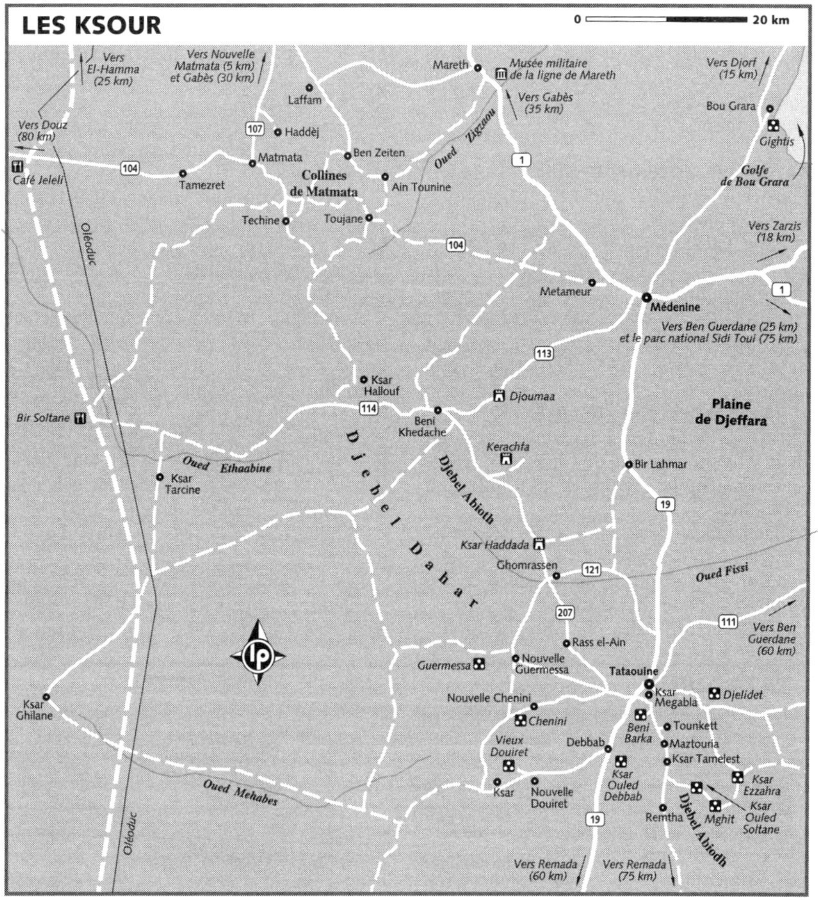

ville, présente une intéressante collection de fossiles et des reproductions des dinosaures qui vécurent dans la région. Une grande sculpture de dinosaure trône sur la colline, derrière le musée. Celui-ci ouvre théoriquement de 9h30 à 16h, du mardi au samedi.

MARCHÉS

Ne manquez pas le marché très animé qui se tient le lundi et le jeudi dans le souk, à l'extrémité sud de l'av. Habib-Mestaoui.

Où se loger

Pourtant très touristique, Tataouine n'est pas riche en hébergements. Toutefois, chaque catégorie affiche au moins une option intéressante.

PETITS BUDGETS

Hôtel Ennour (☎ 860 131 ; av. Ahmed-Tili ; s/d 3/6 DT). Le moins cher de la ville, il loue des chambres où la propreté laisse parfois à désirer. Déconseillé aux femmes.

Hôtel de la Station (☎ 860 104 ; rue du 18-Janvier ; s/d 5/10 DT). Très proche du centre-ville, cet établissement relativement propre et accueillant convient aux voyageurs à petits budgets.

Hôtel Médina (☎ 860 999 ; rue Habib-Mestaoui ; s/d 5/10 DT). Juste en face du précédent, il comprend des toilettes communes pas très engageantes et des chambres sommaires assez propres, généralement libres.

Hôtel Résidence Hamza (☎ 863 506 ; av. Hedi-Chaker ; s/d 12/17 DT avec petit déj). C'est de loin le meilleur choix de cette catégorie si vous pouvez débourser quelques dinars de plus. Très sympathique, il propose des chambres (certaines avec balcon) agréables et bien tenues.

CATÉGORIE MOYENNE ET SUPÉRIEURE

Les prix indiqués ci-après comprennent le petit déjeuner et la clim.

Hôtel La Gazelle (860 009 ; fax 862 860 ; av. Hedi-Chaker, s/d 30,5/43 DT ;). Unique établissement de la catégorie moyenne, ce deux-étoiles central est d'un bon rapport qualité/prix. Certaines sdb auraient besoin de travaux, mais l'ensemble reste correct.

Hôtel Mabrouk (862 805 ; fax 850 100 ; route de Chenini ; s/d 40/60 DT ;). À 2,5 km au sud-ouest de la ville, sur la route de Chenini, quelque peu défraîchi, les chambres tranquilles ont du cachet.

Hôtel Sangho Tataouine (860 124 ; fax 862 177 ; route de Chenini ; s/d 71/102 DT ;). Situé à 3 km au sud-ouest de la ville, ce bel établissement se dresse derrière une haute enceinte et offre des chambres dans des bungalows décorés dans le style traditionnel. Il comprend aussi un bon restaurant.

Où se restaurer

N'espérez pas trop vous régaler à Tataouine, les restaurants y sont souvent quelconques.

Le restaurant sans enseigne, après la gare routière, rue du 1er-Juin-1955, prépare des bricks bien garnis, qui sentent un peu trop l'oignon (400 millimes). Vous le repérerez à son store jaune et orange.

À quelques mètres à l'ouest, le **Restaurant Essendabad**, fermé lors de notre passage, propose normalement plusieurs plats du jour, dont une délicieuse et copieuse *chorba* (soupe) à 800 millimes.

Parmi les options bon marché, citons le **Restaurant La Médina** et le **Fast-food Aman**, dans la même rue, et le **Restaurant el-Baraka** (av. Ahmed-Tili). Comptez dans les 2 DT pour du poulet rôti. La carte ne comprend guère d'autres plats.

Les restaurants des hôtels servent une meilleure cuisine. L'**Hôtel La Gazelle** (déj et dîner ; entrées à partir de 2,5 DT, plats à 6 DT) pratiquent

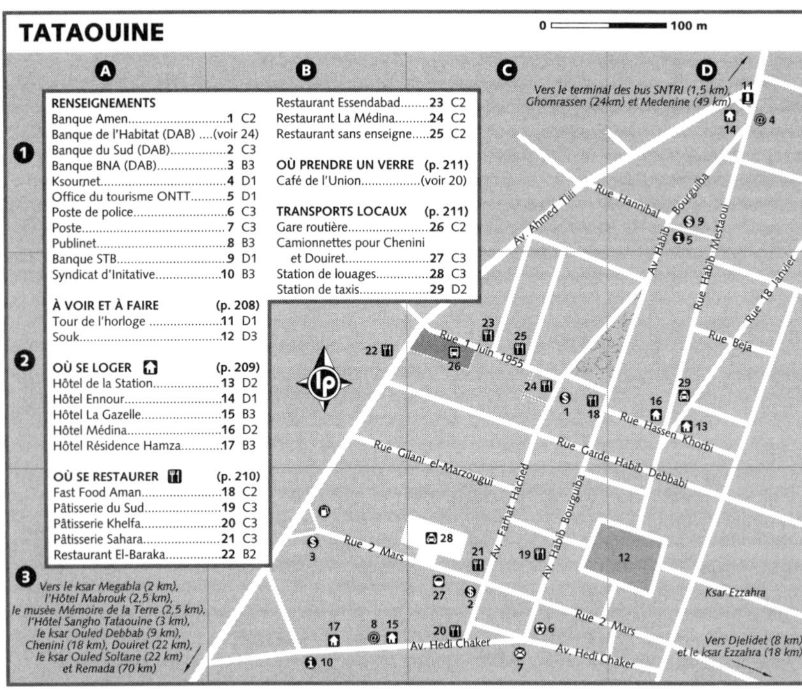

des prix corrects. Les serveurs se montrent très sympathiques.

L'**Hôtel Sangho Tataouine** possède un agréable restaurant au bord de la piscine, mais n'accueille pas toujours les non-résidents. Mettez toutes les chances de votre côté en portant une tenue un peu habillée. Prévoyez dans les 15 DT/personne.

PÂTISSERIES

Toutes les pâtisseries de Tataouine vendent les fameuses cornes de gazelle (350 millimes), gâteau fourré aux noisettes et imbibé de miel. Goûtez notamment celles de la **Pâtisserie Khlefa** (av. Hedi-Chaker) connue des groupes, de la **Pâtisserie Sahara** (av. Farhat-Hached) plus rustique, ou de la **Pâtisserie du Sud** (av. Habib-Bourguiba).

Où prendre un verre

Encore plus qu'ailleurs, les Tunisiens semblent particulièrement apprécier ici les terrasses des cafés où les heures passent tranquillement. Bien ombragé, le **Café de l'Union** (av. Hedi-Chaker) accueille volontiers les touristes, et les femmes sont les bienvenues.

L'**Hôtel La Gazelle** possède l'unique bar avec alcool de la ville. La bière coûte 2 DT. Il dispose d'une petite terrasse. Sachez toutefois que l'ambiance peut rapidement tourner à la bagarre si les agents de sécurité ne sont pas dans les parages.

Depuis/vers Tataouine

BUS

La gare routière se situe à l'extrémité de la rue du 1er-Juin-1955. Quatre bus par jour partent pour Médenine (2,2 DT, 1 heure), un pour Houmt-Souk (Djerba, 6,4 DT, 2 heures 30) et six pour Ghomrassen (1 DT, 30 min). Le dernier en provenance de cette ville démarre à 16h30. Un bus par jour se rend dans le sud-est à Beni Barka, Maztouria et au ksar Ouled Soltane (1 DT, 45 min). Il part à 6h et revient à 18h.

La compagnie SNTRI affrète trois bus climatisés par jour à destination de Tunis (22,4 DT, 8 heures), via Gabès (6,4 DT, 2 heures), Sfax (11,4 DT, 4 heures) et Sousse (16 DT, 6 heures 30). Ils partent du terminal SNTRI, 1,5 km au nord de la ville, sur la route de Médenine.

CAMIONNETTE

Stationnées face à la gare de louages, rue du 2-Mars, les camionnettes desservent régulièrement Chenini (1 DT), Douiret (1,3 DT) et Maztouria (TD1). Certaines vont jusqu'au ksar Ouled Soltane (1,4 DT). Présentez-vous le plus tôt possible le matin car les départs diminuent à partir de 12h et cessent pratiquement complètement passé 15h.

LOUAGE

Les louages partent d'un terre-plein du côté nord de la rue du 2-Mars. Ils assurent des liaisons régulières avec Médenine (2,2 DT) et Remada (3,8 DT), plus occasionnelles avec Djerba (6,5 DT), Ghomrassen (1,2 DT) et Tunis (22,6 DT). Pour Matmata, changez à Gabès.

ENVIRONS DE TATAOUINE

À l'ouest de Tataouine, d'anciens villages arabes et berbères s'accrochent aux collines. Au sud, les courbes douces du Djebel Abiodh offrent un paysage différent, davantage influencé par la culture arabe. C'est là que se dressent les ksour les plus spectaculaires du pays.

COMMENT CIRCULER

Si vous n'avez pas de véhicule, le meilleur moyen de visiter ces différents sites est de louer les services d'un taxi. Les prix demandés par les chauffeurs varient considérablement, mais vous pouvez miser sur 60/30 DT la journée/demi-journée. Vous pourrez ainsi vous arrêter où vous le souhaitez. En une demi-journée, on peut visiter le ksar Haddada, Guermessa, Chenini et Douiret ou effectuer un circuit dans les ksour du sud de Tataouine.

À défaut de louer un taxi, il vous faudra associer *camionnette*, bus et auto-stop. Vu la rareté des transports en commun, mettez-vous en route de bonne heure et ne comptez pas trop voir plus de deux sites par jour.

Les villages berbères et le ksar Haddada

GHOMRASSEN

À 24 km au nord-ouest de Tataouine, Ghomrassen, ville principale du Djebel Demmer, fut jadis le fief des puissantes tribus Ouergherma, jusqu'à leur départ pour Médenine au XVIIe siècle. La ville offre des transports en commun pour Guermessa et le ksar Haddada.

LES VILLAGES BERBÈRES

Le Sud tunisien est caractérisé par de spectaculaires villages accrochés au sommet des collines rocheuses qui ponctuent la région. Géologiquement constituées de différentes couches de pierre sablonneuse ou de roche, elles ont été lentement modelées par l'érosion qui a sculpté des terrasses naturelles.

Ces collines abritent une multitude de grottes. Elles furent utilisées comme refuges par les Berbères condamnés à fuir les plaines, au moment des invasions hilaliennes du XIe siècle. Ils transformèrent progressivement ces grottes en habitations troglodytiques, leur adjoignant des pièces creusées dans la roche et des cours murées. Au centre de ces villages troglodytes se dresse généralement un ksar, qui servait à entreposer les vivres et les objets de valeur.

Chenini, Guermessa et Douiret sont les meilleurs exemples de ces constructions berbères.

On peut flâner tranquillement dans la vieille ville, dans la partie sud, sur la route de Guermessa. Elle s'étend le long d'une gorge creusée par un grand oued, cernée par les murs branlants d'une ancienne **kalaa** (fort berbère). Deux ksour subsistent dans les environs, le **ksar Rosfa**, d'où l'on découvre un beau panorama, et le **ksar Bani Ghedir**, au nord de la ville. Ils ne comportent qu'un seul étage, comme tous les ksour des plaines. Renseignez-vous en ville pour les trouver.

La ville moderne comprend des banques, des boutiques et quelques restaurants, mais pas d'hôtel.

Vous aurez toutes les chances de pouvoir rallier Ghomrassen avec les transports en commun le vendredi : ce jour-là, le marché attire tous les commerçants de la région. Sinon, six bus par jour se rendent à Tataouine (1 DT, 30 min) et cinq à Médenine (2 DT, 1 heure). Il existe aussi des liaisons avec Guermessa (500 millimes, 15 min) et le ksar Haddada.

KSAR HADDADA

À 5 km au nord de Ghomrassen, le ksar Haddada attire un flot incessant de visiteurs émerveillés par ses myriades de ruelles et de cours. Jusqu'à très récemment, une partie restaurée du ksar abritait l'Hôtel Ksar Haddada, devenu un véritable lieu de pèlerinage pour les fans de *La Guerre des Étoiles*, opus IV. Malheureusement, une fois le film terminé, l'hôtel a fermé et tombe peu à peu à l'abandon, son entretien coûtant trop cher. Un charme particulier émane encore des vieilles portes sculptées dans le bois de palmier de ce site.

Quelques bus rejoignent le ksar depuis Ghomrassen, mais vous gagnerez du temps en faisant du stop sur le bord de la route.

GUERMESSA

Guermessa est un spectaculaire village berbère, à 8 km au sud-ouest de Ghomrassen. Ses habitants se sont installés depuis longtemps dans une partie plus moderne, dans la plaine. Les vestiges du village abandonné illustrent bien la manière dont la population savait tirer parti des collines, qui faisaient office de véritables forteresses. Les constructions s'étendaient sur deux collines voisines, reliées par un étroit passage. La plus grande est surmontée d'une *kalaa*. Moins bien préservé que d'autres, ce village semble progressivement effacé par la montagne. La mosquée blanche de la plaine accentue encore cet effet d'optique. Guermessa reste à l'écart de la plupart des circuits touristiques.

Il vous faudra impérativement un 4x4 pour parvenir au village, par la route de Ksar Ghilane et de Douz. Il est indiqué vers l'est, 1 km au nord du village moderne. La piste conduisant au site se situe 3 km plus loin. Elle rejoint ensuite la partie moderne de Guermessa et offre une vue magnifique sur le vieux village. Si vous vous y rendez à pied, n'oubliez pas de prévoir une réserve d'eau suffisante.

Vous parviendrez peut-être à attraper le bus qui relie de temps en temps la partie moderne de Guermessa à Ghomrassen, mais le plus simple est de louer un taxi à Tataouine (voir p. 211) et de visiter en même temps Chenini et Douiret.

La route la plus directe entre Guermessa et Chenini n'est praticable qu'en 4x4.

CHENINI

Autre site magnifique, Chenini, à 18 km à l'ouest de Tataouine, est le plus connu et le plus visité de ces villages.

LES SEPT DORMEURS

La région de Tataouine foisonne de légendes et de contes de fée, nés dans les villages berbères ou dans les ksour.

Derrière la mosquée blanche de Chenini, un sentier conduit en une vingtaine de minutes de marche à une autre mosquée et à de curieuses tombes de 5 m de longueur, appelées les tombes des Sept Dormeurs. Selon la légende, sept chrétiens (et un chien) se cachèrent dans une grotte des environs pour échapper aux persécutions des Romains. Après avoir dormi pendant 400 ans, ils se réveillèrent dans un monde islamisé depuis longtemps. Leur corps avait continué à grandir pendant leur sommeil et ils mesuraient maintenant 4 m. À peine réveillés, ils moururent. L'histoire dit que, malgré tout, ils eurent juste le temps de se convertir à l'islam et purent ainsi gagner leur place au paradis !

Les vestiges de l'ancienne kalaa, édifiée au XIIe siècle, se dressent entre deux crêtes. Les habitations, construites directement dans la roche, le long de petites terrasses accrochées à la pente, semblent s'affaisser lentement. Elles comprennent une salle souterraine et une cour fermée ouvrant sur une ou deux chambres. Remarquez les portes, fabriquées parfois à partir d'un tronc de palmier, et l'intérieur de certaines pièces où l'on distingue encore des peintures ou des parties sculptées au niveau du toit. Les entrées sont parfois si étroites qu'il faut se contorsionner pour passer. Le ksar sert toujours à stocker le grain et le vieux village compte encore quelques habitants, même si la plupart se sont installés dans la partie moderne.

Un sentier conduit à une belle mosquée blanche, construite entre les deux crêtes.

Pour découvrir au mieux le site, laissez-vous guider par l'un des enfants du village car certains passages ne se voient pas facilement. Quelques cafés vendent des boissons fraîches et des snacks.

Les camionnettes en provenance de Tataouine s'arrêtent dans la partie récente de Chenini. Certains chauffeurs acceptent de parcourir les deux derniers kilomètres jusqu'au vieux village.

En bon état, la route qui rejoint Douiret par le sud suit le lit d'un oued à travers les collines. Elle conduit directement au village moderne. En revanche, mieux vaut posséder un 4x4 pour emprunter la route du nord, de Chenini à Guermessa.

DOUIRET

Douiret ne manque pas d'impressionner les visiteurs. Son ksar perché au sommet d'une colline dominant une mosquée étincelante et des tombes de marabouts produit un effet saisissant. Comme à Chenini, les maisons sont construites dans la roche, le long de terrasses qui suivent la colline. La plus grande court sur 1 km jusqu'à d'autres habitations, dont certaines restent occupées. Abandonnées pour la plupart, elles se visitent facilement. Remarquez les encadrements de portes sculptés et les motifs berbères peints sur les murs. Des escaliers conduisent au sommet de la colline jouxtant la mosquée, d'où l'on découvre un paysage époustouflant. Les touristes demeurent rares.

Douiret se situe à 22 km au sud-ouest de Tataouine. La route est indiquée à Debbab, à 9 km au sud de Tataouine, en direction de Remada. Louez de préférence un taxi car il n'est guère facile d'atteindre Douiret avec les transports en commun. De bon matin, vous devriez pouvoir monter dans une camionnette à Tataouine pour rejoindre le village moderne, à 1,5 km avant la partie ancienne. Vous parviendrez peut-être à convaincre le chauffeur de vous emmener jusqu'au bout, mais de toute façon, il vous faudra marcher un peu pour trouver un véhicule rentrant à Tataouine.

Les ksour

KSAR OULED DEBBAB

Cet immense ksar se dresse sur une petite colline à l'est du village de Debbab, à 9 km au sud de Tataouine, sur la route de Remada. Utilisé jusqu'à une période très récente, il est demeuré en bon état. Depuis Debbab, une route goudronnée conduit à l'entrée. Il faut, sinon, une vingtaine de minutes à pied.

KSAR OULED SOLTANE

Site exceptionnel, le ksar Ouled Soltane, à 22 km au sud-est de Tataouine, abrite le plus bel ensemble de *ghorfas* (voir encadré ci-dessous) de la région. Elles se répartissent sur quatre étages, autour de deux cours.

Entièrement rénovées, elles donnent une idée précise de l'édifice original. Certains spectacles du festival des Ksour, fin novembre, se déroulent dans la cour du bas.

Au coucher du soleil, on jouit d'une vue splendide. N'arrivez pas trop tard tout de même, car la nuit tombe vite et les cours sont rapidement plongées dans l'obscurité. Un petit café sympathique vous attend dans l'une des *ghorfas*.

Le seul bus à destination du ksar Ouled Soltane (1 DT, 40 min) part de Tataouine à 6h. Optez plutôt pour les camionnettes. Peu desservent le ksar Ouled Soltane, mais il existe en revanche de fréquentes liaisons avec Maztouria. Cette route étant très fréquentée, vous serez facilement pris en stop.

AUTRES KSOUR

Entre Tataouine et le ksar Ouled Soltane, on peut marquer une pause au **ksar Beni Barka** et au **ksar Tamelest**. Moins imposants que le ksar Ouled Soltane, ils restent intéressants.

Si vous avez un véhicule, continuez vers le sud-est après le ksar Ouled Soltane pour gagner **Mghit**, en notant son petit ksar.

La route file vers le nord-est et longe le **ksar Ezzahra**, aussi beau que le ksar Ouled Soltane. Comprenant quatre étages et deux cours également, ses multiples escaliers et passages s'articulent sur plusieurs niveaux. Plus éloigné de Tataouine, il demeure peu visité. La piste entre Mghit et le ksar Ezzahra est tout à fait praticable avec un véhicule classique.

Après le ksar Ezzahra, la route rejoint Tataouine et passe à proximité des vestiges des *ghorfas* du **ksar Djelidet**, qui méritent un coup d'œil.

MÉDENINE

☎ 75 / 56 000 habitants

Ville moderne et sans charme, Médenine, à 76 km au sud-est de Gabès, abrite tout de même un ksar intéressant. C'est par ailleurs une ville de correspondance pour les transports en commun et elle peut servir de point de départ pour visiter les villages du Djebel Demmer, plus au sud-est

Orientation et renseignements

La rue principale, l'av. Habib-Bourguiba, traverse la ville du nord au sud en passant par le centre.

La **poste** (place des Martyrs) se tient au sud du centre-ville, mais la plupart des infrastructures utiles aux voyageurs (banques, DAB,

LES KSOUR

Constructions typiques des Berbères, les ksour (pluriel de ksar) désignent des greniers à grain fortifiés. Ils permettaient d'entreposer et de protéger les récoltes. Généralement bâtis dans une zone naturellement protégée, ils se dressent presque toujours au sommet de collines ou de crêtes rocheuses impressionnantes.

Un ksar comprend plusieurs *ghorfas*, des pièces voûtées tout en longueur aux murs en pierre et en gypse recouverts de boue. Pourvues d'une minuscule porte donnant sur la cour, ces pièces forment des sortes de grottes. Compte tenu du faible taux d'humidité de la région et de la fraîcheur régnant à l'intérieur du ksar, le grain pouvait se conserver des années sans se détériorer. Les zones réservées au stockage étaient fermées par des portes en bois de palmier scellées, qui protégeaient des insectes, des voleurs et du mauvais temps. Pendant les périodes de pénurie, un gardien, souvent un responsable religieux du village, était chargé de rationner les quantités de grain prélevées par les paysans. Ce système permettait d'éviter le gaspillage.

On pénétrait dans la cour par la *skifa*, porte fortifiée. Les *ghorfas* étaient superposées sur trois ou quatre niveaux et un escalier étroit permettait d'accéder aux parties supérieures. À défaut, quelques marches étaient creusées dans les murs. Les branches d'arbres dépassant du toit de la *ghorfa* la plus haute servaient, grâce à un système de poulies, à rentrer ou à sortir directement les grains, sans passer par ces escaliers périlleux.

Si les pratiques variaient selon les villages, chaque *ghorfa* appartenait en général à une ou plusieurs familles. Les céréales comme l'orge ou le blé étaient entreposées dans les pièces de surface, l'huile d'olive dans les salles souterraines.

Aujourd'hui très délabrés, les ksour les plus anciens se dressaient sur les collines les plus hautes de la région située à l'ouest de Tataouine. Les mieux préservés datent des XVe et XVIe siècles. Ils ont été construits par les Arabes qui avaient adopté les coutumes berbères.

hôtels et restaurants) se trouvent au nord de l'oued. Vous verrez un bureau **Publinet** (8h-00h ; 1,5 DT/h) à l'ouest de la place du 7-Novembre.

Ksar Médenine

Seul site intéressant de la ville, le ksar, av. du 7-Novembre, fut édifié par la tribu Ouerghema au XVIIe siècle, après qu'elle eut décidé d'abandonner Ghomrassen, dans les montagnes pour asseoir son autorité dans la plaine. Bien préservé, il comprend des *ghorfas* décorées de tapis berbères fournis par les boutiques de souvenirs.

Des vestiges d'autres ksour sont disséminés au nord de la ville mais ne sont pas tous ouverts au public.

Où se loger

Hôtel Essaada (☎ 640 300 ; av. Habib-Bourguiba ; s/d 6/8 DT, 7/10 DT avec sdb). Meilleur établissement petits budgets de la ville, les chambres donnent sur une cour tranquille, à l'écart de la rue. Elles peuvent sembler un peu étouffantes mais sont toutes très bien tenues (y compris les sanitaires).

Hôtel el-Hana (☎ 640 690 ; av. Habib-Bourguiba ; dort 4 DT, s/d 6/8 DT). Au nord du précédent, il est légèrement plus sommaire, mais convient pour une nuit.

Hôtel Le Sahara (☎ 640 007 ; av. du 2-Mai ; s/d 20/30 DT avec petit déj). Malgré une façade peu engageante, les chambres sont spacieuses et claires (certaines avec balcon et TV). Personnel sympathique.

Hôtel Étape Sangho (☎ 643 878 ; fax 640 550 ; place du 7-Novembre ; s/d 37/56 DT avec petit déj ;). Celui-ci dispose des plus belles chambres de la ville, en particulier celles avec balcon, aux étages supérieurs. Elles sont louées à 30/44 DT en période creuse, donc souvent.

Où se restaurer

La ville foisonne de bons restaurants. Dans le même immeuble que l'Hôtel el-Hana, le **Restaurant Chrigui** (av. Habib-Bourguiba) est connu pour sa terrasse. Il propose des plats du jour variés dont un couscous poulet ou merguez, pour environ 2 DT.

Dans le même style, le **Restaurant Paris** (av. Habib-Bourguiba) prépare une délicieuse *chorba* (soupe, 1 DT). Le **Restaurant Carthage** (rue du 18-Janvier) permet d'attendre tranquillement qu'un louage pour Djerba soit prêt à partir. Enfin, le **Restaurant el-Ksour** (proche rue du 18-Janvier) sert de bons petits déjeuners dans un cadre agréable.

Le plus chic de la ville, le restaurant de l'**Hôtel Étape Sangho** (déj et dîner, entrées à partir de 2 DT, plats à partir de 5,5 DT) propose service en livrée, cuisine correcte et bière fraîche.

Pour prendre un verre dans un cadre pittoresque, faites un tour au **Café el-Ksour**, à l'entrée du ksar Médenine. Dommage qu'il y flotte un parfum d'égouts…

Pour faire des courses, arrêtez-vous au **Grand Magasin** (av. Habib-Bourguiba).

Depuis/vers Médenine

BUS

Tous les bus partent de la nouvelle gare routière, à 1,5 km au nord de la ville, sur la route de Gabès.

SNTRI affrète 7 bus par jour à destination de Tunis. Ceux qui passent par Kairouan sont plus rapides et meilleur marché (18,4 DT, 7 heures) que ceux passant par Sfax, El-Djem et Sousse. L'été, il s'avère parfois difficile d'obtenir une place car un seul bus démarre à vide de Médenine.

De nombreux bus locaux desservent Djerba. Préférez ceux qui empruntent le ferry à Djorf, plus rapides et moins chers (3,1 DT, 1 heure 30) que ceux passant par Zarzis et la route (4,6 DT, 2 heures 30). Quatre bus par jour se rendent à Tataouine (2,2 DT, 1 heure) et Gabès (3,7 DT, 1 heure 15).

Enfin, des bus régionaux rallient quotidiennement Metameur (500 millimes, 15 min) et Beni Kheddache (1,6 DT, 45 min).

LOUAGE

Les louages à destination du nord et de Tataouine (2,2 DT) stationnent à côté de la gare routière. Ils vont essentiellement à Gabès (3,6 DT). Ceux qui se rendent à Djerba (4,2 DT) attendent dans le centre-ville, dans la petite rue entre la rue du 18-Janvier et l'av. Mansour-el-Houch.

Enfin, les louages pour Beni Kheddache (1,5 DT) partent de l'av. Masbah-el-Jarbou.

ENVIRONS DE MÉDENINE

Metameur

À Metameur, 4 km à l'ouest de Médenine, faites une pause au **Café Metameur** (☎ 640 294), aménagé dans les *ghorfas* rénovées d'un ksar du XVIIe siècle. Un peu trop aimé

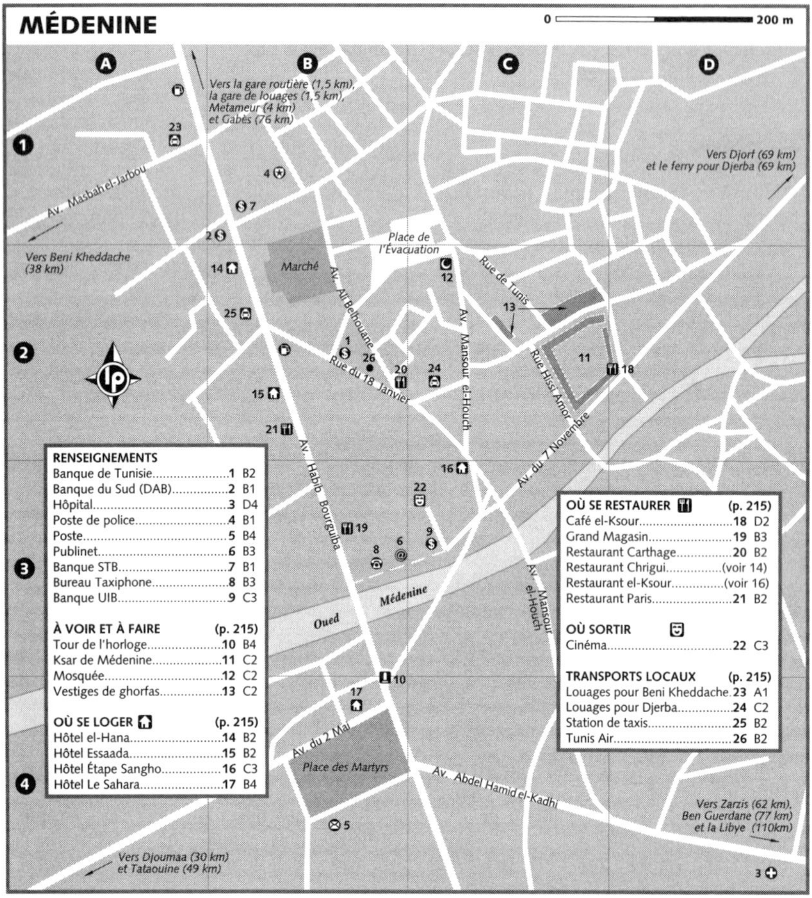

des groupes mais mérite un détour. On l'aperçoit depuis la route Gabès-Médenine, à 1 km à l'est, sur une petite colline au-dessus du village moderne. Depuis Médenine, deux bus s'y rendent chaque jour. Sinon, un taxi vous coûtera 3 DT.

Ksar Djoumaa

À 30 km au sud-ouest de Médenine, le ksar Djoumaa présente l'avantage d'être facilement accessible par les transports en commun.

Il occupe une étroite pointe rocheuse à l'est du village moderne de Djoumaa, dans lequel on débouche en suivant la route qui grimpe vers Beni Kheddache. Empruntez de préférence la piste indiquée sur la gauche à environ 1 km avant le village, en venant de Médenine. On passe facilement une bonne heure à visiter les différentes *ghorfas*. Remarquez notamment les motifs qui décorent les plafonds. Une porte conduit à une cour intérieure et aux ruines d'une ancienne *kalaa*.

Les bus et les louages qui relient Médenine à Beni Kheddache passent par Djoumaa.

Beni Kheddache

À 36 km au sud-ouest de Médenine, Beni Kheddache est la ville principale du Djebel Demmer du nord. Des panneaux signalent les vestiges de l'ancien ksar, mais on peut en voir d'autres beaucoup mieux préservés, en particulier dans les environs de Tataouine.

Deux bus par jour rallient Médenine (1,6 DT, 45 min) et des louages effectuent fréquemment le trajet (1,5 DT).

Mieux vaut emprunter la route qui part au sud-ouest vers Ksar Ghilane en 4x4. Celle du nord-ouest, en direction du ksar Hallouf, et du sud, vers le ksar Haddada et Ghomrassen est en meilleur état.

Ksar Hallouf

☎ 75

Le ksar Hallouf, à 14 km au nord-ouest de Beni Kheddache, donne aux voyageurs la possibilité d'oublier le monde moderne pendant quelque temps. Surplombant un petit village plus récent, le ksar est en effet devenu le **Relais Touristique de Ksar Hallouf** (☎ 637 148 ; fax 637 320 ; d 12 DT), avec des chambres aménagées dans une petite section restaurée des *ghorfas*. Tenu par une famille très accueillante, il offre des conditions de confort rudimentaires (matelas à même le sol, douches froides et toilettes à la turque), mais représente une occasion unique de dormir dans un cadre exceptionnel.

La route menant au ksar Hallouf est indiquée depuis le centre de Beni Kheddache. Au niveau des deux croisements sans signalisation, prenez à chaque fois la route de droite. Les premiers 10 kilomètres, bien goudronnés, conduisent à une base militaire. Les 4 derniers kilomètres suivent une piste tout à fait praticable en voiture de tourisme. Le trajet revient à 5 DT en taxi depuis Beni Kheddache.

Gightis

À 20 km au sud de Jorf, sur la route secondaire qui vient de Médenine, le port romain de **Gightis** (entrée 1,1 DT, photos 1 DT ; ⏲ été 8h-12h, 15h-19h, hiver 8h30-17h30) reste préservé des circuits touristiques.

Fondé par les Phéniciens, Gightis devint un port actif à l'époque romaine, grâce au commerce de l'or, de l'ivoire et des esclaves acheminés par les caravanes à travers le Sahara. La plupart des bâtiments, répartis autour de l'ancien capitole et du forum, datent du IIe siècle. Le site n'a été mis au jour qu'au début du XXe siècle et demeure peu exploité par l'industrie touristique. C'est un endroit agréable pour une balade, le long de la côte jalonnée de palmiers et d'acacias, au bord des eaux scintillantes du golfe de Bou Grara.

Le gardien du site habite à deux pas et se présentera à votre approche.

DEPUIS/VERS GIGHTIS

Les bus et les louages qui circulent entre Houmt-Souk et Médenine peuvent vous déposer sur le site, qui se trouve au sud du petit village de Bou Grara. Si vous prenez un louage, vous devrez tout de même payer le trajet entier. Il est moins facile de repartir : vous risquez de devoir attendre le bus longtemps et les louages seront sûrement complets. Il ne vous restera plus qu'à tenter votre chance auprès de tous les véhicules circulant dans les parages, comme le font les Tunisiens.

LE SAHARA

Paysage de dunes époustouflant, le Grand Erg oriental commence à une cinquantaine de kilomètres au sud de Douz et s'étend sur près de 500 km au sud-ouest, jusqu'en Algérie. C'est le Sahara mythique par excellence, royaume du silence nimbé de reflets orangés.

À la lisière nord du Sahara, des villes ont grandi dans les riches palmeraies alimentées par des sources souterraines où sont produites les meilleures dattes du pays. Optez de préférence pour Douz ou Tozeur, d'où partent les expéditions dans le désert.

Cette région est le domaine des Berbères. Lors du déclin de l'Empire romain, à la fin du IVe siècle, les tribus arrivèrent du Sud, introduisant pour la première fois des dromadaires en Tunisie. Seize siècles plus tard, elles continuent de mener une existence semi-nomade dans les environs de Douz.

Si vous envisagez de partir à la découverte du Sahara avec votre propre véhicule, nous ne saurions trop vous recommander de louer les services d'un guide local.

KEBILI

☎ 75 / 19 000 habitants

Au nord de Douz, Kebili constitue la principale ville et le centre administratif de la région de Nefzaoua. Les voyageurs s'y arrêtent juste le temps de changer de bus ou de louage. Pourtant, elle ne manque pas de lieux pittoresques dès que l'on s'écarte du centre-ville moderne.

Orientation et renseignements

La route Gabès–Tozeur traverse la moitié nord de la ville. Au grand carrefour à l'est de la ville, l'Av. Habib-Bourguiba file vers le sud, en direction de Douz. La rue principale, l'av. du 7-Novembre, lui est parallèle, à quelque 500 m à l'ouest.

La ville comprend une poste et une **banque** (🕑 9h-12h pour le change), à l'intersection de la route Gabès-Tozeur et de l'av. Habib-Bourguiba.

Ancienne Kebili

Les vestiges de l'Ancienne Kebili subsistent tant bien que mal à l'ombre de la palmeraie, au sud de la ville moderne. Pour vous y rendre, suivez l'av. Bourguiba en direction de Douz pendant une dizaine de minutes, jusqu'aux **sources chaudes**, sur la gauche. Elles alimentent en eau un hammam et une piscine. Les jardins alentour sont très bien entretenus. Dans la **mosquée**, toujours utilisée, on a repeint en bleu une ancienne **koubba** (sanctuaire).

Face aux sources, un panneau indique le chemin qui conduit à la vieille ville à travers la palmeraie.

Où se loger et se restaurer

Seule option conseillée dans la catégorie petits budgets, l'**Hôtel Ben Saïd** (☎ 491 573 ; av. Habib-Bourguiba ; s/d 6/10 DT, sdb commune), à 400 m au sud de la route Gabès–Tozeur, loue des chambres propres, correctes pour une nuit.

Un cran au-dessus, l'**Hôtel Kitam** (☎ 491 338 ; fax 491 076 ; route de Gabès ; s/d 30/40 DT ; ❄) est un deux-étoiles moderne aux tarifs raisonnables. Plus intéressant, l'**Hôtel Fort des Autruches** (☎ 490 933 ; fax 491 117 ; s/d 34/50 DT avec petit déj, 44/70 DT demi-pension ; ❄ 🏊) occupe un ancien fort au sud-est de la ville. Accueillant et proposant des chambres d'un bon rapport qualité/prix, il se situe dans un cadre agréable et possède une piscine (parfois bondée). À côté, l'**Hôtel de l'Oasis Dar Kebili** (☎ 490 654) pratique des prix similaires.

Il faut une voiture pour se rendre à l'**Hôtel Les Dunes de Nefzaoua** (☎ 480 675 ; fax 480 653 ; s/d 50/70 DT avec petit déj, 55/75 DT demi-pension), à 22 km à l'ouest de la ville, près du village de Bechri. L'embranchement au sud de Bechri est bien indiqué dans le petit village de Zaouia. L'hôtel se trouve environ 2 km plus loin. Très apprécié des tour-opérateurs, il s'inscrit dans un paysage magnifique au bord du Chott el-Djerid et offre une belle piscine.

Pour un repas bon marché, essayez le **Restaurant Kheireddine**, au niveau de la station de louage. Les bricks commencent à 600 millimes, la *chorba* à 1 DT et les plats à 1,5 DT. Vous verrez d'autres restaurants du même style dans ce quartier.

Depuis/vers Kebili

BUS

La gare routière occupe un bureau situé sur la rue principale, près du carrefour avec la route Gabès-Tozeur. Des bus partent fréquemment pour Douz (1,3 DT, 30 min), Tozeur et Gabès. L'agence SNTRI se trouve à 100 m, de l'autre côté de la place.

LOUAGE

Les louages à destination de Gabès (5,5 DT) et de Tozeur (4,6 DT) stationnent dans la rue située entre la place de l'Indépendance et l'av. Habib-Bourguiba. Ceux pour Douz (1,5 DT) attendent quelques mètres plus au sud.

DOUZ

☎ 75 / 28 000 habitants

Si vous arrivez à Douz un après-midi d'été, vous risquez fort d'être déconcerté par la chaleur écrasante et le silence pesant qui règnent sur la ville. Commencez par chercher un endroit à l'ombre pour vous reposer. Comme toutes les villes du désert, Douz s'anime le soir, lorsqu'une légère brise effleure les rues. Vous découvrirez alors que cette ville ne ressemble à aucune autre en Tunisie et que, pour ses habitants, descendants des peuples du désert, l'hospitalité n'est pas un vain mot.

Très accueillant, le centre-ville regorge d'hôtels et de petits restaurants. Aux portes du Sahara, Douz est un point de départ idéal pour les méharées (voir *Expéditions dans le désert*, p. 222) ou les autres excursions dans le désert. Tous les jeudis, le vieux souk accueille un marché coloré qui vaut le déplacement.

Orientation

Impossible de se perdre dans Douz ! Le centre-ville occupe les rues autour du souk. L'av. des Martyrs conduit à la place des Martyrs, à l'ouest. De là, des routes partent vers le sud en direction de la *palmeraie* et de la zone touristique.

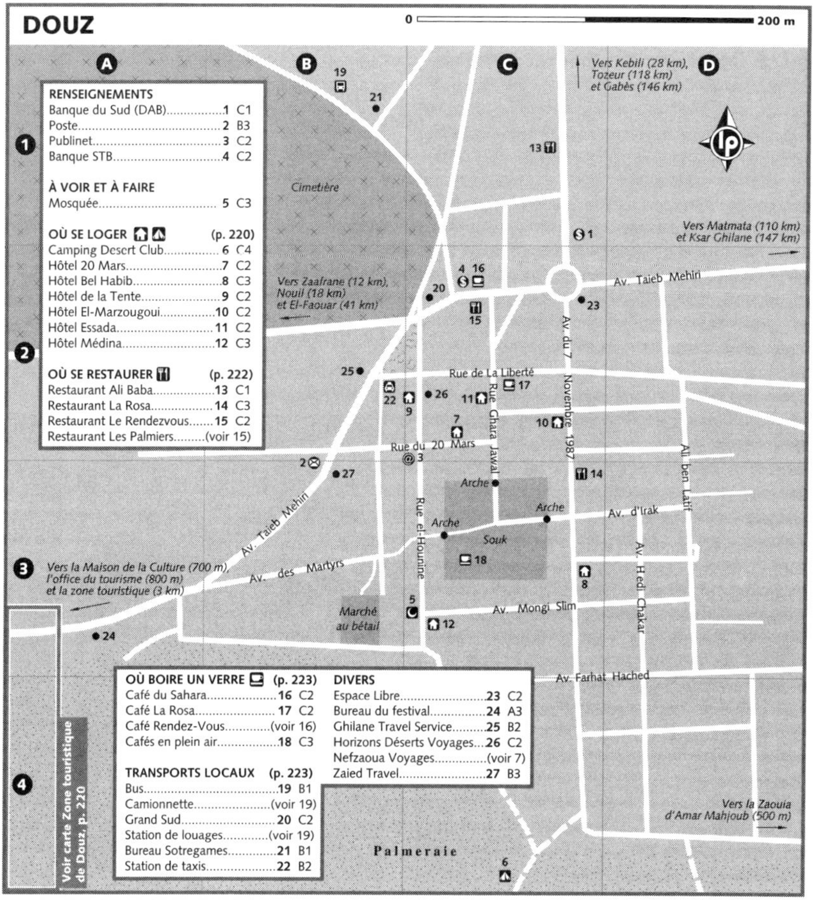

Renseignements

ACCÈS INTERNET

Publinet (carte p. 219 ; angle rue du 20-Mars et rue el-Hounine ; 1,5 DT/h ; 8h-00h). Tarifs raisonnables.

ARGENT

La poste et la plupart des hôtels de la zone touristique pratiquent le change.

Banque du Sud (carte p. 219 ; route de Kebili). DAB.

Banque STB (carte p. 219 ; av. Taieb-Mehiri).

POSTE

Poste (carte p. 219 ; av. Taieb-Mehiri). À l'ouest du centre-ville, change possible.

OFFICES DU TOURISME

Office du tourisme ONTT (carte p. 220 ; ☎ 470 351 ; place des Martyrs ; juil-août dim-jeu 8h30-13h, 15h-17h45, sept-juin ven-sam 8h30-13h30). Renseigne sur les prix conseillés pour les méharées.

Syndicat d'initiative (carte p. 220 ; ☎ 470 341). Deux portes après l'office du tourisme, mêmes horaires.

À voir et à faire

MUSÉE DU SAHARA

Bien conçu, ce petit **musée** (carte p. 220 ; place des Martyrs ; entrée 1,1 DT ; juil-août mar-dim 7h-11h, 16h-19h, sept-mai mar-sam 9h-16h30) présente des costumes régionaux, une tente de nomades et l'explication du sens des tatouages portées par les Berbères. Il comporte également une section sur l'élevage des dromadaires et les plantes du désert.

ZONE TOURISTIQUE DE DOUZ

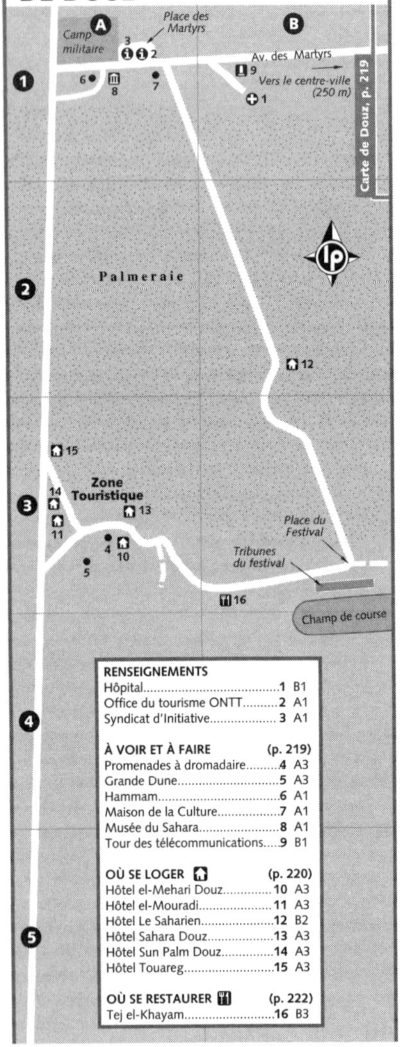

PALMERAIE

Avec près d'un demi-million de palmiers, c'est la plus grande palmeraie des oasis tunisiennes. On y cultive de nombreux fruits et légumes, ainsi que les fameuses dattes *deglat ennour* (doigts de lumière).

Pour la visiter, suivez l'une des deux routes qui partent de l'extrémité ouest de l'av. des Martyrs. Elles se rejoignent à la zone touristique.

ACTIVITÉS DANS LE DÉSERT

Le Sahara commence à 50 km au sud de la zone touristique. Si vous ne disposez pas d'assez de temps pour une incursion plus longue dans le désert, vous pouvez grimper au sommet de la **grande dune**. Rien de comparable avec la mer de sable qu'est le Grand Erg oriental, mais ça donne tout de même un aperçu de ce qu'est le Sahara.

Circuits organisés

Voici quelques agences reconnues et de qualité :

Espace Libre (carte p. 219 ; ☎ 470 620 ; fax 470 622 ; angle av. Taieb-Mehri et av. du 7-Novembre).
Ghilane Travel Services (carte p. 219 ; ☎ 470 692 ; gts@planet.tn ; 38 av. Taieb-Mehiri).
Horizons Déserts Voyages (carte p. 219 ; ☎ /fax 470 088 ; h.desert@planet.tn ; 8 rue el-Hounine).
Nefzaoua Voyages (carte p. 219 ; ☎ 472 920 ; nefzaoua@planet.tn ; rue 20-Mars).
Zaied Travel (carte p. 219 ; ☎ 455 014 ; fax 470 584 ; av. Taieb-Mehiri).

Fêtes et festivals

Principal événement de Douz, le **festival du Sahara** se déroule théoriquement début novembre, mais les dates peuvent changer. L'une des rares fêtes traditionnelles du pays, elle attire nombre de Tunisiens et de touristes.

La majeure partie des festivités ont lieu place du Festival, où l'on monte des gradins qui accueillent les spectateurs venus assister à des épreuves sportives traditionnelles, courses de dromadaires ou chasse avec des chiens Saluki, par exemple.

Des défilés colorés et des spectacles de musique se déroulent dans le centre-ville et le soir, la Maison de la culture organise des lectures de poésie et des concerts.

Où se loger

Tous les établissements pour petits budgets et certains de la catégorie moyenne se situent dans le centre-ville. Les plus luxueux sont dans la zone touristique, à 3,5 km au sud-ouest de la ville, en lisière de la palmeraie. Toutes les catégories offrent d'excellentes options.

LE PALMIER, UN ARBRE VITAL

Jusqu'à une époque récente, la vie des populations du Sahara dépendait presque entièrement d'un arbre extraordinaire, le palmier dattier *(Phoenix dactylifera)*.

Il jouait un rôle tellement important que l'on évaluait habituellement la taille d'une oasis en fonction du nombre de palmiers, et non d'habitants, qu'elle contenait.

Le tronc du palmier sert à la construction ou bien peut être évidé pour fabriquer des canalisations. De ses branches, on fait des toits et des clôtures. Ses feuilles fibreuses sont tissées pour faire des tapis ou des cordes et ses tiges ligneuses se transforment en balais. Rien ne se perd, pas même les noyaux des dattes : grillés et broyés, ils produisaient autrefois un succédané de café. Aujourd'hui, ils nourrissent les animaux.

L'existence de palmiers dattiers indique la présence d'eau, particulièrement précieuse dans le désert. Ils ont besoin, en effet, de conditions climatiques particulières. D'après un vieux dicton arabe, ils aiment "avoir les pieds au paradis et la tête en enfer" : en clair, il leur faut de fortes chaleurs mais aussi de grandes quantités d'eau, près de 500 l par jour en été.

Il existe plus d'une centaine de variétés de dattes. Délicates et savoureuses, les *deglat ennour* (doigts de lumière) à la chair translucide représentent 50% des dattes cultivées en Tunisie.

Les dattes se récoltent en octobre. Si vous vous trouvez à Douz à cette période, vous pourrez vous en rassasier gratuitement partout !

PETITS BUDGETS

Camping Desert Club (☎/fax 470 575 ; brahim2020@yahoo.fr ; vers av. du 7-Novembre ; 4 DT/pers, 2/3/4 DT moto/voiture/camping-car). Installé au milieu des palmiers au sud du centre-ville, cet excellent camping peut même vous louer un matelas dans une tente berbère si vous venez sans équipement. Il comprend un restaurant italo-tunisien. Les douches sont gratuites, mais il faut payer l'électricité (1 DT), l'eau (2 DT) et les machines à laver (5 DT) le cas échéant. L'accès est fermé aux voitures de 23h à 7h.

Hôtel Essada (carte p. 219 ; ☎ 470 824 ; rue Ghara-Jawal ; 5 DT/pers). Chambres très bon marché, rudimentaires et un peu défraîchies, mais propres.

Hôtel de la Tente (carte p. 219 ; ☎/fax 470 468; rue el-Hounine ; 5 DT/pers, 7,5 DT avec douche, 10 DT avec douche et toilettes). Plus confortable, cet établissement tenu par un personnel serviable propose des chambres d'un excellent rapport qualité/prix (préférez celles du toit).

Hôtel Bel Habib (carte p. 219 ; ☎/fax 471 115 ; près av. du 7-Novembre ; s/d 7/14 DT, 10/20 DT avec sdb). Certaines chambres sans sdb s'avèrent quelque peu étroites, mais d'autres sont très plaisantes avec, parfois, un balcon. L'hôtel comprend un petit restaurant.

Hôtel el-Marzougoui (carte p. 219 ; ☎/fax 473 030 ; av. du 7-Novembre ; 8/10 DT/pers sans/avec sdb). Recommandé également, celui-ci compte quelques chambres donnant sur le souk.

CATÉGORIE MOYENNE

Hôtel 20 Mars (carte p. 219 ; ☎ 470 269 ; hotel20mars@planet.tn ; rue du 20-Mars ; s/d 11/16 DT, 13/18 DT avec douche, 15/20 DT avec douche et toilettes). Illustration parfaite de cette catégorie, tant par le prix que par la qualité, cet établissement propose des chambres très propres et récemment rénovées, dotées d'un joli plafond voûté. Elles donnent toutes sur une petite cour arborée. Ajoutons que le personnel se montre ultra-sympathique !

Hôtel Medina (carte p. 219 ; ☎ 470 010 ; rue el-Hounine ; 10/15 DT/pers sans/avec sdb et clim ; ❄). Vivement conseillé également, celui-ci loue des chambres légèrement plus vieillottes. Elles sont en revanche plus vastes et surtout, ont la clim.

Hôtel Le Saharien (carte p. 220 ; ☎ 471 337 ; hotoasis@gnet.tn ; s/d 46/72 DT avec petit déj ; ❄ 🏊). Dans la *palmeraie*, sur la route de la place du Festival, il paraît un peu défraîchi en comparaison avec les hôtels flambant neuf de la zone touristique, mais reste d'un bon rapport qualité/prix, surtout pour les chambres de l'aile sud. Il arbore plusieurs piscines, dont un bassin thermal couvert.

CATÉGORIE SUPÉRIEURE

Tous ses hôtels possèdent un bar, un restaurant et un *hammam*. Les prix comprennent le petit déjeuner. L'été, il est préférable de réserver.

Hôtel Touareg (carte p. 220 ; ☎ 470 057 ; fax 470 313 ; s/d 50/70 DT, demi-pension 65/100 DT ; 🏊). Imitant l'architecture d'une ancienne kasbah, créneaux compris, il s'agrémente d'une vaste piscine avec un îlot planté de palmiers. Chambres confortables et bien tenues.

Hôtel Sun Palm Douz (carte p. 220 ; ☎ 470 123 ; fax 470 525 ; s/d 64/94 DT, demi-pension 72/102 DT ;). Simples et agréables, les chambres sont confortables et spacieuses.

Hôtel el-Mouradi (carte p. 220 ; ☎ 470 303 ; elmouradi.douz@planet.tn, s/d 70/104 DT, demi-pension 82/128 DT ;). Un quatre-étoiles qui se distingue par des infrastructures plus luxueuses à un prix raisonnable.

Hôtel Sahara Douz (carte p. 220 ; ☎ 470 864 ; saharadouz@planet.tn ; s/d 55/80 DT, demi-pension 65/100 DT ;). Avec ses chambres pittoresques, c'est l'une des meilleures options.

Hôtel Mehari Douz (carte p. 219 ; ☎ 471 088 ; s/d 62/94 DT, demi-pension 72/104 DT ;). L'un des plus anciens établissements de la zone touristique, il demeure très agréable. C'est la plus proche de la grande dune.

Où se restaurer

Douz foisonne de restaurants bon marché, tous ouverts midi et soir.

Restaurant La Rosa (carte p. 219 ; av. du 7-Novembre 1987). Sans doute le meilleur du genre, il est tenu par un personnel sympathique et sert un vaste choix de plats simples et bons à moins de 3 DT.

Restaurant Ali Baba (carte p. 219 ; route de Kebili). À une centaine de mètres au nord du rond-

EXPÉDITIONS DANS LE DÉSERT

Les méharées représentent une grande part de l'activité de Douz. Tout le monde, des serveurs aux chauffeurs de taxi, connaît quelqu'un susceptible de vous emmener dans le désert sur-le-champ ou presque. L'été, seules des excursions nocturnes sont possibles.

On peut commencer par une promenade d'une heure, proposée généralement le matin et en fin d'après-midi dans la zone touristique. À moins de passer par l'office du tourisme ONTT, préparez-vous à marchander âprement si vous ne voulez pas payer davantage que les 4 DT de l'heure du tarif officiel. Si vous n'êtes jamais monté sur un dromadaire (appelé localement chameau en général), optez donc pour une petite balade avant de vous lancer dans une randonnée plus longue ! Une heure vous paraîtra peut-être en effet largement suffisante !

Les excursions nocturnes s'organisent très facilement également. Les treks plus longs se mettent généralement en place en 24 heures. Reste à choisir l'agence et le type de randonnée souhaité. L'office du tourisme conseille aux voyageurs de ne pas s'adresser aux nombreux guides sans licence, car ils ne possèdent pas d'assurance et ne sont pas nécessairement fiables en cas de problème. Nous avons indiqué dans la rubrique *Circuits organisés* (p. 220) quelques-unes des dix agences reconnues.

Dans la pratique, nombre de voyageurs indépendants font appel aux guides sans licence qui travaillent avec les hôtels de la ville. La plupart demandent 35 DT pour les treks de nuit (le prix officiel fixé par l'office du tourisme est de 25 DT) et 40 DT/j pour les treks plus longs. Vous pouvez essayer de marchander, au risque toutefois que les organisateurs rognent sur la nourriture et l'eau.

Le départ a lieu de Douz dans l'après-midi. Après environ 4 heures de chameau, l'on s'arrête pour le bivouac du soir. Les guides préparent le repas, généralement constitué de pain cuit dans le sable, sous la cendre et d'un ragoût chaud. On dort à la belle étoile (couvertures fournies sur demande). Le lendemain, lever à l'aube, petit déjeuner avec pain et confiture et retour à Douz en milieu de matinée, avec parfois la visite d'un village ou d'un campement berbère sur le chemin.

Les voyageurs regrettent souvent que la partie du désert directement au sud de Douz ne présente pas grand intérêt. Pour parvenir jusqu'au Grand Erg oriental, beaucoup plus spectaculaire, il faut prévoir un trek plus long.

Les expéditions plus lointaines descendent jusqu'à Ksar Ghilane (de 7 à 10 jours). Si vous manquez de temps, sachez que la plupart des agences organisent des excursions nocturnes en 4x4 jusqu'à ce village. Elles partent de Douz vers 16h et reviennent en milieu de matinée le lendemain. Il faut compter de 200 à 250 DT/j.

Prévoyez un équipement adapté, surtout en méharée. Il vous faut impérativement un chapeau bien couvrant et qui ne risque pas de s'envoler, des lunettes de soleil et une crème solaire. Portez de préférence un pantalon pour limiter les irritations. Placez appareils photos et montres dans un sac plastique fermé pour les protéger du sable, qui s'infiltre partout.

point, il accueille aussi beaucoup de voyageurs, mais a fait l'objet de commentaires mitigés. Il comprend une agréable terrasse dans le jardin situé sur l'arrière et prépare des couscous épicés (2,5 DT).

Restaurant Les Palmiers (carte p. 219 ; av. Taieb-Mehri). Dans le même style que les deux précédents, il offre simplement un cadre différent.

Restaurant Le Rendez-vous (carte p. 219 ; ☎ 470 802 ; av. Taieb-Mehri ; entrées à partir de 1,5 DT, plats à partir de 3,5 DT). Un cran au-dessus, cet établissement sert des plats un peu plus copieux dans une salle légèrement plus chic.

Tej el-Khayem (carte p. 220 ; ☎ 472 446 ; zone touristique ; entrées à partir de 2,5 DT, plats à partir de 6,5-12 DT). On mange ici face au désert, dans une tente berbère ou directement sur le sable. Des spectacles de danse du ventre ou d'autres danses traditionnelles sont régulièrement organisés pour les groupes. On peut même faire une balade en chameau (12 DT). À partir de 10 personnes et en réservant 24 heures à l'avance, on peut goûter la *coucha à l'agneau*, spécialité locale cuite dans une *gargoulette* (jarre en terre). On peut boire du vin (à partir de 7 DT) et de la bière (2 DT).

Où prendre un verre

Le soir, on pourra déguster un café ou un thé à la menthe à l'une des terrasses de la place du souk.

Les hommes de la ville se retrouvent régulièrement au **Café Rendez-Vous** (carte p. 219) et au **Café du Sahara** (carte p. 219). presque côte à côte sur l'av. Taieb-Mehiri, pour échanger les dernières nouvelles. Le **Café La Rosa** (carte p. 219 ; rue Ghara-Jawal) possède une jolie cour à l'arrière, à l'écart de la foule et du bruit.

Achat

Les multiples boutiques de la ville vendent des sandales du désert (en peau de chameau, très confortables). Elles coûtent de 14 à 20 DT, selon leur qualité et leurs éventuels motifs. Au souk et dans les rues voisines, on peut acheter des tapis berbères, des roses des sables, des bijoux touaregs et quantité de poteries et d'autres articles.

Depuis/vers Douz

BUS

Deux bus SNTRI climatisés partent pour Tunis (23 DT, 8 heures) deux fois par jour. Celui de 6h passe par Tozeur, Gafsa et Kairouan (17,1 DT, 7 heures), celui de 21h, par Gabès (6,9 DT, 2 heures 30), Sfax (11,5 DT, 5 heures) et Sousse (16,3 DT, 6 heures 30).

Des bus de la compagnie régionale Sotregames se rendent chaque jour à Kebili (1,3 DT, 30 min), Tozeur (4,7 DT, 3 heures) et Gabès (5,7 DT, 3 heures). Enfin, 5 bus chaque jour vont à Zaafrane (550 millimes), Sabria (1,4 DT) et El-Faouar.

VOITURE ET MOTO

D'importants travaux ont été réalisés pour améliorer la route entre Douz et Matmata, 110 km à l'est, et plusieurs cafés se sont installé le long. La piste de l'oléoduc qui conduit à Ksar Ghilane la traverse à 66 km à l'est de Douz.

LOUAGE ET CAMIONNETTE

Des véhicules partent régulièrement à destination de Kebili (1,5 DT) et Gabès (6,9 DT), mais aucun ne dessert Tozeur ou Matmata. Il faut changer respectivement à Kebili et à Gabès pour rejoindre ces villes. Des camionnettes se rendent régulièrement à Zaafrane (600 millimes) et dans d'autres oasis, au sud de Douz.

Comment circuler

BICYCLETTE

On peut louer des vélos (2,5 DT/h) à **Grand Sud** (☎ 471 777 ; av. Taieb-Mehiri).

TAXIS

Des taxis stationnent rue de la Liberté, près de l'angle de l'av. Taieb-Mehri. La course du centre-ville à la zone touristique ne devrait pas coûter plus de 2 DT.

ENVIRONS DE DOUZ

☎ 75

Au sud-ouest de Douz, une route goudronnée traverse de petites oasis, lieux de campement des peuples semi-nomades.

Zaafrane

Zaafrane, petite bourgade au cœur d'une oasis à 12 km au sud-ouest de Douz, est devenue depuis quelques années la capitale des méharées tunisiennes. C'est là que vivent les Adhara, qui ont décidé de mettre leur connaissance du désert au service du tourisme.

La ville ne présente guère d'intérêt (quelques constructions purement fonctionnelles), mais ses alentours méritent une visite.

L'**Hôtel Zaafrane** (☎/fax 491 720 ; s/d 23/32 DT avec petit déj, demi-pension 27/36 DT), le seul de la ville, est accueillant et de bonne qualité. Il comprend aussi les seuls bars et restaurant de Zaafrane.

Des bus et des camionnettes (600 millimes) assurent régulièrement la liaison avec Douz. Sachez tout de même que les véhicules se font nettement moins nombreux à partir de 16h et que le trafic est quasiment nul le vendredi après-midi.

Environs de Zaafrane

Après Zaafrane, la route continue jusqu'à **El-Faouar**, 41 km au sud-ouest de Douz. Il s'agit de la deuxième plus grande oasis de la région, avec près de 6 000 habitants. C'est là que sont fabriquées la plupart des roses des sables vendues ensuite dans tout le pays. Essayez de la visiter le vendredi, jour du marché.

L'**Hôtel Faouar** (☎ 460 531 ; fax 460 576 ; s/d 40/60 DT avec petit déj, pension complète 50/80 DT ; ♿) est indiqué sur la gauche sur la route qui vient de Zaafrane. Ce trois-étoiles comporte bien évidemment une piscine et propose de faire du ski sur les dunes voisines (10 DT).

Une petite route secondaire quitte Zaafrane pour rejoindre Kebili par le nord via les oasis de **Nouil** et de **Blidet**. Elle démarre à l'ouest de Zaafrane, sur la route de El-Faouar. Nouil n'offre rien de particulier, mais Blidet se situe en revanche dans un beau cadre, au bord du Chott el-Djerid. On peut s'y rendre en bus ou en *camionnette* depuis Kebili. Le **Campement Touristique Saharien** (☎ 494 714 ; fax 491 918 ; 12 DT/pers en demi-pension) propose un hébergement dans des tentes nomades.

VERS LE SAHARA

La région immédiatement au sud de Douz se compose de petites dunes ponctuées de *chotts*. À une quinzaine de kilomètres au sud-ouest de Douz, remarquez le village abandonné d'**Aounet Rajah**, englouti sous une haute dune. Seule la tombe arrondie d'un marabout, sur la crête, est demeurée intacte. On n'aperçoit plus sinon que quelques pans de murs enfouis dans le sable.

Le désert commence officiellement à la Porte du Désert, à environ 20 km au sud de Douz. Cette porte crénelée d'un blanc étincelant se repère à des kilomètres à la ronde.

Cette région, le djebel (petite montagne), marque le point de départ d'excursions dans le **Taimbaïn**, 5 km au sud. Ce massif rocheux en forme de croissant offre une

LE GRAND DÉSERT

Le Sahara s'étend de l'Atlantique à la mer Rouge, soit sur plus de 9 065 millions km² et 15 degrés de latitude. Il recouvre une grande partie de la Mauritanie, du Maroc, de l'Algérie, de la Libye, de la Tunisie, du Mali, du Niger, du Tchad, de l'Égypte et du Soudan, ainsi qu'un morceau du Burkina Faso, mais seules 2 millions de personnes y habitent.

Il comprend de hautes chaînes de montagnes, notamment au sud de l'Algérie, en Libye, au nord du Niger et au Tchad, où l'Emi Koussi culmine à 3 415 m d'altitude, mais est constitué surtout d'un haut plateau. La dépression de Qattara, au nord-ouest de l'Égypte, marque son point le plus bas à 133 m au-dessous du niveau de la mer.

Contrairement aux idées répandues, le sable recouvre à peine un neuvième de sa superficie totale, mais les dunes gigantesques s'étendent sur une zone équivalente à celle de plusieurs pays européens. Le Grand Erg oriental, qui occupe une partie de l'Algérie et le Sud tunisien, représente l'un de ces ensembles de dunes les plus spectaculaires.

Le Sahara fut autrefois le domaine des caravanes de dromadaires. Quelque 30 000 animaux transportaient du sel (qui servait de monnaie d'échange), de l'or et des esclaves du centre de l'Afrique jusqu'aux côtes du nord. Les villes tunisiennes des oasis, Gabès, Tozeur et Gafsa ont beaucoup bénéficié de ce commerce.

Le silence, la beauté changeante de ses paysages ont fait du Sahara un lieu mythique. Une excursion rapide peut offrir quelques sensations, mais pour pleinement l'apprécier, il faut prendre son temps. Enfin, le Sahara est le royaume des peuples nomades, les Berbères, les Touaregs et les Toubou, qui savent parfaitement quelle fascination étrange il peut exercer. Mano Dayak, écrivain touareg du Niger, n'a-t-il pas écrit que le désert ne pouvait pas se décrire mais seulement se vivre ?

vue splendide depuis son sommet (220 m). On traverse pour s'y rendre un remarquable paysage de dunes. Le vent a érigé de hauts murs de sable blanc, véritables remparts défensifs autour du massif.

KSAR GHILANE

☎ 75

Au cœur des dunes du Grand Erg oriental, l'oasis de Ksar Ghilane, à 138 km au sud-est de Douz, compose un tableau étonnant.

Le ksar correspond en fait à l'ancien fort romain de Tisavar, jadis poste de garnison sur le *limes tripolitanus*. Les Berbères l'ont modifié et renommé au XVIe siècle. Aujourd'hui abandonné, il se dresse sur une petite colline à 2 km à l'ouest d'une adorable oasis traversée par des sources d'eau chaude qui alimentent des bassins à l'ombre de grand tamaris. Entre l'oasis et le ksar s'élèvent de hautes dunes, d'où l'on jouit d'une vue extraordinaire au lever et au coucher du soleil.

Des cafés bordent les bassins d'eau chaude, mais vous ne trouverez ici ni commerces ni infrastructures.

Plusieurs scènes du film *Le Patient anglais* ont été tournées ici.

Ksar Ghilane peut faire l'objet d'une excursion nocturne en 4x4 depuis Tozeur ou Douz. C'est à cet endroit que l'on commence vraiment à ressentir l'atmosphère du désert.

Promenades chamelières

Les habitants de Ksar Ghilane proposent l'aller-retour au ksar (1 heure 30) à dromadaire pour 15 DT. Faites cette promenade de préférence en fin de journée pour profiter des jeux d'ombre et de lumière du soleil couchant sur les dunes.

Où se loger et se restaurer

On peut camper aux abords de l'oasis, mais les visiteurs vont généralement dans l'un des campings aménagés. Vous y trouverez des lits dans de vastes tentes de nomades, ainsi que des emplacements pour planter votre tente. Ils possèdent tous un restaurant.

Nous vous conseillons le **Camping Ghilane** (☎ 470 750 ; 7 DT/pers), bien situé, au nord de l'oasis, près des sources chaudes. Comptez 6 DT pour un dîner de trois plats.

Citons aussi le **Camping Paradise** (☎ 620 570), au cœur de la palmeraie, et le **Camping L'Erg** (☎ 01-860 799), plus au sud, dans le désert.

Juste à la lisière du Grand Erg oriental, l'extraordinaire **Hôtel Pansea** (☎ 621 870, 900 506 ; www.pansea.com/ksar.html ; s/d 118/130 DT ; ❄ 🏊), de renommée internationale, propose des tentes avec clim et sdb, une piscine, un restaurant, le tout dans un cadre luxueux. Une option à retenir sans hésiter si vous pouvez vous l'offrir !

Depuis/vers Ksar Ghilane

Les transports en commun ne desservent pas Ksar Ghilane, accessible uniquement en 4x4 par la piste de l'oléoduc qui vient d'El-Hamma, sur la route Gabès–Kebili, dans la direction du Borj el-Khadra.

En 4x4, on peut également emprunter la route qui vient de Beni Kheddache, Guermessa et Douiret (voir encadré Les ksour, p. 214).

ENVIRONS DE KSAR GHILANE

Plusieurs sites intéressants jalonnent la piste entre Ksar Ghilane et la route Douz–Matmata.

Commençons par le plus connu, **Bir Soltane**, où un petit dôme en pierre recouvre un ancien puits. Au fil des siècles, les cordes ont fini par entamer la margelle du puits. L'autre bâtiment abrite un poste de la garde nationale. Bir Soltane se trouve à 2 km à l'ouest de la piste de l'oléoduc, signalé au nord et au sud du **Café Bir Soltane**, et à 32 km au sud de la route Douz–Matmata.

Rares sont les voyageurs qui descendent jusqu'au **ksar Tarcine**, environ 12 km au sud-est de Bir Soltane. Cet ancien poste du *limes tripolitanus* s'appelait autrefois Centenarium Tibubuci. Comme le ksar Ghilane, il fut ensuite modifié et renommé par les Berbères. Ses vestiges surplombent le lit de l'oued Ethaabine, qui s'étire jusqu'au Djebel Dahar, que l'on aperçoit à l'est. Un puits et des citernes se trouvent sur l'une des rives de l'oued.

On accède à ce ksar par la route de Beni Kheddache, signalée vers l'est sur la piste de l'oléoduc, à 500 m au sud du Café Bir Soltane. Suivez cette route sur 8 km jusqu'à un campement avec un puits et quelques arbustes. L'embranchement pour le ksar est indiqué juste après le campement, vers le sud.

GRAND SUD

Très peu habitée, la région située au sud et l'ouest de Ksar Ghilane enchante tous ceux qui osent s'y aventurer. **Borj el-Khadra**, est le campement le plus au sud de la Tunisie, à 292 km au sud de Kamour. La piste qui y conduit reste en lisière du Grand Erg oriental. Elle traverse un paysage lunaire parsemé de massifs rocheux et sillonné d'oueds asséchés depuis des années. L'on aperçoit de loin en loin un poste militaire. Borj el-Khadra ne comprend d'ailleurs guère autre chose qu'une garnison et un terrain d'aviation. Il est désormais impossible de rejoindre la mythique oasis de Ghadames, en Libye, juste de l'autre côté de la frontière.

Ce sont les dunes qui attirent ici les touristes. Celles situées entre **Bir Aouine** et **El-Borma** font notamment l'objet d'un trek très demandé, proposé par les agences de Douz.

Cette région frontalière comprend de nombreuses zones militaires. Il faut une autorisation pour continuer au-delà de **Kamour**, à 110 km au sud de la route Douz–Matmata, et de **Kambout**, à 10 km à l'est de Remada. À moins de voyager avec un groupe, vous devrez vous présenter en personne au gouvernorat de Tataouine. Renseignez-vous sur les procédures en vigueur auprès du **syndicat d'initiative** (☎ 75-850 850) de Tataouine. L'autorisation est délivrée en deux jours.

Pour descendre dans le Grand Sud, passez de préférence par Remada, à 70 km au sud de Tataouine.

TOZEUR ET LE DJERID

Avec son vieux quartier en brique, Tozeur, autre grande palmeraie du pays, est sans conteste l'un des sites phares de la Tunisie. Elle permet en outre de visiter facilement d'autres villes intéressantes (Nefta, Tamerza, Chebika et Midès) proches de la frontière algérienne.

Le Djerid désigne cette étroite région située entre deux grands lacs salés, le Chott el-Djerid et le Chott el-Gharsa. Vaste zone agricole, elle recèle des oasis qui produisent de délicieuses dattes. La récolte a lieu en octobre, une excellente période pour visiter la région : la chaleur devient plus supportable et les villes redoublent d'animation.

TOZEUR

☎ 76 / 33 500 habitants

Particulièrement vivante, Tozeur constitue un excellent point de départ pour visiter les environs. Construite dans une immense palmeraie, elle abrite le passionnant musée Dar Charait et son quartier traditionnel en brique, Ouled el-Hadef, possède un charme unique. Le trajet par la route en provenance de Kebili, qui passe au beau milieu d'un *chott* (lac salé), constitue à lui seul une expérience à ne pas manquer.

Histoire

L'oasis est habitée depuis l'époque capsienne, soit vers 8 000 av. J.-C. (voir p. 22). Les Romains y fondèrent ensuite la petite ville de Thuzuros, dans la partie de l'actuel quartier de Bled el-Hader. Elle connut son âge d'or à l'époque des grandes caravanes, entre le XIVe et le XIXe siècle.

Orientation

Tozeur ne comporte que trois rues principales : l'av. Abdulkacem-Chebbi, qui longe la palmeraie au sud de la ville, l'av. Farhat-Hached, au nord de la ville, et l'av. Habib-Bourguiba, qui relie les deux précédentes.

Renseignements

ACCÈS INTERNET

Publinet (11 av. du 7-Novembre ; 🕓 24h/24 ; 2 DT/h). Connexions parfois incertaines.

MÉDIAS

Sur l'av. Habib-Bourguiba, un kiosque vend des journaux étrangers.

ARGENT

Les principales banques tunisiennes possèdent une agence dans le centre-ville. La STB, la Banque de Tunisie, la Banque du Sud et la BNA disposent d'un DAB. Un bureau de change Amen est installé dans le hall d'entrée du musée Dar Charait.

POSTE ET TÉLÉPHONE

Il existe plusieurs bureaux téléphoniques en ville, notamment une agence Publitel théoriquement ouverte 24h/24 av. Farhat-Hached, face à la place Bab-el-Hawa.

Poste (à côté de la place Ibn-Chabbat). Près du marché.

OFFICES DU TOURISME

Office du tourisme ONTT (☎ 454 088 ; av. Abdulkacem-Chebbi ; 🕓 juil-août 7h30-13h30 et 17h-20h, sept-juin dim-jeu 8h30-13h et 15h30-18h, ven-sam 8h30-13h30). Entre le centre-ville et la zone touristique.

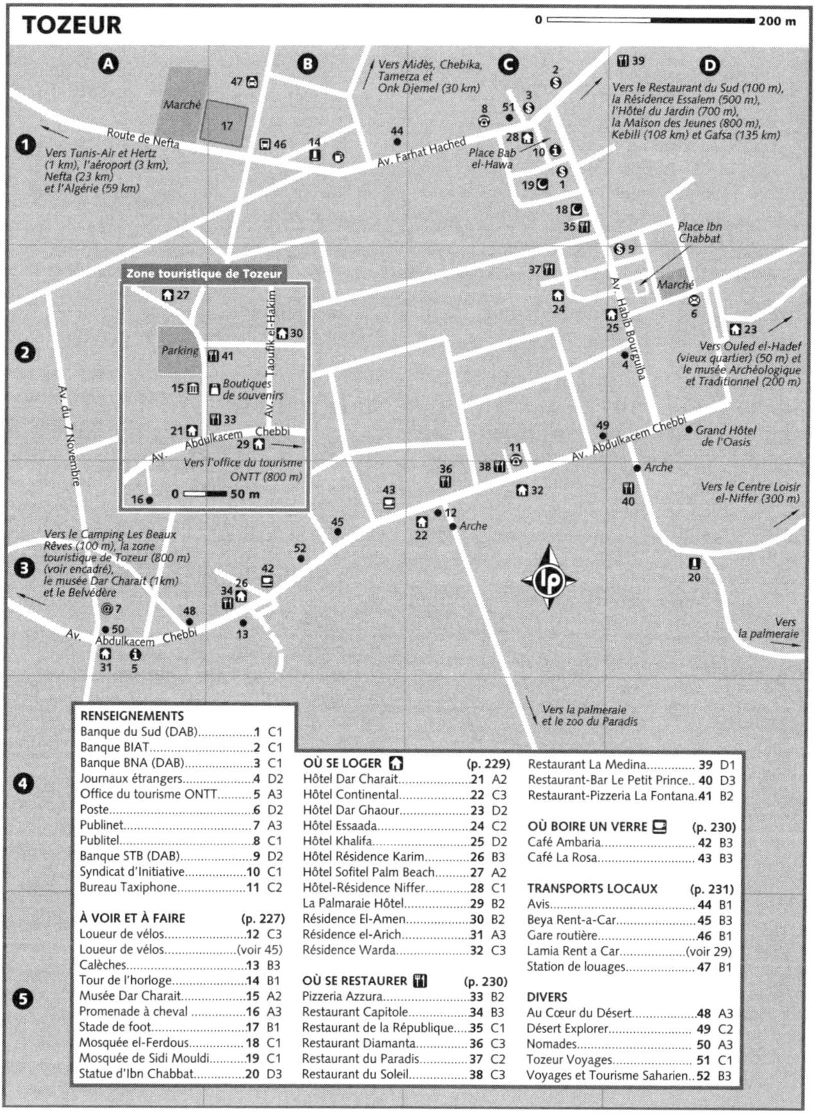

Syndicat d'initiative (☎ 462 034 ; place Bab-el-Hawa)

À voir et à faire

MUSÉE DAR CHARAIT

Le **musée** (av. Abdulkacem-Chebbi ; entrée 3,4 DT, photos 1,7 DT ; 8h-00h) fait partie du vaste complexe Dar Charait. Aménagé dans un bâtiment imitant un ancien palais, il recèle des poteries, des bijoux, des costumes, des antiquités et des tableaux. Les salles qui donnent sur la cour principale présente des scènes de la vie tunisienne, passée et actuelle. On voit ainsi la chambre du dernier bey de la région (gouverneur de l'Empire ottoman), une pièce d'un palais, une cuisine, un hammam, des scènes

CHOTT EL-DJERID

Immense lac salé de près de 5 000 km², le Chott el-Djerid s'étend à perte de vue au sud de la route Kebili–Tozeur. C'est l'un des nombreux lacs salés qui ponctuent la région du golfe de Gabès vers l'Algérie. À sec pendant la majeure partie de l'année, il se craquelle sous l'effet de la chaleur et scintille au soleil. La route Kebili–Tozeur traverse la partie nord du *chott* sur une voie suspendue à 2 m du sol. Parfois, le sel soufflé par les vents forme d'énormes congères en bord de route et donne l'impression de progresser dans la neige. Ici, un litre d'eau peut renfermer jusqu'à 1 kg de sel. Les jours de forte chaleur, peut-être apercevrez-vous à l'horizon une eau miroitante… rien d'autre qu'un mirage très probablement !

de mariage et une tente bédouine. Pour parfaire le tableau, les employés du musée portent la livrée des serviteurs du bey.

Le complexe propose aussi des attractions pour les enfants. "Dar Zaman – 3 000 ans d'histoire tunisienne" reproduit des scènes historiques avec des mannequins. Quant au parc d'attractions "La Médina – 1 001 nuits", il renferme des personnages de dessins animés. Les attractions fonctionnent aux mêmes horaires que le musée et coûtent chacune 5 DT.

Tout le complexe est savamment éclairé la nuit.

PALMERAIE

Les quelque 200 000 palmiers de Tozeur recouvrent plus de 10 km². La palmeraie est consitutée de cultures en terrasse traditionnelles, irriguées par plus de 200 sources qui produisent chaque jour près de 60 millions de litres d'eau. Celle-ci est distribuée au moyen d'un ingénieux système mis au point au XIIIe siècle par Ibn Chabbat, mathématicien de la région.

C'est à pied que l'on découvre le mieux la *palmeraie*. Dans l'av. Abdulkacem-Chebbi, prenez la route qui file vers le sud, à côté de l'Hôtel Continental et suivez les panneaux du Zoo du Paradis. Après environ 500 m, la route longue le vieux quartier de **Bled el-Hader**, qui serait le site de l'ancienne Thuzuros. La mosquée de la place date du XIe siècle, mais son minaret a été édifié sur les vestiges d'une tour romaine.

Un peu plus loin, dans le village d'**Abbes**, un gros jujubier abrite la tombe du marabout Sidi Bou Lifa. Dans la palmeraie, il fait bon flâner sur les sentiers qui longent les canaux d'irrigation, à l'ombre des palmiers et des cultures.

Pour sillonner toute l'oasis, on peut louer des vélos en ville (voir p. 231) et effectuer une boucle pour retrouver l'av. Abdulkacem-Chebbi plus à l'ouest, près du Grand Hôtel de l'Oasis.

OULED EL-HADEF

Ce quartier a été construit au XIVe siècle par le clan El-Hadef, qui s'était enrichi grâce aux caravanes marchandes. Il se compose d'un dédale de ruelles, de passages couverts et de petites places et se distingue par des constructions en briques posées de façon à créer des motifs géométriques en relief. Ce style architectural se retrouve également à Nefta.

Pénétrez dans le quartier d'Ouled el-Hadef par l'av. de Kairouan. Suivez les panneaux indiquant le petit **musée Archéologique et Traditionnel** (entrée 1,1 DT ; mar-dim 8h-12h et 15h-18h30), aménagé dans l'ancienne koubba de Sidi Bou Aïssa. Il présente des pièces reflétant les mœurs et coutumes de la région.

Comme dans les médinas du nord du pays, n'hésitez pas à flâner au hasard des ruelles. Les parties les mieux préservées, et notamment la demeure de l'ancien gouverneur (Dar Bey), se situent à l'est du musée.

À l'extérieur de ce quartier, sur l'av. Habib-Bourguiba, remarquez aussi les minarets en brique de la **mosquée de Sidi Mouldi** et de la **mosquée el-Ferdous**.

BELVÉDÈRE

Au sud de la route touristique, près du musée Dar Charait, un chemin de sable conduit en une vingtaine de minutes de marche au Belvédère. Formé de gros rochers auxquels on accède par des marches, il offre une vue panoramique sur l'oasis et le *chott*. Malgré les transformations opérées depuis quelque temps, le paysage alentour conserve encore tout son charme.

ZOO

Alignement de cages exigües plutôt déprimantes, le **Zoo du paradis** (entrée 1 DT), dans la partie sud de la *palmeraie*, ne mérite guère son nom.

PROMENADES ÉQUESTRES

Equi-Balade (☎ 452 613 ; fax 462 857 ; av. Abdulkacem-Chebbi), sur la route conduisant au Belvédère, propose des promenades à cheval d'1/2 heures pour 15/25 DT ou des excursions d'une demi-journée à 45 DT.

Circuits organisés

La ville compte des dizaines d'agences. Voici une petite sélection des plus intéressantes :

Au Cœur du Désert (☎ 453 660 ; aucoeur.dudesert@gnet.tn ; av. Abdulkacem-Chebbi).
Desert Explorer (☎ 460 950 ; fax 460 900 ; av. Abdulkacem-Chebbi).
Nomades (☎ 453 423 ; 196 av. Abdulkacem-Chebbi).
Tozeur Voyages (☎ 452 203 ; fax 452 038 ; 58 av. Farhat-Hached).
Voyages et Tourisme Saharien (VTS ; ☎ 460 300 ; fax 463 300 ; 128 av. Abdulkacem-Chebbi).

Pour davantage de renseignements sur les excursions et les prix proposés par ces agences, reportez-vous p. 231.

Où se loger

PETITS BUDGETS

Camping Les Beaux Rêves (☎ 453 331 ; campingbeaureves@voila.fr ; av. Abdulkacem Chebbi ; 5/7 DT/pers en tente/bungalow, douche 1,5 DT). Bien ombragé et tenu par un personnel sympathique et serviable, ce camping se tient à 250 m à l'ouest de l'office du tourisme, à côté de la palmeraie.

Maison des jeunes (☎ 452 335 ; route de Gafsa ; dort 4 DT). Face au poste de police, à environ 800 m du centre-ville, cette auberge de jeunesse renferme des dortoirs sommaires à la propreté aléatoire.

Hôtel Essaada (☎ 460 097 ; proche av. Habib-Bourguiba ; 5 DT/pers, douche froide 0,5 DT). Central mais plutôt rudimentaire, ne retenez cet établissement qu'en dernière extrémité ! Certaines chambres possèdent un balcon, mais la propreté des draps laisse parfois à désirer.

Hôtel Khalifa (☎ 454 858 ; av. Habib-Bourguiba; 7,5 DT). Celui-ci ne s'avère guère mieux, les seules chambres avec fenêtre donnant sur l'av. Habib-Bourguiba, très passante. Il n'est de surcroît ni très accueillant, ni très propre, ni très confortable !

Résidence Essalem (☎ 462 881 ; av. de l'Environnement ; s/d avec douche 6,5/7 DT, avec douche et toilettes 7/14 DT). De loin la meilleure option de cette catégorie, ce sympathique hôtel loue des chambres simples mais propres. Vous le verrez à environ 150 m après le rond-point, à l'extrémité ouest de l'av. Farhat-Hached.

CATÉGORIE MOYENNE

Tous les prix comprennent le petit déjeuner.

Hôtel Résidence Karim (☎ /fax 454 574 ; fax 463 499 ; 150 av. Abdulkacem-Chebbi ; s 13-20 DT, d 22-29 DT ; ❄). Très apprécié, cet établissement accueille de nombreux voyageurs. Il s'agrémente de jolies cours ombragées. Les chambres, décorées de faïences, étant de taille inégale, essayez d'en voir plusieurs avant de choisir.

Résidence Warda (☎ 452 597 ; fax 452 744 ; 29 av. Abdulkacem-Chebbi ; s/d 13/20 DT, 15/25 DT avec sdb). Très prisé également des voyageurs, cet hôtel prête toutefois moins d'attention aux détails. Il reste agréable, avec des chambres assez spacieuses et bien tenues.

Résidence el-Arich (☎ 462 644 ; elarichtozeur@yahoo.fr ; 93 av. Abdulkacem-Chebbi ; s 18-21 DT, d 30-33 DT ; ❄). Bien tenu également et souvent recommandé par nos lecteurs. Personnel très sympathique, jolies chambres spacieuses. Un excellent choix.

Résidence el-Amen (☎ 463 522 ; amentozeur@yahoo.fr ; 10 av. Taoufik-el-Hakim ; s 15-19 DT, d 25-29 DT ; appart. 4 lits 45 DT, studio 6 lits 70 DT ; ❄). Gérée par une famille très accueillante, cette résidence tranquille de la zone touristique comprend de belles chambres vastes et propres, chaleureusement recommandées.

Hôtel-Résidence Niffer (☎ 460 610 ; fax 461 900 ; pl Bab-el-Hawa ; s/d 13/20 DT). Chambres simples et spacieuses proches de la vieille ville.

Hôtel Dar Ghaouar (☎ /fax 452 666 ; av. de Kairouan ; s/d 15/30 DT). À deux pas de la vieille ville, un endroit à retenir également. Sa piscine était vide lors de notre passage.

Hôtel du Jardin (☎ 454 196 ; medmoncef@voila.fr ; av. de l'Environnement ; s/d 25/40 DT). Chambres agréables et bon restaurant dans un parc tranquille, à environ 1 km à l'est de la ville.

CATÉGORIE SUPÉRIEURE

Tozeur ne manque pas d'hôtels de luxe, situés pour la plupart dans la zone touristique. Les prix comprennent le petit déjeuner et restent assez raisonnables.

Hôtel Continental (☎ 461 411 ; fax 452 109 ; 79 av. Abdulkacem-Chebbi ; s/d 43/70 DT ; ❄ 🏊). L'un des premiers établissements de luxe de Tozeur, c'est aujourd'hui le moins cher dans sa catégorie. Certaines chambres (et sdb) ont mieux résisté au temps que d'autres, mais il demeure agréable dans l'ensemble, d'autant qu'il se situe dans un parc ombragé.

Hôtel La Palmeraie (☎ 454 599 ; fax 454 839 ; av. Abdulkacem-Chebbi ; s/d 110/150 DT ; ❄ 🏊). Ce quatre-étoiles offre des chambres bien conçues, une salle de gym, un court de tennis et une salle de jeux pour les enfants.

Hôtel Dar Charait (☎ 454 888 ; melia.dar.cherait@solmelia.com ; s/d 145/220 DT; ❄ 🏊). Cinq-étoiles de caractère jouxtant le musée Dar Charait, décoré à l'ancienne avec faste.

Hôtel Sofitel Palm Beach (☎ 453 111 ; palmbeach.tozeur@gnet.tn ; s/d 180/240 DT ; ❄ 🏊). Cet autre cinq-étoiles offre toutes les infrastructures et le luxe liés à cette catégorie.

Où se restaurer

Tozeur foisonne de restaurants bon marché, tous ouverts midi et soir.

Restaurant du Paradis (proche av. Habib-Bourguiba). Non loin de l'Hôtel Essaada, ce minuscule restaurant tenu par deux Tunisiens d'un certain âge pratique des prix comme autrefois : la *chorba* est à 800 millimes, le couscous, à 2 DT.

Restaurant du Soleil (☎ 454 220 ; 58 av. Abdulkacem-Chebbi ; entrées à partir de 1,5 DT, plats à partir de 4 DT). La carte comprend quelques plats végétariens. On peut goûter le steak de chameau (6 DT) sans commander à l'avance, ce qui est rare, et y trouver pizzas (5 à 7 DT) et sandwiches (1,5 à 2 DT). Service attentif.

Restaurant de la République (☎ 452 354 ; 108 av. Habib-Bourguiba ; entrées à partir de 2 DT, plats à partir de 4 DT). Niché sous une arcade à côté de la mosquée el-Ferdous, il sert des plats corrects dans un cadre agréable.

Citons également le **Restaurant Capitole** (☎ 463 477 ; 152 av. Abdulkacem-Chebbi ; entrée à partir de 1,5 DT, plats à partir de 3 DT). Très apprécié des Tunisiens, et d'un bon rapport qualité/prix, il prépare une savoureuse *metabgha* (pizza berbère, 3 DT, sur commande uniquement). Le **Restaurant Diamanta** (av. Abdulkacem-Chebbi ; entrées à partir de 1,5 DT, plats à partir de 3,5 DT) fait souvent salle comble le midi avec les ouvriers du coin. Enfin, le tranquille **Restaurant La Médina** (☎ 454 426 ; av. Farhat-Hached ; entrées à partir de 1,5 DT, plats à partir de 3,5 DT) se tient à 100 m au nord-est de la place Bab-el-Hawa.

Deux pizzerias font face au musée Dar Charait :

Pizzeria Azzura (pizzas à partir de 4 DT), chaleureusement recommandée par nos lecteurs. **Restaurant Pizzeria La Fontana** ☎ 462 776 ; pizzas 2,5-8 DT, pâtes à partir de 3 DT), à peine plus au nord, agréable aussi.

Le très chic **Restaurant Les Andalous** (Hôtel du Jardin) figure parmi les meilleurs restaurants du sud du pays. Sa carte comprend un choix restreint de plats soigneusement sélectionnés. Comptez dans les 15 DT par personne, sans le vin. Un prix tout à fait justifié.

Luxueux et très agréable également, le **Restaurant-Bar Le Petit Prince** (☎ 452 518 ; proche av. Abdulkacem-Chebbi ; plats à partir de 6-14 DT) sert des spécialités locales et européennes, sur une terrasse installée à l'ombre des palmiers. Il possède une très belle carte de boissons.

N'oubliez pas de vous offrir des dattes, vendues partout sur le marché. Elles sont particulièrement délicieuses juste après la récolte, mais on peut en acheter jusqu'à l'été. Elles coûtent en moyenne 3 DT le kg. Essayez d'en goûter une ou deux avant de vous décider.

Où prendre un verre

Les cafés et les terrasses proposant la chicha abondent dans toute la ville.

Café La Rosa (av. Abdulkacem-Chebbi). L'ambiance de cet agréable café avec terrasse fréquenté exclusivement par des hommes s'échauffe parfois un peu en soirée.

Café Ambaria (av. Abdulkacem-Chebbi). Bien qu'il accueille quasiment exclusivement des hommes, celui-ci se distingue par son joli décor. Il est plus calme la journée. La chicha coûte 1,2 DT et on peut même boire un vrai expresso ou un cappuccino (270 millimes chaque).

Centre Loisir el-Niffer (🕑 9h30-1h). Au cœur de la palmeraie, voici un endroit très plaisant pour savourer une chicha (1 à 2 DT), un café ou une boisson fraîche. On croise quelques couples et des familles locales dans le jardin et autour de la piscine (3 DT). Pour vous y rendre, prenez la route qui démarre après le Restaurant-Bar Le Petit Prince et suivez les panneaux (sur environ 700 m).

Depuis/vers Tozeur

AVION

Tuninter assure 5 vols hebdomadaires pour Tunis (56/107 DT aller/aller-retour). L'aéroport accueille de plus en plus d'avions, surtout des charters en provenance d'Europe. L'agence **Tunis Air** (☎ 452 127) se trouve sur la route de Nefta, en direction de l'aéroport.

BUS

Cinq bus SNTRI climatisés partent chaque jour à destination de Tunis (18,9 DT, 7 heure). Ils passent par Gafsa (4,5 DT, 1 heure 30) et Kairouan (12,4 DT, 4 heures 30). Cette compagnie affrète également un bus pour Sousse (14,7 DT, 5 heures 45) le matin.

Par ailleurs, quotidiennement, 6 bus régionaux se rendent à Gafsa (4 DT), 5 à Nefta (1,1 DT) et 2 à Tamerza (3 DT). D'autres rallient Douz (4,8 DT, 3 heures) et Gabès (8 DT, 4 heures 30).

VOITURE

Six loueurs de voitures sont installés en ville. Adressez-vous en priorité aux agences **Lamia Rent a Car** (☎ 462 433), face à l'Hôtel La Palmeraie dans la zone touristique, ou **Beya Rent a Car** (☎ 462 211 ; 146 av. Abdulkacem-Chebbi), qui pratiquent des prix intéressants.

Les agences internationales **Avis** (☎ 453 547 ; 96 av. Farhat-Hached) et **Hertz** (☎ 450 214 ; route de Nefta) se trouvent en direction de l'aéroport.

LOUAGE

Des louages partent régulièrement pour Nefta (1,2 DT), Gafsa (4,3 DT) et Kebili (4,5 DT). D'autres desservent plus occasionnellement Tamerza (3,3 DT) et Gabès (9,5 DT).

Comment circuler

DEPUIS/VERS L'AÉROPORT

Les taxis n'étant pas équipés de taximètre, le prix de la course dépendra essentiellement de votre art du marchandage ! La plupart demandent dans les 5 DT pour ce trajet de 4 km, mais la nuit, certains vont jusqu'à 10 DT.

BICYCLETTE

On peut louer des vélos en maints endroits, notamment le long de l'av. Abdulkacem-Chebbi et au bureau Taxiphone, face au complexe Dar Charait, dans la zone touristique. Les tarifs varient de 2 à 3,5 DT/h. Les scooters reviennent à environ 10 DT/h.

CALÈCHE

Les calèches stationnent en face de l'Hôtel Karim et coûtent 10 DT/h.

ENVIRONS DE TOZEUR

Un grand nombre d'excursions sont possibles au départ de Tozeur (voir le tableau). Elles sont organisées par les agences de la ville (voir p. 229) et la plupart des hôtels.

Destination	Durée	Prix (/pers)
Tamerza, Chebika et Midès	4 h	30 DT
Nefta et Onk Djemel	3-4 h	30 DT
Kebili, Douz et la Porte du Désert	1/2 j	60 DT
Lézard rouge (voir p. 237)	1/2 j	35 DT
Ksar Ghilane, Douz et Matmata	2 j	120 DT
Ksar Ghilane, Douz, Tataouine et Matmata	3 j	150 DT

Il vaut mieux prévoir les excursions d'une demi-journée l'après-midi car le matin, les 4x4 sont réservés par les groupes. Si vous voyagez en indépendant, l'agence attendra peut-être l'arrivée d'autres voyageurs pour organiser la sortie. Enfin, sachez que ces différents sites sont très fréquentés, quelle que soit l'époque de l'année.

Oasis des montagnes

☎ 76

Les anciens villages berbères de Tamerza, Midès et Chebika se trouvent près de la frontière algérienne, dans le Djebel en-Negeb, à 60 km au nord de Tozeur. Ils faisaient jadis partie du *limes tripolitanus* mis en place par les Romains pour se protéger des tribus sahariennes.

Ces villages ont été abandonnés après les pluies torrentielles qui ont déferlé sur la région pendant 22 jours d'affilée en 1969. Elles ont emporté les maisons et les villageois durent se réfugier dans des habitations reconstruites à la hâte, à proximité.

CHEBIKA

À 59 km au nord de Tozeur, au sud du massif montagneux, ce village surplombe le Chott el-Gharsa. Large tache verte dans un paysage désolé, sa palmeraie se repère à des kilomètres à la ronde. Vous apercevrez le vieux village, sur la colline derrière la palmeraie, au bord d'un petit ruisseau alimenté par une source. Grimpez jusqu'à la longue faille qui traverse le rocher pour admirer la vue sur l'oasis. De l'autre côté du rocher, des marches descendent dans une gorge où coulent une source et une petite cascade. Le sentier regagne ensuite le village.

On peut acheter des boissons et des en-cas au pied du vieux village.

TAMERZA

Nichée dans une petite vallée au cœur des montagnes, à 75 km au nord de Tozeur, la **vieille ville fortifiée** de Tamerza se tient à environ 1 km à l'est du village moderne (sans intérêt particulier). Cet adorable village s'étire sur la rive sud de l'oued Horchane. Jouxtant une palmeraie, il se dresse devant des massifs arides et déchiquetés. On peut regretter que les excursions organisées ne prévoient ici guère plus qu'un bref arrêt photo.

L'eau de Tamerza provient d'une source qui naît dans les collines situées au sud du vieux village. Elle alimente ce dernier et la palmeraie, qui produit de délicieuses dattes.

Si vous effectuez une excursion d'une demi-journée, vous resterez surtout près des petites cascades (prévoyez un maillot de bain). Se baigner au cœur d'un paysage aussi désolé ne manque pas d'un certain piquant !

Tamerza comprend deux hôtels, une banque et quelques magasins. L'**Hôtel Les Cascades** (☎ 485 322 ; s/d 20/25 DT) jouit d'un cadre magnifique, en lisière de la palmeraie, à côté de l'une des cascades. Ses chambres quelconques ne valent pas le prix demandé.

Au-dessus du vieux village, l'**Hôtel Tamerza Palace** (☎ 453 722 ; fax 453 845 ; route de Midès ; s/d 90/130 DT ; ❄ 🏊) est un excellent choix. Depuis certaines chambres et la piscine, on découvre un panorama splendide.

Les différents restaurants de Tamerza reçoivent surtout des groupes. Le minuscule **Restaurant de Tamerza**, à droite sur la route conduisant à l'Hôtel Les Cascades, sert des couscous aux légumes à 2,8 DT. Le restaurant de l'**Hôtel Tamerza Palace** propose un menu de trois plats à 12 DT.

Tamerza est le seul de ces villages à être desservi par les transports en commun. Deux bus SNTRI partent pour Tunis (22 DT, 7 heures) chaque jour. Trois arrivent de Gafsa (4 DT, 2 heures 30) et deux de Tozeur (3 DT, 1 heure 30).

MIDÈS

À 6 km au nord de Tamerza et à peine 1 km de la frontière algérienne, Midès domine des gorges spectaculaires, qui assurèrent autrefois sa défense. Elles ont servi de décor à plusieurs films, notamment *Le Patient anglais*. Il est possible de s'y promener.

Midès possède deux terrains dépourvus d'infrastructures sur lesquels on peut planter gratuitement sa tente. Il faut prévoir sa nourriture ou l'acheter auprès des villageois. Les échoppes de souvenirs vendent des boissons.

Onk Djemel

Endroit très couru pour admirer le coucher du soleil sur les dunes, Onk Djemel (littéralement, cou du chameau) doit son nom à une formation rocheuse évoquant le cou et la tête d'un chameau, au-dessus de la plaine. Nombre de scènes du *Patient anglais* ont été tournées dans les dunes voisines. Les pilotes de 4x4 apprécient particulièrement les descentes vertigineuses le long de ces hautes dunes.

À 30 km au nord de Nefta, Onk Djemel se visite uniquement avec une excursion organisée au départ de Tozeur.

NEFTA

☎ 76 / 22000 habitants

À 23 km à l'ouest, Nefta ressemble à Tozeur en plus petit, mais s'en distingue toutefois par sa palmeraie en cuvette. La vieille ville possède quelques exemples de constructions en briques ouvragées. Nefta est un haut lieu du soufisme et rassemble plusieurs sites religieux d'importance (voir l'encadré à ce sujet, p. 235).

Orientation et renseignements

La rue principale de Nefta, l'av. Habib-Bourguiba, correspond à la route qui va de Tozeur en Algérie. La route de la Corbeille contourne cette dernière en partant de l'av. Habib-Bourguiba.

Le **syndicat d'initiative** (☎ 430 236) se tient sur la droite en arrivant à la ville depuis

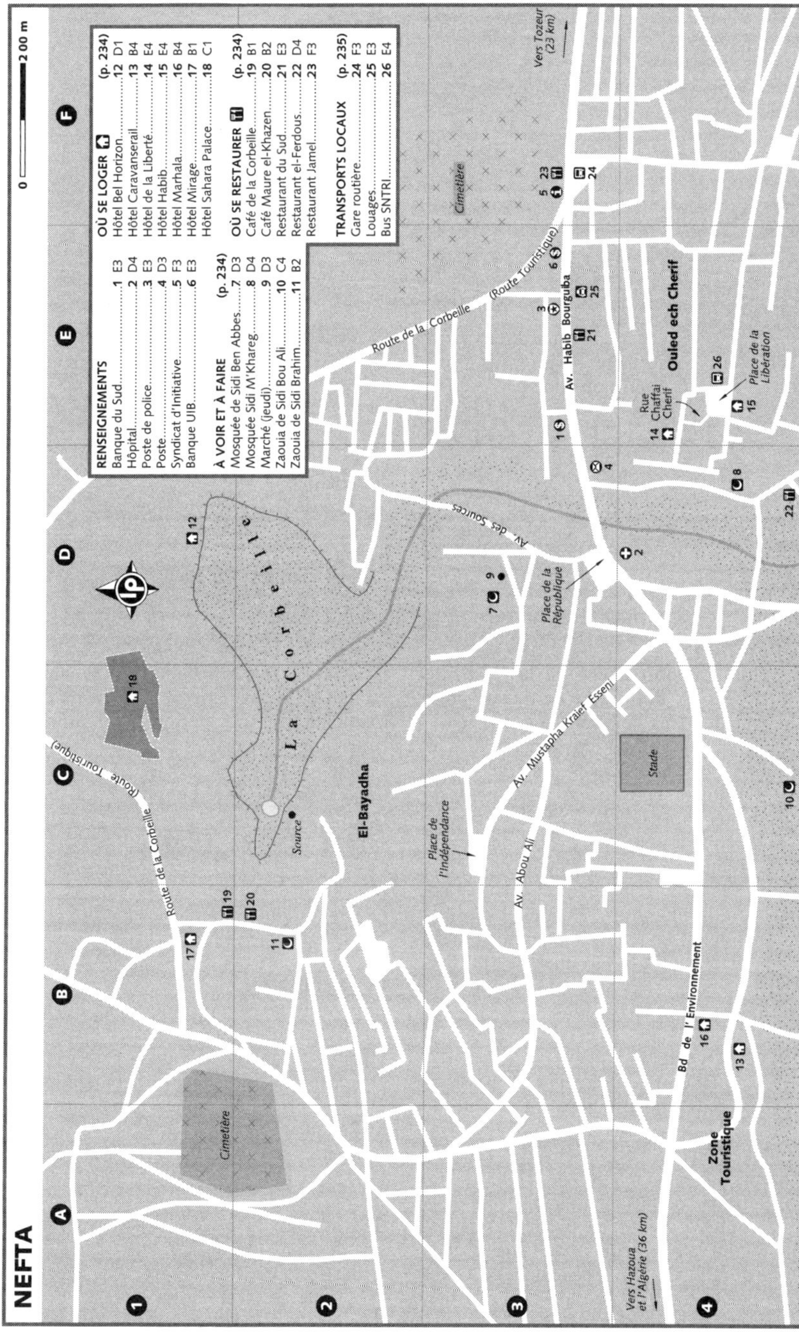
NEFTA
0
200 m
RENSEIGNEMENTS
Banque du Sud 1 E3
Hôpital 2 D4
Poste de police 3 E3
Poste 4 D3
Syndicat d'Initiative 5 F3
Banque UIB 6 E3
À VOIR ET À FAIRE (p. 234)
Mosquée de Sidi Ben Abbes 7 D3
Mosquée Sidi M'Khareg 8 D4
Marché (jeudi) 9 D3
Zaouia de Sidi Bou Ali 10 C4
Zaouia de Sidi Brahim 11 B2
OÙ SE LOGER (p. 234)
Hôtel Bel Horizon 12 D1
Hôtel Caravanserail 13 B4
Hôtel de la Liberté 14 E4
Hôtel Habib 15 E4
Hôtel Marhala 16 B4
Hôtel Mirage 17 B1
Hôtel Sahara Palace 18 C1
OÙ SE RESTAURER (p. 234)
Café de la Corbeille 19 B1
Café Maure el-Khazen 20 B2
Restaurant du Sud 21 E3
Restaurant el-Ferdous 22 D4
Restaurant Jamel 23 F3
TRANSPORTS LOCAUX (p. 235)
Gare routière 24 F3
Louages 25 E3
Bus SNTRI 26 E4
La Corbeille
Route de la Corbeille (Route Touristique)
Route de la Corbeille (Route Touristique)
Cimetière
Cimetière
El-Bayadha
Source
Place de l'Indépendance
Av. Abou Ali
Av. Mustapha Kraief Esseni
Stade
Place de la République
Av. des Sources
Av. Habib Bourguiba
Ouled ech Cherif
Rue Chaffai Cherif
Place de la Libération
Bd de l' Environnement
Zone Touristique
Vers Hazoua et l'Algérie (36 km)
Vers Tozeur (23 km)

Tozeur, après le croisement avec la route circulaire. Le personnel propose des visites guidées (15 DT pour un circuit de 2 heures, 40 DT pour la journée avec un véhicule, 24 DT les 4 heures de dromadaire).

Vous trouverez également une poste et une agence de la banque UIB.

À voir et à faire

LA CORBEILLE

Nefta se caractérise surtout par **la Corbeille**, nom donné à la palmeraie en cuvette qui occupe la partie nord de la ville. Profonde d'environ 40 m, elle atteint quasiment 1 km à son point le plus large. Placez-vous à son extrémité nord-ouest pour une perspective complète. En hauteur, les terrasses du Café de la Corbeille ou du Café Maure el-Khazen offrent aussi un beau point de vue.

Les enfants du village se baignent dans les bassins alimentés par une source, en contrebas des cafés. La Corbeille se resserre ensuite en une gorge étroite qui débouche sur la palmeraie classique, au sud de la ville.

EL-BAYADHA

Les cafés du nord-ouest de la Corbeille constituent un bon point de départ pour une balade dans le vieux quartier d'El-Bayadha, qui s'étend au sud-ouest. Les maisons ont souffert des pluies diluviennes de 1990, qui ont entraîné des glissements de terrain aux abords de la Corbeille. Presque tous les édifices semblent avoir une signification religieuse. À une centaine de mètres au sud des cafés, remarquez la **Zaouia de Sidi Brahim**, où sont enterrés le saint et certains de ses fidèles. Le jeudi, le marché se tient sur la place face à la mosquée de Sidi Ben Abbes, vers l'av. des Sources, à l'extrémité est du quartier d'El-Bayadha.

OULED ECH CHERIF

Avec son labyrinthe de ruelles, de passages voûtés et de constructions en brique, le quartier d'**Ouled ech Cherif**, bien préservé, ressemble beaucoup à celui d'Ouled el-Hadef, à Tozeur. Suivez la direction de l'Hôtel Habib, sur la route conduisant au sud, à côté de la gare routière. Voyez en particulier la rue qui rejoint la palmeraie depuis l'ouest de la place de la Libération. Elle débouche juste à côté de la principale mosquée du quartier, la **mosquée de Sidi M'Khareg**.

Où se loger

PETITS BUDGETS

Hôtel de la Liberté (☎ 430 643 ; près place de la Libération ; 5 DT/pers). Au cœur du quartier d'Ouled ech Cherif, simple et accueillant, dans ce vieux bâtiment donnant sur une cour décorée de vigne vierge vous trouverez les chambres les moins chères de la ville. Appelé aussi Hôtel Mahmoud.

Hôtel Habib (☎ 430 497 ; place de la Libération ; 7,5 DT/pers avec petit déj). Accueil sympathique, chambres quelconques.

CATÉGORIE MOYENNE ET SUPÉRIEURE

Les prix comprennent le petit déjeuner.

Hôtel Mirage (☎ 430 622 ; fax 430 644 ; s/d 15/25 DT). Au nord de la Corbeille, ce une-étoile plutôt terne vient de rouvrir après des travaux de rénovation guère concluants.

La petite zone touristique, au sud-ouest de la ville, renferme quelques grands hôtels.

Hôtel Marhala (☎ 430 027 ; fax 430 511 ; s/d 40/56 DT ; ❄ 🏊). Deux-étoiles simple, propre et confortable.

Hôtel Bel Horizon (☎ 430 328 ; fax 430 500 ; s/d 50/64 ; ❄ 🏊). Affichant 1 étoile supplémentaire, le Bel Horizon, au nord de la Corbeille, est une option à retenir dans cette gamme de prix.

Hôtel Caravansérail (☎ 430 355 ; fax 430 344 ; s/d 75/100 DT ; ❄ 🏊). Le plus luxueux du quartier.

Hôtel Sahara Palace (☎ 432 005 ; www.sangho.com ; s/d 135/200 DT). Sans conteste le plus bel établissement de la ville, ce cinq-étoiles offre des chambres superbes et une magnifique vue sur la Corbeille.

Où se restaurer

Les options se résument à quelques établissements rudimentaires sur l'av. Habib-Bourguiba, près de la gare routière et aux abords de la place de la Libération, et aux restaurants des hôtels. Bon et pas cher, le **Restaurant Jamel**, à côté de l'office du tourisme, prépare une savoureuse *chorba* (1 DT) et plusieurs plats du jour, comme des haricots épicés au poulet (2 DT). À côté de la station des louages, le **Restaurant du Sud** sert des couscous à 2 DT.

Bar-restaurant très apprécié de la palmeraie, le **Restaurant el-Ferdous** est calme pour le déjeuner et souvent très animé le soir.

LE SOUFISME

Ordre religieux islamique, le soufisme a été créé par des ascètes qui souhaitaient parvenir à une communion mystique avec Dieu en privilégiant le développement spirituel à l'étude du Coran. Le nom vient de *suf*, "laine", en référence à la simple robe de laine que portaient les premiers soufis.

Les adeptes se rassemblent généralement autour de la mosquée ou du tombeau de leur saint homme (*wali*) et suivent une voie spirituelle (*tariq)* propre à leur ordre. Les marabouts, saints doués de pouvoirs magiques, constituent une spécificité du soufisme berbère d'Afrique du Nord.

Pour les musulmans orthodoxes, la vénération d'un saint s'avère tout aussi répréhensible que l'adoration d'une idole. Les soufis considèrent, eux, le *wali* comme un "ami (c'est d'ailleurs le sens littéral du mot) de Dieu" et donc, son intermédiaire privilégié. Les pèlerinages (*moussem*) sur la tombe de ces grandes figures religieuses servent davantage à célébrer le triomphe de l'esprit qu'à honorer un saint. Malgré cette divergence avec l'islam orthodoxe, le soufisme a été largement toléré car ses adeptes ont toujours été disposés à accepter les superstitions et les rites locaux. Ils ont ainsi rallié une grande partie de la population qui, sinon, n'aurait pas adhéré à l'islam.

Plusieurs centaines de congrégations soufies coexistent. Leurs rites s'expriment par des chants, des danses (les derviches tourneurs) mais aussi par des actes plus radicaux (se passer une épingle dans la joue, manger du verre ou marcher sur des braises, par exemple) les menant à l'extase qui les rapproche de Dieu.

Le soufisme s'est particulièrement implanté en Tunisie, surtout dans les zones rurales, après la chute des Almohades au XIIIe siècle.

Depuis/Vers Nefta

BUS

Des bus SNTRI partent deux fois par jour pour Tunis (20 DT, 7 heures).

Les bus régionaux démarrent de la gare routière, au sud de l'av. Habib-Bourguiba. Cinq par jour se rendent à Tozeur (1,1 DT, 30 min) et 6 à Gafsa (5 DT, 3 heures).

LOUAGE

Les louages attendent devant les restaurants de l'av. Habib-Bourguiba. Il en part très fréquemment pour Tozeur (1,2 DT).

GAFSA

☎ 76 / 82 000 habitants

Malgré un riche passé historique, Gafsa ne présente aujourd'hui guère d'intérêt. Seul le site de Capsa (voir p. 22) est susceptible de retenir l'attention : envahie et détruite par le consul romain Marius en 107 av. J.-C. lors de la campagne contre le roi numidien Jugurtha (voir p. 25), cette ville devint ensuite une grande cité romaine. Centre du transport régional, Gafsa reçoit de nombreux voyageurs en transit.

Renseignements

Un petit **office du tourisme** (☎ 221 664, 🕒 lun-jeu 8h-13h et 15h-17h45, ven-sam 8h30-13h30) se trouve sur la place à côté des bassins romains.

La **poste** (av. Habib-Bourguiba) se tient à 150 m au nord de la kasbah. Vous verrez dans le centre-ville plusieurs bureaux Taxiphone.

L'Univers de l'Internet (av. Abdulkacem-Chebbi ; ☎ 8h30-00h ; 1,2 DT/h) est très central.

Toutes les grandes banques possèdent une agence aux abords du Jardin du 7-Novembre, au centre-ville, la plupart avec un DAB.

À voir

Seules attractions de Gafsa, les deux **piscines romaines** plaisent particulièrement aux enfants de la ville. Remarquez les inscriptions en latin juste au-dessus du niveau de l'eau, dans le bassin situé à l'est. Ces piscines se situent à l'extrémité sud de l'av. Habib-Bourguiba. Le café qui les côtoie semble malheureusement fermé pour une longue période.

À côté des bassins, un **musée** (entrée 1,1 DT ; 🕒 mar-dim avr–mi-sept 7h30-12h30 et 15h-19h, mi-sept-mars 9h-16h30) expose notamment des mosaïques venant du site de Capsa.

Où se loger

PETITS BUDGETS

La plupart des hôtels bon marché installés vers la gare routière sont à éviter.

Hôtel Tunis (☎ 221 660 ; av. du 2-Mars ; s/d 6/8 DT, douches 1,5 DT). Rénové récemment, il loue des chambres simples mais bien tenues.

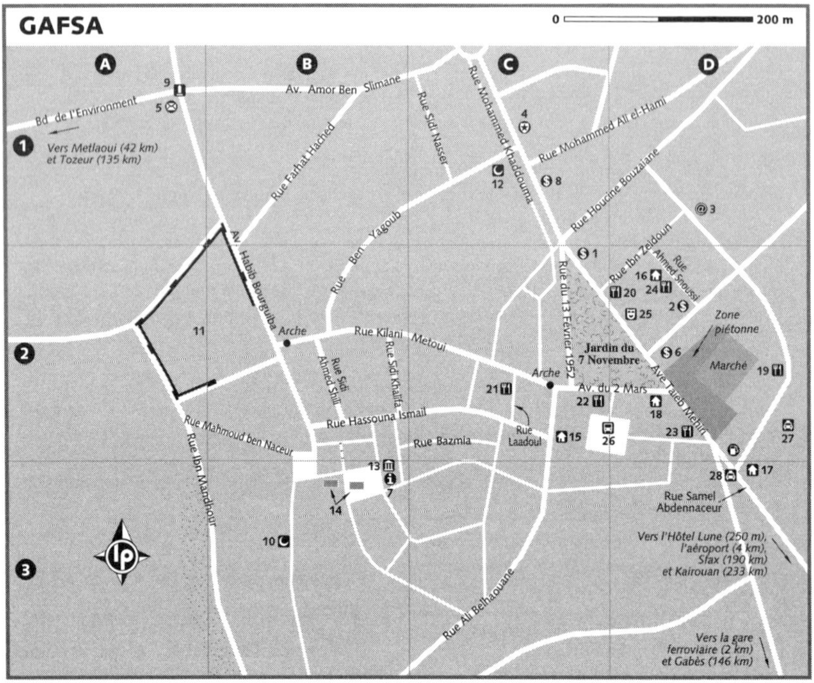

RENSEIGNEMENTS
Banque de l'Habitat (DAB) 1 C2
Banque du Sud (DAB) 2 D2
L'Univers de l'Internet 3 D1
Poste de police 4 C1
Poste 5 A1
Banque STB (DAB) 6 D2
Office du tourisme 7 B3
Banque UIB 8 C1

À VOIR ET À FAIRE (p. 235)
Tour de l'horloge 9 A1
Grande mosquée 10 B3
Kasbah 11 A2
Mosquée de Sidi Bou Yacoub 12 C1
Musée 13 B3
Piscines romaines 14 B3

OÙ SE LOGER (p. 235)
Hôtel de la République 15 C2
Hôtel Gafsa 16 D2
Hôtel Maamoun 17 D3
Hôtel Tunis 18 D2

OÙ SE RESTAURER (p. 236)
Restaurants bon marché .... (voir 21)
Magasin Général 19 D2
Pâtisserie 20 D2
Pâtisserie .... (voir 22)
Restaurant Abid 21 C2
Restaurant Erriadh 22 C2
Restaurant Le Paradis 23 D2
Restaurant Semiramis 24 D2

OÙ SORTIR
Cinéma 25 D2

TRANSPORTS LOCAUX (p. 237)
Gare routière 26 C2
Station de louages 27 D2
Station de taxis 28 D3

Incontestablement le meilleur choix de cette catégorie.

Hôtel de la République (☎ 221 807 ; rue Ali-Belhaouane ; s/d 5,5/7 DT, douches 1,5 DT). Seul établissement des abords de la gare routière mentionné ici, il est rudimentaire mais peut convenir pour une nuit. Demandez une chambre éloignée de la rue, très passante.

CATÉGORIE MOYENNE

Les prix comprennent le petit déjeuner.

Hôtel Maamoun (☎ 226 701 ; fax 226 440 ; av. Jamel-Abdennaceur ; s/d 55/80 DT ;). Retenez cet établissement, au sud de la place du marché, uniquement si vous obtenez le tarif réduit de 25/40 DT. Bien qu'un peu désuètes, les chambres sont confortables et bien tenues.

Hôtel Gafsa (☎ 224 000 ; fax 224 747 ; rue Ahmed-Snoussi ; s/d 27,5/40 DT). Proche du précédent, il propose des chambres plus petites quelque peu défraîchies.

Hôtel Lune (☎ 220 218 ; fax 220 980 ; rue Jamel-Abdennaceur ; s/d 20/30 DT). Ce une-étoile à 300 m au sud du Maamoun comprend des chambres spacieuses. Il est un peu éloigné du centre-ville.

Où se restaurer

Les abords de la gare routière, en particulier la rue Laadoul, foisonnent de petits restaurants. Le meilleur d'entre eux, le **Restaurant Abid** (déj et dîner), rapide et accueillant, prépare de nombreux plats locaux, telle la *kammounia* (ragoût au cumin, 2,500 DT). Les Tunisiens s'y rendent volontiers le midi.

À côté de la gare routière, testez également le **Restaurant Erriadh** (av. du 2-Mars). Le **Restaurant Le Paradis** (av. Taieb-Mehri) sert uniquement des plats de poulet. Vous verrez aussi quelques **pâtisseries** dans le centre-ville.

Si vous souhaitez boire du vin, essayez le **Restaurant Semiramis** (rue Ahmed-Snoussi, plats à partir de 4 DT), avant l'Hôtel Gafsa, ou le restaurant de l'**Hôtel Maamoun** (plats à partir de 10 DT), qui reçoit souvent des groupes à l'heure du déjeuner.

Depuis/vers Gafsa

AVION

Tuninter assure deux vols hebdomadaires pour Tunis (50/100 DT aller/aller-retour). L'aéroport se trouve à 4 km au nord-est de la ville. Un taxi vous y conduira pour 2,5 DT.

BUS

Les billets s'achètent directement à la gare routière, au centre-ville.

La compagnie SNTRI affrète au moins 5 bus par jour à destination de Tunis (16 DT, 5 heures 30), la plupart passant par Kairouan (9,3 DT, 3 heures).

Sotregafsa, la compagnie régionale, propose 8 liaisons par jour avec Tozeur (4,3 DT, 2 heures) et Nefta (4,9 DT, 2 heures 30) et dessert Gabès (6 DT, 2 heures 30, trois/jour), Kasserine (4,6 DT, 1 heure 45, deux/jour) et Sfax (7,7 DT, 3 heures 30, trois/jour). Enfin, 9 bus par jour se rendent à Metlaoui (2 DT, 45 min), dont 3 continuent jusqu'à Tamerza via Redeyef (4,1 DT, 2 heures 30).

LOUAGE

Des louages partent régulièrement à destination de Metlaoui (2 DT) et Tozeur (4,4 DT). D'autres rejoignent Tunis (15,4 DT), Sfax (8,7 DT), Sousse (12,4 DT) et Gabès (6,6 DT). Enfin, quelques véhicules se rendent directement à Kasserine (5 DT). Sinon, il faut changer à Feriana.

TRAIN

La gare est à 3 km au sud de la ville. Comptez 1,5 DT pour vous y rendre en taxi. Il y passe un train pour Tunis, le soir et un pour Metlaoui, à 5h.

ENVIRONS DE GAFSA

Metlaoui et les gorges de Seldja

☎ 76

Petite ville morne à 42 km au sud-ouest de Gafsa, Metlaoui vit de l'extraction du phosphate dans les mines des environs. C'est aussi la gare de départ du Lézard rouge, le petit train qui serpente dans les gorges de Seldja.

LÉZARD ROUGE

Le Lézard rouge a été construit en 1910 afin de permettre au bey de Tunis de se rendre à sa résidence d'été de Hammam Lif. Totalement restauré en 1995 par la SNCFT, la compagnie ferroviaire nationale, il transporte désormais les touristes. Il suit le lit de l'oued Seldja, à travers les spectaculaires concrétions rocheuses des gorges.

L'excursion aller-retour dure 1 heure 30. Elle démarre de Metlaoui les lundi, vendredi et dimanche à 10h30 et les mardi et jeudi à 10h30. Nous vous conseillons de prendre contact au préalable avec le **Bureau du Lézard rouge** à Metlaoui (☎ 241 469, fax 241 604) ou avec l'office du tourisme de Tozeur, pour vérifier que le train circule bien et

LES BARRAGES DE COMPENSATION

Pendant des siècles, les villageois des environs de Gafsa se sont efforcés de cultiver le sol aride grâce à la technique traditionnelle des barrages de compensation (*jesseur* en arabe). Faits de murets de pierre édifiés en travers des cours d'eau et consolidés avec de la terre, ces barrages créent une bande de terre prête à s'imbiber au maximum de l'eau apportée par les pluies. En effet, arrêtée par le barrage, l'eau ruisselante prend le temps de s'infiltrer dans la terre avant de continuer son cours jusqu'au prochain barrage.

Parfois, ils délimitent de petits lopins de terre où poussent quelques épis de blé, d'autres fois ils permettent d'irriguer des parcelles de plusieurs hectares, propices à la culture des arbres fruitiers et des légumes. On rencontre aussi des barrages de compensation dans les environs de Matmata.

réserver vos places. Le billet aller-retour coûte 20 DT.

CIRCUITS ORGANISÉS

Les agences de voyages de Tozeur (p. 229) proposent l'excursion à bord du Lézard rouge dans le cadre de circuits à la demi-journée à 35 DT. Il s'agit sans doute de l'option la plus intéressante.

OÙ SE LOGER ET SE RESTAURER

Vraiment défraîchi, l'**Hôtel Ennacim** (☎ 241 920 ; route de Tozeur ; s/d 9/13 DT), à 1 km du centre-ville, sur la route de Tozeur, parvient à survivre parce qu'il comprend le seul bar de la ville (guère engageant non plus).

Au centre, l'**Hôtel Seldja** (☎ 241 570 ; fax 241 486 ; s/d 30/40 DT) est beaucoup plus confortable. Les groupes s'arrêtent souvent au restaurant pour le déjeuner.

DEPUIS/VERS METLAOUI

Tous les bus circulant entre Gafsa et Tozeur passent par Metlaoui, où l'on trouve facilement des louages pour ces deux villes.

Est de Gafsa

Une douzaine de villages berbères ponctuent la région à l'est de Gafsa, le long du massif qui s'étire sur le tracé de la route Gafsa–Sfax. La plupart s'avèrent toutefois très difficiles d'accès sans 4x4. Le plus accessible, **Sened**, 10 km au sud de Sened Gare, le village moderne, s'étend au bord d'un cours d'eau, dans les collines en contrebas du Djebel Biada (1 163m). Ses maisons en pierre sont relativement bien préservées. Les kyrielles de grottes des collines voisines logeaient des hommes, il y a plusieurs milliers d'années.

Djerba

SOMMAIRE

Si l'île de Djerba évoque de longues plages enchanteresses, elle se distingue aussi par une diversité ethnique et religieuse unique en Tunisie et des constructions traditionnelles blanchies à la chaux, d'où monte le bruissement familier des souks africains.

Rien de plus facile que de passer une semaine sur l'île sans s'ennuyer ! L'été, vous apprécierez de vous détendre au soleil sur la plage de Sidi Mahres. L'hiver, vous guetterez les centaines de flamants roses qui hantent le nord de la plage, à la pointe des Flamants. Quelle que soit la saison, prévoyez du temps pour découvrir l'intérieur de l'île. C'est là, dans la palmeraie, que se nichent les villages forteresses typiques de Djerba, avec leurs mosquées à demi souterraines, leurs maisons fortifiées et leurs petits ateliers de tisserands. Djerba a aussi le privilège d'accueillir l'une des dernières communautés juives d'Afrique du Nord (la synagogue se trouve à Er-Riadh), ainsi qu'une importante population ibadite.

Au nord de Houmt-Souk, l'île marie avec bonheur modernité et tradition. Une marina luxueuse (encore en cours de construction) domine l'antique port de pêche où se perpétuent les techniques ancestrales héritées des Phéniciens. Non loin de là, le Borj Ghazi Mustapha, oublieux des sinistres événements qui marquèrent son histoire, se dresse fièrement face à la mer.

C'est sans doute Houmt-Souk, la plus grande ville de Djerba, qui vous séduira le plus. Son foisonnement de souks couverts, d'anciens *fondouks* (caravansérails) transformés en hôtels ravissants, de cafés et de restaurants accueillants vous convertiront sûrement au rythme alangui de cette île paradisiaque.

À NE PAS MANQUER

- Séjourner dans l'un des merveilleux anciens **fondouks** (p. 245) de Houmt-Souk
- Lézarder sur les **plages de Sidi Mahres** (p. 250)
- Visiter la **synagogue la Ghriba** (p. 248) à Er-Riadh

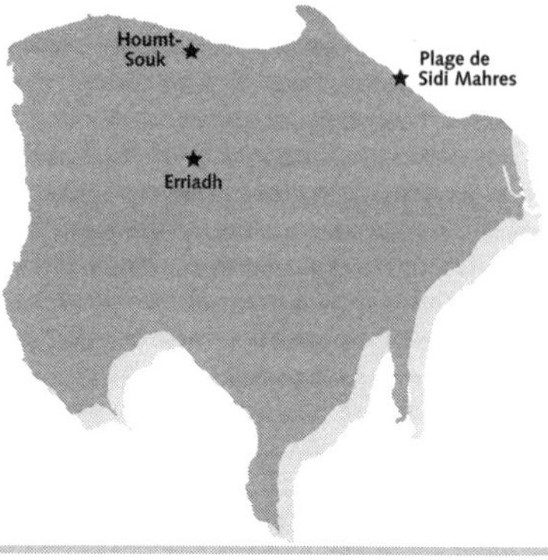

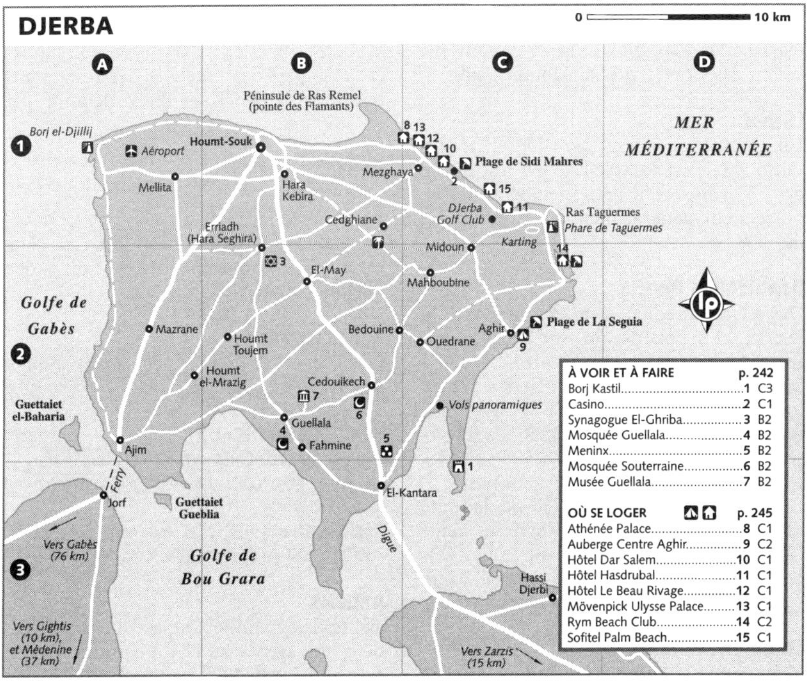

Histoire

L'histoire de Djerba est liée à celle des Berbères et des sectes nées du schisme islamique. L'île servit de refuge aux corsaires, mais aussi à tous ceux qui fuyaient les persécutions.

Des tribus berbères peuplaient depuis longtemps l'île à l'arrivée des Phéniciens, il y a quelque 2 700 ans. Notamment les Gerbitani, qui s'installèrent à Gerba (près de l'actuelle Houmt-Souk). Les Phéniciens s'établirent principalement à Meninx (l'actuelle El-Kantara), sur l'île et à Gightis, sur le continent.

Djerba succomba la première à la conquête de la Tunisie par les Arabes. Elle abrita ensuite les Kharidjites en rébellion contre le pouvoir religieux et en 740, les Fatimides, quand la répression embrasa l'Afrique du Nord. Membres de la secte ibadite des Kharidjites (voir l'encadré à ce sujet p. 39), ils contribuèrent à la construction des nombreuses mosquées de l'île (deux cent treize au total).

Djerba devint plus tard le repaire de célèbres corsaires, notamment des frères Barberousse, puis de Dragut, qui prit ensuite le pouvoir à Tripoli sous le nom de Dargouth Pacha. Il est connu en particulier pour avoir réussi à échapper aux Espagnols en 1551, alors que ses bateaux semblaient pris au piège dans le golfe de Bou Grara. Il parvint à s'enfuir en faufilant ses navires par une brè-

LE PAYS DES LOTOPHAGES

La légende veut que Djerba soit le pays des Lotophages (mangeurs de lotus) décrits par Homère dans l'Odyssée. C'est sur l'île qu'Ulysse et ses compagnons débarquèrent et furent accueillis par les habitants, qui leur offrirent des fruits de lotus. Ces derniers possèderaient la vertu de faire perdre la mémoire. Après avoir mangé ces fruits, les hommes perdirent tout souvenir et Ulysse eut bien du mal à les convaincre de reprendre la mer. Il n'y a plus l'ombre d'un lotus aujourd'hui à Djerba, au grand regret de certains qui y oublieraient volontiers leur passé !

che ouverte dans une digue. Il revint en 1560, massacra les Espagnols et laissa en souvenir la tour des Crânes, près de Houmt-Souk.

Climat

L'île jouit d'un climat agréable en toutes saisons. Elle est balayée l'été par une légère brise marine. En hiver, les températures ne descendent généralement pas au-dessous de 15°C.

Depuis/vers Djerba

Des ferries circulent 24h/24 entre Ajim, à Djerba, et le port de Jorf, sur le continent. Ils partent toutes les 30 minutes de 6h30 à 21h30, toutes les heures de 21h30 à 23h30, toutes les 2 heures de 23h30 à 4h30, puis toutes les heures de 4h30 à 6h30. La traversée dure 15 minutes et coûte 600 millimes par voiture. Les piétons ne paient pas.

L'on peut aussi rejoindre l'île par la route qui va de Houmt-Souk à Zarzis et longe l'ancienne digue romaine qui reliait El-Kantara au continent. Cette option s'avère toutefois plus longue et plus chère.

Comment circuler

Vous aurez le choix entre le bus, le vélo, le scooter, le taxi ou la voiture de location, en fonction de votre budget et de votre programme (voir p. 247).

HOUMT-SOUK

☎ 75 / 70 000 habitants

Plus grande ville de l'île, elle attire quasiment autant de visiteurs que les plages. Caractérisée par ses maisons blanchies à la chaux (voir l'encadré p. 244), elle abrite un entrelacs de ruelles ponctué d'une multitude de petites places qui en font un endroit d'exception. Ville marchande de longue date, ses souks regorgent d'objets artisanaux. N'hésitez pas à vous aventurer dans les ruelles animées de la vieille ville, pour le simple plaisir de déboucher soudain sur une placette tranquille, pendant qu'au loin résonne l'appel à la prière d'un muezzin.

Mieux vaux éviter de boire l'eau du robinet à Djerba. Elle est très salée et pas toujours potable.

Orientation

L'avenue Habib-Bourguiba traverse le nord de la ville, depuis les gares routière et de louage vers le port. L'avenue Abdelhamid-el-Kadhi sillonne les quartiers est. Les souks et la plupart des hôtels et des restaurants se situent à l'intérieur du V délimité par ces avenues.

Renseignements

LIBRAIRIES

La librairie localisée au nord de la poste, av. Habib-Bourguiba, vend des journaux et magazines internationaux, ainsi que quelques romans en français.

ACCÈS INTERNET

Cyber Planet (☎ 8h-1h ; 1,5 DT/h). Au nord-ouest de la place Sidi-Brahim, connections rapides.

SERVICES MÉDICAUX

Clinique Dar ech-Chifa (☎ 650 441 ; fax 652 215 ; près de l'av. Abdelhamid-el-Kadhi). Clinique privée au nord-est de la ville.

Hôpital (☎ 650 018). Grand centre hospitalier régional à 500 m au sud-est du centre-ville, sur la route de Midoun.

ARGENT

Toutes les grandes banques du pays possèdent une agence au centre-ville, la plupart avec des DAB. Elles assurent une permanence le samedi et le dimanche à tour de rôle, adressez-vous au *syndicat d'initiative* pour savoir laquelle est ouverte.

POSTE ET TÉLÉPHONE

Vous verrez des dizaines de bureaux Taxiphone au centre-ville.

Poste principale (av. Habib-Bourguiba).

OFFICE DU TOURISME

L'office du tourisme ONTT (☎ 650 016 ; bd de l'Environnement ; 🕑 lun-jeu 8h30-13h, 15h-17h45, ven-sam 8h30-13h30) se situe sur la route de la plage, à une quinzaine de minutes à pied du centre-ville. Le personnel n'est pas toujours très empressé.

Le syndicat d'initiative (☎ 650 915 ; av. Habib-Bourguiba ; 🕑 lun-sam 9h-13h, 15h30-18h) se tient en retrait de la rue, derrière deux grands plans de l'île, de l'autre côté de la place Mongi-Bali.

À voir et à faire

SOUKS

Le vieux souk se compose d'un entrelacs d'adorables ruelles ponctuées de places et de cafés. Les boutiques vendent toutes sortes d'articles, des paniers de Gabès aux poteries de Guellala, des tapis aux *chichas*,

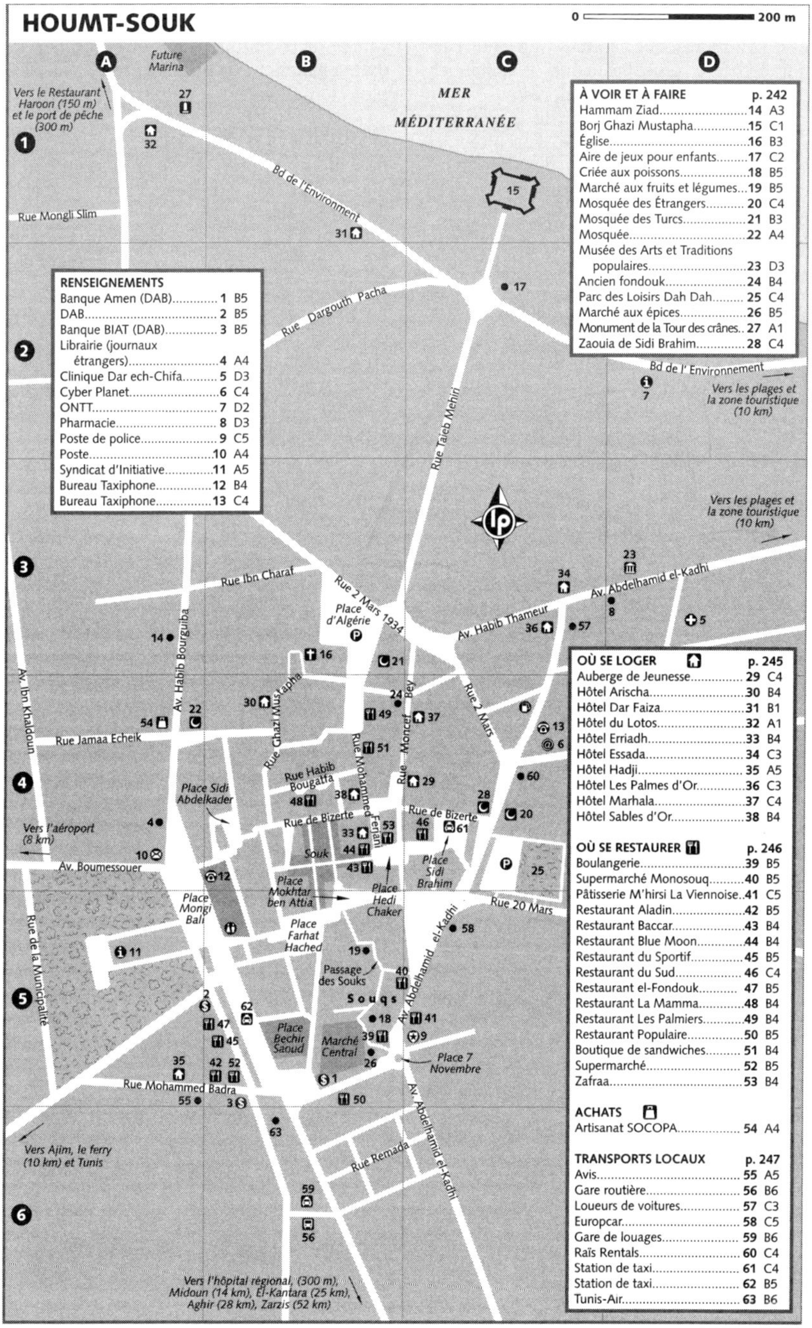
HOUMT-SOUK
0 200 m
A
B
C
D
1
2
3
4
5
6
MER MÉDITERRANÉE
Future Marina
Vers le Restaurant Haroon (150 m) et le port de pêche (300 m)
À VOIR ET À FAIRE p. 242
Hammam Ziad 14 A3
Borj Ghazi Mustapha 15 C1
Église 16 B3
Aire de jeux pour enfants 17 C2
Criée aux poissons 18 B5
Marché aux fruits et légumes 19 B5
Mosquée des Étrangers 20 C4
Mosquée des Turcs 21 B3
Mosquée 22 A4
Musée des Arts et Traditions populaires 23 D3
Ancien fondouk 24 B4
Parc des Loisirs Dah Dah 25 C4
Marché aux épices 26 B5
Monument de la Tour des crânes 27 A1
Zaouia de Sidi Brahim 28 C4
RENSEIGNEMENTS
Banque Amen (DAB) 1 B5
DAB 2 B5
Banque BIAT (DAB) 3 B5
Librairie (journaux étrangers) 4 A4
Clinique Dar ech-Chifa 5 D3
Cyber Planet 6 C4
ONTT 7 D2
Pharmacie 8 D3
Poste de police 9 C5
Poste 10 A4
Syndicat d'Initiative 11 A5
Bureau Taxiphone 12 B4
Bureau Taxiphone 13 C4
OÙ SE LOGER p. 245
Auberge de Jeunesse 29 C4
Hôtel Arischa 30 B4
Hôtel Dar Faiza 31 B1
Hôtel du Lotos 32 A1
Hôtel Erriadh 33 B4
Hôtel Essada 34 C3
Hôtel Hadji 35 A5
Hôtel Les Palmes d'Or 36 C3
Hôtel Marhala 37 C4
Hôtel Sables d'Or 38 B4
OÙ SE RESTAURER p. 246
Boulangerie 39 B5
Supermarché Monosouq 40 B5
Pâtisserie M'hirsi La Viennoise 41 C5
Restaurant Aladin 42 B5
Restaurant Baccar 43 B4
Restaurant Blue Moon 44 B4
Restaurant du Sportif 45 B5
Restaurant du Sud 46 C4
Restaurant el-Fondouk 47 B5
Restaurant La Mamma 48 B4
Restaurant Les Palmiers 49 B4
Restaurant Populaire 50 B5
Boutique de sandwiches 51 B4
Supermarché 52 B5
Zafraa 53 B4
ACHATS
Artisanat SOCOPA 54 A4
TRANSPORTS LOCAUX p. 247
Avis 55 A5
Gare routière 56 B6
Loueurs de voitures 57 C3
Europcar 58 C5
Gare de louages 59 B6
Raïs Rentals 60 C4
Station de taxi 61 C4
Station de taxi 62 B5
Tunis-Air 63 B6
Rue Mongli Slim
Bd de l'Environnement
Rue Dargouth Pacha
Rue Taieb Mehiri
Vers les plages et la zone touristique (10 km)
Rue Ibn Charaf
Rue 2 Mars 1934
Place d'Algérie
Av. Habib Thameur
Av. Abdelhamid el-Kadhi
Av. Habib Bourguiba
Av. Ibn Khaldoun
Rue Jamaa Echeik
Rue Ghazi Mustapha
Rue Moncef Bey
Rue 2 Mars
Rue Habib Bougatfa
Rue Mohammed Ferjani
Rue de Bizerte
Place Sidi Abdelkader
Vers l'aéroport (8 km)
Av. Boumessouer
Souk
Place Sidi Brahim
Place Mokhtar ben Attia
Place Hedi Chaker
Rue 20 Mars
Place Mongi Bali
Place Farhat Hached
Rue de la Municipalité
Passage des Souks
Souqs
Place Bechir Saoud
Marché Central
Place 7 Novembre
Rue Mohammed Badra
Vers Ajim, le ferry (10 km) et Tunis
Rue Remada
Av. Abdelhamid el-Kadhi
Vers l'hôpital régional (300 m), Midoun (14 km), El-Kantara (25 km), Aghir (28 km), Zarzis (52 km)

des sandales aux cages à oiseaux miniatures. Les commerçants, habitués aux touristes qui achètent sans beaucoup marchander, pratiquent parfois des prix élevés.

La vieille ville abrite quelques magnifiques exemples de l'architecture traditionnelle de Djerba, des demeures cachées derrière de hauts murs blancs dont les dômes se détachent sur le ciel bleu. Les *fondouks* (caravansérails), qui accueillaient les caravanes marchandes de l'époque ottomane, rappellent que Houmt-Souk était le principal pôle commercial de l'île. Construits sur deux niveaux autour d'une cour centrale, ils offraient des chambres à l'étage et des espaces pour les animaux au rez-de-chaussée. Certains ont été transformés en hôtels très confortables.

Pour échapper à l'ambiance ultra-touristique de Djerba, faites un tour au **marché aux poissons**. Il se tient tous les jours en fin de matinée à l'angle nord-est du marché central. Perchés sur des estrades, les camelots vendent à la criée les poissons que leur tendent les pêcheurs. Les acheteurs sont aussi bien des restaurateurs que des mères de famille. La pêche constitue la deuxième source de revenu de l'île. Tout près, le **marché aux épices** et le **marché des fruits et légumes**, plus calmes, valent le détour.

MONUMENTS ISLAMIQUES

La ville comprend plusieurs monuments dignes d'intérêt. Adossée au souk, la **Zaouia de Sidi Brahim** renferme le tombeau d'un saint du XVIIe siècle. En face, l'on aperçoit les nombreuses coupoles de la **mosquée des Étrangers**. La **mosquée des Turcs**, qui date du XVIIIe siècle, se dresse au nord du souk, sur la place d'Algérie. Construite dans le même style fortifié que les autres mosquées de l'île, elle s'en distingue par son minaret ottoman. L'entrée des édifices religieux est interdite aux non-musulmans.

MUSÉE DES ARTS ET TRADITIONS POPULAIRES

Cet agréable petit **musée** (☎ 650 540 ; av. Abdel-hamid-el-Kadhi ; entrée 2,1 DT, photos 1 DT ; 🕑 sam-jeu en été 8h-12h, 15h-19h, sam-jeu en hiver 9h30-16h30) occupe la zaouia de Sidi Zitouni, sous les eucalyptus, à 200 m à peine du centre-ville.

L'ARCHITECTURE DE DJERBA

Très caractéristique, l'architecture fortifiée de Djerba témoigne de la longue présence des ibadites sur l'île (voir encadré p. 39). Défendant farouchement leur autonomie et redoutant les attaques ennemies, ils ont parsemé toute l'île de forteresses imprenables.

D'autres éléments architecturaux reflètent le souci des habitants de préserver l'eau douce et de la garder fraîche pendant les longues périodes caniculaires. Les toits et les cours ont été conçus pour canaliser l'eau de pluie dans des *impluviums* (bassins) souterrains, assurant une réserve d'eau potable et rafraîchissant les fondations de la maison. Les murs épais, en pierres recouvertes de boue, complétaient l'isolation. Ils étaient finalement peints en blanc afin de renvoyer la lumière du soleil.

Les mosquées illustrent parfaitement ces spécificités architecturales. Appuyés sur d'imposants contreforts, ces lourds bâtiments carrés à la décoration minimaliste s'apparentent davantage à des places fortifiées qu'à des lieux de culte. C'est le cas, notamment, de la mosquée située au sud de Guellala ou de celle d'El-May, édifiée au milieu d'une place pavée protégée par une enceinte et pourvue de regards permettant de surveiller le niveau de l'eau dans les réservoirs souterrains.

Les *menzels* désignent les habitations fortifiées traditionnelles. L'île en comptait autrefois des centaines, mais beaucoup ont été abandonnées. Il en reste néanmoins quelques-unes le long de la route qui relie Ajim et Houmt-Souk et aux environs d'El-May, dans le centre de l'île. Elles comprenaient toutes un mur d'enceinte protégeant une vaste cour rectangulaire à entrée unique. Les pièces étaient alignées le long du mur. Des tours carrées se dressaient à chaque angle. Elles abritaient les chambres d'été pourvues de fenêtres à claire-voie et d'un plancher à lattes qui favorisent la ventilation.

Appelés *hanout*, les ateliers traditionnels des tisserands se composent très simplement d'une longue pièce voûtée, la *ghorfa*, à demi enterrée pour assurer une meilleure isolation. Ils se caractérisent par une façade triangulaire et des contreforts. Le musée des Arts et Traditions populaires d'Houmt-Souk en présente quelques exemples.

LES PÊCHEURS DE PIEUVRES

Malgré les changements liés au tourisme, l'île a conservé quelques-unes de ses particularités. Ainsi, dans le port de pêche d'Houmt-Souk, les piles d'amphores en terre cuite n'ont pas disparu. Chacune porte le signe distinctif d'un pêcheur. Celui-ci l'utilise pour attraper des pieuvres selon la méthode traditionnelle de la gargoulette, inchangée depuis les Phéniciens. Les jarres, qui mesurent de 45 à 50 cm, sont attachées les unes aux autres puis jetées à l'eau, en ligne. Quand elles reposent sur le fond, elles attirent les pieuvres, qui les confondent avec des cavités rocheuses où s'abriter. Il ne reste plus ensuite aux pêcheurs qu'à remonter les jarres, pleines.

On peut y voir des vêtements traditionnels, des poteries et des bijoux. Dans la salle des bijoux, on remarquera le plafond en coupole d'origine, couvert de tuiles de terre cuite. Le bâtiment, avec ses cours, ses arcades et ses ateliers en sous-sol, mérite la visite. Les billets s'achètent dans la petite cabane de tisserand, près de l'entrée.

BORJ GHAZI MUSTAPHA

Le vieux **fort** (Borj el-Kebir ; entrée 1,1 DT, photos 1 DT ; sam-jeu en été 8h-12h, 15h-19h, sam-jeu en hiver 9h30-16h30) domine la côte, à 600 m au nord de la mosquée des Turcs. Édifié au XIIIe siècle par les Aragonais sur les ruines d'un ribat aghlabide du IXe siècle, il fut agrandi au début du XVIe siècle.

En 1560, il tomba aux mains des hommes de Dragut (voir p. 241) qui, après avoir massacré les garnisons espagnoles, empilèrent les crânes de leurs victimes sur la côte, à 500 m à l'ouest du fort, en signe d'avertissement. Cette tour des Crânes resta en place pendant trois siècles, jusqu'en 1848. Bien qu'un monument ait aujourd'hui remplacé cette tour, un dessin, visible dans la pièce jouxtant l'entrée du fort, en donne une idée.

Le fort comprend de nombreuses pièces et une mosquée. Du haut des remparts, on a une très jolie vue sur la côte. Remarquez aussi les boulets de canon, en pierre et en fer, découverts pendant les travaux de restauration.

PORT DE PÊCHE

Très animé, le petit port de pêche de la ville marque l'extrémité nord de l'av. Habib- Bourguiba, à 15 minutes à pied du centre-ville. Il conserve toute son authenticité et son charme, mais la construction de la marina moderne toute proche pourrait hélas tout changer (voir l'encadré p. 250). Visitez-le de préférence de bonne heure le matin, quand il est très actif.

Fêtes et festivals

Le festival d'Ulysse se déroule en juillet et août. Exclusivement destiné aux touristes, il comprend même un concours pour l'élection de Miss Ulysse ! Les offices du tourisme pourront vous renseigner (voir p. 242).

Où se loger

Houmt-Souk dispose d'un vaste choix d'établissements. Ceux de la catégorie supérieure se situent dans la zone touristique (voir p. 250). Les prix indiqués s'entendent petit déjeuner compris, sauf mention contraire.

PETITS BUDGETS

Pour camper, allez directement à Aghir, à 28 km au sud-est de Houmt-Souk (p. 251).

L'**Auberge de Jeunesse** (☎ 650 619 ; rue Moncef-Bey ; dort 6 DT) est installée dans un ancien *fondouk* dans une petite rue tranquille proche du centre-ville. Tenue par un personnel sympathique, elle reste ouverte la journée. En saison, le séjour est limité à trois jours. Petit déj. à 1 DT.

Hôtel Arischa (☎ 650 384 ; rue Ghazi-Mustapha ; s/d 15/20 DT, 20/28 DT avec sdb). Au nord du souk, c'est l'un des *fondouks* les plus agréables, avec une cour fleurie et de jolies chambres voûtées, spacieuses et délicieusement fraîches en été.

Hôtel Marhala (☎ 650 146 ; fax 653 317 ; rue Moncef-Bey ; s/d 16/26 DT). Géré par le Touring-Club de Tunisie, il possède aussi des chambres voûtées. Certaines s'avèrent toutefois un peu sommaires et étouffantes. Il offre néanmoins un bon rapport qualité/prix et renferme une cour très agréable.

Hôtel Sables d'Or (☎ 650 423 ; rue Mohammed-Ferjani ; s/d 12/22 DT). Aménagé dans une demeure traditionnelle de Houmt-Souk, il est très bien tenu (y compris les toilettes communes), plaisant et d'un excellent rapport qualité/prix.

CATÉGORIE MOYENNE

Hôtel Er-Riadh (☎ 650 756 ; fax 650 487 ; rue Mohammed-Ferjani ; s 17,5-22,5 DT, d 26-30 DT ;). Au nord du souk, cet établissement propose pour quelques dinars de plus que les précédents les plus belles chambres des anciens *fondouks*. Vastes et pittoresques, elles donnent sur une cour agréable.

Hôtel Hadji (☎ 650 630 ; fax 652 221 ; 44 rue Mohammed-Badra ; s 17-22 DT, d 28-33 DT ;). Bien qu'il ne possède pas le charme des hôtels du souk et s'avère plus classique, il offre tout de même des chambres spacieuses, claires et aérées.

Hôtel Les Palmes d'Or (☎ 653 369 ; 84 av. Abdelhamid-el-Kadhi ; s/d 30/50 DT ;). Les chambres lumineuses et modernes, toutes avec TV sat, comptent parmi les plus confortables de la ville. Le personnel se montre particulièrement attentionné.

Hôtel Essada (☎ 651 422 ; fax 652 048 ; av Habib-Thameur ; s/d 20/30 DT ;). Peu fréquenté par les touristes, cet établissement joliment décoré fera l'affaire si toutes les autres options affichent complet.

Signalons aussi deux autres hôtels de qualité face à la mer, sur le bd de l'Environnement, à l'ouest du fort. Situés dans un quartier tranquille, ils sont toutefois un peu éloignés du centre-ville, d'autant que le trajet n'est pas particulièrement plaisant.

Hôtel du Lotos (☎ 650 026 ; fax 651 127 ; bd de l'Environnement ; s/d 23/36 DT). Face au monument commémorant la tour des Crânes, il s'agit du tout premier hôtel touristique de l'île. Ses chambres immenses, dotées d'un grand balcon, n'ont rien perdu de leur charme d'antan. Le personnel est très serviable et l'hôtel possède un bar.

Hôtel Dar Faiza (☎ 650 083 ; fax 651 763 ; s/d 33,5/53 DT ;). Il se compose de plusieurs petites unités abritant des chambres spacieuses et très tranquilles, réparties dans le parc derrière le bâtiment principal. C'est aussi l'un des meilleurs restaurants de l'île.

Où se restaurer

Les rues de Houmt-Souk regorgent de cafés et de restaurants susceptibles de satisfaire toutes les bourses. Ils ouvrent tous midi et soir, sauf mention contraire.

Pour manger sur le pouce, faites un tour à la minuscule boutique de sandwiches de la rue Mohammed-Ferjani, au sud de la place d'Algérie, très appréciée des gens du quartier : vous choisissez vous-même la composition de votre sandwich baguette, pour 500 millimes à 1 DT.

Restaurant La Mamma (enseigne en arabe). Ce petit restaurant rudimentaire de la rue Habib-Bougatfa fait salle comble à l'heure du déjeuner. Les ouvriers du quartier viennent s'attabler devant de belles portions de *lablabi* ou de *chorba* (soupe, 800 millimes). Il sert aussi des plats du jour, comme des macaronis épicés à la tunisienne à 1,5 DT.

Restaurant Populaire (☎ 653 823 ; av. Abdelhamid-el-Kadhi ; entrées 1 DT, plats à partir de 2,5 DT). Minuscule également, ce sympathique établissement, derrière le marché central, est d'un excellent rapport qualité/prix. Entre autres spécialités tunisiennes, il prépare du *kammounia* (ragoût de viande au cumin) et du *mloukhia* (ragoût de viande).

Restaurant Les Palmiers (place d'Algérie ; entrées à partir de 1,5 DT, plats à partir de 3 DT). Réputé pour sa bonne cuisine et ses prix se limitant au quart de ceux des restaurants de la place Hedi Chaker, il remporte un franc succès auprès des Tunisiens et des touristes. Goûtez notamment la *chorba* (1,5 DT), les *briks*, à moins d'un dinar, et les fruits de mer, à partir de 4 DT.

Restaurant du Sportif (av. Habib-Bourguiba ; entrées à partir de 500 millimes, plats à partir de 2,5 DT). Encore moins cher que Les Palmiers pour un choix identique, il est régulièrement bondé à l'heure du déjeuner.

Restaurant el-Foundouk (☎ 653 238 ; près de l'av. Habib-Bourguiba ; salades 2,5 DT, plats à partir de 4 DT). Aménagé dans une cour à l'écart de la route, ce restaurant se distingue par son cadre pittoresque. Il sert de la bonne cuisine, notamment du riz de Djerba (5 DT).

Restaurant Aladin (☎ 621 191 ; av. Mohammed-Badra ; entrées à partir de 1,5 DT, plats à partir de 3 DT). Retenez ce petit restaurant accueillant pour ses plats de fruits mer à des prix abordables, en particulier la pieuvre à l'encre (3,5 DT).

Patisserie M'hirsi La Viennoise (av. Abdelhamid-el-Kadhi ; petit déj, déj et dîner). Grand choix de pâtisseries.

Les restaurants plus haut de gamme avoisinent la place Hedi-Chaker. Ils proposent tous des menus équivalents (souvent à base de fruits de mer) et un cadre agréable, mais demandent au moins 10 DT par plat. Renseignez-vous sur le prix avant de commander, en particulier pour les poissons vendus au poids. Cela dit, on y dîne souvent bien, dans une atmosphère très plaisante.

Aux abords de la place Hedi-Chaker : souvent recommandé, le **Restaurant Baccar** (☎ 650 708) offre un service efficace et sert de belles portions (surtout pour les *spaghettis aux fruits de mer*, la spécialité maison, à 10 DT). Le **Restaurant Blue Moon** (☎ 650 559) réussit très bien les plats de poisson. Un peu moins onéreux, mais aussi moins pittoresque, le **Restaurant du Sud** (☎ 650 479), entre les places Hedi-Chaker et Sidi-Brahim, prépare de savoureux *briks aux fruits de mer* (4,5 DT) et du *calamar grillé* (7 DT).

La plupart des tables installées sur la place même, sous les treilles, appartiennent à **Zafraa**, à retenir pour ses sandwiches copieux (2 DT), ses pizzas (à partir de 3 DT) et ses jus de fruits frais (à partir de 2 DT). Vous pouvez aussi venir déguster une crêpe (1,5 DT) au petit déjeuner, pour changer du classique pain-beurre servi dans la plupart des hôtels.

Parmi les restaurants des hôtels, citons celui de l'**Hôtel Arischa** (plats environ 10 DT), qui jouit d'une bonne réputation pour ses fruits de mer. Le personnel se montre très sympathique et la carte des vins raisonnable. Apprécié également des Tunisiens, le restaurant de l'**Hôtel Dar Faiza** (menu à 8 DT) possède une terrasse.

Enfin, au **Restaurant Haroon** (☎ 650 488), établissement chic proche du port de pêche, prévoyez 25 DT sans le vin ou choisissez le menu de trois plats à 15 DT.

Depuis/vers Houmt-Souk

AVION

Près du village de Mellita, au nord-ouest de l'île, l'aéroport de Djerba reçoit régulièrement des vols charters en provenance de l'Europe (voir p.271). **Tunis Air** (☎ 653 102) dispose d'une agence av. Habib-Bourguiba et assure quatre vols par jour pour Tunis (65 DT l'aller simple, 1 heure) en été.

BUS

La gare routière se situe à l'extrémité sud de l'av. Habib-Bourguiba. Les départs sont indiqués sur le panneau au-dessus des guichets.

SNTRI assure au moins trois liaisons par jour avec Tunis en bus climatisé (23 DT). Deux passent par Kairouan (13,7 DT, 6 heures) et mettent au total 8 heures. Le troisième traverse Sfax (11 DT, 5 heures) et Sousse (16,3 DT, 7 heures) et met 9 heures au total. Ils s'arrêtent tous à Gabès (6,1 DT, 2 heures 30).

Sotregames, la compagnie régionale, affrète cinq bus par jour pour Medenine. Assurez-vous d'en prendre un qui emprunte le ferry Ajim–Jorf. Le trajet coûte dans ce cas 3,2 DT et dure 1 heure 30. Sinon, le trajet *via* Zarzis dure une heure de plus et revient à 4,6 DT. Deux bus se rendent jusqu'à Tataouine (5,1 DT, 2 heures 30). Sachez que celui qui part l'après-midi passe par Zarzis. Il met 3 heures 30 pour arriver à destination et coûte 6,4 DT.

Trois bus chaque jour se rendent à Gabès (6,1 DT, 3 heures) et l'un d'eux va jusqu'à Matmata (6,5 DT, 3 heures).

LOUAGES

Les louages stationnent en face de l'entrée de la gare routière. Ils partent régulièrement à destination de Gabès (5,4 DT) et Medenine (4,4 DT), un peu moins souvent pour Tataouine (6,5 DT). Certains rejoignent parfois Tunis, Sfax et Sousse.

Comment circuler

DEPUIS/VERS L'AÉROPORT

L'aéroport est à 8 km à l'ouest de Houmt-Souk, après le village de Mellita. Trois bus par jour seulement assurent la liaison avec la gare routière (570 millimes), leurs horaires risquent fort de ne pas correspondre aux vôtres. En taxi, comptez environ 3,5 DT depuis Houmt-Souk, 8,5 DT depuis la zone touristique.

BICYCLETTE ET MOBYLETTE

Avec un vélo ou un scooter, vous pourrez visiter l'île à votre guise sans vous ruiner. Il est probable que votre assurance ne vous couvre pas si vous circulez à mobylette, aussi conduisez avec la plus grande prudence, en particulier dans les petits villages, où vous croiserez souvent des enfants, des cyclistes ou des chiens. Très plates, les routes de l'île se parcourent aisément en deux roues. **Raïs Rentals** (☎ 650 303 ; av. Abdelhamid-el-Kadhi), au nord de la mosquée des Étrangers, dispose d'un bon choix de vélos et de scooters à louer. Comptez 10/45 DT par jour pour un vélo/scooter 50 cm^3.

BUS

Si vous disposez d'un budget limité mais de beaucoup de temps, le réseau des bus

LA COMMUNAUTÉ JUIVE DE DJERBA

D'après la communauté juive de l'île, les premiers juifs sont arrivés à Djerba en 586 av. J.-C., à la suite de la conquête de Jérusalem par Nabuchodonosor, ou en 71, après la mise à sac de Jérusalem par les Romains. Quoiqu'il en soit, il s'agit de la plus ancienne communauté juive du monde, mise à part celle d'Israël. Certains historiens prétendent néanmoins que les juifs de Djerba descendraient plutôt de Berbères convertis. Au fil des siècles, les juifs fuyant les persécutions en Espagne, en Italie et en Palestine sont venus grossir cette communauté.

Au XIXe siècle, on imposait aux juifs le port de certains vêtements : pantalon et casquette noirs et chemise bleue sans manche. Cette discrimination prit fin avec l'arrivée des Français, en 1881. Très attachée à ses traditions, un peu à l'instar des musulmans kharidjites, la communauté de l'île refusait toute aide financière ou culturelle de la diaspora. Beaucoup de juifs de Djerba se sont peu à peu installés dans le sud tunisien, où ils excellèrent dans l'art de la ferronnerie. Ils revenaient passer l'été et les fêtes religieuses.

Pendant la Seconde Guerre mondiale, la communauté de l'île dut verser aux Allemands 50 kg d'or. Une grande partie a ensuite émigré en Israël après les guerres israélo-arabes de 1956 et de 1967, le réveil des nationalismes arabe et israélien rendant leur situation difficilement vivable dans l'ensemble de l'Afrique du Nord.

Cette communauté ne comprend plus aujourd'hui que quelques centaines de personnes. Leur présence sur l'île a été remise en question en avril 2002, lorsqu'un camion a explosé devant la synagogue, faisant dix-neuf morts. Les musulmans et les juifs de l'île rappellent volontiers qu'ils vivent en harmonie depuis plusieurs générations et voient dans cet attentat une attaque extérieure plus que le signe d'une tension locale. La sécurité aux abords de la synagogue a depuis été nettement renforcée (les voyageurs indépendants doivent parfois présenter une pièce d'identité).

locaux reste le moyen le plus économique de parcourir l'île. Au départ de Houmt-Souk, ils desservent Guellala (800 millimes, 7 par jour, 30 min) *via* Er-Riadh (450 millimes), Cedouïkech (600 millimes, 7 par jour), la zone touristique (750 millimes, 14 par jour), Midoun (800 millimes, 12 par jour, 30 min) ainsi que d'autres villages. La carte du réseau (répertorié par couleur) et les horaires sont affichés au-dessus des guichets de la gare routière de Houmt-Souk.

LOCATION DE VOITURE

Louer une voiture présente un intérêt uniquement si vous souhaitez passer plusieurs jours à visiter l'île. Tous les loueurs possèdent une agence à Houmt-Souk et à l'aéroport. En ville, citons notamment **Avis** (☎ 650 151 ; av. Mohammed-Badra) et **Europcar** (☎ 650 357 ; av. Abdelhamid-el-Kadhi). Renseignez-vous également auprès des compagnies locales, à l'extrémité nord de l'av. Abdelhamid-el-Kadhi, elles proposent parfois des tarifs plus avantageux.

TAXI

Les taxis permettent de se déplacer rapidement. La course commence à 10 DT de l'heure mais il est possible de marchander. Faites preuve de fermeté car les chauffeurs essaient parfois de vous emmener là où ils pensent que vous devriez aller. Il existe deux stations de taxi à Houmt-Souk, av. Habib-Bourguiba au centre-ville et place Sidi-Brahim. Certains stationnent également devant les grands hôtels de la zone touristique.

ER-RIADH (HARA-SEGHIRA)

☎ 75

À 7 km au sud de Houmt-Souk, Er-Riadh (ou Hara-Seghira) mérite une visite à sa vieille synagogue. La ville abrite le plus bel hôtel de l'île.

Synagogue la Ghriba

Signalée par un panneau à 1 km au sud de la ville, la **synagogue la Ghriba** («la merveilleuse» ; entrée 1 TD ; dim-ven 7h30-18h), la plus ancienne d'Afrique du Nord, est un haut lieu de pèlerinage durant la Pâque, lorsque les juifs viennent rendre hommage au grand maître talmudique Shimon Bar Yashai, mort il y a 400 ans. Pendant la célébration, les pèlerins défilent dans la ville en portant les livres saints.

Le site de la synagogue remonte à 586 av. J.-C., mais l'édifice actuel a été construit au début du XXe siècle. Une pierre sainte serait tombée du ciel pour marquer l'endroit où bâtir le monument d'origine, dont la construction aurait ensuite été supervisée par une femme apparue mystérieusement. L'on raconte aussi que lorsque les derniers juifs auront quitté Djerba, les clés de la synagogue retourneront au ciel.

À l'intérieur, les meubles en bois foncé forment un bel ensemble avec les carreaux de faïence bleu. Le sanctuaire abriterait la plus ancienne Torah du monde. Sur le mur oriental, remarquez les nombreuses plaques d'argent, ex-voto déposés par les pèlerins.

Où se loger et se restaurer

Dar Dhiafa (☎ 671 166 ; d 170 DT, ste 210-250 DT; 🏊) est l'un des plus beaux hôtels du pays. S'inspirant de l'architecture locale, il s'agrémente d'arcades, de passages, de fontaines, de cours, de coupoles et de faïences à l'ancienne et offre des chambres aussi belles que confortables. Tenu par un personnel serviable et discret, il comprend un hammam, un café maure et un excellent restaurant. Il est bien indiqué en ville.

Depuis/vers Er-Riadh

Les bus de Houmt-Souk à Guellala passent près de la synagogue (450 millimes).

GUELLALA

☎ 75

Célèbre pour ses poteries, ce village de la côte sud de l'île abrite des dizaines d'ateliers et de galeries. Les articles sont sensiblement les mêmes que ceux vendus à Houmt-Souk, à cette différence près qu'ils sont réellement fabriqués sur place.

Grotte d'Ali le Berbère

Faites halte à la grotte d'Ali le Berbère, à l'extrémité sud de la ville. Le vieil Ali vous expliquera que sa grotte, soutenue par des arches de pierre, date de l'époque romaine. Il vous montrera l'art traditionnel des potiers et un ancien pressoir à olives, avant de se cacher dans une grande amphore à la manière d'Ali-Baba ! L'entrée est gratuite, mais pensez à lui laisser un pourboire avant de partir.

Mosquée de Guellala

En bord de mer, à 1,5 km au sud de la ville, ce bel exemple d'architecture islamique est idéal pour admirer le coucher du soleil.

Musée de Guellala

Ouvert depuis 2001, ce **musée** (musée de Guellala ; ☎ 761 114 ; entrée 5 DT, photos 3 DT ; 🕑 été 8h-23h, hiver 8h-18h) présente l'une des plus belles collections d'art traditionnel du pays. Des reproductions de l'architecture typique de l'île illustrent une cinquantaine de scènes de la vie traditionnelle, tels que les rituels du mariage ou de la circoncision, les cérémonies soufies ou le pressage des olives. La musique diffusée dans les différentes salles complète les tableaux formés par les mannequins. On découvre aussi les habits de mariage traditionnels des différentes régions de la Tunisie. Situé sur le point le plus haut de l'île, à 1,5 km à l'est de la ville sur la route de Cedouïkech, le musée offre en outre un panorama sur Guellala et le golfe de Bou-Grara. Il est parfois appelé musée du Patrimoine.

Depuis/vers Guellala

Sept bus par jour relient Guellala et Houmt-Souk (800 millimes, 30 min).

DE GUELLALA À LA ZONE TOURISTIQUE

La route du nord-est de Guellala traverse la ville paisible de **Cedouïkech**, qui abrite la **mosquée souterraine**, ou mosquée Louta, dont on aperçoit uniquement les dômes blancs. Ancienne mosquée ibadite, elle date du XIIe siècle. En poursuivant vers le nord-est, marquez une pause à **Mahboubine** pour jeter un coup d'œil à la mosquée turque ou mosquée El-Kaatib. Jusqu'à Midoun, vous apercevrez depuis la route de nombreux *menzels* (habitations typiques de l'île) traditionnels.

Deuxième grande ville de l'île, **Midoun** ne présente pas grand intérêt, hormis le vendredi, jour d'un marché très animé. Elle met aussi en scène spécialement pour les touristes une cérémonie de mariage traditionnelle, tous les mardis à 16h. Le **Restaurant de l'Orient** sert des couscous à 2 DT, tandis que le très chic **Restaurant Le Khalife** (☎ 657 860), av. Salah-ben-Youssef, prépare surtout des plats de poisson.

L'oasis de **Cedghiane** mérite en revanche le détour. Située dans la partie la plus fertile de l'île, l'irrigation par des puits artésiens permet de pratiquer l'agriculture caractéristique des oasis. Les grands palmiers offrent leur ombre aux citronniers et aux grenadiers qui, à leur tour, protègent les cultures maraîchères. De vastes *menzels* témoignent de l'importance qu'eut autrefois ce site. Beaucoup sont aujourd'hui en ruines.

ZONE TOURISTIQUE

☎ 75

La zone touristique s'étend sur toute la côte est de l'île, le long de la magnifique plage de sable doré de **Sidi Mahres**. Elle commence à l'est de la péninsule de Ras Remel, qui avance dans la mer à 10 km à l'est de Houmt-Souk. On la surnomme la **pointe des Flamants** en raison du grand nombre de flamants roses qui s'y rassemblent l'hiver. La plage suit la côte jusqu'à **Ras Taguermes**, le cap situé à l'extrémité est de l'île. Juste au sud s'ouvre une vaste baie, délimitée par une longue langue de sable.

Enfin, tout au sud de cette côte, à **La Seguia**, les hôtels se font moins nombreux et les plages sont moins fréquentées. La plupart appartiennent aux hôtels, mais vous dénicherez encore quelques plages publiques (ou populaires, comme les appellent les Tunisiens) au sud du Mövenpick Resort. Restaurants, boutiques souvenirs et loueurs de deux roues jalonnent la route qui longe le littoral, derrière les hôtels.

Activités

Pour changer un peu de la bronzette, vous pourrez tester l'un des nombreux sports aquatiques proposés par les hôtels. Ils louent des surfs (5 DT/h), des pédalos (5 DT) et des catamarans (20 DT). Dans un autre genre, vous pourrez vous initier au au parapente.

On peut aussi jouer au bowling et faire du karting (8 DT les 10 tours). Enfin, n'oubliez pas de réserver au **Djerba Golf Club** (☎ 659 055 ; dDjerba.golfclub@planet.tn ; 28/48 DT 9/18 trous, admission club 12 DT), 17 km à l'est de Houmt-Souk.

Signalons que le **casino** (🕓 18h-5h) accepte uniquement les devises étrangères.

Où se loger et se restaurer

La côte compte actuellement 107 hôtels, généralement complets l'été et qui ne présentent d'intérêt que si vous avez réservé un séjour tout compris. Les rares chambres libres sont facturées au prix fort aux voyageurs indépendants. Les complexes les plus luxueux offrent souvent une ou plusieurs piscines, une plage privée, un centre de massage, des courts de tennis, des discothèques, des bars, des restaurants, des cafés et des boutiques. Ils organisent, en outre, quantité d'activités pour leurs clients.

DJERBA ET LE TOURISME

Les tensions existant entre l'industrie touristique et la société tunisienne traditionnelle se font particulièrement sentir à Djerba, notamment à Houmt-Souk. Les nappes phréatiques d'eau potable se raréfient et l'agriculture disparaît, les sols étant exploités au maximum par les complexes hôteliers et les infrastructures touristiques. Pour bon nombre des habitants de l'île, ce déferlement de touristes a radicalement transformé leur environnement, les familles ont dû renoncer aux plus belles plages et subissent les conséquences de la flambée des prix.

Les pêcheurs du port d'Houmt-Souk semblent être les prochaines victimes du développement touristique. Leur savoir-faire millénaire semble menacé par la construction d'une nouvelle marina ultra-luxueuse, dans le style de celles de Monastir ou de Port el-Kantaoui. Elle devrait être terminée en 2005 et pourrait bien devenir rapidement le nouveau repaire des plaisanciers fortunés, contraignant les pêcheurs à émigrer plus loin sur la côte.

Si les coutumes survivent dans les villages ibadites de langue berbère du sud, comme Guellala et Cedouïkech, elles tendent à disparaître avec l'exode des jeunes qui trouvent du travail dans l'industrie touristique.

Néanmoins, le tourisme a permis de préserver le patrimoine architectural de l'île, de relancer l'artisanat et de créer de nombreux emplois. D'après les statistiques officielles, chaque lit d'hôtel du pays représente 1,1 emploi direct.

Pour essayer de réduire le fossé qui sépare les habitants des touristes, évitez dans la mesure du possible de parcourir les souks au pas de course et de fréquenter exclusivement les restaurants pour étrangers avant de vous précipiter à votre hôtel. Prenez le temps de bavarder avec les Tunisiens, avec le serveur qui vous apporte le petit déjeuner, le commerçant à qui vous achetez une babiole ou un voisin de table, au café du coin. Il y a fort à parier qu'ils seront ravis de rencontrer quelqu'un qui prend le temps de découvrir leur île sous un autre angle.

Lors de la rédaction de ce guide, il existait sept complexes 5 étoiles, tous dotés des infrastructures les plus modernes et les plus luxueuses. Les simples/doubles sont à 150/200 DT en été. Citons notamment l'**Athénée Palace** (☎ 757 600) et le **Mövenpick Ulysse Palace** (☎ 758 777) à l'extrémité nord de la plage de Sidi Mahres, ainsi que le **Sofitel Palm Beach** (☎ 757 777) et l'**Hôtel Hasdrubal** (☎ 657 650). Près de Ras Taguermes, le **Rym Beach Club** (☎ 657 614) n'affiche pas 5 étoiles mais n'en demeure pas moins d'excellente qualité.

Les voyageurs indépendants peuvent se tourner vers les deux-étoiles, souvent moins pris d'assaut. Généralement proches de la plage, ils offrent un hébergement moins anonyme, qui s'apparente davantage aux pensions. Prévoyez environ 50/80 DT pour une simple/double. Tentez votre chance auprès de l'**Hôtel Dar Salem** (☎/fax 757 667), qui reçoit plutôt des familles, ou auprès de l'**Hôtel Le Beau Rivage** (☎ 757 130 ; fax 758 123).

L'**Auberge Centre Aghir** (☎ 657 366 ; dort 2 DT sans petit déj ; tente 2,5 DT) plaira aux amateurs de camping. Située directement sur la plage d'Aghir, au croisement de la route de Midoun, à 28 km au sud-est de Houmt-Souk, elle est simple et très pratique. Pour vous y rendre depuis Houmt-Souk, prenez le bus (1 DT, 40 min) qui dessert le Club-Méditerranée *via* Midoun.

CÔTE SUD-EST

Assez tranquille, la côte sud-est offre cependant moins d'intérêt. On peut aller jusqu'au **Borj Kastil**, un fort romain reconstruit sur une petite péninsule au sud-ouest de La Seguia. Il est accessible uniquement à pied ou à vélo.

Sans charme particulier, **El-Kantara** abrite quelques vestiges de **Meninx**, ancienne cité romaine. La plupart sont visibles depuis la route, à l'ouest et au nord d'El-Kantara. On aperçoit aussi la voie romaine qui relie encore l'île au continent.

Carnet pratique

SOMMAIRE

ACCÈS INTERNET

En Tunisie, l'accès public à Internet est géré par la société Publinet, qui possède des cybercafés dans toutes les villes de taille moyenne ; vous trouverez les adresses au cours des pages de ce guide. La qualité des connexions est variable – certaines sont d'une lenteur agaçante, d'autres le sont moins, mais jamais très rapides. Le tarif pour une heure de consultation sur Internet s'échelonne de 1,5 DT à 2 DT.

Lors de notre visite, il n'était pas possible de consulter les messageries hotmail car le gouvernement les avait bloquées. Il vaut mieux vous créer un autre compte pour recevoir vos e-mails (par exemple sur Yahoo ; www.yahoo.com) avant votre départ. D'autres pages du Web considérées subversives ou dépravées sont aussi censurées ; renseignez-vous auprès de Publinet si vous n'arrivez pas à afficher certaines pages.

Pour accéder à votre compte e-mail, vous devrez vous souvenir de vos paramètres de connexion : le nom de votre serveur de courrier entrant (POP ou IMAP), votre identifiant client et votre mot de passe. Avec ces informations, vous devriez pouvoir accéder à votre messagerie depuis n'importe quel ordinateur dans le monde.

Si vous emportez votre ordinateur portable en Tunisie, vous ne pourrez vous connecter que dans les hôtels de catégorie supérieure et encore, avec un débit parfois lent. La plupart des fournisseurs d'accès Internet internationaux n'ont pas

RENSEIGNEMENTS PRATIQUES

Journaux et magazines
La Presse (www.lapresse.tn) et *Le Temps* (journaux en français) ; *Assabah* (www.tunisie.com/Assabah) et *Al-Houria* (quotidiens en arabe) ; (avec deux jours de retard) principaux journaux européens

Radio
Station locale en français (98 FM ; www.radiotunis.com) ; BBC World Service sur ondes courtes (15.070 MHz et 12.095 MHz)

TV
Chaîne en français (JT de 30 minutes à 20h ; www.tunisiatv.com) ; TV satellite (CNN, etc.) dans les hôtels luxueux

Système vidéo
La Tunisie a opté pour le système PAL

Électricité
Couverture quasi générale du réseau national de courant électrique 220 V ; prises européennes à deux fiches rondes

Poids et mesures
La Tunisie utilise le système métrique ; tableau de conversion en 3e de couverture

d'accords avec leurs homologues tunisiens. Vous pourrez acheter un bon modem "mondial" avant votre départ, ou une carte prépayée ; contactez **Planet Tunisie** (☎ 71-847 373 ; www.planet.tn), le fournisseur national. Quoi qu'il en soit, à moins de séjourner longtemps dans le pays, cela n'en vaut pas la peine.

Si vous avez l'intention d'utiliser votre ordinateur durant votre séjour, vérifiez que votre chambre d'hôtel est équipée d'une prise murale, car de nombreux établissements de catégorie moyenne n'en disposent pas.

Service de communication eKno

Lonely Planet propose aux voyageurs un service de téléphone et de messagerie Internet, baptisé eKno. Il s'agit d'une carte de téléphone prépayée qui vous permet d'économiser jusqu'à 85% du montant de votre facture téléphonique passée de l'étranger (pour des appels dans le pays, il est plus économique de se procurer une carte locale). Plus besoin de faire l'appoint ou de passer par un opérateur, il suffit d'appeler un numéro de téléphone qui vous mettra en relation avec vos proches. En outre, l'originalité d'eKno est de permettre d'accéder à ces services indifféremment par téléphone ou sur le site Internet d'eKno (www.ekno.lonelyplanet.com).

ACHATS

Artisanat

BIJOUX

La bijouterie arabe (notamment celle en or), souvent très chargée, n'est pas toujours du goût des Occidentaux. La traditionnelle main de Fatma (la fille du Prophète) ou *khomsa* se décline aussi bien en petites boucles d'oreilles qu'en gros pendentif, généralement en argent. Dans l'antiquité, cet emblème représentait Baal, le protecteur des Carthaginois.

Parmi les bijoux traditionnels, on compte l'*hedeyed*, un large bracelet finement ciselé en or ou en argent, et le *kholkal*, un anneau de cheville. À l'époque des Carthaginois, on portait un *kholkal* comme signe de chasteté. Aujourd'hui, il symbolise la fidélité et fait partie de la dot de la mariée.

La qualité des bijoux en argent ou en or pur est indiquée par les poinçons officiels. Si un bijou n'en comporte pas, sa qualité est douteuse. Les poinçons utilisés sont : la tête de cheval (le symbole carthaginois de la monnaie, désigne les bijoux en or 18 carats) ; le scorpion (9 carats) ; la grappe de raisin (argent valant 900 millimes le gramme) ; et la tête de nègre (argent de moindre qualité valant 800 millimes le gramme).

CHECHIAS

Les *chechias* sont les petits chapeaux en feutre rouge que portent les hommes âgés. Le meilleur endroit pour en acheter : le souk des *chechias* à Tunis (p. 73). Si la qualité est inégale, les prix tournent toujours autour de 6 DT.

CHICHAS

Ces drôles de pipes à eau prennent toutes sortes de taille et de forme. Vous en trouverez facilement dans les souks et les boutiques à souvenirs. Les prix s'échelonnent de 4 DT la petite chicha à 70 DT le grand modèle de bonne qualité.

CUIVRE ET LAITON

Les articles en cuivre ou laiton martelé ont beaucoup de succès. Les plateaux, dont la taille varie de l'assiette à la table basse, constituent de beaux souvenirs, mais les plus grands s'avèrent peu pratiques à transporter.

CUIR

Quasiment tous les articles en cuir de Tunisie proviennent de Kairouan. On y fabrique les ceintures, portefeuilles, porte-monnaie et sacs à main décorés de dromadaires ou de palmiers, que vous retrouverez dans toutes les boutiques à souvenirs du pays.

Parmi les autres articles dont les touristes sont friands, on compte les selles traditionnelles de dromadaires et d'ânes, les outres et les porte-cartouches.

À Douz et dans les localités du sud, vous pourrez trouver des sandales confortables faites en cuir de dromadaire.

HUILES ET PARFUMS

La péninsule de Cap Bon est réputée pour sa production d'huiles essentielles, notamment de fleur d'oranger et de géranium. La majeure partie de la production est destinée à la parfumerie internationale, mais le reste est vendu comme huile

JOURS DE MARCHÉS

Jour	Localité
Lundi	Aïn-Draham, El-Djem, Houmt-Souk, Kairouan, Kélibia, Matmata et Tataouine
Mardi	Ghardimao, Kasserine et Kébili
Mercredi	Gafsa, Djendouba et Sbeitla
Jeudi	Douz, Hammamet, Le Kef, Nefta, Remla (Kerkennah), Sejnane et Tebersouk
Vendredi	El-Haouaria, Mahdia, Nabeul, Sfax, Tabarka, Tamerza, Zaghouan
Samedi	Ben Guerdane, El-Fahs, Gabès et Monastir
Dimanche	Hammam Lif et Le Kef

parfumée dans les boutiques à souvenirs, au prix de 1,5 DT les 5 ml.

POTERIES ET CÉRAMIQUES

La Tunisie possède une longue réputation dans l'art de la poterie. Les principaux centres de production se trouvent à Nabeul (p. 104) et Guellala (p. 249) sur Djerba. Les ateliers produisent toutes sortes d'objets de styles différents, des simples carreaux de céramique en terre cuite aux vases élégants de style andalou, en passant par les services de table.

Les villages berbères près de la petite ville de Sejnane (p. 126), au nord du pays, sont réputés pour leurs produits traditionnels. Les poteries de Sejnane sont généralement des bols moulés et des figurines d'animaux décorés de motifs traditionnels.

ROSES DES SABLES

Les roses des sables proviennent du sud de la Tunisie, mais elles sont en vente partout dans le pays. Le gypse qui les compose s'est séparé du sable et cristallisé en formes spectaculaires qui évoquent des pétales de rose.

Leur taille varie de 5 cm de diamètre à celle d'une pastèque. Les roses des sables constituent des souvenirs bon marché, mais attention ! Elles sont lourdes à transporter.

TAPIS ET CARPETTES

Même s'ils coûtent un certain prix, il semble que les tapis, parfois de toute beauté, soient les souvenirs les plus courants. Vous en trouverez notamment à Tunis, Kairouan, Tozeur et Djerba. Pour connaître les différentes sortes de tapis disponibles et les prix officiels dans ces villes, reportez-vous à la p. 195 et à l'encadré p. 183.

Parmi l'offre de Kairouan, vous trouverez des *allouchas*, des tapis berbères en laine épaisse tissés à la main. Ils présentent des coloris naturels et des motifs traditionnels berbères. À Aïn Draham, ils sont produits par une petite coopérative de femmes appelée Les Tapis de Kroumirie (voir l'encadré p. 133 pour plus de précisions.) Vous en trouverez également à Tunis, dans la boutique Mains de Femmes, située au-dessus de la Banque de l'habitat, sur l'avenue Habib-Bourguiba.

Différentes sortes de tapis sont vendues dans les magasins nationaux Socopa (voir ci-après), installés dans les grands centres touristiques. Tous les produits ont été inspectés par l'Organisation nationale de l'artisanat (ONAT) et classés selon leur nombre de nœuds. Ils portent une étiquette qui précise ces informations.

VANNERIE

Les paniers rectangulaires en alfa sont pratiques et peu onéreux. Certains sont d'un goût douteux, notamment ceux ornés de photos de dromadaires ou de scènes du désert, mais beaucoup présentent des motifs simples. Les touristes apprécient également les chapeaux et éventails en vannerie. La plupart des articles ont été fabriqués à Gabès et Djerba dans le sud du pays. Voir l'encadré p. 159 pour plus d'informations.

CHICHAS

Ces drôles de pipes à eau prennent toutes sortes de tailles et de formes. Vous en trouverez facilement dans les souks et les boutiques à souvenirs. Les prix s'échelonnent de 4 DT la petite chicha à 70 DT le grand modèle de bonne qualité.

Où acheter vos souvenirs

Vous trouverez sans peine des objets artisanaux dans les boutiques à souvenirs du pays, mais ce sont souvent les prix qui vous arrêteront. Ne commencez pas vos achats dans les boutiques à touristes des médinas si vous n'avez aucune idée de la valeur de la marchandise. Les commerçants annoncent des prix de départ parfois dix fois supérieurs aux prix réels.

Commencez plutôt vos emplettes à un emporium de la Société de commercialisation des produits de l'artisanat (Socopa), gérée par l'État. Chaque grand centre touristique en compte un. Les experts en marchandage pourront trouver des articles à meilleur prix ailleurs, mais sans garantie de la qualité offerte par la Socopa. Les vendeurs de ces magasins sont payés pour vous aider à choisir, pas pour faire de la vente forcée. Même si vous n'avez pas l'intention d'acheter, explorer ces magasins vous permettra de connaître les prix jugés raisonnables avant de vous aventurer dans la médina.

Lorsque vous effectuez des achats dans la médina, ouvrez l'œil : de nombreux tapis valant 100 DT ont été vendus 500 DT. Le thé à la menthe qu'on vous a gentiment offert revient un peu cher !

MARCHANDAGE

En Tunisie, le marchandage s'arrête aux objets d'artisanat. Une fois rompu aux techniques, le jeu peut devenir amusant, voire très économique. Si marchander n'est pas votre truc, mieux vaut acheter vos souvenirs aux magasins Socopa (voir ci-dessous).

MARCHÉS

Les villes et villages s'animent les jours du marché hebdomadaire avec l'arrivée des marchands et des acheteurs de la région.

Certains marchés sont devenus extrêmement touristiques, mais vous y trouverez un vaste choix d'articles, des objets artisanaux de grande qualité aux biens ménagers assez banals. Pour connaître les jours de marché dans les principales localités, reportez-vous à l'encadré ci-dessus.

ACTIVITÉS SPORTIVES

Même s'il y a plus à voir qu'à faire en Tunisie, les plus énergiques trouveront des activités pour se dépenser. En dehors de la plage, les balades à dos de dromadaires, les excursions en 4x4 dans le Sahara et les sports aquatiques sont les passe-temps préférés des touristes.

Équitation

Le cheval représente un excellent moyen de profiter du paysage. Vous pourrez organiser des promenades à cheval à Tabarka, Hammamet et Tozeur.

Golf

Beaucoup d'amateurs de golf profitent des parcours de Tunisie lorsque ceux d'Europe du Nord sont recouverts par la neige.

Hammamet est la ville la mieux équipée puisqu'elle compte deux parcours extrêmement bien entretenus. Les golfs de Djerba, Port el-Kantaoui (Sousse), Tabarka et Tunis sont également bien conçus. Comptez en moyenne 45 DT pour un 18 trous. Le golf de Tabarka accueille tous les golfeurs ; ailleurs, vous devrez présenter une attestation de votre niveau.

Les golfeurs tunisiens sont très peu nombreux, car ils pensent que c'est un sport réservé aux touristes aisés.

Hammams

Le *hammam* tunisien est une expérience assez tonique pour entrer dans la catégorie des activités sportives que tout le monde devrait essayer au moins une fois. Pratiquement toutes les villes possèdent un hammam.

Le soin de base, qui coûte entre 1 et 2 DT, comprend une exfoliation au *kassa*, un gant rugueux utilisé pour ôter la crasse et les cellules mortes après avoir séjourné dans la pièce à vapeur. Les hammams proposent généralement des massages. Nous vous conseillons d'apportez une serviette et un sous-vêtement de rechange. L'exfoliation au *kassa* et le massage sont parfois très vigoureux : peaux sensibles s'abstenir.

Lisez le récit d'une journée au hammam p. 74

Ornithologie

La Tunisie est un paradis pour les ornithologues qui pourront y observer aussi bien des espèces rares, comme le goéland d'Audouin, que des espèces endémiques, comme le pic de Levaillant ou le rouge-queue de Moussier.

Le printemps et l'automne sont les meilleures saisons pour observer les oiseaux migrateurs. En hiver, les marais du parc national d'Ichkeul, classé au Patrimoine mondial (voir l'encadré p. 125) accueillent plus de 200 000 oiseaux aquatiques venus d'Europe, parmi lesquels des oies cendrées. C'est également l'époque pour observer les flamants qui nichent sur la côte nord-ouest de Djerba et sur le lagon de Korba sur la péninsule de Cap Bon.

En mai et juin, à El-Haouaria, vous pourrez observer les oiseaux migrateurs qui attendent les courants favorables pour migrer vers l'Europe.

Vous trouverez des informations complémentaires p. 46.

Plages

L'industrie du tourisme tourne autour des plages de Tunisie. La principale attraction d'Hammamet est sa magnifique plage de sable qui débute à l'ombre de la pittoresque kasbah (fort) et qui s'étend à perte de vue. La péninsule de Cap Bon dispose également de belles plages bordant le littoral de la côte centrale. La plus belle plage méridionale est celle de Sidi Mahrez, sur Djerba.

Le Nord possède également de jolies plages. Les Tunisiens aiment venir en vacances à Raf Raf et Sidi Ali el-Mekki, entre Tunis et Bizerte. Le Cap Serrat, au centre de la côte nord accidentée, abrite une baie fortement fréquentée la plupart de l'année. Plus accessible, la plage de Montezah, à Tabarka, s'étend devant les contreforts verdoyants des montagnes de Kroumirie.

Le circuit des meilleures plages de Tunisie est détaillé p. 16.

Plongée et sports aquatiques

Les meilleurs spots de plongée et de snorkeling se trouvent sur la côte nord, à Tabarka (voir p. 128), qui possède trois bons centres de plongée. Vous pourrez également plonger à Mahdia (voir p. 188), Hammamet (p. 99) et Port el-Kantaoui (p. 173) où vous trouverez des agences pour organiser vos plongées, louer du matériel et prendre des cours si vous débutez.

Les tarifs pour le snorkeling commencent à 15 DT l'heure. Comptez environ 35 DT par plongée.

Les sports aquatiques se pratiquent sur les plages des grandes stations balnéaires (Hammamet, Sousse, Monastir et Djerba). Les activités vont de la planche à voile au ski nautique, en passant par la barque et le parapente tracté.

Promenades à dos de dromadaire

Douz, aux portes du Sahara, s'est spécialisée dans les promenades à dos de dromadaire (voir l'encadré p. 222). L'offre va des promenades d'une heure (4 DT) aux circuits en boucle de huit jours, d'oasis en oasis, jusqu'à Ksar Ghilane (à partir de 40 DT par jour).

4x4

Le 4x4 est moyen le plus populaire d'explorer le désert, notamment pour ceux qui disposent de peu de temps. Les résidences hôtelières de la côte peuvent organiser ce genre d'excursions, mais les voyageurs indépendants trouveront des agences à Douz (p. 220), Tozeur (p. 229) et Gabès (p. 203). Comptez à partir de 200 DT par jour. Le circuit le plus courant part de Douz pour rallier Ksar Ghilane. Pour plus de renseignements, voir l'encadré p. 222.

Randonnée

La Tunisie s'ouvre aux randonneurs. Les forêts des montagnes de Kroumirie autour d'Aïn Draham présentent de nombreuses possibilités de trekking. Cette région est de toute beauté et le temps s'avère particulièrement propice aux randonnées au printemps et à l'automne. Quoi qu'il en soit, le manque de cartes détaillées limite les possibilités de partir seul hors des sentiers battus.

Voir p. 132 pour plus d'informations.

Ski sur dunes

Même si les descentes des dunes à ski devraient pouvoir se faire partout au Sahara, seule la petite oasis d'El-Faouar, à 30 km au sud-ouest de Douz, permet de pratiquer ce sport, puisque c'est le seul village qui dispose de l'infrastructure nécessaire (voir p. 224).

Voile

L'office national du tourisme fait la promotion de la Tunisie en tant que destination pour les plaisanciers, en insistant sur les frais d'hivernage bon marché par rapport aux prix demandés dans les ports du nord du bassin méditerranéen. Monastir, Port el-Kantaoui, Sidi Bou Saïd, Tabarka et Zarzis possèdent les plus grandes marinas du pays.

ALIMENTATION

Un expert culinaire a rédigé le chapitre p. 49 donnant un aperçu complet de la gastronomie tunisienne.

On ne trouve pas facilement des plats purement végétariens, car l'idée de se passer de viande et de poisson est inconcevable pour la majorité des Tunisiens.

Lorsque nous mentionnons des restaurants dans les pages de ce guide, nous précisions s'ils servent le matin, à midi et/ou le soir. Pour plus de détails sur les horaires des repas en Tunisie, reportez-vous à la deuxième de couverture. Nous indiquons également le prix des entrées et des plats ou le prix moyen d'un repas, dans chacun des établissements.

AMBASSADES ET CONSULATS

En règle générale, votre consulat pourra vous venir en aide dans les cas suivants :

- **Perte ou vol de documents.** Sur présentation d'une déclaration de la police, il vous procurera des attestations, vous délivrera un laissez-passer pour sortir du territoire ou, éventuellement, un nouveau passeport.
- **Problèmes financiers.** Il pourra vous indiquer les moyens les plus efficaces pour recevoir rapidement de l'argent de vos proches.
- **Maladie.** Il pourra vous indiquer des médecins, les frais restant à votre charge.
- **Accident.** Il peut prévenir votre famille, faciliter votre hospitalisation ou votre rapatriement. Une assurance rapatriement reste la plus efficace.
- **Problèmes divers.** Il pourra vous conseiller sur la marche à suivre.

Sauf cas de force majeure, le consulat ne vous rapatriera pas à ses frais, ne vous avancera pas d'argent sans garantie, n'interviendra pas dans le cours de la justice du pays d'accueil si vous êtes impliqué dans une affaire judiciaire ou accusé d'un délit.

Ambassades et consulats de Tunisie

Voici une liste des ambassades et consulats de Tunisie à l'étranger :

Algérie Alger (☎ 2-69 20 857 ; rue Ammar-Rahmani, El-Biar, 16000)
Belgique Bruxelles (☎ 2-771 7395 ; 278 av De-Tervueren, 1150) - Consulat (☎ 2-732 6102 ; 103 bd Saint-Michel 1040)
Canada Montréal- Consulat (☎ 514 844 2626 ; 511, place d'Armes QC, H2Y 2W7)
Égypte Le Caire (☎ 2-340 3940 ; 26 Sharia al-Jazirah, Zamalek, 11211)
France Paris (☎ 01 45 55 95 98 ; 25 rue Barbet-de-Jouy, 75007) ; Lyon (☎ 04 78 93 42 87 ; 14 av du Maréchal-Foch, 69453) ; Marseille (☎ 04 91 50 28 68 ; 8 bd d'Athènes, 13001) ; Nice (☎ 04 93 96 81 81 ; 18 av des Fleurs, 06000) ; Toulouse (☎ 05 61 63 61 61 ; 19 allée Jean-Jaurès, 31000)
Libye Tripoli (☎ 21-607161 ; av Jehara, Sharia Bin Ashur, 3160)
Maroc Rabat (☎ 7-730 576 ; 6 rue de Fès)
Suisse Berne - Ambassade de Tunisie (☎ 352 8226 ; Kirchenfeldstrasse 63, 3005)

Ambassades et consulats étrangers en Tunisie

Les représentations étrangères se concentrent à Tunis (indicatif téléphonique ☎ 71) :

Algérie (carte p. 68 ; ☎ 783 166, fax 788 804 ; 18 rue du Niger, 1002 Tunis)
Belgique (☎ 781 655 ; fax 792 797 ; 47 rue du 1er Juin, 1002 Tunis)
Canada (carte p. 68 ; ☎ 796 577 ; fax 792 371 ; 3 rue du Sénégal, 1002 Tunis)
France (carte p. 70 ; ☎ 105 111 ; fax 105 191 ; 1 place de l'Indépendance, av Habib-Bourguiba, 1000 Tunis)
Consulat (carte p. 70 ; ☎ 333 027 ; 1 rue de Hollande, 1000 Tunis)
Libye (☎ 781 913 ; fax 795 338 ; 48 rue du 1er Juin, 1002 Tunis) ; Consulat (☎ 285 402 ; fax 280 586 ; 74 av Mohammed V, 1002 Tunis)
Maroc (☎ 782 775 ; fax 787 103 ; rue du 1er Juin, 1002 Tunis) ; Consulat (☎ 784 442 ; fax 783 627 ; 26 rue Ibn Mandhour, Notre-Dame, 1002 Tunis)

ARGENT

La monnaie nationale est le dinar tunisien (DT), qui se divise en 1 000 millimes. Il existe des billets de 5, 10, 20 et 30 dinars, des pièces de 1 et 5 dinars et de 5, 10, 20, 50, 100 et 500 millimes. Tous les commerçants acceptent les gros billets, à part peut-être dans les petites boutiques.

Le taux de change est fixé par le gouvernement. Puisqu'il est interdit d'importer ou d'exporter des dinars, vous ne pourrez pas vous en procurer avant votre arrivée dans le pays. Vous n'aurez pas à déclarer vos devises étrangères à votre arrivée.

L'euro et le dollar sont des monnaies qui s'échangent facilement. La plupart des banques acceptent les dollars canadiens. Les taux de change sont réglementés, donc identiques quel que soit l'endroit où vous changez vos devises.

On vous demandera votre passeport dans les banques pour les opérations de change, notamment pour les chèques de voyage. Les bureaux de poste ne prendront que les billets de banque.

En quittant le territoire, vous pourrez convertir seulement 30% du montant en dinars que vous avez changé pendant votre séjour, plafonné à 100 DT. Conservez tous vos reçus de change pour prouver que vous avez bien acheté des dinars.

Cartes de crédit

Les cartes de crédit sont acceptées presque partout en Tunisie, notamment dans les grandes villes et les lieux touristiques. Vous pourrez les utiliser pour payer toutes sortes de biens et services, tels que les repas dans les restaurants haut de gamme, les chambres d'hôtel, les locations de voiture et les souvenirs.

Les principales cartes internationales, MasterCard et Visa, sont acceptées partout et permettent de retirer de l'argent aux distributeurs des banques tunisiennes. La somme journalière autorisée est fixée par la banque émettrice. Au guichet, les banques effectuent des avances en liquide uniquement en monnaie locale. Si vous perdez votre carte MasterCard ou Visa, elle vous sera remplacée en 24 heures. Ces organismes vous fourniront un numéro de téléphone dans votre pays d'origine que vous pourrez appeler en PCV en cas d'urgence. Demandez des précisions à votre banque.

Les cartes Amex et Diners Club sont acceptées dans la plupart des zones touristiques, mais pas dans le reste du pays.

Chèques de voyage

La principale raison d'emporter des chèques de voyage plutôt que du liquide est de se protéger contre les vols. Quoi qu'il en soit, ils sont de moins en moins utilisés puisque les voyageurs préfèrent aujourd'hui les retraits aux distributeurs.

Les chèques de voyage American Express (Amex), Visa et Thomas Cook sont acceptés partout et offrent des garanties efficaces en cas de perte. Noter les numéros des chèques utilisés et la date est indispensable en cas de remplacement des chèques perdus ou volés. Conservez ces données séparément. Le dollar américain et l'euro représentent les meilleures devises pour ces chèques. La Banque Nationale Agricole (BNA) exige que vous présentiez votre bon d'achat pour les échanger.

Les banques prennent une commission de 351 millimes par chèque, et les grands hôtels légèrement plus.

La banque STB est la seule fiable pour changer vos chèques de voyage dans des villes secondaires.

Distributeurs automatiques de billets (DAB)

Tous les lieux touristiques et toutes les villes assez grandes pour compter une succursale de banque disposent d'un DAB. Les détenteurs de cartes MasterCard ou Visa n'auront aucun mal à retirer de l'argent. Les distributeurs portant le logo Cirrus ou Visa Electron permettent de retirer de l'argent sur des comptes d'épargne internationaux. Quoi qu'il en soit, les DAB sont souvent hors service : lisez bien les informations sur l'écran avant d'insérer votre carte.

Espèces

L'argent liquide, c'est pratique, mais si vous le perdez, c'est pour de bon et peu d'assurances vous rembourseront. Ne vous promenez pas avec trop de liquide et préférez les chèques de voyage ou les cartes de crédit pour retirer de l'argent au fur et à mesure. Il est judicieux de mettre de côté une petite somme en liquide, environ 40 €, en cas d'urgence.

Pourboires

Laisser un pourboire n'est pas une obligation, mais les serveurs sous-payés, dans les restaurants, apprécieront certainement le geste. Dans les restaurants touristiques, ils ont l'habitude de recevoir un pourboire : 10% du montant de la note Sest une somme très correcte. Les chauffeurs de taxi ne s'attendent pas à une gratification de la part des Tunisiens, mais ils arrondiront la somme pour les étrangers.

ASSURANCE

Assurance de voyage

Il est sage de souscrire une police d'assurance couvrant les vols, les pertes, les annulations et les frais médicaux. Certaines polices excluent les activités considérées comme dangereuses, telles que la plongée, la moto et même le trekking.

Vous pouvez opter pour une assurance qui prend en charge directement les frais médicaux ou d'hospitalisation, au lieu de vous obliger à réclamer le remboursement à votre retour. Le cas échéant, conservez tous les justificatifs.

Vérifiez que votre police d'assurance couvre les transports en ambulance et le rapatriement d'urgence en avion.

Pour plus d'informations concernant la santé, consultez le chapitre *Santé* (p. 280). Reportez-vous p. 278 pour des informations complémentaires sur les assurances voiture.

BÉNÉVOLAT

En France, quelques organismes offrent des opportunités de travail bénévole sur des projets de développement ou d'environnement, parfois sur des périodes courtes, de une à quatre semaines. Certaines associations s'adressent plus spécifiquement aux jeunes. Les chantiers proposés vont de la réfection d'une école aux travaux liés à l'environnement. Il s'agit d'une bonne formule pour s'immerger dans le pays, connaître l'envers du décor touristique, et bénéficier d'une ambiance internationale (les volontaires viennent de divers pays en général). En revanche, les conditions de vie sur un chantier sont spartiates, et prenez garde au décalage fréquent entre le programme et la réalité. La fouille archéologique peut rapidement se transformer, une fois sur place, en coup de peinture donné à la Maison des jeunes locale. Le matériel est souvent rudimentaire voire insuffisant, et la réalité du terrain souvent plus dure qu'on l'imaginait.

Comité de coordination pour le service volontaire international (CCVIS, ☎ 01 45 68 49 36, fax 01 42 73 05 21, ccivs@unesco.org, www.unesco.org//ccvis/servvol/htmf/indexf.htm [site en français], www.unesco.org/ccivs [site en anglais]), **Maison de l'Unesco,** 1 rue Miollis, 75732 Paris Cedex 15.

Délégation catholique pour la coopération (DCC, ☎ 01 45 65 96 65, fax 01 45 81 30 81, dcc@ladcc.org, http://dcc.cef.fr), BP 303, 11 rue Guyton-de-Morveau, 75625 Paris Cedex 13.

Association Rempart (☎ 01 42 71 96 55, www.rempart.com ; 1, rue des Guillemeites 75004 Paris).

Jeunesse et reconstruction (association créée après la Seconde Guerre mondiale pour la paix en Europe ; ☎ 01 47 70 15 88 ; www.volontariat.org ; 10, rue de Trévise 75009 Paris).

CARTES ROUTIÈRES

Si vous comptez conduire en Tunisie, procurez-vous une carte routière avant votre départ. La Michelin *Tunisie n°956* ou *n°744* (1/800 000) est sans doute la meilleure. Autrement, la Freytag & Berndt's *Tunisia* (1/800 000) est également bien détaillée.

Les meilleures cartes éditées sur place sont celles de l'Office de la topographie et de la cartographie (OTC). Il propose la *Carte touristique et routière* (1/750 000), la carte la mieux actualisée sur le marché. L'OTC édite par ailleurs une collection de plans des villes, parmi lesquels Tunis, Sfax et Sousse (1/10 000) ; Kairouan (1/8 000) ; et Hammamet et Nabeul (1/5 000). À l'heure où nous rédigeons ces lignes, le seul endroit où se procurer ces plans de villes était au bureau de l'OTC à Tunis (voir p. 67), car l'annexe de l'OTC à Sousse était fermée.

L'Office national du tourisme tunisien (ONTT) distribue gratuitement une carte routière au 1/1 000 000, mais elle s'avère trop générale pour être réellement utile sur la route. La plupart des ONTT locaux proposent des plans de ville gratuits. Certains sont très utiles, d'autres sont simplement incompréhensibles.

CLIMAT

Le nord de la Tunisie jouit d'un climat méditerranéen. Les étés sont chauds et secs, tandis que les hivers sont humides, mais relativement doux par rapport aux hivers européens. Les montagnes du nord-ouest se couvrent parfois de neige. Plus on descend vers le sud, plus la chaleur augmente. Les moyennes des précipitations annuelles s'échelonnent de 1 000 mm dans le nord à 150 mm dans le sud. Certaines zones sahariennes ne reçoivent pas de pluie pendant plusieurs années. La nuit, il peut faire très froid dans le désert.

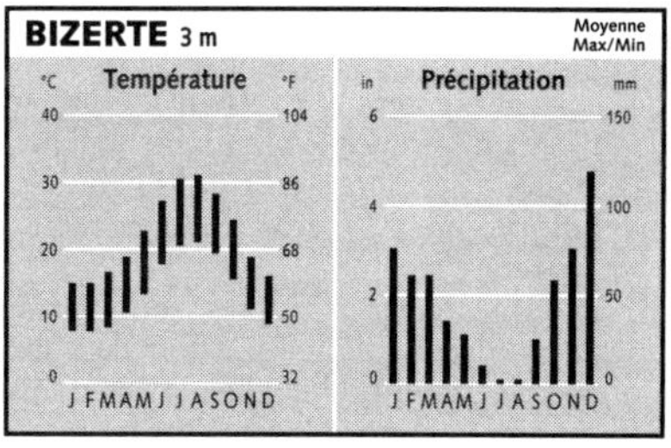

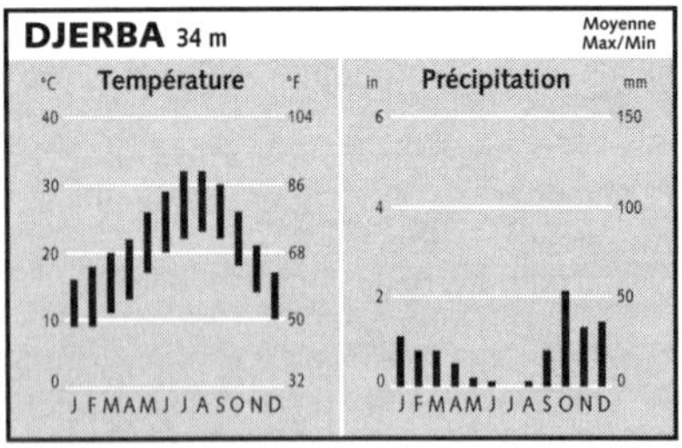

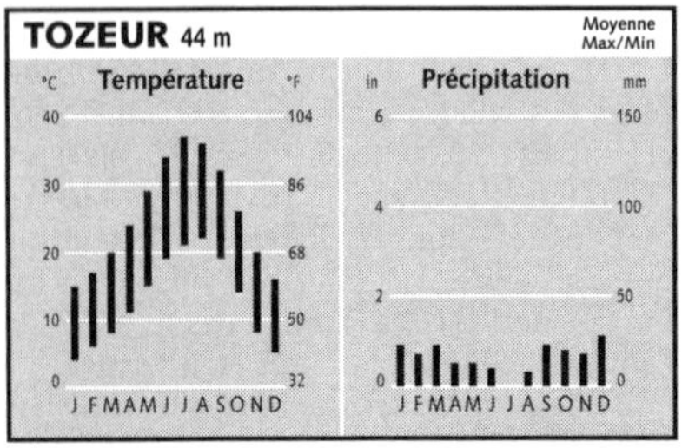

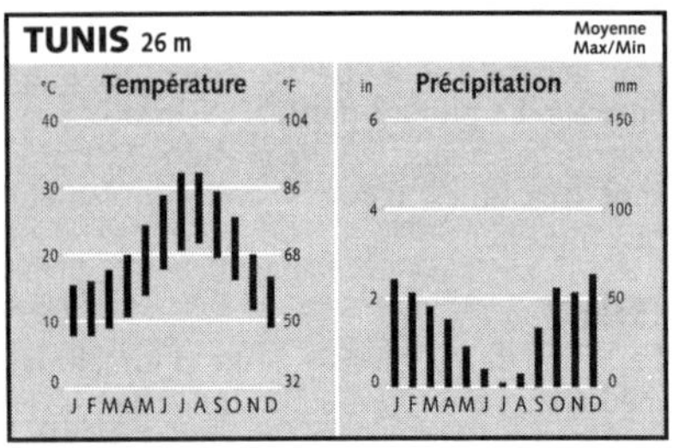

COURS

À Tunis, l'Institut Bourguiba des langues vivantes organise des cours d'arabe classique et de tunisien (voir p. 76).

DANGERS ET DÉSAGRÉMENTS

Sécurité

La Tunisie est globalement une destination sûre. Toutefois, en avril 2002, un attentat suicide à la synagogue El-Ghriba à Er-Riadh sur l'île de Djerba a fait dix-neuf victimes, en plus du porteur de la bombe. Le gouvernement tunisien combat depuis des décennies les fondamentalistes islamiques et ce genre d'action terroriste, revendiquée par Al-Qaida, reste extrêmement rare.

Si les mines restées actives sont rares, nous vous déconseillons toutefois de vous éloigner de la route dans les environs du Kef (voir p. 150 pour plus de détails).

Les Occidentaux se font très rarement agresser. Des lecteurs nous ont fait savoir qu'ils avaient été la cible de jets de pierres lancées par des enfants, notamment dans les ksour de Tataouine et à la palmeraie de Gabès. Dans ce cas, ne rispostez surtout pas. Quoi qu'il en soit, renseignez-vous avant votre départ auprès des organismes officiels sur les risques encourus. Vous pouvez consulter notamment le site du ministère des Affaires étrangères français : www.dfae.diplomatie.fr (rubrique *Conseils aux voyageurs*).

Vols

La Tunisie a un taux de vol à la tire très faible. Toutefois, restez vigilant, notamment dans les lieux fortement fréquentés tels que les médinas de Tunis et de Sousse. Quelques vols sur les plages ont été rapportés : ne laissez pas vos affaires sans surveillance. Les agressions sont très rares.

Le meilleur endroit pour conserver vos objets précieux (passeport, chèques de voyage, carte de crédit, etc.) est sous vos vêtements, dans une pochette à même la peau. La plupart des voyageurs placent leur argent dans une ceinture ou une pochette en cuir portée autour du cou. Quelle que soit la méthode adoptée, placez d'abord vos papiers dans une pochette en plastique pour les préserver de la sueur.

Harcèlement sexuel

Des lecteurs auraient été sexuellement harcelés à divers degrés. Les femmes se rendront vite compte qu'elles se feront souvent importuner, quel que soit l'endroit où elles se trouvent (voir p. 268), et même accompagnées.

Marchands de tapis

Dès qu'ils vous apercevront, les marchands tunisiens tenteront systématiquement leur chance, mais la plupart accepteront de bonne grâce votre refus. C'est sans doute à Kairouan que vous serez le plus sollicité, car les touristes viennent en masse faire le tour des boutiques (voir l'encadré p. 183 pour connaître le jeu du marchandage de tapis). Les marchands sont en règle générale plus insistants que véritablement menaçants.

Moustiques

Au sud du pays, vous vous réveillerez couvert de piqûres de moustiques si vous dormez avec la fenêtre ouverte dans certaines villes-oasis (comme Tataouine, Tozeur et, dans une moindre mesure, Douz).

DOUANE

Les fouilles de sacs dans les aéroports tunisiens sont extrêmement rares. Cependant, si vous arrivez en voiture, tous vos sacs risquent d'être ouverts et fouillés à la descente du bateau, un processus qui peut durer des heures, le temps que vous complétiez le formulaire de déclaration. En dehors des produits interdits (drogues, quantité excessive d'alcool), les douaniers cherchent à s'assurer que vous n'avez pas l'intention de vendre vos biens pendant votre séjour en Tunisie – d'où la déclaration de vos objets de valeur, que l'on vous demandera quand vous quitterez le territoire.

Vos achats en *duty-free* doivent se limiter à 400 cigarettes, 2 litres de vin, 1 litre d'alcool et 250 ml de parfum.

ENFANTS

Les touristes qui voyagent en famille constateront que les Tunisiens adorent les enfants. La famille au sens large, enfants y compris, participe à la vie quotidienne, à l'exception du rituel de la *chicha* (pipe à eau) que seuls les hommes vont fumer au café. On vous arrêtera dans la rue pour admirer vos têtes blondes et les Tunisiens redoubleront d'efforts pour vous être agréables. Si vous êtes invité à un mariage traditionnel, vous constaterez que les enfants sont tout aussi fêtés que les mariés eux-mêmes (voir l'encadré p. 35).

Les meilleures destinations pour les enfants sont détaillées p. 16.

À voir et à faire

Les distractions exclusivement pour enfants sont relativement peu nombreuses, mais la plupart des résidences hôtelières et des hôtels-clubs en offrent, ou disposent d'un terrain de jeux (ou de services de garderie). Nous avons indiqué les aires de jeux publiques sur les cartes des villes. Le soir, les Tunisiens improvisent souvent des matchs de foot auxquels vous serez chaleureusement invité à participer.

Pratique

Les enfants de moins de deux ans voyagent généralement à 10% du prix normal, voir gratuitement, sur la plupart des compagnies aériennes. Certaines mettent à la disposition des parents couches, lingettes, talc et autres produits pour le bien-être des bébés. Entre deux ans et 12 ans, les enfants ne paient généralement que moitié prix ou bénéficient d'une réduction de 70% sur le tarif adulte.

En Tunisie, l'allaitement se fait dans l'intimité ; donner le sein à votre enfant en public vous attirera beaucoup de regards insistants. Si vous louez une voiture, les sociétés internationales proposent généralement de sièges de sécurité. En revanche, les chaises hautes ne sont pas fréquentes dans les restaurants.

Les produits pour bébés (petits pots, couches, etc.) se trouvent partout, mais à des prix parfois élevés, du moins pas meilleur marché qu'en Europe. Les marques connues sont distribuées en Tunisie, mais vous ne les trouverez que dans les grandes villes.

FÊTES ET FESTIVALS

Le calendrier tunisien est rythmé par les fêtes et festivals qui célèbrent une kyrielle d'événements, de la pêche au poulpe à la moisson du blé.

Les mois de juillet et août marquent l'apogée du calendrier des festivals, lorsque des concerts de musique classique et des représentations de pièces de théâtre ont lieu dans les principaux sites historiques du pays. Ainsi, le **Festival international de musique classique d'El-Djem** (www.festivaleljem.com) s'installe dans l'amphithéâtre romain illuminé à cet effet, tandis que le **Festival international de Carthage** (www.festival-carthage.com.tn) propose des représentations dans les théâtres romains de Carthage et Dougga. Le **Festival international d'Hammamet**, qui a lieu en août, attire de nombreux musiciens, troupes de théâtre et cinéastes.

Le **Festival international de jazz de Tabarka**, début juillet, a pris une ampleur considérable ces dernières années. Tabarka accueille également des festivals de **rai** en juin, de **world music** fin août et de **musique latine** début septembre, en plus du **festival international** qui se déroule en juillet et août.

Ne manquez pas le **Festival du Sahara** à Douz, qui a lieu début novembre, où vous pourrez assister à des courses de dromadaires, des concerts, des parades et des lectures de poésie et admirer les œuvres traditionnelles des habitants du désert. Tozeur organise le **Festival de l'oasis** une semaine plus tard.

Parmi les autres événements :

MARS

Festival du poulpe (Kerkennah). Défilé de personnes déguisées… en pieuvres !

JUIN

Festival de l'épervier (El-Haouaria). Spectacles avec des oiseaux de proie.

JUILLET

Festival de malouf (Testour). Concerts de musique *malouf*.

AOÛT

Festival international du court-métrage (Kélibia). Présentation d'œuvres cinématographiques tunisiennes.

OCTOBRE

Festival international du film de Carthage. Biennale tenue en alternance en Tunisie les années paires, et à Ouagadougou (Burkina Faso) les années impaires. Pendant deux semaines, projections de films du monde entier, dont de nombreux films arabes et africains.

NOVEMBRE

Festival des ksour (Tataouine). Avec, entre autres, des danses berbères au ksar Ouled Soltane.

Vous trouverez la liste exhaustive des festivals ainsi que leurs dates sur le site de l'ONTT : www.tourismtunisia.com/culture/festivals.

Nous avons concocté un circuit des festivals (p. 17) à l'intention de ceux qui veulent en faire le but de leur voyage.

FORMALITÉS ET VISAS

Les ressortissants français n'ont pas besoin de visa pour entrer sur le territoire tunisien pour une durée inférieure ou égale à trois mois. Ils doivent néanmoins se munir d'un passeport en cours de validité. Si vous partez en voyage organisé (avion-hôtel ou avion-circuit organisés), seule une carte d'identité de moins de dix ans est en général nécessaire, accompagnée du carnet de voyage du tour-opérateur ou du bon de réservation ; demandez impérativement des précisions à votre voyagiste au moment de réserver. Pour tout séjour excédant trois mois, vous devez demander au ministère de l'Intérieur tunisien un visa et une carte de séjour.

Les Français ayant une double nationalité (française et tunisienne) doivent se munir de leur passeport tunisien en cours de validité pour passer la frontière côté tunisien, leur passeport français n'étant valable que côté français. Rappelons que la majorité légale est fixée à 20 ans en Tunisie.

Comme les Français, les Belges n'ont pas besoin de visa, mais d'un passeport en cours de validité ou d'une simple carte identité s'ils voyagent en groupe. Les Suisses doivent se munir d'une carte d'identité ou d'un passeport en cours de validité, mais une réservation d'hôtel est indispensable.

Les Canadiens peuvent rester jusqu'à quatre mois sans visa, mais devront présenter un passeport en cours de validité.

Les agents de l'immigration (et ceux des ambassades) refoulent les personnes dont le passeport porte un tampon israélien ou la preuve quelconque d'un séjour en Israël. De même, les ressortissants israéliens ne sont pas autorisés à entrer dans le pays.

Avant le départ, il est impératif de contacter les ambassades et les consulats pour s'assurer que les modalités d'entrée sur le territoire n'ont pas changé. Nous vous conseillons de photocopier tous vos documents importants (pages d'introduction de votre passeport, cartes de crédit, numéros de chèques de voyage, police d'assurance, billets de train/d'avion/de bus, permis de conduire, etc.). Emportez un jeu de ces copies, que vous conserverez à part des originaux. Vous remplacerez ainsi plus aisément ces documents en cas de perte ou de vol. Si l'anglais n'est pas un obstacle, vous pouvez également utiliser le service en ligne gratuit de Lonely Planet, Travel Vault (la "chambre forte des voyageurs"), qui vous permet de mettre en mémoire les références de vos documents. Si vous ne voulez pas vous encombrer de photocopies ou si vous les égarez, vous pouvez ainsi accéder à tout moment à cette précieuse banque de données, protégée par un mot de passe. Pour plus d'informations, visitez le site www.ekno.lonelyplanet.com.

Prorogation de visa

Demander une prorogation de séjour est une procédure qu'il vaut mieux éviter. Ces demandes se font exclusivement au ministère des Affaires intérieures, avenue Av. Habib-Bourguiba, à Tunis. Il faudra vous acquitter d'une somme de 1,5 DT à 10 DT en timbres fiscaux (disponibles dans les bureaux de poste) et patienter une dizaine de jours. Vous devrez apporter deux photos d'identité, vos reçus bancaires ainsi qu'une facture de votre hôtel au cas où l'on vous demanderait des justificatifs.

Visas pour l'Algérie et la Libye

Les ambassades algérienne et libyenne à Tunis ne délivrent pas de visas. Si vous comptez vous rendre dans ces pays à partir de la Tunisie, vous devrez obtenir un visa dans votre pays d'origine. N'attendez pas le dernier moment, car la procédure peut être longue.

HANDICAPÉS

Les personnes à mobilité réduite seront vite confrontées au fait que la plupart des hôtels, musées et sites touristiques ne sont pas aménagés pour les fauteuils roulants. Pourtant, l'absence d'équipements spéciaux ne doit pas empêcher les touristes handicapés de se rendre en Tunisie ; et la volonté de vous venir en aide des habitants du pays compensera, en grande partie, le manque d'infrastructures. Nous vous conseillons néanmoins de planifier soigneusement votre voyage et de bien vous renseigner avant le départ.

L'APF (Association des paralysés de France, 17 bd Blanqui, 75013 Paris, ☎ 01 40 78 69 00, fax 01 45 89 40 57, www.apf.asso.fr) peut vous fournir d'utiles informations sur les voyages accessibles. Deux sites Internet dédiés aux personnes handicapées comportent une rubrique consacrée au voyage et diffusent d'utiles informations. Il s'agit de Yanous (www.yanous.com/pratique/tourisme/tourisme030613.html) et de Handica (www.handica.com).

Il existe des agences de voyages spécialisées :

Handi Cap Evasion (☎/fax 04 78 22 71 02 ; hce@free.fr; www.hce.asso.fr ; 32 chemin de la Creuzette, 69270 Fontaines-sur-Saône)

I.care (☎ 01 55 20 23 83 ; fax 01 55 20 23 93 ; www.icare.net ; 220-224 bd Jean-Jaurès, 92773 Boulogne)

HÉBERGEMENT

En Tunisie, l'offre hôtelière va du sordide au somptueux, et les prix sont tout aussi variés. Nous séparons généralement les établissements en trois catégories de prix – petits budgets, catégorie moyenne et catégorie supérieure.

Même si cela peut varier légèrement d'une ville à l'autre, les petits budgets pourront se loger dans des campings, des auberges de jeunesse et des hôtels bon marché, où les prix vont de 2,5 DT le lit en dortoir à 15 DT la chambre double. En bas de l'échelle des prix, quelques dinars n'offriront qu'un lit en dortoir ou une chambre spartiate sans fenêtre, et avec sdb commune. En haut de l'échelle petits budgets, vous pourrez jouir d'une sdb privative et d'une chambre parfois très agréable. Les femmes voyageant seules ne se sentiront pas à leur aise dans les hôtels trop bon marché.

Les prix, dans la catégorie moyenne, commencent à 15 DT et s'échelonnent jusqu'à 40 DT la chambre double. Vous bénéficierez d'une sdb, d'une chambre plus spacieuse et d'un meilleur entretien général que dans certains établissements pour petits budgets.

Dans la catégorie supérieure (à partir de 40 DT et jusqu'à 180 DT la chambre double), vous pouvez vous attendre à disposer d'une chambre semi-luxueuse avec TV par satellite, serviettes de toilette moelleuses, téléphone, baignoire et piscine. Certains de ces établissements comptent même un salon de beauté et un *hammam*.

Auberges de jeunesse

Il existe deux catégories d'auberges : les Auberges de jeunesse affiliées à l'organisme international (**Fuaj**, Fédération unie des auberges de jeunesse, ☎ 01 48 04 70 40 ; fax 01 42 77 03 29 ; www.fuaj.org; 3615 Fuaj ; 9 rue Brantôme, Paris 75003) et les Maisons des jeunes gérées par le gouvernement. Autant dire qu'elles n'ont rien à voir entre elles.

Nous vous recommandons vivement les Auberges de jeunesse car la plupart jouissent d'un bel emplacement, comme par exemple, celle installée dans un ancien palais de la médina de Tunis (p. 77), ou dans un ancien *fondouk* (caravansérail) à Houmt-Souk sur Djerba (p. 245). Les autres se situent à Remel Plage (p. 121), en dehors de Bizerte, et face à la plage de Nabeul (p. 106).

Comptez généralement 4 DT à 6 DT la nuit. Ajoutez 1 DT pour le petit déjeuner et 3 DT pour les autres repas. Étant donné leur popularité, la plupart des auberges limitent le séjour à trois nuits pendant la haute saison.

Inversement, on ne se bouscule pas pour se loger dans les Maisons des jeunes. À une exception près (voir Ain Draham p. 132), ce sont des blocs en béton avec le charme caractéristique des baraquements militaires. Pratiquement toutes les villes ont leur Maison des jeunes, habituellement installée au milieu de nulle part et difficile à atteindre sans moyens de transport. Nous les indiquons néanmoins dans ce guide car elles représentent parfois le seul hébergement bon marché dans une ville. Le lit en dortoir coûte environ 4DT.

Dans quelques endroits, le concept de la Maison des jeunes a évolué en centre de stages et vacances. Ces auberges/terrains de camping sont situés sur la plage d'Aghir sur Djerba (p. 251), à l'oasis de Gabès (p. 203) et au nord de Kélibia sur la péninsule de Cap Bon (p. 110). Les prix sont de 2,5 DT par personne, plus 500 millimes par tente. L'électricité et l'eau chaude dans les douches coûtent quelques dinars supplémentaires.

Camping

Le camping n'est pas vraiment à la mode en Tunisie et les quelques terrains du pays offrent un confort sommaire. La plupart demandent entre 4 DT et 7 DT par personne. Certains terrains dans le sud proposent de vous loger dans des tentes bédouines si vous n'avez pas la vôtre. Les douches sont gratuites ou ne coûtent pas plus de 1,5 DT. Ceux qui voyagent en voiture ou camping-car payeront quelques dinars supplémentaires pour profiter de l'eau et de l'électricité. Les meilleurs campings du pays se trouvent à Tozeur (p. 229), Ksar Ghilane (p. 225) et Douz (p. 221).

En dehors des terrains de camping, vous pourrez planter votre tente à peu près n'importe où tant que vous obtenez l'autorisation du propriétaire des lieux. Dormir sur la plage est toléré dans le nord à Raf Raf et Ghar el-Melh. Par contre, vous ne pourrez pas dormir à la belle étoile dans les zones touristiques de la péninsule du Cap Bon, de Djerba et de Sousse.

Hôtels

En Tunisie, il existe deux sortes d'hôtels. Les établissements classifiés ont reçu de une à 5 étoiles selon une méthode d'évaluation officielle, contrairement aux non-classifiés. Ces derniers sont indiqués par le sigle NC (non-classifié) sur la liste des hébergements fournie par les offices du tourisme.

La plupart des établissements pour petits budgets mentionnés dans ce guide ne sont pas classifiés mais certains sont vraiment très agréables. C'est dans les médinas que vous trouverez les meilleurs prix pour un lit dans une chambre spartiate, souvent sans douche, que vous partagerez avec d'autres voyageurs. Ces hôtels sont déconseillés aux femmes voyageant seules.

Les hôtels 1 ou 2 étoiles sont généralement de petits établissements anciens, bâtis à l'époque coloniale. Ils sont souvent bien entretenus, bien qu'un peu défraîchis, et accueillent une clientèle d'hommes d'affaires et de touristes qui veulent disposer d'une chambre agréable avec une sdb privative et de l'eau chaude. Les hôtels 3 étoiles sont principalement conçus pour héberger des groupes de touristes. Quant aux 4 et 5 étoiles, ils sont aux normes internationales et offrent les aménagements auxquels ont peut s'attendre dans cette catégorie.

Les prix pratiqués varient en fonction des trois saisons – *haute, moyenne et basse*. La haute saison correspond à l'été en Europe, du 1er juillet au 15 septembre, et aux fêtes de fin d'année. La saison basse s'étend du 1er novembre au 15 mars. Le reste de l'année est considéré comme la moyenne saison. À la saison basse, les prix dans établissements de catégorie supérieure baissent de 30% à 60%. La différence est moins marquée dans les hôtels de catégorie moyenne. Quant aux établissements pour petits budgets, on vous fera généralement une remise de quelques dinars. Les tarifs indiqués dans ce guide s'entendent pour la haute saison, sauf indication contraire.

Dans les hôtels classifiés, les prix incluent le petit déjeuner. Pour les autres établissements, renseignez-vous à la réception. On vous sert généralement du café, du pain, du beurre et de la confiture, parfois des croissants. Les résidences hôtelières proposent souvent un petit déjeuner sous forme de buffet.

Hôtels-clubs

Le littoral tunisien regorge de résidences hôtelières, souvent concentrées dans ce qu'on appelle la *zone touristique*. Si elles ne s'adressent pas en particulier aux voyageurs indépendants, pour qui les tarifs affichés correspondent à un 4 ou 5 étoiles, les prix pratiqués restent moins élevés qu'en Europe, mais sont chers pour la Tunisie. La majorité des touristes qui logent dans ces hôtels-club ont acheté un voyage à un prix compétitif comprenant l'avion et l'hébergement. La plupart des établissements disposent de bars, de restaurants, d'au moins une piscine, d'un bureau d'excursions et des boutiques, ainsi qu'un *hammam*, d'une salle de jeux, d'une plage privée et d'une salle de sport, sans oublier les activités club. Les résidences les plus populaires se trouvent à Hammamet (p. 100), Sousse (p. 170), Port el-Kantaoui (p. 173), Monastir (p. 176) et Djerba (p. 250).

HEURE LOCALE

La Tunisie avance d'une heure sur l'heure GMT d'octobre à avril, et de deux heures de mai à septembre. Lorsqu'il est midi en juillet en Tunisie, voici l'heure qu'il est dans d'autres parties du monde :
Le Caire – 13h
Londres – 14
Paris – 13h
New York – 7h

HEURES D'OUVERTURE

Les horaires d'ouverture des magasins, bureaux de poste, banques, bureaux et restaurants sont indiqués en deuxième de couverture. Les horaires des offices du tourisme dans les villes sont précisés au cours des chapitres de ce guide.

HOMOSEXUELS

Tandis que le mode de vie en Tunisie est globalement considéré comme libéral par rapport à d'autres pays musulmans, l'homosexualité affichée n'est pas acceptée dans la société et reste illégale – en théorie, on peut vous mettre en prison ou vous faire payer une contravention. Toutefois, même si cela reste discret, l'homosexualité chez les hommes est relativement courante (il arrive que l'on vous fasse des propositions dans les *hammams*). Aujourd'hui, les Tunisiens semblent assez ouverts à ce sujet et acceptent mieux de voir des couples homosexuels dans les lieux touristiques. Dans les endroits les plus fréquentés par les touristes, il n'est pas rare de voir des "gigolos" écumer les plages à la recherche d'un partenaire. Quelles que soient vos mœurs, la discrétion est de rigueur.

OFFICES DU TOURISME

L'**Office national du tourisme tunisien** (ONTT ; www.tourismtunisia.com) gère les informations destinées aux touristes. La qualité du service est très variable. La plupart des bureaux ne fournissent rien d'autre que des cartes et des brochures sur papier glacé éditées dans une dizaine de langues. D'autres vous proposeront une liste d'hôtels et de tarifs. Rares sont ceux qui disposent d'informations sur les transports.

Il existe également des *syndicats d'initiative* dans quelques villes, mais ils ont tendance à n'ouvrir qu'a la saison haute.

Reportez-vous aux chapitres des villes pour connaître les adresses.

Les bureaux de l'ONTT à l'étranger sont nettement mieux équipés. Consultez le site www.tourismtunisia.com/adresses/international.html pour connaître les adresses des bureaux à l'étranger, parmi lesquels :

Belgique Bruxelles (☎ 2 648 2355 avenue Louise, 162 ; 1050).
Canada Montréal (☎ 514-397 1182 ; tunisinfo@qc.aira.com ; 1253 McGill College, Québec H3 B2 Y5).
France Paris (☎ 01 47 42 72 67 ; ontt@wanadoo.fr ; 32 av de l'Opéra, 75002) ; Lyon (☎ 04 78 52 35 86 ; 12 rue de Sèze, 69006).
Suisse Zurich (☎ 211 4830 ; Bahnhofstrasse 69, 8001).

PHOTO

Films et matériel

Les films de marques telles que Kodak et Fuji sont disponibles partout, à des prix raisonnables. Attendez-vous à payer environ 4,5 DT pour un film 100 ASA de 24 poses et 5,5 DT pour un 36 poses. Les films pour diapositives deviennent aujourd'hui plus faciles à trouver dans les zones touristiques (au prix de 10 DT le film 100 ASA de 36 poses), mais vérifiez bien la date de péremption. N'achetez jamais un film qui a été exposé au soleil dans la vitrine.

Photographier les personnes

Demandez toujours la permission aux personnes que vous voulez prendre en photo avant de braquer votre objectif sur elles. Les Tunisiens savent que la grande majorité des touristes possèdent un appareil photo, mais la plupart n'apprécient pas qu'on les photographie, tout particulièrement les femmes et les personnes vivant dans les zones rurales.

Restrictions

Il est interdit de photographier les aéroports, les installations militaires et les bâtiments publics.

POSTE

Vous repérerez les bureaux de poste à leur enseigne PTT. Voir la deuxième de couverture pour connaître les horaires d'ouverture.

L'envoi d'une lettre par avion pour l'Europe revient à 750 millimes, et 800 millimes pour l'Amérique du Nord ; l'envoi d'une carte postale coûte 100 millimes de moins. Les timbres s'achètent dans les bureaux de poste, les grands hôtels et certains magasins ou kiosques à journaux.

Envoyer du courrier

La poste tunisienne est lente mais fiable. Une lettre vers/depuis l'Europe arrivera à destination au bout d'une semaine environ ; comptez deux semaines pour les destinations plus lointaines. Le service Poste Rapide garantit une livraison n'importe où en Europe dans un délai de deux jours ouvrables (25 DT), ou quatre jours pour l'Amérique du Nord (30 DT). Tous les bureaux offrent ce service. Si vous déposez votre courrier dans une poste d'une grande ville, il arrivera plus vite à destination.

Les colis de moins de 2 kg peuvent être expédiés par courrier ordinaire. Apportez vos paquets plus importants, non fermés pour l'inspection des douanes, au guichet conçu à cet usage. On vous demandera de spécifier clairement si vous voulez que votre colis soit envoyé par poste ordinaire.

Recevoir du courrier

Vous pouvez faire adresser votre courrier en poste restante dans n'importe quel bureau de poste du pays. Il faut que l'adresse soit clairement indiquée et que votre nom soit inscrit en majuscules. Voici ce qui doit figurer sur l'enveloppe : (votre nom), poste restante, PTT centrale, nom de la ville, code postal, Tunisie. Demandez au guichet à ce que l'on vérifie également le courrier qui serait arrivé à votre prénom si vous attendez une lettre qui tarde à arriver. On vous remettra votre courrier moyennant une taxe de 200 millimes par lettre.

PROBLÈMES JURIDIQUES

En tant que visiteur, vous ne devriez pas avoir de problèmes avec la police tunisienne et vous serez certainement traité avec plus de clémence que les habitants dans ce cas. Nous n'avons jamais entendu parler d'incidents lors d'un contrôle d'identité de touristes. Il n'y a qu'à la synagogue de El-Ghriba à Er-Riadh (Djerba), le théâtre d'une attaque terroriste en avril 2002, que l'on pourra vous demander de présenter une pièce d'identité et de répondre à quelques questions.

La clémence des policiers envers les touristes ne s'étend pas aux délits plus graves ; les lois concernant les drogues sont très strictes et la possession d'une quantité de résine de cannabis, aussi infime soit-elle, est passible d'un an d'emprisonnement et/ou d'une forte amende.

En Tunisie, il faut avoir 20 ans pour voter, conduire et avoir des relations sexuelles. Concernant ce dernier point, ce sont plutôt les traditions familiales qui priment.

RÉDUCTIONS

Carte d'Auberges de jeunesse

Vous devez être membre de la Fédération internationale des Auberges de jeunesse pour vous loger dans les quatre auberges affiliées du pays (voir p. 264). Vous pourrez vous inscrire sur place à l'Auberge de jeunesse de Tunis (p. 77).

Carte d'étudiant et carte jeune

Les réductions pour les étudiants ne sont jamais affichées, mais vous pouvez toujours vous renseigner. Certains cafés Internet accorderont une petite réduction aux étudiants.

TÉLÉPHONE

Le réseau téléphonique est relativement moderne et simple à utiliser. Les particuliers possèdent rarement le téléphone, mais les cabines publiques Taxiphone se trouvent à tous les coins de rue. Ces téléphones acceptent les pièces de 100, 500 millimes et un dinar. Notre tentative d'y introduire une carte téléphonique a échoué.

Les numéros de téléphone tunisiens comportent 8 chiffres, dont les deux premiers composent l'indicatif local (indiqué dans ce guide sous le nom de la ville ou de la région). Que vous appeliez en Tunisie depuis l'étranger ou depuis une autre ville tunisienne, il faut les composer.

Pour appeler depuis l'étranger, il faut composer le 00, puis le 216 (indicatif de la Tunisie) puis les 8 chiffres de votre correspondant.

Si vous appeler de Tunisie vers la France, il faut composer le 00 puis le 33 puis les 9 chiffres de votre correspondant (on enlève le zéro du début du numéro français). Pour la Belgique, l'indicatif est le 32, pour la Suisse le 41 et pour le Canada le 1, pour l'Algérie le 213 et pour le Maroc le 212.

Appels internationaux

Vous pourrez téléphoner directement à l'étranger dans les cabines publiques. Certains points Taxiphone se disent internationaux, mais cela signifie que les téléphones fonctionnent uniquement avec des pièces de 500 millimes et un dinar. Voici un tableau précisant quelques exemples de coûts par minute. Les tarifs baissent de 10% entre 20h et 6h.

Pays	Coût
Algérie	0,7 DT
France	1,1 DT
Maroc	0,7 DT
USA/Canada	2 DT

Appels locaux

Le tarif des communications locales est de 100 millimes les deux minutes. Prévoyez de la monnaie en conséquence.

Les points Taxiphone possèdent un exemplaire de l'annuaire récemment mis à jour, publié en arabe et en français. Vous pourrez vous renseigner sur les codes internationaux et les tarifs.

Fax

Pratiquement tous les établissements hôteliers disposent d'un fax. Il sera pourtant plus économique de vous servir des installations des bureaux téléphoniques et des postes dans les grandes villes. Vous pourrez envoyer un télégramme dans tous les bureaux de poste.

Téléphones portables

Contactez votre opérateur avant le départ pour savoir s'ils ont passé un accord bilatéral avec une société du réseau tunisien. La couverture est pratiquement nationale, à l'exception des localités isolées au milieu du désert, telles que Ksar Ghilane. À l'heure où nous écrivons ces lignes, il était impossible d'acheter une carte pour téléphone portable sans souscrire à un abonnement d'environ 100 TD avec un opérateur local. Renseignez-vous dans une boutique de téléphonie.

TOILETTES

Les toilettes à la turque existent toujours, mais la plupart des endroits fréquentés par les touristes, tout comme les maisons modernes, disposent de sanitaires occidentaux.

Les toilettes publiques sont rares en dehors de lieux comme les aéroports et les grandes gares routières ou ferroviaires. En cas de besoin pressant, allez dans un café. En général, on vous demande de consommer pour utiliser les toilettes, mais vous pourrez passer inaperçu si l'endroit est fortement fréquenté.

VACANCES ET JOURS FÉRIÉS

Certains jours fériés, tels que la Journée de la femme ou la Journée de l'évacuation, ne sont pas vraiment marqués. Pour d'autres (notamment les jours de fêtes musulmanes), l'activité s'arrête et tout est fermé (les transports continuent néanmoins de fonctionner). Certains longs week-ends, comme pour l'Aïd al-Fitr (marquant la fin du ramadan), les transports publics sont bondés puisque tous les Tunisiens rentrent chez eux pour les fêtes.

Le calendrier grégorien (occidental) étant plus long que le calendrier de l'hégire, les jours fériés musulmans prennent onze jours d'avance tous les ans par rapport au calendrier occidental. Pour plus d'informations, voir ci-dessous.

Pendant le mois du ramadan, sachez que les horaires d'ouverture (et la patience des employés) sont écourtés.

FÊTES MUSULMANES

Année de l'hégire	Ras as-Sana	Mouloud an-Nabi	Début du ramadan	Aïd al-Fitr	Aïd al-Idha
1425	22/02/04	01/05/04	14/10/04	13/11/04	21/01/05
1426	11/02/05	20/04/05	03/10/05	02/11/05	10/01/06
1427	31/01/06	09/04/06	22/09/06	22/10/06	30/12/06
1428	20/01/07	29/03/07	11/09/07	11/10/07	19/12/07

AUTRES JOURS FÉRIÉS

- **Jour de l'an** 1er janvier
- **Fête de l'indépendance** 20 mars
- **Fête de la jeunesse** 21 mars
- **Jour des martyrs** 9 avril
- **Fête du travail** 1er mai
- **Fête de la République** 25 juillet
- **Jour férié** 3 août
- **Journée de la femme** 13 août
- **Journée de l'évacuation** 15 octobre
- **Anniversaire de l'accession au pouvoir de Ben Ali** 7 novembre

VOYAGER EN SOLO

Visiter le pays seul pose peu de problèmes, mais c'est clairement plus facile pour les hommes que pour les femmes.

C'est pour les transports que les voyages en solo comportent le plus d'inconvénient. Notamment lorsque vous voudrez louer un taxi à la journée dans des endroits tels que Tataouine (p. 211) et Djerba (p. 239), ou un 4x4 à Tozeur (p. 231) ou Douz (p. 223) pour explorer les sites avoisinants qui ne sont pas accessibles par les transports publics. Partager un taxi réduit considérablement les frais (le tarif indiqué par le chauffeur vaut pour l'ensemble du taxi, quel que soit le nombre de passagers). Les tarifs des excursions ou expéditions en 4x4 sont si prohibitifs (environ 250 DT par véhicule et par jour) que la seule option qu'il vous reste est d'attendre, parfois plusieurs jours à la basse saison, que d'autres touristes se présentent. Dans ce cas, renseignez-vous auprès de plusieurs tour-opérateurs afin d'augmenter vos chances.

Les tarifs des chambres simples sont rarement à moitié prix des doubles. Partager une chambre avec un autre voyageur s'avère bien plus économique. À moins d'aller sur une plage privée d'hôtel, voyager en solo implique que personne ne surveillera vos affaires pendant que vous vous baignez – les vols à la tire n'étant pas rares sur les plages publiques, mieux vaut laisser vos objets de valeur à l'hôtel.

Enfin, les voyageurs solitaires seront confrontés à l'incompréhension et la curiosité des Tunisiens qui se déplacent rarement seuls. Ceci est particulièrement vrai pour les femmes.

Dans la plupart des pays arabes, les hommes seront vos seuls interlocuteurs, mais les femmes tunisiennes jouissent d'une grande liberté et apprécient souvent de bavarder avec des étrangers, que ce soient des hommes ou des femmes. Ainsi, les voyageurs pourront connaître un autre point de vue que celui exclusivement masculin. Bien que les hommes ne doivent pas entamer directement une conversation avec une Tunisienne, les femmes vous donneront l'occasion de discuter avec elles dans les boutiques ou dans les transports.

Et les femmes seules ?

Avant leur mariage, les hommes tunisiens ont peu l'occasion de fréquenter les femmes. Les étrangères n'appartiennent pas à leur structures sociales, et sont souvent considérées comme les femmes libres et faciles, une impression parfois confortée par les images diffusées par les chaînes de TV câblée ou par les films étrangers.

Même si beaucoup d'hommes tunisiens sympathiseront avec vous sans idées derrière la tête, le harcèlement sexuel fait partie des risques du voyage (dans une moindre mesure qu'en Égypte, par exemple). Il prend souvent la forme de regards insistants ou d'une conversation empressée. Ne vous étonnez pas de recevoir des propositions de mariage et des déclarations d'amour (ou des propositions nettement moins honnêtes). Les agressions physiques restent exceptionnelles. Les stations balnéaires constituent le territoire de prédilection des Don Juan qui passent l'été à tenter leur chance auprès des touristes.

Rien ne sert de répondre de façon agressive puisque la plupart des hommes vous laisseront tranquille si vous le leur demandez gentiment. Pour éviter les problèmes, nous vous conseillons néanmoins de vous asseoir à côté d'autres femmes dans les bus ou louages, ou à l'arrière des taxis, et d'éviter les hôtels bon marché de la médina. Si l'on vous pelote, dites haut et fort "*harem alek*" ("honte à toi" en arabe), une phrase qui peut mettre le coupable en fuite. S'habiller modestement – couvrez-vous les épaules, le haut des bras et des jambes, et la tête d'un foulard – peut faire une grosse différence et vous en serez d'autant plus respectée, notamment dans les zones rurales. Votre tenue vestimentaire sera différente à Hammamet, Sousse et Djerba que dans les villages de l'arrière-pays.

Porter une alliance peut être dissuasif, tout comme montrer une photo de votre époux et de vos enfants, qu'elle soit vraiment à vous ou que vous l'ayez empruntée.

Transports

SOMMAIRE

LES CHOSES BOUGENT...

Les informations contenues dans ce chapitre sont particulièrement susceptibles de changements. Vérifiez directement auprès de la compagnie aérienne ou de l'agence de voyages les modalités d'utilisation de votre billet d'avion et renseignez-vous sur les mesures de sécurité requises. N'hésitez pas à comparer les prestations. Les détails fournis ici doivent être considérés à titre indicatif et ne remplacent en rien une recherche personnelle attentive.

DEPUIS/VERS LA TUNISIE

ENTRER EN TUNISIE

Arriver en avion constitue de loin l'option la plus commode car les formalités de douane et d'émigration sont alors réduites au minimum. L'opération prend davantage de temps si vous devez demander un visa à l'arrivée (voir p. 262 pour plus de détail) mais elle reste relativement facile. À bord de l'avion pour la Tunisie, on vous remettra une carte-formulaire d'arrivée à remplir (conservez la partie "départ" jusqu'à ce que vous quittiez le pays car elle sera tamponnée à l'arrivée) ; dans la rubrique "adresse en Tunisie", inscrivez celle d'un hôtel mentionné dans ce guide.

Les voyageurs qui débarquent d'un ferry avec leur voiture doivent prévoir une attente fastidieuse de trois ou quatre heures correspondant à la fouille approfondie des bagages et des véhicules. Si le bateau arrive tard, ils risquent de se retrouver dans les rues désertes à une heure avancée de la nuit.

Les postes-frontières avec l'Algérie et la Libye sont pour la plupart fermés aux étrangers, à l'exception de celui de Ras al-Djedir en Libye. Attendez-vous à de longues files de véhicules.

Pour tout renseignement sur les modalités d'entrée sur le territoire tunisien (passeports, visas...), reportez-vous à la rubrique *Formalités* du chapitre *Carnet pratique*.

VOIE AÉRIENNE

Aéroports et compagnies aériennes

Trois aéroports assurent le trafic international :

7 Novembre-Tabarka (TBJ ; ☎ 78-644 100).
Djerba-Zarzis (DJE ; ☎ 75-650 233).
Monastir-Habib Bourguiba (MIR ; ☎ 73-460 300).
Sfax-Thyna (SFA ; ☎ 74-241 740).
Tozeur-Nefta (TOE ; ☎ 76-450 342).
Tunis-Carthage (TUN ; ☎ 71-755 000).

Tunis Air (☎ 71-330 100, www.tunisair.com.tn ; 48 av Habib-Bourguiba, Tunis), la compagnie nationale possède des agences dans tout le pays. Elle présente un niveau de sécurité excellent (voir www.airsafetyonline.com/safetycenter/reportcard.shtml).

Bien d'autres transporteurs aériens effectuent des liaisons avec la Tunisie, qu'ils s'agissent de vols réguliers ou de charters.

Sachez que les billets pour la Tunisie sont systématiquement moins chers si vous choisissez une formule de type avion + hôtel par l'intermédiaire d'une agence.

Depuis l'Afrique et le Moyen-Orient

Tunis Air partage la ligne Le Caire-Tunis (à partir de 400 DT) avec EgyptAir et la ligne Tunis-Casablanca (à partir de 350 DT environ) avec Royal Air Maroc. Royal Jordanian Airlines relie Tunis à Amman, d'où l'on peut rejoindre de nombreuses destinations du Moyen-Orient.

L'Afrique sub-saharienne étant mal desservie depuis la Tunisie, vous devrez envisager une correspondance au Caire ou à Casablanca.

Depuis le Canada

Il n'existe pas de vols directs entre le Canada et la Tunisie. Vous pouvez partir avec une grande compagnie européenne, ce qui implique un changement, ou acheter un billet économique pour un pays d'Europe et prospecter ensuite sur place.

Travel Cuts (☎ 800-667-2887 ; www.travelcuts.com) est l'agence de voyages nationale destinée aux étudiants. Pour les réservations en ligne, essayez www.expedia.ca et www.travelocity.ca.

Depuis l'Europe continentale

N'importe quelle agence de voyages européenne digne de ce nom peut vous concocter une formule avion + hôtel avantageuse. Comptez au minimum 350 € pour un vol sec aller-retour en haute saison. Les vols charters sont cependant beaucoup moins chers ; vous pourrez dénicher un aller-retour à 250 € en haute saison plus sept nuits d'hôtel entre 100 et 150 €. L'offre s'avère toutefois très variable.

Depuis la France

La France est le pays d'Europe le mieux relié à la Tunisie. Air France et Tunis Air effectuent des vols réguliers à destinations de Tunis, Sfax et Tozeur au départ de Paris, Lyon, Marseille, Nice et Bordeaux.

Voici quelques adresses d'agences ou de transporteurs :

Air France (☎ 0 820 820 820 ; www.airfrance.fr ; 119 av. des Champs-Élysées, 75008 Paris).
Tunis Air (☎ 01 42 96 10 45 ; 17 rue Daunou 75002 Paris).
Nouvelles Frontières (☎ 0 825 000 747 ; www.nouvelles-frontieres.fr ; nombreuses agences en France et dans les pays francophones).
Roots Travel (☎ 01 42 74 07 07, fax 01 42 74 01 01 ; www.rootstravel.com; 85 rue de la Verrerie, 75004 Paris)
Voyageurs Associés Marseille (☎ 04 91 47 49 40 ; fax 04 91 47 27 68 ; 39 rue des Trois-Frères-Barthélémy, 13006 Marseille); Strasbourg (☎ 03 90 23 67 00 ; 7 rue de Bonnes-Gens, 67000 Strasbourg).
Voyageurs du Monde (☎ 01 42 86 16 00 ; fax 01 42 86 17 88 en indiquant votre destination ; www.vdm.com ; 55 rue Sainte-Anne, 75002 Paris).

Il existe plusieurs agences plus spécifiquement destinées aux jeunes et aux étudiant :

OTU (☎ 0 820 817 817 ou 01 44 41 38 50 ; www.otu.fr; 39 avenue Georges-Bernanos, 75005 Paris).
Usit Connections (☎ 01 44 55 32 60 ; n° Indigo : 0 892 888 888 ; fax 01 44 55 32 61 ; www.usitconnections.fr; www.usitworld.com ; 14 rue Vivienne, 75002 Paris); (☎ 01 42 34 56 90 ; fax 01 42 34 56 97 ; 6 rue de Vaugirard, 75006 Paris).
Wasteels (☎ 0 825 88 70 04 ; fax 01 43 25 46 25 ; www.voyages-wasteels.fr; 3615 Wasteels; 11 rue Dupuytren, 75006 Paris).

Agences sur Internet :
www.anyway.fr
www.lastminute.fr
www.ebookers.fr
www.travelprice.fr
www.sncf.com (propose des vols et des circuits, en partenariat avec Expedia)
www.karavel.com

Depuis la Belgique

Quelques adresses utiles :

Airstop (☎ 07/023 31 88 ; fax 09/268 85 49 ; www.airstop.be ; 28 rue du Fossé-aux-Loups, Bruxelles 1000).
Connections Le spécialiste belge du voyage pour les jeunes et les étudiants. Bruxelles (☎ 02/550 01 00 ; fax 02/512 94 47 ; 19-21 rue du Midi, Bruxelles 1000) ; Bruxelles (☎ 02/647 06 05 ; fax 02/647 05 64 ; 78 av. Adolphe-Buyllan, Bruxelles 1050) ; Gand (☎ 09/223 90 20 ; fax 09/233 29 13 ; 120 Nederkouter, Gand 9000) ; Liège (☎ 04/223 03 75 ; fax 04/223 08 82 ; www.connections.be; 7 rue Sœurs-de-Hasque , Liège 4000).
Éole (☎ 02/227 57 81 ; fax 2 219 90 73 ; 43 chaussée de Haecht, Bruxelles 1210).

Depuis la Suisse

Quelques adresses utiles :

Jerrycan (☎ 022/346 92 82 ; fax 022/789 43 63 ; www.jerrycan-travel.ch; 11 rue Sautter, Genève 1205).
STA Travel Propose des vols à prix négociés pour les étudiants jusqu'à 26 ans et des vols charters pour tous.

Lausanne (☎ 021/617 56 27 ; fax 021/616 50 77 ; 20 bd de Grancy, Lausanne 1006) ; Genève (☎ 022/329 97 33 ; fax 022/329 50 62 ; 3 rue Vigner, Genève 1205) ; Genève (☎ 022/818 02 00 ; fax 022/818 02 10 ; www.statravel.ch; 10 rue de Rive, Genève 1204).
Swiss (☎ 0848 85 2000 ; www.swiss.com)

VOIE TERRESTRE

Voiture et moto

Une solution agréable consiste à effectuer la traversée en ferry depuis la France ou l'Italie. Si vous arrivez par la mer (voir plus loin), vous risquez toutefois de débarquer en Tunisie au beau milieu de la nuit, quand peu de stations-service sont encore ouvertes. Un conseil : faites le plein avant le départ.

Vous devez vous munir de la carte grise, des papiers d'assurance et de votre permis de conduire (plus, de préférence, un permis international). En revanche, vous n'aurez pas besoin du carnet de passage en douane (document douanier international permettant l'importation temporaire d'un véhicule sans avoir à acquitter les droits et taxes). Pour en savoir plus concernant la conduite en Tunisie, reportez-vous p. 277.

Depuis l'Algérie

La frontière algérienne reste fermée aux étrangers depuis 1993. La guerre civile a entraîné la suppression totale des liaisons en bus et en train avec la Tunisie.

Les louages (taxis collectifs) restent le seul moyen de transport public en activité, mais le passage de frontière est normalement interdit aux étrangers (renseignez-vous sur l'évolution de la situation avant de partir). Ils partent de la place Sidi-Bou-Mendil, dans la médina de Tunis, pour se rendre à Annaba (22 DT) et à Constantine (30 DT).

Depuis la Libye

L'unique poste-frontière ouvert aux étrangers se situe à Ras al-Djedir, à 33 km à l'est de Ben Guerdane. Pour le touriste individuel, la principale difficulté consiste à obtenir un visa. Mieux vaut donc recourir à un voyagiste spécialiste de la Libye.

Des bus quotidiens desservent Tripoli depuis Tunis (gare routière du Sud ; 29,6 DT, 16 heures) et Sfax (17,8 DT, 10-12 heures).

Les louages s'avèrent plus rapides et pratiques que les bus. Il existe des services réguliers pour Tripoli *via* Ras al-Djedir au départ de nombreuses villes tunisiennes, dont Tunis, Sfax, Gabès, Medenine, Houmt-Souk et Ben Guerdane. Les véhicules qui desservent ces lignes sont jaunes avec des bandes blanches.

VOIE MARITIME

Toute l'année, des ferries relient Tunis à la France et à l'Italie. En été, réservez longtemps à l'avance car ils affichent rapidement complet.

Parmi les compagnies maritimes :

Compagnie Tunisienne de Navigation (CTN ; www.ctn.com.tn). Tunis (carte p. 70 ; ☎ 71-322 802 ; fax 354 855 ; 122 rue de Yougoslavie) ; Marseille (☎ 04 91 91 55 71 ; fax 04 91 91 45 43 ; 21 rue Mazenod 13002 Marseille).
Linee Lauro (www.viamare.com). Tunis (carte p. 70 ; ☎ 71-347 015 ; fax 330 902 ; carthage.tours@gnet.tn ; Carthage Tours, 59 av. Habib-Bourguiba) ; La Spezia (☎ 0187-507 031 ; fax 509 255 ; Ufficio Imbarco, Molo 48) ; Naples (☎ 081-551 3352 ; fax 552 4329 ; prenotazioni@lauro.it ; Piazza Municipio 88) ; Trapani (☎/fax 0923-24073 ; Ufficio Imbarco, Stazione Marittima).
SNCM Tunis (carte p. 70 ; ☎ 71-338 222 ; www.sncm.fr ; 47 av. Farhat-Hached) ; Marseille (☎ 04 91 56 32 00 ; réservations au 0891 701 801 ; fax 04 91 56 36 36 ; 61 bd des Dames 13200 Marseille).
Tirrenia Navigazione (www.tirrenia.it). Trapani (☎ 0923-21896 ; Salvo Viaggi, Corso Italia 48) ; Gènes (☎ 010-275 8041 ; fax 269 82 55 ; Stazione Marittima Ponte Colombo) ; Tunis (carte p. 70 ; Carthage Tours ; ☎ 344 066 ; 59 av. Habib-Bourguiba).
Viamare Travel. Londres (☎ 020-7431 4560, www.viamare.com ; Graphic House, 2 Sumatra Rd, London NW6 1PU).

Depuis l'Italie

Des ferries naviguent toute l'année entre Tunis et les ports italiens de Gênes, Naples et Trapani (en Sicile). En été (de juin à septembre), des bateaux relient également La Spezia. Viamare Travel décline toute une gamme de services et de tarifs.

GÊNES–TUNIS

La traversée entre Tunis et le port de Gênes, au nord de l'Italie, est assurée par la CTN. La fréquence des liaisons va de quatre par mois en hiver, à une tous les deux jours en juillet-août. Le trajet de 22 à 24 heures revient autour de 110 € l'aller simple.

LA SPEZIA–TUNIS

Linee Lauro effectue une liaison hebdomadaire entre Tunis et La Spezia, à 100 km environ au sud-est de Gênes. L'aller simple pour un passager coûte de 90/130 € en basse/haute à 135/175 € pour les cabines les plus confortables. Le trajet dure de 24 à 29 heures.

NAPLES–TUNIS

Linee Lauro affrète 9 bateaux par semaine en juillet-août et au moins un le reste du temps. Le tarif passager débute à 80/120 € en basse/haute saison, le tarif voiture à 150/200 €. Comptez 17 heures de traversée.

TRAPANI–TUNIS

Linee Lauro et Tirrenia Navigazione circulent entre Trapani et Tunis au moins une fois par semaine, mais le jour varie suivant la compagnie. Le voyage de 10 heures coûte 40/60 € par passager en basse/haute saison et autour de 90/110 € pour une petite voiture.

Depuis la France

La CTN et la compagnie française SNCM couvrent toute l'année la ligne Marseille-Tunis. Il y a toujours au moins deux ferries hebdomadaires, même en plein hiver, et des liaisons presque quotidiennes de la fin juin à la mi-novembre. Le trajet de 24 heures tourne autour de 150 € l'aller simple par passager et de 300 € pour un petit véhicule.

La SNCM propose une desserte hebdomadaire depuis Bastia, en Corse, de mai à mi-septembre.

VOYAGES ORGANISÉS

SÉJOURS

De très nombreux tour-opérateurs proposent des séjours en Tunisie, l'une des destinations les moins chères du bassin méditerranéen. La plupart des offres sont des "packages" avion et hôtel-clubs, à des prix défiant toute concurrence. Ce genre de forfait "tout compris" est parfois moins coûteux qu'un vol sec. Attention ! Les prestations hôtelières peuvent énormément varier. Tout dépend des tarifs et de l'établissement qui vous accueillera. Les différences de prix s'expliquent souvent par le niveau de confort, les activités proposées (sports, activités pour enfants…) ou les excursions.

Depuis quelques années, la thalassothérapie est très en vogue en Tunisie. Djerba, Sousse, Mahdia, Zarzis et Hammamet comptent toutes des centres thalasso. Là encore, soyez vigilant avant de réserver, car les écarts de prix correspondent en général à des différences de prestation.

CIRCUITS

De nombreux circuits organisés depuis la France permettent d'associer visites culturelles, découverte du Sahara et haltes balnéaires. Certains voyagistes, comme Clio, ont dans leur catalogue des circuits couvrant à la fois la Tunisie et la Libye.

Des voyagistes spécialisés proposent des formules plus originales, qui permettent notamment d'explorer le désert, en 4 x 4, en méharée (voyages à dos de dromadaire) en treck ou en randonnée chamelière. Certains circuits ne nécessitent pas d'aptitudes sportives particulières. On bivouaque sous les tentes ou à la belle étoile. Nomade aventure et Atalante proposent même une formule familiale, spécialement adaptée aux enfants. Voyageurs du monde et Déserts organisent un circuit observation des étoiles dans le désert.

Voici quelques voyagistes qui proposent des formules originales :

Allibert Paris (☎ 01 44 59 35 35 ; fax 01 44 59 35 36 ; www.allibert-voyages.com; 37 bd Beaumarchais, 75003 Paris) ; (☎ 0825 090 190 ; 04 76 45 22 26 ; fax 04 76 45 50 75 ; www.allibert-voyages.com ; route de Grenoble, 38530 Chapareillan).

Atalante Paris (☎ 01 55 42 81 00 ; fax 01 55 42 81 01 ; www.atalante.fr; 10 rue des Carmes, Paris 75005) ; Lyon (☎ 04 72 53 24 80 ; fax 04 72 53 24 81 ; www.atalante.fr; 36-37 quai Arloing, 69256 Lyon Cedex 09).

Clio (☎ 01 53 68 82 82 ; fax 01 53 68 82 60 ; www.clio.fr; 27 rue du Hameau, 75015 Paris).

Club Aventure (☎ 01 44 32 09 30 ; 0 825 882 080 ; fax 01 44 32 09 59 ; www.clubaventure.fr; 3615 Clubavt ; 18 rue Séguier, 75006 Paris).

Déserts (ancien Comptoir des Déserts) (☎ 01 55 42 78 42 ; fax. 01 55 42 78 40 ; www.deserts.fr ; 5 rue Fustel-de-Coulanges, 75005 Paris).

Explorator (☎ 01 53 45 85 85 ; fax 01 42 60 80 00 ; www.explo.com ; 3615 Explo ; 16 rue de la Banque, 75002 Paris).

Nomade Paris (☎ 0 826 100 326 ; fax 0 826 100 366 ; www.nomade-aventure.com ; 3615 Nomadav ; 40 rue de la Montagne-Sainte-Geneviève, 75005 Paris) ; Toulouse

(☎ 05 61 55 49 22 ; fax 06 07 14 02 68 ; 21 place du Salin, 31000 Toulouse).
Voyageurs du Monde (☎ 01 42 86 16 00 ; fax 01 42 86 17 88 en indiquant votre destination ; www.vdm.com ; 3615 Voyageurs 55 rue Sainte-Anne, 75002 Paris).

COMMENT CIRCULER

La Tunisie jouit d'un bon réseau de transports comprenant bus, louages (taxis collectifs), trains et ferries. Pratiquement toutes les villes de quelque importance disposent de liaisons quotidiennes avec la capitale.

AVION

Les lignes intérieures se révèlent plutôt limitées.

Elles sont assurées par Tuninter (UG), une filiale de Tunis Air, bien notée sur le plan de la sécurité. On peut contacter la compagnie *via* les agences de Tunis Air.

Citons les vols de Tunis à Gafsa (aller simple 50 DT), Djerba (jusqu'à 4 par jour l'été ; 65 DT), Sfax (50 DT) et Tozeur (56 DT). Pas d'avion pour Monastir ni Tabarka.

BATEAU

Il existe deux services de ferries réguliers. Le premier relie Sfax aux îles Kerkennah (voir p. 195), à environ 25 km de la côte. On dénombre jusqu'à 11 traversées l'été et quatre seulement l'hiver.

Le second dessert Adjim, sur l'île de Djerba (p. 242), depuis Djorf. Il circule toute la journée et toute la nuit.

BICYCLETTE

La Tunisie s'est forgé une bonne réputation parmi les amoureux de la petite reine. Bien entretenu, son vaste réseau routier comporte une majorité de routes plates. En dehors de l'été trop chaud et de l'hiver parfois rigoureux dans le Nord, le climat offre des conditions idéales. Pour éviter les longues distances, on peut en outre voyager en train avec sa monture. Équipés de galeries, les louages acceptent aussi de transporter les vélos.

L'inconvénient de ce mode de déplacement réside dans l'intensité de la circulation, notamment sur certaines routes littorales. Par ailleurs, la plupart des automobilistes n'ont pas l'habitude de rouler près des cyclistes. Les pistes cyclables n'existent pas et la majorité des routes se résument à une bande d'asphalte à deux voies, pratiquement dépourvue de bas-côtés. Si vous planifiez d'effectuer tout votre périple en bicyclette et si vous souhaitez rouler sur un vélo correct, vous pouvez apporter le vôtre (vérifiez auprès de la compagnie aérienne que vous pouvez l'enregistrer comme bagage).

Un conseil : avant de partir, passez votre engin au peigne fin et remplissez votre trousse à outils de pièces de rechange en cas d'ennui mécanique dans un coin perdu.

Location

Quelques adresses louent des bicyclettes, parfaites pour explorer les villes étendues ainsi que les grandes palmeraies à l'extrême sud du pays. La plupart demandent entre 2,5 et 4 DT de l'heure, mais on peut en général négocier un tarif plus avantageux à la journée ou à la demi-journée. Au lieu de vous précipiter sur le premier vélo venu, examinez-les tous pour repérer le meilleur et vérifiez bien les freins.

BUS

À quelques exceptions près (Tabarka et Tataouine, par exemple), les compagnies nationales et régionales opèrent depuis les gares routières municipales.

Si vous les prenez dans la ville de départ, les bus constituent un mode de transport très commode sur les longs trajets car ils partent à heure fixe (les louages attendent d'être pleins).

Bus nationaux

La Société nationale du transport rural et interurbain (SNTRI, prononcez "sintri") effectue des liaisons quotidiennes en véhicules climatisés entre Tunis et presque toutes les villes du pays. La fréquence va d'un bus, pour les petites localités, à 10 bus par jour pour les grandes agglomérations telles que Sousse et Sfax. Confortables, rapides et abordables, ces bus verts et blancs respectent assez bien les horaires.

En été, beaucoup de trajets longue distance ayant lieu de nuit pour éviter la chaleur, vous ne verrez rien du paysage. Nous vous conseillons de réserver à l'avance.

Bus régionaux

En dehors de la compagnie nationale, des bus circulent dans une région donnée et la relient aux villes proches.

Bien qu'assez fiables, la plupart ont connu des jours meilleurs. Ils sont en outre lents et dépourvus de climatisation. Assurant une bonne desserte, ils constituent parfois l'unique moyen de transport dans les petites localités. Pour connaître les horaires, rendez-vous directement à la gare routière. Certaines villes importantes sont couvertes par deux ou trois compagnies régionales.

Tarifs

Les bus coûtent généralement un peu plus cher que les louages, mais offrent un confort supérieur sur les longs trajets. Exemples de tarifs depuis Tunis : 23 DT pour Djerba, 11,8 DT pour Sfax, 18,9 DT pour Tozeur.

Réservations

Presque toutes les gares routières comportent un bureau de réservation de la SNTRI. Les compagnies régionales ont également des guichets, mais ils n'ouvrent souvent qu'une heure environ avant le départ, d'où la difficulté de réserver à l'avance.

CAMIONNETTE

Les camionnettes vont là où les bus et les louages craignent de s'aventurer. Peu nombreuses et inconfortables, elles sont cependant indispensables pour rallier certaines destinations retirées du Sud (en particulier autour de Tataouine). Côté prix, essayez de savoir ce que paient les Tunisiens pour vous faire une idée. Rappelez-vous qu'elles ne circulent guère au-delà du milieu de l'après-midi.

CIRCUITS ORGANISÉS LOCAUX

Le gros des sites étant accessible par les transports publics, inutile de recourir à une formule entièrement organisée à bord d'un bus de tourisme. Il existe toutefois des exceptions.

La première concerne le Sahara. À moins d'être motorisé, il s'agit en effet de la seule façon d'explorer le désert. Les options vont de la méharée d'une journée aux expéditions d'une semaine en 4x4. Douz (p. 220) est le principal point de départ, mais des agences locales sérieuses organisent aussi des circuits depuis Tozeur (p. 229) et Gabès (p. 203). Beaucoup de complexes hôteliers de la côte (surtout à Djerba) proposent également des itinéraires dans le désert. Pour en savoir plus, lisez l'encadré p. 222.

L'excursion d'une journée, généralement montée par un hôtel ayant réussi à réunir un nombre suffisant de participants, convient bien pour visiter Matmata, les villages des oasis près de Tozeur et les cités romaines dans l'arrière-pays de Tabarka.

Louer un taxi donne la possibilité de découvrir Djerba ou les villages berbères et les ksour autour de Tataouine en individuel.

CIRCUITS NATURE

L'écotourisme est un concept relativement nouveau en Tunisie, d'où la difficulté de recruter des guides compétents. Le gouvernement travaille actuellement avec la Banque mondiale pour ouvrir les parcs nationaux à cette forme de tourisme, mais cela n'a pas encore porté ses fruits.

La compagnie **Becasse** (☎ 71-960 314 ; fax 960 249 ; becasse@planet.tn) se spécialise dans les circuits en petits groupes sur des sites naturels dignes d'intérêt. **Visit Tunisia** (www.visit-tunisia.com/interne/partners.htm) est sa branche internationale.

LOUAGE

Les louages (taxis collectifs longue distance) qui sillonnent les routes tunisiennes sont de loin le moyen le plus rapide et le plus simple pour se rendre d'un point A à un point B. Tandis que les bus partent à une heure donnée, les louages attendent d'être pleins ce qui ne prend habituellement pas longtemps. Si le bus pour votre destination démarre dans plus d'une heure, rendez-vous à la station de louage ; il serait étonnant que vous attendiez plus de 45 minutes. Toutefois, ne vous décidez pas à la dernière minute car la plupart cessent de circuler après 19h, voire plus tôt.

Dans les villes, la station de louage jouxte habituellement la gare routière ou se confond avec elle. Les chauffeurs attendent près de leur véhicule et annoncent leur destination en criant. En tant qu'étranger, soyez sûr qu'on vous aidera à trouver la vôtre. Mieux vaut s'enquérir du prix au préalable. Si vous avez l'impression de

DIX TRUCS POUR BIEN CIRCULER EN TUNISIE

Se déplacer en Tunisie ne pose généralement pas de problèmes particuliers. Il y a cependant certaines précautions à prendre afin d'éviter d'être bloqué quelque part ou de vous retrouver à l'opposé de votre destination :

- En été, un billet de train de 1re classe sur une ligne fréquentée ne garantit pas une place réservée car les voitures de 1re classe ont un quota de passagers debout. Arrivez tôt et hâtez-vous d'occuper le premier siège vacant.
- Vérifiez toujours si le bus que vous attendez vient d'une autre ville. Le cas échéant, il a toutes les chances d'être plein en arrivant.
- À bord des vieux louages (breaks Peugeot), évitez les sièges arrière à moins de mesurer moins d'1 m 50.
- Dans les nouveaux louages (minibus à 8 places), évitez le siège avant central car la combinaison du tableau de bord, de la radio et du changement de vitesses peut vous meurtrir les genoux.
- À bord des nouveaux louages, ne choisissez pas un siège à l'arrière sans avoir vu quelle quantité de bagages sera entassée derrière vous. Vous risquez en effet de ne pas savoir où mettre la tête.
- Sachez que les louages ne circulent plus après 19h.
- Si la nuit approche, payez la/les place(s) restante(s) du louage ou partagez-en le coût avec d'autres passagers. Mieux vaut cela que d'arriver tard le soir ou de ne pas partir du tout.
- Si vous voulez voir l'amphithéâtre d'El-Djem au coucher du soleil, lisez l'encadré p. 185.
- En arrivant à Douz, attendez-vous à être accosté entre la station de louage et votre hôtel par des rabatteurs proposant des treks chameliers. À défaut de pouvoir passer outre, vous avez intérêt à ne pas accepter la première offre venue. Montrez-vous poli mais ferme.
- Ne demandez pas à l'office du tourisme de Mahdia où se trouve la gare routière.

vous faire avoir, demandez à consulter la liste des tarifs (fixés par l'État) dont chaque chauffeur doit être muni.

Aujourd'hui, les vieux breaks Peugeot ou Renault (avec une banquette supplémentaire) habilités au transport de cinq passagers sont souvent remplacés par des minibus plus confortable d'une capacité de huit personnes. Les tarifs indiqués s'entendent "par place" et il n'y a pas de réduction pour les enfants.

Bien que certains louages aient le droit de circuler dans tout le pays, la plupart ne peuvent opérer que localement et sur un itinéraire défini. La ville mentionnée sur le toit de chaque véhicule indique le lieu de sa licence et ne coïncide pas nécessairement avec sa destination.

STOP

Bien que beaucoup de gens pratiquent l'autostop (en particulier dans le Sud), il ne s'agit pas d'un mode de transport entièrement sûr. Nous le déconseillons d'ailleurs vivement aux femmes seules.

TRAIN

Voyager en train permet de circuler avec un maximum de confort (à moins de devoir rester debout pour cause d'affluence). La Société nationale des chemins de fer tunisiens (SNCFT) exploite un réseau étendu (mais incomplet), moderne, efficace et généralement ponctuel.

La principale ligne ferroviaire, fréquemment desservie, va du nord au sud entre Tunis et Gabès *via* Sousse et Sfax. Un train quotidien bifurque à Mahres, au sud de Sfax, pour rejoindre Gafsa et Metlaoui. À noter aussi des liaisons avec Bizerte *via* Mateur ; Ghardimao *via* Jendouba ; et Kalaat Khasba (à mi-chemin entre Le Kef et Kasserine).

Le Cap Bon est relié par une ligne secondaire entre Bir Bou Regba et Nabeul, tandis que le Métro du Sahel part de Sousse vers le sud à destination de Monastir et de

Mahdia. Ces deux lignes sont connectées au grand axe ferroviaire nord-sud. Les autres itinéraires figurant sur les cartes ne transportent que du fret.

Les amoureux du chemin de fer ne manqueront pas le *Lézard rouge*, un vieux train restauré que le bey empruntait pour ses excursions dans la montagne. Il roule chaque jour entre Metlaoui et Redeyef, offrant une magnifique perspective sur les gorges de la Seldja. Pour plus de détails, voir p. 237.

Classes

Les trains de passagers comportent trois classes : 2e, 1re et "confort". La 2e classe coûte à peu près le même prix que le bus et affiche d'ordinaire une forte densité d'hommes, de marchandises et d'animaux entassés. Son ambiance pittoresque peut valoir le coup sur un court trajet. À moins d'embarquer dans la ville de départ et de savoir jouer des coudes, vous avez peu de chance d'obtenir une place assise.

La 1re classe, 40% plus chère, dispose de sièges rembourrés inclinables et vous y trouverez plus facilement une place libre. La classe confort, le tarif au-dessus, ne diffère de la précédente que par des compartiments légèrement plus chics. Sur les grandes lignes, la plupart des trains comportent un wagon-restaurant qui vend des sandwiches, des boissons sans alcool et du café.

Tarifs

Quelques exemples de prix au départ de Tunis : 6 DT pour Sousse, 9,2 DT pour Sfax, 13,4 DT pour Gafsa et 3,5 DT pour Bizerte.

Réservations

Les trains affichent parfois complet l'été, notamment ceux en direction du sud. Pour avoir une place, réservez un jour à l'avance, ce qui peut être fait dans la gare de n'importe quelle ville moyenne.

TRANSPORTS URBAINS

La plupart des villes peuvent se visiter à pied. Toutefois, il fait souvent trop chaud l'été pour marcher longtemps.

Présents presque partout et bon marché, les taxis constituent la meilleure formule. Le tarif de jour (tarif A ou tarif 1) s'applique de 5h à 20h. Comptez 340 millimes de prise en charge plus 500 millimes/km (510 millimes et 50% de plus le soir).

Les grandes agglomérations comme Sousse, Sfax et Tunis disposent d'un réseau de bus local. Tunis possède aussi un tramway moderne (métro léger) et une ligne ferroviaire suburbaine (TGM) reliant le centre aux banlieues nord. Dans certains centres urbains, dont Gabès, Houmt-Souk, Nabeul et Tozeur, on peut se déplacer en calèche moyennant 10 DT de l'heure.

VOITURE ET MOTO

Automobile-clubs

Le **Touring-Club de Tunisie** (☎ 71-323 114 ; fax 324 834 ; 15 rue d'Allemagne, Tunis 1000) possède des accords avec nombre d'automobile-clubs européens. Si votre voiture tombe en panne, il pourra vous diriger vers un service de réparation agréé.

Transport de véhicule

Si vous venez en Tunisie avec votre voiture, reportez-vous p. 272 pour connaître les documents requis.

Permis de conduire

Un permis de conduire national suffit pour conduire (ou louer une voiture) en Tunisie. Le permis international s'avère toutefois recommandé si vous venez d'un pays autre que ceux d'Europe occidentale.

Carburant et pièces détachées

Suivant les critères européens, l'essence ne revient pas cher et affiche partout le même tarif : diesel 430 millimes/l, super 730 millimes/l, ordinaire 690 millimes/l, mélange deux-temps 710 millimes/l. Le sans-plomb (760 millimes/l) demeure une rareté en dehors des grandes villes.

On peut se procurer des pièces détachées correspondant aux principales marques de voitures européennes (en particulier françaises), mais uniquement dans les villes importantes. Par conséquent, faites soigneusement réviser votre véhicule avant le départ.

À moto, prévoyez également des pièces de rechange, quasiment introuvables en Tunisie où très peu de gens possèdent ce type de véhicule.

Location

VOITURE

Louer une voiture permet de découvrir le pays de façon plus approfondie et à son rythme. Compte tenu des prix élevés,

AVEC LE SOURIRE...

Sur les routes de Tunisie, vous remarquerez partout des policiers veillant sur la sécurité de leurs concitoyens. Si cela peut vous paraître rassurant, tous les Tunisiens ne l'entendent pas de cette oreille. Quiconque a déjà circulé à bord d'un louage, connaît bien le rituel.

En vue d'un carrefour, d'un poste de contrôle ou d'un endroit où il s'attend à tomber sur la police, le chauffeur ralentit à l'allure de la marche, attache sa ceinture de sécurité et demande aux passagers de l'imiter. Toujours à la vitesse de l'escargot, il s'approche en faisant mine de ne pas regarder les agents, mais ne les quitte pas des yeux. Lorsqu'il croise leur regard et capte le haussement d'épaule qui l'autorise à passer, il se fend d'un sourire innocent et agite cordialement la main en direction des hommes en uniforme, tout en les maudissant à voix basse.

Si vous conduisez en Tunisie, nous vous conseillons vivement d'adopter la même attitude (excepté pour la ceinture que vous devriez porter en permanence). Sachez cependant que le statut d'étranger vous épargne presque toujours ce genre de tracasseries.

cette solution ne vaut toutefois que si vous voyagez à plusieurs.

Pour une catégorie A (Fiat Uno, par exemple), les tarifs standard dans les agences de location internationales débutent à 45 DT/j plus 250 millimes/km ou à 54 DT/j avec kilométrage illimité pour un minimum de 7 jours. Vous devez payer en sus 18% de taxe, 8 DT/j d'assurance au minimum, les frais de contrat, etc. Une voiture de taille moyenne (Renault Clio ou VW Polo) revient autour de 65 DT/j plus 350 millimes/km ou de 450 DT par semaine avec kilométrage illimité.

Les loueurs locaux, enclins au marchandage, offrent des options plus avantageuses. L'hiver, il est possible de louer une Renault Clio à moins de 350 DT par semaine. Tunis, Sfax et Houmt-Souk (à Djerba) réservent les meilleures affaires.

Une caution à peu près équivalente au montant de la location est demandée (sauf si vous payez par carte de crédit). Il faut être âgé de 21 ans minimum et détenteur du permis de conduire depuis au moins un an.

Vérifiez qu'un formulaire de déclaration d'accident figure bien parmi les papiers du véhicule. En cas de problème, les deux partis impliqués doivent le remplir, sinon vous pourriez être obligé de rembourser les dégâts, que vous ayez ou non payé une assurance.

MOTO

Quelques enseignes louent des scooters et des vélomoteurs ne nécessitant pas de permis ni d'assurance. Pour un engin de plus de 50cc, vous devez par contre avoir plus de 21 ans et disposer du permis depuis un an minimum.

Assurance

Si vous avez souscrit une assurance automobile, notamment en Europe continentale, renseignez-vous auprès de votre assureur avant de demander une carte verte d'assurance internationale car vous êtes peut-être déjà couvert. Sinon, la carte verte vous fournira une couverture responsabilité civile en Tunisie et au Maroc. Si vous n'avez pas pris ces précautions avant le départ, demandez un formulaire d'assurance à la police des douanes (qui n'en a pas toujours sous la main).

État des routes

La Tunisie peut s'enorgueillir d'un excellent réseau routier dont même les voies mineures sont asphaltées et bien entretenues. On rencontre davantage de nids-de-poule dans le Sud, mais ils restent rares. Beaucoup de routes signalées sur les cartes comme non-goudronnées ont subi des travaux depuis, notamment dans la partie méridionale où l'armée a massivement participé aux opérations de voirie. Bien nivelées, la plupart des pistes du Sud peuvent être empruntées avec un véhicule standard (voir les chapitres régionaux pour plus de détails).

Il n'existe qu'un seul péage en Tunisie, sur la nouvelle voie express A1 entre Tunis et Msaken, au sud de Sousse. Le trajet coûte 2,4 DT. On parle d'étendre le système au nord jusqu'à Bizerte et au sud jusqu'à Sfax et Gabès.

La police arrête rarement les étrangers, mais gardez quand même votre passeport et les papiers de la voiture à portée de main.

Sécurité

Les automobilistes tunisiens adoptent dans l'ensemble un comportement correct, prévisible et sûr. Ils ont toutefois tendance à doubler sans regarder ce qui vient dans l'autre sens. Pour les conducteurs occidentaux, le danger vient surtout des vélomoteurs qui slaloment entre les voitures de façon suicidaire, et des piétons qui s'arrogent le droit de marcher sur la route sans se soucier de la circulation. Dans les bourgs de campagne, gare aux animaux et aux jeunes enfants qui traversent à l'improviste.

Code de la route

Il diffère peu de celui en vigueur sur le continent européen. On conduit à droite et l'on double à gauche. La vitesse est limitée à 50km/h dans les agglomérations et à 90km/h en dehors. Seule exception, la route à péage entre Tunis et Sousse où l'on peut rouler jusqu'à 110 km/h.

La priorité à droite dans les zones urbaines pose quelques problèmes aux touristes. Elle concerne également les ronds-points, où il faut laisser passer les véhicules venant de la droite même si l'on est déjà engagé. Autre curiosité, les embranchements pour tourner à gauche sur les grands axes, qui peuvent occasionner une certaine confusion. Au lieu d'une bifurcation débutant au centre de la route, le système tunisien comporte en effet une voie spéciale partant de la droite qui forme une boucle et traverse la route à angle droit.

La ceinture de sécurité n'est pas obligatoire en ville. Les passagers avant doivent en revanche l'attacher hors des agglomérations. Quoi qu'il en soit, mieux vaut la porter en permanence.

Santé

SOMMAIRE

Les conditions sanitaires sont satisfaisantes en Tunisie. Les infrastructures médicales sont très bonnes dans les grandes villes, mais beaucoup plus rudimentaires dans les régions plus isolées. Un minimum de prévention est nécessaire pour éviter tout problème de santé sur place.

AVANT LE DÉPART

ASSURANCES ET SERVICES MÉDICAUX

Il est conseillé de souscrire à une police d'assurance qui vous couvrira en cas d'annulation de votre voyage, de vol, de perte de vos affaires, de maladie ou encore d'accident. Les assurances internationales pour étudiants sont en général d'un bon rapport qualité/prix. Lisez avec la plus grande attention les clauses en petits caractères : c'est là que se cachent les restrictions.

Vérifiez notamment que les "sports à risques", comme la plongée, la moto ou même la randonnée ne sont pas exclus de votre contrat, ou encore que le rapatriement médical d'urgence, en ambulance ou en avion, est couvert. De même, le fait d'acquérir un véhicule dans un autre pays ne signifie pas nécessairement que vous serez protégé par votre propre assurance.

Vous pouvez contracter une assurance qui réglera directement les hôpitaux et les médecins, vous évitant ainsi d'avancer des sommes qui ne vous seront remboursées qu'à votre retour. Dans ce cas, conservez avec vous tous les documents nécessaires.

Attention ! Avant de souscrire une police d'assurance, vérifiez bien que vous ne bénéficiez pas déjà d'une assistance par votre carte de crédit, votre mutuelle ou votre assurance automobile. C'est bien souvent le cas.

QUELQUES CONSEILS

Vérifiez que vous êtes en bonne santé avant de partir. Si vous partez pour un long voyage, faites contrôler l'état de vos dents. Nombreux sont les endroits où l'on ne souhaiterait pas une visite chez le dentiste à son pire ennemi.

Si vous suivez un traitement de façon régulière, n'oubliez pas votre ordonnance (avec le nom du principe actif plutôt que la marque du médicament, afin de pouvoir trouver un équivalent local, le cas échéant). De plus, l'ordonnance vous permettra de prouver que vos médicaments vous sont légalement prescrits, des médicaments en vente libre dans certains pays ne l'étant pas dans d'autres.

Attention aux dates limites d'utilisation et aux conditions de stockage, parfois mauvaises (les faux médicaments sont fréquents en Afrique). Il arrive également que l'on trouve, dans des pays en développement, des produits interdits en Occident.

VACCINS

Aucune vaccination n'est obligatoire pour se rendre en Tunisie, mais mieux vaut mettre à jour ses rappels avant le départ.

Il est important de faire la différence entre les vaccins recommandés lorsque l'on voyage dans certains pays et ceux obligatoires. De façon générale, faites inscrire vos vaccinations dans un carnet international de vaccination que vous pourrez vous procurer auprès de votre médecin ou d'un centre. Même si vous avez été vacciné contre plusieurs maladies dans votre enfance, votre médecin vous recommandera peut-être des rappels contre le tétanos ou la poliomyélite. Les vaccins ont des durées d'efficacité très variables ; certains sont contre-indiqués pour les femmes enceintes.

Voici les coordonnées de quelques centres de vaccination à Paris :

TROUSSE MÉDICALE DE VOYAGE

Veillez à emporter avec vous une petite trousse à pharmacie (nous vous conseillons de la transporter en soute) contenant quelques produits indispensables. Certains ne sont délivrés que sur ordonnance médicale.

- des **antibiotiques**, à utiliser uniquement aux doses et périodes prescrites, même si vous avez l'impression d'être guéri avant. Chaque antibiotique soigne une affection précise : ne les utilisez pas au hasard. Cessez immédiatement le traitement en cas de réactions graves
- un **antidiarrhéique** et un **réhydratant**, en cas de forte diarrhée, surtout si vous voyagez avec des enfants
- un **antihistaminique** en cas de rhumes, allergies, piqûres d'insectes, mal des transports – évitez de boire de l'alcool
- un **antiseptique** ou un désinfectant pour les coupures, les égratignures superficielles et les brûlures, ainsi que des pansements gras pour les brûlures
- de l'**aspirine** ou du **paracétamol** (douleurs, fièvre)
- une **bande Velpeau** et des **pansements** pour les petites blessures
- une **paire de lunettes de secours** (si vous portez des lunettes ou des lentilles de contact) et la copie de votre ordonnance
- un **produit contre les moustiques**, un écran total, une pommade pour soigner les piqûres et les coupures et des comprimés pour stériliser l'eau
- une **paire de ciseaux** à bouts ronds, une **pince à épiler** et un **thermomètre à alcool**
- une petite trousse de **matériel stérile** comprenant une seringue, des aiguilles, du fil à suture, une lame de scalpel et des compresses
- des **préservatifs**

Hôtel-Dieu Vaccins obligatoires en France : centre gratuit de l'Assistance publique (☎ 01 42 34 84 84), 1 parvis Notre-Dame, 75004 Paris. Vaccins pour les voyageurs : centre payant (☎ 01 45 82 90 26), 15-17 rue Charles-Bertheau, 75013 Paris.

Assistance publique voyages, service payant de l'hôpital de la Pitié-Salpêtrière (☎ 01 45 85 90 21), 47 bd de l'Hôpital, 75013 Paris.

Institut Pasteur (☎ 01 45 68 81 98), 209 rue de Vaugirard, 75015 Paris.

Air France, centre de vaccination (☎ 01 43 17 22 00), aérogare des Invalides, 2 rue Robert Esnault-Pelterie, 75007 Paris.

Il existe de nombreux centres en province, en général liés à un hôpital ou un service de santé municipal. Vous pouvez obtenir la liste de ces centres de vaccination en France en vous connectant sur le site Internet www.dfae.diplomatie.fr, émanant du ministère des Affaires étrangères.

SANTÉ SUR INTERNET

Il existe de très bons sites Internet consacrés à la santé en voyage. Avant de partir, vous pouvez consulter les conseils en ligne du ministère des Affaires étrangères (http://www.france.diplomatie.fr/voyageurs/etrangers/avis/conseils/default2.asp) ou le site très complet du ministère de la Santé (www.sante.gouv.fr). Vous trouverez, d'autre part, plusieurs liens sur le site de Lonely Planet (www.lonelyplanet.fr), à la rubrique *Ressources*.

EN TUNISIE

Le système de soin est très variable selon l'endroit où vous vous trouvez. Il est très bon à Tunis, Sousse, Sfax et Houmt-Souk, où beaucoup de médecins ont fait leurs études en Europe. Mais en dehors des grandes villes, les médicaments et les instruments médicaux ne sont pas toujours disponibles. De manière générale, prenez garde au matériel utilisé pour vous soigner. Il doit impérativement être stérilisé pour éviter les risques de transmission de l'hépatite B et du HIV.

Pour des maladies bénignes, les pharmaciens peuvent vous vendre directement des médicaments ou vous donner des coordonnées de médecins, si besoin est.

PRÉCAUTIONS ÉLÉMENTAIRES

Faire attention à ce que l'on mange et à ce que l'on boit est la première des précautions à prendre. Les troubles gastriques et intestinaux sont fréquents, même si la plupart du temps ils restent sans gravité. Ne soyez cependant pas paranoïaque et ne vous privez pas de goûter la cuisine locale, cela fait partie du voyage. N'hésitez pas également à vous laver les mains fréquemment.

Eau

Règle d'or : ne buvez jamais l'eau du robinet (même sous forme de glaçons). Préférez les eaux minérales et les boissons gazeuses, tout en vous assurant que les bouteilles sont décapsulées devant vous. Évitez les jus de fruits, souvent allongés à l'eau. Attention au lait, rarement pasteurisé. Pas de problème pour le lait bouilli et les yaourts. Thé et café, en principe, sont sûrs, puisque l'eau doit bouillir.

Pour stériliser l'eau, la meilleure solution est de la faire bouillir durant quinze minutes. Un simple filtrage peut être très efficace mais n'éliminera pas tous les micro-organismes dangereux. Aussi, si vous ne pouvez faire bouillir l'eau, traitez-la chimiquement. Le Micropur (vendu en pharmacie) tuera la plupart des germes pathogènes.

Problèmes de santé et traitements

Les éventuels ennuis de santé peuvent être répartis en plusieurs catégories. Tout d'abord, les problèmes liés au climat, notamment à la chaleur ; puis les maladies dues au manque d'hygiène ; celles transmises par les animaux ou les hommes ; enfin, les maladies transmises par les insectes. De simples coupures, morsures ou égratignures peuvent aussi être source de problèmes.

L'autodiagnostic et l'autotraitement sont risqués ; aussi, chaque fois que cela est possible, adressez-vous à un médecin. Ambassades et consulats pourront en général vous en recommander un. Les hôtels cinq-étoiles également, mais les honoraires risquent aussi d'être cinq-étoiles (utilisez votre assurance).

Vous éviterez bien des problèmes de santé en vous lavant souvent les mains, afin de ne pas contaminer vos aliments. Brossez-vous les dents avec de l'eau traitée. On peut attraper des vers en marchant pieds nus ou se couper dangereusement sur du corail. Demandez conseil aux habitants du pays où vous vous trouvez : s'ils disent qu'il ne faut pas vous baigner à cause des méduses, suivez leur avis.

AFFECTIONS LIÉES À L'ENVIRONNEMENT

COUP DE CHALEUR

Cet état grave, parfois mortel, survient quand le mécanisme de régulation thermique du corps ne fonctionne plus : la température s'élève alors de façon dangereuse. De longues périodes d'exposition à des températures élevées peuvent vous rendre vulnérable au coup de chaleur. Évitez l'alcool et les activités fatigantes lorsque vous arrivez, surtout l'été.

Symptômes : malaise général, transpiration faible ou inexistante et forte fièvre (39 à 41°C). Là où la transpiration a cessé, la peau devient rouge. La personne qui souffre d'un coup de chaleur est atteinte d'une céphalée lancinante et éprouve des difficultés à coordonner ses mouvements ; elle peut aussi donner des signes de confusion mentale ou d'agressivité. Enfin, elle délire et est en proie à des convulsions. Il faut absolument hospitaliser le malade. En attendant les secours, installez-le à l'ombre, ôtez-lui ses vêtements, couvrez-le d'un drap ou d'une serviette mouillés et éventez-le continuellement.

COUP DE SOLEIL

Dans le désert et sur les plages, les coups de soleil sont plus fréquents, même par temps couvert. Utilisez un écran solaire et pensez à couvrir les endroits qui sont habituellement protégés, les pieds par exemple. Si les chapeaux fournissent une bonne protection, n'hésitez pas à appliquer également un écran total sur le nez et les lèvres. Les lunettes de soleil s'avèrent souvent indispensables.

INSOLATION

Une exposition prolongée au soleil peut provoquer une insolation. Symptômes : nausées, peau chaude, maux de tête. Dans ce cas, il faut rester dans le noir, appliquer une compresse d'eau froide sur les yeux et prendre de l'aspirine.

MALADIES INFECTIEUSES ET PARASITAIRES

DIARRHÉE

Le changement de nourriture, d'eau ou de climat suffit à la provoquer ; si elle est causée par des aliments ou de l'eau contaminés, le problème est plus grave. En dépit de toutes vos précautions, vous aurez peut-être la "turista", mais quelques visites aux toilettes sans aucun autre symptôme n'ont rien d'alarmant. La déshydratation est le danger principal lié à toute diarrhée, particulièrement chez les enfants. Ainsi le premier traitement consiste à boire beaucoup : idéalement, il faut mélanger huit cuillerées à café de sucre et une de sel dans un litre d'eau. Sinon du thé noir léger, avec peu de sucre, des boissons gazeuses qu'on laisse se dégazéifier et qu'on dilue à 50% avec de l'eau purifiée, sont à recommander. En cas de forte diarrhée, il faut prendre une solution réhydratante pour remplacer les sels minéraux. Quand vous irez mieux, continuez à manger légèrement. Les antibiotiques peuvent être utiles dans le traitement de diarrhées très fortes, en particulier si elles sont accompagnées de nausées, de vomissements, de crampes d'estomac ou d'une fièvre légère. Trois jours de traitement sont généralement suffisants, et on constate normalement une amélioration dans les 24 heures. Toutefois, lorsque la diarrhée persiste au-delà de 48 heures ou s'il y a présence de sang dans les selles, il est préférable de consulter un médecin.

DIPHTÉRIE

Elle prend deux formes : celle d'une infection cutanée ou celle d'une infection de la gorge, plus dangereuse. On l'attrape au contact de poussière contaminée sur la peau, ou en inhalant des postillons d'éternuements ou de toux de personnes contaminées. Pour prévenir l'infection cutanée, il faut se laver souvent et bien sécher la peau. Il existe un vaccin contre l'infection de la gorge.

HÉPATITES

L'hépatite est un terme général qui désigne une inflammation du foie. Elle est le plus souvent due à un virus. Dans les formes les plus discrètes, le patient n'a aucun symptôme. Les formes les plus habituelles se manifestent par une fièvre, une fatigue qui peut être intense, des douleurs abdominales, des nausées, des vomissements, associés à la présence d'urines très foncées et de selles décolorées presque blanches. La peau et le blanc des yeux prennent une teinte jaune (ictère). L'hépatite peut parfois se résumer à un simple épisode de fatigue sur quelques jours ou semaines.

Hépatite A. C'est la plus répandue et la contamination est alimentaire. Il n'y a pas de traitement médical ; il faut simplement se reposer, boire beaucoup, manger légèrement en évitant les graisses et s'abstenir totalement de toute boisson alcoolisée pendant au moins six mois. L'hépatite A se transmet par l'eau, les coquillages et, d'une manière générale, tous les produits manipulés à mains nues. En faisant attention à la nourriture et à la boisson, vous préviendrez le virus. Malgré tout, s'il existe un fort risque d'exposition, il vaut mieux se faire vacciner.

Hépatite B. Elle est très répandue, puisqu'il existe environ 300 millions de porteurs chroniques dans le monde. Elle se transmet par voie sexuelle ou sanguine (piqûre, transfusion). Évitez de vous faire percer les oreilles, tatouer, raser ou de vous faire soigner par piqûres si vous avez des doutes quant à l'hygiène des lieux. Les symptômes de l'hépatite B sont les mêmes que ceux de l'hépatite A mais, dans un faible pourcentage de cas, elle peut évoluer vers des formes chroniques dont, dans des cas extrêmes, le cancer du foie. La vaccination est très efficace.

Hépatite C. Ce virus se transmet par voie sanguine (transfusion ou utilisation de seringues usagées) et semble donner assez souvent des hépatites chroniques. La seule prévention est d'éviter tout contact sanguin, car il n'existe pour le moment aucun vaccin contre cette hépatite.

TYPHOÏDE

La fièvre typhoïde est une infection du tube digestif. La vaccination n'est pas entièrement efficace et l'infection est particulièrement dangereuse.

Premiers symptômes : les mêmes que ceux d'un mauvais rhume ou d'une grippe, mal de tête et de gorge, fièvre qui augmente régulièrement pour atteindre 40°C ou plus. Le pouls est souvent lent par rapport à la température élevée et ralentit à mesure que la fièvre augmente. Ces symptômes peuvent être accompagnés de vomissements, de diarrhée ou de constipation.

La deuxième semaine, quelques petites taches roses peuvent apparaître sur le corps. Autres symptômes : tremblements, délire, faiblesse, perte de poids et déshydratation. S'il n'y a pas d'autres complications, la fièvre et les autres symptômes disparaissent peu à peu la troisième semaine. Cependant, un suivi médical est indispensable, car les complications sont fréquentes, en particulier la pneumonie (infection aiguë des poumons) et la péritonite (éclatement de l'appendice). De plus, la typhoïde est très contagieuse.

Mieux vaut garder le malade dans une pièce fraîche et veiller à ce qu'il ne se déshydrate pas.

VIH/SIDA

L'infection à VIH (virus de l'immunodéficience humaine), agent causal du sida (syndrome d'immunodéficience acquise) est présente dans pratiquement tous les pays et épidémique dans nombre d'entre eux. La transmission de cette infection se fait : par rapport sexuel (hétérosexuel ou homosexuel – anal, vaginal ou oral), d'où l'impérieuse nécessité d'utiliser des préservatifs ; par le sang, les produits sanguins et les aiguilles contaminées. Il est impossible de détecter la présence du VIH chez un individu apparemment en parfaite santé sans procéder à un examen sanguin.

Il faut éviter tout échange d'aiguilles. S'ils ne sont pas stérilisés, tous les instruments de chirurgie, les aiguilles d'acupuncture et de tatouage, les instruments utilisés pour percer les oreilles ou le nez peuvent transmettre l'infection. Il est fortement conseillé d'acheter seringues et aiguilles avant de partir.

Toute demande de certificat attestant la séronégativité pour le VIH (certificat d'absence de sida) est contraire au Règlement sanitaire international (article 81).

Coupures, piqûres et morsures

COUPURES ET ÉGRATIGNURES

Les blessures s'infectent très facilement dans les climats chauds et cicatrisent difficilement. Coupures et égratignures doivent être traitées avec un antiseptique et du désinfectant cutané. Évitez si possible bandages et pansements, qui empêchent la plaie de sécher.

Les coupures de corail sont particulièrement longues à cicatriser, car le corail injecte un venin léger dans la plaie. Portez des chaussures pour marcher sur des récifs, et nettoyez chaque blessure à fond.

TÉTANOS

Cette maladie parfois mortelle se rencontre partout, et surtout dans les pays tropicaux en voie de développement. Difficile à soigner, elle se prévient par vaccination. Le bacille du tétanos se développe dans les plaies. Il est donc indispensable de bien nettoyer coupures et morsures. Premiers symptômes : difficulté à avaler ou raideur de la mâchoire ou du cou. Puis suivent des convulsions douloureuses de la mâchoire et du corps tout entier.

Affections transmises par les animaux

MÉDUSES

Les conseils des habitants vous éviteront de faire la rencontre des méduses et de leurs tentacules urticants. Certaines espèces peuvent être mortelles mais, en général, la piqûre est seulement douloureuse. Des antihistaminiques et des analgésiques limiteront la réaction et la douleur.

SCORPIONS

Les scorpions sont très nombreux en Tunisie. Ils se cachent souvent sous les pierres. Leurs piqûres sont très douloureuses et parfois mortelles. Inspectez vos vêtements ou chaussures avant de les enfiler et évitez de vous promener en simples sandales dans des zones très arides. Consultez d'urgence un médecin.

SERPENTS

Portez toujours bottes, chaussettes et pantalons longs pour marcher dans la végétation à risque. Ne hasardez pas la main dans les trous et les anfractuosités, et faites attention lorsque vous ramassez du bois pour faire du feu. Les morsures de serpent ne provoquent pas instantanément la mort, et il existe généralement des antivenins. Il faut calmer la victime, lui interdire de bouger, bander étroitement le membre comme pour une foulure et l'immobiliser avec une attelle. Trouvez ensuite un médecin, et essayez de lui apporter le serpent mort. N'essayez en aucun cas d'attraper le serpent s'il y a le moindre risque qu'il pique à nouveau. On sait désormais qu'il ne faut absolument pas sucer le venin ou poser un garrot.

SANTÉ AU FÉMININ

GROSSESSE

La plupart des fausses couches ont lieu pendant les trois premiers mois de la grossesse. C'est donc la période la plus risquée pour voyager. Pendant les trois derniers mois, il vaut mieux rester à distance raisonnable de bonnes infrastructures médicales, en cas de problèmes. Les femmes enceintes doivent éviter de prendre inutilement des médicaments. Mieux vaut consulter un médecin avant de prendre quoi que ce soit.

PROBLÈMES GYNÉCOLOGIQUES

Une nourriture pauvre, une résistance amoindrie par l'utilisation d'antibiotiques contre des problèmes intestinaux peuvent favoriser les infections vaginales lorsqu'on voyage dans des pays à climat chaud. Respectez une hygiène intime scrupuleuse, et portez jupes ou pantalons amples et sous-vêtements en coton.

Les champignons, caractérisés par une éruption cutanée, des démangeaisons et des pertes, peuvent se soigner facilement. En revanche, les *trichomonas* sont plus graves ; pertes blanches et sensation de brûlure lors de la miction en sont les symptômes. Le partenaire masculin doit également être soigné.

Il n'est pas rare que le cycle menstruel soit perturbé lors d'un voyage

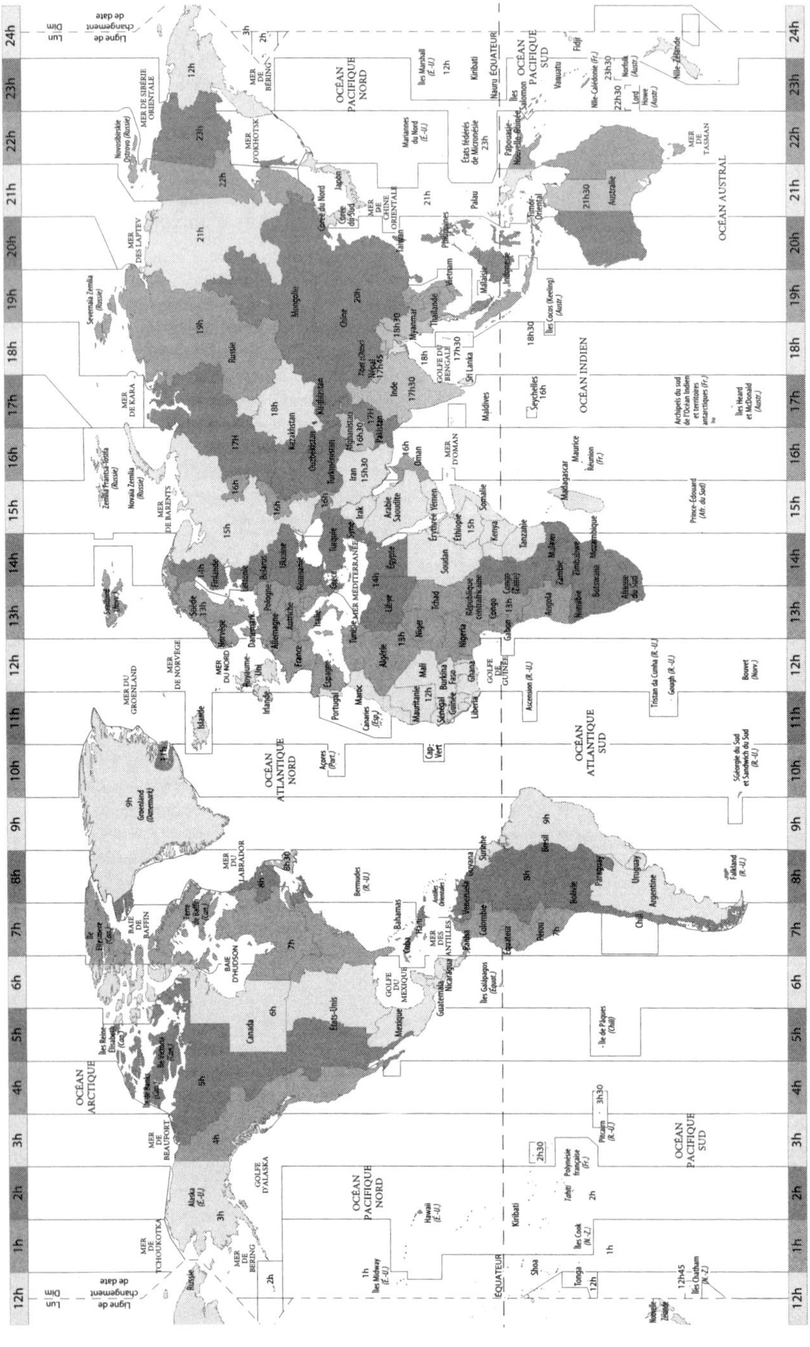
12h
1h
2h
3h
4h
5h
6h
7h
8h
9h
10h
11h
12h
13h
14h
15h
16h
17h
18h
19h
20h
21h
22h
23h
24h
Ligne de changement de date
Lun
Dim
OCÉAN ARCTIQUE
OCÉAN PACIFIQUE NORD
OCÉAN PACIFIQUE SUD
OCÉAN ATLANTIQUE NORD
OCÉAN ATLANTIQUE SUD
OCÉAN INDIEN
OCÉAN AUSTRAL
ÉQUATEUR
MER DE BEAUFORT
MER DE TCHOUKOTKA
MER DE BERING
GOLFE D'ALASKA
BAIE D'HUDSON
BAIE DE BAFFIN
MER DU LABRADOR
GOLFE DU MEXIQUE
MER DES ANTILLES
MER DU GROENLAND
MER DE NORVÈGE
MER DU NORD
MER MÉDITERRANÉE
MER DE BARENTS
MER DE KARA
MER DES LAPTEV
MER DE SIBÉRIE ORIENTALE
MER D'OKHOTSK
MER DE CHINE ORIENTALE
MER D'OMAN
GOLFE DU BENGALE
GOLFE DE GUINÉE
MER DE TASMAN
Alaska (É.-U.)
Canada
États-Unis
Mexique
Groenland (Danemark)
Islande
Brésil
Argentine
Chili
Russie
Chine
Inde
Australie
Nlle-Zélande
Japon
Madagascar

Langue

SOMMAIRE

L'arabe a beau être la langue officielle de la Tunisie, vous trouverez partout des gens qui parlent français, même dans les zones rurales les plus reculées. Par ailleurs, la plupart des panneaux sont bilingues.

L'arabe de Tunisie est un dialecte de l'arabe classique. La popularité de la musique et du cinéma égyptiens a fait en sorte que la plupart des Tunisiens comprennent également le dialecte pratiqué en Égypte. Il n'existe pas de dictionnaires ni de guides de conversation spécifiques à la langue locale, mais ce chapitre vous fournira quelques phrases et expressions usuelles. Celles-ci figurent essentiellement en égyptien, sauf quand la variante tunisienne s'avère très différente. Pour une meilleure compréhension, vous pouvez vous procurer l'*Egyptian Arabic phrasebook* de Lonely Planet.

La langue de la culture et les langages spécialisés varient beaucoup moins d'un pays à l'autre. L'essor de la radio et de la télévision a développé la connaissance de ce qu'on appelle communément l'arabe moderne unifié ou standard. Dérivé de la langue classique du Coran et de la poésie, il s'agit de la *lingua franca* écrite et orale du monde arabophone. Il est utilisé dans les médias audiovisuels, la presse et la majeure partie de la littérature moderne. Les étudiants étrangers désireux d'apprendre l'arabe se trouve toujours confrontés à un dilemme : vaut-il mieux choisir d'abord l'arabe moderne (ce qui voudrait dire attendre un certain temps avant d'être capable de discuter avec l'homme de la rue), puis tel dialecte, ou plutôt apprendre directement à parler ce dernier. L'arabe dialectal ne présente pas en théorie de forme écrite, mais rien n'empêche de le transcrire en se servant de l'écriture utilisée pour la langue littéraire.

Connaître, ne serait-ce que quelques mots et expressions, vous permettra de découvrir davantage le pays.

TRANSCRIPTION

La transcription de l'arabe dans l'alphabet latin n'obéit pas à des règles rigoureuses. Malgré les nombreuses tentatives, il n'y a toujours pas de système unifié satisfaisant. Dans ce guide, nous avons tenté d'uniformiser, entre autres, l'écriture des toponymes, en adoptant la transciption francisée la plus couramment admise. Cependant, vous verrez que dans le pays, l'orthographe du nom d'un même lieu varie d'un panneau indicateur à l'autre.

L'arabe n'utilise qu'un seul mot pour "le" et "la" : *al* qui s'écrit parfois "el" et reste soumis à modification devant certaines consonnes. Ainsi, en arabe, Saladin se dit "Salah ad-Din" (littéralement "droiture de la foi") ; ici "al" est devenu "ad" devant le "d" de Din. Parfois, le "e" s'orthographie comme un "a". En fait, les voyelles en arabe ne revêtent pas la même importance que dans les autres langues. En outre, l'ordre des voyelles et des consonnes peut quelquefois varier. C'est le cas par exemple de madrassa qui se transcrit le plus souvent par "médersa".

Les lettres **q** et **k** ont souvent été interchangées dans les transcriptions, comme le mot *Iraq* orthographié "Irak" ou *souq* pouvant s'écrire "souk". Autre exemple, *qasr* (château) est parfois transcrit "ksar". Les **dj** peuvent parfois s'écrire "J", ("djebel" ou "jebel", "Djerba" ou "Jerba"). Les gens qui ont voyagé dans les pays arabes, donc habitués à certaines transcriptions, ne s'étonneront pas de voir les mots orthographiés de différentes manières.

L'ALPHABET ARABE

Finale	Médiane	Initiale	Seule	Transcription	Prononciation
ـا			ا	**â**	comme le "a" de *pâte*
ـب	ـبـ	بـ	ب	**b**	correspond au "b" français
ـت	ـتـ	تـ	ت	**t**	correspond au "t" français, la langue touchant le palais
ـث	ـثـ	ثـ	ث	**th**	analogue au "th"dur anglais dans *thing*
ـج	ـجـ	جـ	ج	**zh**	se prononce "j "comme dans *jouet*
ـح	ـحـ	حـ	ح	**H**	"h" fortement aspiré, avec un son guttural
ـخ	ـخـ	خـ	خ	**kh**	son vocalisé de façon légèrement guttural, proche de la *jota* espagnole ou du "ch" allemand
ـد			د	**d**	correspond au "d" français, la langue touchant le palais
ـذ			ذ	**dh**	analogue au "th" anglais de *this*
ـر			ر	**r**	vibrante sonore réalisée comme le "r" roulé espagnol
ـز			ز	**z**	comme dans *zoo*
ـس	ـسـ	سـ	س	**s**	correspond aux deux "s" français comme dans asseoir
ـش	ـشـ	شـ	ش	**sh**	"ch" comme dans *char*
ـص	ـصـ	صـ	ص	**s***	correspond à un "s" sonore
ـض	ـضـ	ضـ	ض	**d***	correspond au "th" doux anglais de *the*
ـط	ـطـ	طـ	ط	**t***	correspond à un "t" sonore
ـظ	ـظـ	ظـ	ظ	**z***	correspond à un "z" sonore
ـع	ـعـ	عـ	ع	**'**	la lettre arabe "ayn" est soit grondée au fond de la gorge, soit prononcée comme une occlusive sourde (voir *Autres sonorités*)
ـغ	ـغـ	غـ	غ	**gh**	le son "rayn" avec au démarrage un son guttural comme le "r" parisien
ـف	ـفـ	فـ	ف	**f**	correspond au "f" français
ـق	ـقـ	قـ	ق	**q**	correspond à un "k" très guttural
ـك	ـكـ	كـ	ك	**k**	correspond au "k" français
ـل	ـلـ	لـ	ل	**l**	correspond au "l"
ـم	ـمـ	مـ	م	**m**	correspond au "m" français
ـن	ـنـ	نـ	ن	**n**	correspond au "n" français
ـه	ـهـ	هـ	ه	**h**	"h" fortement aspiré
ـو			و	**w**	correspond au "w" anglais de *why*
				û	comme le "ou" dans *jour*
				aw	comme "aou" dans *raout*
ـي	ـيـ	يـ	ي	**y**	correspond au "y" français
				î	comme le "i" long anglais dans *bi*
				ay	comme dans *faïence*

Voyelles. Toutes les voyelles arabes ne sont pas représentées dans ce tableau. Reportez-vous à la rubrique *Prononciation* p. xxx.

***Consonnes sonores.** Pour simplifier le système de transcription utilisé dans ce guide, nous n'avons pas inclus les consonnes sonores.

LANGUE

PRONONCIATION

La prononciation de l'arabe est très difficile pour qui n'est pas familiarisé avec les intonations et la combinaison phonique. Entraînez-vous en prononçant lentement et distinctement les mots et expressions ci-dessous.

Le petit guide qui suit devrait vous être utile, mais il reste approximatif tant les règles de prononciation et d'usage des voyelles sont nombreuses.

Voyelles

a comme le "a" dans chat
i comme le "i" dans *rite*
o comme le "o" dans *pot*
u comme le "ou" dans *chou*

â comme le "a" long dans *pâte*
ê comme le "e"long dans père
î comme le "i" long anglais dans *bi*
ô comme le "o" long dans *apôtre*
û comme le "ou" long dans *jour*

Diphtongues

aw comme le "aou" dans *raout*
ay comme dans *faïence*

Consonnes

Vous trouverez dans l'encadré *L'alphabet arabe* ci-contre la prononciation de toutes les consonnes. Vous noterez que les doubles consonnes sont toujours prononcées. Ainsi, le mot *hammam* (bains publics/salle de bains/toilettes) se prononce "ham-mâm".

Autres sonorités

L'arabe utilise des phonèmes très difficiles à réaliser : l'occlusive sourde ('), le son "ayn" correspondant à la fricative sonore (') et le son "rayn" correspondant à la fricative sonore (gh).

Si les sons "ayn" et "rayn" s'obtiennent assez bas dans le gosier et sont vocalisés par contraction gutturale accompagnée d'une sorte de grasseyement, le second nécessite au démarrage un léger roulement du "r" un peu comme le "r" parisien du français.

Quand le son "ayn" est placé devant une voyelle, celle-ci est alors "grondée" au fond de la gorge. En revanche, s'il précède une consonne ou s'il intervient en fin de mot, il se prononce comme une occlusive sourde ('). C'est bien sûr à l'audition d'un arabophone que l'on pourra se familiariser avec ces sonorités.

La consonne (') est une attaque de voyelle. Elle correspond, par exemple, au son qui s'entend dans la prononciation accentuée des voyelles initiales de mots français, tels que "idiot !" ou "attention !". Elle s'obtient par une fermeture de la glotte au fond de la gorge, ce qui bloque momentanément ce passage d'air. Elle intervient dans n'importe quelle partie du mot : au début, au milieu ou à la fin.

HÉBERGEMENT

Je cherche un/une ... *ana badowwar 'ala ...*
pension *bansyon*
hôtel *otayl*
auberge de jeunesse *oberzh dar shabāb*

Où puis-je trouver un hôtel bon marché ?
ala'i otayl rakhis fayn ?
Quelle est l'adresse ?
il 'unwān ey ?
Pouvez-vous écrire l'adresse, s'il vous plaît ?
mumkin tiktib/tiktibi il' unwān men fadhlek? (m/f)
Avez-vous des chambres libres ?
'andak/'andik ghuraf fadya ? (m/f)
Je voudrais (un/une) ... *ana 'aiz/'aiza ...* (m/f)
Je voudrais réserver (un/une) ..
'aiz ahjaz ... low samaht (m) *'aiza aHjaz ... low samahti* (f)
lit *sirir*
chambre simple *ghurfa li wāhid*
chambre double *ghurfa bi sirir muzdowaj*
chambre à deux lits *ghurfa bi sirirain*
chambre avec sdb *ghurfa bi hammām khās*
chambre avec clim/ventil
ghurfa bi klimatizasiyon/marwaha
lit dans un dortoir *ghurfa mushtarika*

au nom de ... *bi 'ism ...*
date *tarikh*
de (date) à (date) *min yom (...) li yom (...)*
carte de crédit ... *kredit kard ...*
numéro *raqm*
date d'expiration *tarikh al-'intiha'*

Quel est le prix ... ? *gedaesh/bikam ... ?*
par nuit *li laila wahida*
par personne *lil fard*

Avez-vous des chambres moins chères ?
fi ghuraf arkhas ?
Puis-je voir la chambre ?
(wash) yimkin li nshoof al-ghurfa ?

LANGUE

Où est la salle de bains ?
fayn il hammaam ?
Je pars/nous partons aujourd'hui.
(ana hamshi/ihna hanimshi) innharda.

SALUTATIONS ET CIVILITÉS

Quand deux Arabes engagent la conversation, ils commencent souvent par s'adresser des salutations beaucoup plus nombreuses et plus formelles que les Européens n'en ont l'habitude. Ainsi, la formulation d'un simple "bonjour" varie suivant le moment de la journée et souvent le statut social de la personne concernée. En outre, chaque salutation requière une réponse différente suivant qu'on s'adresse à un homme, à une femme ou à un groupe.

Bonjour	*as-salām 'alaykoum* (littéralement "que la paix soit avec vous") ou *assalāma*
(réponse)	*wa 'alaykoum as-salām* ("que la paix soit aussi avec vous")
Au revoir	*ma' as-salāma* ("allez en sûreté") ou *bi'salāma*
Bonjour	*sabah al-khayr* (matin)
(réponse)	*sabah an-nour*
Bonsoir	*masa' al-khayr*
(réponse)	*masa' an-nour*
Bienvenu	*marhaba*
Comment vas-tu/allez-vous ?	*ashnu'a walek ?*
Ça va merci	*labes (al-hamdou lillah)*
Oui	*iyeh* (ou *na'am* – plus formel)
Non	*la'*
S'il vous plaît	*men fadhlek*
Merci (beaucoup)	*bari kelorfik* ou *choukran (jazilan)*
Excusez-moi	*sa'mahni*
De rien	*la choukran 'ala wajib*
Pardon	*'assif*
Quel est votre nom ?	*ma'howa ismok ?*
Je m'appelle ...	*ismi ...*
Enchanté	*tasharrafna* (poli) *fursa sa'ida* (informel)
D'où venez-vous ?	*min in enta/enti ?* (m/f)
Je/nous venons de ...	*ana/ehna min ...*
J'aime/je n'aime pas ...	*ana bahibb/mabahibbish*
Un instant	*da'i'a wahida*

Lorsque vous êtes assailli par des enfants, le mot *imshi* ("allez-vous-en") peut s'avérer utile. Avec les adultes, dites plutôt *la' shukran* (non merci).

PANNEAUX

مدخل	**Entrée**
خروج	**Sortie**
معلومات	**Renseignements**
مفتوح	**Ouvert**
مغلق	**Fermé**
ممنوع	**Interdit**
شرطة	**Police**
حمام للرجال	**Toilettes (h)**
حمام للنساء	**Toilettes (f)**
مستشفى	**Hôpital**

DIRECTIONS

Où est ... ?	*fayn ... ?*
Allez tout droit	*'ala tool*
Tournez à gauche	*howid yasarl*
Tournez à droite	*howid yamin*
à l'angle	*'alal nasya (illi jaiya)*
au feu rouge	*'and il ishāra*
derrière	*wara*
devant	*ouddaam*
loin (de)	*ba'id ('an)*
près (de)	*'urai-ib (min)*
en face	*muqabbal*
ici	*houna*
là	*hounaak*
cette addresse	*al-'anwaan da*
nord	*shamaal*
sud	*janoub*
est	*sharq*
ouest	*gharb*
plage	*al blaaj/ash-shātta*
pont	*koubri*
château/palais	*al-qasr*
mon hôtel	*al-otayl betaa'i*
île	*jazira*
grand-place	*al-maidaan ar-ra'isi*
mosquée	*al-jaam'*
musée	*al-mathaf*
vieille ville	*al-medina*
ruines	*asār*
mer	*bahr*
place	*midān*
rue	*ash-shaari'*
tour	*bourj*
université	*al-jam'a*
village	*al-qarya*

SANTÉ

Je suis malade	*ana 'aiyān/a* (m/f)
Mon ami est malade	*sadiqi 'ayan*
J'ai mal ici	*biyuja'ni hina*

Je suis ...	*'andi ...*
asthmatique	*azmit raboo*
diabétique	*is sukkar*
épileptique	*sara'*
Je suis allergique ...	*'andi hasasiyya ...*
aux antibiotiques	*min moudād haiowi*
à l'aspirine	*min aspirin*
à la pénicilline	*min binisilin*
aux abeilles	*min nahl*
aux noix	*min moukassarāt*
antiseptique	*moutahhir*
aspirine	*aspirin*
préservatifs	*'aazil zakary* (*kabout*, argot)
contraceptif	*wasā'il mana' il haml*
diarrhée	*is-haal*
fièvre	*sukhouna*
mal de tête	*soudā'*
hôpital	*muustashfa*
médicament	*dowa*
pharmacie	*farmasyan*
enceinte	*haamel*
ordonnance	*roshetta*
serviettes hygiéniques	*fuwat sahiyya*
douleur d'estomac	*waja' fil batn*
crème solaire	*kreym did ish shams*
tampons	*tambax*

URGENCES

Au secours !	*el-ha'ni!*
Il y a eu un accident	*fi hadsa!*
Je me suis perdu	*ana (tāyih/tāyha)* (m/f)
Allez-vous-en !	*imshi!*
Appelez un médecin !	*itassal/i bi-doktoor!* (m/f)
Appelez la police !	*itassal bil-bolis!*
J'ai été volé	*ana itsara't*
Où sont les toilettes ?	*fayn at-twalet?*

DIFFICULTÉS DE LANGAGE

Parlez-vous français ?
enta bititkallim fransawi ? (à un homme)
enti bititkallimi fransawi ? (à une femme)

Est-ce que quelqu'un parle français ?
fi hadd biyitkallim fransawi ?

Comment dit-on ... en arabe ?
izzai a'oul ... bil 'arabi ?

Que veut dire... ?
ya'ni ... ey ?

je comprends
fhemt

Je ne comprends pas
ma fhemtesh

Écrivez-le, s'il vous plaît
moumkin tiktibouh/tiktibih ? (m/f)

Pouvez-vous me montrer (sur la carte) ?
moumkin tiwarrini ('alal kharita)?

NOMBRES

Les chiffres arabes sont assez faciles à apprendre et, contrairement à la langue écrite, se lisent de gauche à droite. Prêtez particulièrement attention à l'ordre des mots dans les nombres de 21 à 99. Lorsqu'il est suivi d'un nom, *miyya* devient *mit* pour 100 et de 300 à 900, et le nom reste toujours au singulier.

0	*sifr*	٠
1	*waahid*	١
2	*itnin*	٢
3	*talaata*	٣
4	*arba'a*	٤
5	*khamsa*	٥
6	*sitta*	٦
7	*saba'a*	٧
8	*tamanya*	٨
9	*tissa'*	٩
10	*'ashara*	١٠
11	*wāhidash*	١١
12	*itna'ash*	١٢
13	*talattash*	١٣
14	*arba'atash*	١٤
15	*khamastash*	١٥
16	*sitt'ash*	١٦
17	*saba'atash*	١٧
18	*tamantash*	١٨
19	*tissa'atash*	١٩
20	*'ashrin*	٢٠
21	*wāhid wa 'ashrin*	٢١
22	*itnin wa 'ashrin*	٢٢
30	*talatin*	٣٠
40	*arba'in*	٤٠
50	*khamsin*	٥٠
60	*sittin*	٦٠
70	*saba'in*	٧٠
80	*tamanin*	٨٠
90	*tissa'in*	٩٠
100	*miyya*	١٠٠
200	*miyyatin*	٢٠٠
1000	*'alf*	١٠٠٠
2000	*'alfayn*	٢٠٠٠

Combien ? *kam wāhid?*

FORMALITÉS

nom	*ism*
nationalité	*jinsiyya*

date/lieu de naissance	*tarikh/mahal il milād*
sexe (genre)	*jins*
passeport	*basboor* ou *jowaz is safar*
visa	*ta'shira*

QUESTIONS

Qui ?	*min ?*
Quoi ?	*ey ?*
Quand ?	*imta ?*
Où ?	*fayn ?*
Combien ?	*izzay ?*
Lequelle ?	*ayy ?*

ACHATS ET SERVICES

Je voudrais acheter ...	*'aiz/'aiza ashteri ...* (m/f)
Combien ?	*(gedaesh/bikam) da ?*
Ça ne me plaît pas	*mish 'ajibni*
Puis-je le voir ?	*moumkin ashoufu ?*
Je regarde	*batfarraj bas*
Ce n'est pas cher	*da rakhis*
C'est trop cher	*da ghaali awi*
Pas plus de ...	*mish aktār min ...*
Je le prends	*'akhoudha*
Pouvez-vous me faire ...?	*mumkin tiddini ... ?*
une réduction	*takhfid*
un bon prix	*sa'r kwayyis*
Acceptez-vous les ... ?	*bitakhud/i ... ?* (m/f)
cartes de crédit	*kredit kard*
chèques de voyage	*shikāt siyahiyyai*

plus	*aktar*
moins	*a'all*
plus grand	*akbar*
plus petit	*asghar*

Je cherche ...	*ana badawwar 'ala*
une banque	*banka*
le marché/bazar	*as-souq*
la pharmacie	*al-farmasyan*
le centre-ville	*woust al-balad*
l'ambassade...	*as-sifāra (...)*
la poste	*bousta/maktab al-barid*
le cental téléphonique	*centraal it-telifonaat*
l'office du tourisme	*maktab as-siyaha*

Je veux changer ...	*ana 'aiz/aiza asrif ...* (m/f)
de l'argent	*fulous*
des chèques de voyage	*shikaat siyahiyya*

LE TEMPS

Quelle heure est-il ?	*saa'a kam ?*
Il est (8h)	*(saa'a tamanya)*
matin	*sabah*
après-midi	*fil-ashiya*
soir	*masa'*
aujourd'hui	*al-yoom*
demain	*ghaddan*
hier	*al-bereh*
jour	*nahar*
mois	*shahr*
semaine	*ousbou*
année	*'am*
tôt	*bakri*
tard	*mu'attaguiz*
tous les jours	*koull yom*

Lundi	*(nhar) al-itnin*
Mardi	*(nhar) at-talata*
Mercredi	*(nhar) al-arbaa*
Jeudi	*(nhar) al-khamis*
Vendredi	*(nhar) al-jouma*
Samedi	*(nhar) as-sabt*
Dimanche	*(nhar) al-ahad*
Janvier	*yanāyir*
Février	*fibrāyir*
Mars	*māris*
Avril	*abril*
Mai	*māyou*
Juin	*yunyou*
Juillet	*yulyou*
Août	*aghustous*
Septembre	*sibtimbir*
Octobre	*uktoubir*
Novembre	*noufimbir*
Décembre	*disimbir*

POUR VOYAGER

Transports publics

Quand est-ce que le ... part/arrive ?	*emta qiyam/wousoul ... ?*
bateau	*as-safina*
bus/car	*al-otobis/kar*
ferry	*ma'adiya*
avion	*al-tayyāra*
train	*al-qitar*

Je voudrais un billet	*'aiz/'ayza ... tazkarit* (m/f)
aller	*zihaab*
aller-retour	*'owda*
1re classe	*daraja oola*
2e classe	*daraja tanya*

Je veux aller à ...
urid an adhaba ila ...
Le train est supprimé/retardé
il atr it'akhkar/itlagha
Quel bus va à ... ?
ey kar yamshi ila ... ?
Est-ce que le bus va à ... ?
yamshi had al-kar ila ... ?

LANGUE

S'il vous plaît, dites-moi quand nous arriverons à ...
men fadhlek, ulli emta hanousel ...
Quel est le tarif pour ... ?
mahowa assir ila ... ?
Arrêtez-vous ici, s'il vous plaît
qif honamen, men fadhlek
Attendez !
intadhirni!

le premier	*il awwil/oola* (m/f)
le dernier	*il aakhir*
le prochain	*illli jayy*
aéroport	*matār*
gare routière	*mahattat al-otobis*
arrêt de bus	*mawqif al-otobis*
ville	*al-medina*
numéro du quai	*rasif nimra*
billetterie	*maktab at-tazkara*
horaire	*jadwal*
gare ferroviaire	*mahattat al-qitar*

Transports privés

Je voudrais louer un/une ...	*'aiz/'aiza a'ajjār ...* (m/f)
voiture	*sayara*
4x4	*jeep*
moto	*mutusikl*
bicyclette	*'ajala*
dromadaire	*jamal*
âne	*houmār*
cheval	*housān*

Est-ce la route pour ... ?
itari' da yiwassi li ... ?
(Combien de temps) Puis-je stationner ici ?
moumkin arkin hina (addi ay) ?
Où dois-je payer ?
adfa'a fayn?

J'ai besoin d'un mécanicien
mihtaj/a mekaniki (m/f)
La voiture/moto est tombée en panne (à ...)
as-sayara/al-moutousikl it'ālit 'and ...
La voiture/moto ne démarre pas
as-sayara/al-moutousikl mish bitdour
J'ai un pneu à plat
il kawitsh nayim

PANNEAUX ROUTIERS

قف	**Stop**
ممنوع الدخول	**Entrée interdite**
ممنوع الوقوف	**Stationnement interdit**
خطر	**Danger**
هدئ السرعة	**Ralentissez**
اتجاه واحد	**Sens unique**

Je suis en panne d'essence
il benzin khilis
J'ai eu un accident
kan 'andi hadsa
Où est la station-service ?
fayn mahattet benzin?
Le plein, s'il vous plaît
fawwilha, low samaht
Je voudrais (30) litres
'aiz/'aiza (talatin) litr (m/f)

diesel	*solār*
essence	*tamanin* (ordinaire) *tisa'in* (super)
essence sans plomb	*min ghair rousās* ou *khamsa wa tisa'in*

AVEC DES ENFANTS

Y a-t-il un/une ... ?	*fi ... ?*
J'ai besoin d'un/une....	*'aiz/'aiza ...* (m/f)
siège bébé	*koursi arabiyya li tifl*
service de garde d'enfant	*khidmat ra'ai-it tifl*
menu enfant	*menai lil atfāl*
couches jetables	*bambers*
lait maternisé	*laban mujafaf lil baybi*
baby-sitter (parlant français)	*jalisat atfāl (bititkallim faranzi)*
chaise haute	*koursi lil-atfāl*
pot	*asriyya*
poussette	*arabiyyat atfal*

Puis-je allaiter ici ?
moumkin aradda'a hina?
Est-ce que les enfants sont autorisés ?
masmouh bistihaab il atfāl?

Glossaire

Ce glossaire fournit une liste de quelques termes arabes (a), ainsi que des abréviations, que vous rencontrerez sûrement lors de votre voyage en Tunisie. Un glossaire culinaire se trouve dans le chapitre consacré à la cuisine tunisienne, p. 49.

A

Abbassides – dynastie musulmane de l'empire arabe de Bagdad (749-1258)
Africa Proconsularis – province africaine de Rome
agha – chef militaire ou marque de respect (sous l'Empire ottoman)
Aghlabides – dynastie arabe de Kairouan qui régna sur la Tunisie (800-909)
aïn (a) – source d'eau
Allah (a) – nom musulman de Dieu
alloucha (a) – tapis berbère tissé en laine épaisse
Almohades – dynastie berbère en Espagne et Afrique du Nord (1130-1269)
Almoravides – dynastie berbère du Sahara, qui gouverna le Maghreb de 1061 à 1106, puis l'Andalousie à partir de 1086.
ASM – Association de sauvegarde de la médina, représentée dans plusieurs villes tunisiennes
assaba (a) – bandeau porté par les femmes berbères

B

bab (a) – porte, entrée
bakhnoug (a) – châle traditionnel des femmes berbères
basilique – bâtiment de l'administration publique romaine ; premières églises chrétiennes
ben (ou ibn) (a) – "fils de" ; au pluriel beni (ou banu). Précède souvent le nom de la tribu
Berbères – premiers habitants (non arabes) d'Afrique du Nord
Berbérie – terme européen pour designer la côte méditerranéenne de l'Afrique du Nord, du XVIe au XIXe siècle
bey – gouverneur de province sous l'Empire ottoman ; dirigeants tunisiens du XVIIe siècle jusqu'à l'indépendance en 1957
borj (a) – bastion (littéralement tour)
boukha (a) – alcool local à base de figues
burnous (a) – manteau en laine porté par les hommes

C

calife – chef musulman, désignant à l'origine les successeurs du Prophète Mahomet
camionnette – taxi
capitole – temple principal d'une ville romaine, généralement situé dans le forum
caravansérail – voir *fondouk*
charia – loi canonique de l'islam
chechia (a) – chapeau en feutre rouge
chicha (a) – pipe à eau
chiisme – l'un des deux principaux courants de la religion musulmane (voir *sunnisme*), dont les partisans ne reconnaissent la qualité d'*imam* qu'aux descendants d'Ali, gendre du Prophète
chorba (a) – soupe
chott (a) – lac salé ou marais

D

dar (a) – maison de ville ou palais
deglat ennour (a) – variété de datte (littéralement doigt de lumière)
destour (a) – littéralement "constitution", mais également le nom du parti politique d'Habib Bourguiba avant l'Indépendance
dey – rang équivalent au sergent dans l'armée ottomane ; dirigeants de la Tunisie au XVIe siècle
diwan – assemblée (sous l'Empire ottoman)
djebel (a) – colline ou montagne
djezira – île
djihad (a) – guerre sainte

E

eid (a) – fête
Eid al-Adha (a) – fête du Sacrifice marquant le pèlerinage à La Mecque ; parfois appelée Eid al-Kebir
Eid al-Fitr (a) – fête marquant la fin du jeûne, célébrée à la fin du Ramadan
émir – chef militaire ou gouverneur
Empire ottoman – ancien empire turc englobant la Tunisie ; avec pour centre politique Constantinople, de la fin du XIIIe siècle jusqu'à la fin de la Première Guerre mondiale
erg – mer de sable ; désert

F

Fatimides – dynastie musulmane (909-1171) qui vainquit les *Aghlabides* et dirigea la Tunisie depuis la ville de Mahdia de 909 à 969
fouta (a) – serviette en coton utilisée dans un *hammam*
fondouk (a) – ancienne auberge accueillant les marchands et leurs dromadaires, aussi appelé *caravansérail* ; terme arabe désignant un hôtel

G

gargoulette – amphore en terre utilisée pour la pêche traditionnelle au poulpe sur Djerba
ghar (a) – grotte

ghorfa (a) – littéralement "salle" ; une longue pièce voûtée servant de grenier
Guerres puniques – trois guerres successives entre Rome et Carthage aux IIIe et IIe siècles av. J.-C., qui se terminèrent par la destruction de Carthage par les Romains en 146
guetiffa – tapis berbère noué en laine épaisse

H

Hafsides – dirigeants d'*Ifriqiyya*, du XIIIe au XVIe siècle
hadj (a) – pèlerinage à La Mecque, l'apogée de la vie d'un musulman pieux
harissa (a) – pâte épicée aux piments
harout (a) – atelier de tissage traditionnel de Djerba
hedeyed (a) – bracelets en or ou argent finement ciselés
hégire (a) – fuite du Prophète Mahomet de La Mecque en 622 ; premier mois du calendrier musulman
hidjab (a) – voile porté par les femmes
Hilaliens – tribus de la haute Égypte qui envahirent brutalement le Maghreb au XIe siècle
Hizb al-Nahda – Parti de la Renaissance, principal parti de l'opposition islamique
Husseinites – dynastie de *beys* qui régna sur la Tunisie de 1705 à 1957

I

Ibadites – une branche de la secte *kharidjite* cantonnée à Djerba, aux villages de la vallée de M'Zab en Algérie et à Oman
ibn (a) – "fils de"
Ifriqiyya – province arabe d'Afrique du Nord, incluant la Tunisie et une partie de la Libye
iftar (a) – (ou ftur) rupture du jeûne au coucher du soleil pendant le *Ramadan*
imam (a) – chef religieux musulman

J

jami' (a) – mosquée principale dans un quartier
janissaire – soldat de l'infanterie dans l'armée ottomane

K

kala (a) – fort berbère de montagne
kasbah (a) – fort ou citadelle
kassa (a) – gant rugueux utilisé pour les bains au *hammam*
kharidjite – courant musulman puritain qui se sépara du *sunnisme* en 657 et encouragea les rébellions berbères du VIIIe au Xe siècle
kholkal (a) – bracelets de cheville en or ou argent
khomsa – symbole de la main de Fatma
khutba (a) – sermon hebdomadaire dans une mosquée
kilim (a) – tapis tissé décoré de motifs berbères traditionnels
kouba – sancturaire, marabout (littéralement coupole)
ksar (a) – (pl. *ksour*) village berbère fortifié composé de nombreuses *ghorfas*
ksibah (a) – petit fort
kuttab (a) – école primaire coranique

L

Limes tripolitanus – ligne défensive bâtie par les Romains au sud de la Tunisie
louage – taxi collectif parcourant de longues distances

M

Maghreb – désigne les pays d'Afrique du nord-ouest, dont le Maroc, l'Algérie et la Tunisie
malouf (a) – genre musical originaire d'Andalousie devenu la musique traditionnelle tunisienne
marabout (a) – homme pieux ou saint
masjid (a) – petite mosquée locale
médersa (a) – école coranique
médina (a) – ville ; le quartier ancien d'une ville tunisienne
menzel (a) – demeure familiale fortifiée sur Djerba
mergoum (a) – tapis tissé présentant des motifs géométriques
mihrab (a) – niche de prière dans une mosquée, indiquant la direction de La Mecque
minbar (a) – chaire d'une mosquée
mouloud (a) – terme du *Maghreb* désignant Moulid an-Nabi, la fête célébrant la naissance du Prophète Mahomet
moussem (a) – pèlerinage sur le tombeau d'un *marabout*
muezzin (a) – musulman qui lance l'appel à la prière
Muradites – lignée de *beys* tunisiens qui régna du XVIIe au XVIIIe siècle

N

nador (a) – tour d'observation
Numides – tribu de l'Algérie contemporaine qui contrôlait le nord de la Tunisie ; fondèrent les cités de Bulla Regia, Sicca (Le Kef) et Thugga (Dougga)

O

Omeyyade – première grande dynastie musulmane de chefs arabes (661-750), basée à Damas
ONAT – Office national de l'artisanat tunisien ; boutiques gérées par l'État vendant de l'artisanat à prix fixes
ONTT – Office national du tourisme tunisien
oud – luth
oued (a) – rivière ; lit de rivière asséchée
Ouergherma (a) – tribu berbère du XVIIe siècle installée à Medenine

P

pacha – gouverneur de province ou haut responsable sous l'Empire ottoman
Phéniciens – peuple de grands navigateurs, basés au Liban actuel, qui dominèrent le commerce en Méditerranée au premier millénaire av. J.-C. et fondèrent Carthage
PSD – Parti socialiste destourien (appelé Parti néo-destour avant 1964) ; le premier parti nationaliste en Tunisie

Punique – culture phénicienne qui se développa en Afrique du Nord

Q

qibla (a) – direction de La Mecque dans une mosquée, indiquée par le *mihrab*
qubba (a) – coupole

R

ramadan – neuvième mois de l'année musulmane correspondant à la période de jeûne
razzegoui (a) – gros raisins blancs qui prennent une teinte rosé en mûrissant
RCD – Rassemblement constitutionnel démocratique ; le parti du président Ben Ali
ribat (a) – monastère musulman fortifié
rose des sables – gypse cristallisé trouvé dans le désert et vendu comme souvenir

S

Sahel – partie orientale du centre de la Tunisie, occupant le renflement fertile entre le Golfe d'Hammamet et le Golfe de Gabès
sebkha (a) – marais salant
sidi (a) – saint
skifa (a) – porte
SNCFT – Société nationale des chemins de fer tunisiens
SNTRI – Société nationale du transport interurbain ; bus nationaux
soufisme – courant mystique de l'islam, qui préconise la danse, le chant et la transe pour atteindre la communion avec Dieu
sunnisme – courant musulman majoritaire (voir *chiisme*), issu du califat *omeyyade*

T

Tell – hauts plateaux de la Dorsale tunisienne, au centre du pays
thibarine – esprit local du village de Thibar près de Dougga
tophet – site de sacrifice
tourbet (a) – mausolée

Z

zaouïa (a) – congrégation et ensemble bâti autour de la tombe d'un saint

En coulisses

À PROPOS DE CET OUVRAGE

Les deux premières éditions de ce livres avaient été rédigées par David Willett. Anthony Ham et Abigail Hole ont effectué les enquêtes pour cette nouvelle édition. Le chapitre *La Cuisine tunisienne* a été rédigé par Rafik Tlatli tandis que Quentin Frayne a compilé les informations du chapitre *Langue*.

La traduction française est l'œuvre de Frédérique Hélion-Guerrini, Cécile Capilla et Géraldine Masson.

UN MOT DES AUTEURS

Anthony Ham Je tiens à remercier tout particulièrement Faouzi Bouali à Tozeur qui m'a tant appris sur le Sud ; Ahmed et Mohammed à Douz, qui m'ont à nouveau montré le sens de l'hospitalité des gens du désert ; et Fathi et sa fille à Gabès, pour leur accueil chaleureux. Merci aussi à Mohammed (Sfax), Ali (Tataouine), Sonia (Jerba), Ibrahim (Kairouan), Miled (Ksar Ouled Soltane) et Salem (Kerkennah) et tous mes compagnons de voyage, parmi lesquels Francesco Ruffino, Elena Venturi, Tom et l'équipe de Matmata, Emmanuel (pour ses traductions), ainsi qu'aux lecteurs qui ont pris le temps de nous écrire pour témoigner de leur expérience. Un grand merci à Simon Westcott dont j'ai beaucoup apprécié la compagnie et qui m'a apporté sa sagesse et perspicacité ; à Abi, avec qui j'ai écrit cet ouvrage et qui a été une collaboratrice de rêve, tout comme Lynne Preston et Will Gourlay chez Lonely Planet. En Australie, je tiens à remercier comme d'habitude Jan, Ron, Lisa, Greg, Alex, Greta et Damien qui me rappellent toujours à quel point il me manquent. À Madrid, *muchisimas gracias* à Alberto, Marina, Beatriz et tous mes merveilleux amis espagnols. Et surtout, un énorme merci à ma compagne, Marina, qui a gardé notre bastion pendant mon absence, qui m'a si bien accueilli à mon retour et qui a dit "oui" lorsque je lui ai demandé de m'épouser.

Abigail Hole Un grand merci à tous les employés si efficaces du Tunisia Tourist Board à Londres ; à Rafik Tlatli ; à Ginnie, Sumeet, Sophia et Tom ; à Kais à Bizerte ; à Khaled à Hammamet ; à Mohammed Chihi et Wahid à Le Kef ; à Anthony Ham, Lynne Preston et Will Gourlay ; ainsi qu'à Kate James, Margedd Heliosz et Julie Sheridan.

UN MOT DE L'ÉDITEUR

L'édition française de ce livre a été coordonnée par Didier Férat, sous le regard bienveillant de Régis Couturier, Michel MacLeod et Cécile Bertolissio. La mise en page a été réalisée par Sophie Rivoire. Merci à Hélène Guillez et Sophie Senart pour leur précieuse contribution au texte ainsi qu'à Jean-Michel Roux.

La maquette originale a été conçue par James Hardy, et la cartographie par Paul Piaia. Les cartes originales ont été créées par Julie Sheridan, Shahara Ahmed, James Ellis, Christopher Crook et Paul Bazalicki. Natasha Velleley. Leur adaptation en français est signée Corinne Holst et Martine Marmouget. Merci à Christian Deloye pour sa contribution

LES GUIDES LONELY PLANET

Tout commence par un long voyage : en 1972, Tony et Maureen Wheeler rallient l'Australie après avoir traversé l'Europe et l'Asie. À l'époque, on ne disposait d'aucune information pratique pour mener à bien ce type d'aventure. Pour répondre à une demande croissante, ils rédigent le premier guide Lonely Planet, écrit sur le coin d'une table.

Depuis, Lonely Planet est devenu le plus grand éditeur indépendant de guides de voyage dans le monde et dispose de bureaux à Melbourne (Australie), Oakland (États-Unis), Londres (Royaume-Uni) et Paris (France).

La collection couvre désormais le monde entier et ne cesse de s'étoffer. L'information est aujourd'hui présentée sur différents supports, mais notre objectif reste constant : donner des clés au voyageur pour qu'il comprenne mieux les pays qu'il visite.

L'équipe de Lonely Planet est convaincue que les voyageurs peuvent avoir un impact positif sur les pays qu'ils visitent, pour peu qu'ils fassent preuve d'une attitude responsable. Depuis 1986, nous reversons un pourcentage de nos bénéfices à des actions humanitaires, à des campagnes en faveur des droits de l'homme et, plus récemment, à la défense de l'environnement.

VOS RÉACTIONS ?

Vos commentaires nous sont très précieux et nous permettent d'améliorer constamment nos guides. Notre équipe lit toutes vos lettres avec la plus grande attention. Nous ne pouvons pas répondre individuellement à tous ceux qui nous écrivent, mais vos commentaires sont transmis aux auteurs concernés. Tous les lecteurs qui prennent la peine de nous communiquer des informations sont remerciés dans l'édition suivante, et ceux qui nous fournissent les renseignements les plus utiles se voient offrir un guide.

Pour nous faire part de vos réactions, prendre connaissance de notre catalogue ou vous abonner à *Comète*, notre lettre d'information électronique, connectez-vous à notre site web : **www.lonelyplanet.fr**.

Nous reprenons parfois des extraits de votre courrier pour les publier dans nos produits, guides ou sites web. Si vous ne souhaitez pas que vos commentaires soient repris ou que votre nom apparaisse, merci de nous le préciser. Pour connaître notre politique en matière de confidentialité, connectez-vous à www.lonelyplanet.fr/privee/index.htm.

La couverture, conçue par James Hardy, a été adaptée par Sophie Rivoire.

Merci à Hélène Cody et à toute l'équipe de production du bureau français, d'une grande patience pour mener à bien cette première édition. Merci à Sonia Khamassy pour ses recherches et sa connaissance de la Tunisie, sans oublier Debbra Hermann et Graham Imeson de Lonely Planet Melbourne ainsi que l'équipe de Lonely Planet Images pour leur constante collaboration.

Index

Les références des cartes sont en **gras**

INDEX

Les références des cartes sont en **gras**

ENCADRÉS

Histoire

Art et culture

Société et religion

Gastronomie

Nature et environnement

Pratique

LÉGENDE DES CARTES

ROUTES

Autoroute payante
Autoroute
Nationale
Départementale
Cantonale
Petite route
Promenade
Sentier pédestre
Chemin
Rue piétonne
Escalier
Tunnel
Sens unique
Promenade (détour)

TRANSPORTS

Trajet ferry
Métro
Monorail
Rail
Rail (souterrain)
Téléphérique/funiculaire

HYDROGRAPHIES

Rivière
Riv. intermittente
Canal
Glacier
Lac asséché
Lac salé
Laisse de vase
Récif
Marais
Eau

LIMITES ET FRONTIÈRES

Internationale
Provinciale
Régionale
Ancienne enceinte
Falaise/escarpement
Parc marin

POPULATION

CAPITALE
Ville importante
Petite ville
Capitale régionale
Ville moyenne
Village

TOPOGRAPHIE

Zone touristique
Plage/désert
édifice
Cimetière chrétien
Cimetière
Forêt
Terre
Rue piétonne
Marché
Parc
Terrain de sports
Zone urbaine

SYMBOLES

À VOIR/À FAIRE

Plage
Pagode
Château
Cathédrale
Culte confucéen
Site de plongée
Temple hindouiste
Mosquée
Temple jaïna
Synagogue
Monument
Musée
Pique-nique
Centre d'intérêt
Ruine
Culte shinto
Temple sikh
Ski
Culte taoiste
Vignoble
Zoo, ornithologie

RENSEIGNEMENTS

Banque, DAB
Ambassade/consulat
Hôpital
Renseignements
Cybercafé
Parking
Station-service
Police
Poste
Téléphone
Toilette

SE LOGER

Hôtel
Camping

SE RESTAURER

Restauration

BOIRE UN VERRE

Bar
Café

SORTIR

Spectacle

ACHATS

Magasins

TRANSPORTS

Aéroport
Poste frontière
Arrêt de bus
Piste cyclable
Transports
Taxi
Chemin de randonnée

TOPOGRAPHIE

Danger
Phare
Point de vue
Montagne, volcan
Parc national
Oasis
Col
Sens du courant
Gîte d'étape
Point culminant
Rapide

Note : tous les symboles ne sont pas utilisés dans cet ouvrage

BUREAUX LONELY PLANET

Australie
Locked Bag 1, Footscray, Victoria 3011
☎ 03 8379 8000, fax 03 8379 8111
talk2us@lonelyplanet.com.au

USA
150 Linden St, Oakland, CA 94607
☎ 510 893 8555, toll free 800 275 8555
fax 510 893 8572, info@lonelyplanet.com

Royaume-Uni et Irlande
72–82 Rosebery Ave,
Clerkenwell, London EC1R 4RW
☎ 020 7841 9000, fax 020 7841 9001
go@lonelyplanet.co.uk

France
1 rue du Dahomey, 75011 Paris
☎ 01 55 25 33 00, fax 01 55 25 33 01
bip@lonelyplanet.fr, www.lonelyplanet.fr

Publié par Lonely Planet Publications
1, rue du Dahomey, 75011 Paris
Dépôt légal : mai 2004

ISBN 2 84070-312-2
ISSN 1242-9244

Photographie de couverture : dunes de sable près de Douz, Wayne Walton/Lonely Planet Images. La plupart des photos publiées dans ce guide sont disponibles auprès de notre agence photographique Lonely Planet Images : www.lonelyplanetimages.com.

Imprimé par Herissey, France